公司法论

|第五版|

施天涛 | 著

法律出版社
LAW PRESS·CHINA
—— 北京 ——

图书在版编目（CIP）数据

公司法论／施天涛著. --5版. --北京：法律出版社，2025（2025.4重印）. --ISBN 978-7-5197-9967-0

Ⅰ. D922.291.914

中国国家版本馆CIP数据核字第2025QY8406号

公司法论（第五版）
GONGSIFA LUN(DI-WU BAN)

施天涛 著

责任编辑 刘 琳
装帧设计 孙 杨

出版发行 法律出版社
编辑统筹 法律教育出版分社
责任校对 裴 黎 李慧艳
责任印制 刘晓伟
经　　销 新华书店

开本 787毫米×1092毫米 1/16
印张 36.75 **字数** 760千
版本 2025年2月第5版
印次 2025年4月第2次印刷
印刷 三河市龙大印装有限公司

地址：北京市丰台区莲花池西里7号（100073）
网址：www.lawpress.com.cn
投稿邮箱：info@lawpress.com.cn
举报盗版邮箱：jbwq@lawpress.com.cn

销售电话：010-83938349
客服电话：010-83938350
咨询电话：010-63939796

书号：ISBN 978-7-5197-9967-0
定价：98.00元
凡购买本社图书，如有印装错误，我社负责退换。电话：010-83938349

施天涛

法学博士，清华大学法学教授，博士生导师。兼任中国法学会证券法学研究会常务副会长、中国国际经济贸易仲裁委员会仲裁员。曾任新加坡东亚政治经济研究所访问研究员、美国斯坦福大学法学院访问学者、美国哥伦比亚大学法学院访问学者。曾任清华大学法学院副院长、北京市第十届政协常委、最高人民法院案例指导委员会委员、最高人民法院特约监督员。一直从事商法学的教学研究工作，发表学术论文50余篇，代表著作有《商法学》、《公司法论》、《关联企业法律问题研究》及《财产法》(翻译)等。

第五版序

2023年12月29日第十四届全国人民代表大会常务委员会第七次会议通过并公布了新修改的《公司法》,新法于2024年7月1日正式施行。

本次《公司法》修改幅度非常大,是一次全面系统的修改。结构上新增了公司登记专章,国有独资公司扩大为国家出资公司,并另立专章。内容上涉及绝大多数条文的修改和完善。譬如,法定代表人,公司社会责任,公司人格否认,公司出资及其认缴、实缴与核查,股东知情权及会计凭证,董事、监事、高级管理人员受信义务的充实,控制股东、实际控制人的连带责任,董事会职权的强化,股权转让股东同意要求的废弃,关联交易及其报告与回避,等等。其中,新增了许多规则。譬如,一人股份公司,无面额股、类别股、授权资本,董事、高级管理人员对第三人的赔偿责任以及董事责任保险,股东代表诉讼延伸适用于公司全资子公司,审计委员会的推行,小规模股份公司董事会设置的例外,债权人会议和债券受托管理,简易减资程序,简易注销程序以及公司主管部门或者公司登记机关申请法院清算或者登记机关注销公司,等等。

本次《公司法》修改吸收了近年来实践中的有效经验。譬如,最高人民法院公司法司法解释关于股东失权,出资加速到期,公司决议的无效、撤销和不成立,违法分配的赔偿责任,清算义务人及其责任,以及指导案例关于公司横向人格否认,等等;证监会或者交易所相关做法和监管规则,如电子通信会议的采纳、财务资助的禁止、交叉持股之禁止、股权违法代持之禁止以及信息披露要求,等等;国家市监总局公司登记改革成果的吸收,如电子营业执照、企业信用公示与优化登记服务,等等。

以上关于《公司法》的修改说明仅仅是主要事项的例举,不能涵盖全部内容,许多微小调整,如字、词、句的改动以及条文的调整,更是不胜枚举。

本书此次修改当然是因应《公司法》的修改而做的相应修改。如上所述,由于《公司法》的修改幅度太大,本次修改涉及内容也很多,难免疏漏,敬请谅解。

最后说一声感谢。本书自2005年首次出版以来,一直受到读者的关心和鼓励。许多不认识的读者来信表达了他们的读书感受,其中不乏真诚的指正。感谢你们的支持和爱护,你们伴着本书随我走过了将近二十年。

施天涛谨记
2024 年 6 月 18 日
清华大学明理楼

第四版重印说明

本书2018年4月第四版后不久,全国人大常委会第六次会议于2018年10月26日通过了《公司法》第142条的修正案。借此重印之机,作者对本书第四编第三章第五节“股份回购”进行了修改。

本次《公司法》第142条修改的内容:

一是增加了两种公司可以收购本公司股份的情形:(1)“将股份用于转换上市公司发行的可转换为股票的公司债券”(以下简称可转债回购);(2)“上市公司为维护公司价值及股东权益所必需”(以下简称护值及维权回购)。同时,将旧法规定的“将股份奖励给本公司职工”(以下简称奖励回购)修改为“将股份用于员工持股计划或者股权激励”(以下简称计划或激励回购)。保留了旧法规定的“减少注册资本”(以下简称减资回购)、“与持有本公司股份的其他公司合并”(以下简称合并回购)和“股东因对股东大会作出的公司合并、分立决议持有异议,要求公司收购其股份的”(以下简称异议权回购)三种情形。

二是下放了股份回购的决策权力。在计划或激励回购、可转债回购、护值及维权回购三种情形下,回购决策权可由董事会行使,无须股东大会决议。减资回购、合并回购仍须股东大会决议。

三是延长了回购股份的处置期限。在计划或激励回购、可转债回购、护值及维权回购三种情形下,回购股份的转让或者注销时间延长到3年。减资回购的注销时间仍然维持了10日的规定;合并回购、异议权回购的注销或转让时间仍然维持了6个月的规定。

四是提高了回购股份数。旧法规定,在单项奖励回购情形下,公司持有的本公司股份数不得超过本公司已发行股份总数的5%。新法规定,在计划或激励回购、可转债回购、护值及维权回购三种情形下,公司合计持有的本公司股份数不得超过本公司已发行股份总数的10%。

五是废除了对收购资金的限制。旧法要求奖励回购的资金应当从公司的税后利润中支出，新法对收购资金不设限制。

六是强化了对上市公司股份回购的监管，要求上市公司收购本公司股份的，履行信息披露义务。在计划或激励回购、可转债回购、护值及维权回购三种情形下，应当通过公开的集中竞价交易方式进行。

本次《公司法》第142条的修正，意义重大。它将对我国资本市场产生重大影响，也标志着我国公司法的重大进步。

作者上学期给清华大学法学院本科生讲授公司法，学生在阅读本教材时，将第四版中的一些错误(包括字、词、句、标点、符号、法条等)记录下来，经我确认后，一并改正。

施天涛谨记

2019年3月1日

清华大学明理楼

第四版序

《最高人民法院关于适用〈中华人民共和国公司法〉若干问题的规定(四)》(法释〔2017〕16号)(本书简称为《公司法》司法解释四)于2016年12月5日由最高人民法院审判委员会第1702次会议通过,于2017年8月25日公布,于2017年9月1日起施行。

《公司法》司法解释四主要就公司决议瑕疵及其司法救济、股东知情权、利润分配、股权转让以及派生诉讼五个问题的相关法律适用进行了规定,具有重要意义。譬如,《公司法》司法解释四承认了公司决议不成立诉讼,界定了股东知情权行使的"不正当目的"情形,确定了"滥用股东权利导致公司不分配利润"情形,解决了股权转让中有关行使优先购买权的具体问题,明确了派生诉讼的利益归属和费用承担,以及相关诉讼中的原告、被告、第三人、诉讼合并等程序问题的规定。这些都是这次司法解释的亮点。

最高人民法院关于适用公司法的规定是在其审判实践中对公司法适用中出现的重大问题所作出的司法解释,这些解释具有很强的针对性、现实性和经验性,对于理解和适用我国公司法具有重要的指导意义,是公司法"本土化"的重要路径。作者上次修订已经将《公司法》司法解释一、二、三纳入了本书。本次再版,作者对本书中相关部分对应《公司法》司法解释四进行了修订,以便读者及时了解和理解这些司法解释规定。

施天涛谨记

2018年2月6日

清华大学明理楼

公司资本制度的改革与公司法的修改

｜第三版代序｜

20世纪以来，在世界范围内发生了一场广泛的公司资本制度改革运动，并就改革法定资本制取得了共识。西方国家普遍废除了注册资本的最低限额要求，使市场主体的准入门槛大为降低。尤其值得一提的是，以美国为代表的普通法系国家在注册资本的发行和缴纳问题上，采取了更为灵活的“授权资本制”。一些大陆法系国家也吸收了“授权资本制”的合理因素，采用了稍微缓和的“折中资本制”，以期对冲传统法定资本制的严格性。

我国1993年首次颁布的《公司法》（以下简称93年《公司法》）对公司资本制度采取了严格的法定制。它不仅规定了很高的注册资本最低限额，而且规定了严格的注册资本缴纳制，即一次性足额缴纳全部出资。伴随严格的法定资本制，《公司法》和相关公司登记法规规定，公司股东或者发起人缴纳出资或者股款后必须经法定验资机构进行验资，在申请公司登记时向公司登记机关提交验资证明。

93年《公司法》经过十余年的践行，其暴露出来的弊端越来越严重，修改公司法不合理的资本制度势在必行。一方面，93年《公司法》所承载的国有企业改制的使命已经基本完成；另一方面，随着市场经济的深入发展，民营企业获得了广阔的成长空间。在这种情形下，继续维持严格的法定资本制，显然已经不合时宜。

为了适应国际上公司资本制度改革的大趋势和我国市场经济的纵深发展，2005年我国《公司法》（以下简称05年《公司法》）获得了一次较大的修正，其中对公司资本制度也进行了较大力度的改革，并在很大程度上放松了资本管制。它不仅较大幅度地降低了注册资本的最低限额，同时也改革了注册资本的缴纳制，由一次性足额缴纳改为分期缴纳。

尽管05年《公司法》较之于93年《公司法》取得了较大进步，但依然维持了法定资本制，设立公司仍然需要满足注册资本最低限额要求；资本缴纳虽然可以分期，但法律仍然对首期出资以及分期缴纳设定了限制；公司的设立登记仍然需要履行验资程序并提交验资证明。与发达国家比较,05 年《公司法》对公司资本的要求依然门槛较高,登记程序依然复杂,公司设立依然困难,政府干预因素依然很强,企业自主权依然受到很大约束,市场机制依然未能充分发挥。特别是中小微型企业生存和发展空间受限,抑制了广大社会公众的投资热情和积极性。

有鉴于此,理论界和有关主管部门早已开始对公司资本制度和登记制度进行研究,一些地方也在进行改革试验。如 2013 年 3 月 1 日同时施行的《深圳经济特区商事登记若干规定》《珠海经济特区商事登记条例》就针对公司登记大大简化了登记程序,废除了注册资本最低限额要求,改实缴制为认缴制,[1]包括当事人在申请公司登记时不再需要提交验资报告。2013 年 10 月 25 日国务院推出了公司资本与登记制度改革五项措施。国务院的决议要求:废除注册资本最低限额要求;资本缴纳改实缴制为认缴制,包括不再限制股东或者发起人首次缴纳数额以及分期缴纳期限;放宽了对公司住所的登记要求,由地方政府根据情况而定;将公司年度检查制改为年度报告制;推行企业诚信制度建设,包括建立信用信息公开平台。这些措施是公司资本与登记制度改革的重大举措,并在立法上获得了迅速的反应。2013 年 12 月 28 日第十二届全国人民代表大会常务委员会第六次会议通过了《公司法》修正决议案,对公司法中相应的资本与登记制度进行了及时的修改,通过立法形式巩固了改革成果,为我国市场经济的进一步发展奠定了坚实的法律基础。

2013 年《公司法》的修改(以下简称 13 年《公司法》)主要是因应公司资本与登记制度的改革成果而进行的立法确认。立法上不再要求注册资本最低限额;公司注册资本由实缴制改为认缴制,包括不再限制股东或者发起人首次缴纳数额以及分期缴纳期限;废除了验资要求和证明;取消了货币出资的比例要求;并对登记制度做出了相应的修改。

13 年《公司法》一举解决了长期以来一直存在的企业设立难的困境,其意义在于:有利于降低投资者创业成本,刺激投资者投资积极性,降低企业融资成本;有利于新技术、新产业、新业态等新兴生产力的发展,创造更多的就业与创业机会;有利于简政放权,放松政府对市场准入的管制,进一步增强企业自主经营权,为投资者和企业营造一种自由、公平的市场环境;有利于改变和创新政府监管方式,由政府直接通过登记环节干预企业经营管理转变为通过公开信息平台这样一种更加透明、更为高效的监管方式。

为了及时将我国公司资本制度改革和公司法的修改反映在教科书中,作者对本书的

---

〔1〕 所谓"实缴制",是指公司在设立登记时,登记机关须过问注册资本的实际缴纳状态,具体体现为股东或者发起人缴纳出资后,必须经依法设立的验资机构验资并提交验资证明。所谓"认缴制",是指公司的注册资本由股东或者发起人认缴或者认购,并按照公司章程的规定缴纳。实缴制与认缴制的区别在于:认缴制排除了法律对注册资本缴纳的行政干预因素,公司注册资本的缴纳由公司自己决定,注册资本的缴纳自然也就不需要履行验资程序和提交验资证明。

相关内容进行了修订。同时,最高人民法院相继发布了三个关于公司法的司法解释,本次修订也将其主要内容吸收到本书中来,以便读者更深入地了解公司法的实施情况。此外,借此修订机会,作者又通读了一次全书,对一些瑕疵进行了矫正。本书修订完毕后,我请我院商法学专业几位博士生帮助我对全书进行了校对。他们是杨祥、刘成墉、沈太韬、孟令星。在此,我对他们的辛勤劳动表示衷心的感谢。

是为代序。

施天涛谨记
2014 年 3 月 25 日
清华大学明理楼

一次具有历史意义的公司法修正

| 第二版代序 |

2005年10月27日十届全国人大第18次常委会通过了修订后的公司法（以下简称05年《公司法》或者新公司法）。我国公司法首次颁布于1993年12月29日（以下简称93年《公司法》或者旧公司法），其间，虽然经过了1999年12月25日九届全国人大第13次常委会的第一次修订和2004年8月28日十届全国人大第11次常委会的第二次修订，但这两次修订均属于微调，仅涉及几个条款。可以说，新公司法才是自1993年以来的一次真正的修订，不失为公司法制史上的一次重大事件。

新公司法基本奠定了一部较为科学的现代法律的基础，其进步性是明显的，主要表现在如下几个方面：

第一，对企业管制的极大放松。公司法的自由化不仅是企业自身的固有要求，也是我国近几十年来经济体制和国有企业改革的目标，同时也是现代公司法发展的大趋势。与旧公司法比较，新公司法对企业管制的放松可以说是此次公司法修订取得的最大成绩，并成为新公司法的精神支柱。譬如，新公司法清除了有关政府对企业直接管制的规定，公司人格自由获得了较大程度的解放，设立公司更加自由，资本管制较为宽容，公司章程在公司治理中的作用得到显著提升，股权转让更加自由，等等。

第二，强化了对公司股东的保护。公司是股东投资设立的营利性经济组织，是股东的利益所在。如何保护公司股东利益不被忽视甚或被侵害，是公司法关注的重大问题。与旧公司法对比，新公司法明显地强化了对股东利益的保护。譬如，新公司法强化了股东知情权和少数股东权，并规定了股东提案权，等等。

第三，强化了对公司债权人的保护。如何维护公司债权人利益以及在公司债权人利益受到损害时如何能够获得救济，同样是公司法上应当关注的重大问题，也是本次公司法修正着重解决的问题。新公司法在对待这个问题上，既有对旧公司法既有制度的完善，同时又大胆地引进了新的制度。譬如，新公司法引进了揭开公司面纱制度，强化了公司审计制度,在改革资本制度的同时继续维持了法定资本制,等等。

第四,强化了公司的社会责任。随着公司在社会经济生活中所扮演的角色越来越重要,公司的社会责任问题也越来越突出。因应这一问题,各国公司立法也做出了不同程度的反应。在我国,虽然旧公司法没有明确提出公司的社会责任概念,却在相当条文中体现了这一原则和精神。公司的社会责任是一个较为宽泛的概念,涉及不同的利益相关者,但旧公司法关于公司社会责任中的利益相关者仅限于公司内部职工。新公司法基本上沿袭了旧公司法的这一思路,并没有本质上的变化。尽管如此,新公司法还是强化了公司的社会责任。譬如,公司“社会责任”明确写入法律,进一步强化了对职工利益的保护,强化了公司职工参与公司决策与公司管理,等等。

第五,强化了对公司利益的保护。公司利益的保护不仅直接涉及公司本身,而且间接涉及公司股东、公司债权人以及公司职工的利益。新公司法大大加强了对公司利益的保护力度。譬如,新公司法强化了公司股东、控股股东、实际控制人、董事、监事、高级管理人员的义务和责任,引进了勤勉义务并完善了忠实义务,引进了派生诉讼制度,建立了控制关联交易措施,等等。

第六,公司治理结构得到进一步完善。公司治理结构是公司治理的重要内容,它涉及公司中的权力分配与安排问题。完善的公司治理结构是公司独立人格和各方参与者利益的重要保障。新公司法对旧公司法所存在的缺陷进行了完善。譬如,新公司法关于公司代表人制度的改革,书面表决制度的采用,累积表决制度的承认,独立董事、董事会秘书的设置,各种会议程式的完善,以及监事会权力的强化,等等。

第七,强化了公司法的可诉性。旧公司法的一个重大特点就是它在很大程度上仅仅是为国有企业的公司制改革提供法律政策指导,这种法律具有强烈的宣言色彩,这使许多法律措施难以得到执行。本次公司法的修改明显强化了公司法的可诉性。譬如,新公司法设置了揭开公司面纱诉讼,公司决议的无效和可撤销诉讼,股东知情权诉讼,反对股东股份收购请求权诉讼,股东派生诉讼,股东请求解散公司诉讼,等等。

第八,制度设计更为科学。旧公司法在制度设计上存在许多缺陷。有的缺陷表现为在立法政策上的不合理,有的缺陷表现为制度设计不周延。对此,新公司法在很大程度上进行了修正、弥补和完善,使新公司法更像一部公司法,而不是一部改制法。譬如,新公司法在结构体系上进行了较大调整,新公司法的制度构建更趋完善,新公司法填补了旧公司法中存在的许多空缺,等等。

与旧公司法相比较,新公司法在各方面确实取得了较大进步。但也毋庸讳言,新公司法依然存在许多缺憾。这种缺憾主要体现在如下两个方面:一是法律政策依然有不合理之处。譬如,公司经营范围和公司权力仍然受到相当的限制,对一人有限责任公司设置了较为苛刻的条件,验资制度依然缺乏灵活性,继续保留了对股份有限公司发起人的住所要求,对派生诉讼持严格限制态度,等等。二是立法技术依然比较粗糙,制度构建还是不够周延。譬如,对转投资的负面作用缺乏法律控制,揭开公司面纱制度和受信义务缺乏司法审查标准,有关公司诉讼缺乏完善程序保障,关联交易缺乏系统处理,等等。

以上是对新公司法的一个简单评述。

新公司法通过并实施了,法学院教师就面临着修改教案和教材的任务。上学期后半段时间的主要任务是修改教案应付教学,本学期前半段时间修订了《商法学》一书,所以本书的修订工作直到现在才完成。本书的修订仍显仓促,不足之处尚请谅解。在我完成修订稿之后,周勤、杜晶、付维国、曾永锋、龚薇、柏林、李赛敏、郝朝峰同学帮助我进行了校对。特此说明,并致谢意。

是为代序。

施天涛谨记
2006 年 6 月 6 日
清华明理楼

这是一本为教而写的公司法教科书

| 第一版代序 |

一、为什么写作本书

一直以来我都有撰写一部公司法教科书的冲动,这固然是因为自己长期致力于公司法研究的偏好,但真正的原因则是适应教学需要。我在讲授公司法这门课程时总是面临着这样一种困扰:我国公司法既有理论的观念滞后与现行法律的制度缺失远远不能反映现代公司法的发展状况。如果完全按照"中国公司法"框架讲授,对学生来说多少有些不公平,因为这样的理论与法律难以给他们毕业后从事公司法律业务提供真正有用的指导。有鉴于此,近年来在我的公司法课堂上我总是尽可能地不断更新讲授内容。但由于这些内容没有形成教科书式的书面文字,学生课前无法预知,课后不能复习(仅仅依靠课件难以达到这一目的),影响了学生进一步的知识深化。当然我可以给学生列出一长串参考性专著和散见于各类刊物的文章,但这无疑又将大大提高其阅读成本。对于法学院的学生而言,毕竟公司法只是他们众多的选修课程之一(一般也不过两三个学分)。

我所面临的另一个困惑是,任何一门学科的学习与讲授当首重知识的基础性和系统性。公司法也不例外。这使我在公司法课堂上不得不投入大量的时间在这方面。但是,引导学生运用其所学的基础知识来分析和解决公司法的具体问题又具有同等重要性,尤其是需要这样的训练来培养学生的法律思维方式和法律运用能力。借用一句俗话,即Think like a lawyer,我再续上一句Practice like a lawyer。然而,在有限的课时内则难以同时兼顾上述不同目标。

如何解决这些矛盾? 一个办法就是求助于教科书,一部知识更新化的公司法教科书。同时,如果有了教科书,一些纯知识性的东西可以由学生自学掌握,教师则可以专注于引导和提升。人文社会科学是可以自学的,法学当然也可以自学,而且应当鼓励自学。

二、本书的写作思路是什么

本书的内容是我近年来在不同程度上相继给本科生和研究生讲授过的。总体来说,学生的反映还不错,评价也是肯定性的。但我却也经常面对学生这样的疑问:"老师您讲的大多是外国公司法",有的学生甚至干脆说:"您讲的是美国公司法"。对于这样的问题,我每每都要进行耐心解释。这个问题很重要,也很尖锐,有必要借此机会再次予以说明,因为这很可能同样是本书读者的疑问。

如果将这样的问题视为一种评价的话,我无法完全接受。无论是课堂讲授还是本书的写作我都在认真对待中国公司法问题。但是,我也确实吸收了相当分量的外国公司法理论和制度内容。这也正是中国公司法学者和教师所不得不面对的一种尴尬。如果中国公司法理论和制度足够成熟的话,谁又愿意做这种出力不讨好的事情呢(对于绝大多数中国法学家而言,毕竟读外文要比读中文困难得多)?

公司法学是一门显学。西方国家公司法理论非常发达,著述极为丰富,而且不断地被新的理论和方法所补充或替代;公司法律制度相当完善,司法经验尤其丰富。然而,相对于其他学科,包括公司法学在内的中国商法学起步较晚,理论研究不够深入,学术积累非常有限。相对于其他法律,包括公司法在内的中国商法的发展历史相当短暂。1993 年中国公司法所存在的立法上的粗浅和遗漏,包括理念和制度的落后和瑕疵都是显而易见的。同时司法实践的经验积累也非常有限。

我并非在非议中国公司法和商法学者,恰恰相反,我认为中国的公司法和商法学者所面临的压力和挑战非常之大。中国公司法和商法学者现在的任务依然是基础理论和制度框架的构建,公司法本身就是舶来品,其基础理论和制度的建设必然依赖于对外国公司法理论的借鉴和输入。在这一点上,中国公司法和商法学者近年来所付出的艰辛努力有目共睹,如果从历史和比较的角度来评价,可以说成就斐然。近年来出现的许多优秀著述就是明证,只不过尚未及时地为教科书吸收总结。

我也并非在否定中国公司立法和司法,恰恰相反,中国公司和商事立法者和司法者所面临的压力和挑战同样巨大。在一个需要建立市场经济的国家,公司法与商法制度的建立和完善起着至关重要的作用。自 20 世纪 90 年代以来,短短十多年来我国已初步形成了适应市场经济需求的商法体系,目前立法者已经开始了对包括公司法在内的诸多商事法律的修改工作,司法机关也在法律的实施过程中贡献他们的智慧。

这种状况必然要求法学院的教师在讲授公司法和撰写公司法教材时需将国外成熟的具有代表性的理论和制度以及司法经验加以引进并在比较法的意义上使之原理化。原理化是否可能呢?我认为,在公司法领域的经济现象在他国存在,在中国也会发生,即使今天不发生,明天也会发生;他国解决这些问题的方法和规则同样也可以为中国立法和司法采用。事实已经证明,昨天发生在他国的经济现象,今天已经在中国发生;事实同样已经证明,他国的公司法观念和制度已经或正在为我国公司法引进。

当然,这种借鉴和移植工作甚是艰难,尤其是被包裹在层层程序面纱之中的英美法律,往往令人望而生畏。但是,如果揭开面纱,借鉴和移植同样是可能的,也是最有意义的。因而,即使再艰辛,这样的工作也值得。很显然,英美公司法,尤其是美国的公司法有着较大的影响力。原理化首先意味着法律制度的理论支持和政策选择。西方国家的公司法理论从各种视角为公司法律制度提供了精到的解说。一般而言,法律是利益平衡的产物,理论的指导意义可使立法者和司法者在权衡规则的取舍和适用时更加周延。然而,在借鉴这些理论运用于公司法分析时也是痛苦的。现代公司法理论所融合的经济学和财务学分析方法和工具着实让人头疼,但这又是当代中国公司法和商法学者所无法回避的事。我常常后悔,为什么选择了公司法和商法学作为我的传道职业和研究方向,但选择在了解之前,路已走出,似乎已经没有回头的余地。

更为重要的是,原理化还需要将西方国家之公司法理论和经验与中国具体情况相结合,即所谓的"本土化"。因此,对中国公司法自身的关注和讨论也是本书的重要构成,甚至是最基本的定位和终极目的,这自不待言。

三、本书是如何写成的

本书主要是由我不同时期的讲稿和两次国外访问进修时的听课和读书笔记奠定的基础,并经过相当长时间整合而成。如前所述,本书旨在借鉴域外公司法理论和制度的基础上构建中国公司法的基本原理(略有一点"贪心"/ambitious 的计划),这就需要对域外的理论和制度进行发掘、鉴别和整合。但这并非意味着这样的工作需要我从头开始。如果是这样的话,我岂有这个能力?而且前人已经做出的努力,后人岂有不消受之理?因此,本书的写作在很大程度上是借助于域外比较流行的教科书并在其指引下按图索骥,譬如,汉密尔顿、克拉克、高维尔、格维尔茨等流行作家的经典公司法教科书。这些教科书比较适合中国读者,借此机会,我也将其推荐给读者。尤其是汉密尔顿的公司法,我自学生时代就开始阅读,从此就没有离开过我的书桌(这本书我几乎都读"烂"了)。正因如此,本书的内容和体系乃至于写作风格都受到了其极深的影响。此外,日本、韩国的公司法翻译著作也是本书的重要参考资料。我国台湾地区的"公司法"著作同样是本书的重要参考,尤其是对我早期的研习和教学影响较大。

再者,借鉴域外公司法,但域外公司法何其多,焉能面面俱到?因此,本书主要借鉴的是英美国家的法律,尤其是选择了美国公司法作为标本。即便是美国公司法也够恼人的,各州均有自己的公司法,而且更重要的公司法还在判例中。所以,在借鉴美国公司法时,所选择的标本主要是美国律师协会(ABA)的《示范商事公司法》和美国法学会(ALI)的《公司治理准则》。这两部"法律"虽然仅具示范和指引性质,但其绝大部分内容已为州法采用,尤其是前者,在某种意义上已经成为州法的象征,即使是美国学者也在该种意义上引用。事实上,可以说这两部"法律"本身就是对美国真实判例法的重述(restatement),也体现了美国法学家的才华和智慧。同时,我也在自己的能力范围内对州公司法及其判例有所注意,尤其是特拉华公司法及其判例是本书的重要参考法例。当然,读者自应注意到,德国、法国、日本、韩国和欧盟等国家和地区的公司法或者商法也是本书内容的重要借鉴。但由于语言限制,本书对欧洲国家及欧盟公司法的考察只能借助于翻译文献。

本书是否达到了原理化呢?我只能说这本来就只是我的一个目标。眼高手低乃人之常病。由于自己学识浅薄,虽然勤奋有余,奈何天分、能力有限;另外,欲在一片几乎荒芜的领地建立公司法原理之高瓴,需要众多学者,甚至是几代人的努力。因此,本书至多可以说仅仅是一个尝试。但这种尝试是有意义和价值的,即使失败,也可为后者鉴。基于这样的认识，我原准备将本书称之为《公司法原理》，现在则名之为《公司法论》。这一态度的改变表明，我的理解是，“原理”需要更加成熟化一些，“论”则代表一种探索，也为自己留下进一步完善的空间。

我认为一部成熟的教科书至少应当满足三个标准：一是知识的更新性；二是体系的合理性；三是内容的精确性。以此标准衡量本书，我的自我评估是，知识的更新性基本做到了。体系的合理性大致不会存在什么问题，而且这本身就是一个具有个人倾向的问题。内容的精到和准确却存在相当大的差距，这主要说明自身功力尚欠火候。然而，理论建树与学术积累并非可以一蹴而就，功夫在于点滴，需要慢慢修炼。因此，对于书中存在的错误和缺陷，除了请读者多几分宽容，还需要提醒读者进行批判性阅读。当今时代，大凡认得几个字的人差不多都在写书，著述泛滥于市。我也难免堕入其中，但却有个不成其理由的理由以为掩饰，身为教师，编写教科书，不得已而为之尔。

四、需要感谢的人们

除了最近几年的集中整理工作，本书形成于长期的教学过程中，这是一个互动的过程。在这一过程中，基于教学所反馈的意见使我可以不断地调整思路和完善内容。在此，我不仅需要向听过我的公司法课程的所有同学致谢，而且还需要向他们致歉，尤其是向早期的同学们致歉。因为这一过程不仅是本书渐趋形成的过程，而且在一定意义上可以说，他们也是本书的“试药人”。这几乎是个规律，没有学生的牺牲，就没有老师的成熟。

我的好友法律出版社丁小宣先生始终都是我写作本书的友情支持者，没有他的鼓励和督促，本书的出版可能还要往后延挺。

本书初稿写成后，我的好友清华大学经管学院金勇军先生阅读了全文，并提出了许多中肯的意见。在得到了他可以将本书付诸出版的肯定性意见后，我才获得了足够的面对读者的信心。

在本书定稿后，清华大学法学院部分民商法专业博士生和硕士生自愿帮我校对稿件，他们的细心工作和辛勤劳动是我本人无法替代的。我将他们的名字列举如下，并致以谢意。他们是：刘哲、周勤、杜晶、张华明、马正平、付维国、曾永锋、龚薇、王兴华、樊春丽、郭凤娜、祝文珍、庄园、钱佳丽、张传荣、言霜霜、徐志展、辛恩克、王玉国、杨维智、柏勇、罗祁峰。

是为代序。

施天涛谨记

2005 年 7 月 2 日

清华大学明理楼

目　　录

第一编　公司导论

第四编　股 东 权 利

第五编　公 司 治 理

第六编　公司变更

第一编　公司导论

公司概述

公司观念的现代修正

公司类型

第一章　公 司 概 述

第一节　公司的经典定义

一、公司概念解析

“公司”这一术语是一个外来语,非中国本土语言。[1] 公司的英文表达方式有两种:一是 corporation,二是 company。区分二者之间的差别没有太大的实质意义,主要是语言使用习惯不同。美国习惯于使用 corporation 一词,而英国以及受英国法影响的国家和地区则习惯于使用 company 一词。公司的德文表述方式是 Handelsgesllschaft,法文表述方式为 societe commerciale,日文表述方式为会社。

在现代社会,公司这一概念已为人们耳熟能详,公司组织在社会经济生活中扮演着举足轻重的角色,公司法已经成为极为重要的法律部门。但在法律上究竟如何对公司下一个精确的定义,则殊非易事。正如英国著名公司法学家高维尔指出:“尽管公司法在法律领域已是公认的法律部门,有关这方面的著述也是汗牛充栋,但却依然无法准确把握其范畴,因为‘公司一词并没有严格的法律含义’[2]。”[3]高维尔教授的论断并非夸大其词。这是因为,在英美法律传统中,无论是 company 还是 corporation,其实际含义均较现

---

〔1〕 有学者考证,与“公司”相对应的中文表达方式最初为“公行”“洋行”“局”。……在《大清法规大全》中,较早使用“公司”一词的,是光绪皇帝在 1875 年对商部奏折的批复。在这一谕旨中,皇帝命令“各省将军、督抚,于商部拟设各项公司,会同筹划,悉心经理”。1904 年,清朝政府颁布大清公司律。“公司”一词,从此成为正式的法律术语[参见江平主编、方流芳副主编:《新编公司法教程》(第 2 版),法律出版社 2003 年版,第 53 ~ 54 页]。但也有学者认为,“‘公司’一词,为吾固有,并非舶来,语出庄子:积卑而为高,合小而为大,合并而为公之道,是为公司……周礼地官媒氏:司男女之无夫家者而会之。足见‘公司’一词,其来有自,主司共同之事而无私也。此与各国之名称虽不一……然其意则一……”(参见武忆舟:《公司法论》,台北,三民书局 1998 年版,第 11 页)。著者认为,此种考证至多只能说明辞源上的承继关系,从“公司”一词所承载的现代意义而言,前一种考证更具有说明意义。不过,著者认为,“公司”一词的中文表述先天存在缺陷:公司原本是私人社会之商事组织,而中文表述的含义却恰恰相反。公司这种商事组织始终无法突破公权力之樊篱。

〔2〕 Buckley J. in Re Stanley[1906]1 Ch. 131 at p. 134.

〔3〕 Paul L. Davies, *Gower's Principles of Modern Company Law* 6th ed. , Sweet & Maxwell, 1997, at p. 3.

代公司法上的公司概念宽泛得多。而company 的含义又较 corporation 一词概念宽泛。根据《布莱克法律词典》记载,company 一词泛指一切由个人组成的以从事工商事业或者其他事业为目的之社团或者联合体。这种社团或者联合体可能具有法人资格,也可能不具有法人资格;可能具有营利目的,也可能不具有营利目的。corporation 一词则专指法人团体,包括市政法人(municipal corporation)、独任法人(corporation sole)、商事法人(business corporation)。[4] 很显然,现代公司法上的公司仅在商事法人团体概念上使用 company 或者 corporation,既排除了非法人团体,也排除了非营利组织。

比较而言,大陆法系国家法律对公司的界定则要单纯得多,它仅指具有法人资格的营利性社团。依大陆法系传统公司法理论,公司是一种依法设立的营利性社团法人。从对公司的这一经典界定来看,公司的实质概念由三个要素构成,即独立的人格、个人结合的社团、以营利为目的。这一定义基本上反映了公司的内涵,而且具有原则性和普遍性。然而,应当注意到,现代公司法的发展在许多方面已经突破了传统的公司概念,并在相当程度上进行了修正。[5] 此外,公司的概念在形式上还需要满足依法设立这一要求。所谓"依法设立",是指依据商事法律规定的条件和程序而设立公司。就实体而言,可能涉及商法、公司法和相关特别法;就程序而言,可能涉及商事登记法、公司登记管理条例等行政法规。

二、公司的人格性

与其他企业组织,如合伙企业、独资企业相比较,公司最为显著的特征就是它具有"法人性"(legal personality)。这是一种法律意义上的人,我们称为"法人"(juris person/legal person/legal entity)。这种法人虽然是虚拟的(artificial)、非自然意义上的人,但它确实又与自然人(natural person)一样,具有独立的人格。这种独立的人格使其能够区别于其成员而独立存在。因此,它能够享有权利,承担义务。[6] 而无论是合伙企业还是独资企业,其本身并不具有独立人格,其人格归属于其合伙人或者业主。

我国《公司法》第 2 条规定,"本法所称公司,是指依照本法在中华人民共和国境内设立的有限责任公司和股份有限公司"。《公司法》第 3 条规定,公司是企业法人,有独立的法人财产,享有法人财产权。我国公司法将公司界定为"企业法人"。[7]《民法典》称之为"营利法人",包括有限责任公司和股份有限公司。由此可见,我国法律明确承认公司

---

〔4〕 See *Black's Law Dictionary*, West Publishing Co., 1979, at p. 255, 307.

〔5〕 如《韩国商法典》第 169 条原先规定,公司是指以商行为及其他营利为目的而设立的社团。第 171 条规定,公司是法人。2011 年修正《韩国商法典》规定,公司是以商行为及其他营利为目的而设立的法人,抛弃了公司的"社团性"观念。

〔6〕 Davies, at p. 77.

〔7〕 什么是企业法人呢?根据我国《民法通则》第 41 条的规定,企业法人包括全民所有制企业、集体所有制企业,以及具备法人资格的中外合资经营企业、中外合作经营企业和外资企业。该条规定并没有包括公司企业法人。这并不奇怪,因为在制定《民法通则》时,公司这种企业形态并未引起立法者的关注。《公司法》将公司规定为一种企业法人,可以说是《民法通则》中"企业法人"概念的必然延伸和扩张。

人格的存在,企业法人即是营利法人。

人格是权利义务的归属点。公司人格意味着公司具有权利能力和行为能力,依法独立享有民事权利和承担民事义务。同时,也意味着公司可以自己的名义独立地从事经营活动,实施法律行为,并能够依法独立承担民事责任。[8] 由此可见,承认公司的独立人格也就意味着承认公司的独立主体地位。法人与自然人共同形成民事主体的二元架构。[9]

相应地,公司人格的外观表征为:公司具有自己的名称,公司具有独立的财产,公司具有自己的组织机构,公司能够独立地从事交易和独立地承担民事责任。此外,公司还必须依法成立。[10] 像自然人一样,公司具有自己的名称。公司名称是公司在从事商业活动时用以彰显自己营业的称谓。公司具有独立的财产是公司人格的物质基础。在这一点上,与自然人不同。自然人的人格与其财产没有必然联系,但公司离开了可供自己独立支配的财产,则可能导致公司人格的丧失。凡有人格者,必有思维。公司非自然人,其自身并无思维能力,这就需要依赖公司的组织机构。公司的组织机构有如人之大脑,公司的一切意思和行为均产生于公司的组织机构。所谓具有人格者,必能对其行为后果承担责任。因此,公司具有独立人格的必然结论是,公司须能够独立承担法律责任。也就是说,须将公司本身与组织设立公司的成员区别开来,使公司单独承担责任。如《公司法》第3、4条明确规定,公司以其全部财产对公司的债务承担责任,股东仅以其认缴的出资额或者认购的股份为限对公司承担有限责任。设立公司不仅需要满足上述实质性要件,而且需要满足一定的形式要件,即公司只有经登记注册才能取得法人资格,非经此程序,公司人格不能存在。

综上所述,在一定意义上可以说公司完全是法律的产物(legal creature),是一种法律的拟制。公司人格的诞生以满足法律规定的实质和程序要件为前提。满足了这些条件就可能取得法人资格,否则,不能取得法人资格。这与自然人基于出生而取得人格完全不同。

关于公司的法人格,有两点需要进一步说明:

第一,将公司定性为法人,只是一种法律政策上的考量。最主要的目的在于方便公司从事各种经营活动。然而,公司毕竟与自然人不同,公司的法人格具有很大程度的虚拟性。因而,近年来,公司的法人性质受到了公司契约理论的严重挑战。

第二,正因为公司法人格具有虚拟性,所以,公司人格具有可否认性。这一点与自然人完全不同,自然人的人格不具有可否认性。在何种情况下可以否认公司的人格,将涉

---

[8] 《民法典》第57条规定,法人是具有民事权利能力和民事行为能力,依法独立享有民事权利和承担民事义务的组织。

[9] 至于是否存在第三民事主体,即将合伙视为独立的民事主体,理论上尚有不同看法,这里不作讨论。

[10] 根据《民法典》第58、59、60条的规定,法人应当依法成立;法人应当有自己的名称、组织机构、住所、财产或者经费;法人的民事权利能力和民事行为能力,从法人成立时产生,到法人终止时消灭;法人以其全部财产独立承担民事责任。《公司法》第3条亦同样规定,公司是企业法人,有独立的法人财产,享有法人财产权;公司以其全部财产对公司的债务承担责任。

及“揭开公司面纱”规则的适用问题。

三、公司的社团性

从公司组织形式来看,公司是一种法人组织。经典法人理论将法人区分为社团法人和财团法人。前者是以社员的结合作为其成立基础,如公司、合作社;后者则是以财产的捐助作为其成立的基础,如慈善机构、基金会等。公司是一种社团性质的法人,其成立须有若干成员发起设立。这就是公司的团体性特征。公司的这种团体性特征决定了公司的成员由多数股东构成(在传统法意义上,公司成员专指公司股东)。但是,针对不同性质的公司,法律对股东成员人数的要求是不同的。一般而言,有限责任公司的股东人数要少一些,股份有限公司的股东人数则多一些。譬如,我国公司法规定了有限责任公司股东人数的上限不得超过 50 人,但对股份有限公司的股东人数却没有上限规定。(但应注意的是,在实际经济生活中,并不是所有的有限责任公司的股东人数都少于股份有限公司。譬如,有的有限责任公司的股东人数可能多达数十人,而有的股份有限公司的股东则只有寥寥数人而已。)为什么有限责任公司的股东人数通常要少于股份有限公司呢?这是因为这两类公司的性质不同。有限责任公司具有封闭性,不能公开发行股份,股东之间的关系相对来说比较密切,因而,它主要适用于由少数人合作投资的中小型企业。而股份有限公司则具有公开性,其股份可以公开发行,而且存在一个其股票可以集中交易的公开市场,在这种公司中会存在大量的公众股东。

我国公司法是否承认公司的社团性? 1993 年我国《公司法》(以下简称 93 年《公司法》)是承认公司的社团性的。该法将有限责任公司的股东限定于 2 人以上 50 人以下,股份有限公司的发起人原则上须 5 人以上。这说明,我国公司法曾经是承认公司的社团性的。不过,我国法律并未使用“社团法人”这一概念,《公司法》采用的是“企业法人”,《民法典》表述为“营利法人”。现代公司法显示,承认一人公司的存在已经成为时代的潮流。事实上,我国现行公司法已经突破了公司的社团性。现行《公司法》对一人公司,包括一人有限责任公司和一人股份有限公司的承认就是明证。

四、公司的营利性

社团法人可进一步区分为营利性法人和公益性法人。前者的目的在于营利,后者的目的在于公益。公司是一种营利性法人,也就是说,从公司存在的目的来看,设立公司的目的在于营利。公司从事营业活动只是一种手段,其终极目的在于追求利润分配。《民法典》第 76 条规定,以取得利润并分配给股东等出资人为目的成立的法人,为营利法人。这里所谓以营利为目的,是指组织公司的成员各自以其出资经营某项事业并将公司所获得的利益分配给它的社员作为其最终目的。如果法人的最终目的不是把利益分配给它的社员,而是在于互助或者公益,那么,它虽然是以营利为手段,也不能视为营利性法人。公司是典型的营利性法人,这一标志将它与其他互助性或者公益性社团法人区别开来,如合作社的根本性特征在于企业内部成员的互助性，大学或者机关等机构的根本性目的在于科学、教育等公益性事业。

《民法典》总则编第三章将法人区分为营利法人、非营利法人和特别法人。《民法典》第 76 条规定，营利法人包括有限责任公司和股份有限公司。可见，公司属于营利性法人，固属当然。

利润最大化体现了传统公司法上的“股东至上”(shareholder primacy)的原则，在这一宗旨之下，股东投资企业就是为了获取回报。因此，公司企业存在的最高目标就是追求利润最大化(maximization of profits)，以最大限度地满足股东的回报要求。这种回报的形式表现为两种方式：一是股利的分配，二是剩余财产的分配。股利的分配以公司有盈利为前提，如果公司经营无利润，自然也就没有股利分配。剩余财产的分配是指在公司解散后，经过清算若尚有剩余财产，则由股东进行分配，实际上是一种资产的分配。

近年来，随着公司社会责任理论和实践的发展，公司的营利性以及相应的股东利益最大化目标受到了相当的挑战。现代公司法要求公司在考虑利润最大化目标时，也要兼顾其他“利益相关者”(stakeholder/other constituencies)的利益，即公司也须承担一定的社会责任。《民法典》第 86 条规定，营利法人从事经营活动，应当遵守商业道德，维护交易安全，接受政府和社会的监督，承担社会责任。我国《公司法》第 19 条规定，公司从事经营活动，应当遵守法律法规，遵守社会公德、商业道德，诚实守信，接受政府和社会公众的监督。《公司法》第 20 条规定，公司从事经营活动，应当充分考虑公司职工、消费者等利益相关者的利益以及生态环境保护等社会公共利益，承担社会责任。可见，我国法律适应现代法律的发展趋势和现实社会的和谐目标，已经明确对公司提出了承担社会责任的要求。

第二节　公司的特征

公司这种企业组织形式自其产生以来已经取得了巨大的成功，在全世界范围内，它都是组织大型企业的标准法律形式。为什么公司具有这样大的魅力呢？如果将公司这种企业与其他商事组织(如合伙企业、独资企业等)相比较就会发现，公司的成功源自它自身的特征。这些特征包括集中管理、所有人的有限责任、股权的自由转让和公司的永久存在。[11]

在对上述特征展开论述之前，首先应当说明的是，公司的这些特征在很大程度上只是体现了公司的一般性和普遍性。在这种一般性和普遍性之外，还存在一些例外。譬

〔11〕 在本书中出现的“所有者”这一术语是在经济学意义上使用的。从严格的法律意义上讲，它指的就是股东，或者股权投资者。因而，在经济学文献中经常使用的诸如“股东所有权”“股东对企业的所有”等表述指的是终极意义上的所有权，法律上则对应为“股权”。

如,在封闭型公司中,股东可能同时担任董事和经理;有限责任原则可能在一定条件下通过"揭开公司面纱"排除适用;股份的自由转让主要是公众公司的特征,封闭公司的股权转让则往往受到一定程度的限制;公司的永久存在只是一个法律上的观念,如果公司愿意,它可以在其章程中确定公司存在的期限。

一、集中管理

1932年伯利和米恩斯(Adolf Berle and Gardiner Means)发表了《现代公司与私有财产》(*Modern Corporation and Private Property*)。该书是一部划时代的企业理论著作。作者在该书中提出了所谓的"伯利—米恩斯命题"(Berle and Means Thesis):现代企业的发展使得公司从所有者控制转变为经营者控制,公司中的所有权与控制权发生了分离。这一现象被称为"经理革命"(managerial revolution)。[12]

集中管理(centralized management)是现代企业的首要特征。股东所有权与对企业的经营管理权的分离(separation of ownership and control)导致了对企业的集中管理。集中管理是大型企业组织的必然产物。而在合伙企业或者独资企业中,由于所有权与经营权合为一体,对企业的管理模式是由所有人对企业实施直接管理和监控。但在规模经济的条件下,这种模式显然就不能适应了。规模经营要求专业化、技术化和经验化的集中管理,这种集中管理大大地促进了经济的发展。随之而来的变化是,投资者对企业管理层的直接监控能力逐渐萎缩,股东只能通过选择专门的管理者来对企业进行管理。相应地,股东对企业的管理权就逐渐旁落到专门的管理层手中。

传统上,公司法将对公司的管理权赋予公司的董事会。董事会主要由股东选举的成员构成(可以有非股东成员),它专门负责对公司的经营事务的管理。然而,在现代公司,尤其是在大型公众公司中,董事会往往蜕变为一种复杂的官僚体系,实际上,对企业的日常经营管理掌握在经理人手中。因此,在现代公司实践中,公司的经营管理权事实上是由董事会和经理层分享的。在有的公司法体系中,譬如大陆法系国家公司法中还设有公司监事会制度。监事会成员也主要是由股东选举产生的(也可以有非股东成员),它负责对公司的管理权的实施进行监督。由此可以看出,公司经济是一种民主经济,同时也是一种自治经济。公司中的权力分配典型地体现了民主经济的模式:股东享有最高决策权,但这种权力是间接的,立法预期在于排除股东直接参与或者干预企业经营管理;董事会独立负责公司的经营管理事务,它只对公司或者股东作为一个整体负责,而无须对股东个人负责;监事会则负责对企业管理层进行监督。

将公司的经营管理权从所有者手中分离出来的第一个重大贡献就是投资者有限责

---

[12] 伯利和米恩斯通过对当时美国的200家非金融公司进行的研究表明,该200家大型公司控制了49.5%的公司财产,39%的工商财产,22%的国民财富。其中,由经营者控制的公司资产高达58%。1966年勒纳在其发表的"1929年和1963年最大200家非金融公司控制权与所有权"一文中的调查证明由经营者控制的公司资产已经上升到85%。随后,钱德勒在其《看得见的手——美国企业的经理革命》一书中进一步指出,现代企业实际上控制在支薪的经理人阶层这只"看得见的手"中。

任的产生。既然股东不再直接参与管理企业,为什么还要让投资者对企业的债务像合伙人那样承担无限责任呢?在股东不能直接参与企业管理的情况下,如果股东对企业的管理不满意又怎么办呢?所以,两权分离的第二个贡献就是所有者权益的自由转让。如果股东对企业的管理不满意,他可以“用脚投票”(voting by foot),即通过股权转让退出公司。两权分离的第三个贡献就是,由于它使公司获得了独立的主体地位,因而,如果它的投资人愿意,公司可以无期限地存在。

尽管两权分离条件下的集中管理是现代公司的首要特征,但是也应注意到,这一特征在封闭公司却不是很明显。在封闭公司中,往往是所有者与企业混为一体,并没有明显界限,所有者直接控制企业,其情形有如合伙一样。传统法律并未充分认识到这一点,其所采用的公司法规则几乎都是划一的。然而,现代法律已经开始重视这一问题,并试图对这种特殊性予以特殊对待。

二、有限责任

股东有限责任(limited liability for its owners)是公司的另一个重要特征,同时也是公司法上的一个重要基石。所谓股东有限责任,是指股东作为投资者只在其投资限度内对公司承担出资责任,公司以其全部资产对公司债权人承担责任。例如,我国《公司法》第3条第1款规定,“公司是企业法人,有独立的法人财产,享有法人财产权。公司以其全部财产对公司的债务承担责任”。《公司法》第4条第1款规定,“有限责任公司的股东以其认缴的出资额为限对公司承担责任;股份有限公司的股东以其认购的股份为限对公司承担责任”。这一规定就是对股东有限责任的法律表述。

有限责任制度的核心是在公司与其股东之间划出一道明显的界线,股东只是单纯的投资者,它无须对公司的债务承担除其投资之外的进一步的责任。当然,有限责任的理论基础是公司的人格与其成员的人格发生分离。在法理上,一个人无须对另一个人的行为负担责任,当然,股东也无须对公司的债务承担责任。

在企业发展史上,在单一资本或者少数资本投入的情况下,企业的所有权和控制权集中于投资者一人或者数人手中,所有权与控制权未能分离,投资者与企业混为一体。因此,早期企业的业主或者投资者对企业债务承担无限责任。这种责任机制极大地束缚了企业的发展。自19世纪以来,工业革命的技术推动、自由放任的经济思想、政治平等的强烈要求以及责任限定的法律实践,均为股东有限责任立法的最终形成提供了积极的社会背景。在现代公司机制下,有限责任已经成为现代公司的根本特征。企业成员除投入公司的股权资本之外,再无任何其他责任可承担,更何况现代法律对公司的股权资本投入,尤其是初始资本的要求已经徒具形式,并将股东的投资风险降低到了最低限度。

有限责任的确立和发展具有非常重要的意义。它有利于形成规模经济,分散投资风险,刺激投资者的积极性。在谈到有限责任制度的意义时,人们常常喜欢引用美国哥伦比亚大学前校长巴特尔(Butler)的一句名言。他说,“有限责任是当代最伟大的发明,其产生的意义甚至超过了蒸汽机和电的发明"[13]。的确,当我们看到今天的公司在社会经济生活中对人们的影响,无论怎样去炫耀有限责任制度的好处都不过分。如果没有有限责任制度的确立,很难设想我们今天所取得的经济成就。这就是公司这种组织形式具有那么强大生命力的根本原因。

根据伊斯特布鲁克法官和费希尔教授的观点,有限责任具有降低监控成本、刺激管理者实施更加有效的管理、使市场价格更能反映企业的真实价值、允许更加有效的多样化投资以及有利于投资者实现最优化投资决策等好处。两位学者对之进行了如下精辟的阐释:[14]

第一,有限责任可以降低监控代理人成本。投资者为了保护自己,不得不严密地监视其代理人。他们承担的风险越大,其监控力度就越大。但是过度的监督也许是不划算的。另外,专门的风险承担机制使许多投资者可以通过多样化投资来分散其风险。其向每一个企业的投入仅仅是其投资的一部分。这些分散投资者既缺乏足够经验又缺乏充分的激励去监督专业化的代理人。有限责任使多样化和消极监督成为理性的投资策略,并有可能降低公司运行成本。

第二,有限责任可以降低监控其他股东的成本。设想一下合伙企业的情形:合伙人不仅要监控其代理人,而且合伙人之间还要相互监控。在投资者承担无限责任的规则下,某一投资者投入的财产越多,其他投资者的资产用于支付责任债务的可能性就越低。这将使投资者不得不花费很大代价去监控其他投资者以确保他们不会任意处置公司资产。而在有限责任机制下,则大可不必去关注其他投资者的行为,因而也就可以避免这样的成本。

第三,通过促进股份的自由转让,有限责任可以刺激管理层进行更为有效的管理。尽管个人股东缺乏监督专业代理人的经验和动力,但投资者所具有的转让其股份的能力无疑为股东创造了机会并可以约束代理人的行为。只要股份与表决权捆绑在一起,经营业绩乏善的企业就可能成为低价收购大宗股份的投资者猎取的对象,并在收购完成后以新的管理团队取而代之。被取代的威胁将会促使现任管理层尽力提高经营管理水平和效率,以使企业业绩及其股票价格维持在一个较高的水平和价位上。由此可见,一项促进控制权转让的规则会促使管理者更加有效率地工作以避免收购的发生。这项规则就是有限责任条件下的股份自由转让。在实行无限连带责任的合伙企业中,出资份额各不相等,未能分割为单位相同的股份,不能形成统一的价格,收购人不得不与每一位投资者进行单独协商并支付不同的价格,从而导致收购成本加大,收购成功的可能性降低。因而,也就不能通过收购达到促进管理水平提高的目的。

第四,有限责任使市场价格能够反映出企业价值的附加信息(additional informa-

---

〔13〕 Tony Orhnial, *Limited Liability and the Corporation*, Croom Helm, 1982, at p. 42.

〔14〕 See Frank H. Easterbrook and Daniel R. Fischel, *The Economic Structure of Corporate Law*, Harvard University Press, 1998, at p. 41 - 44.

tion)。在有限责任条件下,由于存在股份交易的公开市场,在这个市场上,股份可以同一价格流通和交易。当所有的投资者都可以在相同的条件下进行交易时,大多数投资者就不会花费资源去考察附加信息,尽管投资者通常只有在股票价格反映了企业前景的有益信息时才会进行交易。在无限责任条件下,出资份额不存在统一的市场价格。投资者必须耗费更大的资源去分析企业的前景,才能确定是否获取了正确价格。

第五,有限责任允许更加有效的投资多元化。投资者可以通过多元化的投资组合降低投资风险。多元化不会增加风险,反而会分散风险。所谓"不要将鸡蛋全部放在一个篮子里",只有在有限责任条件下才能得到应验。在无限责任条件下,多元化只会增加风险,而不会减少风险。如果其所投资的任何企业陷入财务困境或者破产,投资者可能就会丧失其全部投资。因此,在无限责任条件下的理性投资只能是减少所拥有权益的数额。其结果是,投资者不得不承担本来通过多元化可以避免的风险,同时也提高了企业筹集资本的成本。

第六,有限责任有利于股东作出最优化投资决策。当投资者持有分散化的投资组合时,他们可以从事高风险事业的投资(诸如开发新产品)而不至于使该项投资遭受毁灭性损失。每个投资者都可以通过持有其他企业的股票来冲抵某一项目上的失败。但是,在无限责任条件下,管理者的行为正好相反。他们会拒绝将资金投入那些虽然其净现值为正但风险太高的项目。这是符合投资者愿望的,因为这是降低风险的最佳方式。但是,这样做却是一种社会损失(social loss),因为净现值为正的项目是对资本利用的有效方式。

由上述可知,有限责任的确具有无限责任所无法比拟的优势。但应注意的是,任何事情都有它的另一面。有限责任也存在其固有的缺陷,如对债权人不公平、股东过度投机、增加代理成本以及滥用有限责任等。有限责任并不能消除企业的风险。当企业经营失败的时候,总要有人出来为该种损失负责。有限责任实际上是将一部分风险转嫁给了债权人。如果投资者过分追逐高风险投资利润,导致企业失败,债权人的本息将得不到回收,债权人将遭受损失。同时,有限责任虽然降低了股东的监控成本,但由于在有限责任条件下,企业的两权分离更加彻底,专业化代理成本提高。此外,如果股权投资者滥用有限责任,不遵守公司独立人格规则,则容易导致债权人利益的损害。

三、自由转让

公司控制权与所有权的分离促进了股东权益的可转让性。公司的股权可以自由转让(free transferability),而在合伙企业中,合伙人要转让其出资,则非常困难。公司与其他企业的最大不同还在于:在公众公司,存在一个为其股份转让的公开市场,在这个公开市场中,投资者可以自由买进或者卖出其所持股份。公司股份的自由转让促进了证券市场的发展;反过来,证券市场的发展又为股份的自由转让提供了良好的条件和环境。

股权的自由转让具有重要意义,具体表现在如下几个方面:

首先,它为股东提供了退出机制。公司法中的一个重要原则是在公司成立后股东不能抽回资本,这是公司资本维持原则的体现。但问题是,如果股东对其所投资的企业不再有兴趣或者股东对公司的管理绩效不满意又怎么办呢?在这种情况下,股东可以通过转让其股权而退出公司。这样,虽然股东变化了,但公司资本却并没有因为股东的退出而减少。

其次,股权的自由转让有利于提高公司的管理水平。如果股东对公司的管理不满意,股东可以转让其股权而退出公司。这就促使公司管理者尽心尽力地提高公司的管理水平和经营业绩,以此提升公司的股票价格,这样才能吸引公众投资者投资于公司。否则,人们不但不愿意购买公司的股票,而且会大量抛售公司的股票,股票价格也就随之下跌,从而影响管理层的声誉和切身利益。同时,股权的自由转让可以使人们通过在收购市场上大量收购公司股份来替换公司管理层成为可能。

最后,股权的自由转让能够最大限度地反映财产的价值。任何财产的价值都由使用价值和交换价值构成。在使用价值相同的条件下,交换价值越高,财产的价值就越高。可以说,财产的转让性和流通性本身就是财产价值的固有特征。不能转让和流通的财产不是完全意义上的财产;转让和流通不完全自由的财产同样不是完全意义上的财产。譬如,不同性质的公司,其股权转让的自由程度不尽相同。通常,法律对有限责任公司的股权转让设定了一定的限制,因而,这种股权的价值也就受到了相当的影响。

股权的自由转让是一个相对的概念。就有限责任公司而言,其股权转让的自由程度显然要低一些。即使是股份有限公司,其股份转让也可能受到一定的限制。股份的自由转让在公众公司表现得较为典型,而在封闭公司则受到较多的限制。

四、永久存在

现代公司法允许公司"永久存在"(perpetual existence)。当然,公司也可以是有期限的。譬如,一些基于特定项目而成立的公司。所谓公司可以"永久存在"的真实含义是指,公司不会像合伙那样可能因为其成员的退出而导致解散,因为合伙是基于合伙协议维系其存在的,同时,合伙协议也规定了合伙的存在期限;公司自身具有独立人格,这种人格是可以无期限存在的。毫无疑问,公司的这种"永久存在"将有利于公司的长期持续发展。

即便如此,公司的永久存在也仍然是一个变化的概念。"公司组织的唯一永恒性特征在于其变化性。它们建立新的工厂并进入或者退出市场。它们也会改变其自身结构——设立新的分支机构,进入或者退出市场,买卖工厂,使公司公众化或者私有化,出售股票或者将其回购,等等。我们将这些变化称之为'控制权交易'(corporate control transaction)。"[15] 这里所谓的"控制权交易",实质上指的是针对公司控制权所发生的争

---

〔15〕 Frank and Fischel, at p. 109.

夺(control contest),主要形式表现为表决权之争(proxy fight)、收购与反收购(take over and anti-takeover)等。由此可见,公司的"永久存在"就其实质意义而言是一个相对的概念。尽管公司是"永久存在"的,但公司的控制权却可能发生了无数次的易手。

当然,如果公司愿意,公司也可以确定存在期限。譬如,一些项目公司或者从事特定事业的公司,通常都会在公司章程中规定其存续期限或者解散事由。如果公司章程规定的营业期限届满或者公司章程规定的解散事由出现,公司即行解散。如果公司希望继续存在,可修改公司章程再行延续。另外,即使公司没有确定存在期限,任何时候只要公司股东会决议也可自行解散公司。此外,公司合并或者分立,被吊销营业执照、责令关闭或者被撤销都是解散公司的事由。在特定情况下,还可能是股东申请法院解散公司。

第三节　公司的性质

关于公司的性质,理论上存在不同的学说。其中,具有代表性的学说有法人说和契约关系说。[16] 法人说的基本论调是,公司是法律的产物,相应地,公司的设立和运作均需要依照法律的规定进行;而契约关系说则认为,公司由当事人之间的一系列协议构成,当事人有权对诸如公司治理等问题进行自主安排。

一、公司是法律产物吗

关于公司的性质,传统法人理论的解说最为流行并普遍地为人们所接受。传统的观念认为,公司是法人,[17] 具有独立的主体地位,能够以自己的名义从事经营活动,包括签订合同、买卖土地、起诉或者应诉和缴纳税款等。[18]

根据法人理论学说,公司是法律的产物(legal creature)。相应地,公司的设立和运作均需要依照法律的规定进行,这当然就使公司法具有明显的强制性特征。这种强制性特

---

〔16〕 除这两种在现代公司法中仍然发生重大影响的理论外,历史上还存在租借理论(concession theory)和合同理论(contract theory)。所谓"租借理论",又称为"特许权理论",是指公司是经由政府许可或者特许而设立的。这一理论的基础是强调政府在设立公司中的地位,在早期较为流行。早期公司的设立必须得到政府或者国会的"特许令状"(charter),并且公司的设立被设置诸多限制。在今天,由于公司法的现代化,设立公司的程序仅仅是一种例行公事的行政行为,政府或者登记注册机构在发放许可证书时,仅仅进行形式上的审查,在这一程序中,并不存在任何重大的实质性管制。所以,这一理论在今天已经不具什么意义了。所谓"合同理论"(contract theory),是指公司特许令状代表的仅仅是有关当事人之间的一种合同关系。这种合同关系存在于政府与公司之间、公司与股东之间或者股东相互之间。合同理论在今天已经失去了意义,并为新的"契约关系"理论所替代。

〔17〕 法人概念正式运用于《德国民法典》。该法在其总则中专门规定了法人制度。但是,法人制度的起源则可以上溯到更早的时期。在罗马法上就存在一种称为 corporazione 的"团体",并将它等同于人,赋予它以人的资格。参见[意]彼德罗·彭梵得:《罗马法教科书》,黄风译,中国政法大学出版社 1992 年版,第 50 页。

〔18〕 关于法人的本质,理论上存在不同学说,主要有法人拟制说与法人实在说。以萨维尼为代表的拟制说认为,法人仅仅是法律对自然人的拟制,是由个人组成的集合,并不存在与社团成员不同的人格。以基尔克为代表的法人实在说认为,法人是一种固有的社会存在,而非法律所拟制。

征主要体现在两个方面:一是对设立和营运中公司的实质性条件要求;二是对设立和营运中公司的程序性条件要求。就前者而言,公司法上规定了设立公司应当具备的条件,如公司股东或发起人人数不得超过法律限定注册资本金、组织机构等事项的要求。只有符合了这些条件,公司才可能成立和运行。就后者而言,公司法上规定了设立和运行程序,设立和运行公司应当依照这些程序进行。如公司设立时,必须按照公司法的规定先由发起人制定章程,并向登记机关申请注册登记,经登记注册而取得法人资格后,方可开始营业。在特定情况下,特殊公司在进行设立登记前,还必须报经主管部门核准,经审查批准后,才能进行设立登记。公司的设立和运行除主要以公司法为依据外,还可能需要遵守其他法律的规定,如民法上关于法人制度的规定、商法上关于商人和商行为的规定、会计法上关于公司财务会计的规定、登记法上关于公司登记的规定等。透过这些强制性规范的表征,其实质反映了政府对企业行为的干预。

法人理论亦受到了相当的批评。批评者认为法人理论〔19〕纯粹是一种形式主义的分析方法,且与公司现实不相符合。公司虽然具有独立主体地位,但是,公司法人主体地位的取得毕竟与基于出生而取得主体地位的自然人不同。自然人基于自然生命取得法律上的主体资格,而法人则基于法律的拟制取得法律上的主体资格。所以,公司这种法人是一种虚拟的实体,而非真实意义上的人。直言之,公司之所以是"法人",只不过是因为法律进行了这样的规定。法律之所以将公司拟人化,主要是为了方便人们从事商事经营活动。从本质上看,将公司作为一种具有独立人格的法人,是一种法律的虚拟,非现实存在。若以现实的眼光来看,则是真实的自然人在从事经营活动。公司行为基本上是由有血有肉的自然人在实施,因为公司本身不能实施具体活动。譬如,有些情况下,由自然人决定公司事务;有些情况下,由自然人代表公司执行业务;公司的利润或者损失最终必须由个人享有或者承担。因此,如果从现实的眼光来看,公司只不过是个人为了从事商事经营活动所采用的一种工具或者手段。"公司的'法人性格'仅仅是为方便而不是现实。"〔20〕

批评者进一步分析,人们经常将有限责任、法人身份以及永久存在视为公司的显著特征,其实是一种误导性陈述。有限责任仅仅意味着股权资本提供者所承担的企业风险不会超过其所投入的股权资本——这是投资的特征而不是公司的特征。法人身份以及永久存在也仅仅意味着公司在解散之前的持续存在,并且有一个名称以便于从事交易和应付诉讼。将企业想象成为一种"它"的存在,自有其方便之处。否则,"爱克森公司在购买办公设备时就不得不附上该公司所有投资者的名单以确保所有投资者按比例分担成本。这样做岂不愚蠢"。〔21〕

---

〔19〕 在美国,学者一般采用法人拟制说。但就批评家所针对的对象而言,并不单指拟制说。也就是说,无论是拟制说还是实在说,在批评家的视角下均无法回避公司虚拟性的现实。

〔20〕 Frank and Fischel, at p. 12.

〔21〕 Easterbrook and Fischel, at p. 11 – 12.

公司法人虚拟性的一个反证是,在特定而有限的情况下,如果这种虚拟实体实施了欺诈行为或者明显违反法律政策或者实施了其他有害行为,法院则可能适用"揭开公司面纱"原则否认其人格。很显然,在任何情况下,自然人的人格都不具有可否认性。

二、公司是契约安排吗

对公司性质这一问题,法经济学家提出了自己的特殊见解。他们将公司作为一种经济现象来分析,认为公司只不过是一系列合约安排,即所谓的公司的"契约关系"理论(nexus of contract theory)。[22]

(一)什么是契约关系理论

概括地说,契约关系理论是一种关于现代公司的经济模型。按照这种经济模型,契约关系理论认为企业是各种要素(factors)的集合,朝着共同的生产或者服务目标而努力。"就像国会不过是一帮独立的政治家和工作人员构成的集合概念",[23]公司的集合因素包括雇员、管理者、股东、债权人(包括长期客户、债券持有人,甚至包括企业侵权的债权人),他们自愿结合起来自行安排各种交易,他们共同受到一种复杂的契约关系链条的拘束。雇员和管理者提供劳动资本,股东提供股权资本,债权人提供债权资本,共同承担损失风险,监督公司的管理执行。

契约关系理论是建立在自由市场与契约自由这一假设基础之上的。在这里,由管理者监控雇员的工作并协调全部企业投资者的活动。企业代表的只是一系列复杂的由各种要素构成的契约关系。换言之,企业并不是某种真实人格化的东西,而是在组成企业的各种要素之间确定了权利和义务的一系列合约安排。这种理论将公司股东与公司债券持有人以及其他债权人一律视为公司资金的提供者,其目的都是从公司中得到其所预期的回报。由于公司管理者通过一系列合约安排获得了公司的全部需求——资本、劳务、材料和服务,于是,契约关系就产生了。这种契约关系被称为"关系契约"(nexus of contracts),以表示其与传统的通过要约——承诺机制所建立的合同的不同。

"我们说由若干自愿参与者所形成的复杂关系具有可变更性即是说这种关系是一种

---

〔22〕 将公司看作一种契约关系的理论并非起源于20世纪后期的经济学家。将公司特许令状(charter)看作政府与公司之间的"契约"源于 Tustee of Dartmouth College v. Woodward [17 U. S 14 wheat,518,4L. ED. 629(1819)]一案。该案的结论是该合同不能由 New Hampshire 单独修改,因为这种做法违反了美国《宪法》第1条第10节,是对合同权利的侵害。到20世纪中期,这种合同理论演变成一种三角分析法(triangular analysis):公司特许令状不仅是公司与政府之间的一种契约,而且是公司与其股东之间的契约,以及股东相互之间的一种契约。这些合同理论的演变是由于普遍地承认股东的许多权利可以通过协议来修改,这些权利在传统上是包含在公司章程条款中的。但真正运用经济学的分析方法提出公司契约理论则肇始于20世纪30年代科斯的《企业的性质》(*Nature of the Firm*,1937)。至20世纪后期,阿尔钦和德姆塞茨(Alchian and Demsetz)的《生产、信息费用和经济组织》(*Production,Information Cost and Economic Organzation*)、詹森和麦克林(Jensen and Meckling)的《企业理论:管理行为、代理成本和所有权结构》(*Theory of the Firm:Managerial Behavior,Agency Cost and Ownership*)的发表标志着公司契约理论的正式形成。随后伊斯特布鲁克和费希尔(Esaterbrook and Fischel)的《公司法的经济结构》(*The Economic Structure of Corporate Law*)以及许多其他学者则将公司契约理论引入到公司治理的纵深分析。为区别起见,本书特意将之称为"公司契约"理论,以区别于前期的"公司合同"理论。

〔23〕 Easterbrook and Fischel,at p.12.

契约关系。因此我们将其称为一系列合同束。这种自愿达成的协议就是合同。有些合同是在谈判桌上协商达成的。有些合同则是(由经理人或者投资者)制定的一套格式化的条款,除了价格条款外,其他条款要么你只能接受,要么你只能拒绝。有些合同则可能是固定的,你必须根据'市场行情'(going price)去接受它(就像人们购买在公开市场交易的投资工具一样)。有些合同体现的则是法院和立法者的意志,这类合同的作用在于,它有如人们在遇到类似问题而真正订立合同时必然会采用这样的条款一样。即使有些合同条款是不能通过当事人协商的,如董事会必须经法定人数(quorum)的多数同意才能采取行动,这样的安排仍然具有补充自愿协商的性质。在此意义上,这样的安排仍然具有契约性。"〔24〕"这一规则是一种法院填补在订立真正的合同时所不可避免出现漏洞的规则,因为任何合同都不可能预设每一种偶然情形。任何承认真正合同的法律制度都必须处理这种漏洞和不确定性。漏洞填补规则要求法院去复制当事人可能选择的能够为其带来共同利益的条款,如果他们订立这样的真实合同的话。这使我们认识到,公司文件中的缺漏或者模糊性本身就是一个契约问题,如果当事人愿意并且其缔约成本低于其投资利益,当事人自己就可以解决问题。"〔25〕

由此可见,契约关系理论中所谓的"契约"(contract),就经济学家所指的意义而言,包括了"合意理性关系"(consensual rational relationship)与"非合意理性关系"(non-consensual rational relationship)。前者即所谓的"显性合同"(express contract),或者称为"真实合同"(real contract),也就是法律家所谓的法律意义上的合同安排。后者则是一种"隐性合同"(implied contract),或者称为"非真实合同"(unreal contract),即非真正法律意义上的合同安排,它是指人们有理由相信当事人之间在类似情况下会订立那样的合同,如果需要订立那样的合同的话。〔26〕

契约关系理论反对公司法人理论,认为"公司的法人性恰恰掩盖了交易的本质"。〔27〕契约论者(contractarians)反对股东"所有"公司这一概念,认为股东仅仅是这种自愿协议网络中的一个因素(一方当事人),因而不承认将股东看作企业的终极所有人。在契约关系理论中,所有权不具有特别的意义。每一个人只拥有自己所投入的部分,任何人无权对公司享有全部所有权。该理论认为股东只是公司股权资本的提供者,其目的是获取对公司所生产的剩余价值的求索权。在契约关系理论框架下,公司中的中心人物是管理者,管理者将合同各方聚集在一起,领导企业走向成功。

---

〔24〕 Easterbrook and Fischel, at p. 14.

〔25〕 Easterbrook and Fischel, at p. 22 – 23.

〔26〕 经济学家在这里使用的 express contract 和 implied contract 与法律家在使用同一术语时的含义是不同的。在法律家的概念里,express contract 和 implied contract 都是真正的合同,即所谓的"明示合同"和"默示合同",而在这里,显然不能将经济学家使用的 express contract 和 implied contract 理解为"明示合同"和"默示合同"。事实上,在经济学家所使用的 express contract 已经包含了"明示合同"和"默示合同",其所谓 implied contract 可以理解为一种市场规律,而非指具有法律意义的"默示合同"。为了便于区别和把握其准确含义,特意将这一对概念表述为"显性合同"和"隐性合同",或者"真实合同"与"非真实合同"。

〔27〕 See Easterbrook and Fischel, at p. 12.

契约关系理论在公司法中具有重要的意义，其中最重要的方面就是关于强制性法律规范（mandatory rules）的地位的争论。契约论者认为，既然公司是一种契约关系，那么，必然的逻辑就是政府不能对私人商业活动进行干预，政府不应该通过制定法形式将强制性规范强加于公司或者当事人，因为这种强制性规范与这种显性的或者隐性的契约关系是背道而驰的。契约自由要求在这种契约关系中的当事人应当有权按照其自己的意愿来设定各种关系。他们认为公司是通过私人契约设立的，政府特许令状仅仅是对公司的契约关系的存在的承认而已。像其他法律上可执行的契约一样，契约关系中的每一个契约都提供了受到法律保护的力量。公司契约论者认为，公司法基本上应由“缺省规则”（default rules）或者“赋权性规则”（enabling rules）构成。〔28〕“尽管有关管制的高调滥觞于各种场合，但公司法的发展却似乎走出了一条不同的道路。几乎各州的公司法都是一种‘赋权性’法律。赋权性法律允许公司管理者和投资者自己填写门票（to write their own tickets），自己建立公司治理制度，而无须监管者实施实质性审查。”〔29〕也就是说，根据这种任意性规则或者赋权性规则，公司可以自由决定公司事务。这里排除了政府的强制性干预。契约论者认为，这才是真正的公司法。“就企业的日常运作以及投资者的福利而言，让公司自由选择远比由法律开出处方要重要得多。”〔30〕“公司发展的历史表明，那些不能灵活调适其治理结构的企业注定要在竞争中被淘汰。公司法的发展历史同样表明，那些试图强迫所有企业采用单一模式的州在竞争中同样逃不脱失败的命运。于是公司转而寻求那些具有任意性的法律。这正是人们选择赋权性法律的动因，因为这种法律只控制程序，而不是控制结构。”〔31〕

既然公司是契约，为什么还需要公司法呢？为什么不干脆废除公司法而任由人们订立他们自己喜欢订立的任何合同呢？公司契约论者认为，公司法的地位充其量只是为公司提供了一种可供参考的“示范”和“脱轨”原则（“standardized”，“off the track” princi-

---

〔28〕 美国公司法学家爱森伯格（M. V. Eisenberg）将公司规则的表现形式区分为三种基本类型：赋权型规则（enabling rules）、补充型或者缺省型规则（supplementary or default rules）和强制型规则（mandatory rules）。赋权型规则是指这样一些规则，即公司参与者依照特定的方式采纳这些规则，便赋予其法律效力。补充型或者缺省型规则规整特定的问题，除非公司参与者明确采纳其他规则。强制型规则则以不容公司参与者变更的方式规整特定问题［参见爱森伯格：《公司法的结构》，张开平译，载王保树主编：《商事法论集》（第3卷），法律出版社1999年版，第390～391页］。我国有评论者认为，公司法中的规则可以分为普通规则和基本规则两种。前者是指有关公司组织、权力分配和运作及公司资产和利润分配等具体制度的规则，后者是指涉及有关公司内部（主要包括管理层和公司股东、大股东和小股东的关系）的基本性质的规则。以辩证和发展的眼光来看待问题，即在判断“公司法是模范合同文本”这一命题的真伪时，应当区分有限责任公司与股份有限公司，对于股份有限公司，还要区分“初次公开发行前”与“存续期间”两个不同时期。对有限公司而言，原则上普通规则可以是任意的，而基本规则应当是强制的，不得由当事人自由变更。对于上市公司而言，公司管理层和股东之间效用函数的差异决定了股份公司法中的核心的基本规则和有关权力分配的普通规则应当是强制的，不能由管理层决定和更改。而对于即将公开发行的公司，法律似乎也应该网开一面，放手让发行人和投资者通过协议和市场去决定公司治理规则，强行法的干预也就不再必要（参见汤欣：《公司治理与上市公司收购》，中国人民大学出版社2002年版，第54～85页）。

〔29〕 Easterbrook and Fischel, at p. 2.

〔30〕 Easterbrook and Fischel, at p. 3.

〔31〕 Easterbrook and Fischel, at p. 13－14.

ple)。由于公司不再需要单独起草这些文件,从而为公司节省了成本。公司法上的许多规定,诸如表决权规则、定足数规则等,几乎是任何人都乐于采用的规则。公司法以及现行司法判例向每一家公司"免费"提供这些条款,而授权企业专注于处理其各自企业所存在的问题。换个角度说,即使这些企业在订立合同时极力希望穷尽可能出现的所有的问题,遗漏仍然无法避免,各种复杂情况仍将发生。公司法,尤其是公司法中的受信规则(fiduciary rules),则起到填补合同空白和审查条款合法性的作用,如同人们能够预见到这种问题,并且订约成本为零,就会事先订立这样的合同条款一样。在此意义上,公司法只是起到补充真实合同的作用,但永远不能替代真实合同。接下来的问题是,为什么不由律师事务所、公司服务机构或者投资银行来制定这样的合同条款并将其出售给企业呢?答案是:立法者和司法机关具有处理特殊问题的经验积累,如果由私人来提供,成本会很昂贵。换言之,一方面,公司法所提供的"契约"条款实际上已经转换成为一种公共物品;另一方面,如果由私人提供的话,不仅会浪费社会资源,而且会产生"搭便车"现象。如果每一家企业都各自付费聘请私人机构为其设计合同条款,社会成本将极大提高。而且,由私人经过精心设计而提供给特定企业的合同条款还可能被其他企业免费使用。[32]

(二)对"契约关系"理论的批评

契约关系理论也受到了批评。[33] 主要批评论点综述如下:

第一,经济学家倾向于将"契约关系"视为一种范式。该种范式表达了应该是什么,而不是实际是什么的理念(what ought to be, rather than what is),即它表达的是一种应然状态,而不是一种实然状态。这一分析方法所存在的问题是,经济模型往往是建立在一定的基本假设基础上的,这些假设是,所有的人对交易都是充分了解的,并且他们的行为能够理性地使其财富发生最大限度的增值。但是,在真实的世界里,许多人都不能达到这种经济理想。这种模型并不一定完全是现实世界的折射,从这种经济模型中得出的结论只有在这种经济模型本身将现实世界中的各种变数都考虑进去之后才能运用于现实世界。如果交易成本为零,一项公司法规则的实质内容或许就不会特别重要。但是,当存在交易成本时,规则的实质内容就显得很重要了。事实上,如果交易成本很高,对该种规则的私下协商就是不实际的了,因为这将产生非常高的交易成本,迫使当事人承受无效率的结果。

第二,反对者认为,公司并不完全是一种契约安排。就其自由意愿意义而言,许多公司的安排确实具有"契约"性质,如公司章程、股东协议以及公司与雇员之间的雇佣合同。

---

〔32〕 Easterbrook and Fischel, at p. 34－35.

〔33〕 反对者的主要代表人物及其代表作如 Bebchuk's Limiting Contractual Freedom in Corporate Law: the Desirable Constraints on Charter Amendments[89 Harv. L. Rev., 1820(1989)]; Jeffrey N. Gordon's The Mandatory Structure of Corporate Law [89 Colum, L. Rev., 1549, 1550(1989)]; Victor Brudney's Corporate Governance, Agency Cost, and the Rhetoric of Contract[85, Colum. L. Rev., 1403, 14012(1985)]; Clark's Agency Cost versus Fiduciary Duties, in Principals and Agents: the Structure of Business(1985); Eisenberg's Structure of the Corporation: A legal Analysis(1976)。

但是，也有许多公司的安排不具有契约性质，例如，股东在公开市场上购买股票的行为在严格的法律意义上就不是其与公司之间的一种契约关系。就股东而言，在设立公司时，最初的股份认购人即原始股东，确实与公司订立了合同。但是，在大型公众公司中，实际上，绝大多数股份均不是由最初的认购人持有，而是由社会公众投资人持有。这些公众股东与公司之间并不存在真正的合同关系。如果说公众股东与公司之间的关系尚可称为经济学家所谓的"隐性合同"，那么，受到公司行为侵害的侵权法上的债权人以及其他人与公司之间就根本不存在任何契约关系。譬如，公司在其所披露的文件中作出了虚假陈述而发生在投资者与公司之间的损害赔偿关系就绝对不是一种合同关系。

第三，公司法并不能完全取消强制法而代之以任意法。许多学者不赞成契约关系理论关于完全取消强制性规范的意见——一切保护股东的强制性措施均可以通过公司章程条款予以修正。例如，公司法上有关表决权的最低限制的规则，董事、高级管理人员的受信义务，异议股东的评估权，以及设置账簿和保持公司记录的规则等，均不能通过公司章程予以修正。更不用说证券监督管理机关根据这些法律制定的规则，诸如大量的涉及披露、内部交易、表决代理权的征集以及其他方方面面的强制性规范。经济学家可能认为这些强制性规范已经过时了，并应该将其清除掉，但这一点却未能得到广泛认同。许多人认为，强制性规范即使在契约关系模式下也是必要的。因为这些契约中的一些当事人对风险和利益缺乏足够的认识和决策能力，仅仅依靠契约关系的约束或许并不能阻止管理者的自私自利行为。

三、简短评价：孰是孰非，依然是个问题

在过去的几十年里，法经济学(law and economics)在公司法制史上产生了深刻的影响，并极大地促进了公司法的自由化。法经济学也同样对法学家产生了深刻的影响。任何一个严肃的法学家都不会不承认他受到了经济分析的影响，即使是排斥经济分析的法学家也毕其精力来回应这种现象。事实上，大多数法学家今天都在广泛地依赖于这种经济分析。无论是司法判决抑或是法律著述都充满了法经济学的专门术语。这是现代法学院所必须正视的。在某种意义上，可以说，法经济学已经"接管"了法学院。现在，如果一个公司法学者不同时具备法律与经济的学科背景，则很难继续胜任工作，至少在一流法学院是如此。

如果从简单辩证法的角度来予以评判，可以说法人理论与契约关系理论都各有道理。作为一部公司法，应该"兼听"各自所述说的理论，取其合理之处。但是，从对我国法律的现实指导意义上看，似乎更有理由给予契约关系理论充分的重视。无论如何，公司契约理论对重新审视公司和公司法提供了一个新的视角和方法。从根本上来讲，公司是公司所有人与其他人之间合意的产物。这一点一旦被立法者和法律评论者认识到，公司形式最终将从不必要的强制性规范的锁链中解放出来，获得自由。

首先，尽管反对"契约关系"理论的人认为，经济学家所提供的这种经济模式只是一

种理想化的东西,然而,我们依然看到,契约关系理论所提供的这种经济模型确实具有积极意义。这是因为,这种模型为经济现象的研究提供了一个简化的环境。在这里,一切推导和结论都是按照逻辑的方式进行的。

其次,经济学家关于"契约"的概念远比法律家对它的界定广泛得多。它将"契约"的概念延伸到了我们通常的理解之外。它不仅包括程序协商(process bargaining),而且包括结果协商(outcome bargaining)。譬如,公众公司的章程就没有甚至不可能由股东协商达成,公众股东甚至可能从来就没有阅读过公司章程,至多只能说他们接受了这样的章程。也就是说,这里不存在程序协商,但是却存在一种结果协商:一系列由公司发起人或者董事起草的公司设立章程和运作章程所规定的组织规则。法律家的契约概念通常特别专注于契约的形式要件——要约与承诺。而经济学家的契约概念则是指两个以上的行为人的共同期待。这种视角上的差异在"隐性"合同的情况下显得更加尖锐。对于一个法学家来说,这种所谓的隐性合同实际上是不存在的,只是由于某种正义原则才使其具有法律上的执行力。而对于一个经济学家来说,一个隐性合同是一种可由市场机制(如声誉)而非法院来执行的合同。这种执行手段不会给受害方带来法律救济,但是经过一段时间却会给违约的一方带来惩罚。

最后,反对公司契约关系理论的人认为,公司法的强制性规范不能完全为任意性规范所取代。这无疑是正确的。但是,这种反击远不足以致命。一些研究表明,许多强制性规范在本质上并不像想象中的那样重要。换句话说,契约论者对强制性规范的立场只不过表明他们相信这种规则可能受到某种形式的规避,或者,有些规则仅仅是对在现实交易中所采取的措施的一种必然反映。[34]

自由是企业的天性。可以说,没有自由,就没有企业。在经济理论上,自 1776 年亚当·斯密的《国富论》发表以来,无论是古典自由主义者还是新自由主义者都在不断重复这一观念,并且不厌其烦地告诉人们实现这种企业自由的最佳方式就是市场竞争这只"看不见的手"。如果说自由是企业的精髓和灵魂,那么自由主义就是公司法的精髓和灵魂。自由主义应当成为公司法的基础和支点。

我国 93 年《公司法》的显著特征是大量强制性规范的存在。这使当时的公司法基本上成为一部纯粹的企业管制法。究其原因,主要是国家计划主义和政府干预主义仍然支配着公司法的立法政策。可想而知,如此一部公司法难以担负起促进我国市场经济发展的重任。因此,公司法变革的首要课题就是要重新确立公司法的自由主义精神,并以此为基础构建其制度规则。有鉴于此,2005 年我国《公司法》(以下简称 05 年《公司法》)对旧公司法进行了较大力度的修正,废除了有关政府直接干预企业的条款,放松了政府管

---

〔34〕 Bernard S. Black 教授在其 *Is Corporate Law Trivial? A Political And Economic Analysis*[Northwest University Law Review(Winter,1990)]一文中,将公司法中的强制规范区分为四种:市场可拟性规则(market mimicking rules)、可规避性规则(avoidable rule)、可改变性规则(changeable rules)以及非重要性规则(unimportant rules)。这一区分具有重要的启发意义。它说明公司法中相当的强制性规范并非想象中的那样重要,这些强制性规则在很大程度上具有可替代性。

制，减少了公司法中的强制性条款，提升了公司法中赋权性规范的地位，强化了公司章程在公司治理中的作用。这种努力使自由主义在后续公司法中得到了较大程度的体现。而2013年修正的我国《公司法》（以下简称13年《公司法》）则更是对公司资本制度进行了大力度的改革，彻底废除了注册资本最低限额，并废除注册资本的实缴制，使我国公司法前进了一大步。但是，13年《公司法》在其将近十年的运行中也暴露出了一些问题，投资者利用法律的漏洞逃避出资，如实践中的"一元钱公司""100年缴纳期限"等极端现象。对此，2023年《公司法》（以下简称23年《公司法》）在保留了认缴、认购自由的情况下，限定有限责任公司注册资本5年内缴足，股份有限公司则恢复了实缴制。在笔者看来，此举有些矫枉过正。

第四节　公司能力

一、公司权利能力

（一）公司权利能力的范围

公司一旦经过设立并经核准登记而有效成立后，即取得法人资格。公司的权利能力从公司成立时起至公司消灭时终止。[35] 在此期间，公司与自然人一样取得了享有民事权利和承担民事义务的资格。

公司可享有权利的范围相当广泛。譬如，就公司享有的权利而言，包括财产权、名称权、名誉权、受遗赠权等。公司可以享有一切财产上的权利，如物权、债权、准物权、知识产权以及其他无体财产权等。其中，知识产权虽然是自然人的智力成果，但其中的财产权则可能由公司享有，而人身权原则上则属于自然人专有。公司的名称权是指公司可以享有使用注册登记名称的权利和排斥他人使用与其相同或相似名称的权利。公司的名誉权是指公司享有维持其商业信誉不受侵害的权利。公司还可以享有受遗赠权。当自然人以遗嘱方式指定将一定财产遗赠给公司时，公司即可取得对该项遗产的所有权。

（二）公司权利能力的限制

公司毕竟与自然人有所不同，因而，公司的权利能力与自然人的权利能力相比，它将受到性质上、法律上和章程上的限制。

首先，公司是经依法登记而取得法人资格的，这样，与自然人因自然出生而取得的人格就有所不同。因此，有些专属于自然人的权利，如凡是基于自然人的生命、身体、健康、身份、自由、亲权、继承等产生的权利义务，公司自然不得享有或承担。

其次，公司的权利能力除受到性质上的限制外，还可能受到法律上的一些限制。譬如，我国现行公司法对公司经营范围、转投资的限制等。此外，处于特定状态下的公司的

---

〔35〕《民法典》第59条明确规定，法人的民事权利能力和民事行为能力，从法人成立时产生，到法人终止时消灭。

权利能力也可能受到限制。譬如,清算中公司的权利能力只限于清算事务以及与清算事务相关的活动,而不能从事正常的经营活动。基于性质上的限制是先天的,无法改变。而基于法律上的限制则属于法律政策上的考量,是可以替代的。譬如,早期法律普遍地存在对公司目的范围的限制,超越目的条款的行为为越权行为,越权行为属于无效行为。早期法律同样对公司的转投资能力予以限制,如对投资数额的限制、对投资对象的限制(如不能投资于无限责任性质的公司或者合伙)。然而,由于经济的发展和文明的进步,大多数现代法律都已经废除了这些限制。而清算中公司仅为清算目的而存在,从事实上看,它已经不是"公司"了,只不过基于清算目的,法律还需要它在清算期间继续维持其人格。但是,其营业上的权利能力已经丧失,仅仅剩下了清算上的权利能力。由此可见,法律上对公司权利能力的限制程度取决于法律的进步状况如何。法律越是进步,公司的权利能力范围越是广泛。譬如,现代法律大多赋予公司可以从事"任何合法经营"(any lawful business)的权力。公司享有"从事一切经营活动所必需的权力"(all powers necessary to do any business)。

最后,公司的权利能力还可能受到公司章程的限制。譬如,一些现代法律虽然已经废除了对公司目的与权力的限制,但公司依然可以通过公司章程对其设定一定限制。公司通过公司章程将其经营范围限定于特定领域,或者对公司特定方面的权力予以限制。

二、公司行为能力

公司的行为能力是指公司能够以自己的意志和名义独立进行民事活动,实施民事法律行为,取得民事权利和承担民事义务的资格。

一方面,公司具有独立的意志。在外观表现上,公司的这种意志产生于公司机关,公司机关是公司的意思首脑。公司机关通常由股东会、董事会和监事会构成,公司的意思分别来自这三个不同的机关。股东会是决策机关,董事会是执行机关,监事会是监督机关。三个机关分别表示的是决策意思、执行和管理意思,以及监督意思。公司具有独立的意志是公司人格的重要体现。比较而言,合伙企业或者独资企业就不具有独立的意思能力。合伙企业或者独资企业的意志存在于其合伙人或者其业主,相应地,其意志来自合伙人或者其业主。虽然,在合伙企业或者独资企业也可以设立管理机关或者委任经理人,但是,合伙企业或者独资企业的管理机关或者经理人只是合伙人或者业主的代理人,他们之间的关系是一种本人和代理人的关系,而公司机关只对公司负责,它独立于其股东。

另一方面,公司可以自己的名义从事各种商事交易活动。在外观表现上,公司具有自己的名称,公司对外签订合同以及与第三人发生其他任何商业关系均可以签署公司自己的名称。合伙企业与独资企业也可以有自己的字号,可以自己的字号对外发生商业关系。但是,这里却存在一个重要的区别,即公司具有独立的主体地位,其名义与实质是一体的;而合伙企业或者独资企业本身则不是法律上独立的主体,其字号的使用只是为了商业的方便而已。

但也应当注意到,公司作为法人,其行为能力与自然人的行为能力又有所不同。这种不同主要表现在:

第一,公司的行为能力与权利能力同时产生和消灭。公司的权利能力产生于公司成立时,与此同时,公司也就具有了行为能力。公司基于一定原因而解散后,经过清算而导致公司终止。公司终止后,其权利能力和行为能力同时消灭。而自然人就有所不同。自然人的权利能力基于其出生而产生,基于其死亡而消灭。其行为能力的产生则是基于其对事物的辨别和判断能力,如自然人必须成年,神志正常;其行为能力消灭于死亡或者心智的丧失。

第二,公司的意思虽然形成于公司机关,但是这种意思的实现却仍然依赖于它的代表人或者代理人。公司的意思产生于其意思机关。如前所述,公司机关由股东会、董事(会)和监事(会)组成。公司的意思是一种团体意思或者集体意思,这种团体意思或者集体意思是无法自动实现的,所以,公司意思的实现仍然依赖于自然人,即依赖于公司的代表人或者代理人来具体负责落实和实施。一般情况下,公司的代表人是董事长或执行董事。在我国现行公司法上,董事、经理均可充任公司代表人,董事、经理所实施的行为就是公司所实施的行为。公司的经理又是公司的全权代理人,公司经理在其董事会的授权范围内亦代表公司行为。

三、公司责任能力

(一)公司的民事责任能力

公司具有独立承担责任的能力。《公司法》第3条第1款规定,公司以其全部财产对公司的债务承担责任。公司的责任能力当然是其权利能力和行为能力的必然逻辑延伸。这种责任能力的基础在于公司享有独立的财产权。对公司法人而言,其人格是建立在相应的财产基础之上的。一定的财产是其独立人格的物质保障。可以说,没有独立的财产权,就没有公司的独立人格。

公司的独立财产权最初来源于股东的投资。这种投资可以是现金,也可以是实物,但无论以何种形式投资,其财产权必须转移到公司名下,使公司对这些财产享有全部法人财产权,其中主要包括但不限于财产所有权,而股东则只能享有对其相应出资或股份的股权。

当然,公司财产除初始资本外,还包括公司在营运中的资本增值和财产积累,如投资收益、租金、债权、知识产权等。所有这些都是公司财产的构成。

相比较之下,合伙企业的财产不属于合伙企业所有,而是属于合伙人共有,因而,合伙企业不能独立承担责任,合伙企业的债务最终由合伙人承担无限连带责任。同样,独资企业的财产也不属于独资企业所有,而是属于独资企业所有人,因而,独资企业不能独立承担责任,独资企业的债务最终由其业主承担无限责任。当然,在偿债程序上,往往是先用企业财产来清偿债务,不足部分再由合伙企业的合伙人或者独资企业的所有人承担责任。

在谈到公司的责任能力问题时,有必要特别提及一下公司的侵权责任能力。公司的责任能力当然包含了公司的侵权责任能力。譬如,如果代表公司实施行为的人因执行公司职务而给他人带来损失时,公司应负赔偿责任。

公司侵权责任除须具备一般的侵权责任条件外,还须符合下列条件:

第一,必须是公司机关的行为。如前所述,公司行为须由自然人实施,实际上体现为公司代表人或者代理人的行为,而代表人或者代理人的行为是否代表公司则取决于法律是否有规定或者公司是否有授权。如果法律有规定或者公司有授权,其行为则属于公司行为;否则,即使是公司代表人或者代理人,如董事或者经理实施的行为,也不属于公司行为,只能是个人行为。

第二,必须是在执行职务过程中。公司代表人或者代理人的行为一旦被确认为公司行为,就意味着要由公司来承担该行为的后果。这就必然要求代表人或者代理人的行为是发生在执行职务的过程中,公司没有理由为个人非职务行为承担责任。因个人行为产生的后果只能由个人自己承担。

第三,必须有违反法律的事由。这里所谓的"违反法律",是指违反公司法以及其他法律、行政法规等。譬如,违反环境保护法而导致公司承担环境侵权责任的发生。

(二)公司在公法上的责任能力

公司具有行政责任能力,如违反金融管制法而致被处以罚款或者被吊销营业执照。其直接责任人员也可能受到行政处罚。

公司还具有刑事责任能力。公司虽然不能承受人身上的处罚,但却可以承受财产上的处罚,如罚金。公司负责人则可能承受人身上的处罚。

第二章　公司观念的现代修正

第一节　揭开公司面纱

一、揭开公司面纱概述

（一）揭开公司面纱的理论基础

公司人格理论的意义在于，承认公司是独立的主体，享有与自然人一样的人格，从而使公司可以独立承担责任，使股东承担有限责任。毫无疑问，这一法律设计具有极大的社会意义。关于这一点，我们已经在第一章中讨论过了。这里，我们将视角转向公司人格的另一方面，即公司人格的否认。

在特定情况下，公司的独立人格可能遭到否认，使股东直接对公司债务承担责任。这就是通常所谓的“揭开公司面纱”（piercing the corporate veil/lifting the corporate veil，PCV/LCV）原则，或者“公司人格否认”（disregard of the corporate entity）规则。“揭开面纱”是普通法系国家法律在处理公司人格否认时所运用的重要方法，并为一些大陆法系国家所继受。

我国现行公司法亦引进了这种制度。《公司法》第 23 条规定，公司股东滥用公司法人独立地位和股东有限责任，逃避债务，严重损害公司债权人利益的，应当对公司债务承担连带责任。股东利用其控制的两个以上公司实施前款规定行为的，各公司应当对任一公司的债务承担连带责任。只有一个股东的公司，股东不能证明公司财产独立于股东自己的财产的，应当对公司债务承担连带责任。根据这一规定，我国公司法所规定的揭开公司面纱制度包含了如下三个方面的内容：

适用揭开公司面纱规则的第一种情形是，公司股东滥用公司法人独立地位和股东有限责任，逃避债务，严重损害公司债权人利益。公司法人独立地位是公司的人格基础，股东有限责任是法律赋予股东的优惠特权，如果股东以逃避公司债务、损害公司利益为目的而滥用公司法人独立地位和股东有限责任，可导致揭开公司面纱的适用。这是一种最基本的人格否认形式。

适用揭开面纱规则的第二种情形是,股东利用其控制的两个以上公司,滥用公司法人独立地位和股东有限责任,逃避债务,严重损害公司债权人利益。譬如,股东控制若干关联公司,故意致使某一公司负债经营或者将其经营所得转移给其他关联公司,其目的就是利用法人独立地位和股东有限责任逃避债务,必然损害债权人的利益。

适用揭开面规则的第三情形是,当公司只有一个股东的情形,法律要求股东证明公司财产独立于股东自己的财产,否则,应当对公司债务承担连带责任。在这种情形下,公司法采用了"举证责任倒置"的证据法规则。一般情况下,原告主张揭开公司面纱应该自己负责举证,但在一人公司情形下,公司财产与股东个人财产混同比较严重,又无规范的财务会计记录可查,原告举证殊为不易,因此,法律将举证责任转换给被告股东。

揭开公司面纱的适用后果是,股东应当对公司债务承担连带责任。本来公司股东只承担有限责任,公司对公司债务独立承担全部责任。但是,"公司面纱"一经揭开,公司不再保有独立人格,公司人格为股东人格所吸收,二者合一。于此情形,股东自然须对公司债务承担连带责任。但应注意的是,这种后果承担仅适用于上述第一、三两种情形。而且,在第三种情形中,一人股东应当自己证明公司财产独立于股东自己的财产。在第二种情形中,股东控制的若干企业之间相互承担连带责任,各关联公司之共同股东并不连带承担责任,因为这些关联公司实质上是一个单一实体的人为分割,不具备独立实体的地位。

揭开公司面纱原则为英美普通法所固有。由于这一制度对保护公司债权人具有非常重要的意义,所以,这一制度相继为一些大陆法系国家法律所引进。我国公司法也引进了这一制度。然而问题在于,揭开公司面纱原则是在判例法基础上发展起来的一项制度,该项制度的法律适用环境是英美普通法的司法体系。判例法规则重视个案经验,信赖法官良心;而大陆成文法规则体现为抽象化的一般性,依靠的是立法者的先知先觉。这种不同的法律文化背景为大陆法系国家的法院适用揭开公司面纱原则带来了相当的困难,何况这一制度即使在英美国家也存在不同的理论解说和不同的适用标准。我国法律虽然引进了这一制度,但毫无疑问,我国法院在适用揭开公司面纱原则时将面临着同样的困难。下面我们将对揭开公司面纱的理论依据及其司法审查标准进行进一步的讨论。

"揭开面纱"是一种形象的比喻。由于股东对公司债务承担的是有限责任,这就好像在股东与公司债权人之间遮隔了一层面纱,如果股东承担有限责任的前提条件不存在了,即可以揭开该层面纱,使股东对公司债务承担无限连带责任。也就是说,即使公司的设立符合法律上的全部要件,但在一定条件下,法院仍然可能会拒绝承认公司人格的独立存在(separate existence)。该原则的核心是否定公司人格(disregard of the corporate entity),使股东对公司的债务承担无限连带责任。很显然,这一原则是对公司独立人格(separate entity)和股东有限责任(limited liability)的一种修正,其主要功能是对滥用股东有限责任和公司独立法人地位情形予以矫正和补救。

基于何种理由揭开公司面纱而否定公司的独立主体地位呢？法院在运用揭开公司面纱原则时，必须要寻找一定的理论依据作为判决的基础。为了回答这一问题，各种理论应运而生。归纳起来，其中主要有四种学说具有代表性，即欺诈学说、代理学说、工具学说和企业主体学说。

传统的揭开面纱标准是"防止欺诈"或者"谋求公平"。许多法院还增添了"防止欺压"或者"遏制非法性"。这一标准可以概括为欺诈学说(fraud theory)。所谓欺诈，在揭开面纱案件中，一般泛指违反法律法规或者违反公共秩序或者违背善良风俗的行为，如果股东(包括个人股东和公司股东)滥用公司形式或者有限责任特权诈欺债权人，可导致揭开公司面纱，否认其独立主体地位，使股东对公司债务直接承担责任。

代理学说(agency theory)主要是运用代理理论来解决公司的债务问题。根据该种理论，当公司的设立、存续和经营完全是按照股东的指示和命令进行从而使公司成为股东的代理人时，则说明公司已经不再具有独立的法律地位。在这种情况下，法院很可能认为这只是股东玩弄的一种"外壳游戏"(shell game)，股东实际上是"未经披露的本人"(an undisclosed principal)，因而，法院很可能根据代理原则要求股东对公司债务承担责任。

工具学说(instrumentality theory)是指当公司本身已经沦落成为股东的工具时，公司实际上已经丧失了其独立存在。在这种情况下，股东应当对公司的债务承担责任。这一学说认为，公司与股东之间的所有权或者其他权益达到如此高度的统一以至于二者不再独立地存在或者当股东对公司实施了过度的控制(excessive exercise of control)并因此导致了错误的或者不公平的行为发生，从而使原告遭受损失的，该公司就成为该股东的工具。在这种情况下，如果继续承认该种公司的独立存在无异于认同欺诈或者将导致不公平的后果。

企业主体学说(enterprise entity theory)则认为，一公司是否能够成为独立的法律主体应当视公司事实(corporate fact)是否符合企业事实(enterprise fact)而定。如果该公司是一种独立经营实体，公司事实与企业事实相符，该公司即为独立的法律主体。如果股东成立若干公司经营同一业务，公司事实上是同一企业的不同法律部门，虽然在法律上是数个主体，但从企业事实着眼，该公司应视为同一法律主体。这一理论的特别之处在于，对于这种将单一的实体进行人为地分割，法律的反应是使整个实体对营业债务承担责任而不是使股东对这种债务承担个人责任。

上述理论的运用十分复杂，并出现了若干变种。法院在揭开面纱时，还可能运用其他一些类似概念，诸如"身份混同"(identity theory)、"伪装"或者"外壳"(sham or shell theory)、"股东支配"(shareholder domination theory)、"他我"(alter ego theory)[1]

---

〔1〕 也有的法院认为，"他我"是一种独立的原则，有别于其他 PCV 理由。它只适用于公司与个人的同一所导致的公司独立性的丧失。在这种情形下，如果只让公司承担责任将会导致不公平的结果。See Castleberry v. Branscum, 721 S. W. 2d 270, 273(Tex. 1986).

等。[2] 这些不同的原则相互之间是可以转换的，大多数情况下在适用时相互混用，纠缠不清。

英美揭开公司面纱理论对大陆法系国家亦产生了广泛的影响，如德国学者提出的“直索理论”与日本学者提出的“形骸理论”均为对其司法实践中出现的公司人格否认案例的总结和提炼，与美国的揭开面纱理论具有同一趣旨。

（二）揭开公司面纱原则的运用

应当牢记在心的是，公司是独立的主体，股东享受有限责任特权仍然是公司法的根本，立法机构与司法部门总是强调公司的独立人格与股东有限责任是公司的基本特征。揭开公司面纱原则并没有从整体上动摇公司法的这一根本性特征，揭开公司面纱原则只能在严格限定的条件下才能适用。因此，揭开公司面纱原则的适用要“非常地谨慎”（with great caution），或者只有在“极端的情况下”（extreme/unusual circumstances）才能适用。[3]

首先需要说明的是，在承认公司是独立存在的意义上，设立公司的动机是不重要的。也就是说，即使设立公司的唯一目的就是逃避无限责任或者今后可能发生的债务（投资者选择公司这种投资工具从事商业活动本身就意味着对有限责任的青睐和对无限连带责任的规避），但只要公司是依法设立的并保持着其自身的独立性，也不构成揭开面纱的理由。经验表明，揭开公司面纱在不同的情形下其适用是不平衡的。下面我们首先在一般意义上考察一下揭开公司面纱在不同情况下的适用效果。

1. 封闭公司与公众公司

比较而言，揭开面纱更多地适用于封闭公司，适用于公众公司的情况则非常少见。在司法实践中，“几乎所有的法院允许债权人追索股东财产的案件都涉及封闭公司”。[4] 这可能是因为，封闭公司的管理和经营更容易倾向于合伙化，管理上的兼任和运作上的非程式化更容易导致揭开面纱。相对而言，公众公司在管理和运作上则比较规范，且更加透明。此外，封闭公司的管理层更加倾向投资于风险较大的项目，从而将更多的风险转嫁给第三人。揭开面纱降低了第三人承担风险的限度，尤其有利于那些无法与企业协

---

〔2〕 有关这方面的理论著述可谓汗牛充栋。具有代表性的重要著述有：Henry W. Ballantine, *Separate Entity of Parent and Subsidiary Corporations*, 14 Cal. L. Rev. 12 (1925); Maurice Wormser, *Disregard of the Corporate Fiction and Allied Corporation Problems* (1927); William O. Douglas & Carroll M. Shanks, *Insulation from Liability Through Subsidiary Corporations*, 39 Yale L. J. 193 (1929); Max Radin, *The Endless Problem of Corporate Personality*, 32 Colum. L. Rev. 643 (1932); Frederick Powell, *Parent and Subsidiary Corporation—Liability of Parent Corporation for the Obligation* (1931); Elvin R. Latty, *Subsidiaries and Affiliated Corporations* (1936); Adolf A. Berle, *The Theory of Enterprise Entity*, 47 Colum. L. Rev. 343 (1947); Joathan Landers, *A Unified Approach to Parent, Subsidiary, and Affiliate Questions in Bankruptcy*, 42 U. Chi. L. Rev. 589 (1975); Richard Posner, *The Rights of Creditors of Affiliated Corporations*, 43 U. Chi. L. Rev. 499; Note, *Piercing the Corporate Law Veil: The Alter Ego Doctrine under Federal Common Law*, 95 Harv. L. Rev. 853 (1982); Phillip I. Blumberg, *The Law of Corporate Groups: Tort, Contract, and Other Common Law Problems in the Substantive Law of Parent and Subsidiary Corporation 111* (1987)。

〔3〕 Robert. W. Hamilton, *Corporations* (4th ed.), West Group, at p. 178。

〔4〕 Easterbrook and Fischel, at p. 55.

商的债权人。

这里特别值得一提的是,在揭开面纱案件中,法院对一人公司的态度与其他类型公司并无根本不同,并适用相同的标准。但是,很显然,在一人公司情形下,更容易出现适用揭开面纱的情形。其中的道理与封闭公司相同。

2. 母子公司与姐妹公司

母子公司(parent-subsidary corproation)是容易导致揭开面纱的又一情形。在司法实践中,“法院更加乐意允许债权人追索母公司的资产而不是子公司个人股东的财产,这正好与经济原理不谋而合”。[5] 这是因为,在母子公司中所存在的一定程度的统一管理容易形成人事连锁,道德风险在母子公司情形下更为严重。另外,发生在母子公司之间的关联交易更加容易产生欺诈现象。唯应多余提醒的是,在母子公司情形下,所否认的是子公司的独立存在而非母公司本身的人格。

揭开面纱也可能发生在姐妹公司(brother-sister corporation)情形。即在若干独立公司(姐妹公司)共有同一股东(common shareholders)的情况下,相关公司的独立性可能被否认,将若干独立公司作为单一实体对待,并由其共同承担连带责任。这实际上是企业主体理论的运用。但是,在这种情况下,各姐妹公司的共有股东(个人股东或者公司股东)并不对公司债务承担责任。

3. 积极股东和消极股东

由于股东在公司中的地位不同,在适用揭开面纱时可能对不同的股东给予不同的对待。通常将公司股东区分为积极股东(active shareholder)和消极股东(inactive shareholder)。在某些情况下,可能仅仅对积极股东适用揭开面纱并使其对公司债务承担责任,而对消极股东则往往不适用揭开面纱,并使其免于承担债务责任。

4. 自愿交易与非自愿交易

在揭开面纱案件中,可能因为自愿交易与非自愿交易而有所不同。在自愿交易(consensual transactions)中,第三人是自愿地与公司进行交易,在这种情况下,债权人的揭开面纱请求很难得到法院的支持。其理由是,当某人自愿与公司进行交易时,他已经承担了公司不能清偿其债务的风险。譬如,当债权人与公司签订合同时,他应当对交易风险有所了解并在协商的基础上接受交易条件。

然而,在非自愿交易(nonconsensual transactions)的情况下,由于不存在自愿或者合意的因素,债权人的风险增大。譬如,在侵权案件中,受害人因公司的侵权行为而遭受到财产或者人身损失,其所受到的侵害总是被动的,他不能像公司的合同相对人那样基于对公司状况的了解而决定是否与公司签订合同或者发生交易。人们普遍地认为,法院更有理由在侵权案件中适用揭开面纱原则。[6]

揭开面纱是否在自愿交易与非自愿交易案件中区别对待尚存在争议。有人甚至认

---

〔5〕 Easterbrook and Fischel, at p. 56.

〔6〕 Hamilton, at p. 183.

为这种认识是错误的,并通过实证考察发现,在既有的法院揭开面纱案件中,涉及合同交易的揭开面纱案件事实上超过了涉及侵权的揭开面纱案件。[7] 如何解释这一现象,颇费思量。也许这正好说明法院没有很好地掌握这一标准。[8] 但也许是这一标准本身没有错误,而是揭开面纱的复杂性导致了上述结果。譬如,尽管许多揭开面纱案件涉及合同交易,但各种因素却是综合的,如不仅仅涉及资本是否充足问题,而且涉及是否存在欺诈问题以及是否涉及没有遵守公司程式问题。也就是说,较之于合同案件中的被告,对侵权案件中的被告给予更多的同情本身没有什么错误,但却不应当从抽象的意义上去考虑给予什么样的债权人更多的揭开面纱救济。对合同案件与侵权案件加以区分仅仅意味着法院在处理不同类型的案件所需要考量的具体事实不同而已。法院不应将注意力集中在给予债权人更多的同情,而是应当关注什么样的行为才是导致揭开面纱的因素。

二、揭开公司面纱标准

(一)一般原则

从诉讼程序上看,揭开面纱请求由第三人(通常为债权人)提起,由法院审查并作出最终判决。由此可见,揭开公司面纱原则主要是为了维护交易安全(如保护债权人利益)发展起来的法律制度。那么,究竟在什么情况下债权人才能提起这种主张,或者说法院在什么情况下才能否认公司的独立主体地位从而使股东对债权人直接承担责任呢?

由于揭开公司面纱原则是在英美普通法上发展起来的一项法律制度,所以揭开面纱的依据主要体现在一系列判例之中。换句话说,揭开面纱主要依赖于法院对个案的解决。可以说,这个领域的法律最为杂乱,掌握起来也最为困难,有的标准甚至相互重叠冲突。但是,这并不意味着揭开面纱就无章可循。事实上,法律在这个领域已经建立起了一套普遍认同的标准。归纳起来,在适用揭开公司面纱原则时,法院需要考虑的因素主要包括公司资本是否充足,是否存在欺诈,是否遵守公司程式,以及是否存在过度控制等。[9] 法院在运用这些标准时,通常是对各种因素进行综合考虑,[10] 在许多情况下,仅仅单一的因素很难构成揭开面纱的充足理由。另外,不同的因素在不同的案件中其作用也不尽相同。

(二)公司资本不充足

在适用揭开公司面纱原则时,公司资本是否充足是需要考量的一个重要因素。也就是说,如果公司缺乏充足资本(inadequate capital)或者只具有名义资本(nominal capital)或者干脆没有资本(zero capital)则可能导致揭开公司面纱。但是,应当注意的是,资本不充足这一因素的适用因自愿交易与非自愿交易有着较大的不同。

---

[7] See Gevurtz, *Corporation Law*, West Group, at p. 74.

[8] Gevurtz, at p. 74.

[9] E. g., Dewitt Trust Brokers v. W. Ray Flemming Fruit Co., 540 F. 2d 681 (4th Cir. 1976); Laya v. Erin Homes, Inc., 177 W. Va. 343, 352 S. E. 2d 93 (W. Va. 1986).

[10] Second Service System, Inc. v. St. Joseph Bank & Trust Co., 855 F. 2d 406, 414 (7th Cir. 1988).

1. 自愿交易

在自愿交易中,单纯的资本不充足这一因素通常并不构成揭开面纱。尤其是,在废除了最低法定资本限额的情况下,设立公司时注入名义上的资本可能是当事人为了规避风险损失而精心作出的策划。在缺乏欺诈或者其他权利滥用的情况下,法院是不会改变当事人的这种风险安排的。[11] 例如,X 设立一家公司并且是该公司的唯一股东,注册资本仅仅为 1 元钱。Y 以信用的方式将价值 50,000 元的货物出售给 X 公司,而没有对 X 公司的信用进行调查,也不存在任何欺诈情形。Y 则不能通过揭开面纱要求 X 赔偿,Y 的请求只能限于 X 公司的资产。[12] 因此,在发生资本不充足情况时,法院不会简单地适用揭开公司面纱原则,除非是在"非常情况"下。这种股东对合同之债承担责任的"非常情况"主要包括存在欺诈或者错误行为、没有遵守公司程式等。由此可见,基于缺乏充足资本揭开面纱在很大程度上尚须依赖于欺诈或者不遵守公司程式等其他因素的综合作用。

2. 非自愿交易

在非自愿交易的情况下,如果承认资本不充足的公司的独立存在,实际上无异于将风险和损失转嫁给了无辜者。因此,在侵权案件中,缺乏充足的资本则是揭开面纱考虑的首要因素,甚至可以单独适用。据此理论,在下列情形下往往导致揭开面纱:

第一,如果公司的资本只是名义上的或者没有投入资本,揭开面纱请求则可能得到法院的支持。例如,有人设立一家公司经营游泳池业务,公司虽然设立了,但股东却没有注入资本。由于该公司雇员的疏忽,导致一孩童溺水。该股东既是该公司投资人,又是该公司的经理,在这种情况下,可以根据揭开公司面纱原则,使股东承担个人责任。[13]

第二,当公司只有名义资本或者没有投入资本,且其目的是从事高度危险事业的经营活动。在公司成立后,发生了对他人人身和财产的侵害。在这种情况下,可以根据揭开公司面纱原则使股东承担个人责任。例如,一家公司的设立目的是根据一项合同从事爆破作业。结果由于爆破失误,造成了对毗邻财产的破坏。由于公司只有名义上的资本,而且是从股东那里借来的。股东应当对由该爆破所造成的损失承担个人责任。[14]

如果公司的资本是充分的,并且足以与有关风险相当,揭开面纱请求可能得不到法院支持,因为资产的减少是由于正常的经营活动所导致的。在这种情况下,即使是侵权案件中的债权人也可能得不到充分的赔偿。例如,X 设立了一家公司经营出租车。该公司的设立符合法律所要求的最低资本要求和最低保险要求。[15] 一辆出租车在运营中严

---

〔11〕 Hamilton, at p. 180.

〔12〕 E. g., Texas Industries, Inc. v. Dupuy & Dupuy Developers, Inc., 227 So. 2d 265 (La. App. 1969), Brunswick Corp. v. Waxman, 599 F. 2d 34 (2d Cir. 1979).

〔13〕 Minton v. Cavaney, 15 Cal. Rptr. 641. 364, P. 2d 473 (Cal. 1961).

〔14〕 Western Rock Co. v. Davis, 432 S. S. W. 2d 555 (Tex. Civ. App. 1968).

〔15〕 在侵权案件中,责任保险应被视为公司资本的等同物。这是因为,这样的保险为侵权案件中的受害者提供了保障基金。

重伤害了一位行人。在这种情况下,主流意见是,如果没有进一步的证据表明股东存在其他不当行为,则不应该根据揭开公司面纱规则使股东承担个人责任。[16]

(三)欺诈或者错误行为

在揭开面纱时需要考虑的第二个因素是要考察公司股东是否存在欺诈或者错误行为(fraud or wrongdoing)。由于欺诈或者错误行为而导致揭开公司面纱主要存在于如下两种情形:

1. 涉及对债权人欺诈或者错误行为的情形

欺诈或者错误行为的形式主要表现为"虚假陈述"(misrepresentation)。这种虚假性陈述可误导债权人与公司发生交易或者业务往来。什么情形构成揭开面纱的欺诈或者错误行为呢?一般而言,主要有三种情形:

第一,涉及股东对公司财务状况的虚假陈述。例如,债权人在决定对X公司的信用进行展期时要求其提供财务信息。X公司提供了一份两周前的资产负债表,表明公司尚有相当的流动资金和较少的现实债务。X公司在制作资产负债表时所反映的信息是正确的,但是由于相隔了两周,在此期间,股东让公司对其进行了大量的股利分配。在这种情况下,股东应当对公司债权人承担个人责任。[17] 又如,公司控制股东通过精心设计短期贷款给公司并以此获得债权人信任同样构成欺诈而需要承担个人责任。[18]

第二,涉及股东对债务履行的承诺。这在公司实践中尤其常见。例如,供应商拒绝供货,除非以现金方式对已经交付的货物进行清偿。股东承诺在公司不能支付的情况下将由自己付款实际上是一种劝诱,目的在于鼓动供应商立即供货。如果供应商依赖于股东的许诺而提供了货物,供应商可以要求执行该股东的许诺。[19] 又如,在公司继受情况下,股东在同一公司名称下从事同一营业,放弃旧公司,组建新的公司,即所谓的"重新开张"(fresh start),该股东应对所有公司债务承担责任。[20]

第三,第三方在与公司打交道时受到某种程度的误导和欺骗。譬如,X为了诱使Y与其公司订立合同,故意诱导Y并使其相信Y是在与X本人订立合同。在履行合同时,Y才发现合同的对方当事人是X的公司,由于公司没有充足的资本,Y的债权无法实现。于此情形,可适用揭开公司面纱原则使X直接对Y承担个人责任(但如果不存在误导或者欺骗,Y只能向X的公司请求债务支付。其理论依据是,一个不阅读合同就签字的人应当受到合同内容的拘束)。[21]

值得注意的是,虚假陈述往往可以直接导致股东承担责任,而无须适用揭开公司面纱原则。因为,在这种情况下,原告可以基于侵权或者合同上的诉因(cause of action)对

---

[16] Walkovszky v. Carlton, 276 N. Y. S. 2d 585, N. e. 2d 6(N. Y. 1966).

[17] Hamilton, at p. 182.

[18] E. g., Linco Services, Inc. v. DuPont, 239 Cal. App. 2d 841, 49 Cal. Rptr. 196(1966).

[19] DeWitt Truck Brokers, In., W. Ray Flemming Fruit Co., 540 F. 2d 681(4th Cir. 1976).

[20] K. C. Roofing Center v. On Top Roofing, In., 807 S. W. 2d 545(Mo. App. 1991).

[21] Hamilton, at p. 181.

股东直接提起诉讼。[22] 譬如,当公司股份全部集中于一人股东时,该股东故意或者错误地宣称公司银行账户上尚有存款100万美元。如果债权人合理地信赖了其陈述,该股东可直接对之承担责任,无论公司面纱是否揭开。

2. 涉及对公司欺诈或者错误行为的情形

欺诈还可能表现为控制公司的股东将个人财务与公司财务相混同或者吸干公司资产等情形。这种行为的实质是自我交易(self dealing),不公平的自我交易被视为欺诈。[23] 因为这样的行为可能导致公司没有剩余资产满足债权人的债权。譬如,公司独任股东从公司获取高额薪酬以致公司无剩余资产,这种"欺诈或者错误行为"极有可能导致法院揭开面纱。概言之,涉及对公司欺诈或者错误行为主要有如下两种情形:

第一,股东的商业行为导致个人与公司之间在财务上的混淆。公司应当保持财务上的独立性是公司人格独立的重要标志,如果股东将其个人财务与公司财务予以混淆,则可导致揭开面纱。例如,为了方便,X用自己的支票支付公司的账单,并在每一个周末用一张公司支票向自己支付,或者干脆将公司资产视为自己资产而随意处置,包括其个人花销也是从公司账户中支付,其理由是,这些资产应当属于他,因为他拥有公司的所有股份。在这种情况下,公司债权人可以通过揭开公司面纱要求股东承担个人责任。因为他将个人行为与公司营业混同在一起了。[24]

第二,公司以非正常方式营运从而导致公司从未盈利,或者股东吸干公司资金而未考虑公司的需求和发展,或者使公司经常处于财务困境状态,或者公司始终游离在破产边缘。例如,若干人集资设立公司修建房屋并预期将建好的房屋出售给公司的股东。公司对每套房屋的定价低于成本,所以该公司注定是要失败的。对这种定价做法,不知情的债权人可以主张股东承担个人责任。[25] 又如,X设立了两家公司,一家负责产品制造,另一家负责产品销售。制造公司向销售公司出售产品的价格取决于公司的利润积累。X控制着两家公司的营业,他使销售公司负债,而使制造公司获得资产。如果两个公司不能保持明确区分,债权人会相信他们是在与同一家公司打交道。因而,两个公司均应对公司所有债务承担责任。[26]

(四)没有遵守公司程式

揭开面纱的发生,一个非常重要的因素是公司没有遵守公司程式(failure to follow corporate formalities)。公司的重要特征之一是股东仅对公司债务承担有限责任,公司独

---

〔22〕 Gevurtz, at p. 82.

〔23〕 Gevurtz, at p. 86.

〔24〕 Anderson v. Chatham, 397 S. E. 2d 793 (Ga. Appl. 1989).

〔25〕 Yacker v. Weiner, 263 A. 2d 188 (N. J. Super. Ch. Div. 1970). 但此类情形亦有相反判例如,Bartle v. Home Owners Cooperative, 127 N. E. 2d 832 (N. Y. 1955)。

〔26〕 Holland v. Joy Candy Mfg. Co., 145 N. E. 2d 101 (Ⅲ. App. 1957). 这种类型的交易可能侵害了债权人的利益,在普通法上可以直接依据"欺诈性让与"(fraudulent conveyances)、"对债权人的欺诈"(frauds on creditors)、"侵占公司机会"(usurpation of corporate opportunities)、"可撤销优先权"(voidable preferences)等理论来进行处理。这些理论独立于揭开公司面纱理论。

立对外承担全部责任。这就要求公司的管理和运作必须严格遵守公司程式，如果公司的管理和运作不能遵守法定程式，公司的独立人格将无从得以保障，债权人利益将失去屏障。由此可见，公司程式是公司独立人格的重要保障。因此，如果原告能够证明被告没有遵守公司程式，诸如没有完成公司的设立，没有投入充足资本，没有召开会议或者进行选举；股东进行商业决策的模式就像合伙人决策一样，没有明确区分公司管理人员的职责范围；公司行为与个人行为相混同，诸如非正式贷款，利用公司资金进行个人借贷，或者没有遵守其他法定形式要件等，均有可能适用揭开公司面纱原则，否认其独立人格。例如，公司设立申请登记文件已经报送，但未采取进一步措施以完成公司的设立，公司就开始营业，这种情形可以使股东对公司债务承担个人责任。又如公司设立登记文件已经报送，股份已经发行，会议记录已经置备，但是随后却没有召开股东会议或者董事会议，虽然所有的决议都是由股东商量后以公司的名义作出的，而且这种非正式行为或者非正式决策没有伤害第三人，一些判例仍然认为积极股东应当对公司债务承担个人责任。[27]

需要说明的是，不是所有没有遵守公司程式的情形都可以使股东承担个人责任。如果是某一具体程式没有得到遵守并不一定适用揭开公司面纱规则，而是由相应的规则进行规制。譬如，设立瑕疵或者公司决议瑕疵可能作为无效或者可撤销行为对待（当然有些程式瑕疵还可以治愈）；再如，如果出资存在瑕疵，股东或者发起人应当承担相应责任，如补缴责任、连带责任、违约责任，甚至行政责任或者刑事责任。但是，如果不能遵守公司程式表现为公司的运作常态则可能适用揭开公司面纱规则，因为这种情况可能表明股东只是将公司作为"他我"或"工具"，而不是将公司作为独立的存在；又或者涉及欺诈行为，因为股东需要绕开正当程序才能实现其非正当目的。在这样的情形下，需要将揭开面纱作为一种制裁手段以确保公司程式必须得到遵守。

（五）对单一营业实体的虚假分割

揭开面纱需要考虑的另一个重要因素是某一单一实体是否被人为地分割为不同的公司（artificial division of a single business entity）以降低其资产上的责任。例如，某人经营出租车，为了规避可能出现的责任，他为每一辆出租车注册了一家公司，如果某一辆出租车发生了责任，其最大的责任范围也不过就是那一辆出租车而已。在这种情况下，法院可能根据"企业实体理论"，将全部出租车视为一个整体企业而由该企业整体承担责任。[28]

但是，适用这一规则的特别之处在于，不同于一般揭开公司面纱规则，股东并不需要承担责任，而是将各个分割的"公司"视为一个整体共同承担责任。这就是所谓企业理论的"单一实体"的归责体现。

（六）母公司对子公司债务的责任

许多揭开面纱案件都涉及股东自身就是公司。换言之，它涉及母公司对子公司行为

---

〔27〕 E. g. ,Zaist v. Olson,227 A. 2d 552(Conn. 1967).

〔28〕 Walkovszky v. Carlton,276 N. Y. S. 2d 585,N. E. 2d 6(N. Y. 1966).

的责任问题。实际上,大多数母公司都有为数众多的子公司从事各类相关或者不同的业务。子公司可以是由母公司全资持股,也可以是部分持股。母子公司具有共同的经济利益以及一定程度的联合和统一管理是允许的。但是,如果子公司的独立存在需要得到承认,最基本的,子公司在业务经营和事务管理上应保持相当程度的独立性和自主性,否则,就有可能导致适用揭开公司面纱原则。

如果母公司没有能够在母公司与子公司的业务经营和事务管理上保持着明确的区分,或者对不同子公司之间的业务进行混同管理或者对子公司实施了过度控制(excessive control),则可导致对这些公司的独立存在的否认。可导致母公司承担责任的情形主要表现为如下几个方面:(1)将子公司作为母公司的一个"部门"(department)或者"分支机构"(division)。子公司亦是依法设立的公司,自然应当保持独立的存在才能满足公司独立人格的要求,如果母公司仅仅将子公司作为其下属单位,子公司的独立性无从谈起。(2)将母子公司业务或者母公司将不同的子公司的业务进行混同管理(mixing or confusion of business affairs)。将子公司的业务当作母公司业务的构成部分进行混同管理,业务混同亦是对子公司独立存在的否认和破坏。(3)母子公司之间或者不同的子公司之间具有共同的管理人员,且职责不清。如下文所述,单纯的人事连锁并不构成揭开面纱的理由,但是如果母子公司具有共同的管理人员并且相互之间职责不清,则构成管理混同。(4)将母子公司资产或者不同的子公司的资产予以混同,诸如使子公司为母公司的债务提供担保,不遵守正常的贷款程序将资金从一公司转移到另一公司,或者使用共同的银行账户。

但是,如果仅仅是下列情形,则不能适用揭开公司面纱原则,或者说,下列行为是得到法律容许和认可的行为:(1)一家公司拥有另一家公司的多数或者全部股份。单纯的持股并不构成揭开面纱的理由。这种行为是公司的正常的投资活动。譬如,一公司持有另一公司50%以上股份,虽然两公司构成母子公司关系,但却没有任何证据表明母公司对子公司实施了控制行为,此种情形即为单纯持股。(2)公司之间具有共同的董事或者高管。单纯的人事连锁(interlocked directorship)同样不构成揭开面纱的理由。这种行为是企业集团正常的经营手段。(3)公司合并财务或者税务报表。企业集团制作的联合财务或者税务报表也是允许的。(4)母公司维持中央现金管理。通过这种方式,母公司将企业集团内部所有的现金账户都集中起来进行管理,以便获取最有利的存款利息或者降低借款成本。但是需要谨慎地保持着分开记账,并且一旦发生经营需要,子公司可以随时取得其资金。(5)母公司为所有的子公司提供中央会计和法律服务,并公平合理地或者按照比例收取费用。(6)母子公司具有共同的办公室或者在一起办公,只要该种安排是合理的,并保持着独立的身份,如独立签字、分开的电话名册等。(7)子公司的董事会成员由母公司指派的人构成,并且听从母公司的指示。这其实是正常的,因为董事本来就是股东选举产生的,在某种意义上董事就代表着选派他的股东的利益,只要母公司在具体经营管理上没有控制子公司的运作,就不存在问题。

在运用揭开公司面纱规则时,解决母子公司关系责任问题时所适用的原则与适用于自然人股东的揭开面纱的原则是一致的。但是,应该看到,随着企业集团的迅速发展以及存在的问题的凸显,一些国家和地区已经建立起了一套专门适用于公司集团及其揭开面纱的规范机制。典型者如德国以及我国台湾地区。这样的规定被称为“企业集团法”或者“关联企业法”。

(七)揭开公司面纱原则在破产案件中的适用

如果股东的请求权在某种意义上是不公平的,法院可使股东的债权后于其他债权而受清偿。这一理论主要适用于破产案件,称为居次理论(subordination theory)或者深石原则(the deep rock doctrine)。[29] 例如,某股东仅仅向公司投入了少量股权资本,但却向公司提供了大量贷款。在通常情况下,投资者将其部分资金作为股权投资,而将部分资金贷给公司,应视为投资者规避投资风险的合理安排。但是,如果该股东投入公司的股权资本并不充足或者只是名义上,实际上该股东是以贷款的形式替代了部分或者全部出资,这种贷款实际上等于出资而应视为公司的股权资本。根据居次理论或者深石原则,该股东的债权请求权应当居次于所有的其他债权人。又如,某股东从公司获得超额报酬,然而实际上该股东并未对公司作出与其所获报酬相当的贡献。于此情形,对于公司在破产状态下对其未支付的报酬可能作为劣后债权而后于其他债权人清偿。

表面上看,这一理论只是改变了清偿顺序,使股东的债权只有在其他债权人的债权得到完全的清偿后才能获得清偿。然而,实际上其他债权人的债权通常都会耗尽公司的财产。也就是说,在公司处于破产状态时,其他债权人往往都很难获得充分清偿,何况处于劣后位置的股东债权人。这样,居次理论或者深石原则运用的结果将可能使股东债权人不能得到完全的清偿或者完全不能得到清偿。

(八)逆向揭开公司面纱(reverse piercing the corporate veil)

上面我们所讨论的揭开面纱的情形限于揭开面纱的请求由第三人提起。也就是说,通常由债权人提出揭开面纱的请求,不能由股东或者公司提出。但在逆向揭开面纱中,情况则显得更加复杂一些。具体而言,逆向揭开面纱是一种对传统的正向揭开面纱的逆反。逆向揭开可进一步区分为内部逆向揭开(inside reverse)和外部逆向揭开(outside reverse)。内部逆向揭开是指公司中具有控制力的内部人(大多数情况下是控股股东)寻求否认公司人格使自己有资格对第三人提起诉讼或者使公司的财产免于对第三方承担责任。外部逆向揭开则是指由公司内部人以外的第三人提起,要求法院否认公司人格,使公司的财产为股东债务承担责任。由此可见,所谓逆向揭开面纱实际上包含了两层含义:一是揭开面纱的请求可能由内部人提起,可称为一种程序上的逆反;二是揭开面纱的结果可导致公司为股东债务承担责任,可称为一种结果上的逆反。

现有的经验表明,较之于传统的正向揭开面纱,法院对待逆向揭开面纱更为谨慎。

---

〔29〕 “深石”是适用该原则的一家子公司的名称。Taylor v. Standard Gas & Electric Co. ,306 U. S. 307,59 S. Ct. 543 (1939).

就内部逆向揭开而言，起初，法院根本不予支持。其认为公司的股东在设立公司时是自愿选择公司形式的，如果允许其揭开面纱将会导致不公平。[30] 当然，法院的这种保守态度也受到了广泛的批评，这种态度重视形式胜于实质。[31] 随后，法院逐渐在一些判例中承认内部逆向揭开面纱，其所适用的标准主要有“社会公正和公共政策”(social equity and public policy)、[32]“经济现实标准”(economic reality test)、[33]“整体利益标准”(unitary interest test)。[34]

较之于内部揭开案件，法院对于外部揭开案件的态度则更趋保守。因为此类案件需要考虑和权衡的各方面利益更为复杂。如果法院允许外部逆向揭开，公司就有可能要为股东的个人债务承担责任，从某种程度上来说，这简直是对传统公司法理念的彻底颠覆。因此，尽管经济现实中确实存在外部逆向揭开的必要，但司法实践中此类案件却极为少见。[35]

三、我国司法实践的审判经验

我国司法实践在审理揭开公司面纱案件中已经积累了一定经验，最高人民法院于2019年发布了《全国法院民商事审判工作会议纪要》[36]（以下简称《九民纪要》）。根据《九民纪要》，公司人格独立和股东有限责任是公司法的基本原则。否认公司独立人格，由滥用公司法人独立地位和股东有限责任的股东对公司债务承担连带责任，是股东有限责任的例外情形，旨在矫正有限责任制度在特定法律事实发生时对债权人保护的失衡现象。在审判实践中，要准确把握公司法关于揭开面纱规定的精神。

第一，只有在股东实施了滥用公司法人独立地位及股东有限责任的行为，且该行为严重损害了公司债权人利益的情况下，才能适用。损害债权人利益，主要是指股东滥用权利使公司财产不足以清偿公司债权人的债权。

第二，只有实施了滥用法人独立地位和股东有限责任行为的股东才对公司债务承担连带清偿责任，而其他股东不应承担此责任。

第三，公司人格否认不是全面、彻底、永久地否定公司的法人资格，而只是在具体案件中依据特定的法律事实、法律关系，突破股东对公司债务不承担责任的一般规则，例外地判令其承担连带责任。人民法院在个案中否认公司人格的判决的既判力仅仅约束该诉讼的各方当事人，不当然适用于涉及该公司的其他诉讼，不影响公司独立法人资格的

---

〔30〕 E. g. ,Carey v. National Oil Corp. ,592 F. 2d 673(2d Cir. 1979).

〔31〕 E. g. ,Boggs v. Blue Diamond Coal Co. ,590 F. 2d 655(6th Cir.),cert. denied,444 U. S. 836(1979).

〔32〕 E. g. ,Cargill,Inc. v. Hedge,375 N. W. 2d 477(Minn. 1985).

〔33〕 E. g. ,Wells v. Firestone Tire & Rubber Co. ,421 Mich. 641,364 N. W. 2d 670(1984).

〔34〕 Michael J. Gaertner,*Reverse Piercing the Corporate Veil:Should Corporation Owners Have It Both Ways?* 30 Wm and Mary L. Rev. ,667.

〔35〕 E. g. , Acree v. McMahan, 258 Ga. App. 433, 574 S. E. 2d 567 (2002), cert. granted, 2003 WL 21709627 (Ga. Feb. 25,2003).

〔36〕 法〔2019〕254 号。

存续。如果其他债权人提起公司人格否认诉讼,已生效判决认定的事实可以作为证据使用。

第四,公司法规定的滥用行为,实践中常见的情形有人格混同、过度支配与控制、资本显著不足等。在审理案件时,需要根据查明的案件事实进行综合判断,既审慎适用,又当用则用。实践中存在标准把握不严而滥用这一例外制度的现象,同时也存在因法律规定较为原则、抽象,适用难度大,而不善于适用、不敢于适用的现象,均应当引起高度重视。

(一)人格混同

认定公司人格与股东人格是否存在混同,最根本的判断标准是公司是否具有独立意思和独立财产,最主要的表现是公司的财产与股东的财产是否混同且无法区分。在认定是否构成人格混同时,应当综合考虑以下因素:(1)股东无偿使用公司资金或者财产,不作财务记载的;(2)股东用公司的资金偿还股东的债务,或者将公司的资金供关联公司无偿使用,不作财务记载的;(3)公司账簿与股东账簿不分,致使公司财产与股东财产无法区分的;(4)股东自身收益与公司盈利不加区分,致使双方利益不清的;(5)公司的财产记载于股东名下,由股东占有、使用的;(6)人格混同的其他情形。

在出现人格混同的情况下,往往同时出现以下混同:公司业务和股东业务混同;公司员工与股东员工混同,特别是财务人员混同;公司住所与股东住所混同。人民法院在审理案件时,关键要审查是否构成人格混同,而不要求同时具备其他方面的混同,其他方面的混同往往只是人格混同的补强。

(二)过度支配与控制

公司控制股东对公司过度支配与控制,操纵公司的决策过程,使公司完全丧失独立性,沦为控制股东的工具或躯壳,严重损害公司债权人利益,应当否认公司人格,由滥用控制权的股东对公司债务承担连带责任。实践中常见的情形包括:(1)母子公司之间或者子公司之间进行利益输送的;(2)母子公司或者子公司之间进行交易,收益归一方,损失却由另一方承担的;(3)先从原公司抽走资金,然后再成立经营目的相同或者类似的公司,逃避原公司债务的;(4)先解散公司,再以原公司场所、设备、人员及相同或者相似的经营目的另设公司,逃避原公司债务的;(5)过度支配与控制的其他情形。

控制股东或实际控制人控制多个子公司或者关联公司,滥用控制权使多个子公司或者关联公司财产边界不清、财务混同,利益相互输送,丧失人格独立性,沦为控制股东逃避债务、非法经营,甚至违法犯罪工具的,可以综合案件事实,否认子公司或者关联公司法人人格,判令承担连带责任。

(三)资本显著不足

资本显著不足指的是,公司设立后在经营过程中,股东实际投入公司的资本数额与公司经营所隐含的风险相比明显不匹配。股东利用较少资本从事力所不及的经营,表明其没有从事公司经营的诚意,实质是恶意利用公司独立人格和股东有限责任把投资风险转嫁给债权人。由于资本显著不足的判断标准有很大的模糊性，特别是要与公司采取“以小博大”的正常经营方式相区分，因此在适用时要十分谨慎，应当与其他因素结合起来综合判断。

（四）诉讼地位

人民法院在审理公司人格否认纠纷案件时，应当根据不同情形确定当事人的诉讼地位：(1)债权人对债务人公司享有的债权已经由生效裁判确认，其另行提起公司人格否认诉讼，请求股东对公司债务承担连带责任的，列股东为被告，公司为第三人；(2)债权人对债务人公司享有的债权提起诉讼的同时，一并提起公司人格否认诉讼，请求股东对公司债务承担连带责任的，列公司和股东为共同被告；(3)债权人对债务人公司享有的债权尚未经生效裁判确认，直接提起公司人格否认诉讼，请求公司股东对公司债务承担连带责任的，人民法院应当向债权人释明，告知其追加公司为共同被告。债权人拒绝追加的，人民法院应当裁定驳回起诉。

第二节 一人公司

一、一人公司概述

按照传统公司观念，公司是以多数成员组成的社团法人，所以，法律规定公司股东成员必须由多数构成。然而，现代法律的趋势是逐渐承认“一人公司”(one-person corporation)，以适应和促进现实经济的需求。

一人公司，可以被简单地表述为全部股份或者出资归于单一股东持有的公司。但应注意的是，一人公司在现实中的表现形式却较为复杂。

通常，一人公司表现为形式上的一人公司，即公司只有一名股东，公司股份或者出资当然就为该股东单一持有。另外，往往可能的情况是，在形式上公司股东有两名以上，但是，如果从实质上进行考察，公司真正的股东(bona fide shareholder)却只有一人，其余的股东只不过是挂名而已，即所谓的“傀儡股东”(dummy shareholders)，此种情形为实质上的一人公司。为什么会出现挂名股东或者傀儡股东呢？原因在于，在不承认一人公司的国家中，如果不能满足法定人数要求，将无法设立公司或者所设立公司无效。因此，为了规避法律对公司最低股东人数的要求，就会出现挂名股东或者傀儡股东来凑足人数。

从一人公司的形成来看，可能是在设立时就是一人公司，也可能是在设立时公司股东为数人，但在公司设立后，基于各种原因，如因公司股份转让、继承、强制执行或者拍卖等因素，使股东人数发生变动减少至一人而成为一人公司。前种情形称为设立时一人公司，后种情形称为设立后一人公司。

从投资者的身份来看，可以表现为自然人一人公司和法人一人公司。在自然人一人公司的情形下，公司的股东为自然人。在法人一人公司的情形下，公司的股东为法人。

现代法律普遍承认公司具有转投资的能力，因此，法人一人公司亦属常见。

二、一人公司立法例

囿于公司是社团法人的传统观念，历史上法律对一人公司是不予认可的。但是，由于现实生活中一人公司的大量存在，根深蒂固的社团法人观念逐渐发生转变，至现在，对一人公司的承认已成为必然之趋势。

第一个突破禁区对一人公司加以承认的是列支敦士登（Liechtenstein）。1925 年 11 月 5 日列支敦士登颁布了《关于自然人及公司之法律》（Gesetz über das Personon und Gesellschaftsrecht），将有限责任原则自团体法带入个人法，而成为一人公司之立法先驱。根据该法规定，公司可以由一个自然人或者一个法人设立，并可以由一个股东维持公司的存在。该法对一人公司的设立、资本、业务执行、债权人的保护、股东的责任以及公司的解散、法院参与检查及管理均作出了规定。[37] 自此之后，许多国家因应实践的需求，逐渐对一人公司予以承认。

但是，由于各国法制背景不同，加之公司本身的情况不同，所承认的程度和范围也有所不同，并可区分为如下四种情形：一是完全不承认一人公司，即无论是设立时或设立后，均不承认一人公司的存在；二是不承认设立时一人公司，但承认设立后一人公司之存在；三是承认设立后一人公司，但对于设立时一人公司，仅就有限责任公司予以承认，而不及于股份有限公司；四是既承认设立时一人公司，又承认设立后股东经变动后的一人公司。其中，美国（多数州）、[38] 日本等国家为承认一人公司最为彻底的国家。[39]

从上述可以看出，各国对待一人公司的态度是不同的。主要表现为如下两个特点：一是承认一人有限责任公司的国家居多，承认一人股份公司的国家较少；二是承认设立后一人公司的国家居多，承认设立时一人公司的国家较少。这表明了法律对一人公司仍然持谨慎态度。

究其原因，也有两个方面：一是有限责任公司比较能够满足中小企业，尤其是个人企业的需求，而股份公司则涉及公众交易；二是在设立公司时加以控制，而基于对交易安全的保护，大多对设立后一人公司予以承认。

虽然还有相当一些国家对一人公司仅仅有限承认或者干脆拒绝承认，但总体说来，

---

〔37〕 该法不仅承认一人公司，而且承认有限责任的个人企业。也就是说，列国不仅首创一人公司之立法先例，而且也对个人企业提供了适用有限责任的空间，使有限责任的利益及特惠自团体法泽及于个人法，颇具特色。参见柯菊：《一人公司》，载《台大法学论丛》第 22 卷第 2 期；赵德枢：《一人公司详论》，中国人民大学出版社 2004 年版，第 21～25 页。

〔38〕 例如，美国《示范商事公司法》（Model Business Corporate Act，MBCA）规定，一人或者数人因向州务卿提交设立章程而成为公司的设立人。因美国法律并不区分有限责任公司和股份有限公司，其公司法上并不包括无限责任性质的公司，其所有的公司都是有限责任性质的公司，而且其所谓“封闭公司”和“公众公司”亦非法律上之分类，所以，该规定适用于一切公司，包括“封闭公司”和“公众公司”。See MBCA § 2. 0.

〔39〕 详细资料请参见林国全：《论一人公司》，载《比较法研究》1999 年第 3、4 期；赵德枢：《一人公司详论》，中国人民大学出版社 2004 年版，“第三章”。

从传统上对一人公司的禁止到现在越来越多的国家对一人公司的承认，表明了现代法制对一人公司的承认已经成为趋势。我国现行公司法承认了一人公司，包括一人有限责任公司和一人股份有限公司。

三、承认一人公司的必要性

无论是承认一人公司或者拒绝承认一人公司，均各有其利弊。但总体平衡起来考虑，承认一人公司的好处大于禁止一人公司的好处，其基本道理就是"疏"胜于"堵"。只要在承认一人公司的同时对一人公司所存在的弊病加以防范，或者因势利导，其对社会经济的积极效果可能要远远大于其对社会经济所产生的负面效应。兹阐述理由如下：

首先，承认一人公司有利于降低投资者经营风险。〔40〕 传统上对一人投资的企业往往采取"独资企业"(proprietary/solely-owned enterprises)形式而让投资者承担无限责任。然而，许多投资者，尤其是个人投资者，往往既想一人投资，又想利用公司这种形式所具有的特权，尤其是希望享受有限责任的特权。毫无疑问，这是一种普遍性的冲动。如果法律对这种普遍的社会现象加以承认，而不是简单地拒绝，不仅满足了这种普遍存在于投资者心中的需求，而且对于社会财富的增加能够起到积极的促进作用。

其次，有利于维持企业，保护交易安全。企业维持是支持承认一人公司的主要理论依据。〔41〕 如果一公司成立后，因为某种原因(如股权转让、股东死亡)而导致股东人数不符合法定要求而被强行要求解散，既是现存企业的重大损失，又导致交易无安全保障可言。具体而言，如果一个企业正处于其事业巅峰阶段，仅仅因为股权结构发生变化(所有股权归属于单一股东)而被解散，既损害了股东的预期利益，同时，与公司建立的交易关系也势必大多得不到执行，当然也损害了债权人的预期利益。换个角度，即使是企业在处于事业低谷阶段，如果企业不被解散，企业还有翻身的机会，此时一经强行解散，债权人之债权再无清偿机会，股东投资再无回收可能。无论哪种情形，都是一个两败俱伤的局面。当然，其结果也间接地影响社会财富的增长。

最后，有利于减少纠纷，降低交易成本。〔42〕 如果坚持公司的社团性，即在设立公司时或者在公司运行时必须满足法律上关于股东人数为复数的要求，如前所述，当事人为了满足这种形式上的要求，通常的做法就是去找来一些亲朋好友凑数，因而产生"傀儡股东"或者"挂名股东"现象，导致名不副实。这种做法无疑为今后的纠纷埋下了导火索。从法律上来看，一个人一旦成为股东，无论是挂名股东还是真正的股东，就享有相应的权利和承担相应的义务。譬如，公司如果不能成立，发起人须对发起设立公司过程中的交

---

〔40〕 柯菊：《一人公司》，载《台大法学论丛》第22卷第2期；林国全：《论一人公司》，载《比较法研究》1999年第3、4期。

〔41〕 柯菊：《一人公司》，载《台大法学论丛》第22卷第2期；林国全：《论一人公司》，载《比较法研究》1999年第3、4期。

〔42〕 柯菊：《一人公司》，载《台大法学论丛》第22卷第2期；林国全：《论一人公司》，载《比较法研究》1999年第3、4期。

易承担责任。又如,如果在公司成立后发现所出资的实际价额显著低于章程所确定的价额,发起人股东还须承担出资填补责任。再如,当初由于亲情或者友情关系而答应出面充当"傀儡股东"或者"挂名股东",如果企业今后有着较好的盈利业绩,难保不会眼红,甚至以自己是股东为由要求公司为其支付利润或者股息。所有这些问题,若仅从形式上观之,当属理所当然,然而,实际上却并非如此。为了解决这些纠纷,需要调集证据,并可能导致旷日持久的诉讼,对于当事人、社会来说,徒增交易成本而已。如果承认一人公司,则可从根源上杜绝此类事情的发生。

除上述理由支持外,还有学者提出了其他一些理由支持一人公司。如有人认为因股份的自由转让导致难以判断股份何时集中为一人所有,此种股份自由转让之特性即隐含承认一人公司的意思,不承认一人公司反而容易助长实质一人公司泛滥等。[43]

四、一人公司的理论证明

大多数人认为,一人公司对公司的社团性、人格性以及公司治理造成冲击,从而导致容易滥用有限责任特权,损害公司独立法人地位,无法保护债权人。[44] 的确,一人公司的存在和承认确实对传统的公司社团理论构成了冲击。道理很简单,因为公司只有一名股东了,当然就不具有社团性了。[45] 但是,问题的症结并不在于此。问题在于,这种对公司社团性的冲击是否影响到了公司的人格性。道理还是很简单,如果公司的社团性是公司人格存在的前提,这种对社团性的冲击就是致命的;反之,如果这种对社团性的冲击与公司的人格性并无必然联系,对这种冲击的过分反应就是无病呻吟,多少显得矫揉造作了。

如果公司的人格受到影响,并由此导致公司的人格为股东的人格所吸收,那么,公司与股东不再是分离的两个人格,从而导致公司的存在失去了依托和灵魂。在这种情况下,公司将不复存在。所以,重要的是我们得搞清楚什么是公司人格存在的前提和基础。

这也许需要我们对传统的公司理论进行必要的反思。事实上,这种对社团性的冲击并不必然导致对公司人格的冲击,因为公司的人格基础并不是建立在公司的社团性之上的,甚至它并不以公司的社团性为前提。[46]

---

〔43〕 赵德枢:《一人公司详论》,中国人民大学出版社 2004 年版,第 222 ~ 224 页。

〔44〕 有关这方面的详细论述,参见柯菊:《一人公司》,载《台大法学论丛》第 22 卷第 2 期;林国全:《论一人公司》,载《比较法研究》1999 年第 3、4 期;赵德枢:《一人公司详论》,中国人民大学出版社 2004 年版,第 214 ~ 220 页。

〔45〕 关于一人公司,理论上有社团说和非社团说。前者又有潜在社团说、股份复数说及股份分割说;后者又有特别财产说、目的财产说及营利财团法人说。在非社团理论框架下,又有解说进一步认为,一人公司为公司法上之特例或性质上为有限责任个人企业(限制性法人)。据此,有学说认为,团体能力之取得未必应以社团组织为要件。参见赵德枢:《一人公司详论》,中国人民大学出版社 2004 年版,第 225 ~ 229 页。

〔46〕 日本学者对一人公司的法人格进行了广泛而深入的反思,并提出了所谓的"法律效果归属点说""责任财产分别说""相对属性说""政策性拟制说"等理论(参见王天鸿:《一人公司制度比较研究》,法律出版社 2003 年版,第 152 ~ 155 页)。我国学者王涌教授亦针对社团性是公司的本质,一人公司是例外这一观点指出:"用'例外现象'来解释一人公司现象说明理论范式的虚弱";"一人公司的出现宣告了这一范式体系的危机,而公司理论的变革将从下列理论开始:'团体性'是公司的本质吗?'团体性'是指'股东的集合',抑或'生产要素的集合'?"(参见王涌:《一人公司导论》,载《法律科学》1997 年第 4 期)。

首先,公司人格存在的前提在于两权分离,即所有权和控制权的分离。只有让企业的控制脱离了所有者的直接掌握,才使企业的自主管理成为可能。为了适应企业的自主经营管理和对企业的自主控制,法律才感觉到有必要赋予企业以独立人格。因此,可以说,企业是否具有独立的人格,完全取决于它是否能够像一个人那样独立地去思考和行为,并独立地对自己的行为负责,而无须它的股东去代替它思考和行为,并对它的行为负担责任。这也正好说明了为什么只有在公司制度的情形下才赋予股东以有限责任特惠,因为在这种情况下,根本不需要股东对公司行为承担责任,公司是可以自己对自己的行为负责的。

其次,公司人格存在的基础在于公司自身的财产性。因此,可以说,公司的资产是公司人格的物质保障。从现代企业的发展来看,公司的初始资本虽然来自于股东的投资,但是,这样的财产远远不足以成为债权人的安全保障,这样公司自身的财产的积累对于债权人就具有了重要意义。

最后,公司人格除需要物质保障外,还需要制度保障。这就是说,如果公司要具有独立人格,就必须要有公司的意思机关,要有公司的行为机关,甚至需要有公司的监督机关,从而形成现代公司的基本治理结构。公司的人格在外观上是透过公司机关这种形式显现出来的。譬如,股东会是一种集体意思表示机关,它以集体决议的方式表达公司的意思。这里排除了任何个人股东的单独影响和个人股东的单独意思。董事会则是公司的执行机关,它执行的是股东会的集体决议,而非执行个别股东的意思。而监事会则是为了维护公司整体的利益而履行监督职能。这里,我们又回到了问题的起点:公司的人格以两权分离为前提,同时,公司的人格又以两权分离为表征。

也许有人会说,一人公司很容易导致所有者与管理者职能混为一体,从而导致公司的人格被股东所吸收,造成股东滥用公司制度下的有限责任特权。的确,现实中公司的股东、董事、高级管理人员可能由一人兼任从而导致股东像管理自己私人家产那样控制企业。但是,这不仅仅是一人公司独有的问题,所有有限责任公司或者封闭公司都会存在这样的问题,甚至股份公司或者公众公司也会存在这样的问题,尽管这些公司的成员是复数,或者说这些公司满足了所谓的社团性特征。很显然,股东的有限责任特权是以公司的独立人格为前提的,如果失去了这个前提,如股东滥用有限责任特权,法律就会剥夺他的这个特权,无论公司的成员是一人还是数人。

由此可见,公司之所以能够成为公司,是因为它具有独立的人格,而这种独立人格的存在与公司的社团性无关。彻底地说,只要公司能够维持其自身的独立人格,无论股东人数是一人或者数人都不影响其成为公司。现代法制对一人公司承认的实践也正好能够证明这一点。

或许,我们需要重新理解公司的社团性,而不是将公司的社团性概念简单地建立在其社员的复数基础之上。对此,法经济学家提出的公司的“契约关系”理论认为,公司是由多数参与者构成的集合。这些参与者(participants)包括股东、债权人、雇员、社区以及管理者等不同因素,而不是仅仅由股东这一单一因素构成。这是否构成一种对公司社团性的新的解说呢?公司法上有太多的问题需要我们进行反思,如何突破传统思维模式的局限性正是当代法学家面临的挑战与机遇。

第三节 公司的社会责任

一、公司社会责任的理论交锋

公司的社会责任理论试图对公司的绝对营利性进行修正。传统的法律所建立起来的原则是,公司董事、高级管理人员在法律上对公司承担受信义务,公司只应当对股东利益最大化承担责任,即所谓的"股东至上"。然而,随着经济社会的发展,公司所有权与控制权发生了分离,公司的权力集中在管理者手中,导致公司对社会的支配力量急剧扩大,从而使公司能够对社会各方面产生实质性影响。因而,人们认识到,基于现代公司的地位,公司应当承担更多的责任,而不仅仅是股东赚钱的工具。

自20世纪20年代以来,在美国发生了一场关于公司社会责任(corporate social liability)的持续争论,并形成了两派观点鲜明的对立立场。倡导和赞成公司社会责任的人认为,公司不仅应当对股东利益最大化承担责任而且还应当对股东之外的包括雇员(职工)、消费者、债权人、中小竞争者、当地社区、环境、社会弱者及整个社会公众等利益相关者(other constituencies)承担责任。而反对者则依然坚持传统的公司行为和责任标准。

这场运动的发起者是 Adolf A. Berle 和 E. Merrck Dodd,其持续时间为1927年至1932年。争论的焦点是董事和高级管理人员应当为谁服务。Berle 主要从公司治理的角度出发,立足于对股东利益的保护,认为应当强化董事和高级管理人员的受托人责任,加强对股东利益的保护;而 Dodd 则认为,董事、高级管理人员应当承担更多的社会责任。

Berle 在他的一篇著名的文章《公司的权力应当是信托上的权力》中提出,公司管理者应当受到法律的控制以使股东从他们的决策中得到好处(Managers should be legally controlled so that shareholders may benefit from their decisions)。[47] 在该文发表时,美国企业已经完成了股东所有权与企业经营权的分离的革命性变化,进入了所谓的"经理革命"(managerial revolution)时代。Berle 的一系列研究都是在这一背景之下完成的。这一经济巨变导致公司权力膨胀,股东利益被忽视,所以,Berle 将其注意力集中在董事、高级管理人员对股东义务的强化这一方面。正如文章标题所表明,Berle 认为应当强化董事、高级管理人员的受托人责任,要求董事、高级管理人员对其股东承担像受托人对其受益人那样的受信义务(fiduciary duties),即公司的权力应当是信托上的权力。Berle 甚至提出将来的公司法在实质上应当成为信托法的一个分支(Corporate law should become "in

---

〔47〕 Adolf A. Berle, Jr., *Corporate Powers as Powers in Trust*, 44 Harv. L. Rev., 1049(1931).

substance a branch of the law of trust")。

真正关于公司社会责任的倡导者则是 E. Merrck Dodd。Dodd 在他的文章《公司管理者究竟是谁的受托人》中提出了与 Berle 完全相反的观点。在 Berle 看来,美国的企业已经出现了所有权与控制权的分离,他的任务就是要弥合这种空隙,其方式就是让管理者承担新的义务,使其像所有者管理自己的财产一样。Dodd 则将该种所有权与控制权的分离看作一种机会,即如果管理者能够对股东承担新的义务,管理者也应该对社会其他利益集团承担义务,而所有权与控制权的分离正好为公司的社会责任提供了契机。[48] Dodd 认为,现行的法律体制对于保护股东利益已经足够了,不需要再采取措施来加强对股东的保护。而恰恰相反,现行法律体制无法适应公司管理者的社会责任的实施,它妨碍了公司应当履行的社会责任。Dodd 之所以得出与 Berle 完全相反的结论,是因为他认为,20 世纪 20 年代并不是一个证券欺诈的年代,而是一个"福利资本主义"(welfare capitalism)的时代,这个时代正好是公司对其雇员、社区履行社会义务的恰当时机。在他看来,当时的法律并没有对此给予足够的重视。但是,Dodd 认为这个时代已经来临。Dodd 认为,在现行法律体制下,仍然是可以通过法院的力量对企业施加影响。因而,Dodd 的解决方案是,赋予公司独立的人格,使公司管理者成为其公司的受托人,而不是其股东的受托人。Dodd 认为,管理者作为公司法人的受托人可以为实施公司的社会责任而处分公司资金,而并不构成对受信义务的违反。

这场论战的结果非常有意思。在 Dodd 的文章发表之时,Berle 与 Means 的经典名著《现代公司与私有财产》(*Modern Corporation and Private Property*)也即将出版。通过该项研究,Berle 与 Means 得出结论,由于公司规模的急剧扩张,公司权力的膨胀,公司已经成为美国社会的支配力量,并预测到 20 世纪 50 年代,至少有一半的国民财富将控制在美国最大的 200 家企业手中。这 200 家企业正是 Berle 与 Means 所谓的现代企业(modern corporations)。在这 200 家企业中,公司管理者掌握着巨大的权力并借此权力控制着别人的财产。由于公司管理者掌握着巨大的权力,Berle 与 Means 不得不得出结论,现代公司的管理者不仅要对其股东承担责任,而且要对其工人、客户以及国家承担责任。

在认识到这一点后,Berle 在其对 Dodd 的回应文章《公司管理者究竟是谁的受托人:我的看法》中修正了他原先的观点,并解释道,他的 20 年代的研究表明公司管理者对股东利益的侵害,而 30 年代的研究则建议公司管理者应当为社会利益管理企业。[49]

然而,更有意思的是,当 Berle 对公司的社会责任越来越有热情的时候,Dodd 的热情却在冷却,并转而倾向于 Berle 原先的观点。到 1934 年,他在自己的著述中就已经表露出对公司社会责任的怀疑而掉头转向支持强化管理者对其股东的受信义务。致使其发生转变的主要原因是担心在弱化了股东利益的同时却没有相应的制度来填补这一空缺,

---

〔48〕 E. Merrck Dodd, *For Whom Are Corporate Managers Trustee*? 45 Harv. L. Rev. 1145(1932).

〔49〕 Berle, *For Whom Are Corporate Managers Trustee*: *A Note*, 45 Harv. L. Rev. 1365(1932).

这将会使管理者的权力恶性膨胀而得不到任何制约。[50] 而这一点却正好是在他与 Berle 的第一轮交锋中 Berle 所担心的事情。

事情就是这样具有戏剧性和讽刺性。但同时可以看出，这两位严肃的学者各自都认真对待了对方的观点，充分意识到了自己的问题。在经过了第一轮 Berle 与 Dodd 的交锋之后，双方都各自改变了对公司社会责任的态度。

关于公司社会责任问题的论战并没有到此结束。在 20 世纪 50 年代和 20 世纪 90 年代又分别掀起了两次公司社会责任的论战。第一次发生在 20 世纪 50 年代至 20 世纪 60 年代，第二次发生在 20 世纪 80 年代至 20 世纪 90 年代。在这两个阶段，不仅仅是法律学者，而且经济学和社会学精英都卷入了这场论战。后来的这两次论战虽然各自有所侧重，但总体来说，与 20 世纪 30 年代的那次论战具有实质上的相似性，即其论战基本上都是基于这样的假设：(1)企业所存在的问题是由大型公众公司带来的；(2)试图对这些公司进行改革；(3)让董事、高级管理人员对非股东承担新的义务以使其对更为广泛的社会承担责任，而不仅仅是对股东承担责任。

二、公司社会责任的实践运动

关于公司社会责任的论战不仅仅是理论上的，更为重要的是，这种关于公司社会责任的论战已经转为实际行动，尤其是在 1965 年至 1976 年。在此期间，公司的社会责任已经成为社会时尚。公司的社会责任是如此流行，以至于公司不再仅以赚钱为光荣，而当时的时尚是公司应当成为时代的改革者：即公司应当对社会负起责任。考究这一现象，公司的社会责任能够从思想转变为行动，与美国当时的社会环境是分不开的。在此期间，美国人经历了惨痛的越战教训，许多人对越战进行了反思。同时，社会民众对政府和企业的诸多方面，如所谓的"城市问题或者城市病"(the urban problem or urban ills)等，表示出了强烈的不满，促使企业家不得不考虑实施一些新的举措，如重新定位社会慈善捐助，开展新的雇员培训计划，重视环境污染问题，支持新生的"黑色资本主义"(black capitalism)。这一运动也促使公司的社会责任的支持者转而对现行法律框架进行利用或者发明新的制度来迫使公司在进行商业决策时将股东之外的其他成员的利益考虑进去。其中，有两个引起公众注意的措施，即公众利益股东提案和设立公众利益董事的提案(public-interest shareholder proposal and the proposal for public-interest director)。

(一)股东提案与 Campaign GM

改革者试图利用现行法律机制来改变大型公司的行为。其中，他们所找到的一个现行法律制度就是"股东提案"(shareholder proposal)。所谓股东提案，是指根据美国证交会(Securities and Exchange Commission, SEC)规则，公众公司的股东在具备一定条件时，可以向公司提出建议，该种建议由公司所有的股东进行表决。通常这种建议是通过表决

---

[50] E. Merrck Dodd, *Is Effective Enforcement of the Fiduciary Duties of Corporate Managers Practicable?* 2 U. Chi. L. Rev. 194(1934).

权代理机制(voting proxy)来完成的,该种建议须在公司召开年会前邮寄给股东。[51] 严格地说,这并不是一个新的创举,股东提案是一个既存的法律制度,但是,改革者抓住了这一机会,股东提案成为了他们用来表达要求公司在采取行动时考虑公司社会责任的一种声音。其中,最为著名的就是20世纪70年代的Campaign GM。

Campaign GM肇始于Ralph Nader的一篇著作。该部著作选择了GM作为目标并攻击GM的汽车"在任何时速下都是不安全的"(unsafe at any speed)。[52] 然而,Campaign GM的目标却不限于此。它实际上是一场关于消费者保护、反战和法律改革的全面运动。其最终目标是使以利润为本位的GM转变为以社会福利为本位的企业。[53]

起初,改革者向Campaign GM提出了9项建议,[54] 主要有:修改GM章程,删除不利于公众健康、安全或者福利的内容,建立股东社会责任委员会(a shareholders' committee for social responsibility)来负责GM公司对股东、雇员、客户以及一般社会公众利益的平衡和协调,要求GM更加注意其汽车污染问题,以及注重对少数股东的保护,等等。开始,GM拒绝将这些建议包含在表决权代理材料中,后经SEC的支持,GM同意将其中两项建议包含进表决权代理材料中,即关于在GM董事会中增添公众利益董事的建议和建立股东社会责任委员会的建议。Campaign GM的命运就像同时代大多数股东建议的命运一样。这些运动不仅遭到了公司的抵制,而且没有得到大多数股东的支持,尤其令人伤心的是,没有得到机构投资者的支持,而机构投资者原本正是他们最希望得到支持的机构。[55]

(二)公众利益董事与联邦特许干预(public-interest directors and the federal chartering solution)

公众利益董事与联邦特许干预本来是两回事,但是,后来却搅和在一起了。在争取股东对公司社会责任的支持失败后,改革者转而寻求联邦政府的支持。他们认为,根据州公司法设立的公司不能承担起公司的社会责任,而寄希望于联邦政府的干预,即建立联邦公司法制度,并通过在设立公司时由联邦政府在其特许令状中担保公司董事会的更大程度的独立性,以此来监控公司管理层。当时,这一运动也引起了相当程度的重视,如国会就此问题在1976年至1977年相继召开了听证会。但其结果却没有完全按照公司社会责任的思路发展,而是与董事会改革结合在一起了。人们将联邦特许干预作为建立公

---

〔51〕 SEC Rule 14a-8.

〔52〕 Ralph Nader, *Unsafe at any speed: The Designed-in Dangers of the American Automobiles* (1965). 该书作者呼吁对汽车司机的"身体权利"(body rights)进行保护,反对汽车工业中的"经济利益权力"(the power of economic interests)。

〔53〕 C. A. Harwells, *The Cycles of Corporate Social Responsibility: A Historical Retrospective for the Twenty-First Century*, 51 U. Kan. L. Rev. 77.

〔54〕 该建议由著名法学家Donald Schwartz教授起草,同时,Donald Schwartz教授还担任Campaign GM的法律顾问。See Harwells。

〔55〕 当时他们所预期得到支持的这些机构投资者甚至包括Harvard University, Columbia, the Rockefeller and Carnegie Foundation, and Teacher's Insurance and Annuity Association of America-College Retirement Equity Fund (TIAA-CREF)。See Harwells.

众利益董事的第一步,并通过公众利益董事,让公司对股东之外的其他成员承担责任。有人建议,公司董事会应当完全不要内部董事,而应当完全由在经济上不存在利害关系的董事组成,由独立的成员组成的董事会对公司进行监控。有人更为激进地建议,对于大型公司,应当由联邦政府(federal agency)指命所谓的“普通公众董事”(general public directors)来负责公众利益。还有人甚至提出建立联邦特许法,其核心是建立新的董事会模式。这种新的董事会完全由外部“职业董事”(professional directors)构成,全职工作,保持独立性,以此来监控企业。这样的董事既对股东承担责任,又对社会承担责任。

毫不奇怪,这些建议没有得到采纳。原因有二:其一,这些建议试图改变公司法的基本精神。当然,这是非常困难的,无论这些建议是聪明的抑或是愚蠢的。其二,这些建议绝大多数都不具有可执行性。譬如,这些公众利益董事如何履行职责,如何在对股东的法定义务和对社会的责任之间保持平衡。当然,更深层次的原因可能是,自20世纪80年代以来,美国的经济得到了显著的发展,各种社会矛盾得到了一定程度的缓和。

三、公司社会责任的立法成就

虽然公司社会责任理论及其运动遭到了反对和抵制,甚至可以说是失败了,然而,这一理论和运动还是产生了一些潜移默化的影响,尽管这种影响不像想象中那样巨大。这一影响的结果就是导致了“利益相关者法律”(other constituency statutes)的产生。“利益相关者法律”这一成就来自美国的收购运动,尤其是发生在20世纪80年代的美国收购运动。为了回应日益增长的收购狂飙,公司发展起了各种反收购措施,由于对收购运动的恐惧以及害怕本地企业的消灭,继而所带来的利益损失以及失业等问题,美国各州相继采取了旨在防止本州企业被收购的立法。在这些反收购立法中,尤其值得一提的是所谓的公司利益相关者法律。在采用这些法律之前,公司董事会对公司负有受信义务,根据这种受信义务,法律要求公司董事会所采取的行动必须符合股东的最佳利益。在这种情况下,董事会在评估一项收购要约时,必将受到来自股东的压力,如果出售股份最终对股东有利的话,即使是该种收购要约已经显示出可能对公司其他成员(如公司雇员或者公司所在地的社区)造成伤害,董事会也不得阻止。利益相关者法律明显拓宽了公司董事在评估收购要约时所应当考虑的公司成员的范围。1983年,宾夕法尼亚州第一个采用了公司利益相关者法律。根据该法律规定,允许董事会在考虑公司最佳利益时,还应当将任何行为对公司雇员、供应商和客户、公司或者其他机构所在的社区的影响考虑进去。自此之后的十年间,美国的29个州通过了相似的法律。即使是在没有采纳公司利益相关者法律的州,譬如,在素有“公司特许之都”的特拉华州,法院在判例中也对董事会在衡量收购要约对股东之外的其他成员的利益的影响予以承认。

很明显,公司社会责任理论和运动确实对现代公司法发生了影响。现代法律也充分意识到了其重要性,并将这一理论写进了法律之中。MBCA在其所列举的15项公司权力中有3项就包含了与公司的社会责任有关的权力。[56] 此外,美国法学会(American Law Institute,ALI)《公司治理指南》(Principles of Corporate Governance)对公司的目标和行为(the objective and conduct of corporate)的规定中也包含了允许公司实施与公司社会责任有关的行为。[57]

四、我国法律关于公司社会责任的相关规定

首先,《民法典》《公司法》对于公司社会责任作了相关规定,公司社会责任正式写入了法律。

《民法典》第86条规定,营利法人从事经营活动,应当遵守商业道德,维护交易安全,接受政府和社会的监督,承担社会责任。《公司法》第19条规定,公司从事经营活动,应当遵守法律法规,遵守社会公德、商业道德,诚实守信,接受政府和社会公众的监督。《公司法》第20条更是明确规定,公司从事经营活动,应当充分考虑公司职工、消费者等利益相关者的利益以及生态环境保护等社会公共利益,承担社会责任。国家鼓励公司参与社会公益活动,公布社会责任报告。

此外,公司法还在如下三个方面体现了公司的社会责任。

第一,对职工利益的保护。《公司法》第16条第1款规定,公司应当保护职工的合法权益,依法与职工签订劳动合同,参加社会保险,加强劳动保护,实现安全生产。《公司法》第17条第1款规定,公司职工依照《中华人民共和国工会法》组织工会,开展工会活动,维护职工合法权益。公司应当为本公司工会提供必要的活动条件。公司工会代表职工就职工的劳动报酬、工作时间、休息休假、劳动安全卫生和保险福利等事项依法与公司签订集体合同。

第二,职工参与公司管理和决策。《公司法》第17条第2款规定,公司依照宪法和有关法律的规定,建立健全以职工代表大会为基本形式的民主管理制度,通过职工代表大会或者其他形式,实行民主管理。同条第3款规定,公司研究决定改制、解散、申请破产以及经营方面的重大问题、制定重要的规章制度时,应当听取公司工会的意见,并通过职工代表大会或者其他形式听取职工的意见和建议。《公司法》第68条第1款、第120条第2款规定,公司董事会成员为3人以上,其成员中可以有公司职工代表。职工人数300人以上的公司,除依法设监事会并有公司职工代表的外,其董事会成员中应当有公司职工代表。董事会中的职工代表由公司职工通过职工代表大会、职工大会或者其他形式民

---

〔56〕 这三项规定分别是:MBCA § 3.01(13)规定,公司享有对公共福利或者慈善、科学、教育等目的进行捐赠的权力;MBCA § 3.01(14)规定,公司享有从事任何有利于政府政策的合法营业的权力;MBCA § 3.01(15)规定,公司享有从事与法律不相抵触的促进公司经营和事务的支付或者捐赠,或者从事任何其他行为的权力。

〔57〕 根据 ALI's Prin. of Corp. Gov. § 2.01 规定:(a)除非法律另有规定,公司的经营活动应当以增强公司利润和股东收益为目标。(b)即使公司利润和股东收益没有得到增强,公司在其经营活动中依然:有义务像自然人一样在法律的界限内实施行为;可以从事合理的非营利性伦理目的事业;可以进行合理的公益、人权、教育和慈善捐赠。

主选举产生。《公司法》第 76 条第 2 款、第 130 条第 2 款规定,监事会成员为 3 人以上。监事会成员应当包括股东代表和适当比例的公司职工代表,其中职工代表的比例不得低于 1/3,具体比例由公司章程规定。监事会中的职工代表由公司职工通过职工代表大会、职工大会或者其他形式民主选举产生。

第三,提高职工的素质。《公司法》第 16 条第 2 款规定,公司应当采用多种形式,加强公司职工的职业教育和岗位培训,提高职工素质。

其次,《上市公司治理准则》也对公司社会责任作出要求。我国证监会与国家经贸委联合发布的《上市公司治理准则》[58] 对利益相关者作了如下规定:上市公司应尊重银行及其他债权人、职工、消费者、供应商、社区等利益相关者的合法权利,与利益相关者积极合作,共同推动公司持续、健康地发展。上市公司应为维护利益相关者的权益提供必要的条件,当其合法权益受到侵害时,利益相关者应有机会和途径获得赔偿。上市公司应向银行及其他债权人提供必要的信息,以便其对公司的经营状况和财务状况作出判断和进行决策。上市公司应鼓励职工通过与董事会、监事会和经理人员的直接沟通和交流,反映职工对公司经营、财务状况以及涉及职工利益的重大决策的意见。上市公司在保持公司持续发展、实现股东利益最大化的同时,应关注所在社区的福利、环境保护、公益事业等问题,重视公司的社会责任。此外,上市公司应当建立并执行信息披露事务管理制度。

最后,外部法律也进行了相应的规定。我国《环境保护法》《劳动法》《未成年人保护法》《职业病防治法》《安全生产法》等外部法律的相关规定也多有涉及公司社会责任的规定。

从我国《公司法》涉及公司社会责任的有关条文规定来看,其主要思路局限于两个方面:一是要求公司在从事经营管理活动时须承担社会责任;二是侧重于对公司职工利益的保护。我国《公司法》对职工利益的维护给予了相当的重视。究其原因,主要有两个方面:一方面,在计划经济时代,我国的企业形态主要为国有企业和集体企业。在传统的意识形态影响下,企业职工被认为是企业的主人。在对这些企业进行公司法改制后,这种观念必然在公司法中得到传承。另一方面,也说明我国公司法跟进时代需求,强调公司的社会责任。然而,如何将公司的社会责任观念落实到公司法上的公司权利以及管理者的义务和责任机制中,依然任重道远(关于这一问题,我们将在第五编第二章中再次进行较为深入的讨论)。但无论如何,公司社会责任概念的提出将国际社会普遍接受的公司社会责任观念对接了起来,这是一个进步。

五、公司社会责任与股东利益的平衡与协调

公司社会责任观念的发展确实对传统公司法造成了巨大的冲击,尤其是对股东利益

〔58〕 证监发〔2018〕29 号。

最大化构成严重影响。一些学说试图对股东利益至上原则与公司的社会责任主义加以调和。这种努力主要可以归纳为五种学说:[59] 双重论、一元论、适度理想主义、高度理想主义和实用主义。

双重论(dualism)实际上是一种传统主义(traditionalism)。该学说认为,公司属于私人部门(private sector),公司的目标应当是为股东谋取最大利益(profit maximization)。因为为股东谋取最大利益并不会损害其他任何人的利益。利益相关者的利益可依其他法律(如《合同法》《劳动法》《环境保护法》等)得到保护。但是,公司仍然应当对利益相关者(stakeholder)承担一定义务。如何协调这二者之间的关系呢?该学说认为,为股东谋求最大利益是公司的“剩余目标”(residual goal)。这将意味着:其一,公司为股东谋取的利益越大越好,而公司对利益相关者的义务只限于符合法律最低要求即可。其二,公司为股东谋取之利益不仅包括短期利益(short-run profits),而且包括长期利益(long-run profits)。但反对者则批评道,指望利用外部法律(external regulation)来保护利益相关者是靠不住的,因为这样的法律本身是有缺陷的。

一元论(monism)认为,公共利益与私人利益在终极目标上是一致的。许多公司活动表面上看似乎因公共利益而减少了公司利益,但从终极意义上考量却有助于公司的长期利益。该学说并非认为所有的公益活动均有利于公司利益,而是进一步将这类公益活动限定为“公司应承担社会责任的行为”(socially responsible corporate activities),包括对公认慈善机构的捐赠、适度的社区投资、雇用少数种族人或者残疾人等。反对者则认为,一元论为管理层滥用公司特权打开了方便之门。因为公司管理层可利用其所享有的自由裁量权偏离股东利益目标,甚至从事与公共利益无关的活动。

适度理想主义(modest idealism)认为,公司只需要且应当遵守既定的政策法律规定,而无须另行积极创造公共政策。该说认为,虽然公司的行动只需要“适度”(modest)即可,但并非不重要,因为有关公司社会责任的主要问题皆在于无法真正执行既定的政策和法律。由此可见,适度理想主义强调的是“好公民”(good citizen)概念。对适度理想主义的批评意见除与对双重论的批评相同外,另一个反对理由是该学说容易导致“搭便车”(free riding)和“囚徒困境”(prisoner's dilemma)。

高度理想主义(high idealism)认为,公司行为不仅应当遵守外部法律所设定的义务,而且公司的剩余目标亦应涵盖股东之外的其他利益相关者。也就是说,公司管理者在经营决策时应合理地调和股东与利益相关者之间的利益冲突,主动考虑社会公益。由此可见,高度理想主义主要是为了克服外部法律的缺陷。反对者则认为,高度理想主义导致高成本、无效率,容易导致公司的社会责任决策仅仅反映上层阶级的偏好,容易形成成千上万的“微型政府”(mini-governments),导致公共秩序的紊乱。

---

〔59〕 该五种学说由哈佛大学法学院 Clark 教授归纳,这里予以转录,以供读者参考。See Robert Charles Clark, *Corporate Law*, Aspen Publishers, Inc. , at p. 677 - 696. 我国台湾地区学者刘连煜教授对此也有重述。参见刘连煜:《公司治理与公司社会责任》,中国政法大学出版社 2001 年版,第 30 ~ 48 页。

实用主义(pragmatism)认为,政府应当充分利用公司执行公共政策,公司也应当在营利的基础上积极践履公共政策。因为,公司这种私人部门对于解决社会问题较之于政府更能够提供有效率的管理。反对者则认为,以营利为目的的私人公司如果与政府签订合同提供公共服务,容易导致其在履约时节缩支或者忽视非经济性价值和政策(to cut corners and neglect non economic values and policies)。

第三章　公 司 类 型

第一节　公司类型概述

一、公司的法定种类

公司形态实行法定主义。也就是说，公司种类必须由法律明文规定，当事人只能在公司法规定的公司种类中选取某一类适合自己的形式来设立公司。例如，我国公司法只规定了有限责任公司和股份有限公司两种形式。这意味着，在我国，投资者要么只能选取有限责任公司，要么只能选取股份有限公司，而不能选取诸如无限公司或者两合公司这样的形式。

不同的国家，由于法律传统不同，其法律对公司的分类也有所不同。

（一）大陆法系的公司分类

在大陆法系国家，依照公司法所规定的公司股东责任的不同，可将公司分为无限公司、有限公司、股份公司、两合公司四种基本类型。这是一种法律上的分类，通常所谓公司的种类即指此而言。

无限公司，或称无限责任公司（unlimited liability company），指全体股东对公司债务承担无限连带责任的公司。所谓无限连带责任，即指各股东应共同向债权人承担清偿全部债务的责任，不论其出资或者盈亏分配比例如何。该种公司的特征在于各股东的责任是无限的，而且属于连带责任。

有限公司，或称有限责任公司（limited liability company），指全体股东仅以其出资额为限对公司债权人承担责任的公司。该种公司的特征在于股东责任的有限性。实际上，各股东只需对公司承担出资义务，而不用对公司债务承担直接责任。

股份公司，或称股份有限公司（company limited by shares），指全部资本分为股份，股东仅就其所认购股份对公司债务承担责任。该种公司的特征在于股东的出资一律分为股份，每一股东仅就其所认购的股份对公司负担出资义务，其实质仍然是一种有限责任。

两合公司(jointly owned company),指由无限责任股东和有限责任股东组成的公司。其中,无限责任股东对公司债务承担无限责任,有限责任股东则仅以其出资额为限对公司债务承担有限责任。两合公司现在已经不多见。还有一种股份两合公司,它是由无限责任股东和有限责任股东组成的股份两合公司。这种公司形式现在已基本被淘汰了。

(二)普通法系的公司分类

1. 英国公司法上的分类

在英国,依照公司是否注册为标准,将公司区分为注册公司(registered company)和非注册公司(unregistered company)。除美国外,其他大多数普通法系国家亦受英国影响。

注册公司,是指依照公司法的规定经核准登记注册而成立的公司。如英国的注册公司就是指依照1948年的《公司法》(the Company Act of 1948)而注册成立的公司。由于英国1844年的《股份公司法》被废止后依其成立的某些公司依然存在,所以,英国的注册公司也包括这些公司在内。注册公司是普通法国家普遍采用的公司形式,也是最为重要的公司形式。

非注册公司,是指依照特许制度或者各种特别法而成立的公司,又可以分为特许公司(chartered company)和法定公司(statutory company)。在英国,这类公司主要包括三种情形:其一,依照皇家特许令状设立的公司;其二,依照国会特别法案设立的公司;其三,依照某些专门法令设立的公司。如根据1962年的《房屋互助协会法》、1965年的《勤奋和节俭协会法》、1869年的《锡矿法》等设立的公司。

在普通法上,注册公司又可进一步区分为责任有限公司和无限公司。前者又可分为股份有限公司(company limited by shares)和担保有限公司(guarantee company)。这里的"股份有限公司"与通常所谓的"股份有限公司"是一样的。唯一需要解释的是担保有限公司。担保有限公司是指在公司清算时,股东的责任以他所承诺的资产为限。根据英国公司法的规定,担保有限公司的每个股东的担保责任必须载入公司章程中的保证条款,该特别条款必须连同公司章程一起登记注册。这类公司的股东责任不仅在其作为股东期间有效,而且在其丧失股东资格后一年内仍然有效。担保有限公司的特点是,只要公司存在,股东就无责任可言,只有在公司发生清算时,才会发生股东的责任,并且股东只在其承诺的范围内承担责任。该种形态的公司一般适用于公益组织或者准公益组织(charitable and quasi-charitable organizations)。[1]

在英国公司法上,其股份有限公司既可以是小型家族式企业,也可以是大型公众企业。前者属于私人公司(private company),后者属于公众公司(public company)。英国《1908年公司法》[The Companies(Consolidation) Act 1908]专门对私人公司进行了界定:(1)成员不超过50人;(2)对股份转让加以限制;(3)禁止向公众发行股份。符合这一要

---

[1] Davies, at p. 11.

求的公司即可成为私人公司，并可享受两项豁免：一是免除向登记注册机关提交年度财务报表的义务；二是公司可对董事贷款［但英国《1967 年公司法》（The Company Act 1967）取消了私人公司的该两项特权］。依反对解释，不在这一定义之内的公司即为公众公司。

为了贯彻《欧共体公司法指令》（The E. C. Second Company Law Directive）第二号令，英国《1980 年公司法》（The Company Act 1980）转而对公众公司加以界定：（1）须在公司组织大纲（memorandum of association）中明确规定其为公众公司；（2）遵守公司法上有关登记注册要求；（3）在公司名称中必须表明其为“公众有限公司”（public limited company 或者简称 PLC）；（4）公司正式营业前必须满足法定最低资本限额要求（已发行并实缴）。其余的公司皆为私人公司。私人公司不必满足最低资本限额要求，但是私人公司也不得公开发行股份和债券，否则，将构成刑事犯罪。私人公司仍然需要在其名称中标明其为“有限责任”（limited）字样。[2]

2. 美国公司法上的分类

美国公司法并没有对公司进行进一步的分类，所有的公司都是有限责任性质的公司，所有的公司都是股份公司，既不存在像大陆法系国家那样将公司区分为有限责任公司、股份有限公司或者其他性质的公司，也没有在形式上与英国公司法保持一致。但是，有两点应当注意：一是美国存在封闭公司和公众公司；二是美国存在所谓的“有限责任公司”。

首先，关于封闭公司与公众公司。

虽然在美国法上没有对公司进行进一步的分类，但是，理论界和实务界则流行将公司区分为封闭公司（closely held corporation/close corporation/private corporation/privately held corporation）和公众公司（publicly held corporation/public corporation）。但究竟如何区分封闭公司与公众公司，通常难以确定。某一特定公司往往可能介于二者之间（corporation in between）。实际上，这种介于二者之间的中间型公司（medium corporation）并不鲜见。由此可以认为，“封闭公司与公众公司并非一对相互对应的概念”。[3] 封闭公司，其资产较少，规模不大。公众公司，相对来说，其资金雄厚，规模较大。然而，区分的重要性还不仅仅在于其资产规模的大小，而在于其股东人数的多寡及其股份的市场流动性如何。

根据 ALI《公司治理准则》的界定，封闭公司是指股权证券由少数人拥有并且不存在为这些证券提供活跃的交易市场的公司。[4] 尤其值得注意的是，美国一些州公司法为封闭公司制定了专门的法律，[5] 用以解决封闭公司治理的特殊问题。什么样的公司才能成

〔2〕 Davies, at p. 12 – 13.

〔3〕 Comments on Prin. of Corp. Gov. § 1. 06.

〔4〕 Prin. of Corp. Gov. § 1. 06.

〔5〕 E. g. Cal. Corp. Code § 158; Del. GCL § 381.

为这样的法定封闭公司(statutory close corporation)呢？根据特拉华州法律，要成为封闭公司，必须满足三个条件：(1)股东人数，通常其股东应当少于30人(但有些法律却并不限制人数)；(2)股份不能公开发行；(3)是否对股份转让设定了限制。[6]

依照上述界定，封闭公司的特点是：第一，股东人数很少，全部或者大多数股东亲自参与公司管理。在封闭公司中，大多数股东愿意受雇于公司，或者赚取生计，或者参与公司管理，使公司呈现出“公司化合伙”(incorporated partnership)现象。[7] 因此，在封闭公司中，所有权与经营权相互之间联系比较紧密。所以，人们认为没有必要让政府对封闭公司的内部事务进行过多的干预。正是基于这一考虑，一些州才专门制定了封闭公司法，赋予其公司治理更大的灵活性。第二，其股份未经注册为公开发行的股份。也就是说，其股份的发行采取的是私募方式(private placement)，而不面向社会公众。第三，不存在一个为其股票交易提供的公开市场。由于不存在一个可供封闭公司股份进行交易的公开市场，少数股东可能被“锁定”(locked in)在不能出售的资产上，因为不存在一种可以测定其股份价值的外在方式。另外，其又要受到大股东“排挤”(squeeze out)策略的威胁。在这种情况下，受让股东往往乘机杀价，只愿意以较低廉的价格购买出售股东的股份。对此可以采用的救济方式只能是，通过精心设计的股份转让限制要求封闭公司或者其他股东以某一固定价格或者确定价格购买少数股东股份，从而回避封闭公司股份缺乏市场流通性的缺陷。

ALI的《公司治理指南》根据公司的人数和资产规模将公众公司区分为公众公司和大型公众公司。所谓公众公司，是指股东人数500人以上，公司总资产500万美元以上。如果在经营中公司总资产下降到500万美元以下，仍然可以维持公众公司地位。但是，如果连续两个财政年度低于500万美元则不能维持公众公司地位。[8] 所谓大型公众公司(large public held corproation)，则是指股东人数2000人以上，公司总资产1亿美元以上。如果在经营中公司总资产下降到1亿美元以上，仍然可以维持其大型公众公司地位。但是，如果连续两个财政年度低于1亿美元则不能维持大型公众公司地位。[9] 此外，学者通常认为，公众公司的股份须公开发行，并且公开交易。[10] 虽然《公司治理指南》的定义中没有明确规定这两点，但从实际情况来看，这样的公司的股份是公开发行的，并且可以公开交易。从立法意图上看，该定义确实包含了这样的意思。况且，该定义本身就来源于美国证券法。[11]

依据上述界定，公众公司的特点则是：第一，股份广泛地由社会公众持有，股东人数众多。在公众公司，大多数股东与公司管理没有联系，他们对公司的经营决策也没有多

---

〔6〕 Del. GCL §342.

〔7〕 Comments on Prin. of Corp. Gov. §1.06.

〔8〕 Prin. of Corp. Gov. § 1.31.

〔9〕 Prin. of Corp. Gov. § 1.24.

〔10〕 Hamilton, at p. 127.

〔11〕 Comments on Prin. of Corp. Gov. §1.31.

少发言权。其结果是,公司的"所有权与经营权"是完全分开的。由于公众公司股东与公众公司业务没有多大联系,所以,人们认为应该让政府对公众公司的内部事务进行必要的干预。譬如,公司必须按照证券法要求履行报告和披露义务。第二,股份的发行必须注册。也就是说,其股份的发行采取的是公开发行的方式(public offering),购买股份的投资者是社会公众。第三,存在一个其股份交易的公开市场(open market),或者为证券交易所或者为由证券交易商组成的"柜台市场"(over-the-counter market)。相应地,在公众公司,其股份的价格比较容易测定,交易自由。如果公众公司的股东不满意公司的管理,可以在公开市场上出售其股份,即所谓的"用脚投票"(voting by foot)。

综上所述,所谓的封闭公司大致相当于大陆法系国家及我国的有限责任公司以及非公开发行股份(发起设立)的股份有限公司。而公众公司则相当于公开发行股份(募集设立)以及股份上市交易的股份有限公司。但应当指出的是,这只是一个类比,二者并不完全相同。譬如,大陆法系及我国的有限责任公司以及非公开发行股份的股份有限公司虽然不能公开发行股份,但是有的公司的规模相当大,人数也较多,很难认为其为封闭公司。

同时还应当注意的是,封闭公司与公众公司的区分具有一定的相对性。"尽管我们将封闭公司与公众公司区分对待,但我们也得承认这二者之间的界限其实是模糊的。公众公司的管理者也可能持有其本公司大量的股份并因此承担了风险。与此同时,许多封闭公司也通过发行债券和风险资本融资,使管理与风险负担发生分离。我们之所以将其区别对待,目的在于说明二者的激励和运行结构是不同的,并不是说所有的公司要么只能归入封闭公司,要么只能归入公众公司。"[12]

其次,关于美国有限责任公司。

美国存在所谓的《有限责任公司法》(Limited Liability Company Act/LLCA)。但是,该法上所谓的"有限责任公司"(Limited Liability Company/LLC)与普通公司法上的"有限责任公司"是不同的。这可以直接从其所使用的语言表述的不同来解读。在美国,对"公司"这一术语的法定表述是 corporation,而不是 company 一词。而英国则恰恰相反,其对"公司"这一术语的法定表述是 company,而不是 corporation 一词。但是,美国的《有限责任公司法》则特意使用的是 company,以此与 corporation 区分。当然,美国的《有限责任公司法》使用的 company 又不是英国法意义上的 company。

有限责任公司在美国的出现是比较晚近的事情。1977 年怀俄明州第一个颁布了《有限责任公司法》,随后是佛罗里达州。1988 年美国国内税务机关(Internal Revenue Service)裁决有限责任公司可以免缴企业所得税,这一极大的刺激带动了有限责任公司的繁荣。自此之后,各州竞相制定有限责任公司法,截至 1996 年美国的 50 个州及哥伦比亚地区都完成了有限责任公司法的立法过程。1994 年,美国统一州法全国委员会制定了《统

---

〔12〕 Easterbrook and Fischel, at p. 228.

一有限责任公司法》(Uniform Limited Liability Company Act)作为示范。[13]

美国的有限责任公司主要是为了满足中小投资者的需求而特别设计的一种“公司”类型。它结合了普通公司的有限责任特权和合伙企业的管理模式,可以说,它是公司与合伙的有机结合(hybrid)。另一重要的区别还表现在税收上,即它避免了公司的双重纳税。因此,可以说,它既享受了公司的有限责任特权,又享受了合伙企业的税收特权,同时在管理上具有相当大的灵活性。这种公司自其诞生以来,就一直受到了投资者,尤其是中小投资者的广泛青睐。

二、公司的法理分类

(一)普通公司与特殊公司

普通公司,是指依照普通公司法设立的从事普通商事业务的公司。这一定义包含了构成普通公司的两个要素:(1)依据普通公司法设立。一般所谓的公司法指的就是普通商事公司法,有的国家直接以“普通公司法”名之,如美国州公司法往往就直接名之为“General Corporation Law”。普通公司法是对公司这种企业组织形式的一些基本问题进行规定的法律,结构上包括公司组织法和公司行为法两个部分。公司组织法部分主要涉及公司的设立、变更、消灭以及公司治理结构等问题。公司行为法非指一般意义上的行为而言,而是指与公司组织有密切关系的一些交易,诸如为设立公司发生的设立行为,为公司融资发生的证券发行行为,基于公司经营管理做出的各种公司决议,基于股权变动所发生的股权转让,基于公司控制权变动发生的收购与合并,以及公司为了调整公司资本结构发生的增资和减资资本重组,等等。(2)从事普通的商事业务。何谓普通的商事业务?普通的商事业务的范围极其广泛,它涉及普通工商业务,如商品的制造、批发、零售,或者从事普通的服务行业。商事主体可以自由从事普通商事业务而无须获得特别许可。

特殊公司,是指依据商事特别法设立的从事特别业务的公司。这一概念同样包含了构成特殊公司的两个要素:(1)依据商事特别法而设立。以我国为例,如我国的《商业银行法》《保险法》《证券法》《证券投资基金法》等所规定的商业银行、保险公司、证券公司、基金管理公司即为特殊公司。我国《信托法》采取的是将信托行为与信托业分开立法的模式,所以,今后势必还将通过特别法的形式对信托公司进行专门规定。(2)从事特别的业务。唯因特殊公司从事的是特别业务,所以,才需要通过特别法的形式对这类公司予以特别规定。何谓特别业务?从我国现行特殊公司法律体系来看,实际上主要涉及的是金融行业,如银行业、证券业、期货业、信托业、投资基金业、保险业等。金融行业属于第三产业。如商业银行从事的是商业银行业务,证券公司从事的是证券业务,信托公司从事的是信托业务,基金管理公司从事的是投资基金的管理与投资业务,期货公司从事的

---

〔13〕 宋永新:《美国非公司型企业法》,社会科学文献出版社2000年版,第176~177页。

是期货业务,保险公司从事的是保险业务。因此,我们这里对特殊公司的讨论主要就局限于金融机构。

无论是普通公司还是特殊公司,均为公司形式,自然在许多基本点上是相同的。以我国法律为依据,这些相同点主要表现在:

第一,公司形式。无论是普通公司还是特殊公司,都可以并且仅限于采用有限责任公司和股份有限公司两种形式。这是公司形式法定主义的体现。

第二,投资人责任。无论是普通公司还是特殊公司,其投资者均只在其出资范围内对公司债务承担责任。这是股东有限责任的体现。

第三,公司的地位。无论是普通公司还是特殊公司,均为独立的法人,并对公司企业财产享有所有权。这是公司独立性和自治性的体现。

第四,出资形式和出资方式。无论是普通公司还是特殊公司,法律对其出资形式和出资方式的要求是相同的。这里仅仅是指形式和方式,至于具体的出资认缴以及缴纳方式的要求则是不同的。

第五,股权形式。无论是普通公司还是特殊公司,其有限责任公司的资本称为出资,其股份有限公司的资本称为股份。

第六,股份转让。无论是普通公司还是特殊公司,其股权均可以转让,但不同类型的公司,其转让规则有所不同。

第七,公司治理机构。无论是普通公司还是特殊公司,均需要依照普通公司法的规定,建立健全的公司管理机构。特别法往往只针对特别要求作出规定,而一般要求则仍然需要符合普通公司法的规定。

第八,合并与分立。无论是普通公司还是特殊公司,其合并与分立的基本法律方式相同。但具体程序可能有所差别。

第九,解散与清算。无论是普通公司还是特殊公司,解散后均需要进行清算,且其解散与清算的基本方式是相同的。但具体程序可能有所差别。

普通公司与特殊公司具有如下区别:

第一,设立公司所依据的法律不同。普通公司依照公司法设立。特殊公司则是根据特别商事法律设立的,如商业银行法、保险法、证券法等。但在设立特殊公司时,同时还需要符合普通商事公司法的规定。

第二,法律适用不同。普通公司适用公司法的规定就可以了。而特殊公司首先应当适用特别法,特别法没有规定的,适用普通商事公司法的规定。

第三,设立目的不同。普通公司是为从事普通商事业务而设立的,而特殊公司则是为了特别的目的。

第四,设立要求不同。由于法律的自由化和现代化,一些发达国家的法律对于普通商事公司设立的管制是越来越放松。其基本法律政策是政府采取不干预态度。如在公司的设立审核方面,放弃核准主义改而采用准则主义,最大限度地简化设立程序;在公司设立融资方面,放弃法定资本制改而采用授权资本制。我国《公司法》废除了最低法定注册资本要求,有限责任公司注册资本的缴纳采取了认缴制,股份有限公司采取的是实缴制。而对于特殊公司,唯因其从事业务的特殊性,尤其是这类公司主要从事的是金融业务,所以,世界各国,毫无例外,对这类公司的法律管制都比较严格。当然,各国法律管制的程度又有所不同。譬如,在我国,金融机构的设立均需要取得主管机构或者部门的许可,且依然保留法定最低注册资本要求,注册资本的缴纳也依然维持实缴制。

第五,经营范围不同。就普通公司而言,从发达国家的法律来看,已经放松了对公司经营范围的管制,允许商事企业从事任何合法营业,并扩大公司的权力范围。我国公司法虽然对公司的经营范围仍然实施一定的管制,但与特殊公司比较,现行法对普通公司的经营范围的管制仅仅体现在要求登记或者变更登记。而对于特殊公司,无论国内还是国外,其业务经营范围均需要得到主管机关的许可或者受到一定限制,当然,这种限制的程度也有所不同。此外,我国法律要求金融业务实行分业经营管理模式。也就是说,在业务经营上,不允许银行业、保险业、证券业、信托业混业经营。在企业管理上,也是分别设立机构进行监管。同时,政府在监管上也是分开的,如设立国家金融监管机构负责对商业银行以及其他非银行储蓄、信贷、保险、信托等金融机构的监管,证监会负责监管证券业。国外现在对混业经营的限制已经呈现出放松管制的趋势,实际上这一趋势也同样影响到了我国的监管理念。目前,我国监管机构对金融行业的监管也有放松迹象。

第六,从业人员要求不同。在公司治理方面,普通公司享有高度的自治权利,而且法律对企业的经营管理人员和从业人员没有特别限制。而对于特殊公司,企业受到监管机构的监管,而且法律对金融机构的经营管理人员以及从业人员具有较高要求,如要求其应具有相应的从业水平和经验等。

第七,风险防范要求不同。对于普通公司,法律除要求公司依法提取公积金之外,并无其他风险防范的特别措施。而法律对特殊公司的风险防范则具有较高要求,除必须依法提取公积金外,还要求各种金融机构均必须依照法律规定提取各种风险防范基金。

第八,申请破产的程序不同。对于普通公司的破产,只要出现了破产原因,利害关系人即可直接向法院申请破产。而对于特殊公司,依据我国法律,其破产申请必须得到主管机关的同意。因为,金融机构的破产不仅会影响债权人利益,而且会对整个社会经济造成影响。通常,主管机关会采取一些前置性防范和缓解措施,如由主管机关先行接管或者整顿。

(二)人合公司、资合公司或人资兼合公司

以公司的信用基础作为标准,可将公司区分为人合公司、资合公司或人资兼合公司。

人合公司,即以股东个人的信用、声誉、地位作为对外活动基础的公司。这种公司的经济活动以股东个人的信用为依托,而不完全在于公司资本的多寡,即所谓的"信用在人",如无限责任公司就是典型的人合公司。在多数情形下,人合公司的资本所有与企业的经营往往是合二为一的。

资合公司，是指以股东的资本的集合作为公司对外活动基础的公司。这种公司的营业活动以公司的资产为基础，使第三人相信其有足够的资力从而使第三人产生信心而与之进行交易，即所谓的“信用在物”，如股份有限公司就是典型代表。资合公司往往实行企业所有与企业经营的分离。

人资兼合公司，是指兼取股东个人信誉和公司资本作为公司营业活动基础的公司，如两合公司即为典型。

有限责任公司比较难以归类。如果仅仅从现象上来分析，它属于资合公司。因为法律要求其在管理上实现两权分离，在责任承担上仍然体现的是资本责任。但是，从实际情况看，相当多的有限责任公司在管理上又与合伙相似，因而，又具有人合的性质。

应当说明的是，人合与资合的区分仅仅具有理论意义，具有一定的相对性。实务中，则要看企业的具体情况。譬如，股份有限公司应该是资合公司，但是如果其股东人数较少，股东兼任董事或者高级管理人员，其人合性就很强。而有限责任公司如果人数众多，所有权与经营管理权分离得比较彻底，则显现出完全的资合公司状态。

三、根据其他标准的分类

(一)公营公司和民营公司

依照公司资本的构成作为标准，可将公司区分为公营公司和民营公司。

公营公司，或者称为国有公司，指凡是政府独资经营或政府与私人合资经营而政府资本超过50%的公司。民营公司，又称为私营公司，是指公司完全由私人资本构成或者私人与政府合资经营而私人资本超过50%的公司。

在我国，大部分公司是经由国有企业的改制而成立的公司，其中的国有股份占有绝对多数，从一定意义上说，这些公司大都具有公营公司的性质。但应该注意到，这类公司的目标却是按照商事公司法的规定朝着商业化运作的方向发展。此外，在我国，国有公司与国有企业并非同一概念。国有公司采取的是公司形式；国有企业是指全民所有制企业，其性质属于非公司企业法人。二者适用的法律不同。

(二)母公司和子公司

依照公司之间的控制与从属关系，可将公司区分为母公司与子公司。

母公司(parent corporation)，是指拥有他公司的资本并能直接或间接支配他公司或享有一定程度的统一指挥权的公司，又称为控股公司。子公司(subsidiary corporation)，是指被他公司参与资本并受他公司控制或指挥的公司，又称为从属公司。

母子公司关系基于母公司的转投资行为形成。我国《公司法》第14条规定，公司可以向其他企业投资。法律规定，公司不得成为对所投资企业的债务承担连带责任的出资人的，从其规定。子公司一旦成立后即为独立的法人，其民事责任由子公司自己承担。《公司法》第13条第1款规定，公司可以设立子公司，子公司具有法人资格，依法独立承担民事责任。

但母子公司可形成一种关联公司(related enterprises)关系,受关联公司法调整,并且在特定情况下,可导致母公司对子公司债务承担责任。[14]

(三)本公司与分公司

依照公司内部的统辖关系,可将公司区分为本公司与分公司。

本公司,又称为总公司,是指依法首先设立以管辖全部公司组织的总管理机构,并以此为中心支配公司的营业活动和资金的调度。分公司,是指在本公司设立后或同时所设立的并受本公司支配的分支机构。分公司不是独立的法人,分公司与本公司或者总公司是一种隶属关系,其民事责任由本公司或者总公司承担。

《公司法》第13条第2款规定,公司可以设立分公司。分公司不具有法人资格,其民事责任由公司承担。

(四)本国公司与外国公司

依照公司国籍的不同,可将公司区分为本国公司与外国公司。

本国公司,指凡是公司的国籍隶属于本国,并依本国公司法而设立的公司。外国公司,指凡是公司的国籍隶属于外国,并依外国公司法而设立的公司。[15] 而外国公司在东道国设立的分支机构被称为外国公司的分支机构。外国公司的分支机构不具有法人资格,其民事责任由外国公司承担。

(五)跨国公司

跨国公司在英文中有多种表述方式,如 transnational corporation, multinational corporation, multinational enterprises, international enterprises, world enterprises, global enterprises 等。比较常用的是 transnational corporation 或者 multinational corporation。[16] 什么是跨国公司?人们从不同的角度进行了不同的解说。一般而言,跨国公司是指凡是在不同国家设立营业场所而从事商业活动并受当地国家法律管辖的公司。

跨国公司的主要特点有:第一,跨国公司由分设在两个或者两个以上国家的实体组成,而不论这些实体的法律形式如何,可能是母公司、子公司,也可能是分支机构。第二,跨国公司诸实体之间由所有权或者其他因素联系在一起,其中一个或者一个以上的实体能对其他实体的活动施加控制性影响。第三,跨国公司的内部存在一个或者多个决策中心,并通过一定机制根据其全球战略来安排整个跨国公司各实体在全球的生产经营活动,形成全球化。[17]

---

〔14〕 我国目前尚未建立起系统的关联企业法律制度,有关这方面的著述参见拙著《关联企业法律问题研究》,法律出版社1998年版。

〔15〕 应当注意的是,在美国,由于各州享有立法权,根据其他州法设立的公司称为 foreign corporation。由于根据外国法律设立的公司也称 foreign corporation,其所谓的 foreign corporation 同时指在美国境内根据其他州法设立的外州公司和根据其他国家法律设立的外国公司。相应地,其所谓 Domestic Corporation 则同时包括依照本州或本国法律而设立的本州公司和本国公司。如此差异,不可不鉴。

〔16〕 [英]尼尔·胡德、斯蒂芬·扬:《跨国企业经济学》,经济科学出版社1994年版,第1页。

〔17〕 姚梅镇主编:《国际经济法概论》,武汉大学出版社1989年版,第45页;余劲松:《跨国公司的法律问题研究》,中国政法大学出版社1989年版,第4~6页。

第二节　我国公司法对公司的分类

一、有限责任公司与股份有限公司

根据我国《公司法》第 2 条的规定,本法所称公司是指依照本法在中华人民共和国境内设立的有限责任公司和股份有限公司。由此可见,我国公司法只承认有限责任公司和股份有限公司,不承认无限责任公司和两合公司。这是符合时代潮流的。因为,现代企业的发展趋势表明:无限责任公司已为普通合伙替代,两合公司则可由有限合伙替代,自然没有必要重复规定无限责任公司和两合公司。这一变化纯化了公司概念,使公司概念单纯地凸显出其集中管理、有限责任以及股权的自由转让等特征。实际上,即使在承认无限责任公司和两合公司的国家和地区,这两种公司在现实经济生活中也已经逐渐萎缩。

《公司法》第 4 条进一步规定,有限责任公司的股东以其认缴的出资额为限对公司承担责任;股份有限公司的股东以其认购的股份为限对公司承担责任。由此可见,有限责任公司与股份有限公司的共同特征就是股东的有限责任。

有限责任公司与股份有限公司的根本区别在于,二者的公开程度不同。比较而言,有限责任公司具有一定的封闭性,而股份有限公司则是一种开放型公司。由此导致这两种公司的适用范围也有所不同。有限责任公司比较适合于经营中小企业,而股份有限公司则适合于规模经营。

根据我国公司法的规定,有限责任公司与股份有限公司在制度上的区别表现在如下几方面:

第一,股东人数。有限责任公司由 1 人以上 50 人以下股东出资设立。可见,我国公司法已经承认了一人有限责任公司。设立股份有限公司应当有 1 人以上 200 人以下为发起人,其中应当有半数以上的发起人在中华人民共和国境内有住所。我国公司法同样承认了一人股份有限公司,但应注意的是,股份有限公司最高 200 人限制指的是发起人,不是股东人数,股份有限公司股东没有最高人数限制。

第二,章程制定方式。有限责任公司的公司章程应经全体股东同意,所有股东应在章程上签名、盖章。股份有限公司的公司章程,由发起人制定,采用募集方式设立的,经创立大会通过。

第三,注册资本。现行公司法废除了注册资本最低限额要求,无论是有限责公司还是股份有限公司,公司的注册资本可以是股东或者发起人在公司章程中认缴或者认购的并经登记注册的任何数额的出资额或者股份总额。但应注意的是,法律对特殊公司仍然保留了注册资本最低限额要求。

第四,设立方式。有限责任公司采取发起设立方式;股份有限公司既可以采取发起设立方式,又可以采取募集设立方式。

第五,出资缴纳。有限责任公司出资缴纳最长时间不超过 5 年,股份有限公司在成立时即须缴纳其出资。具体而言,股份有限公司发起人应当在公司成立前按照其认购的股份全额缴纳股款。认购人应当按照所认购股份足额缴纳股款。向社会公开募集股份的股款缴足后,应当经依法设立的验资机构验资并出具证明。

第六,股权形式。有限责任公司成立后,应当向股东签发出资证明书,出资证明书不是有价证券,不能流通和转让(但股权本身可以流通和转让)。股份有限公司成立后,公司应当向股东发行股票,股票是一种有价证券,股票的转让即可代表股份的转让。

第七,股权转让。有限责任公司股权的转让只能通过协议方式;股份有限公司股份的转让既可以通过协议转让,也可以通过公开证券市场(如股票交易所或其他公开市场)转让。由于有限责任公司具有一定程度的人合因素,其出资的转让受到一定的限制,如将出资转让给股东以外的第三人,其他原有股东享有优先认购权。对于股份有限公司,法律没有直接赋予其原有股东优先购买权,但法律允许公司章程对其股份转让作出限制。当然,股份有限公司的股份转让配合以公开交易市场,其股份转让自由程度相当高。

第八,治理结构。规模较小、人数较少的有限责任公司或者股份有限公司,均可以不设立董事会和监事会,设 1 名董事或监事代替即可。不同的是,有限责任公司经全体股东同意,甚至可以不设监事。

以上只是就有限责任公司与股份有限公司的主要方面的区别进行的列举,难以穷尽其细节,在研习公司法时,应注意不要以此为限。

二、关于国家出资公司的特别规定

(一)国家出资公司概述

我国《公司法》第七章专章规定了一种特殊形态的公司,即国家出资公司。根据《公司法》第 168 条第 2 款规定,所谓国家出资公司,是指国家出资的国有独资公司、国有资本控股公司,包括国家出资的有限责任公司、股份有限公司。实际上,国家出资公司主要是指生产特殊产品或者属于特定行业的公司,如军工、国防工业或者国家垄断行业等。国家出资公司也是一种公司,但它显然又不同于普通的公司。这种区别主要表现为投资主体的特殊性。国家出资公司不是由普通的公民或法人来发起设立的,甚至不是由普通的国有企业来投资设立的,而是由国家单独出资或者持有控制股份。也就是说,国家出资公司采取的是国家独股或者控股的形式。在这一点上,它与国有企业有相似之处,却又不同。国有企业实行的是国家所有权和企业经营管理权的分离模式因而适用企业法,国家出资公司则采取的是国有股权和公司法人所有权形式因而适用公司法。

(二)国家出资公司的设立和组织机构

《公司法》第 168 条第 1 款规定,国家出资公司的组织机构,适用该章规定;该章没有规定的,适用公司法其他规定。也就是说,国家出资公司也是公司之一种,与普通公司具有一定的共同性。就其共同性而言,当然可以适用公司法上有关普通公司的规定。但是,国家出资公司毕竟又是一种特殊的公司,所以公司法以专章形式对国家出资公司进行了专门的规定。这种特殊的规定主要表现在如下几个方面:

第一,国家出资公司的出资人及其职责。《公司法》第169条规定,国家出资公司,由国务院或者地方人民政府分别代表国家依法履行出资人职责,享有出资人权益。国务院或者地方人民政府可以授权国有资产监督管理机构或者其他部门、机构代表本级人民政府对国家出资公司履行出资人职责。代表本级人民政府履行出资人职责的机构、部门,以下统称为履行出资人职责的机构。

第二,国家出资公司的党组织。《公司法》第170条规定,国家出资公司中中国共产党的组织,按照中国共产党章程的规定发挥领导作用,研究讨论公司重大经营管理事项,支持公司的组织机构依法行使职权。

第三,国有独资公司章程制定。《公司法》第171条规定,国有独资公司章程由履行出资人职责的机构制定。

第四,国有独资公司重大事项的决定。《公司法》第172条规定,国有独资公司不设股东会,由履行出资人职责的机构行使股东会职权。履行出资人职责的机构可以授权公司董事会行使股东会的部分职权,但公司章程的制定和修改,公司的合并、分立、解散、申请破产、增加或者减少注册资本,分配利润,应当由履行出资人职责的机构决定。

第五,国有独资公司董事会。根据《公司法》第173条的规定,国有独资公司的董事会依照公司法规定行使职权。国有独资公司的董事会成员中,应当过半数为外部董事,并应当有公司职工代表。董事会成员由履行出资人职责的机构委派;但是,董事会成员中的职工代表由公司职工代表大会选举产生。董事会设董事长一人,可以设副董事长。董事长、副董事长由履行出资人职责的机构从董事会成员中指定。

第六,国有独资公司的经理。《公司法》第174条规定,国有独资公司的经理由董事会聘任或者解聘。经履行出资人职责的机构同意,董事会成员可以兼任经理。

第七,竞业禁止。《公司法》第175条规定,国有独资公司的董事、高级管理人员,未经履行出资人职责的机构同意,不得在其他有限责任公司、股份有限公司或者其他经济组织兼职。

第八,国有独资公司监事会设置例外。《公司法》第176条规定,国有独资公司在董事会中设置由董事组成的审计委员会行使本法规定的监事会职权的,不设监事会或者监事。

第九,合规管理。《公司法》第177条规定,国家出资公司应当依法建立健全内部监督管理和风险控制制度,加强内部合规管理。

三、外国公司的分支机构

(一)外国公司的概念

我国《公司法》第十三章专门对“外国公司的分支机构”进行了规定。根据《公司法》

第243条的规定，本法所称外国公司，是指依照外国法律在中华人民共和国境外设立的公司。由此可见，外国公司是外国法人。公司法对外国公司进行规定的意图是为了对外国公司在中国境内从事商业活动加以承认和规范。也就是说，外国公司依照我国公司法规定可以在中国境内设立分支机构，从事生产经营活动。

（二）外国公司分支机构的设立程序

《公司法》第244条规定了外国公司在中国境内设立分支机构的程序。根据该条规定，外国公司在中华人民共和国境内设立分支机构，应当向中国主管机关提出申请，并提交其公司章程、所属国的公司登记证书等有关文件，经批准后，向公司登记机关依法办理登记，领取营业执照。

外国公司分支机构的审批办法由国务院另行规定。

（三）外国公司分支机构的设立条件

《公司法》第245条规定，外国公司在中华人民共和国境内设立分支机构，应当在中华人民共和国境内指定负责该分支机构的代表人或者代理人，并向该分支机构拨付与其所从事的经营活动相适应的资金。对外国公司分支机构的经营资金需要规定最低限额的，由国务院另行规定。

（四）外国公司分支机构的名称与章程

《公司法》第246条对外国公司分支机构的名称及其章程置备进行了规定。根据该条规定，外国公司的分支机构应当在其名称中标明该外国公司的国籍及责任形式。

外国公司的分支机构应当在本机构中置备该外国公司章程。

（五）外国公司分支机构的法律地位与民事责任

《公司法》第247条对外国公司分支机构的法律地位和民事责任承担进行了规定。根据该条规定，外国公司在中华人民共和国境内设立的分支机构不具有中国法人资格。外国公司对其分支机构在中华人民共和国境内进行经营活动承担民事责任。

（六）外国公司分支机构的守法义务和权益保护

《公司法》第248条对外国公司分支机构的义务和权益保护进行了规定。根据该条规定，经批准设立的外国公司分支机构，在中华人民共和国境内从事业务活动，应当遵守中国的法律，不得损害中国的社会公共利益，其合法权益受中国法律保护。

（七）外国公司分支机构的撤销

《公司法》第249条对外国公司撤销其分支机构的条件进行了规定。根据该条规定，外国公司撤销其在中华人民共和国境内的分支机构时，应当依法清偿债务，按照该法有关公司清算程序的规定进行清算。未清偿债务之前，不得将其分支机构的财产转移至中华人民共和国境外。

第二编　公司设立

公司设立的一般规则

发起人

公司章程

公司目的与权力

公司名称与住所

第一章　公司设立的一般规则

第一节　公司设立概述

一、公司设立的概念

公司设立(incorporation),是指为组织公司并取得公司法人资格而完成的一系列筹建行为的总称。根据这一定义,公司设立行为具有如下特征:

第一,公司设立行为由公司成立前的一系列筹建工作所构成。一般而言,这些准备行为包括:发起人订立发起协议;制订公司章程;决定公司的种类、名称、经营范围、资本总额、出资方式;认缴股款;选择公司所在地;选举公司机关成员;申请公司设立登记以及其他筹建活动等。

第二,公司设立行为是一种创设公司人格的行为。公司设立行为的目标是取得公司法人资格。公司只有取得了法律上的人格地位,才具有权利能力和行为能力,才能以自己独立的意志和名义实施法律行为,取得民事权利和承担民事义务。在现代法律上,自然人基于其出生而获得其人格,但公司则只有通过一系列设立行为才可能取得其人格。公司要取得其法律上的人格,必须满足一定的法律要件和遵守一定的法律程序,公司的设立条件和程序因公司的种类及设立方式的不同而有所差异。相对来说,有限责任公司的设立要简单一些,股份有限公司的设立则要复杂一些。股份有限公司又视发起设立和募集设立而有所不同。譬如,以募集方式设立股份有限公司时,需要制订招股说明书等材料,同时,需要向证券监管部门递交公开募集的申请书并获得核准,还需要订立承销协议、召开创立大会等。比较而言,设立有限责任公司和以发起设立方式设立股份有限公司,则可能不需要或者可以省略如此繁杂的手续。

第三,公司设立行为是发起人以组建公司为目的的法律行为。发起人可能是数人,也可能是一人。根据我国公司法的规定,公司的发起人可以是数人,也可以是一人。因此,公司设立行为可能是共同法律行为,也可能是单独法律行为。

一般情况下,公司设立行为属于多数人的共同行为。公司设立行为的基础是多数人一致的意思表示,因而属于法律上的共同行为。[1] 共同法律行为的特征在于:其一,行为人具有共同的目标。就设立公司而言,这个共同的目标就是设立公司,使公司取得独立主体地位。其二,行为人形成共同的意思表示。就设立公司而言,主要表现在发起人协议的达成和公司章程的制定。其三,行为人取得同质的预期效果。如果公司成立,行为人取得同质的股东权利。其四,行为人承担共同的责任。如果公司设立失败,由行为人承担连带责任;即使是公司成立,公司也有可能对公司成立前发生的某些交易或者费用不予认可,于此情形,一般原则也是由行为人承担连带责任。

但公司的设立行为也可能是单独法律行为。[2] 典型者如在设立一人公司的情况下,其发起人只能是一人。依据我国公司法的相关规定,公司的发起人是指依照章程认缴出资或者认购股份并在章程上签名的人,因此,发起人必然是将来的股东。在一人公司的情况下,既然股东只有一人,发起人也就只能是一人。

二、公司设立的方式

设立公司的方式主要有发起设立和募集设立两种。

发起设立是由发起人认缴或者认购公司章程规定的全部注册资本总额的一种设立方式,又称为共同设立或者单纯设立。发起设立适合于任何公司的设立,包括有限责任公司和股份有限公司在内。只不过有限责任公司是由股东发起设立的,而股份有限公司则由专门的发起人发起设立。

募集设立是指发起人认缴或者认购公司章程规定的部分注册资本(通常法律规定了必须达到注册资本总额一定比例以上),然后就其余部分向社会公开招募的一种设立方式,又称为渐次设立或者复杂设立。募集设立只适用于股份有限公司。

我国法律虽然没有明确规定有限责任公司的设立方式,但很显然,有限责任公司只能采取发起设立方式。根据我国公司法的规定,股份有限公司既可以采用发起设立方

---

〔1〕 根据我国公司法,公司设立行为并不都是民事法律行为,如申请公司设立登记、申请股份发行等均属行政法上的行为。但公司设立行为的核心部分或主要内容是民事法律行为。关于这种行为的性质,学理上尚有不同的认识。归纳起来,主要有三种观点:一是认为公司的设立是股东以组织公司为目的的单独行为;二是认为设立公司是一种契约行为;三是认为公司的设立是发起人的共同行为。单独行为说认为,设立行为是每一个行为人各自的单独行为,围绕取得公司法人资格这一共同目标而发生的竞合。单独行为导致每一个行为人的单独责任,单独行为围绕共同目的导致单一责任的连带,所以,每一个设立人就设立行为发生的债务负全部给付责任。契约行为说认为,发起人协议、公司章程都是以当事人的合意为基础,并对当事人发生拘束力,因而,属于契约行为。而共同行为说与契约行为说的区别在于:共同行为人之间的关系是"平行融合型",彼此之间不存在互相给付义务,行为后果是达到共同一致的目的;而契约当事人之间的关系则是"交错统一型",双方各负对待给付义务,一方之所得即为对方之所失,反之亦然,行为后果是双方各有得失。[江平主编、方流芳副主编:《新公司法教程》(第2版),法律出版社2003年版,第79页。]我国法律对契约行为和共同行为不予区分。但实际上二者确实存在差异。而且现实经济生活中这种共同法律行为也广泛存在。譬如,除公司设立行为外,还有诸如合伙协议以及各种各样的集体协议等。

〔2〕 应当注意的是,这里所说的"单独行为"与上注中所谓的单独设立行为说是有区别的。因设立人只有一人,所以不会产生数种单独行为之竞合问题。

式,也可以采取募集设立方式。《公司法》第 91 条规定,设立股份有限公司,可以采取发起设立或者募集设立的方式。发起设立,是指由发起人认购设立公司时应发行的全部股份而设立公司。募集设立是指由发起人认购设立公司时应发行股份的一部分,其余股份向特定对象募集或者向社会公开募集而设立公司。

同时,在募集设立的情况下,法律对发起人与公众认股人的认购比例进行了限定。《公司法》第 97 条规定,以发起设立方式设立股份有限公司的,发起人应当认定公司章程规定的公司设立时应发行的股份。以募集设立方式设立股份有限公司的,发起人认购的股份不得少于公司章程规定的公司设立时应发行股份总数的 35%;但是,法律、行政法规另有规定的,从其规定。这样的限定具有两方面的作用:一方面,可以防止发起人逃避出资或者只认购名义股份;另一方面,又能保证一定比例的股份由社会公众认购,维持募集设立的股份有限公司的公众性特征。

三、公司设立的法律政策

设立公司的法律政策随着公司的发展而不断演变。从公司立法史来看,它经历了从自由主义到特许主义,进而到核准主义,最后到准则主义这样一个历史进程。

所谓自由主义,是指公司的设立完全听凭当事人的自由,法律不加干涉。这是在公司制度萌芽时期各国政府普遍采取的一种立法原则,它盛行于欧洲中世纪自由贸易时代。应当注意的是,所谓在欧洲中世纪时代实行的自由放任主义,主要是针对合伙和无限责任性质的公司而言的,至于有限责任性质的公司,尤其是股份有限公司,可以说,自其产生以来就受到法律的管制。只不过由于法律的进步,在不同时代法律所实施管制的理念和方法有所不同而已。

所谓特许主义,是指依照国家元首的命令或者国家特别法律的规定而设立的公司。譬如,英国 1600 年设立的东印度公司。这种公司盛行于 17 世纪至 19 世纪。特许主义主要是应对自由主义而产生的,其目的是纠正自由主义之下的公司滥设现象。但特许主义的弊端则是导致对公司设立的过度管制。

所谓核准主义,是指公司的设立除须具备法律规定的条件外,还须经过政府主管部门的审批才能成立。这种制度创立于法国路易十四时代,首见于法国的商事条例。

所谓准则主义,是指法律预先确立公司设立的条件和程序,公司的设立只要符合这些条件和程序即可取得法人资格。英国 1862 年《公司法》首先采用了这种制度。现代各国对设立公司普遍采取的就是这种制度。最为典型的莫过于美国。在美国,根据大多数州公司法的规定,设立公司时,只需要设立人(incorporator)向州务卿(secretary of state)递交经设立人签署的公司章程而获得州务卿的受理即可设立公司。州务卿无须对设立公司进行实质性审查,只需要从形式上审查所递交的公司章程是否按照要求的内容进行了正确的填写。其设立公司的手续相当简单,所填写的内容也不复杂。

我国《公司法》第 29 条规定,设立公司,应当依法向公司登记机关申请设立登记。法律、行政法规规定设立公司必须报经批准的,应当在公司登记前依法办理批准手续。

由此来看,我国公司法原则上采取的是准则主义,例外采取核准主义。这种例外表现在:法律、行政法规规定设立公司必须报经批准的,应当在公司登记前依法办理批准手续。一般而言,设立需要经过核准的公司主要是那些经营特许行业和从事特殊经营的公司,如各种金融机构,至于普通的商事公司则无须办理核准手续。

设立公司的法律政策的演变过程同时也是公司法的现代化和自由化的发展过程。不同的国家,由于法律传统不同,对设立公司的态度也有所不同;即使是同一国家,在不同的历史阶段,也会采取不同的设立政策。我国公司法采用的这种准则主义与核准主义相结合的原则是有其积极意义的,它既反映了现代公司法在立法政策上的自由化趋势,同时又考虑到了对一些特殊行业施以管制的必要性。〔3〕

〔3〕 案例分析:美国"特拉华现象"(Delaware Effect)。自19世纪以来,美国各州就相互竞争,想方设法吸引企业到本州设立公司。各州竞相鼓励在本州设立公司的好处是:收取注册费;增加税收;为本地律师创造业务,以便赚取代理费;增加本地就业机会;带动本地其他产业;等等。大多数大型公司都是跨州或者全国性公司,其公司可以在任何州设立。但是,实际上却有一半多的公司设立在特拉华州。在纽约证券交易所(New York Stock Exchange, NYSE)上市的大约1/3的上市公司设立在特拉华州。而且,每一年都有相当一批在其他州注册的公司迁移到特拉华州重新注册。特拉华州的这种地位,迄今为止,尚无他州可以替代。这种现象被称为"特拉华效应"。由于为数众多的公司都受到特拉华州公司法的影响,所以,特拉华州立法机构的立法和特拉华州法院的判例就成为今天美国公司法的重要渊源。毫无疑问,特拉华州在公司设立竞争中取得了成功。今天看来,很显然,特拉华州是最大的赢家(the last winner)。特拉华州为什么能够取得如此大的成功呢?综合起来,有如下几个方面的原因:观点之一:底线竞争(race to the bottom/race for the bottom)。对于特拉华州的成功,早期的解释是[其代表人物和代表作是 William L. Carry 教授的文章:Federalism and Corporate Law: Reflections upon Delaware, 83 Yale L. J. 663, 700(1974)],特拉华州公司法为公司管理提供了最大的自由,最少的限制。同时,特拉华州的司法判决更倾向于"管理本位"(management oriented),以便于管理层对公司作出最符合经济利益的安排。由于州公司法一般地提供了一整套设立公司的选择:从最"弱"到最"强"。这样公司可以选择对其最为有利的法律来决定在何处设立公司。比较而言,特拉华州的法律被认为属于"弱法"(weak law),而加州法律则被认为属于"强法"(strong law)。人们总是愿意选择弱法,这就是特拉华州成功的原因。依此观点,公司法的竞争鼓励效率。但应当引起注意的是,最近的特拉华州判例却将其倾斜摆向了对少数股东的保护,并强调管理者须对其滥用行为承担责任。观点之二:最佳服务(the best product)。特拉华州的成功主要是历史的原因,部分地归因于该州律师协会对现代公司法提供的更为有效、更为灵活的努力;部分地归因于全国律师对特拉华州法律的熟悉。还有就是归因于特拉华州丰富的司法判例和注册机关为设立公司进行合理的决策提供了更多和更为可靠的信息保障。可以说,特拉华州为公司"准备了最好的午餐"。(1)特拉华州法律具有较高程度的灵活性,它简化了公司在处理例行内部事务时所面临的各种问题。(2)与其他州相比,特拉华州具有更完善的公司法,其结果是其公司法中的不确定性大大减少了,这样,企业家和律师就可以依赖于法律的确定性来安排交易。(3)特拉华州的司法机构、公司律协(corporate bar)、注册机构对现代公司问题,尤其是公司控制权的争夺、派生诉讼等问题非常熟悉,并使各种公司问题能够得到公平和有效的处理。(4)特拉华州有一套可以迅速修正其公司法的程序以应对实践中新出现的问题的方法。例如,董事经理责任豁免法律的采用以及处理在收购后进行合并等条文的制定。(5)特拉华州判例法一般允许公司对不受欢迎的收购采取防御性策略进行防范和抵抗。

第二节　公司设立的条件和程序

一、公司的设立条件

公司设立的条件,即公司设立需要满足的要件,通常由三个要素构成,即人的要素、物的要素和行为要素。所谓人的要素,主要是针对股东或者发起人的人数和资格的规定。所谓物的要素,主要针对的是公司资本的规定,如注册资本总额的确定,出资或者认购股份及其缴纳等。所谓行为要素,主要针对的是发起人协议、制定公司章程以及建立组织机构等。

公司的设立条件因公司的性质不同而有所不同。根据我国公司法的规定,设立公司应当具备如下条件:

第一,股东或者发起人符合法定人数。

传统公司法认为公司是社团法人,因而要求公司股东必须是复数。如前所述,这一传统认识也在发生变化,这一定律已经突破。现在,很多国家法律已经承认一人公司。我国公司法就已经承认了一人有限责任公司和一人股份有限公司,对有限责任公司股东和股份有限公司发起人没有设置最低人数限制。由于有限责任公司具有人合性和封闭性,法律设置了最高人数限额。《公司法》第 42 条规定,有限责任公司由 1 名以上 50 名以下股东出资设立。此处,“50 人”既指公司的发起人,又指公司的股东。有限责任公司的发起人的最高上限与股东人数是相同的。至于实际筹备设立公司的发起人的确定则要根据具体情况确定。

股份有限公司因可能涉及向公众发行股份,所以不可能对公司股东人数设定最高限制。但公司法对股份有限公司发起人规定了最高人数限额,同时还对发起人住所提出了要求。《公司法》第 92 条规定,设立股份有限公司,应当有 1 人以上 200 人以下为发起人,其中应当有半数以上的发起人在中国境内有住所。

第二,有符合公司章程规定的全体股东认缴的出资额,或者全体发起人认购的股本总额或者募集的实收股本总额。

我国旧公司法一直采取的是法定资本制,要求在设立公司时股东的出资或者发起人认购的股份必须达到法定注册资本最低限额。这一要求被认为具有两方面的作用:一是启动和维持公司的营运;二是对债权人的一种保障。93 年《公司法》不仅将注册资本最低限额规定得很高,而且要求设立公司时一次性足额实缴。05 年《公司法》因应国际潮流和现实需要已经放弃了严格法定资本规则,即注册资本最低限额大为降低,并且可以分期缴纳,但依然维持了法定资本制。13 年《公司法》因应资本与登记制度的改革彻底废除了法定注册资本最低限额要求,并对出资与股份的缴纳采取认缴制,既废除了 93 年《公司法》规定的足额实缴制,也废除了 05 年《公司法》的法定分期制。也就是说,公司注册资本的确定与缴纳不再存在法定强制因素。但是，以募集方式设立的股份有限公司，其注册资本依然表现为实收的股本总额。而且，注册资本最低限额以及资本实缴制的废除只是针对普通的商事公司，并不包括特殊公司在内。因而，法律、行政法规以及国务院决定对特殊公司的注册资本最低限额以及注册资本的实缴另有规定的，还须遵守其规定。13 年《公司法》的这一修改具有实质性的进步意见。然而，23 年《公司法》对公司的出资与缴纳再次进行了调整。即有限责任公司继续保留了 13 年《公司法》的认缴制，但须在 5 年内缴足。股份有限公司则一律恢复了实缴制。

《公司法》第 47 条规定，有限责任公司的注册资本为在公司登记机关登记的全体股东认缴的出资额。全体股东认缴的出资额由股东按照公司章程的规定自公司成立之日起 5 年内缴足。

根据这一规定，公司的注册资本数额由公司股东自行决定，法律没有要求最低资本门槛，即公司全体股东自行认缴的出资额。同时，这一规定也没有要求公司股东认缴的出资额的缴纳期限。也就是说，股东认缴的出资额以及该出资额的缴纳期限均由公司自行决定并记载在公司章程中。需要注意的是，尽管股东的出资缴纳期限由股东自己决定，但为了避免恶意拖延缴纳期限，法律明确规定了股东出资缴纳的最长期限，即全体股东认缴的出资额由股东按照公司章程的规定自公司成立之日起 5 年内缴足。

上述规定针对的是普通有限责任公司。但法律、行政法规以及国务院决定对有限责任公司注册资本实缴、注册资本最低限额、股东出资期限另有规定的，从其规定。

《公司法》第 96 条规定，股份有限公司的注册资本为在公司登记机关登记的已发行股份的股本总额。在发起人认购的股份缴足前，不得向他人募集股份。同样，法律对股份有限公司的注册资本没有设定限额，但不同的是，根据《公司法》第 98 条规定，发起人应当在公司成立前按照其认购的股份全额缴纳股款，即所谓的实缴制，与有限责任公司的资本缴纳不同。由于股份有限公司可以采取发起设立和募集设立两种方式，相应地，法律要求在发起人认购的股份缴足前，不得向他人募集股份。

尽管公司法对普通股份有限公司的注册资本没有设定最低限额要求，但法律、行政法规以及国务院决定对股份有限公司注册资本最低限额另有规定的，从其规定。

第三，依法制定公司章程。

法律要求有限责任公司的章程由股东共同制定。一方面，是因为公司章程实际上是股东之间的协议，当然应当由股东制定；另一方面，在有限责任公司中，股东共同制定章程具有可行性，因为有限责任公司的股东人数是有限的。当然，实际的情况并不一定是股东亲自制作章程，而往往是由他人（如律师）起草，由股东签章。《公司法》第 45 条规定，设立有限责任公司，应当由股东共同制定公司章程。《公司法》第 46 条规定了有限责任公司章程应当记载的事项。

法律对股份有限公司章程的制定的要求与对有限责任公司的要求有所不同。这是因为，如果股份有限公司的设立采取募集的话，事实上，公众认股人是无法亲自签署公司章程的。因此,法律要求,股份有限公司如果采用发起设立方式,只要由发起人制订章程即可;但如果采取募集设立方式,则须由发起人制订章程,并经过成立大会通过。后来加入的股东视为接受公司章程的约束。《公司法》第 94 条规定,设立股份有限公司,应当由发起人共同制订公司章程,并于《公司法》第 95 条规定了股份有限公司章程的记载事项。同时,《公司法》第 104 条规定了公司成立大会"通过公司章程"。

第四,有公司名称,建立符合公司要求的组织机构。

公司名称是公司在其营业活动中使用的名称,它是公司在为法律行为时用以表彰自己营业的名称。公司在其营业活动中需要使自己区别于其他商人,尤其是当一个企业在经营活动中已经树立了良好的商誉时就更加需要一个能够区别于其他商人的名称,以增强社会公众的识别力。《公司法》第 6 条规定,公司应当有自己的名称。公司名称应当符合国家有关规定,公司的名称权受法律保护。

一般而言,公司名称必须包含标明公司性质的文字,如 corporation, incorporation, Inc. ,Co. 或者类似文字。《公司法》第 7 条规定,依照本法设立的有限责任公司,应当在公司名称中标明有限责任公司或者有限公司字样。依照本法设立的股份有限公司,应当在公司名称中标明股份有限公司或者股份公司字样。

公司名称应当具有独特性,不得与已经使用或者已经注册的名称"相同或者欺骗性相似"(same or deceptively similar),同时公司名称不得含有公司不得从事的非法业务的内容。

任何公司都必须建立组织机构。组织机构是公司的必设机构,组织机构的建立必须符合法律要求。根据我国公司法规定,公司设立股东会、董事会和监事会。但同时法律也规定,在公司规模较小、股东人数较少的情况下,也可以不设立董事会或者监事会,而只需要设立一名董事或者一名监事即可。一人公司和国有独资公司不设股东会。

第五,有公司住所。

与自然人一样,公司亦有住所。公司住所具有法律意义,它是据以确认公司登记、诉讼管辖、司法文书送达、合同履行地、准据法、税收及其他管理关系的依据。

二、公司的设立程序

公司的设立活动是一项非常复杂且需要技巧的活动,往往需要具有专业知识的人予以配合和帮助,如需要延聘律师起草各种法律文件等。一般来说,发起人筹办公司的活动包括组建公司、制订章程、办理登记等事项。但不同的国家对设立公司的程序的规定也不尽相同,因此,如果需要在外国投资,则需要认真研究东道国关于公司设立程序的规定。[4]

根据我国公司法的相关规定,设立公司需要经过如下程序并满足相关的法律要求:

第一,订立发起人协议。

发起人协议是由发起人之间订立的确定各发起人之间的有关设立公司的权利与义务的书面协议。在有限责任公司中,由将来股东直接充任发起人订立协议。《公司法》第43条规定,有限责任公司设立时的股东可以签订设立协议,明确各自在公司设立过程中的权利和义务。在股份有限公司中,则由发起人订立协议,公众认股人不参加(无法参加)发起人协议的订立。《公司法》第93条规定,股份有限公司发起人承担公司筹办事务,发起人应当签订发起人协议,明确各自在公司设立过程中的权利和义务。

第二,订立公司章程。

有限责任公司的章程由全体股东共同订立并签名、盖章。股份有限公司章程由发起人共同制订,募集设立的,并经成立大会审议通过。

第三,必要的行政审批。

原则上,设立公司不需要办理行政审批手续。但这一原则也有一个例外,即《公司法》第29条第2款规定,法律、行政法规规定设立公司必须报经批准的,应当在公司登记前依法办理批准手续。一般而言,普通商事公司无须经过特定审批程序,只有特殊公司的设立才需要获得特别业务许可。公司如欲从事特别业务,自然需要获得主管机关的许可,办理行政审批程序。但我国公司法要求"应当在公司登记前依法办理批准手续",则存在很大问题。在公司登记实务中,这种前置审批程序不仅大大增加了公司设立的困难,而且在法理上混淆了主体登记与营业监管两种不同性质的功能。主体登记属于登记机关的职能,营业特许属于其他主管机关的职能,二者本来应该互不隶属。如果登记机关在公司登记时要求提交营业许可,实际上也涉嫌越权。因此,改革的方法应当是实行"照证分离",即登记机关只负责法人执照的发放,其他主管机关负责特定业务许可证的发放。如果某一公司已经取得了法人执照却未取得从事某种特定业务的许可,它不能从事该种业务。当然,如果已经取得法人执照的公司并非从事特定的需要获得许可的业务,在它取得法人执照的同时也就获得了从事普通商事业务的能力。

第四,认缴认购资本。

在有限责任公司中,其表现为股东应当按期足额缴纳公司章程中规定的各自所认缴

---

〔4〕 譬如,在美国,设立公司首先由设立人向州务卿递交公司设立章程。原则上,经州务卿受理后,公司即告成立。但是,事实上,呈递公司设立章程只是设立公司的第一步。其余的步骤由创办人(一般由律师代理客户充任)完成公司的设立。下面的步骤为完成公司的设立所必需:准备公司细则;准备各种会议记录,包括通知的放弃或者非经正式会议的决议;开立银行账户;获取记录簿和封印;准备空白股份证书;准备股东协议,如果需要的话;获取必要的税务证件号码;检查各种表格,证书和其他文件的准备和执行情况;为公司开立账户;决定是否应该选择S公司形式,如果选择,则进行该种选择;确定董事和经理,明确其职权、义务和责任。这些步骤可能需要召集设立人会议,董事会议,或者股东会议。但实践中是提供书面意见,而不是实际召集会议。组织文件应当包括在设立公司前由律师准备的会议记录。如果是封闭型公司,并且对所进行的事项没有异议,通常不需要实际召开会议。在这种情况下,只采用书面同意即可。如果不能采用这样的书面程序,则须使用会议记录。

的出资额。股东以货币出资的，应当将货币出资足额存入有限责任公司在银行开设的账户；以非货币财产出资的，应当依法办理其财产权的转移手续。

股份的认购程序因股份有限公司设立的方式不同而有所不同。

以发起设立方式设立股份有限公司的，发起人应当以书面认足公司章程规定其认购的股份，并按照公司章程规定缴纳出资。以非货币财产出资的，应当依法办理其财产权的转移手续。《公司法》第 97 条第 1 款规定，以发起设立方式设立股份有限公司的，发起人应当认定公司章程规定的公司设立时应发行的股份。

《公司法》第 97 条第 2 款规定，以募集设立方式设立股份有限公司的，发起人认购的股份不得少于公司章程规定的公司设立时应发行股份总数的 35%；但是，法律、行政法规另有规定的，从其规定。发起人向社会公开募集股份，必须公告招股说明书，并制作认股书。同时，发起人应当与依法设立的证券经营机构签订承销协议，与银行签订代收股款协议。发行股份的股款缴足后，应当经法定的验资机构验资并出具证明。

第五，确立公司组织机构。

有限责任公司和以发起方式设立的股份有限公司的组织机构由股东和发起人确立。以募集方式设立的股份有限公司则通过成立大会确立。

根据《公司法》第 103 条的规定，以募集方式设立股份有限公司的发起人应当自公司设立时应发行股份的股款缴足之日起 30 日内召开公司成立大会。发起人应当在成立大会召开 15 日前将会议日期通知各认股人或者予以公告。成立大会应当有持有表决权过半数的认股人出席，方可举行。以发起设立方式设立股份有限公司成立大会的召开和表决程序由公司章程或者发起人协议规定。

根据《公司法》第 104 条的规定，成立大会行使的职权包括：(1)审议发起人关于公司筹办情况的报告；(2)通过公司章程；(3)选举董事、监事；(4)对公司的设立费用进行审核；(5)对发起人非货币财产出资的作价进行审核；(6)发生不可抗力或者经营条件发生重大变化直接影响公司设立的，可以作出不设立公司的决议。成立大会对前款所列事项作出决议，应当经出席会议的认股人所持表决权过半数通过。

第三节　设立登记与公司成立

一、设立登记的程序

《公司法》第 30 条规定，申请设立公司，应当提交设立登记申请书、公司章程等文件，提交的相关材料应当真实、合法和有效。申请材料不齐全或者不符合法定形式的，公司登记机关应当一次性告知需要补正的材料。

在有限责任公司中，由全体股东指定的代表或者共同委托的代理人向公司登记机关报送公司登记申请书、公司章程等文件。法律、行政法规规定需要经有关部门审批的，应当在设立登记时提交批准文件,申请设立登记。

以发起方式设立股份有限公司的,发起人应当自公司设立时应发行股份的股款缴足后,应当选举公司董事、监事,由公司向公司登记机关报送公司章程等文件,申请设立登记。

以募集方式设立股份有限公司的,由公司在成立大会结束后30日内向公司登记机关报送公司登记申请书、成立大会的会议记录、公司章程、验资证明、法定代表人、董事、监事的任职文件及其身份证明、发起人的法人资格证明或者自然人身份证明、公司住所等文件,申请设立登记。以募集方式设立股份有限公司公开发行股票的,还应当向公司登记机关报送国务院证券监督管理机构的核准文件。

《公司法》第31条规定,申请设立公司登记,符合公司法规定的设立条件的,由公司登记机关分别登记为有限责任公司或者股份有限公司;不符合公司法规定的设立条件的,不得登记为有限责任公司或者股份有限公司。

《公司法》第33条规定,依法设立的公司,由公司登记机关发给营业执照,公司营业执照签发日期,为公司成立日期。公司营业执照应当载明公司的名称、住所、注册资本、经营范围、法定代表人姓名等事项。公司登记机关可以发给电子营业执照。电子营业执照与纸质营业执照具有同等法律效力。

《公司法》第38条规定,公司设立分公司,应当向公司登记机关申请登记,领取营业执照。

二、设立登记的性质

关于设立登记的性质,有两种立法例:一是成立要件主义;二是对抗要件主义。成立要件主义是指依法必须登记的法人,非经登记不得成立。德国采取此种做法。[5] 对抗要件主义是指团体一经设立,即使未经登记,也具有法人之权利能力。登记只发生成员对于团体的债务承担有限责任,并借此发生对抗善意第三人的效力。日本采取的是这种做法。[6] 我国法律采取的是成立要件主义。

两种设立主义的区别是:在采用登记成立要件主义的情况下,设立公司非经登记机关注册登记,公司不能成立。公司不能成立,即不得从事经营活动,因为公司不能成为权利义务的主体。而在采用登记对抗要件主义的情况下,设立公司未经登记机关登记注册,公司亦得成立。也就是说,公司可以法人的名义从事经营活动。但是,公司的设立未经登记的,则不得对抗善意第三人。也就是说,未经登记的公司虽然可以从事经营活动,

---

〔5〕《德国民法典》第21条规定,不以经营为目的的社团,因登记于主管初级法院的社团登记簿册而取得权利能力。该法第22条规定,以经营为目的的社团,在帝国法律无特别规定时,得因邦的许可而取得权利能力。上述两条规定,依反对解释,非经登记或许可的社团,不享有权利能力。

〔6〕如《日本民法典》第45条第2款规定,法人的设立,除非在其主事务所所在地进行登记,不得以之对抗他人。

但是所发生的义务和责任却由组建公司的股东或者发起人承担,除非第三人明知公司未经登记而与之发生交易。由于对抗要件主义容易引起法律关系的不稳定并导致法律关系更趋复杂,所以多数国家采用成立要件主义。

三、设立登记的效果

(一)公司成立

根据《公司法》第30、31条的规定,设立公司,应当依法向公司登记机关申请设立登记。符合本法规定的设立条件的,由公司登记机关分别登记为有限责任公司或者股份有限公司;不符合本法规定的设立条件的,不得登记为有限责任公司或者股份有限公司。

《公司法》第33条第1款规定,依法设立的公司,由公司登记机关发给公司营业执照。公司营业执照签发日期为公司成立日期。

公司获得登记后,表明公司有效成立。至此,公司设立成功,公司设立行为完成。公司成立的时间是营业执照签发之日。

(二)公司成立的效力

设立成功产生公司成立的法律后果。公司成立即表明公司具有了独立的人格,具有权利能力和行为能力,依法享有民事权利和承担民事义务。具体而言,表现在如下三个方面:

第一,取得公司经营资格。公司经登记后,取得企业法人营业执照。公司凭此执照可以刻制印章,开立银行账户,申请纳税登记等。公司登记后可以从事任何合法生产经营活动。按照《公司法》第33条第2款的规定,公司营业执照应当载明公司的名称、住所、注册资本、经营范围、法定代表人姓名等事项。

第二,取得公司法人资格。设立公司以取得法人资格为目的,公司经登记后,取得法人资格。实际上,在我国,企业法人营业执照的取得就是法人资格的取得。

第三,取得名称专用权。公司登记注册后,也意味着公司名称获得了登记注册,公司可以正式使用其名称,并享有名称专用权。

第四节 公司设立不能与设立瑕疵

一、设立不能

(一)设立不能的原因

设立不能,又称为设立失败,是指未能完成公司设立的情形。公司设立不能具体又可分为两种原因:一是未获准登记注册;二是设立停止。

前者是指没有满足法律的要求,包括没有满足法定的设立条件或者没有满足法定的设立程序,而没有获得登记机关的注册登记。我国《公司法》第31条规定,不符合该法规定的设立条件的，不得登记为有限责任公司或者股份有限公司。这说明，只有满足了设立公司的法定条件和程序，登记机关才予以登记注册，如果公司未能获得登记注册，则不能成立。

后者是指发起人自动停止设立公司的行为。至于设立行为停止的原因则很多，譬如，发起人未能筹集到足够的资金，或者发起人之间未能就各种发起事项达成共识，或者因为投资环境发生变化，等等。我国《公司法》第 104 条第 1 款第(六)项规定，发生不可抗力或者经营条件发生重大变化直接影响公司设立的，成立大会可以作出不设立公司的决议。此外，在公司的设立过程中，发起人也可能决议停止设立公司。

(二)设立不能的后果

无论基于何种原因导致设立行为失败，其所产生的法律后果均是一样的，即公司不能成立，并应承担相应法律后果。

《公司法》第 99 条规定，发起人不按照其认购的股份缴纳股款，或者作为出资的非货币财产的实际价额显著低于所认购的股份的，其他发起人与该发起人在出资不足的范围内承担连带责任。

因设立失败而导致公司不能成立的法律后果，还有两方面的法律问题：

第一，在设立公司的过程中必然会发生一些交易和费用，这就涉及如何处理基于这些交易所发生的债务和费用的问题。根据我国公司法规定，发起人应当对设立行为所产生的债务和费用负连带责任。

第二，在采取募集方式设立股份有限公司的情形，认股人如果已经缴纳了股款，应当如何处理？根据我国《公司法》第 105 条的规定，公司设立时应发行的股份未募足，或者发行股份的股款缴足后，发起人在 30 内未召开成立大会的，认股人可以按照所缴股款并加算银行同期存款利息，要求发起人返还。

二、设立瑕疵

(一)瑕疵设立公司应当推定有效

公司设立瑕疵，专指公司虽然在形式上已经成立，即经公司登记机关登记注册并获得法人营业执照，但实际上却存在未能满足公司设立的法定条件、程序或者其他违反强制性法律要求的情形。对于这种瑕疵设立公司，法律上如何处理以及如何救济，参见《公司法》第 39 条关于公司设立行政撤销的规定。依据该条规定，虚报注册资本、提交虚假材料或者采取其他欺诈手段隐瞒重要事实取得公司设立登记的，公司登记机关应当依照法律、行政法的规定予以撤销。法律上应当如何对待瑕疵设立公司？具体来说，瑕疵设立公司将会发生何种法律效力：是保持其法人格继续存在呢，还是否认其法人格而消灭其存在？对此，比较“法”视野提供了较为成熟的方案。

综观各国家和地区对公司设立瑕疵的态度，主要有瑕疵设立无效，即大陆法系国家的做法；瑕疵设立有效，即英美法系国家的做法；瑕疵设立行政撤销，我国(包括台湾地区)采取这种方式。[7]

瑕疵设立公司无效,是指如果公司设立存在瑕疵,则公司的设立行为应属无效,公司的股东或者其他利害关系人可以提起无效诉讼。大陆法系各国采取的是这种做法,如德国、[8]日本、[9]韩国[10]等。此外,欧盟采取的也是这种做法。[11] 采取瑕疵设立无效制度的理由是,设立公司是一种民事法律行为,民事法律行为存在瑕疵,自然应该发生无效或者可撤销的效力。但设立公司行为又不是单纯的民事法律行为,如果简单地适用民法上的民事法律行为无效或者可撤销规则,将会使公司发生自始无效的后果。如此将使瑕疵设立公司已经成立之复杂法律关系处于不确定状态,非但不利于交易安全,同时也不利于企业自身的维持。有鉴于此,大陆法系对这种无效规则进行了改良,使无效判决发生溯及力切断,该种判决只针对将来发生拘束力,而不针对既已发生的法律关系。[12] 同时,对公司设立无效诉讼给予若干限制,诸如限制诉讼原告、限制提起诉讼时间等。更为重要的是,在公司设立无效诉讼中是否判决瑕疵公司无效,法官享有自由裁量权。在诉讼中,法官应督促瑕疵公司对所存在的瑕疵予以补正。[13] 同时,对判决无效或者撤销的公司佐以"事实公司"规则辅助处理其存续期间的法律关系。[14]

瑕疵设立公司有效,是指即使公司设立存在瑕疵,所设立的公司也是有效的,无论是公司股东还是公司债权人均不能以公司设立瑕疵为由向法院提起诉讼,要求法院宣告公司设立无效。英美法系国家采取这种做法,即通常所谓的"结论性证书规则"。意思是说,公司登记机关所颁发的设立公司的证书(the certification of incorporation)具有结论性证据(conclusive evidence)的功能。[15] 换句话说,公司一旦成功登记并获取法人营业执照,即便公司设立行为存在某种瑕疵,也不能否认公司的人格,公司应保持其继续存在。采取瑕疵设立有效制度的理由是,公司一旦取得注册证书即表明公司已经有效设立,任何人不得主张公司设立无效。实际上,这些国家法律并非一开始就是采取这种做法。早先的法律在对待瑕疵设立公司的态度上几乎毫无例外地采取的是瑕疵设立无效的做法,只不过随着社会经济的发展,现代法律的进步,法律制度也在逐渐改革。以美国为例,原先它的法律也是否认瑕疵设立公司的效力,后来逐渐采用"事实公司"(corporation de facto)、"法律公司"(corporation de jure)、"表见公司"(corporation by estoppel)等例外规

---

〔7〕 我国台湾地区"公司法"第9条。

〔8〕《德国有限责任公司法》第75条、《德国股份公司法》第275条。

〔9〕《日本商法典》第136~142、428条。

〔10〕《韩国商法典》第184~194、328、552条。

〔11〕《欧盟公司法指令》第一号令在其第三节中对公司设立无效进行了专门规定。

〔12〕 理论上有人认为这是对民事法律行为理论的背离。著者则认为这其实恰恰体现了商法理论对民事法律行为理论的发展。实际上,这种对民法的发展在商法中比比皆是,同时也构成了商法自身的特点。

〔13〕《法国商法典》第365条、《德国股份法》第276条、《德国有限责任公司法》第76条。

〔14〕《德国有限责任公司法》第77条、《德国股份公司法》第277条;《日本商法典》第428条之(二)。

〔15〕 由于美国各州均有自己的制定公司法,难以一一列举,本书仅以示范公司法为例作为参照。美国《示范公司法》§2.03。

则在此类案件中承认瑕疵设立公司有效,[16] 直到后来美国的州制定公司法将瑕疵设立公司有效作为一般原则予以确认。究其原因,在英美国家,其法律的现代化和自由化程度越来越高,设立公司的条件越来越低(如法定资本制下的注册资本最低限额的废除),程序越来越简单,发生设立无效的原因被降低到最低程度。在这一意义上也可以说,随着法律的现代化发展,公司设立无效制度的意义越来越轻微。但即便如此,这种做法也不是绝对的。在特定情况下,也可能由政府提起无效或者撤销诉讼。[17] 这说明,法律依然无法从根本上忽视瑕疵设立公司无效或者可撤销的可能性和现实性。

从上述两大法系比较可知,各国和地区对公司设立瑕疵的态度存在诸多差异,尤其是各自做法的理念和逻辑不同。尽管如此,也可以看出两大法系在对待瑕疵设立公司的处理态度上都是非常谨慎的。大陆法系的做法是"原则无效",但却加诸相当严格的限制;英美法系的做法是"原则有效",但却也不得不辅之以无效之帮助。

具体到我国公司法应当如何处理瑕疵设立公司问题,实有必要进一步探讨。如前所述,我国公司法虽然规定了行政撤销制度,但是这一规定与处理瑕疵设立公司的真正意旨相去甚远。我国公司法赋予登记机关对瑕疵设立行为的处罚措施包括责令改正、行政罚款、吊销营业执照或者撤销公司登记。

进一步需要考虑的问题是,我国法律对于瑕疵设立公司的效力确认究竟是采取无效制度还是有效制度?从我国公司法的现行规定来看,它的做法是尽量采取措施补救公司设立中存在的瑕疵。公司法对瑕疵设立行为,尤其是出资瑕疵及其责任承担进行了详细规定,尽量补正以求维持公司。但这些补正措施依然具有很大的局限性,即主要侧重于有关瑕疵出资及其相应责任,却没有系统地建立起瑕疵设立公司救济制度。

根据国际上关于处理瑕疵设立公司的趋势以及我国立法与司法实践经验,著者认为,对于瑕疵设立公司不宜简单地否认其效力而作无效处理。比较而言,瑕疵设立公司有效的做法更为可取。具体来说,对于瑕疵设立公司应当推定有效。公司的设立登记是在满足法定条件和遵循法定程序的情况下由公司登记机关对其主体资格予以确认的行为。公司一旦经过登记即取得法人资格,同时也就取得了一般营业资格(特殊营业资格尚需另行获得许可)。公司登记机关给登记公司颁发的法人营业执照就是其取得法人资格和一般营业能力的证据。登记公司借此可以开展对外营业活动,第三人也正是基于公司的登记并信赖这种登记而与之打交道,如签订合同或者发生其他交易关系。这就是所

---

〔16〕 所谓的"事实公司"是指从公司成立到公司被宣告无效这一期间,瑕疵设立公司被视为在事实上存在。"法律上公司"是指公司的设立虽然没有满足公司法上的"指导性要件"(directory requirements),即公司设立行为存在的瑕疵轻微,但只要满足了设立公司的实质性强制要求,公司即为有效成立。"表见公司",则是指如果第三人在与公司打交道时相信公司已经成立并依赖于公司的存在,即使公司设立存在瑕疵,他也不能否认。这实际上是一种"逆向禁反言"(reverse estoppls)。表见公司的适用与事实公司或者法律公司有所不同:前者主要是个案适用,后者则在一般意义上适用。不过,事实公司或者法律公司与表见公司的存废还是有一些反复。美国1950年《示范公司法》尚未明确废除事实公司与禁反言公司,但1969年《示范公司法》就不承认了。1984年《示范公司法》又一改过去态度承认事实公司和禁反言公司在一定条件下的适用。

〔17〕 美国《示范公司法》§ 2. 03。

谓的权利外观主义,而这种权利外观主义就是为了维护这种信赖并借此保护交易安全。公司的登记公示产生一种公信力,它使任何一个理性人都相信公司是有效成立的,并以此信任为基础与公司发生交易关系,因此交易关系所产生的权利义务是受到法律保护的,即使该登记公司存在瑕疵。这种权利外观主义能够解决实际问题,因为瑕疵设立公司一经设立难免与第三人发生交易关系,如果使之发生无效,则将第三人置于非常不利的境地,交易安全无从保障。而在外观主义的保护下,推定已经登记的公司有效成立,则可解决这一问题。随着公司法和相关公司登记制度的进一步改革,公司设立中可能出现的瑕疵的严重程度也将大为降低,大多数瑕疵均可能予以补正和修复。这说明,是采用瑕疵设立公司有效规则还是无效规则,并不是一个简单的或此或彼的选择问题,而是一个法律政策问题。在法律对设立公司设定的条件和程序较为严格的情况下,或许瑕疵设立公司无效规则就是一个必然的选择。相反,在法律的自由化程度较高的情况下,瑕疵设立公司无效规则就不一定会是一个明智的选择:因为它既不利于保护交易安全,又可能“毁掉”一个公司。

权利外观主义实际上是商法形式主义的一种体现。这种形式主义的意义在于某种行为只要在形式上符合法律要求就推定其具有法律效力。具体到瑕疵设立公司,只要该种公司经过登记并公示,无论其是否存在瑕疵,即为有效成立。但是,这种基于形式主义的推定效力是可以推翻的,即只要能在实质上证明公司设立瑕疵确实存在,也就可以否认瑕疵设立公司的有效存在,使形式上已经登记的公司无效,从而恢复到未成立的状态。但问题是,如果凡是出现设立瑕疵均将导致无效的话,实际上前面所说的权利外观主义之下的推定公司有效成立便失去了其应有的意义。为了维护这种权利外观主义的权威性,尚需要辅之以瑕疵补正措施。这种瑕疵补正可以由公司主动向登记机关申请改正,但更大的可能性则是由登记机关命令为之,即类似于现行法上所谓的“责令改正”。

(二)瑕疵设立公司依然存在可撤销空间

可以说,在采取瑕疵设立公司推定有效并辅之以瑕疵补正措施的情况下,原则上瑕疵设立公司的继续维持问题也就基本解决了。譬如,就瑕疵设立公司普遍存在且较为严重的虚假出资来说,我国公司法采用的是以承担民事责任的方式进行补正,如补缴责任、连带责任、违约责任以及差额填补责任。同时,债权人也可以要求未履行出资或者未完全履行出资的股东在其出资差额范围内承担责任。可见,我国公司法的态度是尽可能维持企业的存在,而不是使之无效。即便是最严重的出资瑕疵(未履行出资或者抽逃全部出资),也只是导致该瑕疵股东失权的后果。其实这种失权本身就是一种补正措施,并不影响公司的继续存在。就公司章程而言,如果章程必须记载的事项未予记载或者没有签章,可以补充记载或者补充签章。如缺乏相应的登记手续或者相关材料或者文件,均可以要求补充提交。其他诸如公司名称和住所不符合法定要求,可要求公司予以改正;股东或者发起人没有记载或者缺乏相应证明,可要求补记或者继续提供;未组织公司机关,可要求即行组建。通常情况下,如果公司本身还希望继续经营,相关人员是会配合这种补正要求的。

但是否所有的设立瑕疵均可以补正呢？也不尽然。大致有以下三种情况可能无法依赖公司补正机制解决问题。

第一，公司设立违反强制性法律、行政法规或者公序良俗且无法补正的。这里所谓强制性法律、行政法规，指的是除公司法规定的设立条件和程序之外的效力性强制规范。实际上，公司法设定的公司设立条件和程序是一种管理性强制规范。正因如此，即使违反了这样的规定，也是可以补正的。但如果违反效力性强制规范则可能导致与国家公共政策相冲突，譬如未经许可从事特定行业或者以欺骗手段取得许可而设立的公司，如允许其继续存在，则不能容忍。所设立的公司与公序良俗相冲突，包括以合法形式掩盖非法目的（如洗钱、色情、赌博）或者损害社会公共利益（所从事营业与环境保护、自由竞争或者国家安全相冲突），同样不能允许其存在。

第二，公司设立行为存在严重欺诈行为且无法补正的。公司的设立登记可能是利用欺诈、胁迫等严重违反当事人意思的手段取得的，如以骗取他人遗产为目的而设立公司；公司的设立登记也可能是恶意串通取得的，甚至与公司登记机关、主管机关或者中介机构工作人员串通一气提供虚假材料或者文件获得公司登记。这样的欺诈行为严重违反了当事人的真实意思，甚至侵害了国家、社会和他人的利益，如果不撤销这样的公司，显然违背了法律的公平正义原则。当然，法官在审理中依然需要权衡此种欺诈行为是否属于"情节严重"，是否可以补正。

第三，公司设立行为存在瑕疵且怠于补正的。如果说前面两种情形属于不可补正或者补正存在严重障碍，此类情形则属于可以补正但当事人却拒绝补正。如前面所说，可以补正的瑕疵行为违反的是管理性强制规范，经过补正后公司人格不受影响；但如果拒绝补正，瑕疵行为无法消除，必然影响公司人格的存在。譬如，部分股东或者发起人未在公司章程上签章，固然可以补签，即使拒绝签章，也可以予以除名。但若全体股东或者发起人均未在公司章程上签章并经督促后依然拒绝补正，公司则失去其设立契约基础，今后公司的运行也将发生问题。于此情形，唯一之路便是撤销公司。

如前所述，传统法律将设立瑕疵区分为主观瑕疵和客观瑕疵。一般而言，客观瑕疵构成公司设立无效的原因。主观瑕疵，根据其内容，可能成为设立无效的原因，也可能成为设立撤销的原因。〔18〕但著者所讨论的撤销诉讼仅限于特定情形，是对瑕疵设立公司实行有效推定的一种例外处理，自然没有必要再行区分主观瑕疵和客观瑕疵。因为适用可撤销诉讼的情形直接由法律明文规定。加之，这样的特定情形限于瑕疵严重情节，且排除了利害关系人提起诉讼的可能，相应地，无效之诉与撤销之诉也就没有区分的必要了。

---

〔18〕 应注意的是，公司法上的设立无效制度，在不同的国家其立法模式不同。有的国家采用双重模式，即在公司法或者商法中同时规定了设立无效和设立撤销制度，如日本、韩国等。有的国家采用单一模式，即在公司法或者商法中仅规定设立无效制度，如德国以及欧盟。但总体趋势是，大多数国家法律均以设立无效制度为本位，设立撤销规则为补充。

所以,著者所谓的撤销诉讼与传统意义上的撤销之诉是不同的。[19]

由上述可知,由于公司补正机制的存在,在绝大多数情形下瑕疵公司均可以维持其继续存在,但依然不能排除个别不能补正的情形。于此情形,瑕疵公司撤销机制只能不得已启动。但是,一旦启动瑕疵公司撤销程序,如何保护交易安全的问题也就同时出现了。如前所述,公司设立行为属于团体行为,与个人行为有所区别。团体行为会产生多方面的利害关系,公司一经被撤销,必然影响到多方面利害关系。因此,即使是采取设立无效做法的国家,其法律政策上对设立无效之诉也采取诸多限制。从比较法的视角看,这些限制性措施对于构建本书意义上的撤销诉讼制度仍然具有借鉴意义。

有鉴于此,著者认为,瑕疵设立公司可撤销机制只是在瑕疵设立公司有效推定机制下进而采取补正措施不能完全解决问题的情况下所采取的最后一道防线,是"原则有效"前提之下的一种"例外处置"。因此,基于公司法上尽可能维持企业存在的基本精神,在例外情形适用撤销规则时也应设立一定的限制来控制该种诉讼,以便合理处置公司存续期间所发生的各种法律关系。这些限制性措施主要体现在如下几个方面:

第一,瑕疵设立公司的撤销应当以诉讼的方式进行。前面已经分析,由登记机关直接撤销公司登记存在诸多不合理之处,尤其是可能发生怠于处理公司被撤销后的清算问题。因此,瑕疵设立公司的撤销应由法院通过审判方式予以撤销,而不是由登记机关直接予以撤销。这样做的好处是,它使瑕疵设立公司存续期间的各种关系能够在正当程序之下获得公平处理,同时也便于将被撤销公司的清算置于法院的监督之下。

第二,尽管瑕疵设立公司不宜由登记机关予以直接撤销,但可由登记机关向法院提起瑕疵设立公司撤销之诉。在一般无效诉讼或者撤销规则下,自然应当是由有利害关系的当事人提起诉讼,如多数法律将其限定于公司股东、董事或者监事,而将设立撤销之诉的权利赋予债权人。[20] 但本书讨论的撤销诉讼与一般的无效诉讼或者撤销诉讼有所不同。因为在瑕疵设立公司有效推定的前提下,法理上否认了任何利害关系人提起诉讼的可能。作为一种例外的可撤销机制,主要是为了维护公共政策和公共利益而设置的。至于相关利害关系人的权利保护则已经在实体法上设定了相应规则(譬如,瑕疵出资的民事责任),与公司是否撤销没有关系。因此,著者认为,可以参考英美做法,将此种提诉权赋予我国公司登记机关,似乎更加合理。因为瑕疵设立公司本身就是经由登记机关的登

〔19〕 设立无效与设立撤销二者之间的主要区别在于适用对象不同。一般来说,只有人合公司才存在设立撤销制度,因为人合公司重视社员的个性特征。资合公司不适用设立撤销制度,因为资合公司的社员的个性特征并不太重要。譬如,在有限责任公司或者股份有限公司的设立行为中,各发起人的设立行为有可撤销的原因时,只要将该发起人从发起人名单中除名即可,只有因此使发起人的人数少于法定人数要求时,才构成设立要件的欠缺。又如,在股份有限公司中,发生股份认购人的认购行为被撤销时,只不过该认购行为失去效力而已,并依发起人的资本充实责任得以弥补,从而对公司设立本身并没有影响。有的国家法律甚至规定,在人合公司中,如果无效诉讼是基于主观瑕疵提起的,即便该设立行为无效,如果该无效事由只限于特定股东时,可以经其他全体股东同意,公司继续存在(如《日本商法典》第 339 条)。因此,对于有限责任公司和股份有限公司,不承认由股东个人主观瑕疵引起的无效,只承认由客观瑕疵引起的设立无效。

〔20〕 《德国有限责任公司法》第 75 条、《德国股份公司法》第 275 条;《日本商法典》第 428 条之(二);《韩国商法典》第 328 条。

记而成立的，没有任何人比登记机构更加熟悉公司设立情况。

第三，一般来说，提起撤销诉讼期间不应过长，以避免法律关系长期处于不稳定状态。（譬如，德国为 3 年，日本和韩国为 2 年。）但由于我国民法上关于一般诉讼时效期间的设定不过 3 年而已，加之本著所谓的设立撤销诉讼侧重于公共利益的保护，所以，公司设立可撤销诉讼的提诉期间限定于 3 年之内也是合适的。该种期间自公司成立之日（公司经登记注册取得法人营业执照之日）起算。不过应注意的是，该种期限不是时效期间，而应是除权期间，不发生中止、中断或者延长。

第四，瑕疵设立一经被撤销，必将导致已经设立的公司发生无效的后果，并使公司发生终止。该种效力具有对世性，不仅及于公司和有关当事人，而且也及于第三人。公司经判决被撤销后，应当进行清算。该种清算可以由公司自己组织。如果公司不能自行组织清算或者清算发生障碍，法院根据利害关系人的请求指定清算人。清算结束后由登记机关注销该公司的登记。

第五，公司被撤销的判决不具有溯及力。撤销判决对公司被撤销之前所发生的公司、股东以及第三人之间的权利、义务不产生影响，从而将无效的效果指向将来，而使判决确定之前的公司好像有效存在一样。但是，这种不具有溯及力的理由与传统瑕疵公司无效判决或者撤销判决不具有溯及力有所不同。传统的解释是将瑕疵公司设立时起至撤销判决时止这一阶段的状态认定为“事实公司”（de facto corporation）。但本著采用的则是有效理论，自然无须采用“事实公司”作为辩解。也就是说，撤销判决的后果是解散公司，从而使公司进入清算状态。至于公司解散前实施行为的法律行为并不因此受到任何影响。

第六，赋予法院自由裁量权，包括在诉讼期间法院依然可以采取瑕疵补正措施。在设立撤销诉讼的进行过程之中，如果作为其原因的瑕疵已被弥补，而且根据公司现状和环境，如认为撤销公司不妥时，法院可以驳回撤销请求或者裁判不予撤销。这表明即使在诉讼期间，设立瑕疵依然可以修复，同时法律赋予法院自由裁量权。

第二章　发　起　人

第一节　发起人概述

一、发起人的概念

公司的设立必须要有人发起筹办。在有限责任公司中，发起事宜直接由将来的股东承办；而在股份有限公司中，由于所涉人数众多，股东成员不确定，因而，法律往往对发起人予以特别规定。我国公司法正是基于这一考虑，仅针对股份有限公司规定了发起人，而没有规定有限责任公司的发起人。然而，事实上，有限责任公司同样存在发起人或者起到发起人功能的人。这样的人就是有限责任公司将来的股东。他们发挥的功能与股份有限公司的发起人所发挥的功能基本相同，因而，也应当对之适用相同的规则。譬如，公司法上关于股份有限公司发起人的权利、义务与责任等方面的规定，同样适用于充当有限责任公司发起人角色的股东。

什么是发起人呢？各国家和地区的发起人制度有所差异，因而对其界定也有所不同。

在美国，其发起人制度存在设立人（incorporators）和创办人（promoter）之区别。美国法上所谓的设立人，是指在其公司设立章程上签名的人。[1] 在美国的公司实践中，设立人的主要作用是签署并向州务卿递交公司设立章程，缴纳注册费用。经州务卿登记后收取注册证书和注册费单。除此之外，通常他们再无其他作用。至于公司的创办，则由在公司章程中列名的初选董事（initial directors）负责完成（尽管有些州还可能要求设立人完成公司的设立）。[2] 所谓创办人是指协助设立新公司的人。创办人通常都是精明、有见

---

〔1〕 有时，设立公司的人可能是律师事务所的秘书或者雇员，公司服务机构（corporate service company）的低级雇员，或者任何其他与公司将来业务没有联系的人。此种情形的设立人被称为名义设立人（dummy incorporator）。

〔2〕 MBCA §2.05 则让公司自行选择：或者由设立人完成公司的设立，或者由章程中列名的初选董事负责完成公司的设立。如果初选董事对其身份的披露没有异议的话，则由初选董事完成公司的设立。

识,并且具有一定社会影响的人。在设立一个新的企业的活动中,创办人的工作主要包括:(1)进行必要的营业资本和人事安排,以便使新的企业能够有效地运作。这可能包括取得或者租赁工厂,调集劳动力和寻求销售人员,寻求原材料资源供给,寻求零售销路,联系各种长期业务,等等。(2)获取必要的资本为公司融资。初始资本(initial capital)的来源包括投资人投入的股权资本、来自第三方的贷款(或者担保贷款或者非担保贷款)以及来自提供股权资本的投资者的贷款。(3)完成公司的组建。事实上,由设立人呈递公司设立章程只是设立公司的第一步。其余的步骤一般由创办人(通常由律师代理客户)完成,自此公司设立。由于公司的实际设立活动是由创办人负责,因此,创办人是法律上的责任负担者。譬如,如果公司设立失败,对于公司设立前的先公司交易可能由创办人承担责任。但是,如果实际上是由设立人完成公司设立的话,那么,设立人就要承担相应的风险责任。

在英国,不存在像美国那样的设立人与创办人的区别,但其使用的术语则类似于美国的创办人(promoter)。英国法上的"创办人"一词无论在立法上抑或在判例上均没有明确的界定,与其说是一个法律概念,毋宁说是一个事实问题,取决于特定的具体情况。一般而言,其泛指就特定项目负责组建公司,促使其开始运行并采取必要措施达致其目标的人。但律师、会计师不是创办人,因为他们参与创办工作是其职责的履行,尽管他们事实上参与了创办工作。[3]

在大陆法系国家和地区,关于发起人的概念,有两种定义方式:一种方式是形式定义;另一种方式是实质定义。形式上的发起人概念,是指凡是在公司章程上签名的人即为发起人。[4] 由此可见,凡在章程上签章之人,即为发起人,至于事实上是否曾参与公司之设立,则在所不问。实质上的发起人概念,是指实际参与公司设立或者负责筹办组建公司的人。譬如,筹集资金、安排人事、寻找场地以及为必要的设立活动签订合同等。

由上述可知,无论是形式上的发起人概念还是实质上的发起人概念,均各有利弊。采用形式上发起人概念的好处是容易判断发起人身份和确认其权利义务。实质意义的发起人概念的好处是可以将名义发起人与实际发起人区分开来,但其不利之处是不容易确定发起人身份。发起人身份的确定具有较为重要的意义,尤其是在涉及发起人的责任问题时。有鉴于此,在实务和司法实践中,可能需要从形式和实质两方面来确认发起人身份。我国《公司法》第43条规定,有限责任公司设立时的股东可以签订设立协议,明确各自在公司设立过程中的权利和义务。《公司法》第93条规定,股份有限公司发起人承担公司筹办事务。发起人应当签订发起人协议,明确各自在公司设立过程中的权利和义务。这说明,我国公司法上的发起人是"承担公司筹办事务"的人,同时,发起人内部之间应当"明确各自在公司设立过程中的权利和义务"。《公司法》第96条第1款规定,股份

---

〔3〕 Davies, at p. 132.

〔4〕 如《德国股份法》第29条规定,确认章程的股东为公司的发起人。我国台湾地区"公司法"第129条规定,发起人应以全体之同意订立章程,签名盖章。

有限公司的注册资本为在公司登记机关登记的已发行股份的股本总额。在发起人认购的股份缴足前,不得向他人募集股份。《公司法》第 97 条第 1 款规定,以发起设立方式设立股份有限公司的,发起人应当认足公司章程规定的公司设立时应发行的股份。《公司法》第 98 条第 1 款规定,发起人应当在公司成立前按照其认购的股份全额缴纳股款。这些规定表明,股份有限公司发起人认购的股份采取的是实缴制,即认足、缴足。

《最高人民法院关于适用〈中华人民共和国公司法〉若干问题的规定(三)》(以下简称《公司法》司法解释三)第 1 条规定,为设立公司而签署公司章程,向公司认购出资或者股份并履行公司设立责任的人,应当认定为公司的发起人,包括有限责任公司的股东。由此可见,我国公司法司法解释对发起人的认定包含了如下几点要求:一是在公司章程上签名;二是向公司认购出资或者股份;三是履行公司设立责任。问题在于,这三个要件是需要同时具备呢,还是只需要具备其中的选项即可? 著者认为,首先应当根据公司章程的记载确定发起人。也就是说,凡是在公司章程上签名的人即可推定为发起人。如果在公司章程上签名的人能够证明他没有实际参加公司的设立活动,则可以不作为发起人认定,其相应的发起人责任即可免除;有的人实际参与了公司的设立活动,但却没有在公司章程上签名,如果有证据表明他确实实际参与了公司的发起设立工作,则应当确认其发起人身份。

从《公司法》司法解释三的第二个要求来看,在我国公司法意义上的发起人一定是将来公司的股东,因为他不仅必须在公司章程上签名,而且还必须向公司认购出资或者股份。不过,著者认为,创办公司的人是否为将来公司股东对于确认发起人没有什么实际意义。因为公司法上确定发起人概念的意义主要在于确认发起人的义务和责任,这与发起人是否为将来公司股东没有关系。一个人即便不是公司股东,但只要被确认为发起人,他就要承担发起人的义务和责任;反之,一个人即便是股东(签署公司章程也可推定其股东),但如果他没有真正参与公司的设立活动(如有限责任公司股东),他也可以主张豁免发起人的义务和责任。进一步来讲,股东的出资义务和责任与发起人的义务和责任属于不同的概念范畴。

值得一提的是,公司法司法解释所界定的发起人包括有限责任公司的股东。这是有实际意义的,因为有限责任公司的股东人数也可高达数十人,但并非所有的有限责任公司股东都会参加发起设立活动。公司法司法解释的界定有利于在实践中明确真正参加公司设立人的身份及其法律责任。有鉴于此,本书在后面,如无特别说明,所谓发起人既包括股份有限公司发起人,也包括有限责任公司实际参加设立活动的股东。

二、发起人人数

现代法律对发起人人数的要求也在变化。如在美国,历史上曾经要求须有 3 个自然人作为设立人,而现在,公司设立章程由 1 名或者数名设立人签署均无不可。

我国公司法只专门针对股份有限公司的发起人进行了规定,而没有对有限责任公司的发起人作出规定。其理由是,有限责任公司确定了股东人数,其发起人可由将来股东直接充任。因此,理论上可理解为,有限责任公司的发起人可以是 50 人以下的任何人数。当然,实际情况则可能有所不同。在股东人数较少的情况下,可能全体股东均充当发起人;而在股东人数较多的情况下,可能只有部分股东充当发起人。因此,有限责任公司的发起人需要根据具体情况来确定。

由于法律对股份有限公司的股东人数无法直接规定,所以,法律专门对发起人予以规定。我国《公司法》第 92 条规定,设立股份有限公司,应当有 1 人以上 200 人以下为发起人,其中应当有半数以上的发起人在中国境内有住所。

三、发起人资格

发起人资格可以从积极和消极两方面来看。从积极方面来看,自然人或法人或者非法人组织,外国人或者中国人,均可以成为发起人。就自然人而言,应具有行为能力。就法人和非法人组织而言,一般限于营利性法人和非法人组织,如公司和合伙。至于非营利性法人和非法人组织,则受制于其目的功能。在这个问题上,法律具有较强的政策性。法律通常在政策上对非营利性法人和非法人组织的发起人资格予以限制。

从消极方面看,如下几类人作为发起人可能存在法律上的障碍:

第一类,无民事行为能力人或者限制民事行为能力人。

无行为能力人或者限制行为能力人是否可以充任发起人,是否能适用民法上关于无行为能力人或者限制行为能力人之法定代理的规定,值得探讨。

从理论上讲,未成年人能否作为发起人发起设立公司不是一个权利能力问题,而是一个行为能力问题。权利能力解决的是法律主体得以享有权利的问题,行为能力解决的是能否凭借其行为实现其权利的问题。公司发起人从事的是发起设立公司的商业行为,自然需要确认其有无行为能力问题。

从实务上考虑,未成年人能否作为发起人发起设立公司不仅涉及未成年人的保护问题,而且涉及交易安全的问题。如果允许未成年人担任发起人,并借助于民法上关于法定代理的帮助,固然有利于保护未成年人的利益,但是,民法上关于未成年人的民事活动由其法定代理人代理或者须取得其法定代理人同意的规定,却不能满足保护交易安全的需求。这一点在民事关系中也许不重要,但在商事关系中却非常重要。因为在民事关系中,交易关系具有单纯性,民法只需考虑未成年人的利益是否能够获得保障,而无须考虑交易相对方的安全问题。退一步来讲,即使交易发生责任问题,或者因不能履行合同而承担违约责任,或者因合同不能成立而承担损害赔偿责任,所涉及的利害关系人充其量也不过是交易双方而已。然而,在商事交易中,情形则大为不同。

首先,发起人是发起设立公司的人。在发起人设立公司的过程中,需要与其他发起人发生意思交流,或者从事与发起行为有关的交易行为。如果发起人是未成年人,难道事事均须其法定代理人代理,或者须征得其法定代理人同意?

其次，如果公司设立失败，发起人需要承担设立失败的责任。如在设立公司过程中所发生的交易可能需要发起人承担责任，这种责任是无限的、连带的。这种责任可能超出了未成年人的承载能力。尤其是对于公开募集、发行股份的股份有限公司而言，更是涉及社会公众的利益，如果允许未成年人充任发起人，公众的利益将无法得到充分保护。

最后，公司发起人往往被选任为第一届公司管理机关的成员。如果允许未成年人充任发起人，未成年人无法承担和履行管理职责，难道也需要其监护人或者代理人代其履行责任？

综上理由，无行为能力和行为能力受限制的未成年人不宜充任发起人，因其缺乏发起能力、责任能力和管理能力。但是，未成年人不能担任发起人并不影响其投资权利，未成年人仍然可以投资成为公司股东，甚至在公司设立时基于其出资或者认购股份可以成为原始股东。于此情形，所涉及的出资或者股份认购行为以及创立大会上的表决行为，均可由其法定代理人进行代理。但是，未成年人股东与未成年人发起人则属于两个不同的概念，应当予以区分。

第二类，党政机关、军队、武警部队、政法机关和国家公务员以及其他从事特定职业的人（如军人）。

这类机构和人员不能作为发起人主要是因为他们从事的是公共管理事务或者特定职业，在性质上与私人商业活动存在利益冲突。

第三类，受到竞业禁止的人。

如公司董事、高级管理人员、合伙人等。这类人本身就是企业的管理者，如果他们设立公司经营与其所担任职务的企业的业务相同，同样会发生利益冲突，即所管理的公司与其自己的公司将会构成同业竞争。在这种情况下，如果他们将自己的利益置于所任职的企业的利益之上，将会损害其所任职企业的利益。但是，应当注意到不同国家对竞业禁止的态度可能有所差别，限制的宽松程度也可能不尽相同。〔5〕

第二节　发起人地位

一、发起人的内部关系

就内部关系而言，发起人之间是一种合伙关系。该种合伙关系由合伙契约连接和拘束。为设立公司，发起人之间需要订立发起人协议，该种协议属于合伙协议性质。就发起人行为后果而言，如果公司成立，由发起人取得的权利和利益或者所发生的一切债务

〔5〕 历史上，一些法律对发起人还有其他一些特别要求。譬如，外国人不得作为发起人，现在这样的法律已经被废止。又如，要求发起人中有一定比例的人数在本国内有住所，现代法律对发起人已经取消了住所要求。我国公司法仍然保留了住所要求（住所要求仅限于股份有限公司的发起人的半数以上须在中国境内有住所）。再如，国外一些法律曾经要求发起人必须宣誓、公证和密封，现在法律已经废除了宣誓、公证和密封。此外，发起人的地位不能转让和继承。这是由发起人所担负的任务和承担的责任所决定的。

或义务可能由公司承继,如果公司认可的话。但是,如果公司不能成立或者公司成立后不予认可,任何由发起人取得的权利和利益或者所发生的一切债务或义务原则上均应由共同发起人共同享有或者承担。

二、发起人的权力与权利

(一)发起人权力

发起人在设立公司时享有业务执行的权力。此种业务的执行,可以由发起人单独执行,也可以由发起人共同执行。但是,如果法律规定必须由发起人共同执行事项的,则必须由发起人的共同意思决定。譬如,根据我国公司法的规定,有限责任公司的公司章程由全体股东共同制定,股份有限公司的公司章程,如果公司属于发起设立,由全体发起人制订;如果属于募集设立,则由发起人制订,经成立大会通过。成立大会应当持有表决权过半数的认股人出席。以发起设立方式设立股份有限公司成立大会的召开和表决程序由公司章程或者发起人协议规定。由此可见,设立事务的执行,一般情况下可依合伙规则执行,但公司法上有特别规定的,则必须依照公司法的规则进行。

(二)发起人权利

发起人基于其发起人地位享有一系列权利。

发起人的权利主要包括:(1)报酬请求权。即发起人针对自己的设立行为所付出的劳动要求给予报酬的权利。发起人可能享有报酬请求权,也可能不享有报酬请求权。发起人是否享有报酬请求权,取决于发起人协议是否有规定,或者是否取得全体发起人的同意。(2)特别利益请求权。如取得盈余分配方面的优先股权、优先认股权、公司终止时优先分配剩余财产权等。(3)非货币出资的权利。发起人可以货币出资,也可以非货币出资,如实物、知识产权、土地使用权等。(4)选举和被选举为第一届公司机关成员的权利。在公司实务上,第一届公司机关成员大多由发起人担任。(5)由发起人协议规定的其他权利。

三、发起人的义务与责任

(一)发起人在设立公司中的义务和责任

发起人的主要职责就是发起设立公司。在发起人发起设立公司的过程中,发起人可能面临着承担一系列义务和责任。

《公司法》第44、107条规定,公司设立时的股东或者发起人为设立公司从事的民事活动,其法律后果由公司承受。公司未成立的,其法律后果由公司设立时的股东或者发起人承受;设立时的股东或者发起人为2人以上的,享有连带债权,承担连带债务。设立时的股东或者发起人为设立公司以自己的名义从事民事活动产生的民事责任,第三人有权选择请求公司或者公司设立时的股东承担。设立时的股东或者发起人因履行公司设立职责造成他人损害的,公司或者无过错的股东或者发起人承担赔偿责任后,可以向有过错的股东或者发起人追偿。

由上述规定可知，这种义务和责任因其发起行为的不同效果和不同阶段而有所不同。

第一，公司不能成立时，发起人对设立行为所产生的债务和费用承担连带责任。发起人之间是一种合伙关系。就发起人行为后果而言，如果公司成立，并在公司认可的情形下，由发起人取得的权利和利益或者所发生的一切债务或义务可能由公司承继。如果公司不能成立，任何由发起人取得的权利和利益或者所产生的债务或义务均应由发起人共同享有或者单独承担。公司虽然成立，也可能对设立过程中所产生的债务和费用不予认可，于此情形，由发起人自行负担，承担个别或连带责任。如果承担责任的是部分发起人，这些发起人在承担责任后，有权请求其他发起人分担。至于具体如何分担，首先要看是否存在这样的协议。如果存在这样的协议，即应由其他发起人按照约定的责任承担比例分担责任；如果没有约定责任承担比例的，按照约定的出资比例分担责任；如果连出资比例也没有约定，那就按照均等份额分担责任。另外，因部分发起人的过错导致公司未成立，其他发起人主张其承担设立行为所产生的费用和债务的，应当根据过错情况，确定过错一方的责任范围。

第二，公司不能成立时，对认股人已缴纳的股款，发起人负返还股款并加算银行同期存款利息的连带责任。公司不能成立，原因可能各种各样：可能是因为股份发行失败，未能筹集到所需资金；也可能是市场发生变化，导致设立该公司不再具有意义；还可能是因为设立公司程序发生问题等。无论何种原因，发起人均应承担股款返还责任。《公司法》第105条第1款募集设立规定，公司设立时应发行的股份未募足，或者发行股份的股款缴足后，发起人在30日内未召开成立大会的，认股人可以按照所缴股款并加算银行同期存款利息，要求发起人返还。

第三，发起人的职务侵权行为。发起人因履行公司设立职责造成他人损害，应当区分两种情况处理：一是如果公司成立，受害人可以请求公司承担侵权赔偿责任；二是如果公司未成立，受害人只能请求发起人承担连带赔偿责任。这是就该种侵权的外部责任承担而言。就内部责任分担而言，如果该种侵权损害是由有过错的发起人造成的，公司或者无过错的发起人承担赔偿责任后，可以向有过错的发起人追偿。

（二）发起人的出资义务与责任

在我国，法律明确规定，发起人负有出资义务。发起人没有履行出资义务或者履行出资义务存在瑕疵，必然导致发起人承担相应的责任。发起人的这种责任可能包括违约责任、补缴责任、差额填补责任、连带责任等。关于这一问题，我们将在第三编中详细讨论。

四、发起人的受信义务与责任

这里有必要专门讨论一下发起人的受信义务。发起人是组建和筹设公司的人，在其设立公司的过程中,必将与相关当事人发生各种法律关系,因此,发起人在其设立活动中还应当对相关当事人承担受信义务。发起人的受信义务主要体现在如下方面:

(一)发起人相互之间的受信义务

发起人相互之间是一种合伙关系,应当相互承担受信义务。如果任何发起人违反了其受信义务,则应对其他发起人承担违信责任。例如,A 作为共同发起人之一,以设立公司为目的购置了一块公司所需的地产。由于公司没有成立,他擅自将该土地私下转售给第三人赚取利润。在这种情况下,他违反了他对其他发起人的受信义务,因而应当向其他发起人承担违信责任。

(二)发起人对将来公司的受信义务

发起人对将来公司(future corporation)负有受信义务。具体表现为:发起人不得利用职权谋取私利,不得有欺骗或玩忽职守的行为。发起人违反了其对将来公司的这种受信义务,应当承担损害赔偿责任。

在公司设立后,公司有权取得发起人以公司名义取得的权利或者利益。发起人有义务将该权利或者利益转移给公司。这是因为发起人的发起行为就是为了设立公司。如果发起人在其发起交易中谋取了个人私利,其所取得的权利或者利益应当归属于公司。在公司设立过程中,由于发起人的过失致使公司利益受有损害的,应当对公司承担赔偿责任。例如,公司发起人为设立公司购买的土地远远高于市场价格,或者发起人购买土地并以高于市场的价格出售给公司。在前者情形下,发起人有过错,他没有尽到一个发起人的注意义务;在后者情形下,发起人则涉嫌欺骗。无论哪种情形,均属于违反了他对公司的受信义务,应对公司造成的损失承担赔偿责任。

(三)发起人对后来投资者的受信义务

发起人还可能对后来股东或者投资者承担一定义务和责任。这种受信义务主要表现为发起人在设立公司过程中,尤其是在发行股份的活动中,不得有欺诈行为,后来的投资者如果因为发起人的欺诈行为而受有损失的,发起人应当承担赔偿责任。

此外,发起人还负有就其发起人交易向后来股东予以披露的义务。譬如,发起人股东在公司成立后担任公司管理者,并确定了其高额报酬。发起人应当就这一事实向后来的认股人或者投资者进行披露,以使其在充分了解信息的基础上决定是否购买该公司的股票。

第三节 设立中公司

一、什么是设立中公司

(一)设立中公司的意义

从公司的筹备设立到公司的注册登记必然需要经过一段时间,尤其是就股份有限公司的设立而言，在其成立之前更有一个漫长而复杂的渐次生成过程。在这一过程中，公司发起人以成立公司为目的而组织人力、物力和财力等资源，并形成前公司组织状态。学理上通常将这种状态称为“设立中公司”（corporation to be formed）。设立中公司犹如出生前的胎儿，因此，又被形象地称为“胎儿公司”。

确认设立中公司的意义在于：在公司的设立过程中，发起人以设立公司为目的而取得的权利义务应归属于将来公司，而不是归属发起人。如果没有设立中公司这一概念，在设立程序中，发起人为将来公司取得的权利义务的归属确认不仅增加成本，而且可能发生紊乱。譬如，发起人为将来公司取得的权利义务则只能归属于发起人，在公司成立后再转移给公司，不仅需要办理转移手续，而且，“向公司出资的财产成为发起人个人债务的责任财产的一部分，从而出现要服从于其债权人的强制执行的问题”。[6]

（二）设立中公司的起止时间

设立中公司是指公司成立之前的一种状态，然而，其究竟起于何时，止于何时，尚无定论。但是，这一问题对于明确设立中公司的概念却具有十分重要的意义。关于设立中公司的起始时间，主要有如下几种观点：观点之一认为，设立中公司起始于发起人订立发起协议之时；观点之二认为，设立中公司起始于发起人订立公司章程之时；观点之三认为，设立中公司起始于认购股份发行总数之时；观点之四认为，设立中公司起始于发起人认购一股以上股份时。

究竟设立中公司应当从何时起算？其标准是什么？要回答这一问题，首先得回答确立设立中公司的实际意义是什么。如前所述，确认设立中公司地位的根本目的在于确认由发起人以设立公司为目的而取得的权利义务的归属。既然如此，设立中公司的起算时间应当从发起人订立发起人协议时开始。因为，发起人协议本身就是为设立公司而订立的协议。自此时起，发起人以设立公司为目的所取得的权利义务归属于设立中公司，应属理所当然。

公司章程的订立难以作为设立中公司的起算时间。因为，根据我国公司法的规定，股份有限公司的公司章程需要经成立大会通过后才生效，如以此时作为设立中公司的起算时间，岂不为时过晚？况且，公司章程是关于公司组织的法律文件，如何能够拘束设立中公司所发生的权利义务？

股份认购说的真意在于将一定成员的存在作为设立中公司的标志，因此，只有认购股份才能确认设立中公司的组成成员。至于认购全部股份说与认购一股以上说的差异仅在于公司设立方式的不同而有所区别。如果公司只能采取发起设立，则势必要求发起人认购全部股份；[7]如果公司采取募集设立，则可由发起人认购一股以上即可。但这里存在的问题是，在发起人认购股份之前由发起人以设立公司为目的取得的权利义务，其

---

〔6〕［韩］李哲松：《韩国公司法》，中国政法大学出版社2000年版，第160页。

〔7〕在德国法上，只能采取发起设立方式。如《德国股份法》第29条规定，公司以发起人认购全部股份而设立。

归属如何确认呢？可见，这一标准无法解决这一问题。至于设立中公司的成员表征，则不一定非要通过认购股份来体现。实际上，在发起人订立发起人协议时就已经显现出设立中公司的成员特征，因为根据我国法律，发起人必须认购股份，只不过在订立发起人协议时尚未认购而已。

至于设立中公司的终止时间，则因设立中公司命运的不同而不同。一是在公司设立成功的情况下，设立中公司终止于登记注册。因为登记注册是公司成立并取得法人资格的标志。二是在公司设立失败的情况下，法律并未要求设立中公司进行清算，但是在发起人之间肯定存在类似清算的程序。因此，当这种实际清算程序结束时，设立中公司归于消灭。

二、设立中公司的特征和性质

（一）设立中公司的特征

设立中公司虽然不具有法人资格，但却具备某些主体性特征。这种组织有自己的名称，有自己的组织规则，有自己的组成成员，有自己的财产，有自己的机关。这都表明设立中公司具有一定的权利能力，能够通过自己的行为取得一定的权利和承担一定的义务，虽然它不能像法人那样享有完全的权利能力。设立中公司的这种主体性特征具体表现在如下几个方面：

第一，设立中公司具有自己的名称。在公司的设立中，设立中公司可以取得其名称的预登记，在实务中，也经常发生以设立中公司名义对外发生交易的情形。

第二，设立中公司有自己的组织规则。发起人在其发起人协议中须明确其发起行为应以设立公司为目的。也只有这样的行为后果才能归属于设立中公司。

第三，设立中公司具有一定程度的独立的财产。首先，设立中公司具有临时账户，发起人或者认股人如果以现金出资，须将该现金转移到设立中公司的临时账户。其次，设立中公司有权接受发起人的出资。如果发起人是以实物出资的话，则须将财产权转移到设立中公司名下。最后，在公司的设立过程中，设立中公司还可能获得其他财产，这些财产同样归属于设立中公司名下。

第四，设立中公司有自己的成员。设立中公司的发起人或者认股人可视为设立中公司的成员。因为发起人和认股人均将成为将来公司的股东。

第五，设立中公司有自己的机关。设立中公司的意思机关由发起人全体构成，或者由发起人和认股人共同构成（创立大会），决策须取得全体发起人同意或者经成立大会通过。发起人同时也是设立中公司的执行机关，对内由发起人主理事务，对外由发起人代表设立中公司。此外，设立中公司机关除发起人外，还可能包括初选董事、监事。

（二）设立中公司的性质

关于设立中公司的性质，有着各种各样的解说，莫衷一是。归纳起来主要有无权利能力社团说、合伙说和特殊的非法人团体说。

无权利能力社团说认为，设立中公司属于无权利能力社团，因而不具有权利能力。但无权利能力社团可以该种社团名义与第三人发生交易，并由行为人承担行为后果。实质上是将其作为合伙对待。[8] 合伙说认为，设立中公司只是一种合伙关系。特殊的非法人团体说认为，设立中公司既不是无权利能力社团，也不是合伙，而是一种特殊的非法人团体。该说主要强调无权利能力社团与合伙具有持续性和终局性目的，而设立中公司仅是一个过渡现象。

考究上述各种学说，究竟以何种学说作为准绳，实难定夺。比较而言，无权利能力社团说能够较好地说明设立中公司的性质，且为通说。况且，无权利能力社团也有基于非持续性、非终局性目的而存在的。[9] 但是，问题在于我国法律没有无权利能力社团概念。因此，无权利能力社团说能否成立，取决于我国今后民法是否承认这一概念。合伙说也能说明问题。应当注意到合伙具有双重性，即作为契约的合伙与作为组织的合伙。传统的合伙概念是将合伙作为契约的合伙对待。[10] 而我国法律中的合伙概念则显然具有主体特征。如我国之前的《民法通则》与现行《民法典》均将合伙作为"民事主体"对待，并且有专门的合伙企业法。这里的"合伙企业"明显地具有主体特征。但合伙说的唯一缺点是，如果发起人是一人时，自然无法形成合伙。而非法人团体在我国法律语境中又有着特殊的含义。在我国，"非法人团体 = 其他组织 = 非法人单位"。它是指经合法成立的，有一定的组织机构和财产，但又不具备法人资格的组织。然而，设立中公司并不符合"合法成立"这一要求。

三、设立中公司的法律关系

（一）设立中公司与发起人之间的关系

就发起人与设立中公司的关系而言，通说认为，发起人属于设立中公司的代表机关

[8] 如《德国民法典》第 22 条规定，以经营为目的的社团，在帝国法律无特别规定时，得因邦的许可而取得权利能力。依反对解释，设立中公司在取得邦的许可之前，为无权利能力社团。《德国民法典》第 54 条规定，无权利能力的社团，适用关于合伙的规定。以这种社团的名义对第三人实施的行为，由行为人个人负责；行为人为数人时，全体行为人作为连带债务人负其责任。

[9] [韩]李哲松：《韩国公司法》，中国政法大学出版社 2000 年版，第 161 页。

[10] 如《法国民法典》第 1835 条规定，合伙为数人约以财产或其技术共集一处，以便分享由此产生的利益及其经营得益的契约。

和执行机关。[11] 由于设立中公司尚无法律人格，此时，必须由发起人代表设立中公司为法律行为，进行公司筹办事务。如果公司设立成功，该种行为的后果待公司成立后由公司承继；如果公司设立失败，该种行为的后果则由发起人承担个人或者连带责任。

（二）设立中公司与已成立公司之间的关系

通说认为，设立中公司与已成立公司之间为“同一体”。该说认为，设立中公司是拟成立公司的前身，与成立后的公司可以超越人格的有无而在实质上归属于一体，其因设立行为所生之权利义务，公司一经成立，就自然归属于公司。德国、日本及我国台湾地区采取这种学说。[12]

但应当注意的是，并非所有行为的法律后果均由成立后公司承担。一般只限于基于设立行为所生的权利义务，非基于设立行为所生的权利义务则不当然归属于公司。

第四节　先公司交易

发起人在筹备公司的过程中可能需要发生一些交易，这些交易因为发生在公司成立之前，因而是一种先公司交易（pre-incorporation transactions）。这种先公司交易主要有先公司合同和发起人协议。

一、先公司合同

（一）发起人对先公司合同的责任

1. 一般原则

公司法的常识告诉我们，“没有注册证书，就没有公司”（no certificate，no corpora-

---

〔11〕 关于发起人的地位，有不同的学说。其中主要者有：（1）无因管理说。该说认为，发起人与公司之间的关系属于一种无因管理关系，在公司成立后，因其管理（发起）所成立之权利义务，依无因管理之法理，归属于公司。但该说的缺陷在于，在无因管理关系中，管理人无报酬请求权，而公司发起人则享有报酬请求权。（2）为第三人利益契约说。该说认为，发起人因发起设立而与他人所发生之法律关系是以将来成立公司为第三人（受益人）而订立合同。但该说的缺陷在于，为第三人利益合同只能使第三人受益，而不能使第三人负担义务。在设立中公司的情形下，由发起人与他人所发生之权利义务却可能概括移转给公司。（3）设立中公司机关说。该说认为，发起人是设立中公司机关，因其设立行为所产生之权利义务归属于将来之公司。但该说的缺陷在于，不能说明公司不能成立时何以由发起人承担连带责任，而不是由设立中公司承担。（4）当然继承说。该说认为，发起行为所产生权利义务在公司成立后，当然由公司继受。但该说的缺陷在于，不能说明为什么由成立后的公司当然继承。此外，还有所谓的二分说。该说认为，发起人的地位表现在两种法律关系中：一是发起人作为个人表现在发起人关系中。发起人协议属于合伙协议，发起人之间属于合伙关系。二是发起人作为一个整体表现在发起人与设立中公司关系中，此时的发起人是设立中公司机关。作为个人的发起人是合伙中的成员，在公司不能成立时，对设立公司行为所造成的后果，发起人要承担连带责任。作为整体的合伙人对外代表设立中公司，对内履行设立义务，如其行为给将来公司造成损害，发起人承担责任。在公司成立时，发起人消灭。设立中公司与公司归为一体，发起人在设立公司取得的权利义务归于公司。本书采发起人是设立中公司机关说。至于公司不能设立时何以由发起人承担连带责任，而不是由设立中公司承担责任，究其原因，主要是因为，在公司不能成立时，设立中公司消灭。在真正公司的情况下，公司解散后因清算而消灭，但设立中公司并非真实存在，无须清算。所以法律规定直接由发起人承担连带责任。

〔12〕 柯芳枝：《公司法论》，中国政法大学出版社2004年版，第18页。

tion)。也就是说,现代公司法使用“结论性证据规则”(conclusive evidence rule)来确定公司的存在。[13] 根据我国公司法的规定,公司营业执照的发放标志着公司存在的开始。因此,公司营业执照的签发是区别公司是否成立的一道“分界线”(white line)。这样,凡是在公司营业执照发放后并以公司名义进行的交易均应属于公司,即由公司享有合同权利,同时也由公司承担合同义务和责任。

对于那些在公司成立前所发生的交易又如何处理呢?在公司营业执照签发之前由发起人为设立公司所签订的合同则可能因为不同的情况而发生不同的效果。一般认为,如果公司不能成立,则由发起人承担个人或者连带责任。如果公司成立,发起人所签订的合同也不当然归于公司,是否归于公司取决于这些合同是否为公司认可。如果公司认可了这些合同,这些合同上的权利义务归于公司;如果公司拒绝接受,则归于发起人,所发生全部债务由发起人承担个人或者连带责任。

归结起来,如果公司不能成立,或者公司虽然成立但却未予认可,则意味着所发生的全部债务均应由发起人承担个人或者连带责任。这种做法表明了法律对第三人的关怀和注重保护交易的安全。但是,这一问题远非看起来那么简单。如果让发起人在任何情况下都对先公司交易承担责任,将会导致某种程度的不公平。譬如,当第三人在订立合同时,其本意就是与“设立中公司”或者与“公司”订立合同,而不是与发起人订立合同,于此情形,如果仍然坚持概由发起人承担责任,将使第三人获得不当利益。

由此可见,上述处理先公司交易的方法只是关于发起人对先公司交易责任的一般原则。发起人是否承担先公司交易责任,并非绝对,而是取决于不同的具体情况。

2. 具体问题具体分析

首先,发起人以“自己”的名义订立合同。

如果合同是以发起人自己名义(in his own name)订立的,即使发起人订立合同的本意是为了将来公司,也应由发起人自己承担责任。如果发起人是数人,则由发起人承担连带责任。于此情形,问题显得相对单纯,各国法律对此问题处理方式均为一致。

其次,以“设立中公司”的名义订立合同。

在实践中,合同往往可能是以“设立中公司”名义(corporation to be formed)签订的,即发起人告知对方当事人并在合同中特别注明是以设立中公司名义签订的。通常在合同中的签名为:“×××公司:一家正在设立中的公司”,或者“×××公司筹建处”。

对以设立中公司名义签订的合同,各国法律处理方式存在较大的差异。即使是在同一国家,其处理方式也有很大不同。有的国家完全不承认以设立中公司名义签订的合同。因此,凡是以设立中公司名义订立的合同,均由发起人承担责任。[14] 但有的国家则

---

〔13〕 如 MBCA § 2.03 规定,公司的存在开始于公司章程的呈递,除非对公司的生效日期另有规定。

〔14〕 如《德国民法典》第 54 条规定,以无权利能力社团名义与第三人所为的法律行为,由行为人个人负责,行为人有数人时,全体行为人视为连带债务人。《法国商事公司法》第 5 条第 2 款规定,在公司获得法人资格之前,以筹建中的公司名义进行活动的人负连带无限责任。

对以设立中公司名义订立合同区别对待。如在英美普通法上，当以设立中公司名义签订合同发生纠纷时，法院并非简单地拒绝该种合同，而是本着探求当事人真意的原则解决问题。如果合同签订时对方当事人并没有指望发起人履行合同，而是期望将来公司履行合同，则发起人不承担责任；反之，签订合同的发起人将自己承担责任。

由此可见，究竟是否应由发起人承担责任，取决于"当事人的意思"(intention of the parties)。如果在合同中明确约定发起人不是订立合同的一方当事人，或者从当事人的行为中推断出对方当事人不是在与发起人订立合同，发起人不用对该合同承担任何责任，因为第三方意欲交易的对象是公司。根据该种观点，第三方仅仅是对公司发出要约，而第三人在公司接受该合同前可以随时撤回其要约，除非该要约得到了对价支付或者根据法律的规定为不可撤销的要约。根据这种分析方法，如果随后公司成立，并认可了该种合同，即由公司承担责任。如果公司不成立，任何人都不承担责任。〔15〕

但是，如果合同中缺乏这样的约定或者约定不明确，也无法从当事人的行为中推断出具有这样的意思，则由发起人承担责任。也就是说，在一般情况下，即使合同是以设立中公司名义签订的，也仍然应当由发起人承担责任。只有对方当事人依赖于将来公司信用时才可能免除发起人的责任。在司法实践中，大多数判例都会基于这样或那样的理由判决发起人承担责任。〔16〕 因此，发起人如欲免除自己的责任，在签订先公司合同时，最好明确规定在什么情况下由什么人承担责任。

再次，以"公司"的名义(in the name of corporation)签订合同。

大陆法系国家法律普遍认为，公司未经设立登记而以公司名义经营业务或者从事其他活动者，构成不适法行为，并应当由行为人承担责任。〔17〕 欧盟公司法原则上认为应当由行为人承担责任，但例外承认当事人可以另行约定。〔18〕

美国法律则在此基础上进一步根据发起人是否知道公司已经设立区分不同的责任。如果发起人明知公司尚未设立而以公司名义与他人签订合同，由发起人承担责任。〔19〕 其理论依据有：其一，发起人的该种行为构成虚假陈述(misrepresentation)。虚假陈述是一种诈欺，当然由行为人承担责任。其二，根据代理规则，任何人在本人(principal)不存在

---

〔15〕 Quaker Hill, Inc. v. Parr, 364, P. 2d 1056(Col. 1961).

〔16〕 譬如，有的法院通常会采用这样的理由使发起人承担责任：发起人虽然无须对该合同承担责任，但必须承诺尽力促成公司成立并认可该合同。发起人的这种"承诺"构成了在该合同中对第三人的"对价"。这一方法的不同之处是，双方均须承担责任：尽管发起人无须对该合同本身承担责任，但如果他没有采取措施尽力促成公司设立，他可能需要对其承诺承担责任。

〔17〕 如《德国股份公司法》第41条第1款规定，在公司登记注册之前以公司名义实施行为者，由个人承担责任；如果行为人为数人，则承担连带责任。《德国有限责任公司法》第11条规定，在登记之前曾以公司名义进行商业活动者，由行为人承担个人或者连带责任。

〔18〕 该法第7条规定，在设立中公司取得法人资格之前，如果有人以公司的名义实施了法律行为，而且公司不承担该行为产生的债务，除非另有约定，行为人应当对此承担无限连带责任。参见《欧盟公司法指令》第一号指令。修改后的《英国公司法》(1989) § 36C 采纳了欧盟公司法指令的做法。

〔19〕 如 MBCA § 2.04 规定，任何人明知根据本法一家公司尚未设立，而仍以该公司名义或者代表该公司从事商业活动的，则这些人应当承担个别的或者连带的责任。

的情况下进行代理行为须对该合同承担个人或者连带责任。其三,同样根据代理规则,代理人在进行代理行为时,对其代理权负有担保责任(warrants his authority)。[20] 上述三种理由中任何一种均可解释发起人的责任。但是,如果发起人在订立合同时并不知道公司尚未成立,或者发起人合理地相信公司已经成立,法院可能更加倾向于同情发起人而免除其责任。

最后,传统公司法对待先公司交易非此即彼的态度原则上是正确的,但细微分析却见偏颇之处。在美国公司法司法实践中,其试图采取更为细腻的方法来处理这一问题,显示了法律的精到关怀,值得赞赏。

著者认为,我国公司法在处理这一问题,可以参考美国公司法这种细致处理问题的方法,但不必刻意模仿其形式,只要把握住其实质要义即可。也就是说,法律在处理先公司交易责任问题时,确实应当考虑发起人与相对人订立合同时的真实意图和背景。但这种免除发起人责任的意图应该是明示的,且应由发起人承担举证责任。这里排除了推定免责情形,因为如果依靠法官推断当事人是否具有这种免责的意图,无疑会增加司法成本。有鉴于此,法律对待先公司交易的态度可以简单地表述为:发起人与第三人订立的合同或者发生的交易,公司未成立,或者公司成立后未予认可,由发起人承担责任。但是,当事人约定发起人不承担责任的除外。根据这一方法,自然也就无须烦琐地区分合同是发起人以“自己”的名义还是以“设立中公司”名义签订的。无论以谁的名义,只要当事人之间存在免除发起人承担责任的协议,发起人均无须承担责任。至于以“公司”名义签订合同,姑且不论我国法律禁止此种做法,就我国公司设立登记的条件和程序而言,也很难出现像美国公司设立登记那样存在发起人在订立合同时“不知道公司尚未成立,或者合理地相信公司已经成立”的情形(至少目前阶段如此)。因为这种情况只有在美国那样设立公司完全自由的法制环境中才可能出现。所以,此种情形可直接忽视而排除考虑范畴。

(二)公司对先公司合同的确认

公司并不自动为发起人在公司成立前为公司利益订立的合同承担责任。新设立的公司可以接受也可以拒绝这种先公司合同。如果公司拒绝认可这种先公司合同,该种合同不能拘束公司,公司也就无责任可言。即所谓的“不认可,无责任”(no adoption,no liability)。这一规则允许后来的投资者在某种情况下对发起人签订的合同进行审查并对不经济的合同加以拒绝。但实务上这一规则的适用并非十分理想,因为认可该合同的时间可能发生在外部投资者出现之前或者发起人已经成为新设立公司控制者之时。

从技术层面上讲,公司对先公司合同的确认是一种“继受”(adoption),而不是一种“追认”(ratification)。追认是指代理人在未经授权而签订合同时被代理人是存在的;因此,当本人追认一项合同时,该合同被视为在其订立时就具有拘束力。既然先公司合同

---

〔20〕 Echols v. Vienna Sausage Mfg. Co. ,290 S. E. 2d 484(Ga. App. 1982).

在订立时公司尚未存在，就不宜使用“追认”这一术语。在这里我们看到设立中公司这一概念所发生的传承作用，新设立公司对先公司合同的认可就是对设立中公司的继受。

继受可以是明示的。明示继受的方式可以是采用新的合同代替原先由发起人为公司签订的合同，也可以采用公司决议的方式。明示继受比较清楚，很少发生纠纷。

继受也可以是默示的。例如，发起人以公司的名义与 Z 签订了一项为期 1 年的雇佣合同，每月 5000 元。新公司的董事会是了解这一情况的，并同意 Z 服务了 4 个月。然后，Z 被开除。该雇佣合同是否被新公司正式继受了呢？当然，新的公司继受了该项合同并将受到该合同的拘束。因此，公司应当对 Z 承担违反该雇佣合同的责任。又如，在上例中，发起人同时在私下还对 Z 许诺了 1 年 6000 元的奖金作为该合同的一部分。公司董事会并不知晓这一私下许诺。以后的情形也并未表明董事会相信曾经有人对他作出过这种额外奖金的许诺。公司没有继受该种与 Z 之间的合同，也不受到支付奖金的许诺的拘束。因为对合同的继受要求合同的内容是被了解的，也就是说要求发起人对合同内容予以披露。如果发起人未予披露，公司不受该合同的拘束。[21]

公司对先公司合同的继受无须取得债权人的同意，但可能需要通知债权人。[22]

二、发起人协议

发起人协议（preincorporating agreement/agreements to form corporations），是由发起人之间订立的确定各发起人之间的有关设立公司的权利与义务的筹建协议。在有限责任公司中，由将来股东直接充任发起人而订立协议；在股份有限公司中，则由发起人订立协议。这种由股东或者发起人订立的筹建公司的协议在本质上是一种合伙性质的协议，与其他任何协议一样，对当事人具有拘束力，具有可执行性。

这里需要讨论一个问题，这种发起人协议对将来公司的效力如何？通常，在公司成立后，发起人协议的相关内容为公司正式文件（如公司章程或者细则）所吸收。但也有可能有些内容没有写进公司的正式文件之中。这就涉及发起人协议的效力（survivability of agreement）问题，即那些没有写进公司正式文件中的内容，在公司成立后，是否继续有效（survive the formation of the corporation）？由于公司设立章程、公司细则等文件，至少就其表面而言，已经为公司提供了一套完整的治理规则，发起人协议通常对设立后的公司就不再发生拘束力，除非公司章程存在这样具体明确的条款规定。当确实存在这样的条款时，它们就是有效的，并对新设立的公司发生拘束力，前提是这样的条款本身是合法有效的，其内容不违反强行性法律和公共政策。譬如，这样的条款要求公司为其提供某种特权，而这种特权又是违反公司法基本原则的，则属无效（如要求公司未经弥补亏损优先向某一特定发起人分配利润，显然违法而无法执行）。

实务中，为了确保这种先公司协议的某些内容在公司成立后能继续有效，最好的办

---

〔21〕 Hamilton, at p. 168 – 169.

〔22〕《德国股份公司法》第 41 条第 2 款。

法就是让公司明示承认这种先公司协议,或者与股东签订单独的协议,就发起人协议中的有关问题,诸如股份的认购(如果公开发行股份的话)、贷款的偿还计划以及其他通常不会出现在公司正式文件中的问题等,进行规定。

第三章　公 司 章 程

第一节　公司章程概述

一、公司章程的概念与特征

（一）公司章程的概念

公司章程的概念有形式意义和实质意义之分。形式意义的公司章程，是指关于公司组织和公司行为的基本规则的书面文件。实质意义的公司章程，则是指对公司及其成员具有拘束力的关于公司组织和行为的自治性规则。[1]

《公司法》第5条规定，设立公司应当依法制定公司章程。公司章程对公司、股东、董事、监事、高级管理人员具有约束力。公司章程在公司法中具有重要意义。

第一，公司章程是公司成立的必备要件。任何国家的公司法均规定任何公司的设立都必须制定章程。我国公司法同样将公司章程作为设立公司的必备条件之一。如果公司设立登记时没有报送公司章程，公司登记机关将会拒绝登记。

第二，公司章程是公司治理的重要依据。作为一种社会组织体，公司必须要有章程来约束其成员，并以此章程作为该种组织的行动指南。公司章程的内容涉及公司法律关系中当事人的基本权利义务以及公司治理的基本规则，公司当事人均须按照公司章程的规定享有其权利，履行其义务，执行其权力，规范其行为。

第三，公司章程是一种自治性规则。公司章程是依照公司成员的法律行为而成立的规则，是对公司内部关系进行规范的规则。因此，这种规则是一种自治性规则。但也应当注意到，自治法的特点是，它只能在强行法规的范围内发生效力，违反了强行法规的章程则不具有拘束力。

---

〔1〕 关于公司章程的性质，主要有两种不同的解说：一是“契约说”，二是“自治说”。前者是指公司章程是股东之间、股东与公司之间的契约；后者则认为公司章程是公司治理的内部治理规则。

（二）公司章程的特点

公司章程具有要式性、法定性、真实性和公开性等特征。

1. 公司章程的要式性

所谓公司章程的要式性，是指公司章程必须采用书面形式，并且必须依法记载。公司章程必须采用书面形式：一方面，固然是因为在设立公司时，公司章程是需要报送登记的必备文件；另一方面，也是因为公司章程本身又是确定公司组织和规范公司行为的具有拘束力的法律文件。公司章程中的内容，如公司权力、股东的权利义务、管理人员的职责等，如不进行书面记载，明文昭示，今后发生争议或者疑义，则难以确定。

公司章程的要式性是公司章程的效力要件。公司章程如不依法记载，譬如，法律规定了章程的必须记载事项，而公司章程中没有记载或者记载不正确，将导致公司章程不能生效。

2. 公司章程的法定性

所谓公司章程的法定性，是指公司章程的制定、修改必须符合法律的规定。一方面，公司章程必须依法制定。我国《公司法》第 5 条明文要求，设立公司应当依法制定公司章程。具体而言，根据我国公司法的规定，在有限责任公司中，由股东共同制定章程，股东应在公司章程上签名、盖章。在股份有限公司中，如果采用发起设立，由发起人制订公司章程；如果采取募集设立，由发起人制订公司章程，并经成立大会通过。另一方面，公司章程的修改必须依法进行。根据我国公司法的规定，有限责任公司章程的修改应当经代表 2/3 以上表决权的股东通过；股份有限公司章程的修改应当经出席股东会议股东所持表决权的 2/3 以上通过。

公司章程的法定性也直接影响到公司章程的效力。如果公司章程的制定、修改没有满足法律的要求，将导致公司章程无效。譬如，有限责任公司的章程未经全体股东签章，则不发生效力。在修改公司章程时，如果没有满足法律上的表决规则要求，可导致该修改条款无效。

3. 公司章程的真实性

所谓公司章程的真实性，是指公司章程内容的记载必须与事实相符。公司章程的内容是公司发起人或者股东共同一致意思表示的结果，公司章程的真实性实际上也是意思表示真实的体现，而意思表示真实又是法律行为的有效要件之一。从另一个角度来说，公司章程不得有虚假记载。

公司章程的虚假记载可发生一定的法律后果：第一，登记机关拒绝登记。公司在申请登记注册时，登记机关将对包括公司章程在内的登记注册事项进行审查。如果发现公司章程虚假记载，登记机关将拒绝对公司登记注册。第二，承担民事责任。公司章程对外具有公信作用，第三人与公司打交道，很大程度上依赖于公司章程所揭示的内容。如果公司章程记载虚假，将构成对第三人的欺诈，并将导致公司承担民事责任。第三，接受行政处罚。譬如，《公司法》第 39、250 条规定，虚报注册资本、提交虚假材料或者采取其他欺诈手段隐瞒重要事实取得公司登记的,由登记机关责令改正,并处以罚款;情节严重的,吊销营业执照或者撤销公司登记。

4. 公司章程的公开性

所谓公司章程的公开性,是指公司章程须依法登记并须置于规定场所供股东查阅或者依法向社会公众予以披露。

首先,公司章程须依法登记注册。公司章程的登记注册本身就是公开性的体现,对外具有公示的作用。社会公众如需了解公司情况,可依照规定程序请求查阅。其次,公司章程须置于规定场所供股东查阅。譬如,《公司法》第 109 条规定,股份有限公司应将公司章程置备于本公司。《公司法》第 110 条规定,股东有权查阅、复制公司章程。最后,公司章程是公司发行证券时必须予以披露的文件之一。公司公开披露包括公司章程在内的公司文件时,不仅要符合公司法的规定,还要符合证券法和相关证券披露规则的要求。

二、公司章程与公司细则

公司章程有不同的称谓。在美国,公司章程有"公司设立章程"或者"特许令状"(articles of association/certificate of registration /charter)和"公司运作章程"或者"章程细则"(bylaws)之分。前者是在公司设立时需要向州务卿报送注册的公司文件,后者是公司根据设立章程而制定的有关公司治理的运作规则。

与美国类似,在英国,公司章程被区分为"组织大纲"(memorandum of association)和"公司章程"(articles of association)。前者实际上相当于公司章程,是注册公司的"宪章"(charter),主要规定的是公司的外部事务(external affairs),诸如公司的名称、户籍(公司注册地是在英格兰还是在威尔士或者苏格兰)、公司的目标、营业的性质、公司成员的责任形式(有限责任还是保证责任)、注册资本等。此外,公众公司还需要表明其为公众公司。后者实际上相当于公司细则,主要规定的是公司的内部事务(internal affairs),诸如股份的发行、转让、变化、各种会议、表决权、董事及其职责、管理董事、秘书、股利、账户、审计、解散以及其他有关内部治理事务。[2]

在大陆法系国家中,法律上没有采取类似上述区分,公司章程仅由单一文件构成。实际上,大陆法系国家的公司章程包括了上述两种情况的内容。比较而言,英美法上关于公司章程的区分具有一定的科学性。其设立章程或者组织大纲是公司的基本章程。在英美法上,其设立章程或者组织大纲一般比较简单,其目的在于使公司的投资者以及与公司进行交易的第三人了解公司的基本情况。因而,其内容是法定的,并须由股东全体同意制定和修改并且必须注册登记。而其运作章程或者公司细则则比较复杂,是对公

[2] Davies, at p. 106 - 109.

司设立章程或者组织大纲的细化,是公司的内部治理文件,无须报送登记注册或者备案。[3] 但是,应当注意的是,公司细则不得与公司章程相冲突。

我国公司法采用单一公司章程的做法,没有公司章程和公司细则之分,当然也无法承认公司细则的地位。事实上,在公司治理中,公司细则扮演着非常重要的作用。

公司细则(bylaws)是一套治理公司内部事务的规则,它是公司从事商业活动的基本规则和运作指南。公司细则是公司的内部治理文件,它所规定的事项主要针对的是与公司内部管理有关的事项。因此,公司细则主要是公司董事和管理人员的行动指南。

公司细则可以由股东或者发起人制定,也可以由董事会(设立新公司时,由第一届董事会)制定,并随后由股东会或者董事会修正。但一般而言,公司细则由董事会制定和修正。这里有一点很重要,公司董事会可以修改公司细则,除非公司章程明确规定该种权力不属于董事会或者将该项权力专门保留给股东会。[4] 董事会有权制定和修改公司细则,使公司的内部治理具有较大的灵活性。

公司细则的条款可以是任何不与法律或者公司章程相冲突且与公司管理有关的内容。[5] 实际上,公司董事和高级管理人员在对公司实施管理的过程中更多的是依赖于这种运作指南,而不是公司章程。但是,有些特殊事项,尤其是有关公司治理的内容,如果需要引起董事、高级管理人员足够重视的话,最好同时出现在公司细则和公司章程中。另外,尽管某些事项只需要写进公司细则中即可,但是也有可能存在写进公司章程之中的必要,以便最大限度地增加实施该种条款的可能性。

第二节　公司章程的记载

一、公司章程记载概述

大陆法系国家一般将公司章程记载事项区分为必要记载事项和任意记载事项。必要记载事项又可以进一步区分为绝对必要记载事项和相对必要记载事项。绝对必要记载事项是法律规定的必须记载的事项,如不记载,可导致章程无效。相对必要记载事项是法律规定应当记载的事项,但如不记载,法律可采取补救措施。任意记载事项是可根据需要由当事人自己决定的任何不违背法律的事项。任意记载事项,可以记载,可以不记载。是否记载,取决于当事人的意愿。但一经记载,即产生法律效力,对当事人发生拘束力。

在英美法系国家,公司章程的记载事项可分为强制记载事项(mandatory requirements)

---

[3] 但应当注意的是,在英国及我国香港特别行政区,担保有限公司及无限公司的章程细则必须与公司章程一起注册,而股份有限公司的章程细则不需要注册登记。

[4] MBCA § 2.06(a).

[5] MBCA § 2.06(b).

和任意记载事项(discretionary provisions)。强制记载事项,非经记载,章程不发生效力;任意记载事项,一经记载,即发生效力。

我国公司法将公司章程记载事项区分为应当记载事项和任意记载事项。这里的应当记载事项实际上相当于大陆法系中的绝对必要记载事项和英美法系中的强制记载事项。任意记载事项则是股东会或者股东大会认为需要规定的其他事项。

二、强制记载事项

我国公司法分别对有限责任公司和股份有限公司的章程应当记载的事项进行了列举式规定。

《公司法》第46条规定,有限责任公司章程应当载明下列事项:(1)公司名称和住所;(2)公司经营范围;(3)公司注册资本;(4)股东的姓名或者名称;(5)股东的出资额、出资方式和出资日期;(6)公司的机构及其产生办法、职权、议事规则;(7)公司法定代表人的产生、变更方法;(8)股东会认为需要规定的其他事项。

《公司法》第95条规定,股份有限公司章程应当载明下列事项:(1)公司名称和住所;(2)公司经营范围;(3)公司设立方式;(4)公司注册资本、已发行的股份数和设立时发行的股份数,面额股的每股金额;(5)发行类别股的,每一类别股的股份数及其权利和义务;(6)发起人的姓名或者名称、认购的股份数、出资方式;(7)董事会的组成、职权和议事规则;(8)公司法定代表人的产生、变更办法;(9)监事会的组成、职权和议事规则;(10)公司利润分配办法;(11)公司的解散事由与清算办法;(12)公司的通知和公告办法;(13)股东会认为需要规定的其他事项。

现代公司法对公司章程的强制性要求已经呈现出一种简化的倾向。譬如,美国旧式公司法大都要求公司设立章程必须记载如下最低限度的信息:公司名称、期限、目的、权力、证券、公司注册所在地的名称和地址、初选董事的姓名和地址(只有要求初选董事完成公司设立的州才要求记载这一信息)、设立人的姓名或者名称及其地址。经验表明,几乎所有公司都选择"永久期限"(perpetual duration)和"任何合法营业"(any lawful business),结果导致法律干脆省略了这两个条款,代之以规定:公司可以从事任何合法的营业,除非设立章程对其目的另有规定;公司可以永久存在,除非公司章程选择了一定期限。同时,MBCA将初选董事(initial directors)列入任意记载事项。公司章程无须记载公司权力,因为公司法已经列举了公司的权力,这种权力范围非常广泛。其结果是,在今天的美国,许多州对公司章程所要求提供的信息已经非常简单(通常只有4项记载),可以说,只需要一张明信片就可以了。[6]

比较而言,我国公司法关于公司章程中应当记载的事项就显得特别繁杂。其实,在我国公司法所规定的公司章程应当记载的事项之中,相当多的条款均可以作为任意记载

〔6〕 MBCA § 3.01,3.02.

事项，或者可以纳入公司细则之中。当然，我国公司法之所以规定公司章程须记载如此之多的事项与我国公司法采取的强制干预政策有着密切的关系。譬如，关于公司的经营范围、公司的资本、公司治理结构及权力的分配、利润分配、解散与清算等事项均具有很强的法定性，这些事项必然反映到公司章程中。另外，如前所述，这也与我国法律采用单一公司章程制有着直接关系，有关公司内部治理规则充斥了公司章程的绝大部分内容。

三、任意记载事项

任意记载事项，是指由股东自己来决定是否需要记载的事项。根据我国公司法的规定，在有限责任公司中，由股东会会议认定需要规定的其他事项；在股份有限公司中，由股东大会会议认定需要规定的其他事项。也就是说，在我国，除法律要求的应当记载事项外，还允许公司股东在其章程中设置任意记载事项，只要这种任意记载事项的设置不与强行法律或者公共政策相冲突。

现代公司法呈现出扩大任意记载事项的倾向。譬如，在美国，除了强制性最低条款外，各州公司法允许公司章程记载任意性条款。这些任意性条款包括初选董事姓名和地址以及任何与法律不相冲突的条款，如公司目的、公司治理、授权股份的票面价值及种类股份、股东对公司的责任范围和条件，以及董事、高级管理人员的补偿和责任限制、免除和保险等。[7]

同时，现代公司法允许公司章程对公司法上的一些有关公司治理的规则进行选择适用。譬如，美国有的州公司法特别规定，有关公司治理的规则自动适用，除非公司在其设立章程中以特别条款的形式选择废除或者修正这些规则。这种条款叫作"排除条款"(opt out provision)。例如，许多州公司法规定，每个股东都享有优先认购权(preemptive right)和累积表决权(cumulative right)，除非设立章程的条款特别地予以限制或者排除。但也有一些州公司法规定，公司可以在设立章程中以特别条款的形式选择适用有关公司治理的规则。这种条款被称为"引进条款"(opt in provision)。例如，优先认购权和累积表决权均属于引进条款。[8] 如果公司愿意引进这些规则，则必须在设立章程中明确规定。这一变化是因为人们相信这些规则经常成为粗心人的陷阱。[9] 又如，如果公司希望降低或者提高股东会议的法定出席率(quorum)和表决通过率(voting requirment)，公司可以在设立章程中将该种比例予以降低或者提高。当然，这样的内容最好同时还出现在公司细则之中。

值得一提的是，现行公司法大大增加了赋权性规范，表明公司法更加注重公司自治，使公司治理环境更为宽松。这主要体现在，有限责任公司恰好符合"封闭公司的治理要

---

〔7〕 但董事无权接受的经济利益和董事故意对公司或者股东所造成的损害以及故意违反 MBCA §8.33 和故意违反刑法的情形除外。

〔8〕 MBCA §6.28 – 30.

〔9〕 大多数公众公司选择废除优先认购权和累积表决权，如果其公司设立所在州属于排除性规定的话。其理由是，这些规则使资本的融集和董事的选举变得非常复杂，且对于大多数公众公司来说，其意义并不是太大。

宽松,公众公司的治理要规范”的现代公司治理理念。关于公司章程另行规定的赋权充斥着公司法的各个方面。譬如,公司法主要针对有限责任公司,允许公司章程对股东会、董事会、监事会的构成和程序,以及董事(包括董事长、副董事长、执行董事)、监事、经理的选举、职权或者任期,甚至发行新股的优先认购权和利润分配等方面,在法律规定之外另作规定。

第三节 公司章程的效力

一、公司章程的时间效力

公司章程的时间效力,是指公司章程的生效时间和失效时间。公司章程从何时开始生效,至何时失去效力,我国公司法对此缺乏规定。

(一)公司章程的生效时间

公司章程的生效时间因公司的性质和设立的方式不同而有所不同。具体而言,在有限责任公司和发起设立的股份有限公司中,公司章程应当自全体股东或者发起人签名、盖章时生效;在募集设立的股份有限公司中,公司章程则应当在成立大会上通过时生效。[10]

其原因在于,公司章程的生效时间取决于章程的效力范围。公司章程是股东或者发起人制定的,当然其效力范围局限于公司的股东,包括发起人股东和认股人股东。因此,只要股东或者发起人在公司章程上签字、盖章,或者认股人在成立大会上对公司章程表示同意,就表明股东愿意接受公司章程的约束,章程自此时对其发生效力,自无疑问。

那么,如何解释公司章程对公司和公司的管理者以及后来的股东发生效力呢? 这又是由公司章程的自治性规则的性质所决定的。

就公司章程对公司的效力而言,由于在公司章程生效时,公司尚未成立,此时自然无所谓对公司的效力。在公司成立后,依法理,公司设立过程中所发生的行为后果通过继受而为公司接受。所以实际上,公司章程之所以对公司发生效力,是因为公司的继受行为导致设立中公司所制定的章程成为公司的章程。

就公司章程对公司管理者(如董事、监事和高级管理人员以及后来的投资者)的效力而言,他们基于对已经发生效力的公司章程的认同而加入公司章程,这种加入是管理者

---

〔10〕 关于公司章程的生效时间,理论上有三种不同的观点。第一种观点认为公司章程自股东签字时生效,公司章程是股东或者发起人之间的契约,根据契约法规则,公司章程当然应当自当事人全体同意并签字时生效。第二种观点认为公司章程应当自获得登记注册时起生效,公司章程是约束包括公司在内的当事人之间的协议,公司尚未成立,何以约束公司和后来加入的投资者以及公司的管理者。第三种观点认为应当区别对待公司章程生效的时间,公司章程中调整发起设立公司的投资者之间的关系的内容,相当于公司设立协议,可以适用合同法的一般规则,自签字盖章时成立并生效。发起设立公司的投资者均自章程成立时受其约束。章程中调整尚未成立的公司,尚未产生的董事、监事、经理以及未来可能加入公司的其他股东的那些内容,则自公司成立时生效。关于第三种观点,请参见赵旭东主编:《公司法学》,高等教育出版社 2003 年版,第 166 ~ 167 页。

和后来投资者取得管理地位和股东地位的前提条件。事实上,公司的管理者对公司章程的认同往往发生在公司成立之前,因为公司法要求在公司成立之前,公司就必须建立公司的组织机构。这在募集设立的股份有限公司最为明显,因为法律要求在成立大会上要选举公司的董事、监事。其实,在有限责任公司和发起设立的股份有限公司中,同样需要在公司成立前建立公司的组织机构,只不过法律没有强制要求要采取成立大会的形式。

还有一个问题就是,根据我国公司法的规定,成立大会上只要代表股份总额过半数的认股人出席即可。没有出席会议或者持反对意见的认股人应认为其自动接受公司章程对其发生效力,如果其愿意继续保持其股东地位的话;否则,没有出席成立大会或者没有同意的认股人就只能退出公司。这种并不需要所有认股人出席和同意的规则也表明公司章程是一种团体性规则,即后来加入者须少数服从多数。

明确公司章程自股东或者发起人签字、盖章,或者自成立大会上通过时起生效的意义在于,公司章程自股东或者发起人签字、盖章,或者自成立大会上通过时起就对股东和发起人、认股人发生拘束力,使他们享有章程所确定的权利和承担章程所规定的义务。如果章程制定后须等待公司成立时才发生效力,当事人的权利义务将处于不确定状态,不仅于当事人不利,而且对于公司的成立也将产生不利。譬如,我国公司法规定,在公司章程中须记载公司发行的股份以及股东或者发起人或者认股人认购的股份等内容,如果章程不发生效力,可能导致这些义务不能落实,从而影响公司的成立。

(二)公司章程的失效时间

公司章程的失效,是指已经生效的公司章程丧失其效力。公司章程的失效可分为全部失效和部分失效。

公司章程的全部失效,是指公司章程作为一个整体而丧失其效力。公司章程的全部失效具体又可分为两种情形:其一,公司章程因为公司不能成立而失效。公司不能成立,公司章程自然丧失其效力。因为公司章程是针对已经成立的公司的,是已经成立的公司的治理规则。如果没有公司存在,自然无须章程存在。于此情形,公司章程于公司不能成立时失去效力。其二,公司章程因公司终止而失效。公司成立后,如果因为某种原因而解散,解散的公司将进行清算,清算结束时,公司终止,其章程也自然失去效力。于此情形,公司章程于公司终止时失去效力。

公司章程的部分失效,是指公司章程的部分内容和条款失去效力。譬如,公司章程部分内容和条款的修改或者废除,从而使被修改或者被废除的内容和条款失去效力。公司章程部分无效不影响公司章程整体的效力。公司章程的部分内容和条款的修改或者废除应自股东会议决定之时起失去效力。

二、公司章程的对人效力

《公司法》第 5 条规定,公司章程对公司、股东、董事、监事、高级管理人员具有约束力。合法有效的公司章程具有相当于法律的效力,公司、股东、董事、监事、高级管理人员应当遵守公司章程的规定。

公司章程是公司的组织和行为规则，自然应对公司发生效力。公司章程是对股东权利义务的规定，股东自然应当遵守。公司董事、监事、高级管理人员，应当按照公司章程的规定行使职权和履行义务。

由此可见，公司章程只对公司内部人发生效力，对于公司外部人，如债权人或者其他任何第三人不发生拘束力。

也就是说，公司章程不能对抗善意第三人。善意第三人，指的是不知道也不应知道公司章程内容的人。据此，如果公司行为违反了公司章程，并不能导致公司行为无效。譬如，公司与第三人签订合同，公司行为超越了公司章程规定的权力范围，该合同仍然有效。但是，如果第三人或者相对人明知或者应当知道公司没有相应的权力而与之订立合同或者发生交易，则可能基于公司的越权行为而由利害关系人主张该合同或者交易无效。

三、违反公司章程的后果

（一）董事、监事和高级管理人员违反公司章程的民事责任

《公司法》第 179 条规定，董事、监事、高级管理人员应当遵守法律、行政法规和公司章程。《公司法》第 188 条规定，董事、监事、高级管理人员执行职务违反法律、行政法规或者公司章程的规定，给公司造成损失的，应当承担赔偿责任。《公司法》第 190 条规定，董事、高级管理人员违反法律、行政法规或者公司章程的规定，损害股东利益的，股东可以向人民法院提起诉讼。

公司章程是董事、监事和高级管理人员的行动指南。董事、监事和高级管理员在履行职责时自然应当遵守公司章程的规定，如果他们在执行职务时违反了公司章程的规定给公司或者股东造成损失的，应当对公司或者股东承担损害赔偿责任。

（二）公司违反公司章程的民事责任

《公司法》第 26 条第 1 款规定，公司股东会、董事会的会议召集程序、表决方式违反法律、行政法规或者公司章程，或者决议内容违反公司章程的，股东自决议作出之日起 60 日内，可以请求人民法院撤销。由此可见，公司违反公司章程的，可以由股东以诉讼的方式请求人民法院撤销相应的公司决议。至于其直接责任人员的民事责任，则依照《公司法》第 188 条和第 189 条的规定处理。

（三）股东违反公司章程的民事责任

毫无疑问，现实中确实存在股东违反公司章程的情形。如果股东违反公司章程所规定的义务，公司有权要求其履行。因此，给公司造成损失的，股东应当对公司承担损害赔偿责任。譬如，在公司成立前，股东没有履行公司章程所规定的股款缴纳或者产权转移手续的办理义务；公司成立后，股东出资不实也是违反章程规定的表现。于此情形，股东应负差额填补责任，其他股东负有连带赔偿责任。

此外,《公司法》第 21 条规定,公司股东应当遵守法律、行政法规和公司章程,依法行使股东权利,不得滥用股东权利损害公司或者其他股东的利益;公司股东滥用股东权利给公司或者其他股东造成损失的,应当依法承担赔偿责任。

第四章　公司目的与权力

第一节　公司目的与权力概述

一、公司目的

(一)公司目的概述

公司目的(corporate purposes)实际上指的是设立公司意欲从事的事业,因其需要记载于公司章程之内,所以又称为目的条款(purpose provisions/purpose clauses)。在我国,称之为公司的经营范围。公司的经营范围是公司权利能力的具体表现。

《公司法》第9条规定,公司的经营范围由公司章程规定。公司可以修改公司章程,变更经营范围。公司的经营范围中属于法律、行政法规规定须经批准的项目,应当依法经过批准。

这一规定包含了以下几层意思:其一,公司的经营范围由股东通过公司章程确定。其二,公司的经营范围可以变更,公司如果需要变更其经营范围,应当修改公司章程。其三,公司的经营范围中属于法律、行政法规规定须经批准的项目,应当依法经过批准。此外,公司的经营范围随着公司章程的登记而登记,经营范围变更的,应经公司登记机关进行变更登记。

(二)现代法律对公司目的条款的态度

目的条款的性质经历了长时间的演变,反映了人们对公司信任状态的变化。与今天相比,目的条款在历史上的意义要重要得多。立法对公司目的范围的政策经历了从放任主义到限制主义再到自由主义的循环过程。对公司目的范围进行限制起源于英国普通法,并为其他国家所继受。但随着经济的发展,此项制度现在已被大多数国家所废弃。[1]现代公司法承认公司可以从事"任何合法经营"(any lawful business),除非公司自己愿意设定限制,否则法律不作强制性干预。[2] 这使公司的经营范围得以无限展开,为企业的灵活经营提供了极大的方便。

从上述我国法律的规定来看,我国公司法尚未放弃对公司经营范围的管制。立法上对公司经营范围采取限制性政策可能带来诸多问题。其中,最为重要的问题在于,它限制了公司可能需要因市场的变化而及时调整其经营范围的灵活性。尽管法律允许公司经过修正公司章程程序改变公司经营范围,但这一程序的践行却附带着极大的时间成本,使公司无法灵活应对市场变化而改变自己的经营范围。同时,对经营范围的限制在法律上也会产生不利于交易安全的负面作用。有鉴于此,现代法律大多已经完全放弃了对经营范围的直接限制,并成为一种趋势。事实上,除特殊性质的公司或者公司自愿设定限制外,对于普通商事公司,法律确实没有必要强行限制其经营范围。由此可见,我国在立法政策上对于公司的经营范围的态度仍然趋于保守。[3]

二、公司权力

公司权力(powers)是公司法的一项重要内容。我国公司法虽然对公司权力有所涉及,但却没有对公司权力作出一般性规定。公司权力同样是公司权利能力的具体体现。

历史上,各国法律均在不同程度上对公司的权力予以限制。譬如,限制公司转投资的能力,限制公司的担保能力,限制公司的贷款能力,限制公司的捐赠能力,不允许公司成为合伙人等。而现代法律则普遍概括性地赋予公司广泛的权力,承认公司"享有与自然人相同的从事一切必需或者必要的活动以执行其营业或者事务的权力,除非公司章程另有规定"(Every corporation has the same powers as an individual to do all things necessary or convenient to carry out its business and affairs, including without limitation power)。[4]

---

[1] 如1985年《英国公司法》(English Company Act, 1985)经过修正,将越权行为规则的适用范围界定为只有在公司能够充分证明相对人知道或者应当知道公司越权时才能适用。1989年《英国公司法》再次做出修改。根据该法第108条的规定,公司的能力不受公司章程的限制,公司行为的效力不因公司章程缺乏相应规定而受到质疑。公司股东可以特别决议批准公司的越权行为。

[2] MBCA § 3.01.

[3] 值得注意的是,我国法律对经营范围的限制状况出现了一定的缓和趋势。如《民法典》第504条规定,法人的法定代表人或者非法人组织的负责人超越权限订立的合同,除相对人知道或者应当知道其超越权限的以外,该代表行为有效,订立的合同对法人或者非法人组织发生效力。《民法典》第505条规定,当事人超越经营范围订立的合同的效力,应当依照该法第一编第六章第三节和本编的有关规定确定,不得仅以超越经营范围确认合同无效。其所谓"本法第一编第六章第三节"指的是"民事法律行为的效力";所谓"本编的有关规定"亦指涉及"合同的效力"的相关规定,如依照法律、行政法规的规定,合同,包括合同的成立、变更、转让、解除等情形,应当办理批准等手续而未办理,则会影响合同的效力,如违反国家限制经营、特许经营以及法律、行政法规禁止经营的规定的除外。由此可见,单纯的超越经营范围并不会导致合同无效。

[4] MBCA § 3.02.

同时,现代公司法对公司权力予以列举(numbered powers)。[5] 所以,一般情况下,公司没有必要在公司章程中再对这些权力进行重复规定。但是,公司法也授权公司对有关公司权力进行规定。由于每一个公司的具体情况不同,就有必要赋予公司通过公司章程的方式对其予以具体规定的权力。

我国公司法虽然没有专门对公司权力进行系统的规定,但同样对公司的权力也给予了广泛的承认。譬如,公司可以起诉应诉,订立合同,从事投资、出租、转让等活动,以及实施其他法律行为。但是,我国现行公司法对公司的权力也给予了相当的限制,如转投资、公司担保、股票代持、交叉持股、股份回购、重大资产转让等。

下面仅对公司的几种特殊的权力进行讨论。

(一)转投资

1. 转投资概述

所谓转投资(reinvestment),是指公司按照法律的规定投资于他公司的法律行为,通常是一公司取得他公司的股份所有权,而不包括债权投资。由此可见,转投资这一概念包含的要素有三:一是转投资是一公司投资于他公司的行为;二是转投资的目的是获取收益、利润或其他权益;三是转投资必须依照法律(如公司法、证券法等)的规定进行。

转投资的形式既可以表现为单向转投资,也可以表现为双向转投资,或称为相互投资或交叉持股(reciprocal investment or cross-holding)。单向转投资是指由一公司向他公司投资的单向行为;双向转投资则是指两个公司相互向对方公司投资或者相互取得和持有对方公司股份的双向行为。

转投资对于活跃资本市场和企业集中规模经营有重大的积极意义,尤其是它已成为企业间相互联合的一种特别重要的手段和工具。但是转投资亦代表了一定的危险,其消极意义和所产生的流弊也是存在的。从公司法角度来看,这种危险和流弊主要表现为虚增资本以及董事、监事利用转投资控制本公司股东会等问题。

一方面,转投资可能导致虚增资本。无论是单向转投资还是双向转投资均可能导致虚增资本,从而使社会公众误认为公司资本雄厚,同时又可能违背公司法上的资本真实原则。公司资本真实原则是公司法所遵循的基本原则之一,现行法的许多规定均以资本的真实为依据。如果对转投资所产生的虚增资本问题予以放任自流而不加以适当的规范,则现行法的许多规定将无法得到贯彻实施。譬如,在单向转投资的情况下,A 公司有资本额 1000 万元,并将 500 万元分别转投资设立 B、C 两公司。B、C 两公司再将其资本额的 50% 分别转投资于 D、E 公司和 F、G 公司。至此,A 公司以 1000 万元设立 6 家子公司,账面上资本额增加到 1750 万元,但实际上,其中的 750 万元属于转投资虚增,资本额

---

[5] 例如,MBCA § 3.02 所列举的公司的权力包括:起诉和应诉,保有公司印章,购买、接受、出借、出售、投资、转让动产或不动产;订立合同、借入或贷出金钱,对第三人负债提供担保,在州内或者州外从事经营,选举或者任命经理或者代理人,确定其职责,提供养老金、利润分享、股票期权计划,公益、科学或者教育投资或者捐赠,成为合伙或者其他企业的管理者;制定、修改公司细则以对公司内部事务进行管理和规范,对以公司名义从事活动而发生责任的董事进行补偿或者提供责任保险。许多州仿照加州法律,对这种权力进行列举。

并未增加。在相互转投资情形下,虚增资本现象更为严重。譬如,A、B 两公司决定各增资 500 万元,并以 A、B 两公司相互向对方公司投资 500 万元的方式来完成。此时,两家公司在账面上各有 500 万元的新增资本,但就实际情况而言,A、B 两公司的资本并没有实质性增加。

另一方面,董事、监事利用转投资控制本公司股东会。在相互转投资的情形下,董事、监事可能利用转投资控制本公司股东会。譬如,在交叉持股中,如果 A、B 两公司的董事、监事相互协商,A 公司对 B 公司所持有的表决权依据 B 公司的意愿行使,B 公司对 A 公司所持表决权亦根据 A 公司董事、监事的意愿行使。这样一来,A、B 两公司董事、监事均可利用相互投资额投票选举自己并依对方意愿表决公司重要议案,实际上控制了本公司的股东会。此外,如果 A 公司对 B 公司取得控制权时,A 公司可对 B 公司指示其在 A 公司行使表决权的方向,亦可达到相同的目的。董事、监事如果借此方法控制股东会,股东会的功能则丧失殆尽,导致董事、监事滥用职权。

2. 我国公司法关于转投资的规定

我国《公司法》第 14 条规定,公司可以向其他企业投资;法律规定,公司不得成为对所投资企业的债务承担连带责任的出资人的,从其规定。

这一规定包含了如下两方面的含义:一方面,值得肯定的是,公司法承认公司可以向其他企业投资,包括向有限责任公司、股份有限公司或者其他性质的企业投资。实际上,转投资是公司的固有权力,法律对转投资本身没有必要限制。另一方面,公司法对转投资设定了一个限制,即除法律另有规定外,不得成为对所投资企业的债务承担连带责任的出资人。这一限制无非在于限制公司成为合伙人,因为我国公司法并不承认无限责任性质的公司,所以,该条规定实际上禁止的只是向合伙企业投资。很显然,法律设置这种限制的目的是减轻公司的投资风险和可能发生的公司债务负担。

《公司法》第 15 条规定,公司向其他企业投资,按照公司章程的规定由董事会或者股东会决议;公司章程对投资的总额及单项投资的数额有限额规定的,不得超过规定的限额。

这一规定同样包含了如下两层意思:其一,公司进行转投资,须经董事会或者股东会决议。至于到底是由董事会决议,还是由股东会决议,则由公司章程规定。其二,公司法虽然没有对公司转投资的数额进行限制,但公司章程可以限制,既可以限定转投资总额,也可以限定单项转投资数额。公司章程一旦设定了这样的限制,公司的转投资行为必须遵守这样的规定。

应该说,较之于 93 年《公司法》,05 年《公司法》和 13 年《公司法》关于转投资的规定体现了法律的进步性,尤其是现行公司法废除了 93 年《公司法》关于转投资比例的限制。[6] 23 年《公司法》维持了 13 年《公司法》的相关规定。但是,我国公司法关于转投资

---

[6] 93 年《公司法》第 12 条规定,公司可以向其他有限责任公司、股份有限公司投资,并以该出资额为限对所投资公司承担责任。公司向其他有限责任公司、股份有限公司投资的,除国务院规定的投资公司和控股公司外,所累计投资额不得超过本公司净资产的 50%,在投资后,接受被投资公司以利润转增的资本,其增加额不包括在内。

的规定依然是有待完善的。93 年《公司法》的缺陷在于:它恰恰限制了转投资的积极意义,而对转投资的负面效应没有应对措施。而 05 年《公司法》、13 年《公司法》和 23 年《公司法》的缺陷则在于:其虽然废除了 93 年《公司法》关于转投资比例的限制,一定程度上有利于发挥转投资的积极作用,但对于转投资的消极作用却继续保持了沉默。应该认识到,转投资确实也代表了一定的危险,法律在鼓励转投资的同时也应当采取必要措施控制其风险。

3. 对转投资风险的法律防范

转投资引起的负面效应已经受到人们的关注,一些国家和地区在承认公司享有转投资权力的同时也建立起了相应的应对措施。对于防范资本虚增和董事、监事相互之间利用转投资来控制本公司股东会,有两个措施可以采取:一是公开化;二是限制股权的行使。这两个措施在德国、英国、美国等国家,以及我国台湾地区等地的相关规定中均有所体现,且均具有一定的参考意义。不过,就直接针对转投资所规定的防范措施而言,则以德国和我国台湾地区的规定最为典型。下面的讨论,则以二者作为分析的案例。

措施之一:投资状态的公开化。公开化的目的在于使利害关系人了解公司资本结构的真相而不为虚增资本的假象所蒙蔽,避免虚增资本所产生的消极影响。根据德国股份公司法的规定,一企业对他企业取得超过 25% 的股权时,必须以书面通知该企业。持有股权达 50% 时,必须立即再为通知。此后,如所持他企业的股权有所变动时,或持有数额低于 25% 时,必须再为通知。受通知的企业须将上述受通知的持股情形,依章程所定方法公告之。计算一公司对他公司持有的股权时,除公司自己持有的股份外,尚包括其子公司持有的股份。[7] 这一规定的目的在于防止公司以迂回间接的方法持有股份,以规避股份公司法对相互投资公司的规范。

根据我国台湾地区“公司法”的规定,公司持有他公司有表决权之股份或出资额,超过该他公司已发行有表决权之股份或资本总额 1/3 者,应于事实发生之日起 1 个月内以书面通知该他公司,公司为前项通知后,有如下变动之一者,应于事实发生之日起 5 日内以书面再为通知:(1)有表决权之股份或出资额低于他公司已发行有表决权之股份总数或资本总数 1/3 时;(2)有表决权之股份或出资额超过他公司已发行有表决权之股份总数或资本总额 1/2 时;(3)前款之有表决权之股份或出资额再低于他公司已发行有表决权之股份总数或资本总额 1/2 时。受通知之公司,应于收到前二项通知 5 日内公告之,公告中应载明通知公司名称及其持有之股份或出资额之额度。公司负责人违反前三项通知或公告之规定者,各处“新台币”6000 元以上 30,000 元以下罚金。主管机关并应责令限期办理;期满仍未办理者,得责令限期办理,并按次连续各处“新台币”9000 元以上 60, 000 元以下罚金至办理为止。[8]

措施之二:限制股权的行使。限制股权的行使的目的在于防止董事、监事借相互投

---

[7] 《德国股份公司法》第 19 ~ 21 条。

[8] 我国台湾地区“公司法”第 369 条之八。

资以控制本公司的股东会。根据德国相关法律规定,公司对他公司所持有股份,其股权的行使,不得超过他公司股份总数的1/4。但有两项例外:一是由公积金转增资本而获得的新增股份,不适用此种限制;二是公司已依规定将其他公司的投资额通知该公司,而未从该公司获得类似通知前或知有相互投资的事实前,亦不适用上述限制。在相互投资公司中,如一公司对他公司持有50%以上的股份或以其他方法控制他公司的经营者,他公司为子公司,子公司所持有母公司的股份,其股权亦不得行使。所谓股权行使之限制,包括表决权和股息分配请求权。[9]

我国台湾地区"公司法"规定,公司与他公司相互投资各达对方有表决权之股份总数或资本总额1/3者,为相互投资公司。相互投资公司各持有对方有表决权之股份总数或资本总额超过半数者,或互可直接或间接控制对方之人事、财务或业务经营者,互为控制公司与从属公司。相互投资公司知有相互投资之事实者,其得行使之表决权,不得超过被投资公司已发行有表决权股份总数或资本总额之1/3。但以盈余或公积增资配股所得之股份,仍得行使表决权。公司通知他公司后,如未获他公司相同之通知,亦未知有相互投资之事实者,其股权之行使不受前项之限制。[10]

反观我国公司法,既没有要求公司对转投资情况予以披露,也无防范董事、监事利用转投资控制股东会的规定,不能不说是公司法的缺漏。对此,有必要对公司法予以进一步的完善。

4. 关于公司能否成为合伙人的问题

如前所述,根据我国法律,除法律另有规定外,不得成为对所投资企业的债务承担连带责任的出资人。我国公司法这一"但书"规定究竟是否具有合理性,仍然值得进一步讨论。

一般认为,对公司不得转投资于合伙企业之限制是对公司权利能力的限制,其目的在于防止公司因转投资行为成为他企业的无限责任承担者后所负债务可能大于所投资的金额进而影响本公司的资本和营运,故而加以禁止。其立法原意系因合伙企业合伙人对企业的资产不足以清偿债务时须负无限连带责任,如准许公司转投资于合伙企业,恐有害于股东利益,因此,为求公司资本的稳固而特设如此限制性规定。

但是,公司作为合伙人是否真的有害于股东利益呢?

一方面,从公司股东方面考察。由于股东承担的是有限责任,所以,当公司对所投资企业的债务承担连带责任时,股东的责任没有改变,公司以其全部财产对公司的债务承担责任。

另一方面,当公司对所投资企业的债务承担连带责任时,确实导致公司资产减少,从而间接导致股东权益的减少。但问题是,公司在合伙企业中所面临的这种风险与公司从事任何经营活动所须承担的责任并没有什么不同。说到底,公司合伙事业不过是公司业

[9] 《德国股份公司法》第136、328条。

[10] 我国台湾地区"公司法"第369条之一、八、十。

务经营的一种具体活动而已。

基于以上两点考虑，法律对公司转投资于合伙企业的风险担忧似乎是多余的。事实上，前面已经提及，虽然早期法制史上确曾对公司作为合伙人加以限制，但现代法律绝大多数均已废除了这种限制。毫无疑问，这体现了现代法律对公司权力的扩张。很显然，法律没有必要对公司的这种权力加以限制。退一步讲，即使需要对此加以限制，也是企业自主决定的范畴，法律不应取而代之。

实际上，《中华人民共和国合伙企业法》（以下简称《合伙企业法》）第 2 条明确规定，法人可以设立普通合伙企业和有限合伙企业。该法第 3 条仅限制，国有独资公司、上市公司不得成为普通合伙人。也就是说，根据《合伙企业法》，公司是可以成为合伙人的，包括普通合伙人和有限合伙人，但国有独资公司和上市公司仅得成为有限合伙人，不得成为普通合伙人。从法律的体系解释看，在实务中应当确认公司投资普通合伙企业的效力，但应排除国有独资公司和上市公司。况且，《公司法》第 14 条还有“法律规定……的，从其规定”之说。只不过，如果按照公司法的这种除外规定，《公司法》第 14 条的规定就没有什么意义了。

（二）公司担保

公司能否对外提供担保业务，尤其是能否为本公司的股东、实际控制人或者董事、监事、高级管理人员提供担保？答案是肯定的。允许公司提供担保业务是为了满足实际的需要。公司是经济社会中的一份子，在其所赖以存在的经济关系中，难免会有为他人提供担保或者请求他人为自己提供担保的需要。这在公司筹集资金的时候尤其重要。譬如，根据《中华人民共和国商业银行法》第 36 条的规定，商业贷款、借款人应当提供担保。只有经商业银行审查、评估，确认借款人资信良好，确能偿还贷款的，可以不提供担保。根据该条规定，如果不承认公司的担保能力，可以设想，绝大多数企业将无法从银行得到贷款。现代公司法均普遍地承认公司的担保能力。[11] 我国公司法同样承认公司具有担保能力。

《公司法》第 15 条规定，公司为他人提供担保，按照公司章程的规定由董事会或者股东会决议；公司章程对担保的总额及单项担保的数额有限额规定的，不得超过规定的限额。公司为公司股东或者实际控制人提供担保的，应当经股东会或者股东大会决议。前款规定的股东或者受前款规定的实际控制人支配的股东，不得参加前款规定事项的表决。该项表决由出席会议的其他股东所持表决权的过半数通过。

这一规定包含了如下几个方面的意思：第一，公司为他人提供担保，须经董事会或者股东会决议。至于到底是由董事会决议，还是由股东会决议，则由公司章程规定。第二，

---

〔11〕 MBCA § 3.02 所列举的公司权力中就明确的包含了“对第三人负债提供担保”。此外，在司法判例中，公司的担保权利也得到了确认，例如，法院在 Goodman v. Ladd Estate Co. [427 P. 2d 102(Or. 1967)] 一案中，公司对一董事的个人借款提供无偿担保，法院拒绝禁止该交易。法院指出，公司所有的原先的股东都同意该项担保以便该董事能够借到该笔款项。提起禁止执行该担保的诉讼的股东在购买先前股东的股份时就已经知道该担保的存在。

公司章程可以对担保的总额及单项担保的数额设定限制。如果公司章程设定了这样的限制,公司在为他人提供担保时,不得超过公司章程规定的限额。第三,公司甚至可以为公司股东或者实际控制人提供担保,但必须经股东会决议。比较一下,在一般情况下,公司为他人提供担保是由董事会决议,还是由股东会决议,由公司章程规定。但在公司为公司股东或者实际控制人提供担保,则由法律直接规定必须经股东会决议。而且,被担保的股东或者为实际控制人支配的股东不得参与表决。该项表决由出席会议的其他股东所持表决权的过半数通过。

这里有两点需要提请注意:一是《公司法》第 265 条第(三)项对实际控制人作出了立法解释,即实际控制人,是指通过投资关系、协议或者其他安排,能够实际支配公司行为的人。二是公司法在这里仅仅针对为公司股东或者实际控制人提供担保作出了特别规定,而没有包括董事、监事和高级管理人员这样的内部人。在解释上应理解为,公司不仅可以为这类人提供担保,而且在程序上适用公司法关于公司担保的一般规定即可。

《公司法》第 135 条针对上市公司作出规定,上市公司在 1 年内担保金额超过公司资产总额 30% 的,应当由股东会作出决议,并经出席会议的股东所持表决权的 2/3 以上通过。

(三)公司贷款

公司本身能否向他人贷款呢? 从现代法律的规定来看,原则上对公司的贷款能力是没有限制的。[12] 我国公司法原则上是承认公司的贷款能力的。我国的贷款实际上存在两种情形:一是以经营贷款为其业务的情形;二是非以营利为目的的情形,应当区别对待。在前者情形下,当然是一种金融业务而应受到金融法律对其资格和业务许可的管制;而在后者情形下,只不过是企业之间为了弥补相互之间的资金短缺而发生的互助性行为。尽管也可能存在一定的利息支付,但本质上并非属于以贷款为业务的经营性行为,企业之间的借贷其实是一种民间借贷,公司应当具有这个能力和权力。归结起来,专业性的金融贷款属于银行及其他金融机构的专有业务,普通企业不能染指。但在这些专业性的金融贷款之外,尚存在大量的民间借贷并为法律允许。企业相互之间可以借贷以满足企业的资金融通需求。民间借贷除需遵守《民法典》第十二章关于"借款合同"的一般规定外,最高人民法院还专门针对民间借贷作出了司法解释。该司法解释是规范民间借贷的重要法律依据。[13]

关于企业贷款另一个需要注意的问题是企业集团的财务公司。在我国,企业集团内

---

〔12〕 MBCA § 3.02 规定的公司权力包括了"借入或者贷出金钱"。由此可见,现代法律对公司的贷款行为是不加以限制或者禁止的。但值得注意的是,由于受到"财务丑闻"的影响,2002 年 7 月 25 日,美国国会通过了关于公司治理的"一揽子"法案(Sarbanes-Oxley Act of 2002,SOX Act),并于 7 月 30 日由布什总统签署生效。该法被认为是自罗斯福时代以来,影响最为深远的美国商业实践改革。根据该法第 402 条的规定,上市公司不得直接或者通过其子公司向其董事或者高级管理人员提供任何形式的新的贷款或者信用支持;法律生效之前已经提供的贷款可以宽限一次,但是,不得对已有的信贷或者信用支持进行任何修改或者展延。

〔13〕 参见最高人民法院《关于审理民间借贷案件适用法律若干问题的规定》(法释〔2020〕6 号)。

部之间往往存在资金的借入或者贷出。企业集团之间的资金借入或者贷出,往往是通过企业集团内部的财务公司来进行的。所谓企业集团财务公司,是指以加强企业集团资金集中管理和提高企业集团资金使用效率为目的,依托企业集团、服务企业集团,为企业集团成员单位提供金融服务的非银行金融机构。这种财务公司的设立及其业务同样需要获得金融监管机构的批准和监管。也就是说,法律上是将企业集团内部的财务公司作为金融机构来对待的。

第二节　越 权 原 则

一、越权原则的历史演变

越权行为(ultra vires),是指公司超越其权限范围的行为,既包括公司超越其目的范围的行为,又包括公司超越其权力范围的行为。例如,设立公司的目的是从事房地产生意,但公司却签订了一个矿藏开发合同,这种行为就属于越权行为。又如,公司违反转投资的限制而从事投资活动,同样构成越权行为。越权行为曾经为公司法所禁止,并且是公司法上的一个重要原则,即所谓的“越权原则”(the ultra vires doctrine),[14]尽管现在看来,它已经显得过时了。

在早期历史上,越权原则的产生和形成与法律史上的特许主义是联系在一起的。在特许主义的条件下,公司被认为是依赖于政府而存在——历史上,由政府颁发特许令状(charter)。在这一概念下,既然公司只有依赖于特许令状的颁发才能存在,那么公司能够享有的权限就不能超出立法机关在特许令状中规定的权限范围。如果公司的任何行为超出了特许令状所授予的权限范围,即被认为属于越权行为并且无效,因为公司缺乏从事该种交易的权力。这不单纯是一个简单的逻辑推论,也反映了早期历史对公司经济权力的集中进行限制所做出的努力。

到19世纪末20世纪初,公司是根据早期普通公司法而设立的,由于公司权力来源于公司章程,所以,如果公司章程没有规定,法院就可能认为公司不能从事某种行为。这样,公司的存在仅仅局限于有限目的(limited purposes)范围,它只能在授权的范围之内进行活动。

后来,人们发现,早期的这种观点是站不住脚的,也是不现实的。其逻辑上的结论必

---

〔14〕 越权原则在 Ashbury Railway Carriage and Iron Co. v. Riche [(1875)LR 7 HL 653]一案中正式得以确立。在该案中,根据公司的组织大纲,公司的经营范围为:(1)制造、销售和出租铁路运输工具及其他铁路设施;(2)从事机械工程和合同承包业务;(3)购买、租赁、加工、出售矿藏、矿泉水、土地和建筑物;(4)其他任何为实现上述目的所必要的活动。公司从比利时购买了修建铁路的许可证,并与 Riche 签订合同,由 Riche 修建铁路。当公司陷入困境后,股东提出该合同是以公司董事个人身份签订的,并希望获得赔偿。该董事也放弃了其为公司签订合同的立场。随后,Riche 对公司提起违约之诉。英国上议院认为,该合同无效。其理由是,公司无权修建铁路,因为公司组织大纲中没有包含这一点,该合同对公司不具有拘束力。

然导致公司从合同中获得利益,但是却可以基于越权原则而拒绝履行义务。同时,如果交易已经履行,它还可能导致对他人财产权利的侵害。其结果是,尽管在理论上人们认为越权行为是无效行为,但在实践中许多法院却将这种行为当作可撤销行为对待。法院仍然可能认为有些行为不属于公司权力范畴,如公司不能签订合伙合同,公司不能为他人债务提供担保等。

尽管越权原则仍然深深地根植于公司的有限目的范围,但由于这种原则导致了潜在的预想不到的后果,遂逐渐被修正。经过修正后的越权原则主要表现在如下几个方面:[15]

第一,越权交易可以经过股东的全体同意(unanimous consent)而予以追认(ratification)。追认可以是明示的(express),也可以是默示的(implied)。譬如,对利益的受取即表示对该交易的同意。

第二,对交易性质进行区分。纯粹属于待执行的交易可能受到禁止,如果任何一方涉及越权行为。所谓"纯粹待执行交易"(purely executory transaction),是指尚不存在对价(consideration)的期货合同或者远期合同。譬如,某一棉花种植者在其棉花下种后,将该批生长中的棉花整批预售(forward)给期货商所订立的合同。在这种合同中,棉花种植者尚未交付棉花,期货商亦未支付货款。这种合同在正常情况下,可能得到执行,但是,如果任何一方涉及越权行为,则可能会被作为无效合同来处理。而对于双方已经执行的交易(executed transactions),则不能因为越权而发生无效。这一原则通常适用于已经执行的土地权属交易。如果交易只有部分属于可执行,则可能提出越权行为,但是,根据"禁反言原则""不当得利原则",或者根据"纯粹公平原则"(dictrines of estoppel, unjust enrichment, or pure fairness),可能缓解普通法上的严格立场。也就是说,如果一方当事人已经履行合同,禁反言原则将会禁止另一方当事人对越权原则的依赖。

第三,如果公司的管理者或者代理人在其职责范围内实施了侵权行为,公司不得主张该行为属于越权行为而进行辩护。这一原则主要是为了保护无辜的第三人免受公司滥用权力的侵害。

现在,有关对公司行为是否超越了公司目的和权力范围的关注早已成为法制史的遗迹。在这种变化的过程中,有三个因素导致越权原则失去了其重要性:[16]

第一,多元目的条款(multiple purpose clauses)的使用。一个重要的进步表现在,在公司法的现代化过程中,允许公司列举出一系列特定的目的条款。为了尽可能在目的条款中包括更多的目的,许多公司在实践中采取这样一种做法:在公司章程中列举出数十个甚至数百个具体目的。这种做法很快使公司目的条款失去了其应有的意义。

第二,通过修改公司章程以扩张其目的。许多早期的公司法限制公司通过修改公司章程来扩大目的条款的权力。这种限制也由于运用多元化目的条款的实践而失去了其

---

〔15〕 Hamilton, at p. 150 – 151.

〔16〕 Hamilton, at p. 152.

真实的意义。在今天,即使公司的目的条款是有限的,也可以通过修改公司章程而增加任何法律不禁止的目的条款。

第三,公司法对公司权力的扩张。现代公司法对公司目的的规定非常宽泛,如将公司的目的规定为公司可以从事“任何合法营业”(any lawful business)。以“任何合法营业”形式出现的一般目的条款就是对这种多元化目的条款的一种逻辑简化。

越权行为的现代重要性被大大降低了,现代公司法已经基本上废除了越权规则。〔17〕这一发展使公司的人格得到无限地展延。但应当注意的是,越权规则尚未被彻底废弃。在一定情形下,仍然有可能适用。〔18〕

---

〔17〕 1950 年 MBCA 彻底改写了越权规则。MBCA § 7(1950)规定:公司的行为以及让与或者转让不因公司缺乏能力或者权力而无效。MBCA § 3. 04 作出了完全相同的规定:公司行为的合法性不能因为公司缺乏该种行为的权力而受到质疑,除非本法另有规定。《欧共体公司法指令》第一号令第 9 条规定:(1)公司机关实施的行为对公司具有拘束力,即使这些行为超越了公司的目的范围;除非这些行为超越了法律赋予或者法律许可赋予这些机关的权力范围。但是,成员国可以规定,如果公司能够证明第三人当时知道或者当时不可能不知道该行为超越了公司的目的范围,公司不受超越目的范围的行为的拘束。但是,章程的公开行为本身不构成足够的证据。(2)公司章程或者有决策权的公司机关对于公司机关权力的限制,不得被公司利用来对抗第三人,即使这些限制已经公告也是如此。(3)如果成员国法律规定,公司章程可以排除有关法律规则的适用,把公司代表权授予一人单独行使或者数人共同行使,那么,法律可以规定章程中的这一条款可以对抗第三人,但条件是该条款只能与一般代表权有关。至于章程中的该条款是否可以对抗第三人,应当依照本指令第三条之规定办理。由此可见,欧共体公司法奉行的是越权行为无效受限制的原则。此外,还有少数国家仍然奉行越权行为无效规则,如英国的泽西公司法。

〔18〕 根据 MBCA § 3. 04 规定,公司的行为在下列诉讼中仍然可能受到质疑(美国各州的规定大致相同):(1)在检察长提起的诉讼程序中。这是早先越权原则理念的历史痕迹。该种理念认为越权规则的目的是保护社会免受滥用公司权力——而不是立法机关授予的权力——的侵害,因此,有必要赋予检察长来阻止甚至解散公司的权力。但是,很少人相信越权规则具有这样的社会意义,因而,也就难以设想法院会仅仅因为公司的行为超出了章程所规定的目的范围而解散公司。幸运的是,司法上对这一做法的态度是否认的,不仅仅因为现今公司很少发生越权行为,而且因为检察长还有比检控公司因越权行为而解散更有意义的事情。(2)在直接或派生,或者通过清算人、受托人,或者其他法定代表,对公司现任或者前任董事、经理、雇员或者代理人的诉讼程序中。由公司或者以公司名义对实施越权行为的董事或者管理人员提起诉讼实际上仿效的是代理法上的基本原则。代理人超越代理权限应当对本人承担因此所造成的损失的赔偿责任。如果公司实施了越权行为,负有责任的董事或者管理人员应当对由此引起的公司损失承担责任。(3)在股东提起对该种行为的禁止诉讼程序中。这一措施主要反映了司法上对越权行为的态度的演变。起初,法院对越权行为的态度强硬,既然公司无权从事某项交易,那么,由公司签订的越权合同当然也就无效。这一强硬态度遭到了批评。因为,越权原则的理念不是为了保护社会(越权行为本身与交易好坏无关),而是为了保护股东的利益。后来法院认为,只要全体股东同意,经修正章程,可使越权行为有效。因修正章程只需要多数同意,自然,越权行为的追认也就只需要多数同意即可。进一步来说,越权规则保护的应该只是少数股东,因为只有少数股东的利益才可能真正受到越权行为的侵害。所以,才演变为现在的规则,股东有权提起诉讼禁止该行为。这一点一经确认,合同相对方的问题就容易解决了。因为公司章程是公开性文件,相对方应当知道公司行为有无越权。但问题是,这一要求却不符合实际情况,难道要求合同相对方去查阅公司章程吗?因此,现代法律授权法院在具体案件中进行衡平处理。在股东禁止或者不授权公司的行为的程序中,法院可以禁止该行为,也可以将该行为置于一边,如果受到影响的人都是该程序中的当事人,可以对公司或他方由于禁止或者未授权而遭受的损失进行赔偿,但不包括预期利润。现代法律明确授权法院在处理股东所提起的越权案件时运用衡平原则。法院如果可以拒绝禁止越权交易将导致不公平,法院可以拒绝该种禁止。例如,法院在 Goodman v. Ladd Estate Co. [427 P. 2d 102(Or. 1967)]一案中,公司对一董事的个人借款提供无偿担保,法院拒绝禁止该交易。法院指出,公司所有的原先的股东都同意该项担保以便该董事能够借到该笔款项,提起禁止执行该担保的诉讼的股东在购买先前股东的股份时就已经知道该担保的存在。另外,如果法院禁止越权交易,现代法律则授权法院对任何一方所遭受的损失进行补偿,但是,不包括预期利润在内。

二、越权原则的现代适用

既然现代公司可以从事“任何合法经营”,并享有“从事一切经营管理的必要权力”,那么,越权原则还有什么用处呢?尽管越权原则所能适用的范围已经所剩无几,但它仍然可能在一定情况下适用。

(一)目的范围的运用

在现代法律实践中,通常很少或者根本没有理由运用目的条款。但在下列场合,目的条款则可能是必要的或者为人们所期待的:

第一,如果公司从事的是特定营业,法律或者有关法规可能要求要具备目的条款。例如,公司法可能要求从事特定行业(如金融行业)的公司在章程中具体规定公司目的,指明公司所从事的行业,并只能从事该行业的经营。

第二,尽管法律并不要求,但公司仍然可能自愿在公司章程中提供有关公司的目的信息。例如,一家计划进入啤酒生产经营的公司可能将其目的条款表述为“从事制造和销售啤酒、白酒以及非酒精饮料的经营,以及任何其他合法营业”。这里“以及任何其他合法营业”非常重要,它便于进入新的营业领域而无须修改其目的条款就可以扩张其营业。

第三,作为一种约束他人的手段。在今天,尽管法律规定了广泛的目的范围,有限目的仍然可以作为一种公司的计划方案或者限制公司活动的措施来保护投资者。如果公司超越了这样的有限目的,就是一种越权行为。例如,A 是一家新公司的投资人,该公司由 B 和 C 负责实际经营管理,B 和 C 的投资较少。A 希望该公司仅仅从事药品的零售业务。他坚持要在公司章程中设置这样一个限制公司目的的条款。这当然是允许的。但在从法律效力上,该条款只能在有限程度上发生效力,即该种条款只能对 B 和 C 发生拘束力,不能对抗善意第三人。

(二)权力范围的运用

越权原则仍然可能运用于公司权力范围。尽管现代法律对公司权力进行了广泛的规定,但法院仍然可以根据合理原则对公司的行为进行限制。其中所涉及的主要问题就是有关行为是否不存在任何商业目的,即公司的行为是否与经营目标根本无关。特别是公司放弃资产时,股东可能认为这种行为属于越权行为。但总体来说,法律并不一般地认为无偿行为就是越权行为,而是具体考察该种行为是否构成对公司利益的侵害。

第一,进行与公司利润无关的巨额公益捐赠。早期法律认为,公司不享有进行捐赠的权力。现代法律认为,向公认的公益机构如教育机构、慈善机构等进行捐赠并不构成越权行为。其理论依据有二:一是公益捐赠有益于社会;二是公司正好是这种捐赠的财源地。既然如此,公司为什么不能像市民那样对公益机构或者其他事业进行捐赠呢?如果说公司的这种捐赠不属于越权行为,那么,是否需要对这种捐赠行为作出一定的限制呢?通常的标准是不能超过“合理的数额”(no more than a reasonable amount)。什么是“合理的数额”呢?公司法本身没有答案,而是转而求助于税法,即不能超过税法上的捐赠减免税的最高限额。[19] 此外，捐赠的对象必须是“公认的公益事业”（recognized charities）。如果属于非公认机构，则可能构成越权。

第二，政治捐赠。关于这一问题，在不同的国家存在较大差别，即使在同一国家，不同时期其法律态度也在变化。譬如，在美国，其早期法律的态度是，直接的政治捐赠是非法的，并将受到严厉的民事或者刑事处罚。但美国现在的大多数公司法对公司的政治捐赠行为也是承认的。[20] 很显然，美国的这种做法难以适合我国国情。

第三，向雇员提供边际利润，而雇员却没有对公司作出贡献。公司的一些安排，如养老金（pension）、奖金（bonuses）、股票期权计划（stock option plans）、离职遣散费（job severance payments）以及其他边际利益（other fringe benefits）显然具有合法的商业目的。[21] 但雇员所获得的这种利益须以支付充分对价为交换，即雇员必须对公司作出与其从公司获得利益相称的贡献。否则，可导致越权原则的适用。

第四，给他人提供担保，却与公司利益无明显关系。在早期法律中，公司给他人提供担保是越权行为。由于这种做法容易损害第三人利益而为现代公司法所取缔。但是，如果公司给他人债务提供担保，却与公司没有明显利益关系，也可能导致越权原则的适用。[22]

第五，给董事或者高级管理人员提供贷款。现代法律原则上并不绝对禁止公司对董事或者高级管理人员等内部人提供贷款，[23] 有的法律可能对此设置了特定限制。譬如，我国法律明文规定，公司不得直接或者通过子公司向董事、监事、高级管理人员提供借款。根据该种规定，如果公司向董事、监事、高级管理人员提供借款，应作无效处理。

三、越权行为的法律后果

前面从比较法上讨论了越权原则及其适用。具体到我国现行实在法上应该怎样对待越权行为呢？必须承认的是，尽管越权原则在现代法律上已经不重要了，但越权行为确实存在，尤其是我国公司法对公司的权力和目的存在诸多限制。这就必然涉及这样一个问题：如果公司违反了这样的限制性规定，其效力如何？尤其是涉及与第三人的交易的情况下。恰恰我国公司法对于违反这种限制性规定的责任没有作出相应的规定。从法律的实施角度来看，这无疑使该条文形同虚设，不能达到立法预期目的。因此，这里有

---

〔19〕 特拉华最高法院在 Theotora Holding Corp. v. Handerson［257 A. 2d 398（Del. Ch. 1969）］一案中运用就是这一标准：所捐赠的数额不能超过联邦所得税法规定的扣减总额。

〔20〕 MBCA § 3. 02 规定，只要不违反法律，公司可以进行支付或捐赠，或者其他任何行为，以促进公司的经营和管理。这一规定表明，在法律允许的限度内，公司可以进行慈善、公益、政治捐赠或者投资以影响选举。

〔21〕 例如，MBCA § 3. 02（12）明确规定，公司享有对现任雇员和已退任雇员支付养老金和其他利益的权力。

〔22〕 MBCA § 3. 02（7）明文规定，公司有权对他人债务进行担保，但是应当与公司有利益关系。

〔23〕 在美国，早期版本的 MBCA 和一些州现在仍然禁止公司向董事和高级管理人员贷款或者对该种贷款予以限制，如需要取得股东会的同意。1984 年的 MBCA § 3. 02（11）明确规定公司可以向董事、高级管理人员贷款或者提供信用。由于财务丑闻的影响，《萨班斯—奥克斯利法案》SEC 402（a）（k）（1）又禁止直接或者间接通过子公司向经理人等高级管理人员贷款。

必要加以讨论。尽管我们在研讨时认为许多这样的限制不合理而应予取消,但在目前其仍为有效法律的情况下,则必须面对这一问题。

关于这一问题,理论上有两种不同的看法,即无效说与有效说。

无效说认为,违反公司法上关于限制性规定的行为应属无效。其理由有两点:一是从法人权利能力限制的观点来看,公司法人的权利能力受法律的限制,法人只能在法律许可的范围内具有权利能力。因此,公司法上关于限制性的规定其实就是对公司权利能力的限制。这样,公司超越公司法的许可范围所发生的行为,就该行为本无享受权利负担义务的资格,其行为当属无效。二是从限制行为的规定来观察,该规定的目的在于维护一定的公共政策,不以当事人的意思加以改变,具有强制禁止的性质,依照法律行为的一般原则的规定,法律行为违反强制禁止性规定的,应属无效。因此,违反公司法限制规定的投资行为当属无效。

有效说认为,违反公司法上限制性行为者,仅公司的负责人受一定的处罚,其投资行为仍有效。其理由亦有两点:其一,法人的权利能力受法律限制固为现行法所允许,但公司法上关于限制性行为的规定是否就是对法人权利能力的限制,值得商榷。退一步来说,即使承认对法人权利能力的限制,若贯彻此项理论,使超越法律许可范围的行为无效,势将严重妨害交易安全。实务上,目前已鲜有贯彻此项理论而改从弹性之解释,使公司法人的行为不单纯因超越法律许可范围无效,以保护交易安全。因此,违反公司法上的限制性规定的行为,亦应采取相同的解释。其二,强制禁止之规定,依其性质有效力规定与训示规定者,其行为并不因此而无效。因此,公司法上关于限制性行为的规定,性质上应认为属于训示规定,行为本身不因此无效,但应对公司负责人课以一定的处罚。

以上两种意见各有理由,如何取舍,已涉及个人的价值判断及法律政策的取舍问题。比较而言,第二种学说更为可取。法律上的强制性规定可以区分为效力强制性规范和管理强制性规范,这在我国理论上和司法实践中已经形成共识。这种效力强制性规范与管理强制性规范相当于前述学者所谓的效力规定和训示规定。此所谓不同法制环境下的法理见识相同。这种区分在公司法上尤其具有意义,因为公司法在很大程度上就是一部"管理法",作为一部组织法,法律的许多规定针对的是其内部治理关系。这就使公司法的许多强制性规范实际上仅仅具有管理强制性规范的意义,如果违反了这样的规定,并不影响已经发生的外部交易关系。譬如,公司超越其公司章程规定的经营范围而与第三人签订合同,违反公司章程关于对外投资或者担保之总额限制或者单项限额,公司有关负责人自然应当受到惩处,尤其是在给公司造成损失的情况下,应当对公司承担赔偿责任。但这是内部关系,所发生的交易并不因此无效。这一点,还可以从我国公司法上关于"法律责任"一章的规定来加以佐证,即我国公司法关于违法行为责任的规定大多属于行政处罚性规定而不以行为无效处理。

但如果违反的是效力强制性规范,所发生的交易势必受到影响。譬如,公司法规定,公司对外投资或者担保,依照公司章程规定,由董事会或者股东会决议;但公司为公司股东或者实际控制人提供担保的,必须经股东会决议。这里,前者属于管理性规范,后者则属于效力性规范,违反后者,公司所提供的担保应属无效。类似的规定诸如:《公司法》第135条针对上市公司规定,上市公司在1年内担保金额超过公司资产总额30%的,应当由股东会作出决议,并经出席会议的股东所持表决权的2/3以上通过。这样的规定显然属于效力性规范,如果违反,所发生交易应属无效。至于《公司法》第14条关于公司不得成为对所投资企业债务承担连带责任的出资人规定,也属于效力性规范。但如前面讨论,存在违反该条规定而发生无效情形的仅涉及国有独资公司和上市公司。

第五章　公司名称与住所

第一节　公司名称概述

一、公司名称的概念和特征

我国《公司法》第 6 条第 1 款规定,公司应当有自己的名称。公司名称(corporate name),是公司在其营业活动中所使用的名称。它是公司在从事商业行为时用以表彰自己营业的名称。由此可见,公司名称这一概念具有三个特征:

第一,公司名称是公司使用的名称。凡是商事主体,无论是商自然人、商合伙或者商法人,均可以使用商业名称来表彰其在营业上的活动。公司具有主体人格性,作为一种法律上的人,与自然人一样,当然可以享有使用公司名称的权利。我国法律不仅允许公司使用公司名称,而且将公司名称作为设立企业的条件之一。

第二,公司名称是公司从事商业行为时使用的名称。公司使用公司名称是其从事商业活动的必然需求。

第三,公司名称是公司用以表彰自己营业的名称。公司在营业活动中需要使自己区别于其他公司,尤其是当一个公司在经营活动中已经树立起了良好的商誉时就更加需要一个能够区别于其他公司的名称,以增强社会公众的识别力。

二、公司名称的选用原则

关于公司名称的选用,立法上存在三种主义:一是真实主义原则;二是自由主义原则;三是折中主义原则。

按照真实主义原则,法律对于公司名称的选定加以严格的限制,公司名称与公司的姓名及其营业的种类必须名实相符。

按照自由主义原则,公司如何选用公司名称,其所选用的公司名称与公司的营业种类是否有关,原则上法律不加以限制。

大多数国家则采取有限制的自由主义,即折中主义。按照折中主义原则,最初选定公司名称时要符合真实主义,但在公司名称转让、继承时也可以不变更公司名称。

我国法律对公司名称的选用原则上实行的是自由主义,但这种自由并非绝对,法律只允许公司在一定范围内自由选定公司名称。我国《公司法》第 6 条第 1 款规定,公司的名称应当符合国家有关规定。我国公司登记机关对公司名称的选用进行了具体规定。

三、公司名称的选用方法

原则上,一个公司只准使用一个名称。但如果确有特殊需要的,经登记主管机关核准,公司可以在规定的范围内使用一个从属名称。[1]

通常情形下,公司名称由以下几个部分构成:字号(或者商号)、行业或经营特征、组织形式。商事主体应当根据其主营业务,在其名称中标明所属行业或者经营特点。商事主体应当根据其组织结构或者责任形式,在其名称中标明组织形式。不得使用与其营业性质相悖的名称。譬如,公司名称必须标明公司的种类,如有限责任公司或股份有限公司。《公司法》第 7 条规定,依照本法设立的有限责任公司,应当在公司名称中标明有限责任公司或者有限公司字样。依照本法设立的股份有限公司,应当在公司名称中标明股份有限公司或者股份公司字样。

公司名称应具有独特性。在登记主管机关辖区内不得与已登记注册的同行业公司名称相同或者近似(same or similar)。[2] 这是商业名称的独特性(name uniqueness)要求。商业名称的独特性要求既是为了避免混淆,如发送税务通知、传票等,又是为了防止

---

〔1〕 美国法律允许公司与自然人一样使用化名(assumed name)从事经营活动,只要该名称的使用不具有欺诈性,或者使用与他人相同或者相似的名称从事不正当竞争。许多州制定有化名法律,要求使用化名的公司必须向本县官员或者本州官员或者外州官员进行登记。如果公司选择不以其公司名称从事经营活动,则必须像自然人一样遵守这样的法律。每个州的化名法律规定不一样。也有的州没有化名法律。使用公司正式名称的公司就不会使用化名,因而,不需要进行这样的登记。原先没有对名称进行登记的外州公司准备在该州从事经营活动时发现其名称已经被他人注册并使用,那么,其公司名称就不能在该州使用了。在这种情况下,许多州的法律要求登记一个化名才能在该州从事营业活动。

〔2〕 如美国的许多州,对公司名称的要求主要是为了防止不正当竞争。这些法律禁止使用“相同或者欺骗性相似”(same or deceptively similar)的名称;有些州进一步区分“相同”(same)或者“欺骗性相似”(deceiptively similar)或者“单纯相似”(mere similar)。相同或者欺骗性相似的名称在任何情况下都不能使用;而对于单纯相似的名称,则需要在征得他公司同意后(书面同意)方可使用。下面举例说明,例一:Sampson Inc. ,Sampson Company,Sampson Corporation,以及 The Sampson Company 全部视为相同。例二:Van Lines of North America Inc. 与 North American Van Lines Inc. 具有“欺骗性相似”的性质。例三:Chicago Service and Supply Inc. 与 Chicago Service Co. 则属于单纯相似,使用应征得对方同意(取得书面同意信)。例四:E. G Williams Electric Company 与 Williams Electric Company 既不相同,也不具有欺骗性相似的性质,也不属于单纯相似。值得注意的是,MBCA 和 Del. GCL 以及其他一些州废除了“相同或者欺骗性相似”标准,改而采用“可辨认”(distinguishable upon the records of the secretary of state)标准。根据这一标准,例一:ABC Inc. /ABC Co. /Abc Co. /AbC Inc. 这样的名称,在州务卿的记录中都是可以辨认的。例二:Transamerica Airlines, Inc. /Transamerica Inc. /Trans-international Airlines Inc. 这样的名称也将视为具有记录上的可辨认性。采用“可辨认”标准的理由是,州务卿(公司设立登记机关)不具有监督不正当使用名称的职能,也是没有法律依据的。根据这一简化标准,公司所使用的名称只要不是“绝对的或者语言意义上的混淆”(confusion in the absolute and linquistic sense),能被公众识别,就没有问题。反不正当竞争的职能属于其他机构。当然,公司名称的相同或者相似也构成不正当竞争。但是这已不属于公司法的规制范围,而应属于反不正当竞争法规制的对象。

不正当竞争行为的发生。

四、公司名称的登记注册

根据我国法律,商事主体选用名称后,应当申请登记注册。商业名称经核准登记注册后方可使用,并享有专用权。也就是说,如果没有经核准登记注册,不能使用商业名称,同时,也不能得到法律的保护。但是,应当注意的是,并不是所有国家都采取这种做法。有的国家,如日本,对历史悠久、字号驰名的商业名称即使没有登记注册,也是提供保护的。有的国家,如美国,甚至不管商业名称是否登记,均提供法律保护。

商事主体基于特殊情况(如在筹建期间)可以在开业登记前预先单独申请名称的预登记。预先单独申请登记注册的商业名称经核准后,可以保留一定期限。在保留期内不得用于从事生产经营活动。保留期届满不办理企业开业登记的,其名称自动失效。

五、公司名称权的保护

公司名称一经商业创设登记,公司即取得公司名称的专用权,并发生相应的法律效力。我国《公司法》第 6 条第 2 款规定,公司的名称权受法律保护。

(一)公司名称权的性质

所谓公司名称权,是指公司名称经依法登记而取得的专用权。公司名称专用权是一种私权,属于一种绝对的权利。但这种公司名称专用权究竟是一种人身权抑或是一种财产权,理论上尚无定论。

有的认为,公司名称权是一种人身权,因为公司名称是公司在营业上表彰自己所用的名称,所以公司名称专用权不外乎是公司人格的象征。有的认为,公司名称权是一种财产权,因为公司名称在登记注册后,由公司取得其名称专用权,该种专用权可以转让或继承,很显然,它是一种财产权。又由于其给付标的表现为一种无体物,所以,它又是一种无体财产权。而作为人格权的姓名权则不能成为转让和继承的标的。还有的认为,公司名称权兼而具有人身权和财产权的性质。其理由是:一方面,公司名称权具有姓名权的排他效力,可以专用;另一方面,公司名称权又具有财产权的创设效力,可以转让和继承。

根据我国法律规定,公司名称只有在经过核准登记后方可使用。使用未经核准登记注册的公司名称从事生产经营活动的,属于非法行为。

由此可见,公司名称一经核准登记注册后,即取得专用权。这种专用权只具有财产权性质而不具有人身权性质。人身权是一种与人身不可分离的不具有直接财产内容(但却可能与财产发生关系,如发生人身侵权后所引起的金钱性损害赔偿)的权利。公司名称权不具有这一定义的任何特征,表现在:

第一,公司名称权本身就直接体现为一种财产权,公司名称专用权人享有占有、使用、收益和处分公司名称的排他性权利。公司名称权是一种无体财产权。这种无体财产权与专利权、商标权具有同样的性质。也就是说,公司名称专用权虽然是一种绝对权,但由于其仅在同一登记管辖区域内且为同一营业时才具有排他的效力,较之于一般意义上的绝对权的对抗效力又要弱一些,所以,这是一种相对的绝对权。在这一点上,它与专利权、商标权所具有的有限的空间上的排他效力是一样的。

第二,公司名称权是一种可以与公司发生分离的权利。这种权利可以转让和继承。而人身权则与主体不可分离,不能转让,不能继承。

(二)公司名称权的效力

公司名称权作为一种专用权,具有排斥他人使用相同或者近似公司名称的效力、遭受侵害后获得法律救济的效力,以及作为一种财产权应当具有的转让的效力。

1. 排他效力

排他效力是指公司名称一经登记后就具有排斥他人为同一公司名称登记的效力。企业名称在登记主管机关辖区内不得与已登记注册的同行业公司名称相同或者近似。这说明,在同一登记主管机关辖区内不得有两个相同或者近似的公司名称。如果一家公司已经登记注册了一个公司名称,另一家公司不得再使用与其相同或者近似的公司名称。〔3〕

应当注意的是,我国法律规定的这种排他性只限于同一登记主管机关辖区内,在当今市场一体化程度非常高的情况下,这种保护力度就显得远远不够。

2. 救济效力

公司名称专用权,因登记而创设,可以排斥他人使用同一公司名称为同一营业。擅自使用他人已经登记注册的企业名称或者有其他侵犯他人企业名称专用权行为的,被侵权人可以向侵权人所在地登记主管机关要求处理。登记主管机关有权责令侵权人停止侵权行为,赔偿被侵权人因该侵权行为所遭受的损失,没收非法所得并处以相应的罚款。对侵犯他人企业名称专用权的,被侵权人也可以直接向人民法院起诉。

3. 转让效力

公司名称权作为一种财产权具有可以转让性。但是,公司名称权的转让有一定的特殊性,即公司名称权不能单独转让,公司名称权的转让仅能与营业(包括部分营业转让)一并转让,或者在营业废止时转让。并且,公司名称转让人负有竞业禁止义务。公司名称转让后,转让方不得继续使用已转让的公司名称。

---

〔3〕 根据 MBCA §4.03 规定,不在本州从事经营活动的外州公司可以要求州务卿将其名称予以注册以防本地商业使用该名称。实质上,该名称的注册保护了该名称所反射的商誉。而且,如果今后该公司在该州开展业务的话还可以使用该名称。在大多数州,每年注册一次,而且可以无限地续期。有些州则不允许外州公司在该州注册名称。

第二节　公司住所

一、公司住所的意义

与自然人一样,公司亦有住所。住所是公司章程必须记载的事项之一,是决定公司是否能够登记成立的重要因素之一。如果公司章程没有记载公司的住所,将会导致公司不能成功登记,进而导致公司不能成立,无法取得法人资格。公司住所的法律意义在于:

第一,据以确认诉讼管辖及司法文书的送达。公司是一种经济组织体,具有权利能力和行为能力,因此,公司自然免不了因与他人发生交易而产生经济纠纷。公司在经济纠纷中,可能是原告,也可能是被告。无论作为原告或者被告,均涉及纠纷的管辖地问题。而公司的住所则是确认管辖地的重要标准之一。公司住所也是确认司法文书送达地的标准。

第二,据以确认登记、税收及其他管理关系。在工商行政管理关系、税收征管关系以及其他主管关系中,均以公司住所地为标准确定。

第三,据以确认合同的履行地。譬如,在合同关系中,如果履行地不明确,则应在住所地履行。

第四,据以确认准据法。在涉外民事关系中,公司的住所是确认适用何种法律的重要依据之一。

二、公司住所的确定

如何确定公司的住所呢?各国的规定有所不同。主要有三种方式:一是管理所在地,即以公司登记的管理机关所在地为其住所地;二是营业所在地,即以公司的业务执行地为住所;三是章定所在地,即由公司章程予以确定。

我国法律规定,公司以其主要办事机构所在地为其住所。譬如,《民法典》第63条规定,法人以它的主要办事机构所在地为住所。依法需要办理法人登记的,应当将主要办事机构所在地登记为住所。《公司法》第8条同样规定,公司以其主要办事机构所在地为住所。由此可见,我国采取的是“营业中心主义”。

在现行工商登记体制下存在一种超越公司住所法律意义的登记要求,即将公司住所物化为经营场所,无论相关公司住所法规的表述是要求登记住所还是直接要求登记经营场所,均包含了对申请登记企业具体生产、经营或者服务场所的确定性要求,并须在申请登记时提交相应的产权或者租赁证明。这样的要求不仅存在不合理之处,而且超越了法律对公司住所的要求。

一方面,对经营场所的要求增加了企业的设立成本。现行法律要求企业登记之前不得从事营业,但登记时又要提供确定的经营场所。从商事主体获取经营场所到获准登记这一段时间，经营场所往往闲置但却需要支付费用。在现行工商登记体制下，这个时间区间往往较长，所造成的成本浪费较大。这样的要求会产生副作用，如登记申请人为了满足这种登记要求而提供虚假材料。

另一方面，对经营场所的要求也没有必要。企业的经营场所是一个企业自主权的问题，与商事主体资格的取得与变动没有必然联系。其实，不同的企业，性质不同、规模不同，经营场所的标准如何确定，法律难以作出划一要求，登记机关也难以具体执行。

法律对公司住所的要求无非在于可以联络该商事主体，如前述法律文书的送达、诉讼管辖的确定、合同履行地的确定、涉外诉讼准据法的确定以及工商、税务或者其他市场监管管辖地的确定等。因此，从法律意义上看，公司住所表现为公司设立申请人申报的地址即可，不能物化为经营场所，使住所的登记实际上扩张为经营场所的登记。同时，住所与经营场所可以一致，也可以不一致，企业可以选择在住所登记地经营，也可以选择在住所登记地之外的其他地方经营，跨区跨省经营都是企业的正常形态。由此可见，无论是营业所在地还是管理所在地都超越了法律对公司住所的固有要求，章定所在地才是应有的选择。

第三编　公司融资与财务

公司融资

公司财务、会计

第一章　公 司 融 资

第一节　公司融资渠道

资金之于企业有如血液之于人体:人体缺乏血液,生命不能存在;企业没有资金,其生产经营活动将无法启动或者运营。因此,组建企业的首要任务就是筹集资金。即使是企业成立后,如因扩大生产经营规模等需要,同样需要筹集资金。这种筹集资金的活动被称为“公司融资”(corporate financing)。

公司筹集资金主要依靠两种手段:一是股权融资;二是债权融资。

一、股权融资

所谓股权融资(equity financing),是指公司向投资者募集股权资本的活动。公司是一种营利性社团法人,这种社团法人由一定成员组成。这些成员是企业的投资者,由于这些成员对于其投资享有所有者权益,所以,通过股权融资所形成的资本被称为股权资本,投资者基于其投资而成为公司股东。由于公司资本是组建公司的重要的物质条件,所以公司法对股权融资更为关注。后文还将专门讨论股权资本。

二、债权融资

(一)债权融资概述

通过向第三人借款而筹集资金被称为“债权融资”(debt financing)。因此所形成的资本被称为“债权资本”。债权资本是公司的对外负债,它表明公司与借款人之间的关系是债权债务关系。

债权融资可分为三种情形:一是向金融机构借债;二是向股东借债;三是向社会公众借债。债权资本可以是短期的,如银行贷款或者发行公司债券;其也可以是长期的,如发行长期债券,其期限可长达数十年。譬如,保险公司运用人寿保险基金时往往购买的就是与人寿保险期限相匹配的长期债券。

通常的债权融资形式是公司向银行等金融机构借款,这是最为传统的公司融资方式,也是一种间接融资方式。公司与银行等金融机构之间的借款关系是一种债权债务关系,并由借款合同加以约束。由于借款关系同时又属于金融业务,因此,该种关系还需要受到商业银行法以及相关的行政法规的规范。

公司依照法定条件和程序,通过向社会公众发行流通性债券而募集资金所发生的债务就是公司债(corporate bonds/debenture)。公司债也是一种债的关系,只不过在这种情况下,其债权人是购买和持有其债券的社会公众投资者,因而,它是一种直接融资方式。公司发行公司债券并与债券持有人形成债权债务关系,在本质上,这种关系属于合同关系,因而由合同法调整。但是,由于公司发行公司债券涉及众多的社会公众,为了保护这些公众债券持有人的利益,公司法和证券法也对这种活动加以规范,主要表现为对发行公司债券设定相应的条件和程序,期望以此达到维护交易安全的目的。

股东也可以对公司提供贷款。正常的股东贷款与一般的债权融资并没有什么不同,二者均为他人对公司的债权投资。

(二)股东以一部分债权充当原始资本的优势

向公司投入初始资本的股东通常希望将其所投入资金总额的一部分借贷给公司。这样的安排,既有税务上的好处,也有非税务上的好处。

第一,税务优势。双重征税(double taxation)是税法对公司的征税特征,即税法对公司利润要征收两次税收。第一次是针对公司的盈余;第二次是针对股东分配所得的股利,无论是普通股还是优先股的股利均须扣除税收。而债权的利息则可以免除征税,即债权投资所获得的回报是不需要征税的。因此,利用债权投资可以使股东从公司得到的回报免于双重征税。但对于合伙企业以及某些国家所承认的特殊公司,如美国的"S公司""有限责任公司"(LLC)等,则不能体现出其税务优势。因为这些企业本身只存在一层税收,即只对合伙人或者股东征收所得税,而不向企业征收所得税。既然公司资本结构中股东债权的存在可以减少征税,有的投资者便希望在公司的资本结构中其债权比例越大越好。但这样做可能存在一定的危险,即如果债权比例过高的话,将会导致公司债股比例(debt/equity ratio)失衡,使公司经营风险增大。[1] 如果一公司的债股比例过高,该公司将被称为"羸弱公司"(thin corporation)。在这种情况下,法律可能会将该贷款作为股权对待或者使该债权的清偿处于不利地位。譬如,有的国家法律规定,当股东投入的股权资本不充分或者只有名义股权资本投入时,可以将股东对公司的贷款作为对公司的全部或者部分出资对待,或者在公司破产时,使基于股东贷款而发生的债权后于普通

〔1〕 公司长期债券与其股权资本之间的比例称为"债股率"。例如,一公司融资5万元的长期债券,每年利息成本10%,同时发行普通股1000股,每股10元,累计股权资本为1万元。其债股率为5:1。一般而言,在股东持有的债股之间的债股率高于4:1的话,风险将会增加。

债权人而受清偿。[2] 比较而言，公司从第三人那里获得的贷款则不会发生类似的风险和后果。

第二，简化股权结构。债权融资的一个重要好处是，当一些投资者较之于另一些投资者投入更多的资本时，它可以简化公司股权结构，并作出合理安排。例如，A 计划投入 10 万元现金，B 计划投入价值 6 万元的非现金财产，但却希望拥有公司 50% 的股权。为了使 A 和 B 对公司享有同等的股权，公司章程作出如下安排：A 和 B 各自出资 6 万元，A 另外借给公司 4 万元。该笔贷款的清偿条件、利率由合同另行约定。这样安排的好处在于：尽管 A 和 B 向公司的投资不同，但却可以享有相同股权，以保证 B 与 A 对公司享有同样的控制权。

第三，降低投资风险。如果公司经营失败，债权融资使股东可以与普通商业债权人一样回收其债权；而在同样情况下，如果是股权投资，股东则可能部分或者全部丧失其股权投资。

第四，杠杆效用。第三人提供的贷款为股权投资者提供了一个杠杆（leverage），并使其能够提高投资回报。当企业利用借入的金钱所产生的收益大于其借贷利息时，杠杆作用就发生了。

第二节　公 司 资 本

一、公司资本概述

（一）公司资本的不同含义

公司资本（corporate capital）是一个非常复杂的概念，在不同的场合，有不同的含义。

1. 经济学意义上的资本概念

在经济学意义上，资本是指用于生产其他商品，包括产品和劳务或者服务在内的全部资产。资本与土地和劳动共同构成生产的三大要素。从企业的角度来看，资本是一家公司的总财富或者总资产，因而不仅包括货物资本（有形财产），而且还包括专利、商标、商誉、技能等无形资本（无形财产）。[3]

2. 会计学上的资本概念

在会计学意义上，资本也有不同含义。有时，它指的是企业所有资金来源的总和，包括股本、以前年度留存盈利、长期借款和流动负债等。这种资本总额与资产总额相当，并与经济学上的资本概念相似。有时，它指的是资本总额减去流动负债后的长期资金，相

---

〔2〕 譬如，在美国，如果出现这种情况，不仅法院可能将这种债权作为股权出资处理，而且其国内税务机关（The Internal Revenue Service）也可能根据税法对超额债权部分重新归入股权出资处理。如果债权数额太大，则有可能将全部债权纳入股权对待。此外，法院也可能运用“衡平居次”原则（the doctrine of subordination）使股东债权后于普通债权人而受清偿。

〔3〕 [美]D. 格林沃尔德主编：《现代经济词典》，商务印书馆 1981 年版，第 62 ~ 63 页。

当于西方国家财务分析中的"使用资本"(employed capital)。又有时,它指的是净资产,即企业中属于出资人的全部财富。还有时,它指的是出资人在设立企业时的原始投入。[4]

3. 法律意义上的公司资本

在法律意义上,公司资本有广义和狭义之分。广义的公司资本包括股权资本、债权资本和自生资本。其中,股权资本是基于股权融资形成的资本,债权资本是基于债权融资形成的资本,而自生资本(internal generated funds)则是指公司成立后基于初始投入产生的经营所得而积累的资本,如利润留成、提取的公积金和公益金、资产出售所得等。自生资本是公司资本的最后源泉。

狭义的公司资本仅指股权资本而言。这种意义上的公司资本,又称为公司股本,是指公司成立时由公司章程所确定的由股东出资所构成的公司财产的总和。它是股东为达成公司的目的事业所为财产出资的总额。

从严格的法律意义上说,公司资本仅指"股权资本"(equity capital),是一定的不变的计算上的数额,是为公司设立及存在所必须具备的观念上的财产总额,即上面所说的狭义的公司资本。因其需要登记注册,所以又称为注册资本。

股权资本包括初始资本和新增资本。初始资本(initial capital)是公司资本的原始形成;新增资本是公司成立后根据需要通过增资程序而新发行的资本,如果是股份有限公司首次公开发行新股,实务上称为IPO(initial public offering)。股东向公司投入资本而换取对公司的股权,股东享有对公司的剩余财产求索权(residual claims),包括股利分配请求权和公司清算后剩余财产分配请求权。

(二)相关概念:注册资本、发行资本与实收资本

1. 注册资本

注册资本(registered capital),是指公司所申报的资本总额。在此意义上,注册资本与狭义的公司资本的含义是一致的,即股权资本。

根据我国公司法的规定,注册资本的特征表现为:

第一,注册资本在公司成立时来源于股东或者发起人的股权资金,由此构成公司的初始资本。在公司成立后营运过程中,公司可以根据需要增加或者减少资本。但增加或者减少注册资本需要经过法定程序,否则,公司资本不得变动。

第二,注册资本是股东或者发起人认缴或者认购的股本总额。我国旧公司法规定注册资本不得低于法定的最低限额,同时实行实缴制,即要求在公司成立登记时或者一次性足额缴纳(93年《公司法》)或者分期缴纳(05年《公司法》)。在分期缴纳时,首次缴纳的数额不得低于法定比例,也不得低于最低注册资本限额;其余部分须在法定期限内缴足。这种分期制依然是一种法定制,因为法律直接规定了首期数额和分期时间限制。这

---

[4] 刘燕:《会计法》,北京大学出版社2001年版,第301~302页。

种关于注册资本最低限额的法定要求随着 13 年《公司法》的颁行已经成为历史遗迹了。23 年《公司法》予以维持。根据 23 年《公司法》的规定，有限责任公司的注册资本为在公司登记机关登记的全体股东认缴的出资额。股份有限公司的注册资本为在公司登记机关登记的已发行股份的股本总额。股份有限公司的注册资本为在公司登记机关登记的已发行股份的股本总额。公司的注册资本可以是股东或者发起人在公司章程中认缴或者认购的任何数额，并按照公司章程的规定缴纳即可，或者一次性足额缴纳，或者分期缴纳。这种认缴制的分期缴纳与法定制的分期缴纳是不同的，认缴制的分期缴纳由公司自己决定，排除了法律强制干预的因素。

第三，必须记载于公司章程之中，连同公司章程一并登记注册。同时，公司增加或者减少注册资本时，需要修改公司章程并履行变更登记手续。

2. 发行资本

发行资本（issued capital），是指公司分期发行股份时，已经发行在外的资本总额（outstanding shares）。在注册资本一次性发行的情形下，发行资本即为注册资本；在注册资本分期发行的情形下，在全部股本发行完毕之前，发行资本总是低于注册资本。如有限责任公司采取的是认缴制，即可以先行认缴一个数额，在确定的期限内实际缴纳。因此，在公司出资未全部缴纳前，它总是低于公司注册资本。23 年《公司法》要求股份有限公司采取实缴制，公司成立前发起人认购的股份必须实际缴纳，因此，其已经发行的股份与注册资本是一致的。实际上，只有在授权资本制的情况下，发行资本概念才具有真正的意义，因为公司股东的权利是根据已经发行的资本确定的，而发行资本往往低于授权资本。关于授权资本制，后文还将专门讨论。

3. 实收资本

实收资本（paid-up capital），是指公司发行资本实际收到的资本总额。实收资本涉及发行资本缴纳的实际履行问题。如果发行资本全部获得支付，发行资本与实收资本一致，否则，实收资本低于发行资本。如前所述，这种情况仅存在于有限责任公司，股份有限公司实行的是实缴制，公司资本未被认足、缴足，公司不得成立。

二、公司资本原则

（一）传统公司法上的资本三原则

传统公司法认为，公司纯粹是一种资本的集合，其所确定的资本既是公司从事经营活动的必要物质基础，同时又是公司信誉的唯一担保。由于资本的所有与企业的经营是分开的，股东仅对企业债务承担有限责任，即只在其出资范围内对公司承担债务责任。因此，为了确保债权人的利益不因股东的有限责任而受到损害，立法上预先设计了一整套关于公司资本形成、维持和退出的机制。这一机制在理论上被归纳为资本确定、维持和不变原则。

所谓资本确定原则，又称为资本法定原则，是指公司资本必须在设立时由公司章程明确规定,由股东认足,并按期缴纳。这一概念包含了如下基本含义:其一,公司资本必须在公司章程中明确规定。其中包含着公司章程所确定的公司资本不得低于法定最低资本限额。其二,公司章程确定的公司资本必须由股东认足。至于股东所认缴的出资或者认购的股份的缴纳,则有两种做法:在实行严格法定资本制的情况下,应一次缴足,即公司资本实行实缴制;在采取较为宽松的法定资本制的情况下,则可以分期缴纳,股东应当按期缴纳所认缴或者认购的资本。其三,出资方式的确定性。在资本确定原则之下,法律明确限定可以作为出资的财产,超出法律限定的范围,不能作为出资财产。一般而言,法律只承认价值容易确定的财产作为出资财产,往往排除劳务、信用、股权、债权等不易确定其价值的财产作为出资财产。有的法律甚至对技术等无形财产的出资比例进行限制。

所谓资本维持原则,或称资本充实原则,通常是指公司应当维持与公司资本总额相当的财产。详言之,在公司存续中,公司至少须经常维持相当于资本额度之财产,以具体财产充实抽象资本。[5] 在这一原则之下,公司成立后,股东不得抽回资本;公司转投资受到一定限制;公司的原始股东对现款以外的出资价值负担保证责任;公司不得以低于股票面额的价格发行股票;除依公司法特别规定的目的和程序之外,公司不得收购本公司的股票;公司不得以本公司股票设定质权;公司在弥补亏损、提取法定公积金之前,不得向股东分配利润;等等。

所谓资本不变原则,是指公司资本总额,非依法定程序不得改变。在这一原则之下,无论是增加公司资本还是减少公司资本均须履行法定程序。具体而言,必须经过股东会决议通过,修改公司章程,办理变更登记手续。其中,减少资本还应编制资产负债表、财产清单,向债权人发出通知或者公告。由此可见,资本不变原则并非资本的绝对不变,而是在一定法定程序控制之下的变动。

(二)对资本三原则的评价

一直以来,公司资本三原则为大陆法系国家和地区所遵循。公司资本三原则的根本目的在于维持公司清偿债务的能力。这些原则对于维护债权人的利益和保护交易的安全以及保障股东的利益有着一定的积极意义。当然,这些原则对于公司本身也都具有相当程度的积极意义。譬如,在资本确定原则之下,成立公司必须具有一定的初始资本以启动和维持公司的营业。公司资本增加必须经股东会同意,以免因公司任意增加资本给股东带来资本收益的稀释。

资本三原则理论的基本逻辑是,资本确定原则确定资本的基本水准,资本维持原则确保此水准得以真实反映公司财力,资本不变原则是在债权人利益获得确切保障前,禁止此水准之变动。[6] 公司资本三原则是在公司债权人与股东利益关系出现失衡,尤其是公司债权人的风险加大的特定历史背景下,为了均衡地保护公司及其投资者与债权人的

---

〔5〕 柯芳枝:《公司法论》,中国政法大学出版社2004年版,第127页。

〔6〕 方嘉麟:《论资本三原则体系之内在矛盾》,载《政大法学评论》第59期。

利益而创设的，其首要目标在于平衡有限责任制度对股东有利但对债权人保护不周的缺憾，以实现股东与公司债权人之间的利益平衡。[7]

但是，应当注意到，资本三原则是大陆法系学者对公司法上有关公司资本规则的一种抽象概括，而非法律直接规定的原则。这种归纳抽象的科学性也受到越来越多的理论上的质疑和抨击。资本三原则所体现的价值观念也受到越来越严重的现实挑战和冲击。传统的公司资本三原则存在其固有的缺陷。这种缺陷主要表现在如下几个方面：

首先，以资本三原则为基础的公司资本制度设计不符合交易自由原则。立法者的主观关怀是资本三原则制度设计的一个明显特征。此种关怀表现为，在制度设计上，即从公司资本的形成、维持到退出无不体现强烈的法定性色彩。这种制度设计完全剥夺了投资者和企业的自主权利。

就投资者而言，高标准的资本准入门槛以及严格的资本实缴要求成为投资者自由选择投资工具的巨大障碍，甚至剥夺了"穷人发财致富的机会"，呈现出严重的市场歧视和偏见。同时，这种严格的法定资本制也堵塞了投资者的退出渠道，当资本的运营朝着不利于股东利益的方向发展时，缺乏灵活的资本撤出机制。这样的制度安排无疑大大地弱化了投资者的投资积极性。此外，严格的投资回报管制也严重地抑制了投资者的投资冲动。

就企业而言，一切资本上的安排均由立法者事先设计，法律几乎没有给企业留下自主管理的空间。立法上对资本门槛的划一性规定（实际上也具有任意性）代替了不同行业的企业、不同地区的企业、不同规模的企业根据自己的需求来安排资本结构的权利。这种做法显然违背市场规律。

其次，以资本三原则为基础的公司资本制度设计不符合交易效率原则。商事交易注重交易效率。但是，检索以资本三原则为基础的公司资本制度设计无一能满足这一要求。最低法定资本要求和严格的实缴资本制度增加了企业融资筹资的难度；而资本维持和不变原则下的严格程序要求不仅大大增加了交易成本，而且使企业在面对复杂多变的市场时缺乏应有的灵活机敏的市场反应。譬如，在设立一家私人股份公司时，企业可能暂时尚不需要法定最低资本限额所要求的资本金，但根据法定资本制的要求，企业又必须满足这样的要求，这不仅导致融资困难、成本加大，还可能导致资本浪费。如果将这种权利交给企业自己，不仅可以克服上述困难，而且有利于企业把握商机，形成理性投资。

最后，以资本三原则为基础的公司资本制度设计难以实现交易安全的目的。从公司资本的功能来看，其并不能起到担保公司信用的作用。资本三原则所涉资本在不同的场合有不同的含义。立法所规制的只能是反映在公司章程上的抽象资本，对于公司实际运营中的亏损，立法机关无能为力。但是公司真正能担保债权人债权的并非此种抽象资

---

〔7〕 赖源河：《实用商事法精义》，台北，五南图书出版股份有限公司1983年版，第118页。

本,而是公司的实际财产,或者更准确地说,是公司可以变现的那部分净资产。

抽象的资本能否发挥理论上所假设的担保作用,其本身即值得怀疑。即便"资本"为债权人的最终担保,也并非债权人或公司唯一关注的焦点。债权人除关心资本水准外,恐怕更关心公司的实际财产、经营绩效及发展前景;而公司则关注公司财务结构、现金流量的控制等。既然公司的资金来源多重,其营业额与资本额未必相当,说公司资本是债权人债权的担保,似乎与现实不符;反而是公司的财产状况及现金流量等更为适合。公司的资产信用远比资本信用重要得多,注册资本只是公司经营的基本条件,最低资本限额是公司设立的信用基础,它与公司的现实信用并不相符。公司承担责任的财产范围应当是其现有的资产及权益,而非公司的注册资本。

综上所述,传统的资本三原则并不能达到立法者的预期,或者至少可以说其实际功能与初始设计的目标存在巨大落差。而且,法定资本制还带来了立法者预期外的负面效应。此外,资本制度的演变及融资工具的多样化使资本三原则的理论根基发生了严重动摇。可赎回股及可转换公司债券等混合证券的兴起使股票与债券之间的界限日趋模糊,进一步摇撼了传统上所界定的资本范畴,并使资本水准的波动成为常态,致使公司章程所定的资本额无法准确反映债权所受的担保水准。股票发行价格和票面价值的分离,客观上导致公司资本确定原则在现实中的实施难度增加。这使人们不得不对法定资本制框架下的资本三原则进行认真的反思。

三、法定资本制度的修正

(一)对资本三原则的修正

为应对经济全球化条件下增强企业国际竞争力的迫切需要,各国和地区纷纷放松政府管制,弱化公司相关的强行性规定,加大公司自治空间,增加公司经营之弹性或减轻公司营运之成本。同时,在改变事先管制型为事后监控型的法例时,亦注重强化公司的内外监控。因而,现代公司法的中心议题似应重新定位,如何公平调整各方之利益,以建立有效经营之组织。"公司法之根本目的在于如何顺应时代之变化,调和公司之私益性与公益性之冲突,以缓和两者间二律背反之紧张关系,并寻求公司自治与公司监控之竞争性平衡。"

有鉴于此,晚近的公司资本法律制度在这一思想指导下,对传统的资本制度尤其是"资本三原则"进行了相当程度的修正,如法定最低资本限额的废除、授权资本制的采用、出资方式多样化、股票之票面价值的废除、公司回购自己股份的自由化、公司发行债券限制的缓和等。我国公司法顺应潮流,也对公司资本制度进行了一定程度的改革。

(二)最低注册资本限额的变革

法定最低注册资本限额是传统公司法上的重要资本原则之一。早期公司法均曾奉行这一原则,甚至目前仍然有许多国家的现行公司法继续保留了这一原则。在美国早期,实际上所有的州公司法都要求公司在营业前必须要有最低注册资本(the minimum amount of capitalization),通常是1000美元(有些州则有不同的数额规定)。[8] 根据这种要求,如果在公司开始营业时没有满足最低注册资本要求,通常将导致公司不能成立,或者在公司成立后,由董事承担个人或者连带责任。[9]

现在的趋势是废除这样的限制。1969年的MBCA废除了最低注册资本限额的规定。自此之后,美国各州纷纷开始效法。在今天,美国的大多数州已经废除了最低注册资本限额要求(但有些州仍然保留了名义上的最低注册资本限额要求)。大陆法系国家一般根据资本确定原则的要求认为公司资本是对债权的保障,所以一般商法或公司法都规定了最低资本要求。现代大陆法系公司法均参考英美做法,改弦更张,改革或者完全废除法定最低注册资本限制。

废除最低注册资本的理论依据是,最低注册资本要求具有任意性,而且与公司的真实资本需求没有关系,因而对于债权人的保护也就不具有什么实际意义。

(三)授权资本制

现代公司法上资本原则的一个趋势是授权资本制的采用。授权资本制(authorized capital system),是指在设立公司时,必须在公司章程中确定资本总额,股东只认足一定比例的资本或章程中所规定的最低限额,公司就可以成立;未认足的资本,授权董事会根据公司营业需要和市场情况随时发行新股。

在实行授权资本制的情况下,需要在公司章程中对公司所发行的"授权股份"(authorized shares)进行界定。公司章程必须规定"授权公司发行股份的数额"以及授权公司发行的"股份的种类和每种股份的数额"。此外,如果公司被授权发行一种以上的股份,公司章程必须规定"每种股份可辨认的号码,并在某一种股份发行之前,必须在公司章程中对该种股份上的优先权、限制和相关权利作出规定"。[10] 除非章程有特别规定,公司发行股份的时间、价格和类别均由董事会自由裁量决定,不必经过股东会批准。在授权资本的限额之内增资发行新股,亦不必经由股东会决议。[11]

与授权股份相联系的概念是"已发行股份"和"已授权但尚未发行的股份"。所谓已发行股份(issued shares/outstanding shares),是指公司根据公司章程的授权实际发售在外

---

〔8〕 一个有意思的现象是,美国早期还存在过"最高资本限额",主要适用于封闭公司。如1811年的美国纽约州公司法规定,公司资本不得超过10万美元。之所以产生这种最高资本额的制约,一部分源于对公司机制的怀疑与恐慌,另一部分源于对一种公平机会的需求。

〔9〕 早期美国的一些州公司法规定,董事须对最低注册资本支付前发生的所有债务承担无限责任。例如,其最低注册资本要求是1000美元,公司开始营业时只有700美元。在公司营运过程中,如果在其余300美元交纳之前公司发生了1万美元的债务,董事的这种1万美元的责任并不能免除,即使后来将其余的300美元补足,甚至交纳了更多的资本。后来这一责任逐渐受到限制,法律将这一责任只限于最低法定资本要求和实际出资之间的差额(the difference between the minimum required capitalization and the amount of capital actually contributed)。为什么由董事承担差额责任呢? 因为在美国公司法上,董事会对公司资本是否满足法定资本最低限额要求负有责任。同时,对非现金出资评估作价的权力亦归属于董事会。

〔10〕 MBCA §.2.02(a);MBCA §.6.01(a).

〔11〕 MBCA §6.21.

的某种或者数种股份的数额。[12] 除已经发行在外的股份外，剩下的授权资本即为“已授权但尚未发行的股份”（shares authorized but not issued）。在现代公司实务中，一开始，授权股份计划总是高于发行股份的数额。剩余的股份可能在以后才需要，而以后再次发行授权资本以募集所剩余的部分资金时就没有必要再次修改公司章程。也就是说，在以后发行“已授权但尚未发行的股份”时，只需要董事会决定即可，而无须经过股东会同意。

授权资本制具有极大的灵活性。在这种资本制度下，企业的设立不会因为资金不到位而受到影响；企业运行过程中如果需要增加资本的话，也不需要再行召开股东会，董事会在授权的范围内就可以自行决定。授权资本制最大的优势是赋予了企业最大的灵活性，给企业留下了最大的自由空间，并减少了增资成本，避免了资本的浪费。

（四）折中资本制

一些大陆法系国家和地区在吸收英美法授权资本制的同时，为了调和传统的资本原则以保护债权人，对英美的授权资本制进行了改造。这种资本制被称为折中资本制。

所谓折中资本制，又称为折中授权资本制，或称许可资本制，是指公司在设立后，公司章程所确定的资本总额可以不必认足，而授权董事会随时发行新股，但是这种发行必须在法定期限内进行，并且首期发行股份不得少于法定最低数额。如德国[13]、法国[14]、日本[15]以及我国台湾地区[16]等曾经采取的就是这种制度。

折中资本制是在授权资本制基础上设计出来的一个改良品种，并试图在自由、效率与安全等不同的价值取向之间寻求一个平衡点。这一制度既不同于授权资本制，也与法定资本制相区别。

折中资本制与授权资本制的区别在于，公司章程对董事会的授权受到了一定程度的干预，即董事会必须在法定期限内发行新股，且首次发行不得低于法定比例。而在授权资本制的情况下，董事会有权自主决定何时发行新股。至于是否设定首次发行最低比例，则由公司章程规定。较之于折中资本制，授权资本制具有更大的灵活性。

折中资本制与法定资本制的不同在于，折中资本制虽然吸收了授权资本制的一些因素，但却对董事会的授权加以限制。因此，折中资本制本质上仍然是一种法定资本制，但它既不同于严格意义上的法定资本制，也不同于法定资本制条件下的分期缴纳制。

---

〔12〕 MBCA § 6. 03.

〔13〕 《德国股份公司法》第 202 条规定，章程可以授权董事会在公司登记后至多为 5 年的期间，通过以出资为条件发行新股，将股本增加至一定的名义金额（授权资本）……授权资本的名义金额不得超过授权时现存资本的一半。只有经监事会同意，才可以发行新股。

〔14〕 《法国商事公司法》第 75 条规定，公司资本必须被全部认购。货币股份，在认购时应至少缴纳面值一半的股款。剩余股款根据董事会或经理室的决定，自公司在商业和公司注册簿之日起不超过 5 年的期限内，根据情况，一次或分数次缴纳。

〔15〕 日本 2005 年修改后的《公司法》也采取了授权资本制度。在章程授权的发行额范围内，原则上董事会可以决定发行新股。章程授权给董事会发行新股的数额，最多不能超过公司已发行股份总数的 4 倍。

〔16〕 我国台湾地区“公司法”也采取了授权资本制模式。其在第 156 条第（二）项规定，前项股份总数，得分次发行。该条原本也是要求第一次应发行之股份不得少于股份总数的 1/4，但 2005 年废除了首次发行股份比例的要求。

（五）出资方式的多样化

出资方式的多样化，一定程度上代表着组建公司的灵活性和自由化。现代社会一般均规定，发行股份的对价可以是任何有形财产和无形财产，或者对公司提供的利益，包括现金、现物、已获支付的期票、已经履行的劳务或者服务或者其他证券。[17] 由于大势所趋，即使是原先一些坚持对股东出资方式进行限制的规定也相继放弃原先的立场，使出资方式多样化。[18] 概言之，除直接以现金出资外，举凡可以用货币估价并可以转让的财产均可以作为股东出资的财产。

现金是最常见和最为法律支持的一种出资方式。这是因为现金出资无须评估作价，交付简单。现代商业社会的支付很少直接以现金支付，而是以支票进行支付。因此，支票支付被视为现金支付。

现物出资是大陆法系国家法律的概念。所谓现物出资，是指金钱以外的任何形式的出资。根据大陆法系国家法律的规定，现物出资一般不承认劳务和信用出资，而且可以现物出资的，仅限于发起人。然而，现金以外的其他出资方式相当广泛，是否意味着所有的现金以外的其他财产均可作为现物出资呢？对此，各国法律似乎并不存在明确的规定。那么，如何确定现物的范围呢？一般而言，作为现物出资的标的物的适格性须满足如下四个要件：[19]

第一，标的物的确定性。标的物的确定性是指作为现物出资的标的物是客观存在的，并可以确定。

第二，标的物的价值性。标的物的价值性是指作为现物出资的标的物具有财产价值。这是现物出资制度的目的性要求，否则，公司出资制度失去其本来意义。这里，标的物的价值是指现在已经存在的价值，将来的价值不具有适格性。

第三，标的物的评价性。标的物的评价性是指作为现物出资的标的物的价值能够以某种方法予以评估，并据此确定公司所发行股份的适格对价。

第四，标的物的转让性。标的物的转让性是指作为现物出资的标的物可以有效地转移给公司，如果其转让发生障碍，必然会发生出资瑕疵问题。需要强调的是，这里所谓的

---

〔17〕 如 MBCA 6.21(b)规定，股东的出资可以是任何有形或者无形财产，或者利益，包括现金、期票、已履行劳务、将来提供服务的合同，或者其他公司证券。Del. GCL § 152 条规定，股东对公司的出资方式可以是现金、已履行劳务、动产、不动产、不动产租赁物或者上述任何财产的结合。ULLCA § 401 规定，有限责任公司成员的出资可以是有形或者无形财产或其他对公司的利益，包括金钱、期票、已履行劳务或者其他现金或者财产出资的协议，或者在未来提供劳务的契约。这一出资方式的多样化规定使有限责任公司具有更加广阔的运用空间，尤其是可以适用于职业服务性公司，符合提升人力资本价值的要求。但也有一些法律仍然对股份的发行对价进行了相当的限制。例如，即使在美国，仍然有许多州法律规定，只有特定的财产才能作为发行股份的合格对价。我国也属于这种情形。

〔18〕 譬如，我国台湾地区"公司法"第 156 条原本规定，股东之出资，除发起人之出资及"本法"另有规定外，以现金为限。而修正后第 156 条第(七)项则规定，股东出资除现金外，得以对公司所有之货币债权，或者公司所需之技术抵充之。

〔19〕 该四个要件采自日本志村治美教授的归纳。据称，该种归纳又来自瑞士学者的总结。参见[日]志村治美：《现物出资研究》，于敏译，法律出版社 2001 年版，第 134 页。

可转让性,是指标的物具有独立的可转让性。如果其转让具有附属性,不具有适格性。

四、我国公司资本制度的改革

(一)我国公司资本制度的历次修改

我国1993年首次颁布的《公司法》对公司资本制度采取了严格的法定制。它不仅规定了很高的注册资本最低限额,而且规定了注册资本的实缴制。同时,伴随着严格的法定资本制,《公司法》和相关公司登记法规规定,公司股东或者发起人缴纳出资或者股款后必须经法定验资机构验资,在申请公司登记时向公司登记机关提交验资证明。很显然,93年《公司法》对公司资本的要求非常严格。

93年《公司法》经过十余年的践行,暴露出来的弊端越来越严重,继续维持严格的法定资本制,显然已经不合时宜。为了适应国际上公司资本制度改革的大趋势和我国市场经济的纵深发展,2005年我国《公司法》获得了一次较大的修正,其中对公司资本制度进行了较大力度的改革,并在很大程度上放松了资本管制。它不仅较大幅度地降低了注册资本的最低限额,同时也改革了注册资本的缴纳制,由一次性足额实缴制改为分期缴纳制。

尽管05年《公司法》较之于93年《公司法》取得了较大进步,但依然维持了法定资本制,设立公司仍然需要满足最低注册资本限额要求;资本缴纳虽然可以分期,但法律仍然对首期出资以及分期缴纳期限设定了限制;公司的设立登记仍然需要履行验资程序并提交验资证明。总体看来,05年《公司法》对公司资本的要求依然门槛较高,登记程序依然复杂,公司设立依然困难。

有鉴于此,2013年我国再次对公司资本制度进行了深度改革。立法上彻底废除了最低法定注册资本限额要求;公司注册资本由实缴制改为认缴制,包括不再限制股东或者发起人首次缴纳数额以及分期缴纳期限;取消了验资要求和证明;并对登记制度做出了相应的修改。13年《公司法》一举解决了长期以来一直存在的企业设立难的困境,有利于降低投资者创业成本,刺激投资者投资积极性;有利于降低企业融资成本并提高企业资金使用效率;有利于新技术、新产业、新业态等新兴生产力的发展;有利于创造更多的就业与创业机会。

然而,13年《公司法》经过十余年的运行,也暴露出一些问题。譬如,在将公司注册资本由实缴制改为认缴制后,没有对缴纳期限做出时间限制,这必然导致一些股东虽然认缴了出资,但却故意拖延,长期不履行实际缴纳义务。有鉴于此,23年《公司法》对有限责任公司的认缴期限进行了限制,即须在公司成立之日起5年内缴足。股份有限公司则须在公司成立之时足额缴纳,公司方能成立。

(二)我国公司法的授权资本制

我国23年《公司法》采用了授权资本制。根据《公司法》第152条的规定,公司章程或者股东会可以授权董事会在3年内决定发行不超过已发行股份50%的股份。但以非货币财产作价出资的应当经股东会决议。董事会依照前款规定决定发行股份导致公司注册资本、已发行股份数发生变化的，对公司章程该项记载事项的修改不需再由股东会表决。《公司法》第 153 条规定，公司章程或者股东会授权董事会决定发行新股的，董事会决议应当经全体董事 2/3 以上通过。根据以上两条规定，我国的授权资本制的特点如下：

第一，公司章程或者股东会可以授权董事会发行股份。这就是所谓的授权资本制，即公司资本的发行不再专属于股东会，公司章程或者股东会可将发行资本的权力授权给董事会行使。

第二，公司章程或者股东会的授权是有限度的，即“董事会在 3 年内决定发行不超过已发行股份 50% 的股份”。这里既有股份发行的时间期限，又有发行股份的数额限制。

第三，“以非货币财产作价出资的应当经股东会决议”。也就是说，授权董事会发行的资本限于货币出资，由于非货币财产存在作价出资问题，此种财产出资的作价权力归属于股东会。

第四，董事会经授权发行的股份不再需要股东会决议。董事会发行股份必然导致公司注册资本、已发行股份数发生变化，从而引起公司章程该项记载事项的修改。一般情况下，公司章程的修改须经股东会决议，但经授权发行的股份本就是董事会的权力，故不需再由股东会表决。

第五，公司章程或者股东会授权董事会决定发行新股的，董事会决议应当经全体董事 2/3 以上通过。很显然，公司法将董事会发行授权股权当作特别决议对待的。

五、公司资本制度变革后的债权人保护

在对传统公司法上的资本制度进行了修正和变革后，如何保护债权人利益？这是人们甚为担心的一个问题，也是公司资本制度改革必须面对的一个问题。

第一，完善公司治理。在法理上，公司是独立的法人，具有独立的人格。在公司责任关系中，股东承担的是有限责任，即在自己出资的范围内对公司债务承担责任，公司独立承担其债务责任。为了保障公司的这种独立责任能力，首要的制度保障就是要有健全的公司治理准则。只有公司在健全的治理环境内，公司才能保持良好的运行，公司资产才能保值增值，交易安全才能得到保障。完善公司治理在法律上主要表现在三个方面：一是要有健全的公司治理结构。公司须组建诸如股东会、董事会和监事会这样的组织机构。只有健全的组织机构，才能保障公司的正常运行，保持公司权力的相互制衡，避免大股东或者实际控制人控制和操纵公司，侵占公司资产，损害公司利益。二是公司运作须遵守正当的程式。正当程式是公司做出正确决策的程序制度保障。譬如，公司股东会做出决议须经多数出席，多数通过，才能产生一项有效决议，以此避免个别人操纵会议谋取不正当利益。三是公司需建立有效的内控机制。譬如，关联交易制度、大股东和实际控制制度、重大资产处置制度、内部审计制度以及信息披露制度等。

第二,健全财务会计制度。根据公司法的要求,公司应当依照法律、行政法规和国务院财政部门的规定建立本公司的财务、会计制度。健全的财务会计制度是保障资产安全的重要手段和措施。关于这一点,本书后面将有详尽的讨论,此不赘述。

第三,强化"揭开公司面纱"制度的运用。废除法定资本制是为了刺激投资者的投资积极性,为公司提供更大的自由空间,而非为股东滥用权利逃避债务提供方便。因此,在废除了法定资本制的情况下,强化"揭开公司面纱"制度的运用就显得较为重要。如果发生股东滥用公司独立地位与有限责任特权欺诈债权人或者逃避债务,则应否认公司的独立人格,使股东直接对公司债务承担责任。

第四,应当强化董事、高级管理人员的受信义务及其执行机制。董事、高级管理人员是公司的管理者,其对公司资产增值负有直接责任,如果董事、高级管理人员经营无责任心或者违背良心"偷窃"或者"浪费"公司资产,必将直接损害公司和股东利益,间接损害债权人利益。因此,公司法应当强化管理者的受信义务,使其尽心尽责地经营管理公司财产,忠诚地将公司利益置于自己利益之上,保障公司资产的保值增值。如果董事、高级管理人员违反了其受信义务,应当承担相应的责任,并通过派生诉讼机制来落实这种责任。同时,还应强化控股股东和实际控制人的受信义务。他们虽然在名义上不是公司的管理者,但如果他们实际控制或者操纵公司损害公司利益,为自己谋取不当利益,他们也须对公司承担受信义务。在实际生活中,控股股东或者实际控制人对公司的危害同样很严重。

第五,强化披露制度,尤其是对公司债务结构和公司前景分析以及债务担保与保全等信息的披露,让有关利害关系人在充分了解公司资本和资产状况的基础上作出理性决策。如果利害关系人通过相关信息披露或者通过其他手段了解到公司资信状况不佳或者行为不良,则应慎重决定是否与这样的公司建立交易关系。与此同时,应建立和完善信用约束机制。譬如,建立信用信息公开平台,将有违规行为的市场主体列入经营异常的"黑名单",通过信息公开平台公之于众,使其"一处违规,处处受限",提高企业"失信成本。"

第三节 出资法律制度

一、注册资本

旧公司法一直维持了注册资本的最低限额要求。所谓注册资本最低限额,是法律为公司的注册资本设定的一道底线,即公司的注册资本不能低于这道底线。这是公司设立的必要条件,如不能满足这一条件,公司将无法设立。传统公司法的立法者期望通过这一底线的设置能够保障公司的最低清偿能力。但是,这一期待不仅不能有效实现,而且将许多弱小投资者阻却于门外,使他们无法利用公司这种投资工具开展商业活动。

93 年《公司法》对公司的注册资本设定了很高的最低限额要求:股份有限公司最低注册资本为1000 万元人民币;有限责任公司根据其性质分别规定了不同的最低注册资本限额,如以生产经营为主的公司人民币 50 万元,以商品批发为主的公司人民币 50 万元,以商业零售业为主的公司人民币 30 万元,科技开发、咨询、服务性公司人民币 10 万元。这样的高门槛使得许多投资者只能望公司兴叹而不得入其门。

05 年《公司法》放宽了对公司资本的管制,但依然维持了注册资本的最低限额要求,如股份有限公司的最低注册资本限额下降为500 万元人民币,有限责任公司不再区分行业,一律下降为3 万元人民币。公司实际上不过是一种社会公众可以普遍利用的投资融资工具而已,即便是股份有限公司也不过如此。根据05 年《公司法》,设立一家股份有限公司至少需要500 万元人民币的资本,显然无异于剥夺了普通百姓利用这一工具的权利。05 年《公司法》承认了"一人有限责任公司",却规定了10 万元人民币的注册资本最低限额。立法上承认一人公司,原本是为了更加方便地满足投资者需求,尤其是满足弱小投资者的投资需求,但05 年《公司法》的严格要求显然反映了立法者的不信任态度,也没有体会到法律承认一人公司的真义。

13 年《公司法》彻底废除了注册资本的最低法定限额要求。相应地,13 年《公司法》关于公司注册资本的规定为在公司登记机关登记的全体股东认缴的出资额或者全体发起人认购的股本总额,既包括一人公司在内的有限责任公司,又包括股份有限公司。这就是说,在废除了注册资本最低限额的情况下,公司的注册资本完全由股东或者发起人自行决定,排除了法律干预的强制性因素。譬如,根据05 年《公司法》,设立有限责任公司的最低注册资本限额仅为3 万元人民币,似乎很低了。但这不是问题的关键。问题的症结是,对于设立公司到底需要多少资本是由当事人自主决定还是由法律进行强行干预。很显然,法律不应采取强行限制的政策。

23 年《公司法》坚持了13 年《公司法》的立场,无论是有限责任公司还是股份有限公司,其注册资本均由公司自行决定。同时,23 年《公司法》承认了"一人股份有限公司",公司的注册资本同样由公司自行决定。

废除最低注册资本限额要求,不是说就不要注册资本,而是说投入多少资本由投资者和企业自己决定。这是一个投资者自由、企业自主、市场自律的问题。通俗地讲,市场的归市场,政府的归政府。政府不能滥用其公共权力干涉本应属于企业自主经营管理的事务,破坏市场经济规律。

应当注意的是,《公司法》放弃了对注册资本最低限额的管制,仅仅针对的是从事普通业务的商事公司而言,并不包括从事特殊业务的公司在内。对于从事特殊业务的公司,如从事存贷款业务的商业银行、从事证券业务的证券公司、从事保险业务的保险公司、从事信托业务的信托公司、从事基金管理与投资的基金公司以及从事其他需要获得特别许可业务的机构,法律并未放弃对这类公司或者机构的资本管制。如果相关法律、行政法规或者国务院相关决定对这类公司或者机构的注册资本的最低限额有特别规定的，设立这类公司或者机构仍然应当遵守其规定。这是因为，这类公司或者机构所从事的业务可能涉及社会公众利益，可能涉及自然资源统筹调配，可能涉及国家公共安全，因而需要对之施加必要的管制，各国法制概莫如此。

二、出资缴纳

我国早期公司法对于出资缴纳采取的是“实缴制”。实缴制在不同资本制度中其意义是有差别的。譬如，根据93年《公司法》的要求，股东或者发起人应当足额缴纳公司章程中规定的各自认缴的出资额或者全部股款。也就是说，公司章程中确定的出资额或者股本总额是多少，在设立公司登记时必须全部一次性足额缴纳。这同样是设立公司的实质性条件，如不能满足这一条件，公司登记机关将拒绝登记，公司不能成立。这是一种最为严厉的实缴制。

05年《公司法》规定有限责任公司全体股东的首期出资额不得低于注册资本的20%，也不得低于法定的注册资本最低限额，其余部分由股东自公司成立之日起2年内缴足。05年《公司法》针对股份有限公司的资本缴纳的要求是，全体发起人的首次出资额不得低于注册资本的20%，其余部分由发起人自公司成立之日起2年内缴足。一人公司则采取的是一次性足额缴纳。由此可见，05年《公司法》虽然在一定程度上放松了对资本缴纳的管制，但依然是一种法定资本制，这体现在它对首期缴纳的数额以及分期缴纳的期限保留了限制。

13年《公司法》放弃了对资本缴纳的法律管制，改为认缴制。这意味着股东或者发起人根据公司章程确定的出资总额或者股本总额自行认缴或者认购各自的出资或者股份，对于其认缴的出资或者认购的股份的缴纳，只需要按照公司章程的规定缴纳即可。如果公司章程规定的是一次性足额缴纳，股东或者发起人就应该在规定的期限内一次性足额缴纳；如果公司章程规定的是分期缴纳，股东或者发起人就应当根据公司章程规定的期次和数额分期缴纳。由此可见，实缴制与认缴制的根本区别在于是否存在法律干预因素。认缴制排除了法律强制干预因素，注册资本如何缴纳由当事人通过公司章程自行决定。公司章程本身就是一种自治性文件，是公司自治的体现。

就股份有限公司而言，上述认缴制仅适用于发起设立的股份有限公司，而不适用于募集设立的股份有限公司。13年《公司法》仍然保留了早期公司法的规定，即股份有限公司采取募集方式设立的，注册资本为在公司登记机关登记的实收股本总额。但是，我国目前并没有募集设立股份有限公司的情形，所有的股份有限公司都是发起设立方式，在公司设立后采取新股发行（IPO）的方式募集股份。

23年《公司法》第47、98条针对实践中公司出资缴纳出现的问题，采取了矫正措施。具体而言，针对有限责任公司，依然保持了股东自行决定缴纳期限，但公司法设定了底线要求，即自公司成立之日起5年内缴足。针对股份有限公司，则完全废除了13年《公司法》的分期缴纳的期限自由，要求在公司成立前按照其认购的股份全额缴纳股款。

同时也应注意的是，就股份有限公司而言，无论是13年《公司法》还是23年《公司法》，股份有限公司采取募集方式设立的，注册资本为在公司登记机关登记的实收股本总额。《公司法》第100条规定，发起人向社会公开募集股份，认股人应当按照所认购股份足额缴纳股款。

此外，如果法律、行政法规或者国务院决定对于特殊公司实行实缴制的，公司的注册资本仍然体现为公司登记机关登记的实收资本。早期公司法要求股东缴纳出资或者发起人缴纳股款后还须经依法设立的验资机构进行验资。由此可见，实缴制是与强制验资要求共为一体的。在实缴制的情形下，公司须履行验资程序并在公司登记时向登记机关提交验资证明。

验资及其验资证明原本就是为了满足登记要求，它体现的是政府通过登记对企业的管制，与法定资本制存在必然的联系。然而，验资制度不仅不能避免虚假出资，相反，当事人为了满足设立公司的法定资本要求和登记机关的验资要求往往与验资机构串通提供虚假验资证明，实践中的虚假出资或者抽逃出资现象屡禁不止。在某种意义上可以说，之所以会出现那么严重的虚假出资或者抽逃出资，很大程度上是由不合理制度造成的。在登记制度改革后，13年《公司法》废除了强制验资制度，登记机关不再过问出资的缴纳，自然也就无须验资和提交验资证明。但13年《公司法》规定采用募集设立方式设立的股份有限公司所发行股份的股款缴足后，仍然须经依法设立的验资机构验资并出具证明。23年《公司法》第101条同样规定，向社会公开募集股份的股款缴足后，应当经依法设立的验资机构验资并出具证明。

三、出资方式

93年《公司法》采取列举的方式将出资方式限定于货币、实物、工业产权、非专利技术和土地使用权。05年《公司法》对出资方式进行了较大程度的修正，扩张了出资方式。05年《公司法》第27、82条规定，有限责任公司股东和股份有限公司的发起人可以用货币出资，也可以用实物、知识产权、土地使用权等可以用货币估价并可以依法转让的非货币财产作价出资。05年《公司法》不仅采取列举的方式规定货币、实物、知识产权、土地使用权可以出资，而且采用概括的方式规定凡是可以用货币估价并可以依法转让的非货币财产均可以出资。与早期公司法对比，05年《公司法》的进步性是显而易见的。13年《公司法》维持了05年《公司法》的规定。23年《公司法》第48、98条增加了“股权、债权”，扩大了出资方式。根据我国现行《公司法》的规定，出资方式包括两种：货币出资和非货币出资。其中，非货币出资相当于现物出资，其范围包括动产、不动产、有形财产、无形财产等。一切财产均可以成为出资财产，其标准就是“可以用货币估价并可以依法转让”。

此外，93年《公司法》规定，股东或者发起人以工业产权、非专利技术作价出资的金额不得超过公司注册资本的20%，国家对采用高新技术成果有特别规定的除外。但在实践中，技术出资的需求很大，屡屡突破这一限定。05年《公司法》转而规定，全体股东或者发起人的货币出资额不得低于公司注册资本的30%。13年《公司法》废除了这一限制措施。23年《公司法》维持了13年《公司法》的这一规定。这表明股东或者发起人的出资方式完全可以由当事人自己决定,法律没有必要直接介入。

应当注意的是,公司法虽然规定了出资财产的广泛性,但同时也对其加以限定,如法律、行政法规规定不得作为出资的财产除外。由此可见,公司法仍然保留了在特定情况下法律、行政法规对出资方式加以限制的权力。譬如,在我国公司登记实务中就不允许股东以劳务、信用、自然人姓名、商誉、特许经营权或者设定担保的财产等作价出资。

尽管公司法对于出资方式进行了规定,但是在实务中仍然存在一些问题。下面讨论一些较为特殊的情况。

第一,股权是否可以出资?股权符合公司法关于非货币财产出资的标准,当然可以出资。根据公司法相关司法解释规定,出资人以其他公司股权出资,应当符合下列条件:(1)出资的股权由出资人合法持有并依法可以转让;(2)出资的股权无权利瑕疵或者权利负担;(3)出资人已履行法律关于股权转让的法定手续;(4)出资的股权已依法进行了价值评估。[20] 司法解释规定的这四项条件,其实只有第(3)项专门针对股权出资具有意义,其他三项条件是所有非货币财产出资均须具备的条件。就股权转让的法定手续而言,主要是指:其一,股权出资实际上是一种股权转让,因而需要满足公司法关于股权转让的规则,即股权转让给公司原股东以外的第三人时,其他股东享有优先购买权。其二,股权出资须办理转让过户手续。关于这一问题,请参见本书后面关于股权转让的论述。另外,我国公司法对公司发起人、董事、高级管理人员的股份转让设定有限制,该种限制未经解除(如在法定期限内)不能转让,因而也就不能出资。

第二,债权是否可以出资?债权也是一种无形财产权,法理上讲当然应该可以出资。实务中,债权出资则可以分为两种情况:一是以对公司的债权出资,属于债转股;二是以对他人的合同权利出资,属于合同权利的转让。债权是一种只有在一定期限届满后才能实现的权利,因此,债权出资属于信用出资。如以债权出资,公司在未能实际享受权利,即债权未能实现前,股东不应享有股东权利。

第三,期票、劳务或者服务能否出资?期票、劳务或者服务出资属于信用出资。大多数国家法律承认期票(promissory notes)、劳务或者服务合同(contracts for future services)或者其他信用方式可以作为出资财产。应当注意到,在现实的商业生活中,有时确实存在以期票、劳务或者服务作为发行股份对价的必要。但是,这些法律在承认期票、劳务或者服务以及其他信用方式可以作为出资财产的同时,也对信用出资进行了一定的限制,即在将期票、劳务或服务以及其他信用方式作为出资时,该种期票、劳务或者服务必须是"已获支付的期票"(promissory notes paid)或者"已经履行的劳务或者服务"(services performed)。未获支付的期票或者没有履行的劳务或者服务不能成为公司发行股票的

〔20〕《公司法》司法解释三第11条。

“适格对价”(adequate considerations)。对于以将来服务或者利益或者未获支付的期票作为对价的,公司可以将股票交由第三者保存,直到获得实际对价支付。也就是说,在提供服务或者公司获得支付前,公司可以将股票存在一个“第三者代管账户”(escrow account)里。股东提供服务或付清欠款之后,第三者即将代管的股票交给股东。如果股东不提供服务或不付欠款,第三者就将股票返还给公司注销。[21]

第四,商誉能否出资?商誉具有财产性,但商誉的财产价值只有与营业结合在一起时才能体现出来,因此,商誉不能独立转让。因此,商誉不能单独出资,只能与营业一起转移给公司。

第五,特许经营权是否可以出资?特许经营权包括两种形式:一是行政许可的特许经营权;二是商业许可的特许经营权。前一种特许经营权显然不能出资。从法律上来讲,该种特许经营权不能转让,不能满足公司法上的可以“依法转让”条件;从实质上来讲,该种特许经营权涉及公用事业,被许可人需具备符合要求的资质和条件,如果允许以行政许可的特许经营权出资,将有违该种特许经营权的真正意图,并可能损害公共利益。商业许可的特许经营权也是许可人将特定营业的经营权授予特定的被许可人,被许可人也须具备许可人认可的资质和条件。所以,原则上,商业特许经营权同样不能转让或者出资。不过,商业特许关系又不同于行政特许关系,它属于商业性质,并不涉及公共利益,因此,如果该种特许协议明确约定被许可人有权转让或者以其享有的特许经营权出资,则自无不可。

第六,自然人姓名或者商业名称是否可以出资?商业名称是一种财产权并可以与商事主体发生分离,自然可以转让或者出资。至于商业名称出资的价值,如同特许经营权(以及所涉及的专利、商标、专有技术等)、商誉、劳务或者服务一样,则是一个实际评估问题。但自然人姓名却不能作为出资财产,因自然人姓名是一种人身权,不具有财产性,不能转让,自然不能作为出资财产。

第七,划拨土地和设定担保的财产能否出资?划拨土地不能直接出资,因为划拨土地是经政府批准,在土地使用者缴纳补偿、安置等费用后将该幅土地交付其使用,或者将土地使用权无偿交付给土地使用者使用的土地。划拨土地的主要用途是:国家机关用地和军事用地;城市基础设施用地和公益事业用地;国家重点扶持的能源、交通、水利等基础设施用地;法律、行政法规规定的其他用地。划拨土地不能直接出资,如欲以划拨土地出资,必须办理土地使用权变更手续,即将划拨土地转变为出让土地。设定担保的财产不能出资,因为在可能出现的债务人不能履行债务时,担保权人将获得设定担保的财产,如果以此财产出资,公司的权利可能落空。根据公司法司法解释的规定,出资人以划拨土地使用权出资,或者以设定权利负担的土地使用权出资,当事人应当在法院指定的期限内办理土地变更手续或者解除权利负担,否则,法院将认定当事人未履行出资义务。[22]

---

〔21〕 MBCA 6.21(e).

〔22〕 《公司法》司法解释三第8条。

第八,关于技术出资与货币出资的比例问题。现在回过头来再讨论一下货币出资问题。公司法就如何促进技术转换为生产力这一问题一直很纠结。立法者既要鼓励技术创新,又要维持公司一定规模的现金和实物资金。基于此种考虑,93 年《公司法》规定,股东或者发起人以工业产权、非专利技术作价出资的金额不得超过公司注册资本的20%,国家对采用高新技术成果有特别规定的除外。但在实践中,技术出资的需求很大,屡屡突破这一限定。但到底应该规定一个什么样的比例才合适,殊难决定。05 年《公司法》改变思路转而规定,全体股东或者发起人的货币出资额不得低于公司注册资本的30%。从表面上来看,似乎 05 年《公司法》巧妙地规避了对技术出资比例的限定,只要公司维持必要的货币出资额即可,其实,公司法的这种限制是没有必要的,股东或者发起人的出资方式完全可以由当事人自己决定,法律没有必要强行地进行人为的主观干预。因此,13 年《公司法》废除了这一限制措施,23 年《公司法》维持了这一废除。

四、出资估价

除现金以外的任何出资均会涉及估价问题。《公司法》第 48、98 条规定,对作为出资的非货币财产应当评估作价,核实财产,不得高估或者低估作价。法律、行政法规对评估作价有规定的,从其规定。

由此可见,我国法律明确要求对非货币出资必须进行评估作价。那么谁有权力进行评估作价呢? 除《公司法》第 104 条明确规定募集设立的股份有限公司由成立大会对发起人非货币财产出资的作价进行审核外,对于有限责任公司和发起设立的股份有限公司的非货币财产的评估作价则没有明确规定。不过,从公司法关于评估作价规定的精神来看,有限责任公司的作价权力应属于全体股东。发起设立的股份有限公司,其评估作价的权力应属于全体发起人。

从国外的法律来看,早期公司法大多将对出资评估作价的权力赋予给股东会,甚至现在一些公司法仍然允许股东会来确定出资财产的价值。而现代公司法一般则将对出资财产的评估权力授予董事会。也就是说,董事会有权就公司所发行股份的对价作出决定,而不必经由股东会决定,除非公司章程另有规定。[23]

只要在该种交易中不存在欺诈,董事会的这种决定就是最终的决定。换句话说,如果董事会在决定其所发行股份的价值时存在欺诈的话,董事会须对其行为承担责任。例如,董事会决定在得到 B 的价值为 10 万元的 6 件储藏设备时立即向 B 出售股份。而事实上,这些储藏设备毫无价值。如果这样的交易不存在欺诈性,就必须接受对该储藏设备价值的确定。但是,如果该种交易存在欺诈,如董事会对该储藏设备的价值的确定是

---

〔23〕 譬如,Del. GCL § 153(d)条规定,如果公司在其章程中将估价权授予股东会,股东会估价的结论必须由已发行在外的多数股份投票通过。MBCA § 6.21 条的规定亦相同。

为了欺骗另一股东或者第三人,则将导致掺水股责任。[24]

将对出资财产的估价权授予董事会,可以大大降低复杂的评估程序所带来的成本。同时,这种规定解决了公司成立后增加资本或者发行新股谁有权力决定出资财产的价格的问题。

既然董事会对出资作价负有责任,那么对于出资财产是否需要经过法定机构进行评估验资,则可由董事会视情况而决定。譬如,有的出资财产性质简单,其价值没有争议,如果一律要求均要经过法定机构进行评估验资,徒增投资成本而已。

五、出资瑕疵责任

(一)有限责任公司股东的出资责任

1. 股东不按规定缴纳出资的责任

《公司法》第 49 条规定,股东应当按期足额缴纳公司章程规定的各自所认缴的出资额。股东以货币出资的,应当将货币出资足额存入有限责任公司在银行开设的账户;以非货币财产出资的,应当依法办理其财产权的转移手续。股东未按照前款规定缴纳出资的,除应当向公司足额缴纳外,还应当对给公司造成的损失承担赔偿责任。该条规定包含了如下几层意思:

第一,出资义务的履行。股东应当按照公司章程的规定缴纳其所认缴的出资。尽管 13 年《公司法》将出资义务的履行由实缴制改为认缴制,但股东认缴的出资必须缴纳。23 年《公司法》规定对有限责任公司继续维持了认缴制,但须自公司成立之日起 5 年内缴足。至于 5 年期限内如何缴纳,则取决于公司章程的规定如何。如果公司章程规定的是一次性缴纳,股东则必须一次性缴纳其认缴的出资;如果公司章程规定的是分期缴纳,股东也可以分期缴纳其认缴的出资。但无论是一次性缴纳还是分期缴纳,均应按期足额缴纳。23 年《公司法》将股份有限公司的出资由认缴制改为实缴制。

第二,出资义务的履行方式。如果股东以货币出资,应当将货币出资足额存入有限责任公司在银行开设的账户;如果股东以非货币财产出资,应当将其出资的财产权转移给公司。无论是货币出资还是非货币财产出资,所出资财产均需归属于公司名下,使公司取得对出资财产的权利。

第三,未履行出资义务的救济。出资是股东的义务,股东未按照规定缴纳出资的,构成义务不履行或者不完全履行。于此情形,股东应继续履行义务,即应当向公司足额缴纳。

第四,赔偿责任。股东不按照前款规定缴纳出资的,除应当向公司足额缴纳外,还应当对给公司造成的损失承担赔偿责任。

---

[24] 譬如,N. Y. Bus. Corp. Law § 504(a)条规定,如果在财产或服务换取股票的交易中没有欺骗行为,董事会对财产出资的估价即为定论。如果股东对董事会的估价有争议,持不同意见的股东必须向法庭证明估价过程中有欺骗行为,否则法庭不会轻易推翻董事会对估价所作的结论。

2. 股东出资不足或者出资不实的连带责任

《公司法》第50条规定，有限责任公司设立时，股东未按照公司章程规定实际缴纳出资，或者实际出资的非货币财产的实际价额显著低于所认缴的出资额的，设立时的其他股东与该股东在出资不足的范围内承担连带责任。

3. 董事会的核查义务和责任

《公司法》第51条规定，有限责任公司成立后，董事会应当对股东的出资情况进行核查，发现股东未按期足额缴纳公司章程规定的出资的，应当由公司向该股东发出书面催缴书，催缴出资。未及时履行前款规定的义务，给公司造成损失的，负有责任的董事应当承担赔偿责任。

（二）股份有限公司的出资责任

1. 发起人的出资义务

《公司法》第98条规定，发起人应当在公司成立前按照其认购的股份全额缴纳股款。前已叙及，股份有限公司的出资实行的是实缴制。

发起人的出资，适用《公司法》第48条、第49条第2款关于有限责任公司股东出资的规定。《公司法》第48条是关于出资方式的规定，《公司法》第49条第2款是关于货币出资的过户和非货币财产出资的产权转移的规定。

2. 发起人的连带责任

《公司法》第99条规定，发起人不按照其认购的股份缴纳股款，或者作为出资的非货币财产的实际价额显著低于所认购的股份的，其他发起人与该发起人在出资不足的范围内承担连带责任。

按照该条规定，股份有限公司的发起人不按照其认购的股份缴纳股款，或者作为出资的非货币财产的实际价额显著低于所认购的股份的，发起人当然应当补缴，自不待言。但该条强调的是其他发起人的连带责任。这里的连带责任指的是其他发起人承担对公司补缴出资的连带责任。也就是说，如果发起人没有按照其认购的股份缴纳股款，其他发起人承担连带责任。为什么法律要求“其他发起人”须对发起人的补缴责任承担连带责任呢？这是因为发起人之间的关系是一种合伙关系，他们共同承担对公司的出资缴纳义务。因此，如某一发起人违反了这一义务，其他股东自然应当承担连带缴纳责任。这一原则也应当适用于有限责任公司的股东，已如前述。

3. 股份有限公司认股人未按期缴纳股款的责任

《公司法》第100条规定，认股人应当按照所认购股份足额缴纳股款。相应地，股份有限公司的认股人未按期缴纳所认股份的股款，经公司发起人催缴后在合理期间内仍未缴纳，公司发起人对该股份另行募集的，另行募集行为有效。认股人延期缴纳股款给公司造成损失，认股人应当对公司承担赔偿责任。

（三）非货币出资的差额填补责任

差额填补责任，又称为瑕疵担保责任，是指在非货币出资中，有限责任公司的股东或者股份有限公司的发起人高估了价格，股东或者发起人应当就高估的部分承担责任。《公司法》第 50 条规定，有限责任公司设立时，股东未按照公司章程规定实际缴纳出资，或者实际出资的非货币财产的实际价额显著低于所认缴的出资额的，设立时的其他股东与该股东在出资不足的范围内承担连带责任。《公司法》第 99 条规定，发起人不按照其认购的股份缴纳股款，或者作为出资的非货币财产的实际价额显著低于所认购的股份的，其他发起人与该发起人在出资不足的范围内承担连带责任。该两条同时针对“非货币财产的实际价额显著低于所认缴的出资额或者所认购的股份”情形。在此种情形，发起人应当补足其差额，固不待言。公司法在此处强调的是其他股东或者发起人承担连带责任。这就是所谓的差额填补责任，其特点如下：

第一，差额填补责任适用于非货币出资情形。因为现物出资需要进行估价，才会存在股东或者发起人高估价格的情形。如果是货币出资，则不存在估价问题。

第二，差额填补责任同时适用于有限责任公司的股东和股份有限公司的发起人，不适用股份有限公司的认股人，因为股份有限公司的认股人只能以现金购买公司发行的股份，不存在以非货币出资问题。

第三，差额填补责任适用的条件是，作为设立公司出资的非货币财产的实际价额显著低于所认购的股份。

第四，在公司成立后，如果发现现物出资的实际价值显著低于所认购的股份，应当由股东或者发起人承担责任。由于差额填补责任的目的在于充实公司资本，因此，此种责任仅限于股东或者发起人补足实收资本额与注册资本额之间的差额。

第五，公司设立时的其他股东或者发起人应当承担连带责任。如前所述，这种连带责任产生于发起人之间的连带义务。

(四)以不享有处分权的财产出资

出资人以不享有处分权的财产出资，其效力如何？应该如何处理？这实际上涉及《民法典》第 311 条的适用，即是否构成善意取得。如果公司取得该种财产构成善意取得，公司就能取得该种出资财产的合法财产权利；否则，该种出资行为应属无效，构成出资人未履行出资义务，并应承担未履行出资义务的责任。应注意的是，如果出资人以贪污、受贿、侵占、挪用等违法犯罪所得的货币出资后取得股权的，对违法犯罪行为予以追究、处罚时，不应该直接从公司“追缴或者没收赃款”，而是应当采取拍卖或者变卖的方式处置该出资人取得的股权。[25] 这就要求有关机关在处理此类事情时要注意区分公司财产和股东个人财产。股东股权属于个人财产，赃款的追缴或者没收只应及于股东个人财产，而不应损害公司财产。同时，在追缴或者没收赃款时，对股东股权的处置应当采取拍卖或者变卖的方式，以正确公允地确定股权的价值。

(五)划拨土地或者以设定权利负担的土地出资

出资人以划拨土地使用权出资，或者以设定权利负担的土地使用权出资，当事人应

---

〔25〕《公司法》司法解释三第 7 条。

在指定的合理期间内办理土地变更手续或者解除权利负担；逾期未办理或者未解除的，公司、其他股东或者公司债权人可以主张认定出资人未履行出资义务并要求其承担未履行出资义务的责任。[26] 关于划拨土地和设定权利负担的土地不能作为适格出资标的的问题，在前面的出资方式中已有论述，在此不赘述。

（六）未经评估作价

按照现行法规定，出资人以非货币财产出资，须经评估作价，如果没有评估作价，公司、其他股东或者公司债权人可以请求法院认定出资人未履行出资义务，如此情形，法院应当委托具有合法资格的评估机构对该财产评估作价。如果评估后确定的价额显著低于公司章程所定价额的，应当认定出资人未全面履行出资义务。[27] 事实上，在此种情况下，应适用前述非货币出资的差额填补责任。

（七）非货币财产的交付与权属变更

出资人以房屋、土地使用权或者需要办理权属登记的知识产权等财产出资，其标的的交付与权属变更可能会出现如下两种情形：一种情形是已经交付标的物但未办理权属变更手续；另一种情形是已经办理权属变更手续但未交付标的物。对于这两种情形应该如何处理呢？

在第一种情形下，尽管出资财产已经交付使用，但未办理权属变更手续，出资财产的权利尚未归属于公司，这可能成为今后纠纷的隐患。因此，此种情形依然属于出资瑕疵，出资人未全面履行出资义务。当事人可以在指定的合理期间内及时办理权属变更手续。如果出资人在指定期间内办理了权属变更手续的，则应当认定其已经履行了出资义务。于此情形，出资人亦可以主张自其实际交付财产给公司使用时享有相应股东权利。

在第二种情形下，出资人以房屋、土地使用权或者需要办理权属登记的知识产权等财产出资，已经办理权属变更手续但未交付给公司使用，显然属于出资履行有瑕疵，公司或者其他股东可以主张其向公司交付，继续履行出资义务，同时，在实际交付之前不享有相应的股东权利。[28]

（八）股权的瑕疵出资

股权可以出资，但股权是一种较为特殊的财产，因此，股权出资需要符合一定条件：(1)出资的股权由出资人合法持有并依法可以转让；(2)出资的股权无权利瑕疵或者权利负担；(3)出资人已履行关于股权转让的法定手续；(4)出资的股权已依法进行了价值评估。

如果出资的股权不符合上述条件，该项出资存在瑕疵。那么应该怎样认定出资效力呢？如果是在不符合(1)、(2)、(3)的情形下，出资人应在指定的合理期间内采取补正措施，以满足上述条件；逾期未补正的，应当认定其未履行出资义务。如果是在不符合

---

〔26〕《公司法》司法解释三第8条。
〔27〕《公司法》司法解释三第9条。
〔28〕《公司法》司法解释三第10条。

(4)的情形下,应当委托具有合法资格的评估机构对该财产评估作价。如果评估后确定的价额显著低于公司章程所定价额的,应当认定出资人未全面履行出资义务,[29]并承担非货币出资的差额填补责任。

(九)出资瑕疵的责任承担

股东未履行或者未全面履行出资义务,公司或者其他股东可以请求其向公司全面履行出资义务,这自然没有问题。

公司自身可以请求未履行或者未全面履行出资义务的股东继续履行。在设立公司时,股东在公司章程中认缴或者认购了自己的出资额或者股份,就是对公司的一种承诺,即股东应当履行其承诺并向公司实际交付其认缴或者认购的出资。也就是说,股东出资履行的对象是公司,公司是股东出资履行的对象和权利人,当股东未履行或者未全面履行出资义务时,公司自然有权要求其履行。

公司债权人也有权利请求瑕疵出资股东承担责任。但是,应注意的是,根据股东有限责任原则,未履行或者未全面履行出资义务的股东仅在未出资本息范围内对公司债务不能清偿的部分承担补充赔偿责任;未履行或者未全面履行出资义务的股东已经承担了上述责任,其他债权人就不能再次提出相同请求,因为瑕疵出资股东的责任范围仅限于其未履行出资的范围之内,不能超越这个范围要求其承担有限责任之外的责任。

股东在公司设立时未履行或者未全面履行出资义务,提起诉讼的原告还可以请求公司的发起人与被告股东承担连带责任,对此,公司法有明确规定。至于发起人承担责任后,则可以向被告股东进行追偿。

股东在公司增资时未履行或者未全面履行出资义务,提起诉讼的原告可以请求未尽《公司法》第 180 条规定的义务而使出资未缴足的董事、高级管理人员承担相应责任,因为董事、高级管理人员对股东的瑕疵出资行为负有监管和督促的义务。《公司法》第 51 条规定了董事会的核查义务和责任。也就是说,对于没有履行出资义务或者没有全面履行出资义务的股东,公司董事、高级管理人员有义务督促其继续履行,经催促后仍不履行的,应当及时提起诉讼请求法院帮助解决。这实际上体现为公司管理者受信义务的履行和承担。董事、高级管理人员承担责任后,可以向被告股东追偿。[30]

(十)股东失权

根据《公司法》第 52、107 条的规定,股东未按照公司章程规定的出资日期缴纳出资,公司董事会应当发出书面催缴书催缴出资,催缴书可以载明缴纳出资的宽限期;宽限期自公司发出催缴书之日起,不得少于 60 日。宽限期届满,股东仍未履行出资义务的,公司经董事会决议可以向该股东发出失权通知,通知应当以书面形式发出。自通知发出之日起,该股东丧失其未缴纳出资的股权。应当注意的是,股东丧失的股权仅限于"其未缴纳出资的股权",股东如果已经缴纳部分出资,其对该缴纳部分仍然享有股权。

---

〔29〕《公司法》司法解释三第 11 条。
〔30〕《公司法》司法解释三第 13 条。

对股东丧失的股权有三种处理方式：一是可以转让由他人受让，受让人可以是公司其他股东，也可以是其他第三人；二是相应减少注册资本并注销该股权；三是6个月内未转让或者注销的，由公司其他股东按照其出资比例足额缴纳相应出资。股东对失权享有异议权，股东对失权有异议的，应当自接到失权通知之日起30日内，向人民法院提起诉讼。

（十一）抽逃出资、抽回股本及其责任

《公司法》第53条规定，公司成立后，股东不得抽逃出资。违反前款规定的，股东应当返还抽逃的出资；给公司造成损失的，负有责任的董事、监事、高级管理人员应当与该股东承担连带赔偿责任。《公司法》第105条第2款规定，发起人、认股人缴纳股款或者交付非货币财产出资后，除未按期募足股份、发起人未按期召开成立大会或者成立大会决议不设立公司的情形外，不得抽回其股本。《公司法》对公司资本制度进行了重大改革和修正，如取消了注册资本的最低法定限额，有限责任公司实行认缴制，实践中的虚假出资或者抽逃出资现象将大大降低。但有限责任公司要求5年内缴纳出资，股份有限公司回归到实缴制，虚假出资或者抽逃出资现象依然不可避免，对虚假出资和抽逃出资的规制依然必要，规定有效的民事责任显得尤为必要。

《公司法》司法解释曾经将实践中常见的抽逃出资现象进行了如下归纳：(1)制作虚假财务会计报表虚增利润进行分配；(2)通过虚构债权债务关系将其出资转出；(3)利用关联关系将出资转出；(4)其他未经法定程序将出资抽回的行为。[31] 该条司法解释认为，公司成立后，公司、股东或者债权人以相关股东的行为符合前述情形之一且损害公司权益的，应认定该股东抽逃出资。抽逃出资的认定是否需要佐以“损害公司权益”这一要件呢？实际上没有必要。只要出现上述任何行为之一，该行为本身就构成抽逃出资。很明显，抽逃出资本身即损害了公司权益。同时，因为抽逃出资造成公司实收资本低于注册资本，构成欺诈。

根据《公司法》司法解释的规定[32]，抽逃出资的民事责任如下：

第一，股东抽逃出资，公司或者其他股东可以请求其向公司返还出资本息。在这里，抽逃出资股东的责任范围是返还出资本息，不仅需要返还抽逃资金的本金，还要计算抽逃出资期间公司应得的利息。请求权人包括公司和其他股东。公司成立后，股东的出资财产构成公司财产，股东抽逃出资，损害的是公司利益，请求抽逃出资的股东承担民事责任的权利属于公司，自无疑问。如果公司怠于行使权利，其他股东可代表公司提出请求，程序上应当归属于股东派生诉讼。但从追求抽逃出资的效率出发，法律直接赋予了“其他股东”的请求权，避免了适用派生诉讼程序上的复杂性。

第二，公司债权人可以请求抽逃出资的股东在抽逃出资本息范围内对公司债务不能清偿的部分承担补充赔偿责任。这说明，公司债权人对抽逃出资的股东也享有请求权，

---

〔31〕《公司法》司法解释三第12条。
〔32〕《公司法》司法解释三第14条。

但抽逃出资的股东的责任范围限于"抽逃出资本息范围内"。这显然是基于股东有限责任原则的考虑。责任性质属于对公司债务不能清偿部分的"补充赔偿责任"。因此,程序上债权人应当先向公司请求清偿债务,如公司财产不足以清偿债务,再向抽逃出资的股东请求承担抽逃责任。如果抽逃出资的股东已经承担上述责任,其他债权人不能提出相同请求。这同样是基于股东有限责任的考虑。如果股东已经承担了抽逃责任,说明其已经履行了出资义务,再无附加义务可言。

第三,协助者的责任。在公司成立后,股东抽逃出资很难单独完成,往往是在相关人的协助下完成的。因此,协助抽逃出资的其他股东、董事、高级管理人员或者实际控制人应对股东的抽逃出资行为承担连带责任。[33]

(十二)加速到期

《公司法》第54条规定,公司不能清偿到期债务的,公司或者已到期债权的债权人有权要求已认缴出资但未届出资期限的股东提前缴纳出资。这是对股东出资期限利益的限制,仅适用于有限责任公司,因为股份有限公司在成立时股东必须完成出资的缴纳,不存在需要加速到期的问题。

有限责任公司股东对其出资缴纳享有期限利益。也就是说,他享有分期付款的权利,如其出资缴纳期限未到期,他有权拒绝提前缴纳出资。但这种权利限于公司正常情况,如果公司陷入债务危机等特殊情况,股东的这种出资缴纳的期限利益将会被剥夺。公司陷入债务危机的这种特殊情形就是"公司不能清偿到期债务"。于此情形,公司或者已到期债权的债权人有权要求已认缴出资但未届出资期限的股东提前缴纳出资。

(十三)资产评估、验资或者验证机构的责任

《公司法》第257条规定,承担资产评估、验资或者验证的机构提供虚假材料或者提供有重大遗漏的报告的,由有关部门依照《中华人民共和国资产评估法》《中华人民共和国注册会计师法》等法律、行政法规的规定处罚。

承担资产评估、验资或者验证的机构因其出具的评估结果、验资或者验证证明不实,给公司债权人造成损失的,除能够证明自己没有过错的外,在其评估或者证明不实的金额范围内承担赔偿责任。

该条规定了资产评估、验资或者验证机构的行政责任和民事责任。就该条第2款所规定的民事责任而言,资产评估、验资或者验证机构的责任构成要件如下:其一,证明不实,即承担资产评估、验资或者验证的机构出具的评估结果、验资或者验证有虚假陈述或者重大遗漏。其二,给公司债权人造成损失。其三,过错推定,即如果不能证明自己没有过错,则应承担责任。其四,责任范围限定,即在其评估或者证明不实的金额范围内承担赔偿责任。

---

[33] 《公司法》第253条规定,公司的发起人、股东在公司成立后,抽逃其出资的,由公司登记机关责令改正,处以所抽逃出资金额5%以上15%以下的罚款;对直接负责的主管人员和其他责任人员处以3万元以上30万元以下的罚款。

（十四）市场风险的免责性

出资人以符合法定条件的非货币财产出资后，因市场变化或者其他客观因素导致出资财产贬值，公司、其他股东或者公司债权人不得请求该出资人承担补足出资责任。但是，当事人之间可能存在另外的约定。如果存在这样的约定，只要该种协议不违反强制性法律规范，该种协议就是有效的。[34] 因市场变化或者其他客观因素导致出资财产贬值是商事交易的正常风险，只要股东在非货币财产出资时进行了评估而且其评估价额是公允的，就不存在非货币财产出资的差额填补责任。但是，如果股东与公司之间约定，因市场变化或者其他客观因素导致出资财产贬值时由股东承担相应的损失补偿责任，自然也没有问题。这是投资者的自愿行为。这种自愿性约定产生法律拘束力，即一旦约定的事由发生，股东即应承担约定的责任。

（十五）未履行出资义务与诉讼时效

民法上的诉讼时效是指民事权利受到侵害的权利人在法定的时效期间内不行使权利，当时效期间届满时，法律对权利人的权利不再进行保护的制度。但这一制度却不适用于股东未履行出资的情形。[35] 也就是说，出资瑕疵责任不因诉讼时效届满而免除瑕疵出资股东的责任。鉴于此，公司股东未履行或者未全面履行出资义务或者抽逃出资，公司或者其他股东请求其向公司全面履行出资义务或者返还出资，被告股东不得以诉讼时效为由进行抗辩。

如果是公司债权人请求未履行或者未全面履行出资义务或者抽逃出资的股东承担赔偿责任，被告股东同样不得以出资义务或者返还出资义务超过诉讼时效期间为由进行抗辩。但需要注意的是，债权人的债权本身须没有超过诉讼时效，否则，债权人对未履行或者未全面履行出资义务或者抽逃出资的股东提出的承担瑕疵出资责任的请求，可能会因为诉讼时效的抗辩无法得到法院的支持。

第四节 股　　份

一、股份概述

（一）股份的概念与特征

1. 股份的概念

在我国公司法上，股份或者股票这一对概念从属于股份有限公司，有限责任公司的股权资本单位不采用这一对概念，而是使用“出资”与“股权证书”这一对概念。这一区分基本上沿袭的是大陆法系公司法的做法。但有的国家并没有这样的区分。如美国，由

---

[34] 《公司法》司法解释三第 15 条。

[35] 《公司法》司法解释三第 19 条。另外，最高人民法院《关于审理民事案件适用诉讼时效制度若干问题的规定》第 1 条也规定，基于投资关系产生的缴付出资请求权不适用诉讼时效抗辩。

于各州公司法并没有股份有限公司与有限责任公司之区分，所以也就没有股份与出资、股票与出资证明文件之区分，而一律称为股份和股票。

股份与出资的区别是：股份是一种被区分为等额的资本单位，股东以此"单位"为基础享有和行使权利，每一单位的权利是平等的；而出资则没有被区分为等额的资本单位，股东只是按照其出资比例享有权利。

鉴于此，本节所谓股份与股票专指股份有限公司的股份，如果涉及有限责任公司的出资问题则特别指出。

《公司法》第142条规定，公司的资本划分为股份。而股份是构成资本的成分，它是构成公司资本的计量单位。

把公司资本分割成为股份，所发行的股份总和就是股本总额。股份须由发起人、认股人认购，发起人、认股人一经认足股份，公司资本即因之而得到确定。发起人、认股人认购股份并缴纳股份后即成为公司股东。因此，股份不仅是公司资本的构成分子，而且是表示股东权利义务的金额单位。

股份的外在形式是股票。股票是由公司发行的，表示股东按其持有的股份享有权益和承担义务的可转让的书面凭证。股票与股份是一对同义语，它们均表示公司股权资本的基本单位。《公司法》第147条规定，公司的股份采取股票的形式。股票是公司签发的证明股东所持股份的凭证。《公司法》第149条规定，股票采用纸面形式或者国务院证券监督管理机构规定的其他形式。股票采用纸面形式的，应当载明下列主要事项：(1)公司名称；(2)公司成立日期或者股票发行的时间；(3)股票种类、票面金额及代表的股份数，发行无面额股的，股票代表的股份数。股票采用纸面形式的，还应当载明股票的编号，由法定代表人签名，公司盖章。发起人股票采用纸面形式的，应当标明发起人股票字样。

2. 股份的特征

股份具有如下特征：

第一，股份具有平等性。股份的平等性是股份有限公司的固有要求。首先，把公司资本划分为金额均等的最小构成单位，尤其是面额股，整齐划一，便于计算，方便记账。其次，无论是面额股份还是无面额股份，股东表决权的行使是按照股份数额的比例计算的，它体现的是在公司决策方面的民主多数原则。再次，在公司分配股利和剩余财产时，其程序亦较简便。最后，股份的整齐划一，便于市场交易。

第二，股份具有不可分性。面额股份既然是构成公司资本最小的均等的成分，自然就不可能再行分割。股东出资认购股份，可以认购一股，也可以认购数股，还可以数人共有一股，但每一个单位股份只能代表一个表决权或者一份受益权。无面额股份则是按照持股比例行使股东权利，包括利润分配请求权和剩余财产分配请求权。无面额股由于是比例股权，可以再行分割。

第三，股份具有可转让性。股份可以自由转让，且手续方便。股份的转让是通过股票的转让来实现的。无记名股票的转让只需交付即可，即使是记名股票的转让，也只需要背书和办理过户手续即可。

第四,股份具有证券性。股份的外在表现形式是股票。股票是公司签发的证明股东所持股份的凭证。股票是表彰股份的有价证券。表彰权利的证券与证券的占有在私法上具有密切的关系,股票与其所表彰的股东权利亦具有密切的关系。权利的转让与证券的转移相伴随而发生,股票的转让实际上就是股份的转让,凡是股东权的转移非以股票转移不得为之。股票是一种表彰已经发生的股东权的证券。股票的发行必须先有股份的存在。股份虽然借助于股票而得以表彰,但股东权终究不是由股票所创设,股票是一种证权性有价证券。股票是一种要式证券,股票必须记载一定事项,并且必须由法定代表人签名,公司盖章。欠缺上述要件,股票无效。持有人因此受有损害时,可以向发行股票的人请求损害赔偿。

(二)股份的分类

按照不同的标准,可将股份区分为不同的种类。

1. 普通股与特别股

依照股份所代表权利的不同,可将股份区分为普通股与特别股。其中,特别股又可以进一步分为优先股和后配股(或称劣后股)。优先股是指优先于普通股进行分配或者清偿的股份;后配股是指后于普通股进行分配或者清偿的股份。

2. 记名股和无记名股

依照股票有无记名为标准,可将股份分为记名股和无记名股。二者的区别在于其行使和转让权利的方式不同。

记名股(registered stock),是指将股东姓名记载于股票的股份。这种股份,除所有者外,不得行使其股权(当然可以通过代理人行使权利,其效果等同于本人亲自行使权利)。其股份的转让必须将受让人的本名或名称记载于股票及公司股东名册上,否则不得以其转让对抗第三人。

无记名股(stock to bearer),是指在股票上不记载股东姓名的股份。凡持有这种股票的人即为取得股东资格的人。在股份转让时,仅交付股票于受让人即可以发生转让的效力。

我国《公司法》第147条第2款规定,公司发行的股票,应当为记名股票。也就是说,在我国,将不会有无记名股票存在。

3. 面额股和无面额股

依照股票有无表示金额为标准,可将股份分为面额股和无面额股。

面额股(par value stock),是指股票票面表示一定金额的股份。实际上的做法是,每股金额必须相等,且其发行价格不得低于票面金额。这实际上是资本维持原则的具体体现。

无面额股(non-par value stock),亦称为比例股或部分股,即股票票面不表示一定金额的股份。这种股票仅在股票票面上表示占公司全部资产的比例或股本总额的若干分之几。[36]

根据我国《公司法》第142条的规定,公司的全部股份,根据公司章程的规定择一采用面额股或者无面额股。二者可以相互转换,公司可以根据公司章程的规定将已发行的面额股全部转换为无面额股或者将无面额股全部转换为面额股。但采用无面额股的,应当将发行股份所得股款的1/2以上计入注册资本。

4. 表决权股和无表决权股

依照股东有无表决权为标准,可将股份分为表决权股和无表决权股。

表决权股(voting stock),是指享有表决权利的股份;无表决权股(non-voting stock),是指不享有表决权的股份。

5. 复数表决权股和部分表决权股

复数表决权股(multiple voting stock),是指对于特定股东给予加倍表决权的股份。所谓特定股东主要针对公司内部人股东而言,如董事股东、监事股东或者经理股东。复数表决权的形式为"一股多权"(multiple votes),如一股二权、一股二十权等不同表决权。

部分表决权股(fractional voting stock),是指对于特定股东应有的表决权在公司章程中予以限制而只允许行使部分表决权的股份。所谓特定股东往往针对外部股东而言。部分表决权的形式为"多股一权"(fractional voting),如二股一权、二十股一权等不同表决权。

我国《公司法》第144条规定,公司可以按照公司章程的规定发行每一股的表决权数多于或者少于普通股的股份,指的就是这种情形。

这种类型的股份显然违反了"一股一权"的股权平等原则,可认为是一种变例。主要适用于家族企业,并为家族成员控制企业而设计。通常,这种设计只能适用于封闭公司,公众公司不得发行此类股份。

(三)普通股

普通股(common stock or ordinary share),即通常所发行的无特别权利的股份,亦即公司资本构成的基本股份。持有普通股的股东享有较为重要和广泛的权利。概括起来,普通股具有两种基本权利:受益权和表决权。

普通股的一类权利是享有分配盈余及剩余财产的权利。持有普通股的股东有权分配股利。但普通股的股东只有在公司支付了债息和优先股股息之后才能进行分配。普通股的股息不固定,它是根据公司净利润的多少来决定的。同样,普通股股东分配剩余财产时,也必须后于公司债权人和优先股股东。因此,普通股股东与公司有密切的利害关系。公司赢利,普通股股东获利就大;公司亏损,其所负担的风险也就越大。

---

〔36〕 德国早在1865年就允许其矿业公司发行比例股,日本在1950年修正商法中采用了无面额股份制。美国许多州规定公司可以发行无面额股份(no par value shares)。我国之前的《公司法》规定,股票应当记载票面金额。可见,当时的我国公司法禁止发行无面额股份。23年《公司法》第149条第2款第3项作出了新的规定,发行无面额股的,股票应当记载代表的股份数。

普通股的另一类权利就是其股东享有表决权，也就是说享有决定公司一切重大事务的决策权。股东的表决权是通过股东会来行使的，通常的规则是每一股份的股东享有一个表决权，即所谓的“一股一权”（one share one vote）。

普通股的股东享有表决权，这是它优越于优先股的地方。但普通股也有其缺陷。一方面，就普通股股东的受益权而言，它只能在公司清偿债务和向优先股股东进行分配之后才能实现，尤其是其股利并不固定，随公司盈利状况而确定，这对于小股东或者公众股东来说，可能缺乏吸引力。另一方面，就普通股股东的表决权而言，普通股的大股东往往利用普通股的表决权掌控公司实权，操纵公司。究其原因，主要有如下几点：

第一，普通股的股份较为分散，绝大多数公众投资者只求股利到手，而很少过问公司的实际经营管理。加之，股东分散各地，职业各异，很难聚齐参加股东会议。

第二，公司股票具有可交易性，公众股东往往只注重股票的交易价值，而对公司业务则没有多大参与兴趣。

第三，多数股东（majority shareholder）利用手中所掌握的多数股份控制公司，而少数股东（minority shareholders）或者管理层（management）可以利用委托书的形式征集（proxy solicitation）多数表决权，以此加强对公司的控制。由此看来，公司（尤其是股份有限公司）的管理权很容易为少数普通股大股东所操纵。

（四）特别股

1. 优先股

首先，什么是优先股？

优先股是一种相对于普通股而言的具有某种特别权利的股份。我国《公司法》第144条规定，公司可以按照公司章程的规定发行优先分配利润或者剩余财产的股份。

“优先股”（preferred shares），是指或者在盈余分配时或者在清算分配时或者在二者同时进行的情况下，优先于普通股进行分配的股份。这里的“优先性”（preference）是指在普通股份分取任何东西之前必须向优先股股东支付特定数额。大多数优先股既具有股利分配的优先性，同时又具有清算分配的优先性。优先股的优越性是优先股股东享有优先获取特定数额的权利，其缺点是不享有表决权。

如果公司设置优先股，则需要在公司章程中对优先股及其权利进行界定。优先股的优先性主要表现在：

第一，优先于普通股股东分配股利。优先股的股息是事先规定好的、固定的，它不因公司营业的好坏而有所变动。例如，一个“3.50元的优先”的意思是说，在普通股获得任何分配之前，优先股有权优先获得每股3.50元的股息分配。但是，这样的股份却不能获得超过每股3.50元这一数额的分配。3.50元的支付是股利分配，但公司享有是否分配股利的决定权。优先股的股息不同于债券利息，它不是公司的负债。

第二，在公司破产或解散而进行清算时，优先于普通股股东分配公司剩余财产。又如，在前面例子中，优先股可能同时享有75.00元的清算分配的优先权。在清算时，必须将该 75.00 元从每一种股份中划拨出来,并在以每股 75.00 元的价格向优先股股东支付之前,不得向普通股股东进行任何分配,无论可供分配的剩余财产有多少。至于在以前股利分配时拖欠的优先股利是否应该在清算时予以清偿,则取决于公司章程的具体规定。譬如,有的国家公司法规定,公司章程可规定,如果公司在相当时间内不支付优先股股息或者公司应付而未付的股息达到一定限额时,这种无表决权的优先股份可转换为有表决权的普通股份。

由此可见,优先股份比较安全可靠,而且它的股息往往比债息要高一些,它可以吸引保守的投资者进行投资并有利可图。但优先股不享有表决权。实际上,它是优先股的股东以不享有表决权为代价而换取的对公司盈余和剩余财产的优先分配权。

其次,优先股如何分类?

20 世纪 80 年代见证了优先股种类的创新发展。大多数新型优先股就是在这一时期在公司实践中被设计出来的。

第一,累积优先股、非累积优先股与盈余累积优先股。

累积优先股(cumulative preference),是指公司当年度利润不足以分配优先股股息,则对于所欠股息必须在次年度予以补足,如在若干年度后仍然补不足时,则应将历年所欠股息全部补足后,才能向普通股股东分配股息。这就是说,如果在某年度优先股股息未获支付,未支付数额自动转入下一年度。在下一年度向普通股股东进行分配之前,必须以当年的优先股股息为基准加上上年度优先股股息的累积一并向优先股股东进行分配。例如,优先股为 5 元累积股利。由于缺乏营运资本,公司已经连续三年没有宣布股利分配(专门术语为"漏分"omission)。在第四年,董事会宣布股利分配。但是,由于该优先股是累积优先股,所以,在向普通股分配之前必须按照每股 20 元的价格先行向优先股股东进行分配。

非累积优先股(non-cumulative preference),则是指一律以当年度所得利润分配优先股息,如果公司在某年度未能对优先股股东支付股息,以后年度则可免除补付股息的责任。非累积优先股将每一年度作为一个单位,如果某一年度没有进行分配,则不再转入下一年度。例如,如果在上面例子中,非累积优先股在第四年度分配时,董事会可以在向优先股股东支付 5 元之后即可向普通股股东进行分配。如果试图对过去的非累积优先股进行补付,很可能会遭到普通股股东的反对,因为这样做侵害了他们的权利。[37]

盈余累积优先股(cumulative preference-to-the extent-earned),是指只有在公司有盈余时才会累积计算的优先股。如果公司在当年的盈余不够支付优先股股息,所欠缺的部分

---

〔37〕 在美国新泽西州建立了一种衡平原则,限制公司完全漏分非累积股利,当公司实际上有盈余可供分配时。例如,一家新泽西州公司的非累积优先股价格为每股 1 元,尽管公司在 1990 年的收益超过了每股 1 元,但公司当年却没有分红。公司将"股利信用"(dividend credit)附在这些收益上。1992 年,如果公司既没有支付 1992 年的非累积股利,也没有支付 1990 年的赊欠,则不能向普通股东进行分配。但是,其他州并没有采用新泽西州的这一"股利信用"规则。

在第二年不予累积计算。[38]

第二,参与优先股与非参与优先股。

如果优先股有权参与普通股多余的股利分配或者清算分配,该种优先股就是“参与优先股”(participating preferred shares)。由于其具有“开放性”(open-end),参与优先股具有某些普通股的特征。参与优先股包括参与股利分配优先股(dividend participating preferred stock)和参与资产分配优先股(assets participating preferred stock)。前者是指对于公司利润有权在获得优先股股息之后,还可以再参加普通股利的分配;后者是指在公司清算时,有权参加公司剩余财产的分配。例如,公司设置了一种称之为“A 股”(class A stock)的优先股。A 股每年有权分配 3. 20 元的股利,此外,如果普通股每股超过了 4. 80 元,A 股股东还可以参与任何时候的普通股的股利分配。这样,首先应该按照每股 3. 20 元的价格向 A 股股东进行分配,然后,按照每股 1. 60 元的价格向普通股股东进行分配,剩余部分按照股份比例进行分配(a share to share basis)。这种 A 股就是一种参与优先股。

相对而言,非参与优先股(non participating preferred shares),是指无权参与普通股多余的股利分配或者清算分配的股份。参与优先股比较少见,大多数情形属于非参与优先股。

第三,可转换优先股和累积可转换优先股。

可转换优先股(convertible preferred stock),是指允许在规定条件下将优先股转换为普通股的股份。累积可转换优先股(cumulative convertible preferred stock)则兼具累积和可转换两者的共同特征。

根据股份持有人的选择,优先股可以转换为普通股,其转换比率由公司章程规定。可转换股份(convertible shares)在被转换后称为“转换证券”(conversion securities),其比率称为“转换比率”(conversion ratio)。例如,公司发行的优先股可以转换为普通股。其转换比例为 1:2,任何优先股持有人均可以将其优先股交付给公司而换取普通股,换取的比例是每股优先股换取两股普通股。经转换后,优先股消灭。

转换比例要合理,不能导致稀释。如果通过股份拆细(share split)、股利分配(share dividend)或者资本重组(recapitalization)而使转换证券增加,就有可能发生稀释现象。例如,在前面例子中,当优先股被发行在外,转换证券按照 1:3 的比例拆细。如果要使优先股的转换权利受到保护而不致被稀释的话,则应该将转换比例确定为 1:6。如果不对优先股股东免受稀释的权利进行保护,该优先股的转换比例则维持在 1:2。由于股份拆细的结果,该转换权利的价值被降低了 2/3。

许多公司法规定,禁止“逆向转换”(upstream conversion),即禁止普通股股东将其普通股转换为优先股或者将其股份转换为债券。有的法律则允许逆向转换,其理由是,这

---

[38] 例如,美国新泽西州的“股利信用”规则基本上就是一种盈余累积优先股。在其他一些州,只有在公司设立章程中有明文规定时才会存在这种盈余累积优先股。

种逆向转换与现金股份回赎相比较,其给债权人和其他优先证券持有人所造成的潜在损失要小得多。[39]

2. 劣后股

劣后股(inferior stock),或称为后配股,是指该类股份对股利和剩余财产的分配后于普通股。我国《公司法》第144条规定,公司可以按照公司章程的规定发行劣后分配利润或者剩余财产的股份。在公司分配利润或者清算剩余财产时,只有在普通股东分配完毕尚有剩余财产时,劣后股股东才有权进行分配。不同于优先股的是,劣后股股东有权参与公司正常经营活动,并享有表决权。

(五)种类股份与系列股份

1. 种类股与系列股概述

第一,种类普通股与系列普通股。

普通股可以不同的形式发行。因而,普通股可以设计为不同的种类或者系列。这种股份被称之为种类普通股或者系列普通股。由于这种设计具有较大的灵活性,所以种类普通股或者系列普通股被广泛地运用于封闭公司。

在公司实践中,种类普通股通常表现为三种形式:非表决权普通股、复数表决权和部分表决权普通股、不同或者无经济利益普通股。

所谓非表决权普通股(nonvoting shares),是指不享有表决权的普通股。

所谓复数表决权和部分表决权普通股(multiple or fractional votes per share),是指在普通股上设置不同种类表决权的股份。不同种类普通股份的经济权利是相同的,但是每股所享有的表决权则是不相同的,或者是复数表决权,或者是部分表决权。

所谓不同或者无经济利益普通股(different or no financial interests shares),是指不同种类的普通股享有不同的经济权利或者根本不享有任何经济权利的股份。

第二,种类优先股和系列优先股。

公司可以发行若干不同的优先股(class preferred shares),各种优先股的股利分配和其他权利是不相同的,这些均须由公司章程加以规定。虽然优先股相互之间可能存在高低级之分,有些优先股较之于另一些优先股的级别要低一些,但同一种类优先股的权利则必须相同。

公司也可以发行"系列优先股"(series preferred shares)。系列优先股又称为"空白股份"(blank shares),因为董事会可以填充空白条款。其理论是,在该股份进行交易之前,董事会有权决定系列优先股的财务条件以争取该股份的最好价格。

无论从经济还是从法律的角度来说,在"种类"(class)和"系列"(series)之间并不存在什么实质性区别。唯一的区别在于创设方法的不同。但唯应注意的是,种类或者系列优先股与种类或者系列普通股相比较,其仍然是优先股。

---

〔39〕 Hamilton, at p. 217 - 218.

2. 发行种类股份或者系列股份的法律要求

第一,同类或者同系股份,其权利、限制或者条件必须相同。[40] 尽管股份可以划分为不同的种类或者系列,不同种类或者系列之间的权利可能不同,但是,同一种类或者同一系列的全部股份,其特权、限制或者其他权利则必须相同。

第二,不同种类或者不同系列股份应当能够区别。[41] 不同种类或者系列的普通股通常用字母符号顺序表示。譬如,种类股份应表示为:"A 种普通股"(A class common)、"B 种普通股"(B class common);或者"A 种优先股"(A class preference)、"B 种优先股"(B class preference)等。又如,系列股份应表示为:"A 系普通股"(A series common)、"B 系普通股"(B series common);或者"A 系优先股"(A series preference)、"B 系优先股"(B series preference)等。

第三,发行种类股或者系列股的决定权。是否可以设置种类股或系列股,取决于公司章程是否有规定或者股东会议是否有决议。但有时公司章程可能授权董事会决定是否可以设置种类股或者系列股。一般而言,重要的种类或者系列股份的设置,必须由公司章程予以专门规定。但通常情况下,董事会就可以决定发行种类股或者系列股,只要公司章程赋予了董事会这样的权力。[42]

二、股份的发行

(一)股份发行的原则

我国《公司法》第 143 条规定,股份的发行,实行公平、公正的原则,同类别的每一股份应当具有同等权利。同次发行的同类别股份,每股的发行条件和价格应当相同;认购人所认购的股份,每股应当支付相同价额。

发行股份的一般原则是同股同权、同股同利。同股同权、同股同利是股东平等原则的具体体现。这一原则具体是说,同一次发行的相同种类的股份,每一股份上的权利应当相同,每一股份上的利益应当相同。譬如,股东在行使表决权时,每一单位股份的表决权是相同的,通常表现为每一股份享有一个表决权,即所谓的"一股一权"(one vote per share)。

其他国家和地区允许公司发行的股份可以是"一股多权"(multiple votes)或者"多股一权"(fractional votes)。但是,无论是一股一权,或者一股多权,或者多股一权,同类股份所享有的权利必须相同,不得有差别待遇。譬如,对于同类股份的一些股东实行一股一权,而对另一些股东实行一股多权,或者多股一权,均不允许。我国公司法也允许公司发行的股份可以是"一股多权"或者"多股一权"。

对于股份上利益的享有也必须体现出平等原则,即同类股份的利益应当相同。譬

〔40〕 MBCA § 6.02(c).
〔41〕 MBCA § 6.02(b).
〔42〕 MBCA § 6.02(a).

如,普通股的股东在分配股利时,每一股份单位所应分取的股利应当相同。假如,在进行股利分配时,公司确定每一股份可以分取股利 2 元。这意味着,尽管不同的股东所拥有的股份总数不相同,但任何一个普通股的股东都享有每股分取 2 元股利的权利。

同样,在公司发行种类股或者系列股的情况下,尽管不同种类或者不同系列的股份的经济利益可能不相同,但同一种类或者系列的股份的经济利益则必须相同。

（二）面额股的发行

《公司法》第 148 条规定,面额股股票发行价格可以按票面金额,也可以超过票面金额,但不得低于票面金额。

由此可见,我国公司法仍然保留了票面价值的概念。也就是说,在我国,股票的发行价格与股票的票面价值具有密切关系。

1. 什么是票面价值?

"票面价值"(par value/face value),是指在公司章程中规定的股票的面额(face value)。如我国公司法要求公司章程记载股份的每股金额。票面价值可以是与股份相关的任意价值,但为了计算方便,通常都是整数,如 1 分、1 元、10 元、100 元等不同面额。我国实务上通常采用 1 元面值。

票面价值由公司章程规定并记载在股票证书的票面上。票面价值一经公司章程记载,非经正式修改公司章程不得变更。

票面价值不仅存在于普通股,而且存在于优先股。在采用票面价值的法律中,优先股也需要记载票面价值,在这一点上,其与普通股票面价值记载的法律规定相同。

在采用票面价值的法律中,股票的票面价值与股票的发行价格有关。其基本规则是,股票的发行价格可以等于或者高于票面价值。一般来说,股票的发行价格总是高于票面价值。同时,还有一个重要的限制:禁止以低于票面价值的价格发行股份。

第一,股票的发行价格可以等于票面价值,即所谓的面值发行,或者平价发行。例如,公司章程规定,公司注册资本(资本总额)为 1000 万元,发行普通股份 1000 万股,每股票面价值是 1 元。在这种情况下,公司股票的发行价格至少不得低于每股 1 元的价格。

第二,股票的发行可以超过票面价值,即所谓的溢价发行。例如,公司章程规定,公司注册资本(资本总额)为 1000 万元,发行普通股份 1000 万股,每股票面价值是 1 元。公司可以高于每股 1 元的任何价格发售股份。譬如,公司以每股 1.5 元的价格发售股份,那么,公司因溢价发行股票得到的溢价为 500 万元。根据我国《公司法》第 213 条的规定,公司以超过股票票面金额的发行价格发行股份所得的溢价款,应当列入公司资本公积金。

第三,股票的发行不得低于票面价值发行,即所谓的折价发行。低于股票的票面价值发行股份的后果是必然导致"掺水股"(watered shares)。其结果是购买股票的人或者持有掺水股票的股东必须向公司承担支付票面价值与股票实际支付之间的差价的责任。

譬如,公司注册资本(资本总额)为1000万元,发行普通股份1000万股,每股票面价值是1元。公司应当以每股至少1元的价格发售股份。但公司事实上却以每股0.8元的价格发售股份。公司实收资本为800万元,出现了200万元的掺水股。购买该股份的股东应当承担200万元的掺水股责任。

2. 票面价值规定的变迁

历史上,由于股票的实际发行价格与面值相等,所以股票的票面价值具有重要的意义。这种意义主要表现在两个方面:一方面,保障公司中股东的平等和公平对待(票面价值的英文par一词即有"平等"之意)。另一方面,为债权人评估贷款风险或者防止债务人不公平转让提供帮助。[43] 但是,现在股票的票面价值与股票的实际发行价格几乎已经没有什么关系了。无论是就股东平等还是对债权人提供帮助而言均已失去了其原有的意义。[44] 由于股票的票面价值实际上相当于股票的最低发行价格,因而,在实践中,公司的习惯做法总是倾向于使用"低票面价值"(low par value)或者"名义票面价值"(nominal par value)或者"便士面值"(penny par value),而不愿意使用"高票面价值"(high par value),甚至用"无票面价值"(with no par value/without par value)[45]代替票面价值。

票面价值的缺陷主要表现在如下几个方面:

首先,票面价值不能反映股票的真实价值。公司的净资产值在不断变化,股票的实际价值与票面价值必然存在差异。当公司净资产值上升时,股票的发行价格可能高于票面价值;反之,则可能低于票面价值。

其次,公司发行股票如果低于公司章程所确定的票面价值,势必导致掺水股责任,而可能发生的掺水股责任又可能使面值股票无法流通。例如,一公司原先发行的股票的面值为每股100元,其销售价格为100元,该公司出现财务逆境,所以其已经发行的股票的价值现在低于100元。公司决定发行剩余的授权股份以筹集所急需的资金。按照当时市价,这些股份只能以每股60元的价格出售。由于票面价值每股是100元,任何以每股60元价格购买该新发行股份的人同时将面临着承担每股40元的掺水股责任。在这种情况下,有头脑的投资者将拒绝购买这样的股票,因而,这样的股票将不具有市场流通性。在这种情况下,公司只能修改其章程,将授权股份的票面价值予以降低。

再次,一些国家的税收,如印花税(stamp tax)、特许税(franchise tax)、证券交易税

---

〔43〕 Clark, at p. 707.

〔44〕 Clark, at p. 714.

〔45〕 大多数采用票面价值的规定同时允许发行无票面价值股票。但应注意的是,无票面价值股票与依据已经废除了强制票面价值要求的现代公司法所发行的普通股有着根本的不同。无票面价值股票实际上是名义票面价值股票的延伸。也就是说,无票面价值仍然是票面价值框架下的概念。无票面价值股票在公司章程中作为"无票面价值"规定。无票面价值股票可以公司董事会决定的任何价格发行;该种价格一经确定,如果董事会以低于该价格发行股票,掺水股责任就可能发生。当出资表现为价值高度不确定的财产时,无票面价值股票则可能具有一定的意义,因为董事会比较方便对无票面价值股票所获得的对价的财产进行说明而无须将其转换为现金形式来表示。除此之外,无票面价值与低票面价值相比较,并不具有重大的优势,二者之间的选择可能只是一种习惯而已。

(stock transfer tax),是以票面价值为依据计征税赋的。因此,高票面价值势必导致税务责任的增加。

最后,使用高票面价值对公司没有好处或者没有利益,因为债权人与公司交易实际上并不依赖于票面价值。

由此可见,关于票面价值的规定颇不合理。鉴于此,目前的趋势是将这一概念作为历史的反常现象予以废除。[46] 在废除了票面价值的情形下,也就不存在最低的发行价格。股票的发行价格可以任意确定,只要所有的将要发行的股份其价格相同即可。废除票面价值规定的好处是,股票的发行价格可以任意确定,而且以后股份的发行价格可以高于或者低于其原始发行价格。但是,如果股份具有票面价值,则不得以低于票面价值的价格发行,即不得折价发行,而且今后发行新股的价格也不得低于其原始发行价格。

3. 掺水股

(1)掺水股的表现形式

一般来说,掺水股(watered shares)有三种表现形式:高估股、红利股和折扣股。

高估股(overestimated shares),从技术上来讲,这是一种对非现金出资的高估所产生的掺水股。我国法律要求,对作为出资的实物、知识产权、土地使用权等可以用货币估价并可以依法转让的非货币财产,必须进行评估作价,核实财产,不得高估或者低估作价。法律、行政法规对评估作价有规定的,从其规定。这里,如果对非现金出资进行了高估,掺水股就产生了。同样,如果作为股票发行的对价的劳务或者服务不合格,其所发行的股份也是掺水股。

红利股(bonus shares)主要表现为三种情形:一是公司以发行股份的形式替代现金分配,俗称为"送股"或者"派股"。这种形式的红利股是有对价的。二是公司发行股份作为对公司雇员的奖酬。这种形式的红利股实际上也包含了对价。三是指发行没有任何对价的股份或者不适格对价,俗称为"干股"。这种形式的红利股可能由于缺乏合格的对价而构成掺水股。

折扣股(discount shares),即折价发行证券,虽然有对价,但其对价却低于依法确定的价格,或者低于公司章程确定的价格,或者低于票面价值。譬如,在存在票面价值的法律的情况下,低于票面价值发行股票,即为折扣股。

(2)掺水股的责任

掺水股的发行必然导致掺水股责任。然而,承担掺水股责任的依据是什么呢?从历史上看,不同的法院可能采用的规则是不同的。早期普通法理论认为债权人也可以主张

---

〔46〕 如MBCA就率先废除了票面价值的概念。但是,同样在美国,大约还有30个州保留了票面价值的概念。在这些州,公司章程必须记载每种股份的票面价值,或者记载所发行股份为"无票面价值"(with no par value/without par value)。2001年日本公司法修正,废除了票面价值。我国台湾地区"公司法""修正"后,虽然没有完全废除票面价值,但是允许公开发行股份的公司在"证券法"另有规定的情况下,可以折价发行股份。但2013年12月"修正"后的"公开发行股票公司股务处理准则"实际上废除了股票的票面价格,仅规定公司发行之股份每股金额应归一律。

权利,并形成了三种学说作为理论依据:一是信托基金说;二是欺诈说;三是持续信用说。

信托基金理论(trust fund theory)认为,公司资本是一种为债权人设立的信托基金。公司股票,尤其是已经认购但尚未获得支付的股票,是一种为公司普通债权人设立的信托基金。当债权人对公司提供信用时,这种资本成为对债权人的信用基础。依此理论,债权人可以对掺水股的受领人提起诉讼,因为他们没有按照要求向这种信托基金进行支付。[47] 信托基金理论在很大程度上是一种虚拟。一方面,在任何意义上,公司资本都不是信托基金。这种公司资本可以被投资于商业:如果经营失败,这种公司资本就丧失掉了;如果经营成功,它将会有所增加。如果丧失了该资本,没有人会承担责任,债权人也就不能获得清偿。另一方面,公司债权人更不是受益人。[48]

信托基金理论因其"不足够精确"而被新的欺诈理论所替代。[49] 欺诈理论(fraud theory)认为,所发行股票的票面价值以及资产负债表是一种公示,它表示至少公司获得了那样一笔股权资本。而掺水股的发行将导致资产负债表上的资产虚拟或者资产价值的膨胀。因此,发行掺水股将构成欺诈。依据此种观点,故意接受掺水股的股东即涉嫌对债权人的虚假陈述,并因此须对债权人承担责任。[50]

持续信用理论实际上是欺诈理论的延伸。持续信用理论(holding out theory)认为,由于债权人对公司资本存在依赖关系,因此:(1)只有在发行掺水股之后提供信用的债权人才有权主张该种责任;(2)在提供信用时明知该发行的股份是掺水股的债权人无权要求赔偿;(3)举证责任在原告,即由原告证明是在发行掺水股之后提供的信用,而且在提供信用时对此情况是不知情的。持续信用理论在假设债权人对公司资本的依赖这一意义上同样是虚构的。在现代实践中,在决定是否提供信用时,债权人并不依赖于票面价值和资本账户,而是对信用级别进行调查,商业债权人依赖于现代信用报告或者债务人的商誉。

很显然,现代法律运用法定责任概念替代了传统的普通法上的保护方法,其对债权人的保护也被这一法定责任所吸收。因此,也就没有必要赋予债权人独立的权利。

在现代法律上,这种责任规则表现为:接受掺水股的股东应当承担填补存在于法律所要求的价额与实际支付价额之间的差额责任(the difference between the price set as required by law and the amount of capital actually contributed)。如果接受掺水股的股东拒绝承担差额填补责任,公司应当负责落实该种责任。应当注意的是,这里所谓"法律所要求的价额"是针对股票的票面价值而言。在今天废除了票面价值以及法定最低出资限额的情况下,该种规则依然发挥作用。即该种差额责任应指存在于章程确定的价额和实际支

---

〔47〕 这一理论为斯托里(Story)法官于 1824 年 Wood v. Dummer[30 F. Cas. 435, No. 17, 944(C. C. D. Me. 1824)]一案中创造,并在 Sawyer v. Hoag[84 U. S. 610(1873)]一案中得到了真正的运用。Clark, at p. 710.

〔48〕 Hamilton, at p. 208.

〔49〕 该理论在 Hopes v. Northwestern Manufacturing & Car Co. [50 N. W. 117(Minn. 1892)]一案中确立,随后在其他案件中得以运用。See, Clark. at p. 712.

〔50〕 See, Hamilton, at p. 207 – 208.

付价款之间的差额。

在我国,关于高估股的掺水股责任,《公司法》第 50 条和第 99 条同时规定,作为出资的非货币财产的实际价额显著低于所认缴的出资额的或者所认购的股份的,设立时的其他股东与该股东,或者其他发起人与该发起人,在出资不足的范围内承担连带责任。应当由交付该出资的股东(有限责任公司)或者发起人(股份有限公司)补足其差额,公司设立时的其他股东或者发起人应当承担连带责任。关于红利股,我国公司法虽然没有对这种形式的掺水股责任作出具体规定,但从公司法上关于出资的认缴和股份的认购的规定来看,从法理上类推,接受这种无对价红利股的股东应当承担补缴责任。关于折扣股,我国公司法明确不承认发行折扣股份。同样,依法理类推,接受折扣股的股东应当补缴其差额。

上述规定表明我国法律关于掺水股的责任同样是差额填补责任。这种责任规则在其基本点上与现代公司法上关于掺水股的责任规则是一致的。但应注意的是,这些规定仅仅是从出资瑕疵责任角度加以规定的,而未能针对掺水股的各种情形形成一般性责任规则,而且,我国法律亦未就该种责任的落实机制作出规定。由此可见,我国公司法对于掺水股责任尚未形成一种普适性规则。譬如,出资瑕疵责任就不能覆盖公司增加出资或者发行新股所发生的掺水股责任。对此,公司法应当予以完善。

(三)类别股的发行

1. 类别股的相关法律规定

根据《公司法》第 144 条的规定,公司可以按照公司章程的规定发行下列与普通股权利不同的类别股:(1)优先或者劣后分配利润或者剩余财产的股份;(2)每一股的表决权数多于或者少于普通股的股份;(3)转让须经公司同意等转让受限的股份;(4)国务院规定的其他类别股。

但该条第 2 款规定,除公开发行前已发行的股份外,公开发行股份的公司不得发行"一股多权"或者"多股一权"的股份,也就是"每一股的表决权数多于或者少于普通股的股份",因为这种股权本身就是家族式股权或者封闭公司股权,不适合公众交易。至于"转让须经公司同意等转让受限的股份"主要针对的是转让受限的股份,如发起人股份、公司董事、监事和高级管理人员股份以及大股东或控制股东的股份,他们的股份转让可能受到一定的限制。

该条第 3 款规定,非公开发行股份的公司如果发行"每一股的表决权数多于或者少于普通股的股份"这样的类别股,对于监事或者审计委员会成员的选举和更换,类别股与普通股每一股的表决权数相同。本来"一股多权"或"多股一权"是与普通股不同类型的股份,但在选举或者更换监事或者审计委员会成员时,则与普通股一样,实行"一股一票""一票一权"。

2. 类别股的公司章程

《公司法》第 145 条规定,发行类别股的公司,应当在公司章程中载明以下事项:

(1)类别股分配利润或者剩余财产的顺序;(2)类别股的表决权数;(3)类别股的转让限制;(4)保护中小股东权益的措施;(5)股东会认为需要规定的其他事项。

3. 类别股的分类表决

《公司法》第 146 条规定,发行类别股的公司,类别股东有权参加股东会议并参加表决。其参加股东会议的表决权数按照类别股的表决权计算。譬如,如果类别股是"一股十权",他投出的股权表决数就是每股 10 个表决权,而普通股则是一股一权计算。但是,该条同时规定,如果股东会决议事项等可能影响类别股股东权利的,除类别股东参加股东会决议外,还应当经出席类别股股东会议的股东所持表决权的 2/3 以上通过。当股东会作出修改公司章程、增加或者减少注册资本的决议,以及公司合并、分立、解散或者变更公司形式的决议,不仅应当经出席会议的股东所持表决权的 2/3 以上通过,还应当经出席类别股股东会议的股东所持表决权的 2/3 以上通过。此外,公司章程可以对需经类别股股东会议决议的其他事项作出规定。

三、新股的发行

公司成立后,在其营运过程中也可能发行新股。新股发行(new issuance)有广、狭二义。广义的新股发行不仅包括营运中的公司以筹集资金为目的而发行新股,而且包括因公司合并、股份合并以及公司重整等而发行新股。狭义的新股发行仅指以筹集资金为目的而发行新股。我国《公司法》和《证券法》均对新股发行有所规定。特别需要说明的是,我国法律上所谓的发行新股,仅针对股份有限公司而言。

(一)发行新股的条件

根据《证券法》第 12 条的规定,公司首次公开发行新股,应当符合下述条件:(1)具备健全且运行良好的组织机构;(2)具有持续经营能力;(3)最近 3 年财务会计报告被出具无保留意见审计报告;(4)发行人及其控股股东、实际控制人最近 3 年不存在贪污、贿赂、侵占财产、挪用财产或者破坏社会主义市场经济秩序的刑事犯罪;(5)经国务院批准的国务院证券监督管理机构规定的其他条件。

上市公司发行新股,应当符合经国务院批准的国务院证券监督管理机构规定的条件,具体管理办法由国务院证券监督管理机构规定。

(二)发行新股的程序

1. 新股发行决议

《公司法》第 151 条第 1 款规定,公司发行新股,股东会应当对下列事项作出决议:(1)新股种类及数额;(2)新股发行价格;(3)新股发行的起止日期;(4)向原有股东发行新股的种类及数额;(5)发行无面额股的,新股发行所得股款计入注册资本的金额。

2. 新股发行作价

《公司法》第 151 条第 2 款规定,公司发行新股,可以根据公司经营情况和财务状况,确定其作价方案。

四、授权发行

《公司法》第152条规定了股份有限公司董事会经公司章程或者股东会授权自行决定股份的发行。这说明我国公司法允许更为灵活方便的股份发行方式。

公司法对授权董事会发行股份的期限和数额进行了限制,即公司章程或者股东会可以授权董事会在3年内决定发行不超过已发行股份50%的股份。同时,我国公司法授权公司董事会决定发行的股份限于货币资本,以非货币财产作价出资的应当经股东会决议。

公司董事会在授权范围内决定发行股份必然会导致公司注册资本、已发行股份数发生变化,从而需要相应地修改公司章程。通常情况下,公司章程的修改属于股东会的权力,但在授权资本情况下,对公司章程该项记载事项的修改不需再由股东会表决。这正是授权资本制的优点,减省了股东会的会议程式和成本,增强了董事会的自主决策权。

根据《公司法》第153条的规定,公司章程或者股东会授权董事会决定发行新股的,董事会决议应当经全体董事2/3以上通过。显然,较之于董事会的一般决议事项,公司法提高了发行授权股份的表决比例。

五、公开募集

(一)公司募集的注册与招股说明书

《公司法》第154条规定,公司向社会公开募集股份,应当经国务院证券监督管理机构注册,公告招股说明书。招股说明书应当附有公司章程,并载明下列事项:(1)发行的股份总数;(2)面额股的票面金额和发行价格或者无面额股的发行价格;(3)募集资金的用途;(4)认股人的权利和义务;(5)股份种类及其权利和义务;(6)本次募股的起止日期及逾期未募足时认股人可以撤回所认股份的说明。公司设立时发行股份的,还应当载明发起人认购的股份数。

(二)公开募集股份的承销

《公司法》第155条规定,公司向社会公开募集股份,应当由依法设立的证券公司承销,签订承销协议。

(三)代收股款协议

《公司法》第156条规定,公司向社会公开募集股份,应当同银行签订代收股款协议。代收股款的银行应当按照协议代收和保存股款,向缴纳股款的认股人出具收款单据,并负有向有关部门出具收款证明的义务。

(四)公告

《公司法》第156条第3款规定,公司发行股份募足股款后,应予公告。

六、新股发行中的优先认购权

(一)优先认购权的意义

优先认购权(preemptive rights),是指赋予已发行在外股份的持有人(holders of outstanding shares)以确定的价格按其持股比例优先认购和购买公司所发行新股的权利。在实务中,公司基于这种方式发行股份被称为“配股”或者“新股配售”。营运中公司(a going concern)发行新股的特殊问题是:新股的发行将影响到原有股东(existing shareholders)的利益,即将会构成对原有股东经济利益或者表决权的“稀释”(dilution)。一个经典的保护原有股东的方法就是赋予其优先认购权,并借此保护原有股东的比例利益(proportionate interest),维持原有股东对公司的比例控制权(proportional control)。

归纳起来,优先认购权的特征如下:

第一,优先认购权是法律赋予原有股东优先认购股份的权利。该种权利只及于发行新股公司之原有股东,而不及于其他人。另外,应特别注意的是,该种优先权利只限于认购上的优先性,而不是在发行价格或者其他认购条件上可得到优惠或者特殊的权利。

第二,优先认购权实际上是一种选择权。如果所有的股东都行使了其优先权,则不会发生稀释问题。因为公司所需要的资本增加完全来自原有股东的进一步出资。当然,原有股东也可以放弃行使优先认购权,这种情形属于权利人对自己权利的自由处分。

第三,新股认购权是一种期待权。只有公司实际发行新股时,原有股东才能行使优先认购权,如果公司不发行新股,该种权利的行使则无从谈起。

第四,向股东赋予新股认购权应体现股份平等原则。即应当依照原有股东持有的股份比例进行分派。

(二)对优先认购权的限制

一般而言,对优先认购权的限制主要表现在如下几个方面:

第一,是否赋予原有股东优先认购权,公司具有选择权或者决定权。譬如,在美国,许多州公司法规定,优先认购权属于“排除选择权”(opt out option)。在这种情况下,公司原有股东享有优先认购权,除非公司章程明文排除这样的权利。其示范性条文是:本公司不选择优先认购权(This corporation elects not to have preemptive rights)。有的州公司法规定,优先认购权属于“引进选择权”(opt in option),即只有在公司章程有明文规定时,公司原有股东才享有这样的优先认购权。[51] 其示范性条文是:本公司选择优先认购权(This corporation elects to have preemptive rights)。我国公司法也体现了这一精神。如《公司法》第 227 条第 1 款规定,有限责任公司增加注册资本时,股东在同等条件下有权优先按照实缴的出资比例认缴出资。但是,全体股东约定不按照出资比例认缴的除外。也就是说,如果全体股东均同意不按照出资比例认缴新增资本,股东即不享有优先认购权。《公司法》第 227 条第 2 款规定,股份有限公司为增加注册资本发行新股时,股东不享有优先认购权,公司章程另有规定或者股东会决议决定股东享有优先认购权的除外。根据这两款的不同规定,有限责任公司股东享有优先认购权是原则,排除优先认购权是例外;股份有限公司股东不享有优先认购权是原则,但也允许公司自己决定赋予股东优

---

〔51〕 MBCA § 6. 30.

先购买权。这是因为,有限责任公司股东之间人合性较强,公司发行新股将会稀释原有股东的股权,所以,原则上股东享有优先认购权。股份有限公司是资合公司,一般而言,股东相互之间关系疏远。但是,也有规模较小,人数较少的股份有限公司,其人合性较强,因而,是否赋予股份有限公司股东优先认购权,由公司根据自身情况决定。

第二,优先认购权是否适用于库存股,其做法不一。有的公司法规定优先认购权不适用于库存股。这一限制的理由是,由库存股所代表的稀释已经发生了,原有股东不应该再有所抱怨,如果先前的稀释已经得以弥补了的话。但是,也有的公司法将优先认购权扩张适用到库存股。[52]

第三,优先认购权不适用于以现物包括以其他公司股份作为对价的股份。[53] 如果公司发行新股允许现物出资,在实务中则很难正确地向原有各股东分配按其新股认购权计算出来的股份。

第四,优先认购权不适用于已经授权但尚未发行的股份,如果这些股份代表了公司预期资本的一部分。[54] 这一限制是基于这样的假设:优先认购权只适用于公司已经募集到初始资本之后的新股的发行。

第五,优先认购权不适用于不同种类的股份,除非他种股份转换为该种股份。[55] 例如,普通股无权享有优先股的优先认购权,除非优先股转换为普通股。再如,优先股可以享有购买同种优先股的优先认购权,但却不享有购买普通股的优先认购权。

优先认购权对公众公司意义不大,因为它使资本募集更为复杂。另外,公开证券市场使优先认购权显得不重要,因为股东可以随时在公开市场上购买股份以增加其持股比例。

(三)第三人的优先认购权

除股东外,特定的第三人也可能享有优先认购权。[56] 譬如,发行可转换公司债或者附新股认购权公司债时,债券持有人可以享有优先认购权。如果公司设立内部职工股,该职工股的受托人也享有优先认购权。

赋予第三人优先认购权须有法律或者公司章程明文规定。由于赋予第三人优先认购权意味着对股东的优先认购权的限制,因此,有的法律还要求要有合理性目的。譬如,为了引进外国资本或者技术,改善财务结构,或者其他具有合理目的的情形。此外,法律还可能将第三人的优先认购权限缩在所发行新股的一定比例范围之内。[57]

(四)新股认购权证书

新股认购权证书(stock subscription warrants),是表彰股东新股认购权的有价证券。

---

〔52〕 MBCA 并不存在这一问题,因为该法规定,当公司回购股份后,所回购的股份作为已经授权但尚未发行的股份对待。

〔53〕 MBCA § 6.30(b)(3)(iv).

〔54〕 MBCA § 6.30(b)(3)(iii).

〔55〕 MBCA § 6.30(b)(5),(b)(6),(c).

〔56〕《日本商法典》第280条之二。

〔57〕 [韩]李哲松:《韩国公司法》,中国政法大学出版社2000年版,第558~559页。

新股认购权证书既是新股认购权的证明文件，同时又是转让新股认购权的书面凭证。

新股认购权证书为要式证券，因此，在新股认购权证书应依法记载一定事项，如表示“新股认购权证书”的字样，股份种类、数量及面额，以及记载若未在特定期日之前认购则丧失其权利的意思等内容。新股认购权证书由公司代表董事（在我国应由法定代表人）签章。新股认购权证书如未依法记载，则可能发生无效的后果。

新股认购权证书具有权利推定的效力。新股认购权证书的占有人推定为适法的持有人，占有新股认购权证书的人无须证明其实质性权利即可行使新股认购权。这表明，新股认购权证书的善意持有人也能成为适法的持有人。新股认购权证书的持有人以其所持有证书行使认购权。

新股认购权证书具有转让的效力，也就是说，新股认购权可以转让。通常，在新股认购权证书上无须记载认购权人，因此，新股认购权为无记名有价证券。新股认购权的转让以新股认购权证书的交付进行。

新股认购权证书由公司制作，并发行给股东。如公司未向股东发行，股东可以请求公司发行。公司应发行而未发行新股认购权证书的，应当向因此受有损失的股东承担赔偿责任。

新股认购权证书的记载应当真实，如果记载有虚假或者欺骗，公司应当向受有损失的股东或者第三人承担赔偿责任，董事承担连带责任。

七、新股发行无效、可撤销之诉

（一）新股发行无效之诉

从国外公司法实践来看，一般而言，发生新股发行无效的原因主要有：(1)违反法律、公司章程发行股份。(2)超过预定发行股份总数发行股份。在采用授权资本制的情况下，超出了授权资本制的局限。(3)在采用面值发行时，低于票面价值发行股份。(4)无视股东的新股认购权的存在而发行股份。(5)恶意发行股份。以减少少数股东持股比例权益为目的的恶意交易又被称为“排挤式交易”（squeeze outs/squeeze out transactions）。

（二）新股发行可撤销之诉

在国外公司法实践中，一般而言，如果新股发行出现下列原因，则可由股东、董事或者监事提起可撤销之诉：(1)缺乏商业目的（lack of business purpose）。前面已经说过，赋予第三人优先认购权须有合理的商业目的。同样，赋予股东优先认购权也需要有合理的商业目的。如果没有明显的商业意义，而仅在于影响公司内部权力平衡，该种交易可以被撤销。(2)不公平出售股份。不公平出售股份主要指以不公平的价格出售新股。所谓不公平的价格，是指显著低于市场价格的条件。从手段上来讲，股份认购者往往与董事共谋。股份认购者往往是公司控制股东或者与董事有关联关系的人。以不公正的价格出售股份，不仅有害于公司资本充实原则，而且损害了其他股东的利益。以不公正的价格出售股份的，该种交易可以被撤销。(3)行为人意思表示瑕疵。无论是认购人还是公司，如果出现意思表示瑕疵，因此而发生的交易可以被撤销。

（三）诉讼程序

与一般民事无效诉讼不同，基于新股发行的特殊性，应当对发行新股的无效诉讼有所限制：一是限制提诉人，一般限于公司的股东、董事或者监事；二是限制提诉时间，一般将提诉期间限定在新股发行之日较短的时间内（如6个月）。这样的话，对无效诉讼提诉人和提诉期间的限制导致在诉讼要求上与可撤销诉讼并无太大差别。

无论是无效诉讼还是可撤销诉讼，被告均为公司。

（四）无效或者被撤销之法律后果

无效或者被撤销判决确定后，发生对世效力，即其效力不仅及于公司、股东，同时也及于第三人。

无效或者被撤销判决确定后，公司应收回股票并返还股款。就收回股票而言，其目的是防止发生无效股票的善意受让。但是，即使没有收回，也不能使股票有效或者承认善意取得。但是，因此而给第三人造成损失的，公司或者董事应当承担赔偿责任。就返还股款而言，当然应当向股票持有人返还，如果新股被转让，则不应向原始持有人返还，而是向受让人返还。

第五节　公司债券

一、公司债券概述

（一）公司债券的概念和特征

《公司法》第194条规定，该法所称公司债券，是指公司发行的约定按期还本付息的有价证券。公司债券是一种债权证券，属于广义的公债的一种。广义的公债不仅包括公司债，而且包括其他企业、金融机构，甚至政府或国家所发行的债券，如企业债券、金融债券、政府债券或国家债券等。

公司债券的特点如下：

第一，公司债券是表彰已经发生的公司债债权的证券。公司债不是因为发行公司债券而发生的，因而，公司债券不是设权证券，而是证权证券。公司债契约的成立并不以交付债券作为其必要条件，但公司债契约成立后公司应发行债券。该债券在应募人缴足其所认购金额后即应发行。

第二，公司债券是一种要式证券。公司债券必须依法记载一定事项。《公司法》第196条规定，公司以纸面形式发行公司债券的，应当在债券上载明公司名称、债券票面金额、利率、偿还期限等事项，并由法定代表人签名，公司盖章。

第三，公司债券具有可转让性。《公司法》第200条规定，公司债券可以转让，转让价格由转让人与受让人约定。公司债券的转让应当符合法律、行政法规的规定。《公司法》

第201条规定，公司债券由债券持有人以背书方式或者法律、行政法规规定的其他方式转让；转让后由公司将受让人的姓名或者名称及住所记载于公司债券持有人名册。

第四，公司债券具有可回赎性。公司债券可由公司进行回赎，于此情形，回赎的价格是高于该债券面值的溢价（premium）。债券持有人也可以请求公司回购其债券，于此情形，回购的价格以市场价格为基础予以确定。

第五，公司债券具有可转换性。公司可以发行可转换公司债券，可转换公司债券持有人可以选择是否将其债券转换为公司普通股股票。

（二）公司债与相关概念

1. 公司债与普通债

公司债债权人与通常的公司债权人的地位相同，但公司的普通债权人与公司的关系是根据合同法建立的，而公司债债权人与公司的关系是根据公司法的规定发生的，法律对发行公司债的公司的资格有着较严格的限制。同时，公司债权利义务关系也须受到合同法的规制。

2. 公司债与股份

虽然都是为公司提供运营资本而募集的资金，但公司债却是一种债的关系，而股份则表彰的是一种股权关系。两者性质完全不同。具体表现在如下几个方面：

第一，就权利主体而言，公司债的债权人与公司处于相对的地位，而股份所有人则是公司组织的构成成员。前者享有的是债权，后者享有的是股权。

第二，就利益分配而言，不管公司是否有盈余，公司债的债权人都可以向公司请求支付利息，而股东则仅能在公司有充分盈余时才能分配股利。此外，公司对债权人必须偿还本金，而股东则只能在公司解散时才可以分配剩余财产。

第三，就清偿顺序而言，公司债的债权人优先于公司股东而受清偿，而股东则必须在公司清偿债务后，才可就盈余或者剩余财产请求分配。

第四，就利率而言，公司债的利率是固定不变的，而股份的盈余分配率则取决于公司营业状况而经常变动。

3. 公司债与优先股

公司债与优先股不同，前者属于债权，后者属于股权。从法律角度来说，其区别主要表现在如下几个方面：

第一，公司债的利息属于公司无条件支付的义务，而优先股的股息则由公司自由决定。

第二，公司债通常有到期日，到期日届满必须归还本息，而优先股没有到期日。

第三，如果发生支付违约现象，公司债债权人有权请求提前支付，而优先股股东则无此权利。

尽管在法律上存在上述区别，但两者在经济上的差别却不大。

二、公司债的种类

第一，担保公司债与非担保公司债。公司债券（debt securities）包括担保之债（bonds）和非担保之债（debentures），有时还包括具有较长期限的期票（promissory notes）。它们都被包含在“债券”这一总的概念之下。担保之债与非担保之债均属于长期债务工具。担保公司债，是指以公司资产的全部或部分作为偿还本息的担保而发行的债券。债券到期如不能还本付息，持券人可就其担保财产自由处分。从广义上讲，担保公司债中的担保还包括由发行公司债之外的第三人提供的担保。非担保公司债，是指仅以公司本身的信誉而无其他财产担保所发行的债券。唯因其无财产担保，故发行时常有附带条款以约束公司行为，如发行债券的公司不得设定抵押权，或不得另举新债，或债券所得资金只能供指定用途而不能用作偿还旧债或分配股利等。学理上将这种情形称为“消极担保”（negative securities）。

第二，转换公司债与非转换公司债。转换公司债（convertible bonds or debentures），是指公司债权人可以将公司债券转换为公司股份的公司债，否则，即为非转换公司债（non-convertible bonds or debentures）。《公司法》第202条规定，股份有限公司经股东会决议，或者经公司章程、股东会授权由董事会决议，可以发行可转换为股票的公司债券，并规定具体的转换办法。上市公司发行可转换为股票的公司债券，应当经国务院证券监督管理机构注册。

第三，普通公司债与参加公司债。普通公司债，是指仅按原定利率支付利息，而不管公司盈余分配比例大小的公司债。参加公司债（participating bonds），是指当公司股利分配的比例超过债券利率时，即按一定比例增加债券利息的公司债。

第四，收益公司债。收益公司债（income bonds），是指公司债的利率依公司盈利多少而定，无盈余则无利息，即是否支付利息取决于是否能够获得包含该利息的收益。

第五，附质权信托公司债。附质权信托公司债，是指受托人为债权人利益而占有公司发行人名下的股票、债券、可转让票据等易流通资产，一旦发行人无力清偿债务，受托人即变卖他占有的资产以清偿债务。

第六，附新股认购权公司债。附新股认购权公司债，是指以赋予公司债债权人新股认购权作为条件而发行的公司债券。

第七，随时变现公司债。随时变现公司债，顾名思义，是指可在期限届满前随时请求支付的公司债。

第八，零息债券。零息债券（zeroes），是指无息非担保债券。这种债券以大大低于票面价值的价格发行，其全部利息反映在折扣部分。

第九，垃圾债券。垃圾债券（junk bonds），是指没有达到投资等级的债券。对这种债券的投资有如对股权证券的投资一样，具有高度的风险性。在日常语言中，该种垃圾债券又被称为“另类股权”（another class of equity）或者“特类普通股”（a type of common stock）。有时候，该种证券原先是达到投资等级的，但是后来降级了，因为投资人没有收益。这种垃圾债券被称为“堕落的天使”（fallen angel）。大多数垃圾债券是作为一种收购手段而发行的，主要流行于20世纪80年代。由于其信誉的降低，现在已经不常见了。

第十，混合证券。混合证券（hybrid securities），是指同时具有债券和优先股的某些特征的债券。这类证券的主要特征是导致在税务上不能确定到底是按照债券处理还是按照股票处理。由于该种证券的“真实性质”具有不确定性，所以，混合证券的市场流通性比较复杂。

三、公司债债权人的权利

第一，利息请求权。公司债债权人对于公司享有利息请求权。其利率、利息支付方法及期限，均依公司债发行条件确定。发行公司债时，有的附有利息债券，有的不附利息债券。但无记名公司债券通常附有利息债券。利息券附贴在债券的下端，与债券连成一体发行。债权人在规定的付息时期，将利息券剪下来，使其成为独立的债券以受领利息。利息券是表彰利息的有价证券，通常为无记名式，可与债券相分离，并可以转让。在受领利息给付时，持有人只需将利息券交还就可以了，无须提示债券。

第二，偿还请求权。公司债有到期日，到期日届满，公司应当向公司债券持有人偿还本金。公司债偿还的方法及期限，均依公司债发行条件确定。公司应当依照约定的方法和期限偿还债务，不得违背债权人意愿而任意变更，否则，将构成公司违约。公司偿还债务后，可请求债权人交回债券。

四、公司债券的发行

（一）公司债券的发行条件

《公司法》第194条第2、3款规定，公司债券可以公开发行，也可以非公开发行。公司债券的发行和交易应当符合《证券法》等法律、行政法规的规定。根据《证券法》的规定，公司发行公司债券应当符合下列条件：

1. 首次发行公司债券的条件

《证券法》第15条第1款规定，公开发行公司债券，应当符合下列条件：（1）具备健全且运行良好的组织机构；（2）最近3年平均可分配利润足以支付公司债券一年的利息；（3）国务院规定的其他条件。

公开发行公司债券筹集的资金，必须按照公司债券募集办法所列资金用途使用；改变资金用途，必须经债券持有人会议作出决议。公开发行公司债券筹集的资金，不得用于弥补亏损和非生产性支出。上市公司发行可转换为股票的公司债券，除应当符合《证券法》第15条第1款规定的条件外，还应当符合证券法关于公开发行股票的条件。但是，按照公司债券募集办法，上市公司通过收购本公司股份的方式进行公司债券转换的除外。

2. 再次发行公司债券的条件

再次发行公司债券除了应当符合《证券法》上所规定的首次发行公司债券的条件之

外，还应当遵守《证券法》上关于再次发行公司债券的限制性规定。

《证券法》第17条规定，有下列情形之一的，不得再次公开发行公司债券：(1)对已公开发行的公司债券或者其他债务有违约或延迟支付本息的事实，仍处于继续状态的；(2)违反本法规定，改变公开发行公司债券所募资金的用途。

出现上述情况时，说明公司资信状况不佳，信誉低下，偿债能力有欠缺。如果再次发行债券，则很可能不能按期偿还本息，损害投资者的利益，扰乱证券发行市场秩序。

(二)公司债券的发行程序

1. 发行决议

根据《公司法》第59、112条的规定，公司发行公司债券，由董事会制订方案，股东会作出决议。

2. 发行注册

《公司法》第195条规定，公开发行公司债券，应当经国务院证券监督管理机构注册，公告公司债券募集办法。《证券法》第16条规定，申请公开发行公司债券，应当向国务院授权的部门或者国务院证券监督管理机构报送下列文件：(1)公司营业执照；(2)公司章程；(3)公司债券募集办法；(4)国务院授权的部门或者国务院证券监督管理机构规定的其他文件。依照证券法规定聘请保荐人的，还应当报送保荐人出具的发行保荐书。

3. 公司债券募集办法

《公司法》第195条规定，发行公司债券，应当经国务院证券监督管理机构注册，公告公司债券募集办法。公司债券募集办法中应当载明下列主要事项：(1)公司名称；(2)债券募集资金的用途；(3)债券总额和债券的票面金额；(4)债券利率的确定方式；(5)还本付息的期限和方式；(6)债券担保情况；(7)债券的发行价格、发行的起止日期；(8)公司净资产额；(9)已发行的尚未到期的公司债券总额；(10)公司债券的承销机构。

4. 公司债券的记载

《公司法》第196条规定，公司以纸面形式发行公司债券的，应当在债券上载明公司名称、债券票面金额、利率、偿还期限等事项，并由法定代表人签名，公司盖章。

5. 公司债券的种类

《公司法》第197条规定，公司债券，应当为记名债券。

6. 公司债券持有人名册及记载事项

《公司法》第198条规定，公司发行公司债券应当置备公司债券持有人名册。发行公司债券的，应当在公司债券持有人名册上载明下列事项：(1)债券持有人的姓名或者名称及住所；(2)债券持有人取得债券的日期及债券的编号；(3)债券总额，债券的票面金额、利率、还本付息的期限和方式；(4)债券的发行日期。

7. 公司债券的登记结算制度

《公司法》第199条规定，公司债券的登记结算机构应当建立债券登记、存管、付息、兑付等相关制度。

五、信托公司债

公司发行公司债时,可由发行公司与受托人成立信托契约。受托人一般以金融或信托机构为限,如银行、信托公司或者证券公司等。受托人根据信托契约接受发行公司的委托,为应募人的利益,享有查核、监督公司履行公司债发行事项的权利。同时,就利息支付或本金的偿还享有受领或者偿还请求权或者提起诉讼的权利。公司为发行公司债所设定的抵押权或质权,可以由受托人为债权人取得,并可以在公司债发行前先行设定。受托人对于抵押权或质权或其担保物品应负责保管或者实现。另外,受托人可以为公司债债权人的共同利害关系事项召集公司债债权人会议,债权人会议的决议可以由受托人负责执行。但债权人会议另有指定的,应遵从其指定。

由于公司债债权人众多,个别单独行使其权利非常不方便,尤其是个别设定物上担保权实际上不可能。由此可见,公司债之信托制度对于公司债券持有人权利的实现和保护公司债券持有人的权益具有重要意义。我国公司法有必要建立公司债信托制度。

六、可转换公司债

(一)可转换公司债券概述

可转换公司债券(convertible bonds or debentures),有广、狭义之分。广义的可转换公司债券含义比较广泛,泛指一切可转换为其他证券的公司债券,既包括可转换为公司股票,也包括可转换为其他种类的债券等情形。狭义的可转换公司债券一般仅指可转换公司股票的公司债券。[58] 可转换公司债券同样可区分为有担保的可转换公司债券(convertible bonds)和无担保的可转换公司债券(convertible debentures)。

可转换公司债券除具有普通公司债券的属性外,其自身的特征就是其可转换性。即可转换公司债券持有人享有是否将其持有的债券转换为其他证券的选择权。对于这种选择权,债券持有人可以行使,也可以不行使。是否行使,取决于债券持有人的意愿。如果可转换公司债券的转换价格(conversion price)或者转换比率(conversion ratio)高于可转换公司债券的利息或者利率,债券持有人行使选择权则为有利;反之,则为不利。

可转换债券是一种重要的融资手段。公司发行可转换债券的主要目的是使其融资手段更加具有吸引力,更加有利于筹集资金。从投资者角度分析,投资于可转换债券既可以减少风险,又可能增加投资回报。譬如,如果公司经营业绩好,债券持有人可行使选择权参与公司股利分配;如果公司经营业绩不好,债券持有人可以不行使选择权,仍然可以保住本息。

(二)我国公司法关于可转换公司债券的规定

我国《公司法》第 202 条所规定的可转换公司债券,是指股份有限公司经股东会决议,或者经公司章程、股东会授权由董事会决议,所发行的可转换为股票的公司债券。据

---

〔58〕 时建中:《可转换公司债法论》,法律出版社 2000 年版,第 12 ~ 13 页。

此可知，在我国公司法上，发行可转换公司债券的基本要求是：

第一，可转换公司债券是一种经债券持有人要求可以转换为股票的公司债券。可转换公司债券持有人要求转换为股票，公司应当按照其转换办法向债券持有人换发股票，债券持有人对转换为股票或者不转换为股票有选择权。可转换公司债券一经转换为股票，其持有人享有股东的权利。但是，可转换债券在转换为股票前，其持有人不具有股东地位，不享有股东权利。如在可转换债券到期时尚未转换，其持有人只能行使债权人的权利。尽管对于是否转换股票债券持有人享有选择权，但如果债券持有人行使了该种权利，该种权利即不可再行逆转。因此，可转换公司债券一旦转换为公司股票，则不能再回转为公司债券。

第二，可转换公司债的发行主体是股份有限公司，上市公司发行可转换公司股票的公司债券，应当经国务院证券监督管理机构注册。由此可见，法律对发行可转换公司债券的主体资格的要求较之于对发行普通公司债券的要求要高一些。

第三，公司债券可转换为股票的，除应当具备公司债券的发行条件外，还应当符合股票发行的条件。也就是说，股份有限公司发行可转换公司债券须同时符合发行公司债券和公司股票的条件。

第四，发行可转换为股票的公司债券，应当在债券上标明可转换公司债券字样，并在公司债券持有人名册上载明可转换公司债券的数额。

第五，股份有限公司发行可转换为股票的公司债券，应当在债券募集办法中规定具体的转换办法。

第六，发行可转换为股票的公司债券，应当报请国务院证券管理部门核准。

七、债券持有人会议

《公司法》第 204 条规定，公开发行公司债券的，应当为同期债券持有人设立债券持有人会议，并在债券募集办法中对债券持有人会议的召集程序、会议规则和其他重要事项作出规定。债券持有人会议可以对与债券持有人有利害关系的事项作出决议。

除公司债券募集办法另有约定外，债券持有人会议决议对同期全体债券持有人发生效力。

八、债券受托人及其义务与职责

公司发行公司债时，可由发行公司与受托人成立信托契约。受托人一般以金融或信托机构为限。受托人根据信托契约接受公司债债权人的委托，为应募人的利益，享有查核、监督公司履行公司债发行事项的权利。同时，就利息支付或本金的偿还享有受领或者偿还请求权或者提起诉讼的权利。公司为发行公司债所设定的抵押权或质权，可以由受托人为债权人取得，并可以在公司债发行前先行设定。受托人对于抵押权或质权或其担保物品应负责保管或者实现。另外，受托人可以为公司债债权人的共同利害关系事项召集公司债债权人会议,债权人会议的决议可以由受托人负责执行。但债权人会议另有指定的,应遵从其指定。

由于公司债债权人众多,个别单独行使其权利非常不方便,尤其是个别设定物上担保权实际上不可能。由此可见,公司债之信托制度对于公司债券持有人权利的实现和保护公司债券持有人的权益具有重要意义。

我国公司法规定了公司债券信托管理制度。《公司法》第205条规定,公开发行公司债券的,发行人应当为债券持有人聘请债券受托管理人,由其为债券持有人办理受领清偿、债权保全、与债券相关的诉讼以及参与债务人破产程序等事项。公司法要求为债券持有人聘请债券受托管理人,仅限于公开发行公司债券的情形。因为公开发行公司债券的债券持有人人数众多,需要有专业的管理人为其办理受领清偿、债权保全、与债券相关的诉讼以及参与债务人破产程序等事项。

《公司法》第206条规定了债券受托管理人的义务与职责。公司债券受托管理人与债券持有人的关系是一种信托关系,债券受托管理人的义务是一种受信义务,因而,债券受托管理人应当勤勉尽责,公正履行受托管理职责,不得损害债券持有人利益。如果受托管理人与债券持有人存在利益冲突可能损害债券持有人利益的,债券持有人会议可以决议变更债券受托管理人。债券受托管理人违反法律、行政法规或者债券持有人会议决议,损害债券持有人利益的,应当承担赔偿责任。

第二章　公司财务、会计

第一节　公司财务、会计制度

一、公司法对财务、会计制度的要求

《公司法》第 207 条规定，公司应当依照法律、行政法规和国务院财政部门的规定建立本公司的财务、会计制度。

按照我国《公司法》第 208 条的要求，公司应当在每一会计年度终了时编制财务会计报告，并依法经会计师事务所审计。财务会计报告应当依照法律、行政法规和国务院财政部门的规定制作。

《公司法》第 209 条规定，有限责任公司应当按照公司章程规定的期限将财务会计报告送交各股东。股份有限公司的财务会计报告应当在召开股东大会年会的 20 日前置备于本公司，供股东查阅；公开发行股份的股份有限公司应当公告其财务会计报告。

《公司法》第 217 条规定，公司除法定的会计账簿外，不得另立会计账簿。对公司资金，不得以任何个人名义开立账户存储。

二、建立财务、会计制度的意义

公司财务、会计制度的建立具有如下几个方面的意义：

第一，有利于保护股东利益。就股东而言，其投资的直接目的在于获利。而要达到这一目的，不仅依赖于公司的经营，还要求公司建立健全的财务、会计制度，使股东对于公司的盈亏状况有一个明确的了解，以便股东进行合理的投资决策和对公司进行监督。

第二，有利于保护债权人利益。公司财务、会计制度健全与否，同样关涉债权人的利益。这是因为，公司财产是其在对外活动中的担保，只有公司财务、会计制度健全，才能获得债权人的信任而与之打交道。同时，也有利于债权人在了解相关财务会计信息的基础上进行自我保护和相关监督。

第三,有利于保护社会公众的利益。当公司向社会公众发行股份或者债券时,就涉及社会公众投资者的利益,他们有权利了解公司的财务、会计状况。财务会计报告所提供的信息有利于帮助投资者作出理性的投资决策。

第四,有利于促进企业的经营管理水平。会计报表提供的指标实际上是对企业经营业绩的评价,并在此基础上找出问题、分析原因,寻找出提高企业经济效益的途径和方法,促进企业生产经营管理的改善。

第五,有利于政府实施监督。财务会计报表提供的经济指标为国家宏观调控和政府职能部门进行会计监督提供了依据。政府职能部门可以利用财务会计报表提供的经济指标进行宏观管理,制定合理的经济政策,对整个国民经济进行宏观调控,并对企业的各项经营活动进行具体的会计监督。

第二节　公积金制度

一、公积金的概念

公积金(reserve),是指公司为了弥补公司的亏损、扩大公司生产经营或者转为增加公司资本,依照法律或者公司章程的规定,从公司盈余或资本中提取的积累资金。由此可见,公积金具有如下特征:

首先,公积金是从公司盈余或者资本中提取的资金。一般而言,公积金从公司盈余中提取,但在法律有规定的情况下,也可以从公司资本中提取。

其次,公积金的提取须依照法律或者公司章程的规定。公积金的提取不仅涉及公司自身的维持和发展问题,而且涉及股东利益的保护问题,还涉及债权人利益的保护问题,因此,公积金的提取不仅需要遵守法律的规定,而且需要公司章程予以明确规定。

最后,《公司法》第214条明确规定,公司的公积金用于弥补公司的亏损、扩大公司生产经营或者转为增加公司注册资本。公积金弥补公司亏损,应当先使用任意公积金和法定公积金;仍不能弥补的,可以按照规定使用资本公积金。法定公积金转为增加注册资本时,所留存的该项公积金不得少于转增前公司注册资本的25%。

二、公积金的提取

从形成公积金的来源来看,公积金可分为盈余公积金和资本公积金。不同的公积金,其提取方式各不相同。

(一)盈余公积金

盈余公积金,是指从公司盈余中提取的累积资金。根据盈余公积金提取的方式的不同,可将盈余公积金区分为法定公积金和任意公积金。

法定公积金,是指基于法律的规定而强行提取的公积金。《公司法》第210条第1款规定，公司分配当年税后利润时，应当提取利润的10%列入公司法定公积金。公司法定公积金累计额为公司注册资本的50%以上的，可以不再提取。《公司法》第210条第2款规定，公司的法定公积金不足以弥补以前年度亏损的，在依照前款规定提取法定公积金之前，应当先用当年利润弥补亏损。

任意公积金，是指公司于法定公积金之外，根据公司章程规定或者股东会决议而特别储备的公积金。公司在满足了法律所要求提取的法定公积金后，可以视公司需要决定是否提取任意公积金。《公司法》第210条第3款规定，公司从税后利润中提取法定公积金后，经股东会决议，还可以从税后利润中提取任意公积金。

（二）资本公积金

资本公积金，是指依照法律的规定，将特定的公司资本或者特定的项目列入资本公积账户的积累资金。由于资本公积金主要表现为公司以超过股票票面价值发行股份所获得的股票溢价，或者出资人缴纳出资的溢价，因此，在早期的资产负债表中，资本公积账户又被直接称为"股本溢价"账户。然而，随着现代企业经营和业务的日趋复杂化，在资本公积账户上不仅包括所有人的出资以及经营积累，而且包括基于特定会计处理程序引起的项目。"在没有更合适的会计账户对它们加以反映的条件下，它们统统被归入资本公积账户项下，以至于资本公积账户实际上成为一个会计上的'聚宝盆'。"[1]

我国《公司法》第213条规定，公司以超过股票票面金额的发行价格发行股份所得的溢价款、发行无面额股所得股款未计入注册资本的金额以及国务院财政部门规定列入资本公积金的其他收入，应当列为公司资本公积金。从我国公司法的规定来看，资本公积金的构成包括三个方面：一是公司以超过股票票面金额的发行价格发行股份所得的溢价款；二是发行无面额股所得股款未计入注册资本的金额；三是国务院财政主管部门规定列入资本公积金的其他收入。关于第一、第二两个方面，法律的规定是明确的。但是，究竟哪些项目应当列入第三个方面，则不明确。将公司法的上述规定扩展来看，一般而言，资本公积金主要包括：股本溢价，包括有限责任公司的出资溢价和股份有限公司的股票发行溢价，以及公司发行新股时冻结申购资金期间的利息；资产评估增值准备、接受捐赠资产准备、股权投资准备，以及基于会计处理方法或者会计程序引起的所有者权益的账目增加，如被投资单位接受捐赠准备、评估增值准备、股权投资准备等。

第三节　公司分配制度

在广义上来讲，公司分配形式包括盈余分配和其他分配。盈余分配的表现形式为股利分配。"股利分配"（distribution of dividend），是指对现在或者过去未分配收入的支付。

---

〔1〕 刘燕：《会计法》，北京大学出版社2001年版，第316～317页。

“其他分配”(other distributions),则是指在法律许可的范围内,除盈余分配之外的资本分配或者剩余分配。资本分配(capital distributions)是指从公司资本中进行的分配。原则上,只能从公司盈余中分配股利,而不能从公司资本中分配。但如果法律特别许可,则属于例外。公司解散后,需要进行清算,清算后如仍然有剩余财产,股东有权就剩余财产获得分配,即所谓的剩余分配(liquidation distribution)。本节主要讨论股利分配。

一、股利分配规则

(一)股利分配的原则

1. 一般原则

公司是营利法人,其每营业年度所获得的盈余,自然应当分配给股东。所谓盈余,是指公司现有的财产净额超过公积金的差额,即公司的财产净额扣除公积金后所剩余的财产金额。用公式表示即为:

盈余 = 净资产 - 公积金

根据我国公司法的规定,盈余分配的原则是,公司只有在弥补亏损及提取法定公积金之后,才能就“当年税后利润”分配股利。

首先,公司如有亏损,应当先以盈余弥补其亏损,以此充实、维持资本。如公司没有弥补亏损,不得分配股利;公司盈余不足以弥补亏损,同样不得分配股利。

其次,应按照法律的规定从公司当年盈余中提取法定公积金,用以防备公司遭受意外亏损、扩大生产经营规模及转增公司资本。

最后,按公司章程规定向股东分配股利。公司发行优先股的,还应当向优先股股东先行分配。

这说明,股利的分配源于公司弥补亏损和提取公积金之后的盈余,而非所有盈余。由此可见,在我国,股利的分配实行的是“纯利润”分配原则,即“无盈利不分配”原则。由于公司的盈利、纯利或者净利润是反映在损益表上的,因此,这一标准又称为“损益表”标准。[2]

2. 建设股息的分配

公司无盈余不能分配股利是公司资本维持原则的体现。但这一原则也有例外。这一例外主要体现为建设股息的分配。

---

〔2〕 这一标准是大陆法系国家和地区普遍采用的标准。但在英美国家,情形则可能有所不同。在英美国家,由于不存在强制提留盈余公积金的制度,所以,利润分配就意味着公司将经营活动实现的利润向股东分配的行为。譬如,在美国,对于股利分配的合法性,各州法律规定了各种不同的标准。这些标准各不相同,取决于相关的州是否保留了票面价值概念,或者是否像 MBCA 那样,已经废除了票面价值以及相关的诸如“账面资本”和“资本盈余”概念。MBCA § 6.40 条规定两个标准来决定分配是否合法:(1) Equity insolvency test,是指要求公司“能够支付正常营业过程中发生的到期债务”后才能进行分配。(2) Balance sheet test,是指在分配后,如果“公司的总资产少于其总负债”,则禁止进行分配。所有的州都采用“equity insolvency test”来处理分配问题。在马萨诸塞州,该标准是唯一的标准。而在其他州,则将该标准与上述“balance sheet test”结合在一起。

建设股息,又称为建业股息,是指经营铁路、港口、水电、机场等业务的股份公司,由于其建设周期长,不可能在短期内开展业务并获得盈利,为了筹集到所需资金,在公司章程中明确规定并获得批准后,公司可以将一部分股本还给股东作为股息。

与上述股利分配原则不同,建设股息并非来自公司的盈利,而是来自公司资本,这是无盈利无股息原则的一个例外。按照股利分配的一般原则,无盈利无分配。但是如果固守这一原则,此类建设事业将无人投资。为了提高投资人投资此类事业的积极性,"法律"对之设定例外规则。也可以认为,建设股息是对公司未来盈利的预分,其实质是一种负债分配。鉴于此,为了保护债权人利益,建设股息的分配应当严格遵守"法律"上的限制规定。

一般而言,建设股息的分配应当符合如下要件:[3](1)由于公司业务性质的需要,公司须在设立登记后经过较长时间的准备工作才能开业。这是建设股息分配的前提条件。(2)须由公司章程明文规定,并且须为公司原始章程。因为设立此种制度的目的在于使经营筹备期间较长的事业的公司容易成立。如果公司已经成立再经过修改公司章程设立建设股息则不被许可。[4] (3)须经主管机关批准。(4)须在营业开始前进行分配,营业开始后不得分配。

由于建设股息是反映在资产负债表上的,所以,这种分配标准可称为资产负债表标准。

(二)对股利分配的合同限制

公司法上对股利分配的限制表明了法律对债权人利益的关怀。公司法希望通过该种限制达到保护债权人的目的。但是,这种保护却是有限的。因而,在实践中,一些大的债权人通常在贷款协议中采取合同方式对股利分配进行限制。在这样的协议中所规定的限制较之于法律所规定的限制可能更加具有意义。

例如,某公司计划从一家银行借款 15,000 元。该银行同意贷款的条件是该公司须遵守对股利分配的如下限制:(1)如果该公司前一年的年收入达到 5,000,000 元或者以上,该公司可以按每季度每股 0.25 元的价格支付常规股利。(2)如果该公司的净收入超过了 25,000,000 元,公司可以按照每股不超过 1 元的价格支付股利;如果其上一年度收入超过 50,000,000 元,则可以按每股不超过 2 元的价格支付股利。(3)如果没有取得该银行事先的书面同意,该公司不得进行其他分配或者股份回购。(4)公司利润的计算应当按照普遍接受的会计原则(GAAP)来确定,即由外部独立审计师来决定。

(三)股利分配的方式

关于股利的具体分配方式,《公司法》第 210 条第 4 款规定,公司弥补亏损和提取公积金后所余税后利润,有限责任公司按照股东实缴的出资比例分配利润,全体股东约定不按照出资比例分配利润的除外;股份有限公司按照股东所持有的股份比例分配利润,

---

〔3〕 现行公司法尚未对建设股息作出规定。这里根据的是我国台湾地区"公司法"第 234 条之规定。

〔4〕 柯芳枝:《公司法论》,中国政法大学出版社 2004 年版,第 335 页。

公司章程另有规定的除外。公司持有的本公司股份不得分配利润。

根据上述规定可以看出,原则上,股利的分配实行的是比例分配原则。基于这种比例分配原则,投资多的股东分配的股利就多,投资少的股东分配的股利就少。这是股权平等原则在股利分配原则上的体现。另外,法律也允许有限责任公司经全体股东约定不按照出资比例分取红利;股份有限公司章程规定不按持股比例分配的,也可以不按照持股比例分取股利。这体现了法律上关于股利分配规则的灵活性,一定程度上突破了股权平等原则。这种突破是有意义的,尤其是对于封闭公司而言,意义更为重大,它考虑到了公司利润分配的特殊性。但是,对于公众公司而言,如果允许公司章程规定不按照持股比例分取股利,则有可能导致大股东侵害公众股东利益的情况发生,所以,公众公司应以法定分配方式为原则,体现分配股权平等为宜。但是,对于普通股份有限公司,法律允许公司章程另作规定。

(四)股利分配的形式

股利的分配一般采用现金形式支付,也可以采用财产形式分配,还可以采用负债形式分配。实务中,股份分配形式也属常见。此外,在认识上,人们将股份回购也作为一种分配形式。

1. 现金分配

现金分配,或者称为现金股利,是指公司以现金形式向股东派发股利。现金分配是最通常的一种股利分配形式,也是最受股东欢迎的一种股利分配形式。现金股利主要是公众公司所采取的一种股利分配形式。

2. 财产分配

财产分配,是指公司以其持有或者所有的财产代替现金向股东分配股利。作为可分配的财产可能是公司持有的其他公司的证券(包括股票、债券等有价证券),也可能是公司所有的实物。譬如,公司可能以其生产的产品如空调、计算机、汽车等作为股利形式向股东进行分配。财产分配还包括以公司享有的债权作为股利分配的形式,譬如,以公司持有的他公司的债券等进行股利分配。

3. 负债分配

负债分配,是指公司以发行债券或者应付票据的形式向股东支付股利。在此情形下,获得债券或者应付票据的股东对公司享有债权。

4. 股份分配

股份分配有两种形式:一是股票股利;二是股份分割。

股票股利(share dividend/stock dividend),是指公司以发行新股的方式分配股利的一种形式。股票股利实际上是以发行新股的方式代替现金支付,俗称为“送股”或者“派股”。由于股东并没有获得任何实际支付,所以,股票股利的实质是以盈余转作资本。在会计学上,一般有小比例股票股利与大比例股票股利之分。小比例股票股利(small-percentage stock dividends)是指股票股利的发放低于原先发行在外普通股的20%;新股的发放超过这个比例的,则为大比例股票股利(large-percentage stock dividends)。二者之间的区分主要在于会计处理不同。由于小比例股票股利的发放对股票市价影响不大,所以,小比例股票股利在会计上的处理是,把这笔金额从留存收益账户转移到普通股与追加实缴资本账户。而大比例股票股利的发放则可能对股票市价构成较大影响,因此,应当以额外发行股票的面值总额为标准,将该笔金额从留存收益账户中转到普通股账户。[5] 由于股票股利须通过发行新股的方式为之,所以需要遵守公司法或者证券法上关于发行新股的程序。依据我国公司法,发行新股需要经过股东特别会议作出决议。

股份分割(share split),或称为股份拆细,则是指通过成比例地降低股票面值而增加股份的数量。股票股利与股份分割在经济效果上并无差异,但二者在会计上的处理则是不同的。在股票股利的情况下,股票的面值不发生变化,但是在股票拆细时,股票的面值减少了。譬如,在2∶1的股票拆细时,普通股、追加实缴资本以及留存收益账户余额都保持不变,唯一变化的是普通股的每股面值比原先降低了一半。从表面上看,股票的面值降低了,但股票拆细往往发生在公司业绩看好的情形中,股票的实际价值有望提升。与用现金或者财产支付的股利分配不同,股票股利或者股份拆细并不消耗公司资产。采用这种方式的直接目的在于解决现金分配的困难。由于股票的票面价值记载在公司章程之中,因此,在采用股票分割方式分配股利时,须修改公司章程。修改公司章程须经股东特别会议作出决议。

5. 作为一种分配形式的股份回购

股份回购的重要功能之一在于,通过回购股份可以在减少资本的同时实现向股东分配盈余之目的。如果公司均按照一定比例(这里的"一定比例"一般应基本上等同于一次通常的股利分配比率)重新有偿取得每位股东的部分股份,在总体上并不对每位股东权益构成影响(由于非整数股份而产生的差异忽略不计)。当公司回购其股份时,公司由于需要支付回购价款,所以相应地导致公司资产的减少。但是,股东持有股份上的权益并不因此而减少。因此,可以说,股份回购的结果就可以等同于一次股利分配。[6]

例如,A、B、C是ABC公司的股东,每人拥有100股。他们决定每人以每股100元的价格出售10股给公司(每人总计1000元)。当交易完成之时,每位股东继续持有公司1/3发行在外的股份(每人90股),因而公司资产减少了3000元,而股东每人个人收入增加了1000元。

---

[5] [美]詹姆斯·C. 范霍恩、小约翰·M. 瓦霍维奇:《现代企业财务管理》(第10版),郭浩、徐琳译,经济科学出版社1998年版,第554~555页。

[6] 鉴于此,在20世纪80年代,美国修改后的MBCA将"股份回购"这一术语明确地定义为一种分配方式。在大陆法系国家的公司法中,原本由于严格资本制度对股份回购加以限制,因而并不注重把股份回购认可为一种分配股利的方法。但现在由于放松管制的结果,对将股份回购作为一种分配方式也逐渐加以承认。如意大利公司法规定,经股东会决议,公司可以用盈利购买其股份。法国公司立法同样认可在不违反对股利分配的限制性规定时,公司可以使用任意公积金购买自己的股份。且所有大陆法国家的公司法中都有"以减少资本为由而回购股份"的原则性许可规定,从这些一致性规定来看,尽管大陆法国家的公司立法没有明确承认公司取得自有股份是一种股份分配模式,但实际上也未曾否认该制度所具有的股利分配功能。

股份回购使流通在外的股份总数减少，每股盈余及每股股利增加，并导致每股市场价格随之上升。但股份回购需要支付大量现金，比较适用于公司有大量现金积累可供分配的情形。正因如此，法律要求公司在进行股份回购时必须遵守适用于股利分配相同的标准和法律限制。[7]

（五）股利分配的决定权

在一些国家，如美国，股利分配由董事会决定。[8] 例如，公司宣布它已经停止支付股利，并且可能在今后5年之内不能恢复股利分配，以便于积累资金，扩张和改造企业。股东无法反对这一政策，即使公司在过去是支付股利的。

在我国，股利分配的决定权归属于股东会。譬如，《公司法》第59、112条将“审议批准公司的利润分配方案和弥补亏损方案”作为股东会的职权之一。尽管如此，股利分配的方案仍然由董事会制订。譬如，《公司法》第67、120条将“制订公司的利润分配方案和弥补亏损方案”作为董事会的职权之一。股东会关于股利分配的决议只需要普通决议即可。

（六）违法分配股利的责任

如公司在本营业年度无盈余时，或虽有盈余，但在公司弥补亏损及提取法定公积金后已无剩余时，自然无股利分配可言。因此，我国《公司法》第211条规定，公司违反本法规定向股东分配利润的，股东应当将违反规定分配的利润退还公司；给公司造成损失的，股东及负有责任的董事、监事、高级管理人员应当承担赔偿责任。

但如何落实这一规定，公司法没有进一步规定。当公司股东会或者董事会进行违法分配时，当然公司有权主张将非法分配所得返还给公司。但是，由于股利分配由董事会建议并经股东会决定，所以不能指望公司来主张权利。著者认为，如果公司违法分配股利，构成公司行为触犯强制性法律规范。因此，应当依照公司决议无效制度确认该股东会议和董事会议决议无效。经无效判决后，股东应将违法分得股利返还公司。

虽然根据我国公司法规定，股利分配决定权属于股东会，但是公司董事、监事、高级管理人员可能对违法分配负有责任，他们对公司负有受信义务，因此，他们与股东一起同样需要承担赔偿责任。但是，在决定是否进行股利分配时，善意依赖公司记录和公司会计的董事、监事、高级管理人员，通常无须对非法股利分配承担责任。[9]

二、股利分配政策

“股利政策是企业融资决策不可分割的一部分。股利支付率决定了企业作为筹资来源之一的留存收益的数额。但是，将企业当期盈余的较大部分留存下来，就意味着可用于当期股利支付的资金减少。因此，企业股利政策的一个主要方面就是决定企业利润在

---

〔7〕 MBCA § 6.40, 1.40(6).

〔8〕 MBCA § 6.40.

〔9〕 MBCA § 8.23.

支付股利与增加留存收益之间的合理分配比例。"[10]

公司的股利分配政策(dividend policy)因公众公司与封闭公司而有所不同。公众公司往往采取"固定股利分配政策"(regular dividend policy)。封闭公司往往采取"不分配股利政策"(no dividend policy)。

(一)公众公司的股利分配政策

1. 固定股利

公众持股公司一般采用稳定的股利分配政策,进行正常的定期分配,尽管公司收入有起伏。公众公司股利支付比率的变化应当公开宣布,这种变化并非轻率作出,它倾向于仅仅反映公司利润出现了重要或者明显的持续变化。例如,一家公众公司决定分配股利,并公开宣布了其定期股利是每一季度 0. 25 元。这一比例将会得到保持,即使公司收益发生波动。在利润暂时下降时,固定股利可能"漏分"(omission)一到两个季度,然后再恢复正常,这样可以保持股利政策的稳定性。又如,在前面例子中,尽管公司在当年内遭受了损失,但如果公司在前几年已经积累了未分配的利润,公司仍然应当按照每季度 0. 25 元支付定期股利。

2. 额外股利

额外股利,是指在固定股利之外向股东支付的"特别的"(special)或者"额外的"(extra)股利。例如,如果公司先前的积累过剩,公司可能宣布额外股利分配,如每股 1. 50 元。特别或者超额股利分配并不表明其将来会代替固定分配政策。额外股利一般是在企业繁荣时期由公司向股东支付的附加股利,适合于盈余经常波动的企业。如上所述,公众公司通常不会轻易改变其股利支付比率,宣布额外股利分配并不表明原先股利比率的提高。"额外股利的运用,既可以使企业保持固定股利的稳定记录,又可以使股东分享企业繁荣的好处。如果企业经常连续支付额外股利,那它也就失去了原有的目的,额外股利变成了一种回报期待。但是,如能以适当的方式表明这是额外股利的话,额外股利或者特别股利仍然能向市场传递有关企业目前与未来经营业绩的积极信息。"[11]

(二)封闭公司的股利分配政策

在封闭公司中,其股利分配受到两方面因素的影响:一是税法的影响;二是将股利分配作为一种"排挤"策略。

1. 税法对股利分配的影响

在封闭公司中,其股利政策直接受到税法的影响。在公司中,股利支付的不利之处表现在双重征税上(double taxation):公司应当就其利润缴纳公司所得税,股东还应当就其所获得的股利缴纳个人所得税。为了规避双重征税,公司所采用的股利政策一般是

---

〔10〕 [美]詹姆斯·C. 范霍恩、小约翰·M. 瓦霍维奇:《现代企业财务管理》(第 10 版),郭浩、徐琳译,经济科学出版社 1998 年版,第 541 页。

〔11〕 [美]詹姆斯·C. 范霍恩、小约翰·M. 瓦霍维奇:《现代企业财务管理》(第 10 版),郭浩、徐琳译,经济科学出版社 1998 年版,第 553 页。

“无股利分配”(no dividend policy)。

无股利分配政策可实现双重征税的最小化。最有效的税收最小化策略是使利润零化(zeroing out)。譬如,公司将大量公司利润以薪金(salaries)、奖金(bonus)、利润分配计划(benefit plan contributions)和边际利益(fringe benefits),如免费使用高档汽车、俱乐部会员资格(free use of automobiles,country club memberships and the like)等方式转移到自己名下,从而使公司利润降低到最低程度,如果公司的全部利润可以税收扣除方式向股东进行分配,公司的利润就被零化(zeroed-out)。于此情形,公司则只需要缴纳较少税收,甚至完全避免纳税,因为这些支付将摊入公司成本而得以扣减。虽然股东的这些收入也需要缴纳税收,但是,与同等数目的股利支付相比较,其税收则要小得多。如果不分配股利,必然导致股票价值增值,股票价值的增加当然要缴纳资本增值税(capital gains tax),但却比股利所得税要低。尤其是,如果股东年龄较大,在其死亡前没有转让,不仅可以不缴纳股利收入个人所得税,甚至连增值税也不用缴纳。

关于税法对封闭公司股利政策的影响,这里不得不提及一下美国的 S 公司。因为 S 公司可能采取完全与上述原则相反的股利分配政策。在美国税法上将公司区分为 C 类公司(C corporation)与 S 类公司(S corporation),并分别征收税收。对 C 公司已如上述,采取的是一种双重征税制度。对 S 公司则只对股东股利征收个人所得税,而不对公司征收所得税。由此导致 S 公司的股利分配政策是尽可能对股东分配足够多的股利,以使其能够包含税收责任。

2. 作为一种“排挤”策略的股利分配

影响封闭公司股利政策的另一因素是公司的控制股东将股利分配作为“排挤”少数股东的一种工具,由于封闭公司中大股东掌握着公司决策,其股利政策显然有利于控制股东。控制股东往往采用“无股利政策”并将大量公司利润以薪金、奖金、利润分配计划和边际利益(如免费使用高档汽车、俱乐部会员资格)等方式转移到自己名下,从而导致少数股东无股利可分配。在极端情况下,这样的政策可能导致少数股东的投资及其在公司中的利益根本无回报。大股东可以采取这种“无股利政策”来“软化”(soften up)少数股东并迫使其以低廉的价格将股份出售给公司或者其他股东。这种措施被称为“排挤”(squeeze out)或者“挤走”(freeze out)策略。

(三)不分配政策的后果

在封闭公司中,以薪水、奖金等形式对公司收入进行分配可能产生内部纷争,因为一些股东可能比另一些股东获得更多的好处,该种好处可能与相应的持股没有联系。例如,一些股东完全被排除在管理层之外,没有获得任何与其投资有关的股利回报。实际上,公司所有的收入都用于支付管理人员和雇员的薪水,他们或者是参与管理的大股东,或者是这些股东的家庭成员。这些股东是既得利益者,他们从全部公司收入中获得了实质性的好处。

“排挤”策略可能导致诉讼,少数股东可以请求控制股东支付股利或者获得其他救济。但这种诉讼很少获得法院支持,因为法院往往将这种纠纷视为公司内部事务而不愿意进行积极干预。强迫进行股利分配的诉讼很少成功的另一因素是,公司是否分配股利的权力掌握在董事会手中,这是他们的决策范围,并且通常不受司法审查。但是,在适当情况下,法院有权命令进行股利分配。

当法院命令进行股利分配时,原告必须证明:(1)公司营业不需要那么多的现金积累;(2)管理层具有恶意(in bad faith)。有的时候超额报酬(excessive compensation)本身就能成立恶意。[12] 例如,公司向其4名雇员支付奖金(这些雇员是公司的最初的设立人),但是却没有向后来成为雇员和股东的人支付"奖金"。该奖金是以公司的超额收益为基础而计算出来的,并没有对任何雇员的工作业绩进行审查。该奖金实际上就是"伪装的股利"(disguised dividend),并不成比例(pro rata)。其结果是,没有获得股利分配的股东则可能按照其股份比例获得救济。[13]

基于避税考虑而不分配股利还可能导致公司受到税务机关的查处,如果其积累超过了合理的数额的话。[14] 譬如,在美国,税法对公司不合理的利润积累规定了惩罚性征税。[15]

在我国,根据《公司法》第161条第1款之(一)规定,公司连续5年不向股东分配利润,而公司该5年连续盈利,并且符合本法规定的分配利润条件的,对股东会该项决议投反对票的股东可以请求按照合理的价格收购其股权。由此可见,我国法律提供的救济渠道是反对股东请求公司回购其股权而退出公司。尽管该种救济措施容易为公司规避,譬如,在期限临届时公司进行象征性分配,但总算有了对少数反对股东的基本保护措施,毕竟对于大多数股东而言,追求投资回报才是他们的本心。基于这样的考虑,在公司不向股东分配利润时,应当赋予股东请求利润分配的诉权。但《公司法》第161条本身并没有赋予股东请求分配利润的权利,因为它采取的解决问题的方式是回购,即"公司按照合理的价格收购其股权",从而使异议股东退出公司。因此,《公司法》第161条规定的诉讼针对的也仅是股权回购纠纷,而不是股东请求分配利润的诉讼。[16]

我国司法实践承认了股东可以直接提起请求利润分配的诉讼。[17] 但是,《公司法》司

---

〔12〕 See, Dodge v. Ford Motor Co., 170 N.Y. 668 (Mich. 1919); Keough v. St. Paul Milk Co., 285 N.W. 809 (Minn. 1939); Miller v. Magline, Inc., 256 N.W. 2d 761 (Mich. App. 1977).

〔13〕 See, Murphy v. Country House, Inc., 349 N.W. 2d 289 (Minn. App. 1984).

〔14〕 在美国,不合理的薪水、奖金或者边际利益可能受到"国内税收机关"(Internal Revenue Service)的查处。少数股东可以利用这些税法限制(tax determination)要求法院判处股利支付或者将超额支付返还给公司。See Wilderman v. Wilderman, 315 A. 2d 610 (Del. Ch. 1974).

〔15〕 美国《国内税收法典》(National Revenue Code)第153条对积累的惩罚性征税规定为:超过了"营业的合理需要"(reasonable needs of the business)。但是,在任何情况下都允许至少积累250,000元。这一惩罚性征税常常由于公司同意支付股利而得以避免(但这种附加税的征收很少适用,因为最大限度的零化收入是公司最有利的纳税政策)。

〔16〕 《公司法》第161条第2款规定,自股东会会议决议通过之日起60日内。股东与公司不能达成股权收购协议的,股东可以自股东会议决议作出之日起90日内向人民法院提起诉讼。

〔17〕 《公司法》司法解释四第13条规定,股东请求公司分配利润的案件,应当列公司为被告。一审法院辩论终结前,其他股东基于同一分配方案请求分配利润并申请参加诉讼的,应当列为共同原告。

法解释对股东请求分配利润的诉讼与公司法规定的情形不同。《公司法》司法解释设定了前置条件,即须有公司分配利润的有效决议,即股东提交载明具体分配方案的股东会或者股东大会的有效决议,请求公司分配利润,公司拒绝分配利润且其关于无法执行决议的抗辩理由不成立的,才可能获得法院支持,按照决议载明的具体分配方案向股东分配利润。同时,《公司法》司法解释明确规定,股东未提交具体分配方案的股东会或者股东大会决议,请求公司分配利润的,法院应当驳回其诉讼请求。[18]这种规定与我们上面讨论的公司不分配利润的情形有所不同,即这种规定针对的是公司已决定分配利润但却"拒绝分配利润且不执行决议的抗辩理由不成立"。简单地说,就是公司无故不执行其利润分配决议。

但我们上面讨论的《公司法》第 161 条第 1 款的前提是公司"不向股东分配利润"。因此,上述《公司法》司法解释解决的并非《公司法》第 161 条的问题。好在司法解释有一个"但书"规定,即违反法律滥用股东权利导致公司不分配利润给其他股东造成损失的除外。[19]这意味着,即使不存在公司分配利润的决议,股东也可以基于这一"但书"规定提起请求公司分配利润的诉讼。

现在需要讨论的问题是,何谓"滥用股东权利"?也就是说,成立该种诉讼的诉因是什么?成立该种诉讼的诉因可以考虑如下因素:(1)长期不分配且有充分盈余积累。这一要素可以参照适用《公司法》第 161 条第 1 款规定,即"公司连续五年不向股东分配利润,而公司该五年连续盈利,并且符合本法规定的分配利润条件"。(2)存在欺压或者排挤。这一要素是比较典型的"滥用股东权利",前面我们已经讨论过了。

这两个因素无须同时具备,只要具备任何一种因素即可。就第一个因素而言,只要有盈余而长期不分配,且符合利润分配条件,该种诉因即可有效成立。就第二个因素而言,虽然它包含了一个前提,即公司必须具有可分配利润,但超额报酬本身即说明未获分配的股东有权分享该种利益。至于法院在裁判公司分配时是否需考虑其他因素,譬如公司的利润分配与公司长远发展的平衡关系?这属于法官的自由裁量权。但这一问题很复杂,它可能涉及法官裁判权的定位甚至公司法本身的定位问题,这里不予讨论。

---

〔18〕《公司法》司法解释四第 14、15 条。
〔19〕参见《公司法》司法解释四第 15 条"但书"条款。

第四编　股东权利

股东

股权

股权转让

第一章 股　东

第一节 股东资格与股东地位

一、股东资格

就股东的资格而言,股东的个性特征并不重要,无论其是自然人还是法人,中国人还是外国人,也无论其是否具有行为能力,均可以成为股东。另外,投资是自然人、法人的一种固有权利,任何人都享有投资的自由,他们享有通过投资为自己获取财富的权利。可以说,投资权是公民、法人权利能力的具体体现。

关于股东资格,有如下几个问题应当予以注意:

第一,虽然投资权是公民、法人的固有权利,但如果有些人在特定时期从事特定职业时,他们就不能从事投资活动,如国家公务员。这只是一种限制,并不是说,法律就剥夺了这些人的投资权利,只要他们停止了所从事的特定职业,其权利能力就自然得到恢复。

第二,发起人股东须具有民事行为能力。发起人股东是指发起设立公司的人因公司成立而成为股东。发起人因组织设立公司而需要从事一系列民事法律行为,并对其发起行为享有权利承担义务,因此,发起人须具有民事行为能力。

第三,原则上公法人不能进行投资活动。因为投资活动是一种私人活动,而公法人则从事的是公共管理活动,二者性质相悖。但是,在特定情况下,公法人也可能需要从事一些投资活动。当公法人依法进行投资活动时,其地位已经发生转变,即由公法人转变成为私法人。换句话说,它必须以私法主体的身份参加商业投资活动。与此相关联的一个问题是,国家能否成为股东?国家具有双重身份。一方面,国家作为主权者是政权的承担者;另一方面,国家又是国有资产的所有者。国家基于其政权行使行政管理职能是行政法律关系的主体,而作为国有资产的所有者又可以成为民事法律关系的主体。因此,国家当然可以从事投资行为并因此而成为国有股股东。

第四,公司不能成为自己的股东。这是因为,如允许公司成为自己的股东,则会破坏资本充实原则,导致资本虚假。同时,也可能导致公司管理层借助公司持股操纵公司。这一原则也有例外,即当公司回购自己股份时,可能持有自己的股份。但这只是一种临时持有。譬如,我国公司法规定,公司依法回购自己股份的,应在法定期限内转让或者注销该股份。国外也有法律规定,公司回购自己股份时,可以持续持有该股份,但该种股份却没有表决权。我国法律更是明确规定,公司持有的本公司的股份没有表决权。

第五,一些法律对外国人投资规定了一些限制条件。通常的做法是要求发起人中有一定比例的人数在本国境内有住所。如我国《公司法》第 92 条规定,设立股份有限公司,应当有 1 人以上 200 人以下为发起人,其中应当有半数以上的发起人在中国境内有住所。

二、股东地位

(一)股东地位的取得

凡是基于投资或者其他合法原因而对公司享有股权的人均可成为公司股东。相应地,股东地位的取得可以分为三种情形:一是原始取得;二是继受取得;三是善意取得。

1. 原始取得

原始取得,是指股东基于其股权投资(equity investment)而取得股东地位。因而,凡是对公司投入股权资本并依法享有权利和承担义务的人均可以成为公司股东。这里应当注意的是,并非任何向公司投入资金的人都是公司股东,如购买公司债券的人以及向公司贷款的银行就不是股东,这种债权人虽然也是投资人,但他们只能是债权人,而不能成为股东。

原始取得又可分为两种情形:一是基于公司的设立而取得股东资格,包括发起人股东和认股人股东。发起人并不等于股东,发起人要成为股东必须在公司章程上签名并且实际履行出资义务后才具有股东身份。在股份有限公司采取募集设立的情况下,由发起人和认股人召开创立大会确认公司章程后,认股人即获得股东地位。二是营运中的公司增资或者发行新股时,出资人或者新股认购人因履行出资义务或者缴纳股款并同意接受公司章程约束而取得股东地位。

2. 继受取得

继受取得,是指基于其他合法原因而取得股东地位。有的人并没有直接向公司投入资金,但也可能成为公司股东,如因受让、受赠、继承、合并、税收等原因而取得股权的人。在公司存续期间依法继受股权并同意接受公司章程约束的人也是公司股东。

股东在公司成立后不能抽回自己的投资,这是公司法上的一条基本原则。但是,股东可以通过转让其投资而退出公司。因此,在股权转让中,原有股东可以将其出资或者股份转让给他人,受让人因受让其出资或者股份而成为新的股东。因受让而成为公司股东是最常见的继受取得股东地位的方式。

赠与是股东处分其股权的一种行为。股东可以将其出资或者股份赠与他人。因此,受赠人因接受原有股东的赠与而成为公司的新股东。

股权作为一种财产权利,当股东死亡时,其股权当然可以继承,毫无疑问。《公司法》第 90 条规定,自然人股东死亡后,其合法继承人可以继承股东资格;但是,公司章程另有规定的除外。《公司法》第 167 条规定,自然人股东死亡后,其合法继承人可以继承股东资格;但是,股份转让受限的股份有限公司的章程另有规定的除外。因继承而取得股权的人成为公司的新股东。如果继承人为数人时,则由该数人共同享有股权。但应当注意的是,股权并非一种纯粹的财产权利,该种财产权利与股东地位和身份有紧密的联系,因此,股权的继承也可能受到一定的限制。这种限制主要体现在封闭公司。在封闭公司中,由于人合因素的存在,法律往往允许公司通过公司章程对股权继承予以限制。这里需要强调的是,这种限制应该体现公司和股东自己的意志,而不应由法律进行强制性的统一规定。

公司合并时,合并公司以自己公司的出资或者股份为对价置换被合并公司的出资或者股份,被合并公司的股东成为合并公司的股东。

在特定情况下,税务机关因征税而取得公司股权,亦可成为公司股东。

3. 善意取得

在股权转让中,法律上为保护善意受让人的利益并以此促进股权的流通而特设善意取得制度。善意取得,是指股权的受让人,依据公司法所规定的转让方法,善意地从无权利人处取得股票,从而取得股东地位并享有股东权利。

善意取得须满足一定条件才能成立。善意取得的构成要件如下:

第一,须股权为有效和股权具有可处分性。股权的善意取得只有在股权为有效的前提下才能成立。因此,对于诸如伪造的股票、失效的股票、尚未发行的股票等情形,均不能成立善意取得。法律禁止处分的股份也不能成立善意取得。例如,公司为注销股份而取得自己股份不能成立善意取得。

第二,须从无权利人处取得股权。也就是说,转让人须为无权利人,如果转让人为正当权利人,则无所谓善意受让。至于无权利的转让人取得股权的事由如何以及真正的权利人丧失股票的事由如何,不影响善意取得的成立。

第三,须取得时无恶意或重大过失。若明知或怠于注意让与人无让与权利之事实而取得股权的,不能享有股东权利。这里所谓“恶意”(in bad faith)是指行为人缺乏应有的注意,包括明知原股权拥有人不是真正权利人或者是没有处分权的人而受让股权。所谓“重大过失”(gross negligence),是指只要稍加注意就可以发现原股权拥有人不是真正的权利人,但却没有注意。

第四,须依股权转让方法而取得股权。譬如,在背书转让的情况下,只有通过背书(如存在多次背书,则要求背书连续)取得股票的,才构成善意取得,否则,不能取得股东权利。

第五,须支付合理对价。一方面,股权的受让人须支付对价;另一方面,对价的支付须合理。如果股权取得人没有支付对价或者所支付的对价不合理,如显著低于市场价格或者正常价格，则很难认定受让人是善意取得。由于善意是一种主观测试标准，对善意的认定需要综合考虑具体情况。因此，是否支付合理对价在一定意义上又可以说是是否构成善意的客观表征。

具备这些条件的，即取得股东权利，不论丧失股权的原因如何，原股权拥有人均不得向取得人请求返还。善意受让是一种原始取得，股权上纵有负担（如质权）亦归于消灭。

（二）股东地位的丧失

在下列情况下，可导致股东地位的丧失：

第一，公司终止。公司解散或者被宣告破产后，经过清算程序，公司终止。公司终止后，公司人格消灭，股东当然丧失其股东地位。

第二，公司注销股份。公司因减少资本等原因而注销股份，被注销的股份绝对地消灭，该股份的持有人因此丧失其股东地位。

第三，股东因行使评估权而退出公司。譬如，当公司合并时，未参加合并的异议股东因行使评估权而退出公司，该股东因退出而丧失其股东地位。

第四，股权转让或者股份回购。股东将其股权转让给受让人或者股东的股份由公司回购导致股东丧失其股东地位。

第五，失权。根据我国《公司法》第52、107条的规定，股东未按照公司章程规定的出资日期缴纳出资，经公司催告，在宽限期届满仍未履行出资义务的，公司经董事会决议可以向该股东发出失权通知，自通知发出之日起，该股东丧失其未缴纳出资的股权。关于股东失权，前已述及，此不赘述。

第六，关于股票的丧失。《公司法》第164条规定，股票被盗、遗失或者灭失，股东可以依照《民事诉讼法》规定的公示催告程序，请求人民法院宣告该股票失效。人民法院宣告该股票失效后，股东可以向公司申请补发股票。这说明，在我国仅承认记名股票的情形下，股东的股票被盗、遗失或者灭失还可以依赖特定的法律程序予以救济，使该股东的地位得以保持。但如果在承认无记名股票的国家，无记名股票被盗、遗失或者灭失则无法依赖公示催告程序予以救济。

第七，法律规定的其他原因，如股份或者股票的抛弃等。

第二节　股东身份的认定

一、股东身份的认定方法

（一）一般原则

股东是向公司出资或者认购股份并记载在公司章程或者股东名册上的人。由此可见，股东身份的确定需要符合两个条件：一是向公司出资或者认购股份；二是股东姓名或者名称被记载在公司章程或者股东名册。前者是对确认股东身份的实质要求；后者是对确认股东身份的形式要求。在正常情况下,作为一名适格的股东,二者应该是一致的。二者之间的关系是,因为投资人已向公司投资(包括出资和认购股份),所以,这种投资关系必然记载于公司章程或者股东名册。

从实质方面考察,股东地位的取得必然基于股东的投资,因此,对股东身份的认定首先要看该股东是否实际向公司投入资金。实际投入资金的方式可因设立方式不同而有所不同:在发起设立时,可以是由发起人认购全部公司资本;在募集设立时,可以是由发起人认购部分公司资本,其余的由社会公众认股人认购。在公司营运过程中,可以是由公司原有股东和社会公众股东认购公司资本。

然而,在有些情况下,向公司投入资金并非直接性的,而是间接性的。这主要表现在继受取得股东地位的情形。在继受取得股东地位的情况下,对公司资金的注入是由原股东完成的,这种先前注入的资金因为继受行为而转换为继受人注入的资金。

从形式方面考察,投资人因向公司投入资金而成为公司股东必须借助于外观形式才得以表彰。这种外观表彰的形式就是公司章程。因此,从形式上,凡是股东的姓名或者名称记载于公司章程者,即可以确认其股东身份。

但是,依据公司章程来认定股东身份,只能局限于有限责任公司的股东和股份有限公司的发起人。因为我国公司法仅仅要求有限责任公司的公司章程记载股东姓名或名称,股份有限公司的公司章程只记载发起人的姓名或名称。在股份有限公司情形下,如何确认社会公众认股人的股东身份呢?这就只能依赖于公司设置的股东名册。股东名册是记载股东姓名或名称的簿册,因此,从形式上,凡是股东的姓名或者名称记载于股东名册者,即可以推定其具有股东身份。见后叙。

(二)几种具体情况

在讨论了确认股东身份的一般原则后,我们将进一步讨论与股东身份认定有关的几个具体问题。

1. 股东履行了出资义务或者依法继受股权后,但公司章程或者股东名册却没有记载或者没有变更记载,怎么办?

在这种情况下,股东有权要求公司予以记载或者变更记载。

就公司章程而言,法律要求有限责任公司的全体股东共同制定章程,公司所有股东本来应当全部在公司章程中予以记载,但由于某种原因导致某些股东在实际履行了出资义务或者依法继受股权后没有记载或者没有变更记载,公司有义务应股东请求予以记载或者变更记载。这同样适用于股份有限公司的发起人股东。

就股东名册而言,如果股东认购了股份或者依法继受股权,公司有义务应股东请求予以记载或者变更记载。

如果因为上述原因而引起股东身份纠纷,只要股东能够证明其已经实际履行了出资义务或者依法继受股权,应当确认其股东身份。

2. 公司章程或者股东名册对股东进行了记载，但股东的出资或者继受行为却有瑕疵，怎么办？

关于这一问题，应从两方面来看：

如果是股东出资有瑕疵，譬如，股东没有按期足额缴纳其出资，股东出资评估不实或者虚假出资，应当承认其股东身份。根据我国公司法的规定，如果是没有按期足额缴纳出资，股东除应当向公司足额缴纳外，还应当对公司造成的损失承担赔偿责任；如果是作价不实，则应由交付该出资的股东向公司补缴其差额。以上两种情形，公司设立时的其他股东承担连带责任。这实际上采取的是形式有效原则。其出发点在于维持公司行为的持续性和有效性，并达到保护交易安全的目的。

如果是股东的继受行为有瑕疵，股东能否继续保有其股东身份，则取决于其继受行为是否依法被撤销或者无效。譬如，在股权转让中，如果股权转让合同本身被撤销或者发生无效，股东身份自然无法继续保有。如果股东在该种交易中有欺诈或者其他违法行为，并因该合同的撤销或者无效而给公司或者善意第三人造成损失，应当承担民事责任。又如，在继承纠纷中，如果司法判决确认该股东根本没有继承权，自然应依司法判决确认有继承权的人的股东身份。

3. 股东已经履行了出资义务或者依法继受股权，但公司却没有签发出资证明书或者没有交付股票，怎么办？

在这种情况下，有限责任公司的股东有权请求公司签发出资证明书；股份有限公司的股东有权请求公司交付股票。当事人依法履行出资义务或者依法继受取得股权后，公司未按规定签发出资证明书、记载于股东名册并办理公司登记机关登记，当事人有权请求公司履行上述义务的，公司有义务满足股东的请求，公司应当办理。

但应注意的是，通过在证券市场购买上市公司股份而成为股东者，其股东身份可以依股票交易记录予以证明。因为在这种交易中，公司不发行股票，所有的交易都是以簿记的方式进行。因此，在公司决定不发行股票的情形下，股东自然无权请求公司交付股票，但应依据交易记录确认股东身份。

4. 已经履行了出资义务或者依法继受股权，但公司却没有在登记机关进行登记或者变更登记，怎么办？

在这种情况下，股东有权请求公司进行登记或者变更登记。公司有义务满足股东的请求。在没有登记或者变更登记前，不影响股东权利的行使，公司不得以没有进行登记或者变更登记而对抗股东。但需注意的是，未经公司登记机关登记或者变更登记，不得对抗善意相对人。

(三)股东身份纠纷诉讼

关于诉讼当事人。当事人向人民法院起诉请求确认其股东资格的，应当以公司为被告,与案件争议股权有利害关系的人作为第三人参加诉讼。[1]

关于举证责任。当事人之间对是否已履行出资义务发生争议,原告提供对股东履行出资义务产生合理怀疑证据的,被告股东应当就其已履行出资义务承担举证责任。[2] 当事人之间对股权归属发生争议,一方请求人民法院确认其享有股权的,应当证明以下事实之一:(1)已经依法向公司出资或者认缴出资,且不违反法律法规强制性规定;(2)已经受让或者以其他形式继受公司股权,且不违反法律法规强制性规定。

二、名实不符情况下股东身份的认定

在正常情况下,公司章程或者股东名册上记载的股东就是实际出资人或者依法继受股权的人。但是,在公司实践中,往往会出现"名实不符"的情况,即在公司章程或者股东名册中有记载的股东并不是实际出资人或者认购股份的人。关于这一问题,又可分为如下两种情形。

(一)关于"隐名股东"的问题

1. 法理讨论

隐名股东,又称为匿名股东,是指实际出资人或者认购股份的人以他人名义履行出资义务或者认购股份。与此相对应的概念是显名股东,或者称为名义股东。这里所谓的"匿名"或者"显名"是指其姓名或者名称是否在公司章程或者股东名册中予以记载。

以他人名义出资或者认购股份导致名义上的股东与实际出资人或者股份认购人不一致,那么,法律上应当将谁视为股东呢?

关于这一问题,法理上存在两种不同的学说:一是实质说;二是形式说。

实质说认为,应当将实际出资人或者股份认购人视为股东,无论名义上的股东是谁。其理论依据是,在显名股东与隐名股东之间存在一个契约,这个契约就是隐名股东"借用"显名股东的名义。法律应当尊重这种协议,因为它是当事人意思自治的体现。同时,确认隐名股东为真正的股东有利于做到名实相符。

形式说认为,法律上应当将名义上的股东视为股东。其理论依据是:其一,公司行为是团体行为,如果否认名义股东的股东身份,则很可能导致公司的行为(如股东会议决议)无效,从而影响交易安全。其二,如果确认实际出资人或者股份认购人为股东,将会极大地增加公司的负担,使公司卷入这种烦人的纠纷之中。

比较而言,形式说更为可取。商法与民法有一个很大的不同。民法重意思,商法重表示。民法重个人,商法重团体。这不仅是为了提高商事交易的效率,而且是为了保护交易的安全。因此,原则上,当名义股东与实际出资人或者股份认购人不一致时,应以外观表示为原则来确认股东的身份,即应将名义股东视为股东。

但是,这一原则有个例外,即如果公司明知实际出资人或者认购股份的人的身份,并

---

〔1〕《公司法》司法解释三第21条。

〔2〕《公司法》司法解释三第20条。

且已经认可其以股东身份行使股东权利的，如果不存在违反强行法规定的情形，则可以认定实际出资人或者股份认购人为股东。譬如，公司在分配股利时直接向实际出资人或者股份认购人进行分配；又如，实际出资人或者股份认购人参与公司管理；等等。这是因为，之所以在隐名股东的情况下，以形式标准来确认股东身份，是为了免除公司的调查之苦，若公司明知实际出资人或者认购股份的人的身份，并且已经认可其以股东身份行使股东权利的，则当然应当认定实际出资人的股东身份。

2. 司法解释

《公司法》司法解释三专门对实际出资与名义持有的适用范围、协议效力、权益争议、股权处分和股东责任等问题进行了规定。

其一，适用范围。《公司法》司法解释三关于实际出资与名义持有的规定仅适用于有限责任公司，不适用于股份有限公司。〔3〕一方面固然是因为该种现象常见于有限责任公司；另一方面也是因为股份有限公司人数较多，如若出现此种纠纷都要通过诉讼一一甄别，因此类诉讼带来的社会成本很大，法院也很难应付。但是，《公司法》司法解释三将股份有限公司排除在适用范围之外，是不恰当的，因为，股份有限公司同样会存在名义持股的问题。如果股份有限公司出现此种情况，应该类推适用《公司法》司法解释三的规则。

其二，协议效力。法律承认实际出资人与名义股东之间的关系的合法性，即只要他们之间的合同符合《民法典》第 143 条的规定，法律认可该种合同的有效性。该种合同在性质上属于委托合同，名义持股人与实际出资人之间的关系属于委任关系，即实际出资人与名义出资人订立合同，约定由实际出资人出资并享有投资权益，以名义出资人为名义股东代为持有股份。〔4〕

其三，权益争议。实际出资人可以主张确认其股东身份。尽管名义股东被记载于股东名册，甚至经由公司登记机关登记，但实际出资人以其实际履行了出资义务为由仍然可以向名义股东主张权利。因为股东名册的记载仅具有推定意义，如果出现实质证据，名义股东的推定身份可以推翻。因此，实际出资人与名义股东因投资权益的归属发生争议，实际出资人可以其实际履行了出资义务为由向名义股东主张权利。名义股东不得以公司股东名册记载、公司登记机关登记为由否认实际出资人权利进行抗辩。但实际出资人是否可以成为公司股东还需取决于其他条件。这就要满足《公司法》第 84 条的规定，即公司其他股东享有优先购买权。在确认了实际出资人的实际出资权益并经公司其他股东过半数同意后，实际出资人还须请求公司办理股权变动手续，请求公司变更股东、签发出资证明书、记载于股东名册、记载于公司章程并办理公司登记机关登记。〔5〕

其四，股权处分。名义股东将登记于其名下的股权转让、质押或者以其他方式处分，实际出资人以其对于股权享有实际权利为由，请求认定处分股权行为无效的，法院可以

---

〔3〕《公司法》司法解释三第 24 条第 1 款。

〔4〕《公司法》司法解释三第 24 条第 1 款。

〔5〕《公司法》司法解释三第 24 条第 2 款、第 3 款。

参照《民法典》第311条的规定处理。[6] 这一规定的逻辑是,在该种情况下,处分行为是否有效取决于是否存在善意取得:如存在善意取得,该种处分就是有效的;如不构成善意取得,该种处分行为就是无效的。但问题是,名义股东持有的股权在未经司法判决剥夺其股权之前,其处分行为属于有权处分,并无适用善意取得空间。因此,这一规定的妥当性尚存在商榷之处。这里应注意区分,名义股东的股权处分行为与实际出资人的委任关系属于不同的法律关系。在形式和外观上,名义股东就是股东,他当然有权处分其所持有的股权,因此,他的处分行为如系当事人真实意思表示且无违反《民法典》第143条规定的情形就是有效的。是否有必要区分第三人的善意和恶意呢?也是有必要的,如果第三人是善意的,该合同有效;如果第三人属于恶意,即明知该股东是名义持股人,并知道实际出资人的存在,鉴于名义持股的特殊性,似乎应当考虑赋予实际出资人撤销权。但这应属于合同问题,而不应属于善意取得问题。名义股东处分股权造成实际出资人损失,实际出资人可以请求名义股东承担赔偿责任。[7] 这一款的规定可进一步佐证:基于委任存在于实际出资人和名义股东之间的关系是一种内部关系,即便名义出资人未经实际出资人授权而处分股权,也只能根据委托合同进行损害赔偿,而不应影响到该种股权处分的外部效力。

其五,名义股东的责任。公司债权人以登记于公司登记机关的股东未履行出资义务为由,请求其对公司债务不能清偿的部分在未出资本息范围内承担补充赔偿责任,股东不得以其仅为名义股东而非实际出资人为由进行抗辩。名义股东根据前款规定承担赔偿责任后,可以向实际出资人追偿。[8] 本条较好地处理了名义股权的外部关系与内部关系。无论名义股东有无获得实际出资人资金供给,只要他显名为公司股东,他就应该对债权人承担补充赔偿责任。然后再转而求助于委托合同向实际出资人进行追偿。

(二)关于"冒名股东"的问题

所谓冒名股东,是指实际出资人或者认购股份的人以虚拟人的名义或者盗用他人名义履行出资义务或者认购股份。在以虚拟人名义出资或者认购股份的情况下,由于虚拟人是不存在的,不存在对立的利害关系人,所以,应当认定实际出资人或者股份认购人为股东。在盗用他人名义的情况下,同样应认定实际出资人或者股份认购人为股东,因为被盗用名义的人本人并不知情,不能享有权利或者承担义务。

根据《公司法》司法解释的规定,冒用他人名义出资并将该他人作为股东在公司登记机关登记的,冒名登记行为人应当承担相应责任;公司、其他股东或者公司债权人不能以未履行出资义务为由,请求被冒名登记为股东的承担补足出资责任或者对公司债务不能清偿部分的赔偿责任。[9] 这一规定仅针对冒名行为人的责任问题。实际上也存在一个

---

〔6〕 参见《公司法》司法解释三第25条第1款。

〔7〕 参见《公司法》司法解释三第25条第2款。

〔8〕 参见《公司法》司法解释三第26条。

〔9〕 参见《公司法》司法解释三第28条。

股东身份确认问题，因为冒名行为人的出资是不能抽回的，既然有出资，就可以成为股东并享有股权，尽管其冒名行为本身是受谴责的。

第三节 股东名册

一、股东名册的概念

股东名册（records of shareholders/records of owners/list of shareholders/list of stockholders），是指公司依照法律要求设置的记载股东及其所持股份的簿册。

公司法要求有限责任公司须将其股东姓名或者名称登记在册以便确定表决权及其行使、股利分配等权利。所有的公司都应设置股东名册，但是，股东名册对股份有限公司尤其重要。在有限责任公司中，由于股东人数有限，股东身份及其出资完全可以通过公司章程记载加以确认。但是，对于股份有限公司来说，就不容易做到这一点。这不仅是因为股份有限公司人数众多，而且因为股份有限公司股份转让频繁，尤其是股份有限公司配合以公开交易市场，股东随时可能发生变动。这样，通过公司章程记载并以之来确认股东身份就没有可能性。在无记名股票情形下，股东可以通过提示股票证明其身份，但在记名股票情形下，则须通过股东名册来确认股东的身份。

应当注意的是，“股东名册并不是以其记载来确定股东权本身，即股东名册不是确定谁为真正股东的‘权利所在的根据’，而不过是确定谁可以无举证地主张股东权的‘形式上资格的根据’”。[10] 换句话说，在股东名册上记载的股东推定为股东，如若有人对此有异议，异议者负担举证责任证明其不是真正的股东。

二、股东名册的备置与记载

关于股东名册应当记载的事项，不同法律有不同的规定。一般而言，法律只要求公司准备一份记载所有股东姓名或者名称的名单。其对股东记录的保存应当按照不同种类的股份分类，依照一定顺序（或者以姓氏笔画或者以拼音或者以字母），记载每一股东所有股份种类和股份数额。股东名册只记载在册所有人（record owners）的姓名或者名称，不记载受益所有人（beneficial owners）。当股份是以名义持有人（nominee）的姓名或者名称持有时，在股东名册中则只出现名义持有人的姓名或者名称。[11]

我国公司法关于股东名册的规定，有如下几个特点：

第一，就有限责任公司而言，《公司法》第56条明确规定，有限责任公司应当置备股东名册，记载下列事项：（1）股东的姓名或者名称及住所；（2）股东认缴和实缴的出资额、出资方式和出资日期；（3）出资证明书编号；（4）取得和丧失股东资格的日期。记载于股

---

〔10〕［韩］李哲松：《韩国公司法》，中国政法大学出版社2000年版，第242页。

〔11〕MBCA § 16.01(c).

东名册的股东，可以依股东名册主张行使股东权利。

第二，就股份有限公司而言，《公司法》第 102 条规定，股份有限公司应当制作股东名册并置备于公司。股东名册应当记载下列事项：(1)股东的姓名或者名称及住所；(2)各股东所认购的股份种类及股份数；(3)发行纸面形式的股票的，股票的编号；(4)各股东取得股份的日期。

同时，我国法律要求在股权转让时须将受让人记载于股东名册并进行变更登记。

三、股东名册的效力

(一)关于股东名册效力的一般原理

一般而言，股东名册发生如下三个方面的效力：

第一，推定效力。在股东名册上记载为股东的，推定为公司股东。也就是说，股东仅凭该种记载就可以主张自己为股东，并以此为依据行使股东权利，没有义务证明自己是否在实质上具备股东资格。但是，股东名册只是一种证权文件，不具有创设权利的效果。因此，只要异议者能够成功地证明股东名册上记载的股东不能享有实体权利，他的股东资格就会被否认。

第二，对抗效力。股东名册推定效力的必然后果是，凡是未在股东名册上记载的人，均不能视为公司股东。这样，当股东将其股权转让给第三人时，如果没有及时进行股东名册的变更记载，股东名册上记载的股东仍然视为股东，即使受让人在实质上已经具备了股东的条件。

第三，免责效力。股东名册推定效力的另一必然后果是，公司只将股东名册上记载的股东视为股东。这样，公司行为仅仅针对股东名册上的股东而做出。譬如，会议的通知、股利的分配、表决权的认定、新股认购权的认定，均只向股东名册上的股东为之，即使股东名册上的股东并非真正的股东，公司也可免责。但如果公司明知股东名册上记载的为非真正股东，则不能免责。

(二)我国公司法关于有限责任公司股东名册效力的规定

《公司法》第 56 条第 2 款规定，记载于股东名册的股东，可以依股东名册主张行使股东权利。根据《公司法》第 34、86、159 条的规定，公司应当将股东的姓名或者名称向公司登记机关登记；登记事项发生变更的，应当办理变更登记。未经登记或者变更登记的，不得对抗第三人。

上述规定的特点如下：

第一，原则上，股东依照股东名册的记载即可主张行使股东权利。也就是说，我国公司法也承认股东名册的推定效力。

第二，由于股东姓名或者名称属于公司登记事项，所以，股东名册仅具有内部效力，并不当然具有外部效力。股东名册是否具有外部效力不由股东名册本身决定，而是取决于股东的姓名或者名称是否登记或者变更登记。只有经过登记或者变更登记，才具有对抗第三人的效力；否则，不能对抗第三人。譬如，在股东派生诉讼中，股东代表公司向第三人提起诉讼。由于该股东的姓名或者名称没有办理登记或者变更登记手续，第三人可以主张原告股东资格不适格而进行抗辩。但即使在这种情况下，如果该股东已经记载于股东名册，当该股东向公司主张行使权利时，公司不得否认其股东资格。

第三，公司法的规定仅针对的是有限责任公司和非上市股份有限公司，上市公司的股东名册的登记和变更登记则另有要求。根据《公司法》第 159 条的规定，股票转让后，由公司将受让人的姓名或者名称及住所记载于股东名册。法律、行政法规或者国务院证券监督管理机构对上市公司股东名册变更另有规定的，从其规定。上市公司股东由中国证券登记结算有限责任公司专门负责登记和变更登记。公司召开股东会议前由中国证券登记结算有限责任公司提供股东名册。

四、在册股东与受益所有人

其姓名或者名称被记载在股东名册上的，就是在册股东（record shareholders），或者称为在册所有人（record owners）。从原有股东手中继受股权的人须公司在股东名册上进行变更记载后方可成为新的在册股东。

已经取得股份所有权但尚未按照规定程序办理变更记载的受让人或者继受人被称为“受益所有人”（beneficial owners）。

区分在册股东与受益所有人的意义在于：

第一，公司将在册股东继续作为股东对待，即使该股东因转让等原因已经不是真正的股东。这一点前面已经述及。

第二，如果在册股东因转让其股份等原因而丧失其权利时，受益所有人有权要求在册股东交付股权证书和请求公司在股东名册上进行变更记载从而使自己成为在册股东。在册股东和公司有义务满足其请求，原股东有义务协助办理变更手续。

第三，如前所述，由于公司仅仅对在册股东负责，行使股东权利的人仍然是在册股东，即使在册股东基于某种原因已经不是真正的股东。于此情形，为了给受益所有人一个平衡，应当考虑赋予受益所有人特定的权利。譬如，在召开公司股东会议时，受益所有人有权要求在册股东授予其代理权让受益所有人出席会议并代为表决，因为在这种情况下，在册股东可能并不认真对待其权利的行使。如果在册股东愿意亲自出席会议，受益所有人可以向在册股东发出指令，指令其如何行使表决权。

五、股东名册的封闭与在册日期

（一）股东名册的封闭

股东名册的封闭，是指公司为了确定行使股东权的股东而在一定时期停止股东名册的记载。一旦停止股东名册的记载，封闭当时股东名册上的股东就被确定为可以行使股东权的股东。《公司法》第 159 条第 2 款规定，股东会会议召开前 20 日内或者公司决定分配股利的基准日前 5 日内,不得变更股东名册。但是,法律、行政法规或者国务院证券监督管理机构对上市公司股东名册变更另有规定的,从其规定。

一般来说,股东名册的封闭由公司自行决定,法律不作强制性规定。但应注意的是,我国公司法对此有明文规定。法律有明文规定的,则应遵从其规定。如果公司自行决定,公司或者可以通过章程规定,或者由董事会作出决议。该种规定或者决议应当明确封闭期限、封闭目的等事项。如果是董事会决议,还必须公告。如果是公司章程规定,则无须公告。

封闭股东名册的意义主要体现在如下几个方面:

第一,封闭股东名册的目的是确定股东权利的行使者。股份有限公司的股份转让频繁,股权随时都可能发生变动,即使是在股东权利的行使过程中,股权也可能发生变动。譬如,在股东会议期间,也可能发生股权变动,这势必影响股东权利的行使。因此,有必要在一定期间停止股东名册的记载,以便于公司确定股东权利的行使者。

第二,股东名册的封闭实际上就是禁止在特定时期取得股份的人行使股东权利。所"封闭"的权利范围包括表决权、股利分配请求权、新股认购权以及其他股东权利。但无论何种权利,此种"封闭"只限于所有股东得以划一行使的权利。如该种权利仅针对特定形态或者特定股东,诸如少数股东权,各种诉讼提起权,则不能"封闭",因为该种股东权利的行使与否取决于股东个人意思,不能为了公司的方便而禁止之。此外,与权利变动无关的记载事项的变更或者更改,如股东的住所变更,亦不应封闭。[12]

第三,股东名册的封闭不能针对一些股东封闭,而对另一些股东开放。这不仅违反股东平等原则,而且有可能侵害其他股东的权利。如果发生这样的行为,该种行为在封闭期间不发生法律效力。譬如,公司为了确定参加股利分配的股东而封闭了股东名册,但公司却接受了封闭期间的某一受让人的请求而进行了名义变更,使转让人应获得的股利由受让人获得,该种股利分配行为无效。[13]

(二)在册日期

在册日期(record date),或者称为"除权日",或者称为"基准日"。[14] 作为确定行使股东权利的股东的一种方法,公司可以将某一特定日期在股东名册上记载的股东视为可以行使股东权利的股东。

一般来说,在册日期由公司自行决定,法律不作强制性规定。公司或者通过章程规定,或者由董事会作出决议。该种规定或者决议应当明确日期、目的等事项。如果是董事会决议,还必须公告。如果是公司章程规定,则无须公告。

在册日期可以单独使用,也可以与股东名册的封闭并用。当在册日期单独使用时,

---

〔12〕 [韩]李哲松:《韩国公司法》,中国政法大学出版社 2000 年版,第 245 页。

〔13〕 [韩]李哲松:《韩国公司法》,中国政法大学出版社 2000 年版,第 245 页。

〔14〕 MBCA § 7.07 条规定,在会议上有权投票的人是由特定日期(在册日期)决定的在册所有人。在册日期由董事会确定,如果董事会没有确定,则以通知开会的日期为在册日期。

可以起到不封闭股东名册也能确定权利行使者的作用。但有时也有二者并用的必要。譬如,本来是基于股东会的召开而封闭股东名册,但是在封闭股东名册期间公司又决定发行新股,如欲排除此类新股认购人股东在股东大会行使表决权,即应另定在册日期。

(三)违法封闭股东名册或确定在册日期的后果

违法封闭股东名册或者确定在册日期的表现形态如下:其一,不属于封闭公司股东名册或者确定在册日期的事项,却因之封闭股东名册或者确定在册日期。其二,未经章程规定或者董事会决议封闭股东名册或者决定在册日期。其三,封闭时间超过规定期限或者确定的在册日期违反规定期限。其四,应公告而未公告。

原则上,违法封闭股东名册或者确定在册日期应属无效。该种无效可能是自始全部无效,如未经章程规定或者董事会决议;也可能仅仅是超过期限的部分无效。无效封闭股东名册或者确定在册日期视为未曾封闭或者未曾确定。原先依照封闭期限或者确定的在册日期行使权利的股东所行使的权利应恢复原状。

六、股东名册的披露

公司应当备置股东名册供股东查阅,股东享有查询股东名册的法定权利。这是股东知情权的具体体现。我国公司法对此均有明文要求。[15]

---

[15] 由于现代计算机技术的发展,使簿记方式(book entry form)得以广泛采用。而簿记方式的采用使股东名册上记载的只能是名义持股人(nominees),这样,人们就无法了解真正的所有人。实践中,许多机构投资者主动公布其受益所有人名单。当然,这在一定程度上可以提供一定的相关信息。但这并不能完全解决问题。鉴于此,有的国家法律要求依照簿记方式持有股份的受益所有人表明其态度是否反对向发行人披露其身份,不反对的股东名单被称为NOBOs(non-objection beneficial owners)或者COBOs(consenting beneficial owners)名单。法院可以将NOBOs或者COBOs名单视为公开披露意义上的股东名册。我国长期以来对证券交易实行的是非实名制,但2013年4月中国证券登记结算有限责任公司推行了证券账户实名制管理新规则,它要求投资者开立证券账户必须提交有效身份证明文件及复印件,申请开户时注册的证券账户持有人名称必须与身份证明文件中记载的名称一致。我国现行公司法明确要求证券实行记名制,废除了无记名证券。

第二章　股　　权

第一节　股权概述

一、股权的概念和特征

（一）股权的概念

股权是股东权利的简称。我国《公司法》第4条第2款规定，公司股东依法享有资产收益、参与重大决策和选择管理者等权利。由此规定，我们可以将股权定义为，股东基于其股东身份和地位而享有从公司获取经济利益并参与公司经营管理的权利。[1] 参与公司经营管理实际上是对公司法上所规定的重大决策和选择管理者两项权利的概括。

（二）股权的特征

1. 股权的内容包括获取经济利益和参与公司经营管理的权利

股东获取经济利益的权利典型地体现为股东所享有的受益权。股东受益权的内涵与会计学上的所有者权益是一致的。会计学上的所有者权益指的是企业的投资人对企业净资产的所有权，包括企业投资人对企业的投入资本以及形成的资本公积金、盈余公积金和未分配利润等。所谓净资产是指公司总资产减去负债的差额。用公式表示为：

$$净资产 = 公司总资产 - 负债$$

股东向公司投入资本，就是为了获取投资回报，而受益权则是这种投资回报的法律体现。该种权利具体集中体现为股东享有在公司营运过程中分配股利的权利和在公司清算时分配剩余财产的权利。

股东参与公司经营管理的权利实际上是对参加公司重大决策的权利和选择管理者的权利的概括。由于公司经营管理实际上由董事会及管理层负责，因此，股东的经营管

---

〔1〕 关于股权的性质，学说上有不同的解说，主要包括社员权说、股东地位说、债权说、所有权说以及共有权说等。参见孔祥俊：《公司法要论》，人民法院出版社1997年版，第255～259页；梅慎实：《现代公司治理结构规范运作论》，中国法制出版社2002年版，第184～189页。

理就主要限于重大决策权和选择管理者以此实现对公司的控制。

在现代公司架构下,公司的所有权和经营权原则上是分离的,股东作为公司的所有者并不直接参与公司的经营管理,因此,其享有的经营管理权是间接的,即通过股东会集体行使权利。这就决定了股东参与经营管理的权利集中典型地体现为表决权的享有与行使。

2. 公司股东作为投资者按投入公司的资本额享有股权

这体现了公司法上的一条重要原则,即股权平等原则。股权平等原则在受益权方面的表现是,公司分配股利或者分配剩余财产时,原则上按照股东的出资比例或者所持有的股份进行。譬如,公司有两名股东,A 股东持有 30 股,B 股东持有 70 股,公司总股本 100 股。公司决定按照每股 3 元人民币分配股利,可供分配的股利总计人民币 3000 元。A 股东将分得股利 900 元人民币,B 股东将分得股利人民币 2100 元。

股权平等原则在表决权方面的体现是“一股一权”(one share,one vote),即每一股份只能享有和行使一个表决权。有限责任公司则按出资比例行使表决权,其原理也是一致的。譬如,在上例中,A 股东只享有 30 个表决权,B 股东则享有 70 个表决权。

由此可见,这种股权平等原则实质上体现为资本平等原则,即按照股东投入公司的资本享有和行使权利。因此,在公司中则不可避免地存在大股东或者多数股东与小股东或者少数股东共存的局面。只要不存在大股东滥用权利的情形,这种共存的局面就是和谐的,法律上并不认为有什么不妥,也不会强力介入进行干预。

但股权平等原则也有例外。例如,根据我国《公司法》第 210 条第 4 款的规定,公司弥补亏损和提取公积金后所余税后利润,有限责任公司股东按照实缴的出资比例分配利润,全体股东约定不按照出资比例分配利润的除外;股份有限公司按照股东持有的股份比例分配利润,公司章程另有规定的除外。

上述规定表明,在公司分配利润或者发行新股时,允许全体股东约定不按照出资比例分取红利或者不按照出资比例优先认缴出资,或者经公司章程规定,不按照持股比例分取红利。譬如,在前例中,A 股东出资虽然仅占 30%,但却希望与出资 70% 的 B 股东享有同等的利润分配权或者优先认购权。如果 B 股东同意并将该种意思形成决议或者规定在公司章程中,这种利润分配或者新股认购协议就是合法的。甚至法律允许公司章程规定不按照出资比例行使表决权。譬如,在前例中,A 股东出资虽然仅占 30%,但却希望与出资 70% 的 B 股东享有同等的表决权以便维持双方对公司的同等的控制权。如果 B 股东同意并将该种意思反映在公司章程中,这种表决权设计同样是合法的。关于这一点,应当注意的是,股份有限公司股东出席股东会会议,所持每一股份有一表决权。但股份有限公司存在无面额股和类别股,无面额股按照持股比例投票,类别股则是按不同类别行使表决权。

从上述规定可以看出,我国公司法体现了原则性和灵活性的结合,这对于封闭公司尤其具有意义。在国外公司法中,对封闭公司的特殊性同样给予充分的考虑,允许公司以股东协议的方式自由设计公司治理规则和利润分配规则。如在公司实践中出现的“一股多权”或者“多股一权”等突破股权平等原则的做法,法律也予以承认。由此可见,我国公司法的上述规定既体现了现代公司法的发展趋势,同时又符合公司实践的需求。

这里需要讨论的是,我国公司法规定股份有限公司亦可通过公司章程规定可以不按照持股比例分取利润,似有失之过宽之嫌。如果将该规定适用于公众股份有限公司显然有些不妥。

第一,在公众公司中法律并没有明确规定公司章程中的该种条款需要获得多少股东同意方可通过,公司章程并不能充分代表公众股东的意志;如果大股东一意孤行滥用其控制权将该种条款塞进公司章程中,岂不成了大股东明火执仗抢劫公司和少数股东的财产?那么,将公司章程设置该种条款规定为需要全体股东同意又如何呢?当然,这样做就不至于出现上述问题,但却是不实际的。

第二,公众公司注重股权平等,在公众公司中实行不按持股比例分配股利有违股东平等原则。

第三,在公众公司中实行不按持股比例分配股利在技术操作上也存在相当难度,增加了分配的困难。

鉴于此,著者认为,应将通过公司章程规定可以不按照持股比例分取红利的自由限定为发起设立的股份有限公司为宜,并明确规定在公司章程中设置或者修改该种条款时应经过全体股东同意方为有效。

3. 股权可以限制

股东未履行或者未全面履行出资义务或者抽逃出资,公司根据公司章程或者股东会决议对其利润分配请求权、新股优先认购权、剩余财产分配请求权等股东权利作出相应的合理限制。股东的权利与其出资义务是对应的,股东只有履行了其出资义务方可享有股东权利。如果股东履行出资义务存在瑕疵,说明其取得股权的对价不充分,相应地,公司可以对其股权的行使作出一定的限制。这种限制主要体现在财产权利方面的限制,而未及于股东表决权。实际上,基于同样理由,在瑕疵出资情形下,股东的表决权行使也是可以限制的。这不仅在国外法律中存在法例,[2]在我国公司法中也能寻找出依据,如《公司法》第65条规定,股东会会议由股东按照出资比例行使表决权;但是公司章程另有规定的除外。《公司法》第15条第2款、第3款规定,公司为公司股东或者实际控制人提供担保的,应当经股东会决议。前款规定的股东或者受前款规定的实际控制人支配的股东,不得参加前款事项的表决。该项表决由出席会议的其他股东所持表决权的过半数通过。

---

〔2〕《英国公司法》(1985年)第75条,《德国股份公司法》第134条第(二)项,《韩国商法》第368条。

二、股权的分类

(一)自益权与共益权

根据股权的行使是为了自己的利益还是为了股东共同的利益为标准,可将股权分为自益权和共益权。

自益权是股东为了自己的利益而行使的权利,如股利分配请求权、剩余财产分配请求权、新股认购请求权等。自益权主要体现为股东获取投资回报及其相应的财产权。这正是股东投资的本来目的所在。

共益权是股东为全体股东的共同利益而间接为自己利益而行使的权利,如表决权、请求召集股东会议的权利、请求判决股东会议决议无效的权利、请求查阅账簿的权利等。共益权实际上也是股东参与公司经营管理的一种体现,该种权利行使所获得的利益使股东间接受益。

(二)单独股权与少数股权

根据是否需要股东持有一定比例的股份才能行使权利,可将股权区分为单独股东权和少数股东权。自益权均为单独股东权;共益权中虽然有相当一部分是单独股东权,但限于持有一定比例以上股份才能行使权利的情形也不少见。

可以由股东单独行使的权利为单独股东权。法律对这种权利的行使没有设置任何限制,只要持有公司股份即可行使股权。

只能由少数股东行使的权利为少数股东权。法律对这种权利的行使设置了一定的限制,即只有持有一定比例的股份才可以行使。这里的核心是要求"持有一定比例股份"。至于是一人股东单独持有一定比例股份,还是若干股东联合持有一定比例股份,则在所不问。

检索一下我国公司法上对少数股东权的规定,大致有如下情形:

第一,请求或者自行召开股东会临时会议。《公司法》第 62 条第 2 款规定,代表 1/10 以上表决权的股东提议召开临时会议的,应当召开临时会议。《公司法》第 63 条第 2 款规定,董事会、监事会不召集和主持会议的,代表 1/10 以上表决权的股东可以自行召集和主持股东会议。《公司法》第 113 条规定,单独或者合计持有公司 10% 以上股份的股东请求时,公司应当在 2 个月内召开临时股东会会议;《公司法》第 114 条规定,董事会和监事会不召集和主持会议的,连续 90 日以上单独或者合计持有公司 10% 以上股份的股东可以自行召集和主持。

第二,股东临时提案。《公司法》第 115 条第 2 款规定,单独或者合计持有公司 1% 以上股份的股东可以在股东会会议召开 10 日前向董事会提出临时提案,董事会应将该提案提交股东会审议。

第三,提议召开董事会临时会议。《公司法》第 123 条第 2 款规定,代表1/10 以上表决权的股东可以提议召开临时董事会会议。

第四,股东派生诉讼的提起。《公司法》第 189 条规定,有限责任公司的股东、股份有限公司连续180日以上单独或者合计持有公司1%以上股份的股东可以提起派生诉讼。

第五，解散公司请求权。《公司法》第231条规定，公司经营管理发生严重困难，继续存续会使股东利益受到重大损失，通过其他途径不能解决的，持有公司10%以上表决权的股东，可以请求人民法院解散公司。

除上述我国公司法的规定外，在国外法律中，少数股东还有权请求解任董事、清算人，申请公司整顿以及法律规定的其他情形等。

法律之所以将共益权的一部分规定为少数股东权，主要有两个理由：其一，将少数股东权作为一种对抗大股东或者多数股东的措施，并借此保护少数股东。因为在公司中实行的多数决原则可能造成大股东或者多数股东滥用权利。其二，表明法律在一定程度上对分散的公众股东行使特定权利的不认可态度。譬如，上述我国公司法规定的少数股东召集临时股东会议的请求权，如果允许任何股东都可以请求召开临时股东会议，将极大增加公司成本，同时也容易造成股东权的滥用。

（三）比例股权与非比例股权

以股东权利的内容是否依照股东的持股比例为基础予以确定，可将股东权利区分为比例股权与非比例股权。

比例股权，是指股东权利的内容原则上应依照股东持有股份比例为基础予以确定的股东权利。譬如，股利分配请求权、剩余财产分配请求权、新股认购权、表决权均为比例股权。

非比例股权，是指股东权利的内容不以股东持有股份比例为基础即可确定的股东权利。譬如，股东提起个人侵权诉讼等权利均为非比例股权。

（四）普通股权与特别股权

普通股股东享有的权利为普通股东权。特别股股东享有的权利为特别股东权。如优先股股东所享有的权利即为特别股权。关于这一区分，参见前述普通股与优先股的区别。

三、股权与公司财产权

（一）公司财产的概念

公司财产，又称为公司实有财产，是指公司实际拥有的财产总额。

公司财产是公司用以清偿其自身债务的全部资产，包括以公司自己名义拥有的物权、债权和无体财产权。公司财产同时也包括负债在内。公司财产最初由股东出资所构成，但不限于股东出资，股东出资与公司新增资产以及负债如银行贷款、发行债券、股东贷款等构成了公司全部财产。这样，公司财产与狭义的公司资本或者股权资本就不是完全一致的概念。公司财产是一个变化的概念，并取决于实际的经营效果。如果经营得法，它可能超出股权资本；如果经营失利，它也可能低于股权资本。公司财产还可能因为公司发行溢价股份或者折扣股份而超出或者低于股权资本。

（二）公司财产与公司资产

会计上对资产有三种理解：一是认为资产是未来的经济利益；二是认为资产是已经发生的成本；三是认为资产是实物财产的总和。其中，第三种理解与公司财产概念相似。基本上，公司资产与公司财产是一个事物的两个方面：公司资产是会计意义上的表述，而公司财产则是法律意义上的表述。

一般而言，资产是企业拥有或者控制的，能以货币计量的经济资源，包括各种财产、债权和其他权利。公司资产的公式：

资产 = 负债 + 所有者权益

根据不同的标准，可对公司资产进行不同的分类。根据资产存在状态的不同形式，可将资产分为实物资产和权利资产。根据资产的流动性的不同，可将资产分为流动性资产和非流动性资产。通常将资产分为六大类：流动资产、长期投资、固定资产、无形资产、递延资产和其他资产。其中，后五类属于非流动性资产。

（三）公司财产的权利归属

公司对公司财产享有全部法人财产权。[3] 根据《公司法》第3条第1款的规定，公司是企业法人，有独立的法人财产，享有法人财产权。公司以其全部财产对公司的债务承担责任。

这种财产权的内容既包括股东的原始出资，也包括公司的债权资产和自生资产。这种财产权的性质主要表现为但不限于财产的所有权。法人财产权除法人所有权外，还包括其他形态的权利，如债权、知识产权等。但很显然，法人财产权的核心是财产所有权。

公司法人所有权可以从如下几个方面来透视：

第一，从公司财产的来源来看，在公司成立前，各个股权投资者对其各自的出资分别享有所有权。公司成立后，原先由股东个别出资的财产形成了公司整体财产的一部分。公司财产一旦形成，它就独立于股东的个别财产。这时，公司即以法人的名义和意志对公司整体财产享有占有、使用、收益和处分的权利。这就是说，虽然公司财产在设立时是由各股东出资的财产所组成，但一经形成公司财产，则任何股东均不能以个人名义去支配该种财产，而必须由公司进行统一支配。从公司的债权资本来看，道理也是一样的。无论公司是向银行借贷还是向第三人借贷，借贷关系一旦成立，所借款项的所有权转移给公司，贷款人作为公司的债权人对公司享有债权请求权，但由于该种资产所有权已经发生转移，所以，债权人对该资金丧失支配权。

第二，从公司行使财产权利所得利益来看，公司因行使财产权利所得利益归公司所有，而不直接归股东所有。股东的受益权实际上属于公司所得利益的第二次分配。公司必须于每一营业年度结束时首先弥补亏损、提取公积金、公益金之后才能向股东分配利

〔3〕 关于法人财产权的性质，有不同的解说，主要包括法人财产所有权说、法人财产信托所有权说、法人财产经济所有权说、法人财产占有权说、法人财产经营权说、法人财产物权说以及法人财产股东按份所有权说等。参见梅慎实：《现代公司治理结构规范运作论》，中国法制出版社2002年版，第161～183页。

润。而债权人则是按照债权合同约定,由公司到期还本付息。

第三,从公司对公司财产的支配来看,公司自其成立后在生产经营活动中就是以公司法人自己的名义和意志对公司财产行使支配性权利。这里,排除了任何股东个人或者债权人的名义和意志。它体现的是公司的意志。虽然股东可以通过股东会的形式对公司施加影响,但股东会自身就是公司的一种组织机构,而非凌驾于公司之上的第三种力量。现代法律一般不认可债权人对公司享有任何治理上的权利,唯一的例外是在公司的破产处置程序中债权人可能通过债权人会议对处于破产程序中的公司清算问题发表意见。但是,当公司处于破产程序之中时,公司的管理由清算组织接管,清算组织成为清算中公司的代表机关。债权人会议只是清算中的一道程序而已。

第四,从公司承担义务和责任来看,它也是独立负责的。公司自主经营,独立核算,自负盈亏,对外独立承担义务(包括债务、纳税和其他法定义务)、独立承担责任(如公司破产时,公司应以其全部财产清偿债务,股东个人的责任实际上随着其出资的缴纳就已履行完毕)。

第二节 股权的内容

股权的内容主要表现为资产上的受益权和对公司的经营管理权。我国《公司法》第4条第2款规定,公司股东对公司依法享有资产收益、参与重大决策和选择管理者等权利。根据这一规定,股权的具体内容表现在如下几个方面:

一、股利分配请求权

股东的股利分配请求权(dividend claims),是指股东基于其公司股东地位和资格所享有的请求公司向自己分配股利的权利。股利分配请求权,从本质上来说,是股东对自己的投资期望得到回报的一种权利。既然股利分配请求权是股东对自己的投资回报所享有的期待权,那么,股东是否能够实现这种权利,则在事实上取决于公司经营是否产生利润。公司如无盈利,则不能分配。所以,公司只有在有盈利的情况下才可能发生股利的分配。即使是公司有盈利,根据公司法的规定,也必须首先弥补公司亏损、依法提取公积金之后才能依照出资比例或者持股比例向股东分配股利。我国法律也允许经全体股东约定或者公司章程规定可以不按照出资比例或者持股比例进行分配。

二、剩余财产分配请求权

股东的剩余财产分配请求权(residual claims),是指股东在公司清算时,就公司的剩余财产所享有的请求分配的权利。公司剩余财产分配请求权的发生必须以公司向其全体债权人清偿债务之后尚有剩余财产为其实质要件。公司剩余财产分配请求权是股东向公司得以主张的最后的权利，而公司财产则是一种对债权人的责任财产，若公司清算时不先清偿债务就向股东分配，公司因解散而不复存在，显然构成对公司债权人的危害。

三、公司新增资本或者发行新股的优先权

在有限责任公司新增资本时，股东有权优先按照出资比例认缴出资。但是，全体股东可以约定不按照出资比例优先认缴出资。

同样，股份有限公司发行新股时，原有股东享有新股认购优先权（preemptive rights），即原有股东享有优先于一般人按照自己原有持股比例认购新股的权利。

这种权利是一种期待权，只有公司现实地增加资本或者发行新股时，股东才能行使该项权利。同时，这种权利也是一种选择权，股东可以行使，也可以放弃。

四、表决权

股东在公司治理的基本模式中的地位不是直接管理公司，而是通过其表决权来发表意见。股东表决权（voting rights），是指股东就股东会议的议案的决议权。股东表决权是股东的一项重要权利，它体现的是股东参与公司重大决策的权利和选择管理者的权利。股东表决权是股东的固有权利，公司债权人、职工等其他利害关系人不享有表决权，尽管他们也向公司提供资金或者劳务。这是因为债权人和职工等对公司所享有的权利是确定的，债权人享有要求公司到期还本付息的权利，职工享有要求公司按期支付薪酬的权利。然而，股东却仅享有在职工和债权人获得支付后获取剩余利益的权利（residual rights），这种权利是不确定的，股东是企业风险的最后承担者。因此，应当将决定企业经营管理的权利赋予股东，而不是债权人或者职工等其他利害关系人。

原则上，股东表决权不能剥夺。但是，公司若发行无表决权股份时则为例外。无表决权股份（non voting shares）是股东以牺牲表决权为条件换取分配顺序上的优先，而且无表决权股份的股息往往是确定的。公司发行无表决权股份的主要目的是因应广大社会公众小股东的需求设计的一种融资手段，就投资风险而言，无表决权股份持有人仅仅高于债权人，这是其不享有表决权的正当理由。应注意的是，即使是无表决权股份，在特定情况下，譬如，在该优先股种类股东会议上，仍然享有表决权。无表决权股份的表决权在一定情况下有可能复活。譬如，当公司不按照公司章程规定向优先股东优先分配时，无表决权股份可能恢复其表决权。

原则上，股东表决权不受限制。但是，在特定情况下，这一原则也有例外。譬如，在公司持有自己股份的情况下，该种股东没有表决权。我国《公司法》第116条第1款明确规定，公司持有的本公司股份没有表决权。又如，在相互持股的情况下，有的法律将表决权的行使限定在一定比例范围之内。再如，在子公司持有母公司股份的情况下，有的法

律规定,子公司对母公司没有表决权。[4] 我国《公司法》第141条规定,上市公司控股子公司不得取得该上市公司的股份。上市公司控股子公司因公司合并、质权行使等原因持有上市公司股份的,不得行使所持股份对应的表决权,并应当及时处分相关上市公司股份。

原则上,股东表决权不得与股份分离而转让。但是,在特定情况下,这一原则也存在一些变异。譬如,在表决权信托(voting trust)情况下,表决权可由受托人行使。在表决权代理(voting proxy)情况下,表决权可由他人代理行使。在股份寄托情况下,表决权可由托管人(如证券托管机构)行使。

股东表决权可由股东亲自行使,也可以委托他人代理行使。在法人股东情形下,则只能是由法人委托自然人代理行使表决权。譬如,在我国,国家基于投资而持有股权的情况下,就只能委派国有股权代表人出席股东会议和参与表决。

原则上,表决权应当统一行使。但在特定情况下,也可以不统一行使。譬如,一股东持有股份10股,可将7股投赞成票,3股投反对票。但不统一行使是有条件的,一般限定于股份信托、托管与股份共有情形,并且在程序上应当事先通知公司。除此之外,公司可以拒绝表决权的不统一行使。因为,如果允许表决权不统一地随意行使,容易导致混乱。不统一行使的赞成票和反对票应当分别计算。[5]

表决权行使的原则是股权平等原则。通常情况下,体现为"一股一权"(one share, one vote)或者按照出资比例行使表决权。二者的形式不同,但本质是一致的。股权平等原则有时也可能有例外。譬如,有的法律允许"一股多权"(multiple voting)或者"多股一权"(fractional voting)或者"有股无权"(non voting)。我国公司法允许有限责任公司的章程对表决权的行使另作规定,但是,对于股份有限公司,则规定为一股一权,不允许公司章程另作规定。关于这种例外,参见本书相关部分。

表决权行使的规则是"多数决原则"(majority rule)。一般是形成一项决议需要多数股份出席,并经出席股份多数通过。多数规则有简单多数(simple majority)和绝对多数(absolute majority)之分。通常法律规定,一般事项的决议需要简单多数通过即可,特别事项则需要绝对多数通过。有的法律也可能规定,公司可以通过公司章程规定提高或者降低这一表决要求。

五、知情权

(一)股东知情权概述

概而言之,股东知情权(information rights)是指公司股东了解公司信息的权利。从实

---

〔4〕 有的法律规定,对于股东会议的决议有特别利害关系者不得行使表决权。譬如,进行关于免除发起人、董事、监事责任的决议时,作为发起人、董事、监事的股东;进行营业转让、营业受让、经营委托等决议时,作为交易方的股东;决定董事、监事报酬时,作为董事、监事的股东等,属于有特别利害关系者([韩]李哲松:《韩国公司法》,中国政法大学出版社2000年版,第369~372页)。但这种方法是否可取,仍然存在疑问。对于此类交易,英美法上的做法是将其纳入自我交易范畴,并采用公平交易规则调整。

〔5〕 [韩]李哲松:《韩国公司法》,中国政法大学出版社2000年版,第372~374页。

质上看,该种权利主要包括公司股东了解公司经营状况、财务状况以及其他与股东利益存在密切关系的公司情况;从形式上来看,主要表现为公司股东查阅公司一系列文档,包括公司章程、股东会会议记录、董事会会议记录、监事会会议记录、公司财务会计报告,以及股东名册、公司债券存根等。

从更为积极的方面来理解,股东知情权不仅指单纯地了解公司有关信息的权利,而且包含着对公司进行检查监督的权利(right of inspection),如对公司提出建议或者质询。

由于股东知情权主要是以查阅公司文件和账簿的方式进行的,所以,股东知情权也就主要表现为股东的查阅权。为了有效地行使查阅权,股东享有包括以摄影、录像或者其他手段进行复制或者进行必要调查的权利。在进行复制时,公司可以收取一定的费用,但费用的收取应当合理。此外,股东在行使查阅权时,可聘任律师或者会计师或者其他代理人予以协助,当然,这种代理费用由股东自己支付。

股东知情权的权利主体当然是股东。通常而言,股东是指向公司出资或者认购股份并记载在公司章程或者股东名册上的人。这一概念包含了两层含义:一是实质意义上,股东是向公司出资或者认购股份的人;二是形式意义上,股东是被记载在公司章程或者股东名册上的人,或者从严格意义上说,是被记载在股东名册上的人。这样的股东通常被称为在册股东(record owner)。由于股东名册具有推定的效力,即在股东名册上记载为股东的,推定为公司股东,所以在册股东自然应当是股东知情权的主体,除非有相反证据成功地证明股东名册上记载的股东在实质上不具有股东资格。

与在册股东相对应的是受益所有人(beneficial owner)。受益所有人是指已经取得出资或者股份但尚未按照规定程序办理股东名册变更手续的受让人或者其他继受人。受益所有人是否能够查阅公司文档呢?原则上,受益所有人没有这个权利,因为股东名册具有推定效力,即在股东名册上记载为股东的,推定为公司股东。股东名册推定效力的必然后果是,凡是未在股东名册上记载的人,均不能视为股东,即所谓的股东名册的对抗效力。公司也仅仅对在册股东负责,而不对受益所有人负责,此为股东名册的免责效力。然而问题是,在受益所有人成为在册股东之前存在一个时间差,在这个时间差之间,在册股东可能不再关心公司事务,因为他已经将其出资或者股份转让给了他人,而受益所有人又不能直接行使权利。在这种情况下,法律应当给受益所有人一个平衡。大致可以通过三种方法来解决这一问题:第一,受益所有人有权向在册股东发出指令,指示其行使权利和行使权利的方式。第二,受益所有人有权要求在册所有人授权其行使权利。也就是说,在这种情况下,受益所有人可以代理人的身份行使权利。第三,如果在册股东拒不接受受益所有人的指令或者其行使权利的方式不能满足指示的要求,或者在册股东拒绝授权从而导致受益所有人权利已经或者正在或者可能遭受损失时,受益所有人可以申请法院使其直接行使权利。

此外,如果其股份是由表决权信托(voting trust)或者其他名义持有人(nominee)持有,表决权受托人或者名义持有人可以直接行使权利。[6]

（二）对股东知情权的限制

股东知情权是股东所享有的固有权利。从公司的立场来看,股东要求查阅记录和账簿的行为总是被视为一种敌对的威胁行为,尽管如此,公司不能通过章程或者决议予以取消或者限制。另外,不受约束地查阅公司记录和账簿的权利不仅可能会给公司带来极大的负担,而且可能发生股东滥用权利。有鉴于此,有必要从法律上对股东知情权的行使给予一定限制。

从国外法律来看,对股东知情权的限制主要有三种做法:

1.“适当目的”

股东知情权的行使一般需要有“适当目的”(proper purpose),即这种权利只有在股东具有正当的查阅目的(proper purpose for inspection)时才存在。也就是说,任何股东只要其目的适当,他就享有查阅公司账簿和记录的权利。但同时股东也有责任证明其目的的适当性。股东对公司具有经济利益,法律之所以承认股东享有查阅账簿和记录的权利无非就在于对股东的这种经济利益施予保护。但是,股东并不承担管理责任,不承担受信义务,并且股东与公司之间在利益上还可能存在冲突或者不一致。所以,法律将股东的查阅权的行使限定为“适当目的”。

接下来的问题是,什么样的目的是适当的,什么样的目的是不适当的呢?

如果获取信息的目的与保护股东的利益具有直接的关系,该种目的就是适当的,即使该种行为对管理层不太友好。例如,股东要求查阅股东名册的目的是选举董事,或者对公司事务进行决策,或者对管理者的错误行为提起诉讼,或者是为了便于就公司相关问题与其他股东沟通,如征集表决代理权。所有这些目的都具有适当性。

如果行使知情权的目的是获取公司的商业秘密而意图与公司进行竞争,或者将其提供给公司竞争者,则是不适当的。以广告为目的而求取公司股东名册亦属不正当。闲来无聊,只是为了满足好奇心而单纯希望公司管理者对其请求予以回应,亦属不适当。表面上看似目的适当,但真正却隐藏着不正当目的,亦属目的不适当。

谁负有证明义务呢?是由股东证明其适当性,还是由公司来证明其非适当性?对此,不同法律的规定是不一致的。有的法律规定由股东负责举证,有的法律规定由公司负责举证。无论规定谁负责举证,都具有相当的难度。也许“适当性”这一标准本身就存在问题,它大大增加了法院以及当事人的负担。

2. 限制股东资格

第二种方法是法律对有权查阅公司文档的股东资格予以限制。根据这样的法律,对

---

[6] MBCA § 16.02(f).

公司具有较大经济利益的股东其查阅权也就更大一些。[7] 其具体要求是:(1)提出请求前一定期限内(如6个月)已经成为在册股东;(2)或者至少持有公司已发行在外特定比例的股份(如5%)。即便如此,法律也同样要求这样的股东证明其查阅的“适当目的”,并且必须将该种目的性陈述包含在股东的书面请求中。但是,公司负有证明原告不具有适当目的的责任。

这种方法确实能够解决一些问题。譬如,对公众公司而言,它避免了成千上万的股东涌向公司索求文件的可能。但是这种方法的明显缺点是违反了股东平等原则。

更有甚者,一些法律在上述基础上进一步限制,只有先证明公司的错误行为后才能查阅公司文档。[8] 这些规定加重了股东行使查阅权的负担,而且也有悖于逻辑。公司是否有错误,需要股东行使知情权才能证明;股东尚未行使知情权,何以证明公司的错误行为。

3. 对查阅文档区别对待

第三种方法就是对查阅文档进行区别。对于有些文档,任何股东都可以查阅,无须证明其目的的适当性,如公司章程、股东会议记录、现任董事姓名和地址等。对于有些文档,则需要股东证明其目的的适当性,如董事会议记录、股东名册、会计账簿等。[9]

究竟哪些文档的查阅不需要适当目的的证明,哪些文档的查阅需要适当目的的证明呢?

一般而言,对于下列文档的查阅不需要证明目的的适当性:(1)现行有效的公司章程;(2)现行有效的公司细则;(3)公司发行种类股份或系列股份以及优先权等相关权利及其限制的决议;(4)所有股东会议记录以及过去3年未经召开股东会所采取的行动的全部记录;(5)原则上过去3年有关公司与股东的全部书面联系,包括过去3年按照规定向股东提供的财务报告;(6)现任董事和高级管理人员的姓名和商业住所名单;(7)按规定公司向登记机关提交的最新的年度报告。

对于上述公司基本文件,股东享有不受限制和无条件查阅的权利。这种权利是绝对的,不受适当目的限制。[10]

然而,对于下列文档,则只有在符合下列要求的条件下才能查阅:(1)董事会议记录,董事会专门委员会代表董事会以公司的名义采取行动的记录,3年以上未经召开股东会议而采取行动的记录;(2)公司的财务会计记录;(3)股东名册。

那么,需要符合何种要求才能查阅呢?(1)其请求是“善意的”并且具有“适当的目的”;(2)陈述其目的的适当性并列出其所需查阅的文档;(3)所查阅的文档与其目的存

---

〔7〕 如原先的 N. Y. Bus. Ccop. Law § 624(b)就规定只有至少持有5%公司发行在外的任何股份的股东或者持有股份6个月以上者才得查阅公司文档。1984年的 MBCA 也作出了相似的规定。现在纽约商事公司法修改了前述条文的规定,其他采用这一方法的州法也相继放弃了这一方法,只有加州公司法还坚持这一做法。

〔8〕 如特拉华州最高法院就坚持这一做法。

〔9〕 如特拉华州公司法规定按照适当目的来确认谁举证。如果是查阅股东名册,则由公司来举证;如果是查阅公司文档,则由股东来举证。现行 MBCA 将公司文档区分为三类:第一类,任何股东都可以查阅,无须考虑其目的的正当与否;第二类,需要提出适当的目的才能查阅;第三类,股东则无权查阅。

〔10〕 MBCA § 16.02(a).

在直接关系。[11]

与上述前两种方案相比较,这种区分方案显得更加科学一些,它免除了股东对任何文档的查阅均需要证明其适当目的的负担。同时,这种区分方案并不以特定时期或者特定比例的股份所有权的存在为条件,不至于在法律上造成违反股东平等原则的负面影响。

综上所述,对股东知情权应予以合理限制。这种限制主要应考虑两项标准:一是需要确定一个时间界限;二是需要确定公司文档的不同性质。也就是说,对于公司文档应以一定时间期间或者根据其不同的性质作为标准予以分类。在一定时间期间之前的文档,股东可以无限制地查阅;对于有的公司文档,或者内容不涉及公司商业秘密,或者法律本来就要求公司应予公开,股东当然可以不受限制地查阅。但是,对于除此之外的其他公司文档,股东查阅时则应说明目的,公司拒绝也应具有合理理由。至于双方可能各执一词,则应赋予股东以提诉权,由法院予以裁量。

(三)股东知情权的执行

公司总会以各种理由对股东的查阅请求权加以拒绝。如果股东的请求符合法定要求但却遭到公司的无理拒绝或者公司未在合理时间内允许股东查阅,股东可以向法院申请强制查阅(court-ordered inspection)。[12] 此外,法院还可以命令公司对股东申请强制查阅的费用予以补偿,"除非公司能够证明它的拒绝是善意的,因为它对股东所要求查阅记录的权利的怀疑具有合理的基础"。[13] 法院可以对股东的信息利用进行合理限制。[14] 譬如,它可以禁止股东将该种信息披露给公司的竞争者或者用于其他不正当目的。

由于股东的知情权往往要通过诉讼并迫使股东证明其目的的正当性才能实现,因此,一些法律规定,如果公司董事、高级管理人员随意拒绝对公司账簿和记录的查阅,将承担一定的罚金。但如果其能证明该种拒绝的合理性,则可免责。[15]

(四)我国公司法关于股东知情权的规定

1. 有限责任公司股东知情权

《公司法》第57条规定,股东有权查阅、复制公司章程、股东名册、股东会会议记录、董事会会议决议、监事会会议决议和财务会计报告。股东可以要求查阅公司会计账簿、会计凭证。股东要求查阅公司会计账簿、会计凭证的,应当向公司提出书面请求,说明目的。公司有合理根据认为股东查阅会计账簿、会计凭证有不正当目的,可能损害公司合法利益的,可以拒绝提供查阅,并应当自股东提出书面请求之日起15日内书面答复股东并说明理由。公司拒绝提供查阅的,股东可以向人民法院提起诉讼。股东查阅前款规定的材料,可以委托会计师事务所、律师事务所等中介机构进行。股东及其委托的会计师

---

〔11〕 MBCA § 16.02(b).

〔12〕 MBCA § 16.04(a),(b).

〔13〕 MBCA § 16.04(c).

〔14〕 MBCA § 16.04(d).

〔15〕 譬如,1969年MBCA的规定就属于这一类型。

事务所、律师事务所等中介机构查阅、复制有关材料，应当遵守有关保护国家秘密、商业秘密、个人隐私、个人信息等法律、行政法规的规定。股东要求查阅、复制公司全资子公司相关材料的，适用前四款的规定。

该条是公司法关于有限责任公司股东知情权的规定，其特点如下：

第一，公司法不仅赋予了股东查阅权，而且赋予了股东复制权。股东查阅、复制的文档范围包括公司章程、股东名册、股东会会议记录、董事会会议决议、监事会会议决议和财务会计报告。

第二，关于查阅公司会计账簿、会计凭证的特别规定。这种特别规定体现在如下几个方面：一是书面说明目的。股东要求查阅公司会计账簿、会计凭证的，应当向公司提出书面请求，说明查阅会计账簿、会计凭证的目的。二是公司拒绝应说明理由。公司有合理根据认为股东查阅会计账簿、会计凭证有不正当目的，可能损害公司合法利益的，可以拒绝提供查阅，并应当自股东提出书面请求之日起 15 日内书面答复股东并说明理由。三是股东可以起诉。公司拒绝提供查阅的，股东可以请求法院要求公司提供查阅。公司拒绝股东查阅公司文档，并不当然具有阻却股东行使知情权的性质。因为公司拒绝是单方面的，是否具有合理依据，需要依赖法院的审理并作出最终裁判。

这说明，我国公司法对股东知情权的行使同样规定了一定的限制性条件。但这种限制性条件主要针对的是有限责任公司股东对公司会计账簿、会计凭证的查阅，而不及于其他。这里似乎存在明显的漏洞，即对于公司的其他文档，似乎股东可以无限制地查阅，但实际情况可能并非如此。譬如，对于董事会会议作出的尚未公开的有关经营管理方面的决议，股东是否可以不受任何条件限制而任意查阅和复制呢？当然应当有“正当目的”限制，或者应当有时间限制。

关于“正当目的”的证明，我国公司法只要求股东说明目的即可，而要求公司拒绝需要说明理由。这说明我国公司法要求公司承担证明股东行使查阅权的非正当性的责任。

何谓“不正当目的”？我国《公司法》司法解释认为，[16]公司有证据证明股东存在如下情形之一的，法院应当认定股东有“不正当目的”：(1)股东自营或者为他人经营与公司主营业务有实质性竞争关系业务的，但公司章程另有规定或者全体股东另有约定的除外。通常情形下，竞业竞争是会受到限制的，但是如果公司自己并不禁止竞业竞争，如公司章程或者股东决议允许，即使股东自营或者为他人经营与公司相同的义务，则没有问题。现实中，股东经营与公司同类业务或者在其他同类业务公司中担任董事或者高级管理人员的情形很普遍，总不能因此而禁绝此类股东知情权的行使。因此，本项规定在原则之外又规定了例外，方才合理。(2)股东为了向他人通报有关信息查阅公司会计账簿，可能损害公司合法利益的。此为典型非正当目的，当然不应允许以此为目的获取公司信息。(3)股东在向公司提出查阅请求之日前 3 年内，曾通过查阅公司会计账簿，向他人通

---

〔16〕《公司法》司法解释四第 8 条。

报有关信息损害公司合法利益的。表面上来看,此项规定与(2)相似,实际上是对股东品德污点的追究。这一限制是否合理,有待商榷。法律需要考虑的是股东行使知情权的目的是否正当,而不是追究股东的品行问题。实务中也会存在问题。譬如,典型地说,如果公司仅有两个股东,公司现在确实可能正在遭受其中一位股东的糟践(公司在其控制之下),仅仅因为另一股东先前的错误而不允许他行使知情权吗?其实,法律在这里改换了逻辑,它已经不是在考虑目的是否正当了,而是在评判人的品性了。股东品性好坏,并不能对其知情权和监督权的行使构成影响。(4)股东有不正当目的的其他情形。如前所述,股东可能闲来无聊骚扰公司,或者以查阅公司文档为名掩盖其不正当目的等,不一而足。

应注意的是,股东之间的协议等实质性剥夺股东依据《公司法》第 57 条规定查阅和复制公司文件材料的权利,公司不能以此为由拒绝股东查阅或者复制。这是因为,知情权是股东的固有权利,不能剥夺,自然也不能成为公司拒绝股东行使知情权的合理依据。

第三,《公司法》第 57 条第 3、4 款规定,股东行使知情权,可以委托中介机构协助。知情权的行使涉及企业的经营情况和财务情况,需要专业知识背景和经验技能,超过了股东的能力。专业的事情应当由专业人士去做,会计师事务所、律师事务所就是这样的专业中介机构。

会计师事务所、律师事务所等专业中介机构受托协助股东行使知情权,应当保护国家秘密、商业秘密、个人隐私、个人信息等。这是应有之义。

股东行使知情权负有保密义务。股东行使知情权后泄露公司商业秘密导致公司合法利益受到损害,公司可以请求该股东赔偿相关损失。这一保密义务同样及于代理人。代理股东辅助查阅公司文件材料的会计师、律师等泄露公司商业秘密导致公司合法利益受到损害,公司同样可以请求该股东赔偿相关损失。

第四,《公司法》第 57 条第 5 款规定,股东要求查阅、复制公司全资子公司相关材料的,适用前四款的规定。公司法将股东知情权扩及公司的全资子公司,公司股东对全资子公司知情权的行使范围和委托中介机构与对公司知情权的行使相同。

2. 股份有限公司股东知情权

《公司法》第 110 条第 1 款规定,股东有权查阅、复制公司章程、股东名册、股东会会议记录、董事会会议决议、监事会会议决议、财务会计报告,对公司的经营提出建议或者质询。

本条规定包含了两方面的内容:一是股东享有查阅、复制权,其范围包括公司章程、股东名册、股东会会议记录、董事会会议决议、监事会会议决议、财务会计报告。二是股东有权对公司的经营提出建议或者质询。

《公司法》第 110 条第 2 款规定,连续 180 日以上单独或者合计持有公司 3% 以上股份的股东要求查阅公司的会计账簿、会计凭证的,适用该法第 57 条第 2 款、第 3 款、第 4 款的规定。公司章程对持股比例有较低规定的,从其规定。本款规定同样赋予了股东查阅公司的会计账簿、会计凭证的权利,并适用有限责任的相同规定。但是,公司法对股份有限公司股东行使本款知情权的股东资格做出了限制,即“连续180日以上单独或者合计持有公司3%以上股份”。这一限制是有意义的,因为股份有限公司,尤其是公众股份有限公司,有众多公众股东,如不予适当限制,公司将穷于应付。但公司法也规定公司章程对持股比例有较低规定的,从其规定。请注意,股份有限公司股东仅可查阅公司的会计账簿、会计凭证,没有复制权。

《公司法》第110条第3款规定,股东要求查阅、复制公司全资子公司相关材料的,适用前两款的规定。

《公司法》第110条第4款规定,上市公司股东查阅、复制相关材料的,应当遵守《证券法》等法律、行政法规的规定。

3. 关于股东行使知情权的资格

股东行使知情权须具有股东资格,如果意欲行使知情权的人不具有或者已经丧失了股东资格,则不能行使知情权。同样,在通过诉讼方式行使知情权时,亦是如此。如果公司有证据证明原告在起诉时不具有股东资格的,法院应当驳回起诉。也就是说,股东资格的时点设置在“起诉时”。但是有一种情形属于例外,即原告在起诉时由于某种原因(如转让)已经丧失了股东资格,但其权益损失可能是发生在其持股期间,于此情形,如果法院将其拒之门外,则有失周全。因此,在这种情形下,法律允许原告证明在其持股期间其合法权益受到损害,法院应允准其查阅或者复制其持股期间的公司特定文件材料的请求。由于这种请求尚在起诉阶段,尚未进入实质审理程序,因此,原告仅须就其持股期间发生的合法权益损害的证明提供“初步证据”即可。

4. 董事、高级管理人员的责任

股东知情权的行使需要公司的配合。这首先就要求公司依法设置法律所要求的文件资料,如果公司没有依法设置法律要求的文件材料,将导致股东知情权的落空。公司的这种义务又需要公司董事、高级管理人员具体落实,因为他们是公司经营管理事务的实际执行者。如果公司董事、高级管理人员等未依法履行职责,导致公司未依法制作或者保存《公司法》第57条、第110条规定的公司文件材料,给股东造成损失的,股东可以请求负有相应责任的公司董事、高级管理人员承担民事赔偿责任。

六、诉讼权:股东直接诉讼

股东的诉讼权,是指公司股东针对侵害自己利益的情势所享有的提起诉讼以保护自己合法权益的权利。譬如,《公司法》第21条规定,公司股东应当遵守法律、行政法规和公司章程,依法行使股东权利,不得滥用股东权利损害公司或者其他股东的利益。公司股东滥用股东权利给公司或者其他股东造成损失的,应当依法承担赔偿责任。根据该条规定,如果公司股东滥用股东权利侵害了公司或者其他股东的利益,被侵害的公司或者股东可以依法提起民事诉讼请求损害赔偿。又如,《公司法》第190条规定,董事、高级管理人员违反法律、行政法规或者公司章程的规定,损害股东利益的,股东可以向人民法院提起诉讼。依据该条规定,公司董事、高级管理人员在履行其经营管理职责时应当遵守法律、行政法规和公司章程的规定,不得有损害股东利益的违法、违规或者违章行为,否则,受害股东可以提起民事诉讼以维护自己的权益。

这里所说的股东诉讼专指股东为了自己利益所提起的诉讼。这种诉讼不同于股东为了公司的利益而提起的诉讼。前者被称为股东直接诉讼(shareholder direct litigation),后者被称为股东代表诉讼,或者派生诉讼(shareholder indirect litigation)。关于股东直接诉讼的程序,适用民事诉讼法的规定。关于派生诉讼,我们将在后面再行讨论。

第三章　股权转让

第一节　股权转让概述

一、股权转让的概念和特征

股权转让,是指股东将其对公司所有之股权转移给受让人,由受让人继受取得股权而成为公司新股东的法律行为。股权转让的特征如下:

第一,股权转让是股权继受取得的方式之一。股权的继受取得并非仅有转让一种方式,其中因受赠、继承、合并、税收等方式取得股权也属于继受取得。因股权的转让,受让人从特定人处继受股权。因此,就股权的取得方式而言,它与新股认购等原始取得不同。但就获得股权的后果而言,它与原始取得一样可取得同质的股权。

第二,因股权的转让,股东地位也随之发生转移。不管是自益权还是共益权均转移于受让人。也就是说,股权转让具有整体性和不可分割性。不能仅仅转移自益权而不转移共益权,也不能仅仅转移共益权而不转移自益权。关于这一点,有两个问题需要注意:一是表决权代理;二是表决权信托。在表决权代理的情况下,表决权并未转移,只是由他人代为行使,在法律效果上有如本人亲自行使一样。在表决权信托的情况下,表决权虽然转移给受托人,但该种转移并非股权的转让,而是基于表决权的管理需要将表决权转移给受托人,受托人不仅没有支付获得表决权的对价,反而获得管理佣金。信托期限届满,该种表决权回转于委托人。虽然股权的转让具有整体性和不可分割性,但是已经发生的权利不转移。如在转让发生之前,公司基于先前业绩已经宣布的股利分配,虽然公司可能尚未实际支付,但该种权利已经存在,构成股东对公司的债权请求权。

第三,股权转让是一种法律行为。该种法律行为以双方当事人之间就股权的转让达成合意即告成立。股权转让的生效一方面需要符合民法上关于法律行为的有效要件,如主体合格、内容合法、标的适当、意思表示真实。另一方面,还应当符合公司法上的效力要件。如股权转让需要满足公司法上规定的股权转让的过户要求,即将受让人记载于股票名册。只有办理了股权过户,才能对抗公司和其他股东。另外,股权转让后须在公司登记机关进行变更登记,如果没有办理变更登记,则不能对抗第三人。

第四,股权转让法律关系中的转让方是公司股东,客体是股份或者出资。其权利义务关系为:转让方负有交付股票或者出资证明书的义务,受让方负有支付价金的义务。反之,即为对方的权利。

第五,股权转让只能在公司成立后进行,公司设立登记前不得转让股权。如果公司尚未完成设立登记,让与人是否能够成为股东尚不能确定,其股款可能尚未缴足,如果允许其转让,将使公司的组成成员和公司资本结构处于不安定、不确定状态,进而影响到交易安全。但是,如果在公司成立前转让股权,其转让是否无效呢?有人认为,“依契约自由之原则,自属否定。尚未组成公司前,认股人之转让股权,事所恒有,不过其转让,仅属该让与、受让之特定人间之关系,固不影响原认股人之股款缴纳义务”。[1] 此种观点值得商榷。公司成立前,作为转让合同标的的股权尚不存在,法律关系之权利义务缺乏对象,该种转让协议如何发生效力?因此,公司成立前的股权转让应以无效处理较为妥当。

二、股权转让的效力

(一)对股东的效力

股权转让经当事人之间达成协议即为有效,股份或者出资上一切权利包括受益权和表决权均应由受让人继受。受让人可要求公司为其办理过户手续,转让人应当协助。

(二)对公司的效力

股权转让经当事人达成协议,并办理过户手续后(将受让人姓名或者名称记载于公司股东名册),受让人基于继受取得股东地位,凡股份或者出资上一切权利均归于受让股东享有和行使,公司须对新的股东负责。

(三)对第三人的效力

股权一经合法转让,即具有对抗第三人的效力。这里所谓的“合法转让”,包括按照法律、行政法规的规定已经履行了相应的股权变动登记手续,包括办理股东名册变动手续和股东登记变更手续。

第二节 股份转让

一、股份转让的自由

股份转让(transfer of shares),是指股份有限公司股东将其股份转让给他人的行为。股份转让是股权转让的一种形式,它针对的是股份有限公司的股权转让。

---

[1] 武忆舟:《公司法论》,台北,三民书局1998年版,第276页。

股份的自由转让是股份有限公司的固有特征。有鉴于此，有些地区明文规定，公司股份之转让，不得以章程禁止和限制之。[2] 这就是所谓的股份转让的自由原则。股份有限公司本身可以说是资本的集合，股东个人的身份特征并不重要，股份本身作为一种财产具有可转让性，因此股份转让可以不经过公司或者其他股东的同意，在这一点上，股份有限公司的股份转让与有限责任公司的出资转让以及合伙企业的合伙财产转让具有重大不同。

二、股份转让的限制

（一）股份转让的法定限制

股份的自由转让并非绝对，法律往往对股份的转让设定一些条件或者要求。我国《公司法》第157条规定，股份有限公司的股东持有的股份可以向其他股东转让，也可以向股东以外的人转让；公司章程对股份转让有限制的，其转让按照公司章程的规定进行。根据我国法律的规定，股份转让的基本规则如下：

第一，转让场所法定。《公司法》第158条规定，股东转让其股份，应当在依法设立的证券交易场所进行或者按照国务院规定的其他方式进行。证券交易场所主要指证券交易所，如我国的上海证券交易所和深圳证券交易所。除证券交易所外，还存在所谓的柜台交易，如美国的NASDAQ。此外，证券交易市场的多层级化，如一板市场（主板市场）、二板市场、三板市场（第三市场）、四板市场（第四市场），导致场内交易与场外交易共存的多元化趋势，其中如第四市场就没有固定交易场所，主要是投资者之间通过电子计算机网络直接进行的交易，没有中介机构。目前，我国的证券交易场所主要是前面提到的两家证券交易所，包括主板市场和创业板市场，以及存在于两个交易所之外的诸如"新三板"之类的其他场外交易市场。随着我国证券市场的进一步发展和成熟，证券交易场所及其交易方式必然出现多元化趋势，公司法为此留下了空间，并授权国务院规定其他的转让方式。

第二，转让方式法定。《公司法》第159条规定，股票的转让，由股东以背书方式或者法律、行政法规规定的其他方式转让；转让后由公司将受让人的姓名或者名称及住所记载于股东名册。股东会会议召开前20内或者公司决定分配股利的基准日前5日内，不得变更股东名册。法律、行政法规或者国务院证券监督管理机构对上市公司股东名册变更另有规定的，从其规定。

第三，特定人的股份转让受到限制。公司法对特定的股份转让进行了一定的限制，这些限制主要包括如下几种情形：

一是发起人股份转让的限制。《公司法》第160条第1款规定，公司公开发行股份前已发行的股份，自公司股票在证券交易所上市交易之日起1年内不得转让。法律、行政

---

〔2〕 例如，我国台湾地区"公司法"第163条第1款。

法规或者国务院证券监督管理机构对上市公司的股东、实际控制人转让其所持有的本公司股份另有规定的,从其规定。

二是董事、监事和高级管理人员股份转让的限制。《公司法》第160条第2款规定,公司董事、监事、高级管理人员应当向公司申报所持有的本公司的股份及其变动情况,在就任时确定的任职期间每年转让的股份不得超过其所持有本公司股份总数的25%;所持本公司股份自公司股票上市交易之日起1年内不得转让。上述人员离职后半年内,不得转让其所持有的本公司股份。公司章程可以对公司董事、监事、高级管理人员转让其所持有的本公司股份作出其他限制性规定。

三是股份在法律、行政法规规定的限制转让期限内出质的,质权人不得在限制转让期限内行使质权。

四是公司收购自己股份的限制。《公司法》第162条规定,公司不得收购本公司股份。但是,公司法也规定了若干情形的除外,如减少公司注册资本;与持有本公司股份的其他公司合并;将股份用于员工持股计划或者股权激励;股东因对股东大会作出的公司合并、分立决议持异议,要求公司收购其股份的;将股份用于转换上市公司发行的可转换为股票的公司债券;上市公司为维护公司价值及股东权益所必须。

五是证券法的限制。譬如,根据《证券法》第36条第1款的规定,依法发行的证券,《公司法》和其他法律对其转让期限有限制性规定的,在限定期限内不得买卖。上市公司持有5%以上股份的股东、实际控制人、董事、监事、高级管理人员,以及其他持有发行人首次公开发行前发行的股份或者上市公司向特定对象发行的股份的股东,转让其持有的本公司股份的,不得违反法律、行政法规和国务院证券监督管理机构关于持有期限、卖出时间、卖出数量、卖出方式、信息披露等规定,并应当遵守证券交易所的业务规则。又如,《证券法》第42条规定,为证券发行出具审计报告或者法律意见书等文件的证券服务机构和人员,在该种证券承销期内和期满后6个月内,不得买卖该种股票。除前款规定外,为发行人及其控股股东、实际控制人,或者收购人、重大资产交易方出具审计报告或者法律意见书等文件的证券服务机构和人员,自接受委托之日起至上述文件公开后5日内,不得买卖该证券。实际开展上述有关工作之日早于接受委托之日的,自实际开展上述有关工作之日起至上述文件公开后5日内,不得买卖该证券。

(二)股份转让能否以公司章程限制

一般的原则是,股份转让除法律限制或者禁止的情形外,公司章程不能限制或者禁止。但这一原则现在似乎在改变,有的法律明确规定,即使是股份有限公司的股份转让,也可以由公司章程加以限制和禁止。[3] 这里的问题是,相当一部分股份有限公司是非上市公司,而且相当一部分股份有限公司采取发起设立方式,而不是募集设立方式,即股票

〔3〕 如1995年修改前的《韩国商法典》第335条第1款同样规定:股份的转让,不得以章程加以禁止或者限制。但1995年修改后的《韩国商法典》规定,原则上股份有限公司的股份可以自由转让,但同时也允许公司章程加以限制或者禁止。

没有公开发行,没有公众股东。这说明股份有限公司的股东也可能非常之少,少于有限责任公司的股东人数也并不奇怪,尤其是在一些家族式股份有限公司中,此种情形较为突出。也就是说,股份有限公司的人合性也是存在的。如果认为有限责任公司因其具有人合性而可以限制其出资转让的话,为什么在那些人合性较强的股份有限公司中就不允许其限制股份转让呢?

因此,股份有限公司的股份转让是否可由章程加以限制,可以让公司自己决定。具体而言,由公司章程加以规定。因为公司章程是全体股东的协议,如果公司章程规定了限制,这样的限制是有效的,因为它说明所有的股东都同意设置这样的限制。否则该种限制条款不可能订立于章程之中。如果公司章程中没有设置这样的限制性条款,股份的转让则可以自由进行。不仅公司设立时可以由公司章程设置这样的限制性条款,而且还可以通过修改公司章程的方式设置这种限制性条款。《公司法》第 157 条规定,公司章程对股份转让有限制的,其转让按照公司章程的规定进行。可见,我国公司法承认了股份有限公司可以通过公司章程限制股份转让。

如果公司章程中设置了这样的限制条款,该种条款只能适用于非上市股份,上市股份不能加以限制。这说明,如果法律允许股份有限公司设置这样的限制性条款,主要是基于对封闭性公司(包括有限责任公司和非公开发行股份的股份有限公司)的人合性考虑,该种限制不宜扩张适用于公众股东。

三、股份转让的方式

(一)记名股份的转让

《公司法》第 159 条规定,股票的转让,由股东以背书方式或者法律、行政法规规定的其他方式转让;转让后由公司将受让人的姓名或者名称及住所记载于股东名册。股东会会议召开前 20 日内或者公司决定分配股利的基准日前 5 日内,不得变更股东名册。法律、行政法规或者国务院证券监督管理机构对上市公司股东名册变更另有规定的,从其规定。

该条规定包含了如下几层意思:

第一,须由股票持有人以背书或者其他法定的方式转让。我国现行《公司法》仅承认记名股票。记名股票的主要转让方式是背书。至于背书的方式,公司法没有规定,但可以参照票据法上关于票据背书的规定为之。即由转让人在股票背面的受让人处记载受让人的姓名或者名称,并在转让人处签名或者盖章。除背书转让方式外,记名股票的转让还可以采用其他法定方式。其他法定方式主要指通过中国证券登记结算有限责任公司登记的公众交易股票,由中国证券登记结算有限责任公司负责交易过户。

第二,股票转让后,由公司将受让人的姓名或者名称及住所记载于股东名册。股票转让后即应办理过户手续,也就是说,应将受让人记载于股东名册,包括受让人姓名或者名称及住所。只有股东名册进行了变更登记,受让人才能取得股东资格,行使股东权利。股票转让是根据股份转让协议发生的,但仅仅股份转让协议尚不能支持受让人取得股东资格,因为该种股份转让仅对转让协议当事人有效,不能对抗公司,即受让人尚不得以股东身份请求公司分配股利或者参加公司股东会议。当然,受让人可以请求公司为其受让的股票办理过户手续,转让人负有协助办理过户手续的义务。

第三,股东会会议召开前20日内或者公司决定分配股利的基准日前5日内,不得进行股东名册的变更。

该种规定并非不允许在此期间进行股份转让,在此期间内,股份转让仍然可以自由进行,只是该种转让不得进行股东名册的登记。如受让人申请股东名册的登记,公司应当拒绝;如公司接受其申请,并办理过户手续,应属无效。

该种规定的目的有二:一是便于确认有权参加股东会会议或者参与股利分配的股东,即只有在册股东才有权利参加股东会会议或者参加股利分配,受益所有人不能参加股东会会议或者参加股利分配。也就是说,受让人不得对抗公司。如果公司违反规定办理过户手续,允许该受益所有人参加会议并形成决议,利害关系人(如股东)可诉请法院撤销该种决议。如果已受领股利分配,该种分配决定无效,受益所有人则应当返还。二是在于避免集中操纵,以及因派发股息而引起股票价格过于波动。

(二)无记名股票的转让

无记名股票的转让,由股东将该股票交付给受让人后即发生转让的效力。也就是说,无记名股票的转让,只需交付股票,即为已足,且其转让得以对抗公司及其他第三人。我国已经废除了无记名股票。

(三)股票的上市交易

股票的上市交易,是指上市公司的股票在证券交易所通过集中竞价方式进行交易。对于上市股票,通常将股票交由托管,股票买卖的交割通过证券经纪商进行,转让双方并不谋面,证券和资金从账簿上划拨。于此情形,股票转让无须背书,亦无须实物交付。《公司法》第165条规定,上市公司的股票,依照有关法律、行政法规及证券交易所交易规则上市交易。股票的上市交易是一种特殊的股份转让方式,须遵守专门的上市交易规则。这些规则或者由证券法规定,或者由证券监督管理机构规定,或者由证券交易所规定。公司法在这里只作出了指引性规定,具体规定参见证券法。

信息披露是股票上市交易必须遵守的重要规则。《公司法》第166条规定,上市公司应当依照法律、行政法规的规定披露相关信息。这里的“相关信息”,主要包括公司的财务状况、经营情况及重大诉讼等。具体规则参见证券法的规定。

第三节 出资转让

一、出资转让的概念

出资转让,是指有限责任公司的股东将其股权转让给他人的法律行为。出资转让也是股权转让的一种形式，它针对的是有限责任公司。有限责任公司出资的转让与股份有限公司股份的转让存在较大的差异性。这种差异性主要表现在如下两个方面：

第一，有限责任公司股东人数较少，其人合性较强。这种人合性体现了公司中股东相互之间的信任关系和人情关系。所以，有限责任公司的股权转让受到限制。股份有限公司中存在众多的社会公众股东，其资合性较强。这种资合性体现了公司以资本为基础，不注重股东相互之间的人际关系。因此，股份的转让自由程度要高。

第二，有限责任公司的股权转让不存在公开交易场所，股权的转让只能通过私下协议方式进行。而股份的转让存在一个公开交易的市场。如中国的上海交易所和深圳交易所，美国的 NYSE 和 NASDAQ。在这里，股东可以自由转让其股份。如果对股份转让予以限制，股份交易市场无法形成，股份有限公司也就失去了其市场基础。

但应当注意的是，并不是所有的股份有限公司都能上市交易。只有符合法律要求的股份有限公司才能上市交易。根据《公司法》第 134 条的规定，上市公司是指其股票在证券交易所上市交易的股份有限公司。我国证券法规定了股份有限公司申请股票上市的条件和程序。由此可见，由于股份有限公司存在上市公司与非上市公司之区别，其股票转让的自由程度也有所不同。如前所述，非上市股份有限公司的股份转让，公司也可以通过公司章程自行规定对其股份转让予以限制。但即便是非上市股份有限公司，其股份转让也是较为自由的，不像出资转让那样受到更多的法律限制。

二、出资转让的规则

任何财产都应具有可转让性。不同的是，在不同的情况下，其可转让性的程度有所不同。与股份有限公司的股份转让相比较，有限责任公司出资的可转让性程度就要低一些。也就是说，法律对有限责任公司的出资转让设定了相当的限制。

我国公司法将有限责任公司的股权转让区分为内部转让和外部转让。内部转让采取自由主义原则。《公司法》第 84 条第 1 款规定，有限责任公司的股东之间可以相互转让其全部或者部分股权。然而，外部转让则受到限制。这种限制主要体现在《公司法》第 84 条第 2 款的规定，即其他股东在同等条件下有优先购买权。

公司法对有限责任公司股东股权的外部转让赋予了公司原有股东的优先购买权，主要是基于有限责任公司人合性考虑。正是基于有限责任公司股东之间特定的人际关系，法律要求股东将其股权转让给第三人时，其他股东享有优先购买权。

第一，这种优先购买权是一种选择权，股东可以行使，也可以放弃。需要注意的是，优先购买权不适用于自然人股东继承情形。有限责任公司的自然人股东因继承发生变化时，其他股东不能主张行使优先购买权。但是，这也不是绝对的，其例外是公司章程可以另有规定或者全体股东可以另外约定。无论是公司章程另有规定还是全体股东另行约定，都表明该自然人股东同意即使发生了股权继承情形，其他股东也可以行使优先购买权。这种特别约定主要发生在封闭公司中，因此，有限责任公司章程作出这种例外规定也是合理的。

第二,这种优先购买权指的是在同等条件下的优先购买权。何谓“同等条件”？一般而言,同等条件主要指的是股权转让协议的价格条件。譬如,在出让股权 10 万元的情况下,其他股东在 10 万元的价位上享有优先购买权。但应注意的是,虽然价格因素是考虑条件是否同等的一个重要因素,但却并非唯一因素。譬如,出让股权虽然作价 10 万元,但受让人的支付方式是现金即时支付,或者出让股权价值实际上高于 10 万元,但转让协议中另外做了受让人对转让人的其他补偿安排。因此,在判定同等条件时应综合考虑转让股权的价格、数量、支付方式以及期限等其他相关因素。[4]

第三,股东向股东以外的人转让股权的,应当书面通知其他股东,通知中应告知其他股东拟转让股权的条件和内容,包括股权转让的数量、价格、支付方式和期限等事项。通知的方式是“书面”,但是现在的通讯方式多样化,尤其是电子技术的运用,因而“其他能够确认收悉的合理方式”也为司法实践所认可。其他股东自接到书面通知后应当及时答复是否行使优先购买权,如果不及时答复或者故意拖延,法律直接设定了答复期限,即自接到书面通知之日起 30 日内未答复的,视为放弃优先购买权。

第四,如果两个以上股东主张行使优先购买权的,先行协商确定各自的购买比例,协商不成的,则按转让时各自的出资比例行使优先购买权。

第五,有限责任公司的股东主张优先购买转让股权的,应当在收到通知后,在公司章程规定的行使期间内提出购买请求。公司章程没有规定行使期间或者规定不明确的,以通知确定的时间为准,通知确定的时间短于 30 日或者未明确行使期间的,行使期间为 30 日。[5]

第六,有限责任公司的转让股东,在其他股东主张优先购买后又不同意转让股权的,其他股东则不能主张优先购买权。但是,公司章程另有规定或者全体股东另有约定的除外。转让股东的这种反悔行为有可能对原本意欲行使优先购买权的其他股东造成损失,如为了筹集行使优先购买权资金而借款或者发生的其他费用。于此情形,其他股东可以主张转让股东赔偿其合理损失。

第七,有限责任公司的股东向股东以外的人转让股权,未就其股权转让事项通知其他股东,或者以欺诈、恶意串通等手段,损害其他股东优先购买权,其他股东可以主张按同等条件购买该转让股权。譬如,转让股东与第三人恶意串通,在转让协议中将拟转让股权抬高作价 15 万元,但受让人真实支付实际为 10 万元,其目的是阻止其他股东行使优先购买权。于此情形,其他股东可以实际支付的 10 万元作为同等条件行使优先购买权。但应注意的是,法律对其他股东行使此种优先购买权设置了期间限制,即其他股东自知道或者应当知道行使优先购买权的同等条件之日起 30 日内没有主张,或者自股权变更登记之日起超过 1 年的,则丧失其优先购买权。前款规定的其他股东仅提出确认股权转

---

〔4〕 参见《公司法》司法解释四第 18 条。

〔5〕 参见《公司法》司法解释四第 19 条。

让合同及股权变动效力等请求，未同时主张按照同等条件购买转让股权的，人民法院不予支持，但其他股东非因自身原因导致无法行使优先购买权，请求损害赔偿的除外。[6]

第八，股东以外的股权受让人，因股东行使优先购买权而不能实现合同目的的，可以请求转让股东承担相应民事责任。[7]司法解释对转让股东这一责任的规定似有不妥善之处。我们来看一下法律规定的股权外部转让的路径。首先是转让股东寻求可能的买主并与之谈判协商价格等条款，然后再征求其他股东是否行使优先购买权。如果其他股东愿意在同等条件下行使优先购买权，转让股东则必须依法将其股权转让给行使优先购买权的股东。在此情形下，受让人的合同目的自然落空，但转让股东的一切行为均为合法，并无过错。尽管受让人因合同落空可能会遭受损失，如银行借款发生的利息或者其他费用（如律师费、评估费、交通费等），但对于其他股东行使优先购买权而导致受让人发生的这些损失，转让人并无责任。唯一需要考虑的是，转让人是否应当告知受让人其所转让的股权之优先购买权的存在。如果转让人告知了优先购买权的存在，转让人则无责任；如果没有告知呢？似乎也没有转让人什么责任，因为优先购买权是法律明文规定的，受让人对此应该是知道的，或者推定其应该知道。因此，基于股权转让之优先购买权的行使从而导致受让人合同落空所遭受的损失，法理上应认定为受让人的缔约成本，由受让人自担风险。强调一下，这里讨论的是行使优先购买权的情形，如果因为转让人有其他缔约过失，导致受让人发生损失，则另当别论。

《公司法》第 84 条第 3 款规定，公司章程对股权转让另有规定的，从其规定。关于该款规定，应从两方面理解：

一方面，有限责任公司具有较强的人合性，上述对有限责任公司出资转让的限制充分体现了法律对这种人合性的尊重。客观地说，这种限制也具有一定的合理性。但问题的另一方面是，股权又具有可转让性，股权的可转让性正是其价值所在。其流通性越强，其价值体现就越高。实践中，我们会发现，正是这种对有限责任公司股东股权转让的限制导致了其价格的下抑，市场出售性的降低。事实上，在有限责任公司中，对股权转让的限制往往成为大股东欺压少数股东的一种有效工具。何况，根据我国公司法规定，有限责任公司股东可高达 50 人，对于人数较多的有限责任公司而言，其人合性自然淡薄。于此情形，如果法律要求所有有限责任公司的股权转让均须遵从上述优先购买权限制性规定，未免过于绝对。因此，法律允许公司章程对股权转让另作规定。这将意味着，公司有权根据自身的实际情况自主决定是否设定这样的限制，体现了法律的灵活性。譬如，在设立公司时，如果股东不同意对股权转让设定任何限制，认为这样的条款限制了其将来可能转让股权的自由，就不可能达成这样的条款。同样，即使在公司章程中已经设置了这样的限制性条款，也可以通过修改公司章程的方式予以废除。

另外，本款规定同样也意味着公司章程可以提高限制条件。譬如，公司章程规定，股

---

〔6〕《公司法》司法解释四第 21 条。
〔7〕《公司法》司法解释四第 21 条。

东将其股权转让给第三人须经其他股东全体同意。这样的限制性条款也是合法的。

进一步的问题是,如果公司章程规定,禁止股东将其股权转让给第三人,其合法性如何呢?这似乎就不应拘泥于本款规定自身的逻辑来寻求答案,而应该从更高的公共政策角度来进行解释。凡财产者均应具有可转让性,股权是财产之一种,因此,股权转让不应受到禁止。据此,如果公司章程禁止股权转让,该种条款因其违反公共政策而应作无效处理。于此情形,股东的股权转让应视为无限制而可以任意转让,除非公司章程设定了新的限制性条款。

三、其他情形的股权转让

第一,强制执行程序中的股权转让。关于股权转让的一个特殊问题是,在强制执行程序中股权转让如何进行。对此,公司法作出了专门规定。根据《公司法》第 85 条的规定,人民法院依照法律规定的强制执行程序转让股东的股权时,应当通知公司及全体股东,其他股东在同等条件下有优先购买权。其他股东自人民法院通知之日起满 20 日不行使优先购买权的,视为放弃优先购买权。

第二,股权的拍卖。股权拍卖也是一种转让行为,因此,公司法上有关股权转让的规定,如对通知的要求或者同等条件的判定自然也适用于拍卖;但拍卖又是一种特殊的转让行为,如果有关法律、司法解释对拍卖有专门的规定,则应优先适用这样的特别规定。

第三,产权交易场所转让国有股权。在依法设立的产权交易场所转让有限责任公司国有股权的,除适用公司法上关于股权转让的一般规则外,如通知、同等条件等,还需要遵守有关产权交易所的交易规则和国有股权转让的特别规定,如国有资产管理法等。

四、股权转让后的变更及相应履行程序

《公司法》第 86 条规定,股东转让股权的,应当书面通知公司,请求变更股东名册;需要办理变更登记的,并请求公司向公司登记机关办理变更登记。公司拒绝或者在合理期限内不予答复的,转让人、受让人可以依法向人民法院提起诉讼。股权转让的,受让人自记载于股东名册时起可以向公司主张行使股东权利。

根据该条规定,股权转让的特殊性在于,受让人并不能根据股权转让协议立即取得公司股权。如欲取得公司股权对抗公司和公司其他股东,尚需进行公司股东名册变更。只有完成了股东名册的变更,受让人才能取得股东资格,享有和行使股东权利。同时,转让股权还需要进行公司变更登记,才能对抗善意相对人。有鉴于此,受让人基于股权转让取得完整的股东权利,需要完成三个步骤:一是签订股权转让协议,但股权转让协议是转让人与受让人之间的协议,该协议仅能拘束协议当事人,公司和第三人并非协议当事人,自然不受该协议拘束。二是请求公司变更股东名册。只有进行了股东名册的变更,受让人才能取得股东资格,享有和行使股东权利。因而,股东转让股权的,应当书面通知公司,请求变更股东名册。公司有义务办理股东名册的变更,转让人有义务予以协助。

三是，即使转让股权进行了股东名册的变更登记，受让人取得的股东资格和权利也只能对抗公司和公司其他股东，因为股东名册仅为公司自己设置的文件，其效力仅及于公司内部人。因而，受让人的股权如欲对抗第三人，还需要进行公司变更登记。《公司法》第34条规定，公司登记事项发生变更的，应当依法办理变更登记。公司登记事项未经登记或者未经变更登记，不得对抗善意相对人。办理公司股东名册变更和公司登记事项变更登记均为公司的义务。因而，《公司法》第86条明确规定，公司拒绝或者在合理期限内不予答复的，转让人、受让人可以依法向人民法院提起诉讼。公司法提供了司法救济手段。

《公司法》第87条规定，依照本法转让股权后，公司应当及时注销原股东的出资证明书，向新股东签发出资证明书，并相应修改公司章程和股东名册中有关股东及其出资额的记载。对公司章程的该项修改不需再由股东会表决。因为，股权转让已经经过了法定的转让程序，尤其是法律赋予了公司其他股东的优先购买权。而且，股权转让是股东行使自己的权利，公司法并不要求股东转让股权需要取得公司其他股东的同意。

五、股权转让中的出资责任

根据我国《公司法》的规定，股权转让中的出资责任分为两种情形：一是未届出资期限的股权转让的责任；二是瑕疵股权转让的责任。

《公司法》第88条第1款规定，股东转让已认缴出资但未届出资期限的股权的，由受让人承担缴纳该出资的义务；受让人未按期足额缴纳出资的，转让人对受让人未按期缴纳的出资承担补充责任。本款规定的是未届出资期限的股权转让，其出资该由何人承担。根据本款规定，转让股东已认缴出资但未届出资期限转让股权的，应当由受让人承担缴纳该出资的义务；如果受让人未按期足额缴纳出资的，转让人对受让人未按期缴纳的出资承担补充责任。也就是说，受让人是主义务人，转让人是补充义务人。

《公司法》第88条第2款规定，未按照公司章程规定的出资日期缴纳出资或者作为出资的非货币财产的实际价额显著低于所认缴的出资额的股东转让股权的，转让人与受让人在出资不足的范围内承担连带责任；受让人不知道且不应当知道存在上述情形的，由转让人承担责任。该款规定的是瑕疵股权转让的责任。《公司法》规定了两种瑕疵股权转让情形：一是未按照公司章程规定的出资日期缴纳出资；二是作为出资的非货币财产的实际价额显著低于所认缴的出资额。但无论是哪一种情形，其责任后果是一样的，即转让人与受让人在出资不足的范围内承担连带责任。但是，如果受让人不知道且不应当知道存在上述情形的，由转让人承担责任。也就是说，在受让人为善意的情形下，受让人不承担责任。基于股东有限责任原则，无论是转让人还是受让人，其责任范围均限于转让人未履行出资额的本息范围之内。如果是未按照公司章程规定的出资日期缴纳出资，其责任范围限于其未缴纳部分；如果是作为出资的非货币财产的实际价额显著低于所认缴的出资额，其责任范围限于其差额部分。

受让人承担责任后,可以向该未履行或者未全面履行出资义务的股东追偿。但是,当事人另有约定的除外。也就是说,受让人承担责任后,其内部责任如何分摊或者是否追偿,首先要看当事人之间是否存在协议:如存在协议,则按照协议处理;如不存在协议,可由当事人协商解决,协商不成则根据转让合同内容以及转让对价等因素确定。

第四节　优先认购权的转让

前章我们讨论了新股发行的优先认购权(注意:不同于本章之有限责任公司股权外部转让时其他股东的优先购买权,这种优先购买权具有强烈的身份性,不能转让)。这里我们还将继续讨论一下优先认购权的转让问题。赋予发行新股公司原有股东优先认购权固然可以保障原有股东持股比例利益不致稀释,却也可能会给一些原有股东带来经济上的困难。当然,原有股东可以放弃行使该种优先权,但该种放弃因不能维持原有持股比例而必然导致其经济损失。因此,为了使新股认购权人不致因放弃行使其权利而导致经济损失,股东可将其优先认购权予以转让,以期获得一定的补偿。

首先,优先认购权是一种财产权利,当然可以转让。因此,其转让的法理基础当然不存在问题。

其次,从新股认购权的取得到行使存在一定的时间差距。这表明,从权利的存续期间上看,存在可以转让的可能性。

最后,新股认购权的转让方法只能凭公司发行新股认购权证书的交付来进行。

第五节　股份回购

什么是股份回购?股份回购的法律政策是什么?股份回购的原因是什么?回购股份的法律地位是什么?我国公司法是如何规定股份回购的?本节讨论试图回答这些问题。

一、股份回购概述

(一)股份回购的概念和特征

股份回购(share repurchase),又称为股份回赎(share redemption),[8]是指公司依照

---

〔8〕这两者其实是有差别的,大致可作如下区分:股份回赎须事先在公司章程中予以授权并规定回赎条件、时间和价格,且通常限于优先股。回赎的选择权通常由公司行使,但也可以由股东行使。股份回购则是公司与股东通过协议的方式回购自己的股份,其条件和价格由协议确定;回购也可以通过公开市场进行,其价格随市场行情而定;回购的对象可以是公司发行在外的普通股。由于两者实际上的经济效果是一样的,所以本书并不特别予以区分。本节主要针对《公司法》第142条讨论公司收购自己股份的情形,也兼而涉及有限责任公司股权回购。

法律规定从自己公司股东手中买回其股份的行为。根本上,股份回购是一种股份转让行为,但又是一种特殊的转让行为。因此,股份回购具有如下特征:

第一,股份回购是公司从股东手中买回自己公司股份的行为。股份是可以转让的,股东可以将其股份转让给第三人或者其他股东。然而,在股份回购情形下,则是由发行股份的公司从持有自己公司股份的股东手中购回股份。故股份回购法律关系的当事人是公司和股东。

第二,股份回购的客体是公司自己发行的股份,即公司已发行在外的股份。这样的股份由公司现有股东持有。公司可能发行不同种类的股份,包括普通股和优先股,或者不同种类的普通股或优先股。哪些股份可以回购,取决于不同的法律政策。有的国家法律规定,只有优先股才能回购,普通股不能回购,或者只有在同时存在其他种类的不可回购的普通股时才能回购普通股。这种法律政策主要是基于这样的考虑:如果可回购股份具有表决权,回购可能影响公司的控制权。但是,在回购政策比较自由的法律中,任何股份都是可以回购的,当然也包括普通股。[9]

第三,股份回购须有协议存在。该种协议可能是事先订立的公司章程。一般而言,公司章程会对股份回购的条件和价格(redeemable price)作出规定。也可能是在回购时签订的回购协议,并根据该种协议确定收购价格。相应地,公司取得自己股份时,须向回售股东支付相应的对价。这种对价可以是现金,也可以是包括债权在内的其他财产。[10]

第四,股份回购须依照法律的规定进行。由于股份回购是一种特殊的转让行为,通常各国公司法对股份回购均有专门规定,但不同的国家法律所确定的回购政策是不相同的。有的国家公司法对股份回购比较放任,原则上公司可以自由回购其股份。有的国家公司法对股份回购限制较严,原则上不允许公司回购其股份,只有在某些例外情形下才允许公司回购自己的股份。于此情形,股份回购具有较强的法定性,即只有在法律允许的情形下,公司才能回购自己公司股东的股份。即便是在放任股份回购的法制中,股份回购也需要遵守法定的程序和要求。

(二)股份回购的方式

股份回购主要有两种方式:自己标购与公开市场收购。其中,自己标购(self-tender offer)又有固定价格(fixed price)购买与荷兰式拍卖(Dutch auction)之分。

固定价格购买,是指通过由公司向股东发出报价(价格固定)的方式来回购股份。该种价格通常高于市场价格,因此,该种回购方式的交易成本也就高于公开市场购买。股东自由决定是出售还是继续持有。如果股东接受公司的报价,则出售其股份;如果股东对公司的报价不满意,则可以继续持有其股份。如果股东愿意出售的股份超过了公司意欲购买的股份总数,公司应当按比例购买。

荷兰式拍卖,是一种买卖有价证券的程序,得名于荷兰花卉拍卖所使用的系统方法。

---

〔9〕 MBCA § 6.01(c)(2).

〔10〕 MBCA § 6.01(c)(2).

就股份回购而言，它是指由公司提出愿意回购的股票数量和价格幅度（其最低价格往往略高于市场价格），然后，股东向公司提出其愿意出售的股票数量，以及在设定的价格范围内他们能够接受的最低出售价格。在接到股东的报价后，公司将投标价格按照从低到高的顺序进行排列和评估，确定可以接受的最低价格，并以该确定的最低价格进行回购。

公开市场收购，是指公司在公开市场上通过经纪人购买自己的股份。收购价格为股票的市场价格。根据我国现行公司法规定，上市公司在将回购股份用于员工持股计划或者股权激励、转换上市公司发行的可转换为股份的公司债券以及为维护公司价值及股东权益所必需三种情形下而收购本公司股份的，应当通过公开的集中交易方式进行。

二、股份回购的法律政策

关于股份回购，存在两种不同的立法模式：一种模式是规定公司可以自由收购自己的股份，这种模式以美国为代表。这种模式的特点是，法律并不限制或者禁止公司回购自己的股份，是否需要对股份回购予以限制，或者在何种情形下才能进行股份回购，或者需要满足何种条件才能进行股份回购，均由公司自己决定，通常由公司章程予以规定。另一种模式是采取"原则禁止，例外许可"的限定模式。传统上这种模式以大陆法系国家和地区为主，如德国、法国、意大利、瑞士、日本、韩国等。[11] 我国《公司法》第162条规定，公司不得收购本公司股份，但同时也规定了若干例外情形。可见，我国法律亦属于后一种模式。[12]

两者的区别根源在于资本制度的不同。大陆法系国家有严格的法定资本制，为了确保公司资本维持，保护债权人利益，这些国家对公司取得自己股份采取限制态度。美国公司法采用授权资本制，配合库存股制度（treasure shares），形成了比较灵活的资本制度。库存股好似一个具有调节供水功能的蓄水池，公司可借助其"吞吐"功能，调整公司资本额的增减变化，使之能与市场变化及公司目标保持一致。

立法上限制公司取得自己股份的理由主要有：

第一，逻辑上的矛盾。公司因回购持有自己公司股份，使股东权利义务的行使主体与承受主体合二为一，公司同时具有了双重身份，这一现象在法理逻辑上自相矛盾。

第二，违反资本维持原则。如果许可公司回购自己的股份，在财务方面无异于容许以公司的资金作为回购股份的对价，其结果可能造成变相偿还股东投资或者变相分配公司利润。同时，公司回购自己的股份也有违反"公司资本不得抽回"原则之嫌，从而导致公司资本事实上的减少，致使"资本空洞化"。

---

〔11〕 但属于这一模式的法律也在因应形势发生变化，有的法律的变化甚至是实质性的，如修正后的日本公司法几乎完全放松了对股份回购的管制。

〔12〕 18年修正《公司法》建议稿试图改为"公司可以在下列情形下收购本公司股份"，但修正案正式通过时，恢复了《公司法》原先的表述。另外，原修正意见稿有第（七）项，即"法律、行政法规规定的其他情形"，修正案正式通过时予以删除。由此可见，虽然18年修正《公司法》扩充了例外允许公司回购的情形，但立法者依然没有打算从根本上改变股份回购的法政策倾向。

第三,违反公开、公平、公正原则。这主要来自如下几个方面的担心:其一,公司可以借助股份回购操纵自己公司股票价格或者进行内部交易。其二,对不同股东进行区别对待。譬如,公司在进行回购时,仅针对部分股东而排除其他股东,或者对不同的股东实行不同的条件和价格。其三,公司董事借助股份回购操纵公司,巩固自己地位,架空公司股东。因为回购的股份由公司持有,公司又在董事控制之下,与其说公司行使股权,其实是董事在行使公司的股权。

在早期公司法中,各国家和地区法律对股份回购几乎都是限制或禁止的。但是立法上的这种态度也在随着社会经济的发展变化而不断调整。然而,各国家和地区立法态度的转变并不是一致的。有的步伐快一些,原则上允许自由回购;有的步伐保守一些,允许有条件的股份回购。实践证明,股份回购在企业经营中能够发挥重要经济功能,它可以调节资金,实施并购,平衡市场,激励员工,稳定股价,优化公司治理和股权结构。因此,即便是采取"原则禁止,例外许可"模式的公司法也纷纷放松股份回购管制,扩张其例外适用的范围,缓解早期严格限制或禁止的做法。〔13〕我国公司法的变化也说明了这一点。93年《公司法》第149条仅仅规定了两种例外情形,即减少注册资本和与持有本公司股份的其他公司合并;06年《公司法》第143条增加了两种情形,即将股份奖励给本公司职工和股东因对股东大会作出的合并、分立决议持有异议,要求公司收购其股份的;18年修正《公司法》第142条再次增加了两种情形,即将股份用于转换上市公司发行的可转换为股份的公司债券和上市公司为维护公司价值及股东权益所必需,并将原规定的"将股份奖励给本公司职工"修改为"用于员工持股计划或者股权激励"。〔14〕

公司实践引发的股份回购活动的广泛扩展和认可,充分体现了法律对市场和企业需求的回应。这种变革自然有它的道理。从公司实务角度分析,公司在诸多经济活动中都不可避免地需要运用回购手段收购自己公司的股份。譬如,在公司减资、合并和异议股东行使异议权等情形,回购就是不可避免的。又如,在公司建立员工持股计划或者股权激励时,或者在将可转换公司债券转换为股份时,运用股份回购为建立激励机制或者债券转换提供股份来源已经成为上市公司的惯常做法。此外,在封闭公司中,常常出现公

〔13〕 譬如,在英国,直至1981年之前,一般情况下,公司只能回赎或者回购其优先股份。1981年之后,法律彻底放宽管制,允许公司回赎或者回购任何种类的股份。日本商法在1938年以前基本上完全禁止公司取得自己的股份,至1990年止,应实务界和学术界的要求,法律逐渐放宽例外情形。例如,日本在1990年以前,其商法典仅将公司持有自己股份的例外限定为四种情况:(1)为了消除股份;(2)为了合并或者受让其他公司的全部营业;(3)公司行使权利,为达其目的而有必要;(4)股东请求收购股份。1994年日本商法修正,增加了三种情况:(1)为了向董事和其他使用人转让股份,其目的是推行员工持股计划;(2)股东大会年会决议消除股份;(3)在封闭公司中,股东死亡时,依照事先达成的协议,可由公司受让该股份而临时持有。1997年又增加了两项:(1)为了实行董事、使用人的期权;(2)基于股份消除程序条例法。2001年,日本商法典再次修正,该法第210条规定,公司在收购自己的股份时,除本法另有规定外,须有股东大会年会的决议。这表明,日本商法基本解除了对公司持有自己股份的限制,只是在程序、方法、持股财源、自己股份的消除等方面进行规制,并借以实现资本维持,保护债权人利益。

〔14〕 总体来说,这次修正的积极意义还是很明显的:它扩大了股份回购的范围,简化了回购决策程序,完善了股份回购的治理控制规范,有利于保障公司的债务清偿能力和持续经营能力。

司内部矛盾和纠纷,如僵局、欺压等,于此情形,运用股份回购退出公司也是解决公司内部矛盾和纠纷的可行方式。

这种实践的需求,同时也促使我们对传统法律进行反思。法律制度的设计需要为实践服务,而不是实践跟着逻辑走。也就是说,实践是检验法律理论的标准。

首先,就股份回购的逻辑矛盾而言,这很可能是一个非真实的命题。公司收购自己公司发行的股份,其相对方是持有发行公司股份的股东,交易双方是各自独立的法律主体,谈何公司收购自己的股份呢?至于回购股份由公司持有,是否会导致权利义务主体合二为一,从而使公司具有双重身份,也是无须担忧的。因为现代法律已经有了应对措施,即或者将回购股份作为库存股对待,或者要求在期限内注销或者转让,无论何种情况,公司在持有回购股份期限内,回购股份均没有表决权和利润分配权。

其次,就股份回购是否违反资本维持原则而言,公司进行股份回购肯定涉及公司资本的减少,但即使在资本维持原则下,减少注册资本也是允许的,只不过需要履行法定的减资程序;至于公司需要付出资金支付回购股份,也是必需的,如在与持有本公司股份的其他公司合并时回购其股份、异议股东行使回售权、为雇员工持股计划和股权激励、可转换公司债券提供股份来源等,都是不可避免的,即使不进行回购,也需要公司提供资金或者发行股份。至于所谓的变相抽回资本,实际上是一种误解。抽回资本主要针对发起人股东的出资行为和公众股东的认股行为,而股份回购则针对的是公司常态情形下的股权结构调整。现代公司法上关于资本制度的改革使得资本维持原则在观念上有了很大的变化,法律不再主要依赖资本维持原则保障公司的债务清偿能力,因而资本维持原则已经发生了很大的改变。“随着越来越多的人怀疑法定资本作为债权人保护机制的价值,基于债权人保护的担忧而反对股份回购的声音已经消退。”〔15〕

不过,有一点还是值得关注。股份回购确实存在变相或者实质分配股利之嫌。于此情形,应对的措施是将该种情形的股份回购视为真正的股利分配,从而需要遵守有关公司利润分配的政策和规则(见本书第三编第二章有关股利分配的论述)。

最后,就股份回购是否违反公开、公平、公正原则而言,公司可能借助股份回购操纵价格或者进行内幕交易,这是需要认真考虑和对待的问题。但任何制度都有利弊两面,就股份回购的价格操纵与内幕交易而言,操纵证券市场规则和内幕交易规则以及虚假称述规则可以防控;针对个别股东以不同的价格和条件实施不平等收购,虽是实务中可能出现的问题,但因其行为本身的违法性以及控股股东、实际控制人、董事、高级管理人员受信义务的违反而具有可诉性;至于公司董事凭借公司持有回购股份操控公司及其股东,在现代法律上也失去了法律支持,因为该种回购股份没有表决权,且所回购股份被要求在限期内注销或转让。

综上所述,随着法律的现代化发展,关于股份回购的误会,认识上有了进步,理论上

---

〔15〕 [英]爱利斯·费伦:《公司金融法律原理》,罗培新译,北京大学出版社 2012 年版,第 207 页。

得到了澄清;关于股份回购的弊病,法律积累了经验,有了可行的应对措施和解决方案;股份回购在企业运营和经济生活中的积极作用得到了法律的充分认可和肯定。

三、股份回购的原因

(一)股份回购原因概述

在公司实践中,股份回购可能主要基于如下原因而发生:(1)减少注册资本;(2)与持有本公司股票的其他公司合并;(3)收购持有本公司股票的其他企业;(4)受让其他公司的全部营业;(5)建立员工持股计划(ESOP);(6)建立股票期权计划(stock option plan);(7)在封闭公司中,在特定情况下(如股东死亡、公司内部矛盾或者发生僵局和欺压),依照事先达成的买/卖协议,由公司回购该股份;(8)少数股东行使异议评估权;(9)作为一种股利分配方式;(10)稳定公司股票价格;(11)其他原因。

1. 股份回购与公众公司

对公众公司来说,回购股份的原因主要有:为建立员工持股计划以及股票期权计划而回购股份;为消灭大股东权益而不至于影响股票市场而回购股份;为收购其他企业而回购股份等。这样的回购通常发生在公开市场,其价格为当前市场价格。这些情形下的股份回购比较常规化。而在诸如控制权争战(control contest)中,或者是作为迫使公众股东退出计划的策略(私有化交易/going private transaction),情形则可能复杂一些。

公司在证券市场回购股份可能造成股票价格的波动、操纵市场、内幕交易等问题,因此,在公开市场回购股份须受到证券法的管制和证券监督管理机构的监管。

2. 股份回购与封闭公司

对于封闭公司来说,由于其不存在一个公开的股票交易市场,所以希望出售其股份的股东的选择余地很小。在某些情况下,第三人也可能成为封闭公司股份的买主。如果该种股份反映了对该企业的实际控制,该股份即具有可出售性;如果该股份反映的只是少数利益,就很少有人愿意购买该种股份;尤其是,如果公司存在内部矛盾,就更加乏人问津。实际上,在公司发生内部矛盾引发公司僵局,或者大股东滥用股东权利欺压小股东的情形下,股东的退出必然存在较大障碍。为了解决这一问题,比较好的办法是由股东与公司之间事先达成"买/卖协议"(buy/sell agreement)。按照该协议条款,当出现特定事由时,出售股东或者只能将其股份出售给其他股东,或者只能出售给公司自身。这种协议约定的权利义务是对等的,即互享出售或者购买的权利,互负出售或购买的义务。但是,这种自觉的预防设计在实践中比较少见,因此,法律不得不直接出现解决此类问题。譬如,我国《公司法》第 89、161 条关于异议股东股份回购请求权的规定和第 231 条关于公司僵局的规定,即是通过司法手段解决此类问题的制度安排。

由此可见,封闭公司股份回购通常被设计用来允许某一股东退出公司并就其投资进行清算。当然,这是就封闭公司股份回购的主要功能而言的。至于封闭公司股份回购的其他功能,同样是可以适用的,如基于减资、合并、奖励而发生股权回购。这里对公众公司和封闭公司股份回购的适用分开讨论，在于比较各自的特点，二者并非完全对立、相互排斥。譬如，《公司法》第231条关于公司僵局的规定，同样适用于股份有限公司，只不过实践中，封闭公司的这种现象更为常见。而《公司法》第162条中，只有对公司合并、分立享有异议权的股份回购才获得了《公司法》第162条股份回购的承认。由此可见，二者各有特点，各有侧重。

（二）我国《公司法》关于股份回购原因的规定

根据《公司法》第162条第1款的规定，公司不得收购本公司股份。但是，有下列情形之一的例外：

1. 减少公司注册资本

公司基于某种原因希望减少自己的注册资本，可以通过回购自己公司股份的方式来实现。通常情形下，如果公司资本或者流动性过剩，而资金又不能找到适当投资或者出口，导致资金闲置与浪费，公司可以采取回购方式减少注册资本，减少股份供应数量，优化股权结构，优化现金管理，提高每股净利润和净资产，提升股价，更好地发挥资本和资金的作用。

2. 与持有本公司股份的其他公司合并

当公司与其他公司合并时，如果他公司持有本公司股份，合并公司可以将被合并公司持有本公司的股份予以回购，并在回购其股份后将其并入本公司。譬如，甲公司意欲与乙公司合并，而乙公司正好持有甲公司股份。甲公司可以从乙公司手中收购其所持有的本公司股份并将其回购股份注销或者转让给他人，然后将该公司与自己公司进行合并。

3. 将股份用于员工持股计划或者股权激励

06年《公司法》原本规定的情形是“将股份奖励给本公司职工”，即如果公司希望对本公司职工予以奖励，公司可以回购一部分自己股份并将所回购的股份无偿转让（赠与）或者以较为优惠的价格转让给本公司职工。而18年修正《公司法》将其调整为“用于员工持股计划或者股权激励”。现行公司法予以维持。这一修正有无实质性区别呢？员工持股计划主要适用于企业普通员工；股权激励主要适用于企业管理人员或者业务骨干。前者具有普遍性，后者具有特定性。然而，大概而言，二者均属于公司职工，且无论是员工持股计划或者股权激励均属于“奖励”性质。

无论是员工持股计划或者股权激励，均为现代企业普遍采用的长效激励机制，它有利于形成资本所有者和劳动者的利益共同体。而且，通过股份回购为公司实施股权激励或者员工持股计划提供股份来源也是通常的做法。

4. 股东因对股东大会作出的公司合并、分立决议持异议，要求公司收购其股份

当公司合并或者分立时，可能会有股东对公司所作出的合并或者分立决议持反对意见，但却因其处于少数地位而无法阻止合并或者分立决议的通过。于此情形，法律赋予此类异议股东请求公司以公平价格收购其股份的权利。关于异议股东评估权，我国《公

司法》第 161 条有专门规定,本书也将在第六编第五章进行专门讨论。

5. 将股份用于转换上市公司发行的可转换为股份的公司债券

这是 18 年修正《公司法》新增的一种回购情形。现行公司法予以维持。根据我国公司法的规定,仅股份有限公司可以发行可转换公司债券。股份有限公司发行可转换公司债券的,如果该种债券持有人意欲行权将其所持债券转换为股份,公司需要支付股份。所需支付的股份从何而来呢? 一是公司发行新股给公司债券持有人将其所持有的债券置换为股票;二是从现有股东手中回购股份并将所回购股份转让给行权的公司债券持有人。比较而言,后一种方式既不需要增发新股,又能满足可转换债券持有人的行权要求。如果发行新股,不仅可能导致原有股份稀释;而且需要遵守严格的新股发行程序。如果采取回购方式,不但不会造成股权稀释,而且可能增厚股份价值,增强可转债品种的便利性,拓展公司融资渠道,改善公司资本结构。

6. 上市公司为维护公司价值及股东权益所必需

这也是 18 年修正《公司法》新增的一种回购情形,即"为维护公司价值及股东权益"而回购股份,俗称"护盘式回购"。现行公司法予以维持。

总体来说,此种方式的股份回购的积极意义是值得肯定的。当股票市场不理性时,公司股价难以正确反映公司内在的真实价值,经常的情形是公司的股价被严重低估。于此情形,公司通过回购自己股份,减少股份供应数量,提升股票价格和每股收益,向市场传递出企业股价被低估的信号,有利于增强投资者信心,减少市场恐慌情绪,避免投资者损失,维护资本市场的稳定。这一回购方式及其目的在证券市场较为发达的国家是较为常用的稳定股票市场的有效工具。[16]

然而,也应该认识到确实存在发行公司利用这一回购方式操纵自己公司股票的可能。对此,法律在承认这一回购方式的同时也应该注重对其副作用的防范。如加强披露监管、价格操纵监管、内幕交易监管,而且以此为目的的回购必须通过公开市场进行等。[17]

四、回购股份的法律地位

(一)纳入库存股

这种做法主要以美国为代表。根据美国大多数州法律的规定,回购股份被纳入"库存股"。库存股(treasure stock),是指公司将已经合法发行的股份进行回购并作为"库

---

〔16〕 如 1987 年美国股灾发生后,约有上千家公司宣布回购本公司股票,提振了市场信心,对稳定股市起到了重要作用。在我国,该种目的之股份回购还有一个本土特色功能,即根据我国上市公司股票交易规则,上市公司股票价格连续一定时间(20 日)低于票面价值,将面临退市风险。通过股份回购将股票价格拉升到票面价格之上,可以避免退市风险。

〔17〕 我国 18 年修正《公司法》推出了这一回购方式,不得不说是很有魄力的。2018 年对《公司法》第 142 条的修正是在证监会的推动下完成的,显然是监管机构为了应付当时股市低迷的一项救市法律措施。如果不是遭遇当时的股市不堪,很难设想这种回购方式能够顺利地获得立法者的通过。

存”而持有的股份。

库存股的法律地位处于中间状态。这样的股份在法定的资本余额意义上被视为“已发行股份”(shares issued),但却不具有表决权,不能决定法定出席数额,不能参与分配。

在票面价值法律制度下,库存股份被广泛地用来规避有关法律规则(参见本书第三编)。

首先,库存股曾经以高于票面价值发行并在资本余额意义上仍然属于发行在外的股份,可以由公司再次出售而无须考虑其发行价格与票面价值之间的关系。

其次,库存股曾经基于合格对价而发行,可以由公司再次发行,其对价可以是在新发行股份时不能成为合格对价的将来的服务或者劳务、期票或者其他财产。换句话说,库存股的发行不必遵循对价规则。

最后,账面资本并不因为库存股份的票面价值而减少。这样的股份通过特别的记载反映在财务表册中,表示这些股份是作为库存股而持有,并在盈余剩余及/或资本剩余账户上加以反映库存股份的回购价格已经转换到了这些账户。库存股的会计比较复杂:它是建立在这样的假设基础上,即这样的股份并非永久退出,而是在以后的时间内还要再行出售。例如,某公司希望为一名在一次车辆事故中严重受伤的雇员赠送 10 股作为安慰。如果采用发行新股的方式,则公司只能以现金或者已实际受领的财产或者已实际履行的服务作为对价而发行股份。然而,在使用库存股的情形下,该公司只要捐出 10 股库存股即可达到这一目的。

(二)作为已授权但尚未发行股份对待

MBCA 规定,当公司取得其自己的股份时,这些股份自动地转换成已经授权但尚未发行的股份(authorized but unissued shares)。[18] 该变化是基于这样的认识,在已经废除了对股份发行限制的条件下,已经没有必要再保留库存股这一概念了。也就是说,所回购的股份仍然可以像未发行的授权股份一样再次发行。如果公司章程不允许再次发行这样的回购股份,则应从授权资本中减去相应的回购股份。[19]

(三)限期转让或者注销

我国《公司法》第 162 条第 3 款规定,公司依照本条第 1 款规定收购本公司股份后,属于第(一)项情形的,应当自收购之日起 10 日内注销;属于第(二)项、第(四)项情形的,应当在 6 个月内转让或者注销;属于第(三)项、第(五)项、第(六)项情形的,公司合计持有的本公司股份数不得超过本公司已发行股份总数的 10%,并应当在 3 年内转让或者注销。

根据我国公司法规定,回购股份分别发生限期注销或转让的效果。具体而言:

第一,减资回购 10 日内注销。为减少公司注册资本而收购本公司股份的,应当自收购之日起 10 日内注销。这种股份回购的目的就是减少公司注册资本,所以在回购股份

〔18〕 MBCA § 6.31(a).

〔19〕 MBCA § 6.31(b).

后应即行注销。该种注销程序较为简单,减资程序无须太长时间。因为,实施减资回购前本已获得股东会决议通过,进行注销时仅需变更公司章程和变更公司(资本)登记即可。

第二,合并与异议评估权回购6个月内转让或者注销。与持有本公司股份的其他公司合并和基于股东行使异议评估权而由公司收购本公司股份的,应当在6个月内转让或者注销。在这两种情况下,公司所回购股份或者转让,或者注销。如果公司欲将该回购股份用作它途,可以转让,否则,应即注销。转让或者注销的期限是6个月。尽管合并回购和异议评估权回购事先均获得了股东会的同意,但这两种情形较之于减资注销的办理,因为合并事务的处理、异议回购的实施和转让事宜的办理要复杂一些,需要更长一些时间。

第三,基于员工持股或者股权激励、转换可转换公司债券、稳定公司股价的股份回购,3年内转让或者注销。

与06年《公司法》对比,原属于第(三)项的,应当在1年内转让,现在与新增第(五)项、第(六)项一样,时间延长到3年。即在“将股份用于员工持股计划或者股权激励”“将股份用于转换上市公司发行的可转换为股票的公司债券”“上市公司为维护公司价值及股东权益所必需”三种情形下,法律给予的转让或注销时间更加宽裕。这主要是考虑到:

从市场实践和需要来看,大多数上市公司的股权激励计划从授权到行权一般都要经过至少2~3年的时间持续,原先规定的1年的转让时间不能满足长期激励需要;可转换公司债券转换为公司股票也需要一个较长的行权和转换期间,时间太短难以实施;同样,维护公司股价的回购也需要时间才能达到稳定的效果,如果对公司持有所回购股份的期限规定太短,难以满足稳定股价的需要。

可见,依据我国公司法的上述规定,公司所回购的股份必须在法定期限内予以转让或者注销。公司除在法定期限内临时持有所回购的股份外,不得长期或者永久持有回购股份。同时,我国《公司法》第116条第1款规定,公司持有的本公司股份没有表决权。《公司法》第210条第5款规定,公司持有的本公司股份不得分配利润。

五、股份回购决定权归属

《公司法》第162条第2款规定,公司因前款第(一)项、第(二)项规定的情形收购本公司股份的,应当经股东会决议;公司因前款第(三)项、第(五)项、第(六)项规定的情形收购本公司股份的,可以依照公司章程的规定或者股东会的授权,经2/3以上董事出席的董事会会议决议。

上述规定表明,基于减资与合并而回购股份的,必须经由股东会作出决议。因为减资与合并本身就需要股东会做决定,且因其属于公司重大事项,须股东大会特别决议(2/3表决权股份)作出。

基于对合并或分立的异议而行使股份回购权是法律专门赋予异议者的特殊权利，其行使与否由异议股东自己决定，无须公司任何权力机关会议决议，如果公司章程没有事先规定回购价格及其计算和支付方式，仅涉及公司与异议股东就回购价格等因素进行协商的问题。基于员工持股计划或者股权激励、转换可转换公司债券以及维护公司价值及股东权益所发生的股份回购，仅需要董事会决定即可。这是公司法的重大突破。法律将这三种情形下的股份回购决定权直接赋予了董事会，扩大了董事权力。这种回购决策权力的下放和程序的简化有利于实施股权回购计划，如果在上述三种情况下实施股份回购的决策程序过于复杂，不利于公司及时把握市场机会，适时制定并实施股份回购计划。但应注意的是，董事会的这种权力来自公司章程的规定或者股东会的授权，且须经 2/3 以上董事出席的董事会会议决议。法律对董事会的出席人数做出了要求，但并没有对董事会决议通过的人数进行特别规定。这意味着，尽管董事会出席人数须达到董事会成员的 2/3 以上，但决议的通过只需要半数以上董事同意即可。

六、股份的回购数额限制

06 年《公司法》规定，公司依照第 1 款第（三）项规定收购的本公司股份，不得超过本公司已发行股份总额的 5%，该项规定回购股份仅适用于奖励公司职工的情形。根据 18 年修正《公司法》第 142 条第 3 款规定，属于第（三）项、第（五）项、第（六）项情形的，公司合计持有的本公司股份数不得超过本公司已发行股份总额的 10%。即 18 年修正《公司法》将基于员工持股计划和股权激励、可转换公司债券、维护公司价值和股东权益所回购的股份总额提升到 10%。但应注意的是三者合并计算，而不是单项股份总额。虽然 18 年修正《公司法》扩展了股份回购的情形，但依然对基于新增加股份回购情形导致公司持有本公司股份数额进行了控制。这可以理解为法律从回购规模上对股份回购的限制措施。

23 年《公司法》维持了 18 年《公司法》的修正。

七、股份回购的资金来源

06 年《公司法》针对职工奖励的股份回购要求公司“用于收购的资金应当从公司税后利润中支出”。18 年修正《公司法》废除了这一要求，23 年《公司法》予以维持。这意味着，法律取消了对公司用于回购的资金限制，今后的股份回购所使用的资金可以是公司的任何财产，包括借贷资金。这其实就是将股份回购作为公司的常态经营活动对待了，正像一般公司收购一样，公司可以自行筹集资金进行股份收购。

八、上市公司的股份回购方式和信息披露

（一）回购方式

《公司法》第 162 条第 4 款规定，上市公司因本条第 1 款第（三）项、第（五）项、第

(六)项规定的情形收购本公司股份的,应当通过公开的集中交易方式进行。

也就是说,凡是将回购股份用于员工持股计划或者股权激励、转换上市公司发行的可转换为股票的公司债券、维护公司价值和股东权益三种情形的,均必须通过公开市场以集中竞价的方式进行。这一规定实际上是对上市公司上述三种情形的股份回购活动的公开性、公平性和公正性要求,公开市场的集中竞价交易是实现"三公"要求的最优方式。

(二)信息披露

《公司法》第162条第4款规定,上市公司收购本公司股份的,应当依照《证券法》的规定履行信息披露义务。

上市公司的股份回购活动须接受证券监管机构的监管,信息披露则是实施证券监管的有效手段。要求上市公司对其股份回购活动予以披露是为了防控上市公司及其关联人或内部人(如控股股东、实际控制人、董事、监事、高级管理人员)滥用股份回购操纵证券市场、进行内幕交易等违法违规行为,维护证券市场的正常秩序。

第六节 股权设质

一、股权设质概述

股权质押,是指股东以其所拥有的股权出质,作为债权的担保,当债务人不履行债务时,债权人得就该股权变现所得价金优先受偿的一种担保制度。股权具有财产价值,可以转让,所以股权当然可用于债权的担保。股权作为债权的担保实际上是一种权利质押。

第一,股权质押是一种以股权为标的的质押。质押包括动产质押与权利质押。股权质押是一种权利质押。权利质押形式多种,股权质押只是权利质押的一种形式。股权质押的标的是股权。在股份有限公司,股权的标的是股份,其外在形式是股票。在有限责任公司,股权的标的是出资,其外在形式是出资证明书。由此可将股权质押区分为股份出质和出资出质两种类型。

第二,股权质押须以可转让权利为标的。凡财产权利者,皆具有可转让性。股权是具有财产内容的权利,且具有可转让性,因此股权可以成为质押之标的,自然不存在问题。但是,我国法律通常要求可以质押的是"依法可以转让"的股权。所谓"依法可以转让",是指不违反公司法或者其他法律有关对股权转让的限制或者禁止性规定的情形。譬如,对于已经被人民法院冻结的股权,在解除冻结之前不得设立股权质押。

第三,股权质押须依法进行。股权的设质一方面应当满足民法的要求。我国《民法典》物权编规定的权利质权就包含了股权。另一方面,股权的设质还应当满足公司法和证券法的要求。譬如,在设定股权质押时,需要适用《公司法》《证券法》上关于股权转让的相关规定。

二、股份设质

(一)股份的适格性

以股份作为质押标的而设定的股权质押为股份质押。股份是股权在股份有限公司的物化标的,股份具有较强的流通性,因此,一般而言,凡股份者均可以成为质权之标的物。

但应注意的是,我国《公司法》第162条第5款规定,公司不得接受本公司的股份作为质权的标的。通说认为,如果公司接受自己本公司的股份作为质权标的,无异于用自己的财产担保自己的债权。有的著作进一步阐述道,当公司的债务人无力清偿到期债务而公司拍卖抵押物又无人应买时,公司自然就成为抵押股票的所有人,从而违背公司不得拥有自身股份的一般原则。[20] 关于公司法的上述限制是否合理以及上述解说是否成立,尚存在疑问。

首先,“公司不得接受本公司的股份作为质权的标的”针对的应是在公司作为债权人而由本公司股东作为出质人的情形。股东的股权属于股东可处分的财产,为何不能出质呢?

其次,当债务人不能清偿债务时,公司作为质权人(债权人)有权依法拍卖该出质股份,并从拍卖该股份所获得的价款优先受偿。这里,公司所获得的拍卖价款是股东股份的价值,又如何能说是公司用自己的财产担保自己的债权呢?

最后,在公司拍卖股份无人应买时,“公司自然就成为抵押股票的所有人”也难以成立。拍卖而无人应买是不可能的,无人应买只是价格问题,如价格适当怎么会无人应买呢?至于说价格低到不能体现股份质权所担保的债权价值,则另当别论。这是质权人应当承担的风险,因为股权质押本身就具有价值的不确定性,为什么其他质权人能承担这种风险,公司作为质权人就不能承担这种风险呢?何况所质押的股权没有价值在很大程度上是由于公司自己经营管理不善造成的。进言之,即使是因无人应买而由公司取得该股份的所有权,又有何不可呢?在前面的股份回购一节中,我们已经讨论过,现代法律允许公司取得自己股份的情形越来越扩大。在实现股权质权取得自己股份应为法律所允许。

(二)股份设质的方式

1. 公司发行股票的情形

在公司发行股票的情形下,股份的设质因其股票是属于记名股票抑或属于无记名股票而可以分为两种情形:

记名股票的设质,除应有当事人之间关于设定质权的合意外,还必须依照背书的方

---

〔20〕 赵旭东主编:《公司法学》,高等教育出版社2003年版,第317页。

式为之,即将质权人姓名或者名称及其住所记载于股票背面并将股票交付与质权人。此时,质押合同有效成立,对当事人发生拘束力。质押合同成立后,还应当将质权人姓名或者名称和地址等质押情况记载于股东名册。此时取得对抗公司的效力。

无记名证券的设质仅须有设质的合意及股票的交付即可。无记名股票质押合同无须登记,也无须将质权人姓名或者名称和地址记载于股东名册。无记名股票的交付即产生质押的效力。但应注意的是,我国公司法只承认记名股票,不承认无记名股票。

2. 公司未发行股票的情形

在公司没有发行股票的情形下,公司股票虚拟地被保管在证券登记公司的账簿上。于此情形,以证券登记公司集中保管的股票为质权标的的,其设质之交付,得以账簿划拨方式为之,无须实际交付。所以,该种质押关系的成立须以出质人与质权人签订质押合同,并须经过证券登记机构办理出质登记方才发生效力。

三、出资设质

以出资作为质押标的而设定的股权质押为出资质押。有限责任公司股东的出资具有财产价值,并可转让,所以得为质权之标的物,属于权利质权。

股权出质的,质权自办理出质登记时设立。

股权出质后,不得转让,但经出质人与质权人协商同意的除外。出质人转让股权所得的价款,应当向质权人提前清偿债务或者提存。

当债务人不履行到期债务或者发生当事人约定的实现质权的情形,质权人可以与出质人协议以质押财产折价,也可以就拍卖、变卖质押财产所得的价款优先受偿。质押财产折价或者变卖的,应当参照市场价格。

第七节 禁止财务资助、股票的上市交易与信息披露、股票盗失或者灭失的救济、自然人股东资格的继承

一、禁止财务资助

《公司法》第 163 条第 1 款规定,公司不得为他人取得本公司或者其母公司的股份提供赠与、借款、担保以及其他财务资助,公司实施员工持股计划的除外。根据本款规定,所谓财务资助,是指公司为他人取得本公司或者其母公司的股份提供赠与、借款、担保以及其他财务资助。公司法为何要禁止财务资助?财务资助意味着公司无偿或者低价为他人提供财务资助,实际上侵害了公司财产。公司为他人提供财务资助的形式体现为赠与、借款、担保以及其他财务资助,这些形式的财务资助实质上就是在为他人提供无偿或者不充分对价的财务支持和帮助。赠与、借贷、担保为三种典型资助形式。实践中,财务

资助的形式多样，譬如，在主营业务范围外以实物资产、无形资产等方式对外提供资助；为他人承担费用，如代垫款项，代缴个人所得税款；无偿提供资产使用权或者收取资产使用权的费用明显低于行业一般水平；支付预付款比例明显高于同行业一般水平或者无商业实质的预付款，等等。

但是，该款也规定了例外情形，即公司实施员工持股计划的除外。员工持股计划本质上属于一种特殊的报酬计划，是指为了吸引、保留和激励公司员工，通过让员工持有股票，使员工享有剩余索取权的利益分享机制和拥有经营决策权的参与机制。

《公司法》第163条第2款也规定了例外情形的财务资助，但却须履行法定要求：一是为公司利益，经股东会决议，或者董事会按照公司章程或者股东会的授权作出决议，公司可以为他人取得本公司或者其母公司的股份提供财务资助；二是财务资助的累计总额不得超过已发行股本总额的10%；三是董事会作出决议应当经全体董事的2/3以上通过。

《公司法》第163条第3款规定，违反《公司法》第1款、第2款规定，给公司造成损失的，负有责任的董事、监事、高级管理人员应当承担赔偿责任。

二、股票的上市交易与信息披露

股票的上市交易，是指上市公司的股票在证券交易所通过集中竞价方式进行交易。《公司法》第165条规定，上市公司的股票，依照有关法律、行政法规及证券交易所交易规则上市交易。股票的上市交易是一种特殊的股份转让方式，须遵守专门的上市交易规则。这些规则或者由证券法规定，或者由证券监督管理机构规定，或者由证券交易所规定。公司法在这里只作出了指引性规定，具体规定则须遵行证券法和交易所的规定。

信息披露是股票上市交易必须遵守的重要规则之一。《公司法》第166条规定，上市公司应当依照法律、行政法规的规定披露相关信息。相关信息的披露包括公开其财务状况、经营情况以及重大诉讼等。同样，公司法在这里只作出了指引性规定，具体规则须遵行证券法和交易所的规定。

三、股票盗失或者灭失的救济

《公司法》第164条规定，股票被盗、遗失或者灭失，股东可以依照民事诉讼法规定的公示催告程序，请求人民法院宣告该股票失效。人民法院宣告该股票失效后，股东可以向公司申请补发股票。该条规定当然仅适用于记名股票，因我国公司法已经不承认无记名股票，自然也就不存在无记名股票被盗、遗失或者灭失的救济问题。事实上，法律也确实无法对无记名股票提供救济措施。这是因为，无记名股票具有证券与持有人不可分离的特征，无记名股票被盗、遗失或者灭失，自然无法通过公示催告程序予以救济。当然，如果无记名股票持有人能够提供其他合法证据证明其为正当权利人，则应承认其权利。

四、自然人股东资格的继承

《公司法》第 167 条规定,自然人股东死亡后,其合法继承人可以继承股东资格;但是,股份转让受限的股份有限公司的章程另有规定的除外。公司股权是一种自益性财产权,自然人股东死亡后,其合法继承人当然可以根据继承法继承股东资格。但是,股权又是一种共益权,须服从于公司的整体经营目标,尤其是对于“股份转让受限的股份有限公司”而言,因此,公司可以通过公司章程限制该种继承权。但应注意的是,尽管公司章程可以限制自然人继承股东资格,但却不能剥夺其股权的财产利益。无论是该股权转让给其他股东或者第三人,还是公司取得并注销,均须向继承人支付该股权的经济对价。

《公司法》第 90 条针对有限责任公司自然人股东的股东资格继承问题同样规定,自然人股东死亡后,其合法继承人可以继承股东资格;但是公司章程另有规定的除外。道理亦然。

第五编　公司治理

公司治理结构

受信义务

股东派生诉讼

第一章　公司治理结构

第一节　公司治理的基本模式及其法律变革

一、公司治理结构的基本模式

（一）公司治理概念

公司与自然人不同。自然人是有血有肉的生物机体，他完全可以通过自己的生理机能来表达意思和实施行为。譬如，某人意欲购买一批货物，他可以亲自进行市场考察，确定合适的卖主和货物，并将购买该批货物的意思向对方表达（发出要约），如果对方同意（作出承诺），即可成交（达成购买协议）。这个例子表明，自然人仅仅依靠其自身就可以治理自己的事务，不仅行为的意思形成于自然人自身，而且行为的实施也可以亲力亲为（当然，无行为能力人或者限制行为能力人需要通过他人代理）。而公司则是一种法人组织体，不具有自然人那样的生理机能，因而公司自身无法表达意思和实施行为。公司的治理必须依赖于公司机关（或者称为公司组织机构）。

公司机关是如何构造的呢？或者说，什么样的机关才能达到治理公司这一目的呢？设置某一机关或者不设置某一机关的依据是什么呢？公司机关的设置服从于公司治理的需求，而满足公司治理的这种需求则需有三个要素：一是公司意思的形成；二是公司意思的实施和执行；三是对公司行为的监督。

在早期企业史上，企业的所有与经营混为一体，股东既是企业的所有者，又是企业的经营者。在这种情况下，公司由股东自己治理，即股东自己往往担任管理者，当然也由他自己负责对企业实施监管。

然而，随着公司企业规模的扩张，股东所有权与企业经营权发生分离，股东不再有能力直接经营管理企业，从而导致股东对企业的控制能力减弱或者丧失。按照经济学上的“委托—代理”理论的解说，在这种情况下，股东对企业的经营管理就必须通过“委托—代理”机制来完成。具体而言，就是股东以“委托人”的身份将企业的业务经营和事务管理委托给他的“代理人”或者“受托人”:由董事和经理负责公司的经营管理,由监事负责公司的监督。“委托—代理”机制奠定了现代公司治理模式的基础。基于“委托—代理”机制所构建的现代公司治理模式表明了股东不得不将其部分权力让渡给他的“代理人”或者“受托人”。然而,终究股东才是公司的所有者,说到底,企业仍然是股东的企业,所以股东在公司治理中仍然发挥着重要的作用。

因此,公司治理所关心的问题是,在这种“委托—代理”关系中,委托人与代理人或者受托人之间的关系如何,他们各自的法律地位如何,公司权力如何在他们之间进行分配,各自应当履行的职责是什么?这些就是公司治理规范(corporate governance norms)需要解决的问题。公司治理结构(corporate governance structure),或者称为法人治理结构,实际上就是关于委托人与代理人或者受托人之间的权力分配与安排的基本模式。

(二)不同模式

但是,应当注意的是,不同的国家,由于法律传统不同,在构建公司治理结构时,其表现形式有所差别。

在美国,公司机关由股东会和董事会构成,即所谓的单轨制。在这种结构中,股东会选任董事,由董事构成的董事会负责公司的业务经营和事务管理。美国公司法中没有要求设置像监事会这样的专门监督机构,董事会同时负有监督公司经理层业务执行的职能,而对公司董事会业务执行与事务管理的监督则理所当然地属于股东会的职能。

在英国,设置公司机关的理念基本上与美国相同。但不同的是,英国公司法要求公司设置专门的审计员(auditors)负责对公司财务进行监管。

在德国,公司机关由股东会、监事会和董事会构成,即所谓的双轨制。股东会选任监事,由监事构成的监事会选任董事,由董事构成的董事会负责公司的经营管理。监事会除负责选任董事外,还负责对董事会的业务执行状况进行监督。

在日本,股东会和董事会是公司必设机构。至于监督机构,则区分不同情况:大型股份公司设立监事会负责对公司董事会监督;其他公司只需要设立监察人即可,并只负责财务监督。日本的监事会与董事会地位平行,并同时隶属于股东会。

在法国,法律对公司机关的设置要求较为灵活:既可以采取单轨制,也可以采取双轨制。采取何种模式,由公司自己选择。

尽管各国法律在构建其公司治理结构时各自有所侧重,但公司治理结构的基本模式应当由三个机关构成:表意机关、执行机关和监督机关。典型的表现为公司机关通常由股东会、董事会和监事会构成。我国原则上采取的正是这种模式,但《公司法》第69、121条也规定,公司可以按照公司章程的规定在董事会中设置由董事组成的审计委员会,行使该法规定的监事会的职权,不设监事会或者监事。

(三)权力分配

股东会是公司机关的重要组成部分,它是公司的表意机关,股东会依法就其职权范围内的事项作出决议,形成公司意思。但股东会本身并不亲自去执行这些决议,而是交由董事会执行，所以，股东会是一种最高权力机关。由于股东的所有权与对公司的控制权分离，股东对公司管理和控制的能力是有限的，并且是间接的。股东会在公司治理中的任务不是直接管理公司，其主要任务是选择公司管理者——董事，作为公司管理责任的最后承担者。此外，股东会还对特定的公司事项，如修改章程、公司的合并与分立、变更公司组织形式、增减资本、解散与清算、发行公司债券等“重大事项”（fundamental issues）作出决议。

董事会是公司的业务执行机关。对内而言，它对公司股东会负责。董事会成员是由公司股东会选举产生的，同时，也可由股东会解任。因此，它是隶属于股东会的一个业务执行机构。董事会负责执行股东会作出的决议。对外而言，董事会代表公司。

在既定法律框架下，董事会的地位具有法定性。董事会是具有独立权力的机关，董事会的成员依法对公司负有独立的受信义务。董事会及其成员的这些特征表明董事会的权力来自法律的直接规定，而非由股东会设定，尽管组成董事会的成员是由股东会选举产生的。当然，有时我们也会注意到这样的现象，即股东会有时可能将属于自己的权力让渡给董事会，譬如，公司通过公司章程的方式将特定属于股东会的权力授予董事会行使。这属于权力的自己处分行为，但这种处分行为并没有从根本上影响到董事会的法定地位。

总括而言，公司董事会被赋予业务经营和事务管理的权力，尽管他们可以将许多决策权委托给公司经理或者其他代理人。所以，传统的公司法通常将董事会的权力表述为：公司的权力应当由董事会行使，公司的业务和事务应当由董事会经营管理（the power of the corporation shall be exercised by, and the business and affairs of a corporation shall be managed by the board of directors）。[1]

董事会可以聘任公司经理及其他高级管理人员。董事会还可以聘用其他职员，尽管习惯上董事会总是将雇用低级管理人员的权力委任给公司经理。公司经理在法律上只是公司的代理人，其本身附属于董事会而不具有独立公司机关的性质。因而，在既定法律框架下，公司经理的权力是有限的，他们只负责执行董事会的政策和决议，他们自己并不是政策的制订者。这种法律设置的本质在于，执行公司业务的权力属于董事会，而不属于公司经理。

监事会是公司的监督机关，它对公司董事、经理执行业务情况以及公司的财务情况进行监督。在所有权与经营权分离的情况下，股东亲自执行公司业务和管理公司事务不仅力不从心，而且对于公司的监督也不能到位。尤其是在大型公众公司的情况下，公众股东往往表现出对公司的“理性冷漠”（rational apathy），即使是对公司的经营管理不满意，他们也往往选择“用脚投票”（voting by foot），而不是积极参与过问公司的事情。因此，监事会实际上是对股东监管能力欠缺的一种替代。但如前所述，是否设置监督机构以及如何设置监督机构，各国有不同的模式。

---

〔1〕 Del. GCL §141(a); MBCA §8.01(b).

(四)对传统公司治理结构的评价

公司治理结构这一基本模式体现了分权制衡的思想。股东会是公司的表意机关,董事会或董事是公司的执行机关和代表机关,监事会或者监事是公司的检查监督机关,相互依存,相互制约。现代公司就是一个国家的缩影,它将特定的形式加诸于公司经济之上。各国公司法上所规定的公司治理结构模式虽然在具体设计上有所差异,但总体来说,均体现了这一思想。这种治理模式与合伙治理模式完全不同。如果说合伙仿效的是雅典(或者直接)民主政治模式(Athenium/direct democracy model)的话(因为所有的合伙人都参与商业决策),相比之下,公司则仿效的是共和(或者代表)政治模式(republic or representative democracy model)。

这种关于公司权力的分配和安排的模式反映了一种公司治理的理想化模式。但是,在某些方面,却没有精确地反映出公司的实际权力动作。我们所理解或者我们所希望的公司治理模式是股东选举董事,董事执行公司政策并为此目的而聘任公司经理等管理人员。这一基本模式有时与实际生活存在一定的差距,甚至有很大的差距。就像由选民和立法机构以及政府部门构成的简单的市民阶层模式并不能完全反映国家、政府与社会的现实一样,公司治理的理想模式也与公司的实际运行相差甚远。

实际上,不同的公司相互之间存在较大的差异。按照公司规模的不同,我们可以将公司区分为三种类型:小型封闭公司、中型普通公司、大型公众公司。在关于控制和管理权力的分配和安排方面,传统的理想化的法律规划可能仅仅对中间型公司(intermediate corporations)较为适宜。这些公司既不具有公众公司特征,也不具有封闭公司特征,或者说这些公司同时又具有两种类型公司的特征,“介于二者之间”(in-between)。[2]

但是,这种理想化的规划无论是对拥有数以千万计股东的大型公众公司还是对小型封闭公司都是不适用的。就大型公众公司而言,公司的控制权实际上掌握在全职的专业经理层手中,既不在股东会,也不在董事会。而就小型封闭公司而言,其管理就像合伙一样,由股东直接兼任董事或者经理,所有权与经营权实际上没有分开。

小型封闭公司和大型公众公司的特殊性迫使人们对传统的理想化模式进行反思,结果导致现代法律对传统的法律规划进行修正,即放弃不加区分地对所有公司适用同一治理规则的做法。这意味着,我们不得不承认传统公司法上的法人治理规范只是为了“标准公司”(中间公司)设计的,因而,在对公司适用一般性治理规则的同时,还有必要对小型封闭公司和大型公众公司制定特殊的治理规则和实行特殊的法律政策。

二、公司治理与封闭公司

(一)封闭公司的治理特征及其问题

1. 管理上的合伙化

封闭公司通常被称为“公司型合伙”(incorporated partnership),它反映了封闭公司与

〔2〕 Hamilton, at p. 263.

合伙在管理上的相似之处。这种相似之处表现在如下两个方面：

第一，在管理上由股东支配（shareholder domination of management），即股东直接参与公司管理。封闭公司的管理通常由大股东负责，或者由全体股东共同负责。在一般情况下，董事会成员由大股东提名，再由董事任命经理和其他管理人员。但在封闭公司中，通常大股东任命自己为董事、经理或其他所有重要的（当然也包括薪水最高的）职务。由于封闭公司的股东自动地兼任公司董事和经理，所以在作出商业决策时往往分不清楚他们是以什么身份在采取行动。换句话说，在封闭公司中，公司股东、董事和经理往往是相同的人，股东就像合伙人一样把自己看做是业主来管理公司。在大股东主导下的封闭公司中，公司治理的核心问题是如何确保少数股东能够参与公司管理和保护少数股东利益。譬如，在封闭公司中，控制股东往往采用“无股利政策”（no dividend policy）来排挤少数股东。

第二，管理程序的非规范化（informality of management）。在封闭公司中，控制股东通常以非规范化方式管理公司，绝大多数的公司事务都以非正式的方式解决而不考虑“法律的体面”（statutory nicety）。对会议、选举、任命的法律要求都被认为是毫无意义的程式。譬如，股东会议不经常召开甚至干脆不召开；董事会议也不经常召开甚至干脆不召开；公司记录不正规；决策的作出很随意。即使公司召开会议，会议也可能由大股东（同时也可能是公司的唯一董事）操纵。大股东可能征求其他经理、董事或者股东的意见，也可能根本不征求他们的意见。

不遵守法定程式（fail to follow statutory formalities）所作出的非正式决议是否对公司和第三人发生拘束力，这一问题同时也涉及股东之间的控制安排是否具有可执行性。对此问题的处理取决于法律上是否承认这样的非正式决议或者股东协议，如果法律上承认，当然具有法律效力；但在既定公司治理规范下是很难得到法律承认的，因为这样的非正式决议和股东控制协议很可能与强行法发生冲突。此外，不遵守公司程式可能导致“揭开公司面纱”，从而使股东对公司承担个人责任。

2. 缺乏股份市场

相对来说，由于封闭公司的股东人数较少，所以不存在一个股份交易的公开市场（lack of market for shares），出资不能公开交易，出资转让受到限制。

大股东或者控制股东的股份总是容易出售，因为他们的股份代表着对该企业的控制权。然而，少数股东或者非控制股东的股份就不容易出售，即使该企业有着较好的盈利水平。少数股东参与管理和利润分配方面的权利只能在大股东或者控制股东容许的范围内存在。

少数股份市场，从最坏处说是不存在的，从最好处说，也不过是买方市场（The market of minority block of shares is at worst non-existent and at best a buy's market）。[3] 少数股

---

〔3〕 Hamilton, at p. 336.

份的买主通常是公司、现任股东,当然外部人也可以购买,但是这种情形并不多见。由于买主很少,缺乏竞争性,所以很难获得合理价格。

在这种情况下,一方面少数股东被长期锁定在公司中,另一方面他们又被排挤在管理层之外,并被剥夺了获取投资回报的权利。根据伊斯特布鲁克法官和费希尔教授的分析,在封闭公司中,缺乏活跃的股份市场至少在四个方面可能损害投资者的利益:[4]其一,二级市场的缺乏造成对剩余求索权的价值评估具有高度的不确定性;其二,缺乏活跃的股份市场将导致在股利分配政策和其他分配方面发生冲突;其三,缺乏活跃的股份市场使公司丧失了对公众监督的依赖;其四,缺乏活跃的股份市场剥夺了那些信息不充分的投资者依靠市场价格购买股份来保护自己的权利。

3. 少数股东的退出问题

封闭公司在管理上和出资转让限制上与合伙相似,但是在既定公司法框架下却又没有提供给封闭公司像合伙那样的退出机制。封闭公司与合伙具有重大的不同。在合伙中,如果合伙人愿意,他可以退出合伙。而在封闭公司中,少数股东却无法通过解散公司而退出公司,即使其在公司中受到欺压。因为根据既定公司法的解散程序,解散公司需要股东会议决定,并且只有在获得多数或者更大比例股份同意的情况下才可能通过解散决议。这样就会出现一个问题,如果出现纷争、欺压或者僵局,既定的法律框架没有提供解决问题的现成方案。对此,现代法律试图提供一系列解决问题的新方案。

(二)对封闭公司的法律变革

1. 观念的转变

传统的观点认为,所有的公司均应遵守公司法上统一的规则,对封闭公司不应当有特殊的对待。虽然大陆法系国家公司法将公司区分为有限责任公司和股份有限公司,但是,在这些国家,其有限责任公司法并没有反映出封闭公司的治理特征,当然也鲜有解决封闭公司治理问题的特殊规则。譬如,我国公司法规定,有限责任公司,股东人数较少和规模较小的,可以设一名执行董事,不设立董事会。有限责任公司人数较少和规模较小的,可以设一名至二名监事。但是,纵观我国公司法,远远没有触及封闭公司的深层次问题。

自20世纪60年代以来,这种传统的法律立场受到了来自司法和立法两方面的挑战。人们认为应当对封闭公司给予一种更为宽松和更为现实的对待。这种观念上的转变反映了人们对封闭公司适用传统公司法原则不满而不得不承认封闭公司的特殊现实,并进而对特定封闭公司制定和适用特殊的法律的转变过程。在这一转变过程中,美国法律堪称代表。而在美国,这种法律又可以分为两种模式:一是特拉华模式;二是MBCA模式。

2. 特拉华模式:为封闭公司制定特别法律规则

在美国,以特拉华州为代表的许多州制定了仅对特定封闭公司适用的特殊规则(stat-

---

[4] Easterbrook and Fischel, at p. 230 – 231.

utes applicable only to specially defined close corporations)。这种法律试图将特定封闭公司当作合伙那样对待,承认封闭公司是一种“公司型合伙”(incorporated partnership)并将合伙原则有选择地适用于封闭公司,以使其在管理上具有与合伙一样的灵活性,同时达到缓解冲突、欺压和僵局的目的。

根据特拉华州法律,要成为法定封闭公司,必须符合一定条件(参见本书第一编第三章)。[5] 符合法定条件的公司即可成为法定封闭公司。如果封闭公司要选择适用这样的特别法律,还必须在其公司章程中有所反映。譬如,在公司章程中记载“本公司选择封闭公司”(This corporation is an electing close corporation/This corporation is a statutory close corporation)。一经选择了法定封闭公司,公司就可以采取各种内部控制安排,包括对董事权力的限制或者完全取消董事会、允许公司采取各种各样的控制协议等。这种法律的基本特征是:一方面,法律承认封闭公司可以像合伙那样实施管理;另一方面,法律又可能扩大和强化受信义务,使股东承担董事那样的责任。

综合起来,这种封闭公司法律具有如下一些特征:

第一,对董事会权力加以限制或者完全取消董事会。在美国,许多州公司法均允许公司通过其公司章程的适当条款对传统的董事会地位予以修正。这类法律允许对董事会的权力给予相当的限制,或者干脆取消董事会。其实质是允许公司像合伙那样由股东亲自经营管理公司的营业和事务。

第二,扩大限制股份转让的权力。在美国公司法上,通常法律并不强制规定对股份转让的限制,但允许公司通过协议方式对股份转让予以限制。封闭公司法律则进一步扩大公司限制股份转让的权力。当然,同样是允许公司以协议,典型者如买/卖协议(buy/sell agreement)的方式限制股份的转让。通常是在公司章程、公司细则或者专门的协议中由公司事先规定,如果发生了特定事由,公司或者公司股东有权利或者义务购买股份,或者股东有权利或者有义务向公司或者其他股东出售股份。

第三,提供解决纠纷的特殊规则。这种法律包含有解决争议或者僵局的特别规定,诸如在公司发生争议或者僵局时,可由法院任命托管人、清算人或者临时董事。此外,这样的法律还允许股东在特定情况下享有选择解散公司的权利,等等。封闭公司法提供了一系列解决纷争、欺压和僵局的其他救济措施,包括法院可以撤销或者变更公司设立章程或者细则,任命或者更换任何个人董事或者经理,对任何争议事项作出解释,命令支付股利,命令对当事人的损害予以赔偿。

第四,将受信义务扩张适用于股东之间。既然承认股东可以直接管理公司,董事的权责也就转嫁到股东身上,有如股东是董事一样。在这种情形下,股东被称为“管理股东”(managering shareholders),享有和承担与董事相同的权利和义务。尤其重要的是,股东也应当对公司或者其他股东承担受信义务,就像合伙人对合伙企业和其他合伙人承担

[5] Del. GCL § §341 -356.

受信义务一样。应当注意的是,该种义务不仅扩张至管理股东,而且扩张至一般股东。

3. MBCA 模式:股东协议

MBCA 进一步放宽传统法律规制,允许封闭公司内部制订更加灵活的控制权协议(control arrangements),通常称为“股东协议”(shareholder agreements)。

根据 MBCA 的规定,[6]股东协议必须经全体股东一致同意,它可以出现在公司章程中,也可以出现在公司细则中,还可以出现在股东协议中。协议的有效期为 10 年,除非协议另有规定。如果其股份在全国证券交易所交易或者在公开证券市场交易,该种协议自动终止。同时,该种协议必须体现在股份凭证上或者反映在规定的股份信息表册中,购买股份的人如果没有被告知该协议的存在,他有权自知道该协议存在后的 90 日内撤销交易。此外,协议必须采用书面形式,并经全体股东签字。协议的副本须备置在公司的主要办公地。

MBCA 股东协议可涉及的内容相当广泛。这样的协议可以是:(1)废除董事会或者对董事会权力予以限制;(2)管制利润分配的权力授予或者决定是否按股份比例进行分配;(3)确定董事或者高级管理人员的任免、期限、选举方式;(4)管制股东与董事之间就特定事项之表决权的行使或者分配,包括表决权的加权或者董事表决权代理;(5)确定任何财产安排协议的期限和条件,或者股东、董事、高级管理人员、雇员与公司之间的雇佣关系;(6)将全部或者部分公司权力或者经营管理公司业务或者事务的权力,包括解决董事或者股东僵局的权力,让渡给一个或者一个以上股东或者其他人行使;(7)经股东请求或者在特定情况下解散公司;(8)其他任何涉及公司权力行使或者公司经营管理或者公司与股东、董事、高级管理人员关系的问题,只要不与公共政策相违背。

MBCA 模式的特点是:它实际上承认所有的有关公司治理和商业安排的股东协议都是合法的。这种法律为封闭公司提供了更大的灵活性和自由度。根据这种法律,封闭公司可以完全按照自己的意愿治理公司。譬如,封闭公司不必千篇一律地设置董事会。同时这种法律还提供了保护少数股东的措施。譬如,少数股东有权参与公司管理;有权获得投资回报;在其死亡、退休或者希望离开公司时,有能力处分其股份;等等。

(三)封闭公司存在的纷争、欺压和僵局及其法律救济

1. 纷争、欺压和僵局的问题

封闭公司具有人合性,往往基于友好关系(如亲属关系、朋友关系)而设立。但经过一段时间后,难免会因为公司内部利益冲突发生矛盾和争吵。在现实经济生活中不难发现,许多公司都曾经因为内讧而被毁掉。尤其是封闭公司,更容易发生纷争、欺压和僵局。

所谓纷争(dissension),指的是公司内部争吵、争斗,或者不能达成一致意见。纷争是一种常见并且不可避免的现象。实际上,纷争往往产生于某一股东或者若干股东对公司

---

〔6〕 MBCA § 7. 32.

实施着有效的控制并运用权力排挤其他股东参与管理或者获得营业上的经济利益。在这种情况下,其他股东,特别是少数股东,由于地位弱小,就有被排挤的可能。

所谓欺压(oppression),并非专指“即将发生的灾难”(imminent disaster),它泛指一切不公平的交易或者计划(unfair dealings or plans)。封闭公司法的最新发展表明,对欺压这一概念的界定渐趋宽泛。现在的趋势是将其定义为一切与少数股东基于其在公司中的地位所固有的期待(inherent expectation)不相符合的行为,或者任何负担性行为、粗鲁性行为,或者错误性行为(burdensome,harsh,or wrongful conduct)。如果少数股东受到欺压或者成为欺压行为的牺牲品(the victim of oppressive conduct),他将有权获得救济。

所谓僵局(deadlock),是指公司中存在的各种控制安排(control arrangements)有效地阻止了公司的行为或者决策。僵局的典型表现形式是当公司只有两种股份或者只有两个股东时,任何一种股份或者任何一个股东都不能实际控制公司。例如,公司发行两类股份,但两类股份的表决权相同,所选出的董事人数相同。如果两类股份之间发生纷争,则可能形成僵局。又如,两个股东各自拥有发行在外 50% 的股份。在这种情况下,对公司任何事务的决策,两个股东都享有同等的表决权。如果两个股东之间发生纷争,则可能形成僵局。

两类以上股份或者两个以上股东也同样可以形成僵局,如果其中某一类股份或者股东可以行使否决权的话。譬如,公司有两名股东,其中一名股东持股 70%,另一名股东仅持股 30%。但是公司章程规定,公司的任何决议只有经过全部发行在外股份的 80% 通过方为有效。在这种情况下就意味着该少数股东在任何事情上都有否决权。如果两个股东之间发生纷争,则可能形成僵局。

僵局的形成既可能是在股东会议层面上,也可能是在董事会议层面上。如果股东之间形成僵局,公司可以在现任董事会的指导下继续运作。一般的规则是董事继续担任职务直到选出合格的继任者;如果该僵局阻止了随后的选举,在任董事将无限期地继续执行职务。董事会层面上的僵局(譬如,董事人数为偶数。在董事人数为奇数的情况下,也可能发生僵局。如董事会成员原先为三人,后其中一人死亡或者退任而尚未选举出新的继任者,剩下的两名董事如果发生纷争,则可能形成僵局)则可能导致公司彻底瘫痪。

2. 对纷争、欺压和僵局的救济

首先,避免纷争、欺压和僵局的事先设计:买/卖协议。

纷争、欺压和僵局可以事先预防。最典型的事先设计(advance planning)就是买/卖协议(buy/sell agreement)或者买断协议(buyout agreement)。通过这种协议,当公司股东之间出现严重分歧时,公司或者其他股东以公平价格购买另一股东的股份。这种协议通常由公司章程、细则或者专门的协议事先加以规定。当然,在公司设立后或者出现纷争后,当事人之间仍然有可能达成出售协议。

采取这种方式的好处是,人们在共事之初相互之间的关系总是友好的。在关系友好的时候，各方比较容易达成一致意见。因此，对公司将来可能出现的纷争、欺压和僵局事先通过协议的方式确定下来，待真正发生纷争、欺压或者僵局时，各方只需要按章办事，执行协议就可以了。如果等已经发生了纷争、欺压或者僵局再寻求解决办法，显然就比较困难了。

如果公司采取这样的安排，则必须解决如下几个基本问题：

第一，如果当事人均想拥有企业的话，那么，谁购买谁的股份呢？由于这种协议往往是事先订立的，所以，只有各方当事人形成一致意见，才可能达成协议。出售方当然是意欲退出公司的股东，而购买方通常是公司或者其他现任股东。

第二，协议可以规定由一方股东确定其愿意购买另一股东的股份或者愿意出售自己股份的价格，另一方有权选择出售或者购买股份。

第三，什么事件才能引发买卖的发生呢？这必须对纷争、欺压和僵局有一个客观的标准，只有达到了这种客观的标准时，才能触发买卖的发生。譬如，在一定期限内不能就董事候选人名单达成协议。

第四，如何确定"公平价格"（fair price）？由于很容易对此出现分歧，所以应当在协议中确定价格计算公式。公式应当尽可能考虑各种因素并应获得各方同意，而不能以某一方提出的标准为准，这样才能获得公平价格。

第五，出售人是否可以组建一个新的竞争企业呢？对此，当事人可以订立非竞争协议（non-competition agreement），如果在特定情况下具有合理性的话。

事先设计可以防止排挤。但是，如果不存在事先计划而事后又不能达成协议的话（如在家族公司中，企业参与人相互充分信任，并认为没有必要设置事先计划，但控制股东却意外死亡），对纷争、欺压和僵局的解决就只能转而依靠其他手段了。

其次，对纷争、欺压或者僵局的司法救济：强制解散与自愿解散。

司法救济一：强制解散。

如前所述，现代法律试图对纷争、欺压或者僵局提供解决方案。一个方案是由股东事先订立买卖协议。但这一救济方案并不能完全解决问题。如果股东事先没有订立这样的协议又怎么办呢？现代法律提供的另一个解决方案是，如果不存在这样的买卖协议，经一方股东请求，通过司法裁判（judicial decree）可以强制解散公司（involuntary dissolution/compulsory dissolution）。

这种强制解散的法定依据是什么呢？

如上所述，既定的法律框架没有提供解决问题的方案。即使是在美国，其普通法上原本也不存在这种强制解散制度。虽然现在美国的制定法提供了这种救济手段，但显然这种救济手段是作为非常手段来适用的。因此，提供这种救济的制定法也受到严格的解释。所以，一般情况下，法院不会对股东提供解散救济，除非他能够证明该种情况完全符合法定要求。

在美国，强制解散的法定依据在各州各不相同。下面仅以 MBCA 的规定为例进行讨论,因其具有代表性。根据 MBCA 的规定,[7]股东在请求法院解散公司时,必须证明其请求满足如下要件:其一,在公司事务的管理上,董事之间形成僵局,且股东不能打破这种僵局。由于这种僵局的存在,公司已遭受或者正在遭受不可弥补的损失(irreparable injury),或者公司的营业和事务不再能够以有利于股东的方式运作。其二,董事或者控制公司的人的行为是非法的,具有欺压性,或者具有欺骗性。其三,在表决权方面,股东之间形成僵局,并且在董事任期届满一定期限内(至少连续两个年会期限内)不能选举出继任董事。其四,公司资产正在被错误地使用或者浪费。

有些州则采用更为宽松的标准实施强制解散。例如,根据威斯康星州法律,如果公司形成僵局,只要其"营业的管理不再有利于股东",即可解散。根据这一法律,公司不能选举出董事又不积极寻求解决僵局的办法本身即构成权利的滥用。而根据加利福尼亚州规定,如果解散公司对股东权利和权益的保护是必要的、合理的,即可解散公司。根据这一法律,即使不存在僵局、错误管理,或者不公平,亦有可能命令解散公司。

应当注意的是,根据这些法律,即使已经满足了法律规定的条件,法院一般仍然将该种救济作为其自由裁量权对待,而不是自动适用强制解散。理由有两点:一是除了强制解散外,还存在一些其他救济方式,法院一般须在尝试了其他救济方式后仍然不能解决问题时才会采取命令解散方式。二是因为解散公司可能以牺牲另一方利益为代价而使某一方受益,这可能导致不公平。通常来说,维持一个企业总比解散一个企业要好一些。公司的营业和资产,包括无形财产(如商誉),作为一个整体的价值总比其分散的价值要高一些。

司法解救二:自愿解散(少数股东自由选择解散)。

解决纷争、欺压或者僵局的另一种方案是,根据有关封闭公司的特殊法律规定,股东可以自由或者在特定事件发生时选择解散公司。

根据这样的法律,股东选择解散公司须满足如下条件:其一,须有章程规定。如果公司章程原先没有规定,可以通过修正公司章程的方式增添这样的规定。其二,股东如果选择行使解散公司的权利的话,必须书面通知其他股东。其三,该种条款必须出现在股票的显著位置,否则,不发生对抗第三人的效力。

最后,强制购买。

第一,强制购买概述。在法律的现代化过程中,一个重要趋势是,在解决纷争、欺压和僵局问题时,由法院命令购买股份(judicially ordered buyout),而不是强制解散公司。这里所包含的法理思想是,维持一个企业总比解散一个企业好一些。因为公司发生纷争、欺压或者僵局并不一定表明该公司就没有继续存在的价值。自 20 世纪 70 年代以来,法院在一系列强制解散诉讼中命令强制购买,尽管法律尚未明文规定。后来一些法律逐渐对此作出了具体规定。[8] 在普通法系国家,即使其制定法没有明文规定,其普通法也

---

〔7〕 MBCA § 14. 30.
〔8〕 MBCA § 14. 34.

可能认为这属于其固有的司法权力。

第二,强制购买的适用。强制购买适用于一切非在全国交易所或者公开证券市场进行交易的公司。但有些法律则明确规定强制购买只适用于已经选择适用封闭公司法律的公司。在提起强制解散诉讼后,公司或者任何股东都可以选择购买该股份。所有选择购买的股东成为该诉讼的当事人并按照其持有股份比例参与购买。当然,当事人另有协议或者法院另有指令者除外。应当注意的是,在这种诉讼中,只允许购买请求股东的股份,不允许购买其他股东的股份。一旦公司或者其他股东做出了购买的选择,请求股东不能撤诉或者和解,也不得自行出售或者处分其股份,除非法院认为允许这种撤诉、和解、出售或者其他处分对公司和除请求股东之外的其他股东是公平的。

第三,强制购买的程序。如果公司或者其他股东选择购买请求股东的股份,应当在该股东向法院提出解散申请后的90日内或者由法院决定的期限内提出申请。如果是其他股东申请购买该股份,公司应当自该申请提出后的10日内书面通知除申请解散的股东之外的所有股东。通知书应当说明申请者的姓名或者名称及其股份,告知其他股东有权参加购买。希望参加购买的股东应当自接到通知后的30日内告知公司其购买意向。

第四,公平价值的确定。出售股份的价格应该是该股份的公平价值(fair value of the shares)。允许当事人就价格问题先行自愿协商,如不能形成一致价格意见,则由法院决定其公平价值。该股份的公平价值的决定完全属于法院的自由裁量权,法院既不会考虑少数股东的地位也不会考虑该股份缺乏市场销售性。在由法院确定股份的公平价格的情况下,法院还可以决定购买条款,包括分期付款和适当的担保。

第五,强制购买的效力。股份的公平价格一经法院确认,法院即驳回股东请求解散公司的请求,并发布强制购买命令。基于法院的命令,请求股东必须出售其股份。该股份一经售出,请求股东丧失其股东地位,不再对公司享有任何股东权利。此时的请求股东已经转变为公司或者其他股东的债权人,请求权内容限于请求支付其出售股份的价款。

三、公司治理与公众公司

(一)对公众公司控制权的实证分析

在传统的公司治理结构中,股东会是公司的最高权力机关,董事会是公司的执行机关,而经理和管理人员则是在董事会控制之下从事具体经营活动的业务机构。但是,随着企业规模的扩大,大型公众企业的出现,这种对公司中权力的分配和安排不再能够完全反映大型公众公司的特点,因而,传统的公司治理规则同样不能完全适应公众公司的现实要求。

实际上,公司或企业的成长和发展过程,也是一个权力流失过程,即权力从股东会流向董事会,并进而流向经理或者管理人员。在大型公众公司中,管理和控制的权力实际上既不是掌握在股东会手中,也不是掌握在董事会手中,而是落在了通常被称为“经理层”(management)的全职的专业经理或者管理人员身上。公司的实际决策权力往往掌握在CEO(Chief Executive Officer)手中。他决定谁当董事,并决定公司政策。公司实际运作中的权力分配与公司的基本治理结构呈逆向关系。

为什么是公司经理层在实际控制公司,而不是董事会或者股东会呢?主要可以从如下几个方面来分析:

1. 股东的“理性冷漠”

从股东层面来看,大型公众公司的股东,尤其是小股东或者公众股东的地位是有限的。早在1932年,Berle和Means在其《现代公司与私有财产》(*The Modern Corporation and Private Property*)一书中就指出,随着大规模股份公司的发展,所有者逐渐失去了其对公司的控制权,公司的控制权实际上已经掌握在经营者手中。股东只是一群毫无组织的群体,他们只能盲目地投票支持经理层或者按照经理层的提议投票。股东事实上不能通过选举董事控制公司这一现象被称为“伯利—米恩斯命题”(Berle-Means Thesis)。依据这种观点,经理层对企业享有完全的控制权,尤其是控制了选择公司董事的权力,其结果与其说经理是为股东利益经营还不如说经理是为自己利益经营。这就是所谓的“经理革命”(managerial revolution)。的确,大型公众公司的股东往往对公司的经营和事务表现出“理性的冷漠”(rational apathy)。

首先,公众公司的股东会理性地认为不值得花费时间和精力去关心公司经营和事务,因为在大型公众公司中,其所要求的表决股份比例太大,公众股东持有股份太少,在决定公司问题时,任何单独的小股东的表决权都显得无关紧要,不足以对公司构成影响。在选举董事时,公司将会给所有股东提供一份董事候选人名单,股东可以向全体候选人投票(直接选举),也可以向部分候选人投票(累积表决)。如果大股东投票支持被提名的候选董事,小股东是否投票其实并没有多大实质意义。

其次,如果某些公众股东试图去改善公司管理,他们也需要考虑这样一个问题:即使公司管理得到改善,对于他们来说也许得不偿失。因为他们能从中获得的好处可能远远小于其付出。譬如,少数股东可以利用表决权代理机制来征集更多的股份并期望以此方式更换公司董事会。但是,征集表决代理权需要联系其他股东,自然就需要费用支出。但由于只有赢得选举才可能由公司支付其所付出的费用,否则,自己则需要掏腰包承担征集费用。所以,实际上很少人愿意进行这样的尝试。在经济学上,有一个术语叫作“搭便车”(free rider),就是从另外一个角度对这种现象的解释。就是说会有许多股东,虽然没有付出,但却会得到好处。在公众公司中,公众股东往往自己不愿付出,而是等待他人做出努力并分享他人的成果。

最后,绝大多数小股东都认为他们自己投资的经济利益才是最重要的。如果他们对公司经理层不满意,他们可以出售其股份。这样,对经理层不满意的股东则倾向于自我消亡(self-elimination)或者自谋出路(natural self-selection)。留存股东则是支持经理层的。这常常被认为是一种“华尔街式选择”(Wall street option)。这一现象在政府选举中也同样是存在的,但二者有所不同。在公众公司中,如果股东对公司管理不满意,则可以采用"华尔街规则"(Wall street rule);但是,却很难设想,市民如果不满意政府的行为就能卷起铺盖走人。

2. 董事会权力的萎缩

从董事会层面上分析,在大型公众公司中,董事会实际上并不直接参与公司管理,而只能起到有限的监管作用。因而,董事会实际上很难控制公司。

首先,董事缺少充裕的时间。公司的董事会议至多每月召开一次,这种会议可能仅仅召开几个小时,在这样短的时间内,不仅能够讨论的问题很少,而且也很难对一些重大问题进行深入地研究。而经理层则是全职专业人员,负责和控制着公司的日常经营和事务。公司实际上被控制在经理层手中,董事会实际上只是一个"橡皮图章"(rubber-stamp)。

其次,董事缺少独立的信息。董事确实享有法定的查阅公司文档的权利,但是由于时间关系,这一权利更多的只是表现为纸面上的权利。所以,董事就只能依赖于公司管理人员提供给他的信息进行决策,而这种信息往往是没有经过评估的。

由于时间和信息限制,董事会很难提出多少公司战略规划或者作出多少商业决策。董事会的地位沦落到只是对管理人员提出的战略和决策表示同意的地步。即便如此,董事会的实际控制也只是边缘性的(marginal)。这不仅仅因为有许多问题从来没有被提到董事会议上,而且因为,由于没有充裕时间和独立信息,董事会几乎很少否决管理人员提出的建议。

3. 经理层权力的扩张

从管理层方面分析,在传统公司法框架下,公司由董事会管理。然而,在大型公众公司中,实际运作公司的却是专业经理层(professional management),而非董事会。

首先,CEO 不仅可以控制董事候选人的提名权,而且作为董事长(通常情形下,CEO 往往同时担任董事长)还可以支配董事会会议及其议程,甚至限制了董事对信息的获取。在理论上,是董事会选举首席执行官(CEO)和其他高级管理人员,而实际上现任 CEO 无论是在提名其他继任者上还是在该选举中均享有很大的发言权。在董事会议上,虽然每一个董事享有平等的表决权,但是,由于大多数董事往往又是 CEO 的下级僚属,他们的前程掌握在 CEO 手中,又怎么能够指望他们在董事会议上发表独立的意见呢?结果是,公司实际上控制在 CEO 手中,而不是由董事会决定公司事务。理论上,股东有权参与公司的重大决策,包括选任董事的权力,而实际上股东只有机会投票赞同或者反对某项提议或者某位候选人,不过是对 CEO 事先已经准备好的提议或者名单进行追认而已。大多数股东只是例行公事地赞成管理层提出的议案。因而,股东会议对公司的重大决策或者董事的选举往往流于形式,真正的决策则操纵在公司内部。

其次,经理层控制着"表决权代理机制"(proxy solicitation machinery)。经理层向股东会提出的建议往往被认为是代表公司的意见。股东虽然可以通过表决权代理投票,但由于公司管理层拥有信息、财务等资源优势，如果有人试图挑战经理阶层，则必须自己掏腰包，而不能直接享用公司的资源。由于要推翻经理阶层的意见往往成本很高，而且很不容易成功，所以实际上是 CEO 控制着公司表决权代理机制，并且可以决定谁可以当选董事。在这种情况下，CEO 总是会挑选他信任的人或者对他效忠的人充任董事。

最后，大型公众公司的管理层本身就是一个等级森严的官僚体系（a hierarchical and bureaucratic system）。公司营业可能再分为若干部属单位（subunits）或者“利润中心”（profit centers），每一层级都有相当大的自主权和独立性。总部（home office）提供方方面面的中央服务（centralized services），包括会计、法律、资本管理、年金和激励计划等。CEO 站在公司官僚体系的最高层，并对企业的成功负担最后的责任。虽然在大型公众公司的实际运作中，CEO 很少插手公司的日常经营，但他却控制着公司的财务、人事和长期规划等重大决策权，尤其是公司管理人员的人事权。因为任命公司下级管理人员是 CEO 的固有权力，董事会的权力通常只限于任命公司的高级管理人员。在这种体制中，不难设想，无论是股东会还是董事会，都无力涉足公司的具体业务和活动。

4. 公司经理层控制的影响

如何评估这一权力流失现象呢？最为人们关心的是管理者是否会利用其手中权力做出不利于公司所有者的事情。一些研究表明，确实存在管理者损害公司所有者利益的动力因素（incentives）。

管理层与股东之间在利益上的差异表现为：一个人（管理者）为另一个人（所有者）的利益管理资产时，管理者有其自己追求的利益和偏好，并且管理者总是将其自己的偏好置于股东利益之上。尽管此乃人之天性使然，但却可能导致“盗窃”和“偷懒”（stealing or shirking），其结果是减少了所有者的回报。“盗窃”和“偷懒”这一对术语专门指的是管理者将自我利益置于股东利益之上的行为。具体表现为如下三种情形：

第一，管理者“自肥或者监守自盗”（self enrichment）。这种做法典型地表现为通过利益冲突交易（conflict of interest transactions）来实现，譬如各种各样的自我交易，管理者给其自己确定的报酬标准总是远远大于他应得的数目，滥用公司机会等。

第二，管理者“偷懒”或者“开小差”（shirking），即他的工作总不像所有者期望的那样努力。这倒不是说管理者压缩工作时间，延长午餐时间，而是指精神上的懒惰（mental shirking/laziness of thinking），不思进取，不对工作的长远发展积极思考。

第三，管理者容易产生“保位”（keeping his position）思想。对于大型公众企业的管理者而言，他想得更多的只是如何保住其职位，譬如，如何保持既得的权力、体面的办公室、优雅的环境、健全的设备、丰厚的报酬等，而对于公司的发展和长远规划则缺乏积极性，尤其是在公司决策时，只满足于现状，不愿意承担风险。

在经济学上，管理者的自肥、懒惰和保位被称为公司机会主义，并将产生经济低效（economic inefficiency）。譬如，管理者通常愿意采取收购方式来扩大企业规模，而不是通过提高产品质量实现内部增长，尽管前者的成本远远大于后者。但是，这有利于自肥，因为往往企业规模越大,管理者的报酬就越高。同时也说明其懒惰,不愿意自力更生,艰苦创业。又如,当公司面临一个很好的投资机会时,管理者很可能由于害怕承担失败的风险而宁愿放弃。因为投资的失败可能导致股票价格下降,股票价格下降又将会影响公司的声誉,进而影响到其职位。公司机会主义不仅保护了"懒惰者",而且保护了那些不能尽职尽责的管理者。

(二)公众公司治理与法律变革

公司法将如何应对股东和董事对公司的监管失控的问题呢?为了解决这一问题,现代公司法也在进行适时的调整修正。我们可以将这种调整和修正归纳为如下三类:一是重新定位公司权力;二是改变公司治理结构,强化公司内部监督机制,即通过改变公司治理结构来强化股东和董事会的权力;三是严格执行受信义务,加强董事和管理者的责任心。

1. 法律重新定位:经理层中心主义

早期的公司法奉行"股东至上"(shareholder primacy)原则,因此公司权力主要集中在股东手中。时过境迁,随着公司的现代化演进,公司的权力转向由董事会行使,公司的经营和事务由董事会管理。这一表述对于许多中间型公司来说,或许是准确地反映了董事会的地位,因为只有在这种公司中董事会才有可能对公司的营业或者事务进行直接的管理和监督。但这种定位却很难适应大型公众公司。事实上,让董事会去管理大型公众公司是不现实的。因而,越来越多的人主张对大型公众公司董事会的职责进行反思。那么,董事会应该做什么呢? ALI 的《公司治理指南》和其他许多建议认为董事会的职能应当是"监控职能"(monitoring function)。因而,在现代法律中,这一法律语言又因现实变化而被修改。现在对公司权力的表述已经转变为:公司的权力由董事会行使或者在董事会的授权之下行使;而公司的经营和事务则由董事会管理或者在董事会的指导下进行管理(powers of the corporation shall be exercised by or under the authority of the board of directors, and the business and affairs of a corporation shall be managed by or under the direction of the board of directors)。[9]

这一变化表明了如下现象:

第一,"经授权"(under the authority of)或者"在……指导下"(under the direction of)这样宽泛的表述反映了董事会在大型公众持股公司中的地位。在这种公司中,对巨额资产的日常控制和管理被委任给了职业管理层。在今天的公众公司,大多数董事并非公司管理人员;并且通常大多数公司管理人员或者公司董事均不是公司的主要股东。可以说,这种修正表明法律经历了一个从"股东中心主义"到"董事会中心主义"再到"经理层中心主义"的变迁过程,表明了法律对现实的尊重。

在这种法律之下,董事会主要成为一种监控机构,负责执行监管职责。董事会的权

[9] MBCA § 8.04; Del. GCL § 141(a).

力受到了较大限制。

当然,说起来容易,但是要对这种监控职能进行界定就难了。至少需要回答如下问题:监控什么?如何监控?监控结果是什么?

很显然,一个大型公众公司的董事会不能对所有的公司活动都进行监控,但至少要对公司财务执行情况以及公司的违法行为进行监控。但是,这里存在一个危险,即可能将董事会的监控职能扩大到环境保护、劳动保护、金融衍生市场、新技术交易以及可能遇到的其他问题。

董事会进行监控,并非是说要他们去亲身调查公司执行情况,而是要求他们建立起一套行之有效的制度。譬如,建立健全公司的财务会计制度,以及设立相应的专门委员会等。

董事会的监控应当达到什么样的效果呢?最重要的一点是将其精力放在对管理层的监控上,即应当能够控制管理层,任命和解聘管理人员,尤其是CEO。在这一点上,董事会的监控与大陆法系公司法中的监事会不同。监事会监控的对象主要是董事会,当然也包括经理层。

第二,现代公司法仍然保留了公司董事会的权力。特定的公司决策权仍然应当专属于董事会的权限范围。这些权力必须由董事会行使,譬如决定是否向股东分配股利的权力。

2. 改变董事会结构

为了改变董事会内部权力的结构失衡(structure bias)现象,现代公司法在公众公司中引进了独立董事(independent directors)。独立董事这一概念来自美国。在董事会内部引进独立董事被认为能够起到监督内部管理董事和抑制董事会权力流失的作用,这一点在美国尤其重要。在前面我们说过,美国不存在监事会这样的专门的监督机构。独立董事制度的采用必然成为股东亲自监督公司行为的替代,尤其是对于公众公司的公众股东而言,股东的亲自监督已经成为天方夜谭。

由于独立董事往往是其他单位的全职雇员,其共同特点是不熟悉公司复杂的官僚机构的管理,缺乏对该公司业务的了解,缺乏足够可信赖的决策信息,没有充足的时间保障。因此,现代公司法规定,董事会可以设立专门委员会(special committees),并在董事会的授权下从事某些活动。

3. 严格执行受信义务

公司董事、经理对公司承担受信义务,如果他们违反受信义务则可能导致诉讼。这是一种增强责任心的措施。由于董事、经理违反受信义务可能导致诉讼,这就促使他们尽心尽力地为公司利益工作。譬如,董事、经理没有认真履行职责,或者管理者为自己确定了过高的报酬或者存在自我交易情形时,则可能通过股东派生诉讼机制使董事和管理人员承担责任。

同样,公众公司的控制股东也承担受信义务。尽管股东受信义务规则可以适用于公众公司,但是这一规则的适用却可能基于两种不同的企业形式而有所不同。一般而言,在涉及公众公司的工资、分配和雇佣政策等方面的诉讼中,原告很少胜诉。因为法院认为这些政策属于公司内部事务和董事的固有权限而不愿意积极干预。而在封闭公司中则恰恰相反,超额工资、不分配股利或者解聘雇员则可能构成对公司利益的侵害。因为,这里利益冲突的风险要更大一些。

(三)公众公司治理与市场力量

开始于20世纪70年代后期的法经济学理论(law and economics)指出Berle和Means的理论存在重要缺陷,并认为经理层控制不是无限制的,可以采取措施使经理层考虑股东的利益。这种措施就是要充分利用市场力量。市场力量是促使经理人为股东利益最大化努力而不是追求个人偏好的因素。各种市场力量能够限制管理者的不忠实和低效率,譬如,盗窃和偷懒(stealing and shirking)。的确,现在人们越来越重视和依靠市场力量(market forces)来改善公众公司的治理。

1. 各种影响公众公司治理的市场力量

根据法经济学理论,可能影响公众公司治理的市场力量(market forces)包括产品或者服务市场、资本与金融市场、经理人市场、控制权市场等。

对管理者的主要市场力量首先来自他需要与其他生产同类产品或者提供同类服务的公司进行竞争。如果管理者太过贪婪或者过于无能,公司的竞争能力将大为减弱。面对竞争压力,企业管理者势必更加努力工作,因为只有提高了产品和服务质量,企业才能得以维持,管理者才能保住其职位,否则,企业的投资者可能会"炒他们的鱿鱼"。

另一种市场力量来自金融市场。企业的发展离不开资金,而企业筹集资金的方式不外乎向公众投资者发行股份或者公司债券,或者向商业银行借债。如果经理层经营无效率,投资银行可能拒绝承销其发行的股票或公司债券,商业银行也可能拒绝提供贷款。企业缺乏资金无异于人之缺乏血液,没有投资银行或者商业银行的支持,企业发展难以维持。由此可见,资本与金融市场也是制约企业治理的一种重要力量。

还有一种市场力量来自经理人市场。在这种市场中,经理人完全按照劳动力市场运作:在内部按市场规律聘任和提升,在外部形成经理人市场。经理人已经职业化,并且相互之间存在竞争。经理人市场只为成功的经理人士提供体面的雇佣机会和高薪地位。而能力低下、声誉不好的经理人则很难获得理想的职位。这样,经理人就有动力保持良好的执业记录。

经理人市场作为改善公司治理的一种力量还体现在它将管理者的个人报酬与公司的利润捆绑在一起。这可以通过若干方式来实现,包括股票期权计划(stock option plan)、股票购买计划(stock purchase plan)、奖金(bonus)、长期激励报酬(long term incentive compensation)等。譬如,赋予公司管理者以某一固定价格购买公司股票的选择权作为其报酬的一部分,这样,管理者就有动力来提高公司股票的市场价格,因为只有公司股票的市场价格高于期权的价格时这种期权才能获得支付。当然,管理者也可以持有公司股票，或者根据其业绩获得奖金，或者通过其他长期性激励机制而获得奖励。这样一来，就可以将经理人天生的自利与所有者财富最大化联系起来作为一种激励机制从而使经理人利益与所有者利益保持一致而达到降低代理成本的目的。

再一种市场力量表现为公司控制权市场（markets for corporate control）。各种力量对公司控制权的争夺（contest for control）同样可能对没有有效增长股东财富的管理者构成威胁，因为如果管理层在这种控制权争夺中失败，则可能失去职务。

公司控制权争夺的方式较多，其中比较典型的方式有敌意收购（hostile takeover）和表决权代理（voting proxy）两种形式。

自20世纪80年代以来，对大型公众公司的敌意收购或者购买型收购（purchase-type takeover）或者现金收购屡见不鲜。大量的案例表明，收购人获得了公司的控制股份和掌握了公司的控制权常常伴随着董事和经理的更替。这将对管理层构成极大的威胁，它将刺激公司管理层将公司做大做强，否则，可能导致无能或者贪婪的经理退出。在这种收购中，股东可以将其股份直接出售给外部侵略者（outside aggressor）而获得经济上的好处。这样与其说是收购人"收购"了公司的控制权，不如说是股东"出卖"了公司的控制权。因为，如果管理层保持着良好的经营业绩的话，股东就不会出售其股份，收购人就不可能收购成功。

如果管理层行为不能令股东满意或者其经营结果非常恶劣，一个或者若干股东可以发动"表决代理权竞争"（proxy fight/proxy contest）以期更换董事会成员并随之更换CEO。

表决权代理与股权收购实为代理和收购的特殊形式。然而，表决权代理与股权收购应用于主动征集和公开收购情形，却具有化腐朽为神奇的作用。在国外，表决代理权的征集与公开收购股权被认为是提升公司治理的两把利器。经由征集委托书或者公开收购股权或者两者同时并行，可驱逐不适任之经营者，达到监控经营者表现之目的。

最后一种市场力量来自更大的和更为积极的股东（active shareholders）。大股东可以分为两类：一类是一般意义上的大股东；另一类是机构投资者（institutional investor）。前一类大股东是真正意义上的大股东，这类大股东虽然有能力去关心公司的经营效率，但是，这样的股东也可以提供低效率管理，因为这样的大股东可能利用其掌握的控制权损公肥私，或者虽然这样的大股东实际控制着公司，但却因为其无能而不能提高公司效益。后一类是代表公众投资者的大股东，即机构投资者。机构投资者包括年金、退休基金、保险公司、银行、基金会、大学捐赠基金、投资公司，也包括封闭型投资基金和共同基金。近年来，机构投资数量剧增，结果是，机构投资者往往成为大型公司的大股东。机构投资者是第二类大的并可能采取积极行动的股东，其在公司治理中发挥着越来越重要的作用。

早期机构投资者的发展似乎并未支持Berle和Means的理论，历史上，机构投资者对参与公司管理和控制并没有表现出多大兴趣，似乎无意影响公司决策。它们被视为消极投资者（passive investors）。它们将自己视为投资者，而非控制者，机构投资者被认为是经理层的天然盟友,因为它们投票支持管理层。

然而,现在这一态度正在转变。自第二次世界大战以后,机构投资者发展快速,其地位越来越重要。自20世纪80年代以来,机构投资者已经倾向于更多地参与公司决策,其在投资政策、交易策略和整体市场行为方面发挥着更为积极的作用。譬如,历史上,大多数机构投资者支持管理层对董事的提名。然而,在一些近期案例中,特别是有关现金收购案件中,机构投资者已经开始采取行动拒绝投票选举或者支持在任董事。其中,雇员退休计划就是积极参与有关公司决策的领头羊。这一发展为改善管理层对股东利益的责任具有重要意义。

现任管理层也开始对这一转变给予认真对待,因为机构投资者有可能保留其表决权或者要求改变公司治理,这就使公司管理层在决定有关问题时,特别是在涉及公司治理方面的问题(如选择新的外部董事)时可能征求大型机构投资者的意见。

这一发展主要基于如下一些因素:

首先,随着机构投资者持股比例的上升,其在公司治理中的作用也在上升。到1996年,机构投资者持有全部在NYSE上市股份的50%。在大多数上市公司,相对少数的机构投资者却持有所有发行在外股份的绝大多数。

其次,机构投资者持股太大,不可能采取“华尔街式选择”(Wall Street option)而将其股份出售给其他投资者。即使出售,也只有其他机构投资者才有能力吸收如此大量的股份而不至于造成市场价格的重大振荡。

再次,许多机构投资者掌握的资金最终属于一般公众成员,这种资金通常表现为基金、人寿保险收入、储蓄或者金融投资等形式。因此,机构投资者对这些普通公众成员负有受信义务,他们有责任促使公司提高经营管理水平来提高其受益人的收益。譬如,在20世纪80年代的收购运动中,由于经理人的自我利益驱使其自然反对外部收购,许多机构投资者就认为支持经理层采取防御措施阻止有诱惑力的公开收购要约并不符合他们的最佳利益,并且承认他们有能力(如果他们联合起来的话)决定谁应该控制大型公众公司。其结果是,许多这样的机构投资者认为有必要接受高于市场股份价格的公开收购价格。

最后,在美国,SEC制定的表决权代理规则的变化允许机构投资者就有关公司治理问题相互进行沟通和联系。在一开始,机构投资者害怕他们相互之间的合作将会构成表决权代理征集(proxy solicitation),从而要求他们向SEC报告并获得其批准。在1992年,SEC修正了其表决权代理规则,明确规定只要没有实际征集表决代理权,机构投资者之间的相互沟通(如计划如何投票)并不构成对SEC规则的违反。

机构投资者积极性的提高主要表现在两个方面:一是机构投资者可以向公司经理层和董事会提出非正式建议和意见。由于非关联董事的独立性日益增强,机构投资者可能更加愿意与他们打交道而非直接与经理层接触。譬如,如果机构投资者认为报酬过高或者利益过高,他们可以向非关联董事或者经理层提出意见。二是机构投资者可以向股东会提出建议,譬如,机构投资者可以在表决权代理征集书(proxy statement)中就有关公司治理问题向股东会提出建议。

2. 市场力量的"局限性

法经济学理论认为,如果市场力量可以解决不负责任的管理问题的话,公司法的作用就是消极的。基于这种观点,公司法只要不成为市场力量的"绊脚石"即可。譬如,以美国为例,联邦表决权代理征集规则曾经就影响了机构投资者共同对公司施加更大控制的能力。只是到了1992年,SEC才修正了该规则,允许机构投资者之间相互自由联络。

毫无疑问,法经济学理论为我们提供了一种新的分析问题的方式,使我们可以从另外一个角度来审视公司治理。但是,当经济学家对这些市场力量的作用津津乐道时,其他一些学者则对这些市场力量的作用持怀疑态度。至少我们应当认识到,市场力量并不能完全解决问题,其局限性也是显而易见的。

就产品或者服务市场而言,其作用是有限的。产品或者服务市场只能对自觉的和有进取心的管理层发生作用,而对于那些无责任心和自私自利的管理层的效用就不是很明显。退一步讲,即使这种市场规则发挥了作用,首先受到惩罚的是企业,而不是管理者。即使企业产品或者服务没有市场竞争力,经理人仍然可以心安理得地坐在他的位置上。由此可见,产品或者服务市场并不能直接对管理者的懒惰和贪婪施加市场惩戒。

就资本与金融市场而言,与产品或者服务市场一样,其对公司治理的作用也是间接的。

就经理人市场而言,虽然股东通过监督经理人业绩或者设计鼓励经理人最大限度地提高股东财富的激励机制可以降低代理成本,但是在经理人薪水大幅度提高的同时并未带来管理层管理水平的明显改善。这种基于个人报酬动力的市场力量仍然受到一定限制。首先,经理人在公司的股票所有权或者经理人的股票期权并不能抑制经理人以不公平方式与公司进行利益冲突交易以中饱私囊。经理人可能以股东的花费从事利益冲突交易,经理人从该交易中获得了全部好处,但该交易对公司股票价格的负面影响却转嫁给了所有其他股东。其次,公司股票价值与经理人的勤勉和忠诚程度并不具有直接联系。因此,股票所有权与股票期权只能对经理人的懒惰和自私行为起到部分的抑制作用。更为糟糕的是,也许经理人根本就意识不到自己的懒惰和无能,那么,股票所有权和股票期权也就起不到什么作用了。最后,公司内部经理人市场(即公司内部的聘任与晋升)的成功与否往往取决于这些内部人(如公司高级管理人员)能否取悦CEO,如此,劳动力市场也只能发挥有限的作用了。

就控制权市场而言,无论是公司收购抑或是表决权代理,均可能受到一些因素的影响而减弱其效用。

敌意收购方式解开了"华尔街规则"之谜,即如果大量的不满意的股东出售其股票,谁买呢?当然是收购人。敌意收购的好处是使收购人可以更换管理层。由此可见,公司管理者受到敌意收购的威胁而不得不采取措施提高管理水平和管理效率。但是,当公司面临着敌意收购时首先想到的可能并不是采取措施来改善公司的管理(可能为时已晚),而是为了保住其职位采取各种各样的防御措施。譬如,“毒药丸”计划(poison pill plan)就是在公司反收购中经常被运用且十分成功的一种防御措施。

尽管表决权代理这一方式经常被提及,但却很少运用。因为实际操作中困难重重,表决权代理争夺战成本高昂,并且成功的机会较小。一般来说,当公司相对来说较小,股份由少数人持有的情况下,则比较容易操作一些。况且,表决权代理机制是一种中性的手段。股东可以利用,管理层同样可以利用。而且,管理层征集表决代理权时可以花公司的钱,而股东征集表决代理权只有在成功后才能从公司获得补偿,否则,就只能自己掏腰包。

近年来,机构投资者为改善公司管理做出了不少成功的努力,但是机构投资者的积极性的提高只是近年来的现象,机构投资者究竟能够在多大程度上发挥作用,人们只能拭目以待,现在就说 Berle 和 Means 定理已经过时可能为时尚早。

四、中国公司治理的若干问题

(一)公司治理结构及其特征

从公司法角度考察,我国法律关于公司治理结构的法律规划具有如下特征:

第一,“三会”结构模式。我国公司法原则上要求公司必须建立股东会、董事会和监事会。董事会和监事会平行隶属于股东会,但例外允许股东人数较少和规模较小的有限责任公司不设立董事会和监事会。由此可见,我国公司法关于治理结构的选择基本上维持了传统的模式。在这种模式下,法律期望保持公司权力的平衡和制约。股东会是最高权力机构。根据我国公司法规定,股东会是公司的法定必设机关,主要表现在,除国有独资公司和一人有限责任公司外,无论是有限责任公司还是股份有限公司均须依法设立股东会。同时,股东会作出决议必须按照法定的方式和程序进行。尽管在现代公司法上,股东会的权力已经呈现出萎缩现象,但我国公司法仍对股东会赋予了较为广泛的权力。董事会是经营决策和业务执行机构。根据我国公司法的规定,股份有限公司一律设立董事会;有限责任公司原则上应设立董事会,特殊情况下,可以设 1 名执行董事,不设立董事会。董事会或执行董事是公司的法定必设机构。董事会或者执行董事隶属于股东会,它须向股东会汇报工作。董事会成员由股东会或者股东大会选举产生。监事会是监督机构。根据我国公司法的规定,股份有限公司必须设立监事会。有限责任公司原则上也应设立监事会。有限责任公司人数较少和规模较小的,可以设 1 名至 2 名监事。监事会同样隶属于股东会,它须向股东会汇报工作。监事会成员由股东会选举或者职工代表大会、职工大会或者其他方式民主选举。

我国公司法在董事会引进了审计委员会。根据《公司法》第 69、121 条的规定,董事会可以设置审计委员会,行使监事会的职权,不设监事会或者监事。由此可见,监事会并非公司法定必设机关,它可以由董事会审计委员会替代。国有独资公司则干脆取消了监事会,由董事会审计委员会替代。《公司法》第 176 条规定,国有独资公司在董事会中设置由董事组成的审计委员会行使本法规定的监事会职权的,不设监事会或者监事。

第二,公司代表人。在 93 年《公司法》中,法律直接规定董事长是公司的法定代表人。公司不设董事会的,执行董事为法定代表人。这种规定使代表人法定化。公司代表人法定化固然有利于明确谁可以代表公司,却也容易导致名不副实,与公司的实际权力运作脱节。因此,现代法律不采用这种方式,而是允许公司自己决定。因为不同的公司有着不同的情形,究竟由谁充任代表人,应当由公司自己通过公司章程规定。有鉴于此,现行公司法对旧公司法的做法进行了改革。05 年《公司法》第 13 条规定,公司法定代表人依照公司章程的规定,由董事长、执行董事或者经理担任,并依法登记。公司法定代表人变更,应当办理变更登记。23 年《公司法》进一步改革,公司的法定代表人由代表公司执行公司事务的董事或者经理担任。现行公司法的这一修正体现了现代公司法的特点,适应了实际经济生活的需求。

第三,经理人地位与职责。93 年《公司法》规定,公司设经理,并由董事会聘任或者解聘。经理对董事会负责。同时,公司法对经理职责进行了规定。经理人地位与职责的法定化显然是原先国有企业"厂长、经理"制度在公司法上的延续。公司董事会是公司的法定机关,其职责自然应当法定化。但是,经理人则是辅助董事会工作并受董事会统制的机构,其职责如何确定,应根据董事会的工作需要来确定,而不宜完全由法律进行划一规定。鉴于此,05 年《公司法》规定,公司章程对经理职权另有规定的,从其规定。05 年《公司法》在公司经理人职责法定化的基础上允许公司章程另作规定的做法同样体现了法律的灵活性和企业的实际需求。23 年《公司法》对公司经理制度进行了较为彻底的改革,不再列举公司经理的具体职权,改由公司授权。《公司法》第 74 条规定,有限责任公司可以设经理,由董事会决定聘任或者解聘。经理对董事会负责,根据公司章程的规定或者董事会的授权行使职权。经理列席董事会会议。《公司法》第 126 条规定,股份有限公司设经理,由董事会决定聘任或者解聘。经理对董事会负责,根据公司章程的规定或者董事会的授权行使职权。经理列席董事会会议。

第四,职工参与管理。我国公司法秉承了原先国有企业法的传统,比较强调职工参与公司管理。具体内容又表现在两个方面:一是参与决策。譬如,《公司法》第 17 条第 2 款、第 3 款规定,公司依照宪法和有关法律的规定,通过职工代表大会或者其他形式,实行民主管理。公司研究决定改制、解散、申请破产以及经营方面的重大问题、制定重要的规章制度时,应当听取公司工会的意见,并通过职工代表大会或者其他形式听取职工的意见和建议。《公司法》第 68 条第 1 款、第 120 条第 2 款规定,有限责任公司和股份有限公司董事会成员为 3 人以上的,其成员中可以有公司职工代表。职工人数 300 人以上的公司,除依法设监事会并有公司职工代表的外,其董事会成员中应当有公司职工代表。董事会中的职工代表由公司职工通过职工代表大会、职工大会或者其他形式民主选举产生。二是参加监督。《公司法》第 76、130 条规定,监事会应当包括股东代表和适当比例的公司职工代表,其中职工代表的比例不得低于1/3,具体比例由公司章程规定。监事会中的职工代表由公司职工通过职工代表大会、职工大会或者其他形式民主选举产生。

(二)有限责任公司的治理与中国公司法

我国公司法将公司区分为有限责任公司和股份有限公司。其中,公司法关于有限责任公司治理的规定体现了相当的灵活性和特殊性。同时,现行公司法大大提升了公司章程在公司治理方面的作用。

有限责任公司的灵活性主要体现在有限责任公司的治理结构方面。譬如,我国《公司法》第75条规定,规模较小或者股东人数较少的有限责任公司,可以不设董事会,设一名董事,行使该法规定的董事会职权。该董事可以兼任公司经理。《公司法》第76条第1款、第83条规定,有限责任公司设监事会,规模较小或者股东人数较少的有限责任公司,可以不设监事会,设一名监事,行使本法规定的监事会的职权;经全体股东一致同意,也可以不设监事。监事会成员为3人以上。监事会成员应当包括股东代表和适当比例的公司职工代表,其中职工代表的比例不得低于1/3,具体比例由公司章程规定。监事会中的职工代表由公司职工通过职工代表大会、职工大会或者其他形式民主选举产生。

有限责任公司的特殊性主要体现在如下几个方面:一是出资转让方面。关于出资转让,旧公司法规定股东将其股权进行外部转让时应当经其他股东过半数同意。旧公司法对有限责任公司出资转让的限制过于绝对。而现行公司法则废除了公司原有股东同意规则,但依然赋予其他股东在同等条件下有优先购买权。同时,允许公司章程对股权转让另作规定。这一规定无疑赋予了公司股东自行决定是否需要设定股权转让限制的自由。二是股东退出机制。现行公司法允许有限责任公司股东通过行使异议股东评估权的方式退出公司。同时,现行公司法还提供了解决公司僵局的措施。虽然该种规定同时适用于有限责任公司和股份有限公司,但实际上对于有限责任公司具有更大的意义。

现行公司法大大增加了赋权性规范,体现了新公司法更加注重公司自治,使公司治理环境更为宽松。这主要体现在有限责任公司,恰好符合封闭公司的治理要宽松、公众公司的治理要规范的现代公司治理理念。关于公司章程另行规定的赋权充斥着新公司法的各个方面,譬如,新公司法允许公司章程对股东会、董事会、监事会程式以及董事(包括董事长、副董事长、执行董事)、监事、经理的选举、任命、职权或者任期等方面在法律规定之外另作规定。

但是,对比前面我们所讨论的一些现代化程度较高的法律,我国公司法对有限责任公司的这种灵活性和特殊性的规定尚不够彻底。首先,就有限责任公司的治理结构的设置而言,尚未承认可以通过公司章程或者股东协议自由设置。其次,尽管我国公司法对有限责任公司的灵活性和特殊性有了一定的考虑,但终究尚未意识到需要对有限责任公司采取专门措施予以特殊对待。最后,我国公司法将公司区分为有限责任公司与股份有限公司,不具有什么实际意义。譬如,有的股份有限公司人数很少(尤其是在发起设立情况下),显然具有“封闭公司”的特征,而有的有限责任公司人数较多(法律规定最多可达

50人),则又具有"公众公司"的特点。因此,可以说,我国公司法沿袭大陆法系关于有限责任公司和股份有限公司的划分并没有体现出公司类型化的真正特点。

(三)股份有限公司的治理与中国公司法

1. 中国股份有限公司治理的现象分析

由于中国的公司企业主要是对国有企业进行改造后的产物,所以,中国的大部分公司企业实质上仍然是仅具公司外壳的国有企业。这导致在公司治理方面存在一些障碍,主要表现在如下几个方面:

第一,股权结构较不合理。除相当多的国有企业在公司化改造中选择了国有独资公司这种特殊的公司形式外,其他的公司化企业中,国有股份也占有控制的比例,形成以国有股东为背景的"内部人控制"现象。私人股东和社会公众股东难以参与公司的管理。投资者利益得不到有效保护,大股东利用关联交易侵吞上市公司资产的行为缺少有效制约,投资人和经理层的有效约束机制也无从建立,"一股独大"成为证券市场上挥之不去的阴影。

第二,缺乏有效的内部约束机制。在上述情形下,股东会成为"橡皮图章",董事会被大股东、控股公司或者实际控制人所控制,监事会形同虚设。同时,高级管理人员激励与责任机制无法挂钩。由于经理人为国有大股东(通过董事会)聘任,实质为政府主管部门任命或者委派,业绩与薪俸难以挂钩。企业经营者的"偷懒"和"盗窃"现象严重。另外,由于国家无法亲自行使其国有股权,而只能通过委托层层政府进行代理,导致代理成本高昂。

第三,市场监督尚未形成。这主要表现在中国的资本市场尚不成熟,国有股和法人股尚未实现完全流通,市场对企业的调节能力较为微弱;银行尚未完全商业化运作,不能通过信贷制约企业;社会中介机构,尤其是会计师事务所自身缺乏足够诚信,与上市公司勾结,弄虚作假现象严重。

2. 旧公司法的缺陷

就93年《公司法》而言,可以说其直接目的就是服务于国有企业的股份制改造。加之在公司法制定之时,市场经验和立法经验都不成熟,所以,无论是法律的定位、法律的理念或者是具体制度的设计均存在严重的缺陷。

首先,旧公司法定位错误。旧公司法将其定位为国有企业法,法律屈从于现实,却又无力改变现实。真正的公司企业需以股权分散化为前提,否则,就不可能有真正的公司企业。

其次,旧公司法体现的理念滞后。真正的公司企业必须以企业自治为主导,然而,旧公司法却体现了过多的强制性规范,而较少任意性规范或者授权性规范。这其实是公司法错误定位的必然逻辑结果,是国有企业管理方式在公司企业中的必然延伸。可以说,旧公司法远远没有反映出现代企业和现代法律的发展趋势。

最后,旧公司法制度设计幼稚。在旧公司法中,有的规定明显不合理,譬如,旧公司法上关于权力的分配过分倾斜于股东会；有的规定则不具有灵活性，譬如，旧公司法上关于股东会议和董事会议的相关法定要求的规定；有的规定太过于原则化，缺乏具体实施规则，譬如，公司法上关于表决代理权、股东直接诉讼的规定等；而许多制度在旧公司法上则干脆没有规定，譬如，揭开公司面纱制度、评估权制度、派生诉讼制度等。

3. 改革与完善

如上所述，我国股份有限公司治理的最大问题就是“一股独大”。因此，需要股权多元化方能形成平衡的治理结构。而股权多元化的必经途径就是国有股权自由流通转让。同时，还需要注意发挥各种市场力量在公司治理中的作用，加强对公司的外部审计，建立各种激励机制，培育机构投资者等。

针对“一股独大”现象，我国所采取的措施是实行“股权分置改革”，逐渐使国有股份和法人股份能够上市交易，最终真正实现股权的多元化、分散化和全流通。

就公司法与股份有限公司的互动关系而言，除针对上述问题修改和完善公司法之外，最为重要的可能就是要建立公司内部的责任机制和执行机制。有鉴于此，现行公司法对旧公司法进行了较大力度的改革和较大程度的完善。譬如，现行公司法填补了旧公司法的许多空白，如“揭开公司面纱”、受信义务、派生诉讼等。又如，现行公司法明确规定公司董事可以设置审计委员会，上市公司设独立董事，对关联交易进行规制，完善股东会、董事会和监事会的功能和运作机制等。此外，现行公司法在制度构建和立法技术方面都有了明显的进步，尽管现行公司法依然存在诸多不尽如人意的地方。

第二节　股　东　会

一、股东会的权力、形式与决议

（一）股东会的权力

究竟哪些事项需要由股东会决定，哪些事项又不需要由股东会决定呢？一般认为，只有那些“重大事项”（fundamental issues）才应该由股东会决定。这是有道理的，因为股东会作为公司最高权力机构并非公司常设机构，不可能任何事情均经由公司股东会决定。但是何谓“重大事项”呢？其标准是模糊的。譬如，各国公司法均规定，修改公司章程需要经过股东会同意。这意味着凡是公司章程中任何内容的变更均须要取得股东会的同意，尽管所修改的内容对公司或者股东并不重要（如公司名称的变更或者地址的迁移）。但是，董事会又可能在没有征得股东会同意的情况下完全改变公司的性质、结构和股东的风险（如通过一系列公司收购或者外部扩张行为而将一家电话公司改变为一家金融服务公司）。所以，“重大性”标准在很大程度上具有相对性，而且与一个国家的公司立法政策具有密切的关系。

我国《公司法》第 4 条第 2 款规定，公司股东对公司依法享有资产收益、参与重大决策和选择管理者等权利。这里除了“资产收益”属于股东的自益权,“重大决策和选择管理者”则属于股东的控制和管理权力。《公司法》第58、111条规定,公司股东会由全体股东组成。股东会是公司的权力机构,依照本法行使职权。《公司法》第59、112条具体规定了股东会可以行使下列职权:(1)选举和更换董事、监事,决定有关董事、监事的报酬事项;(2)审议批准董事会的报告;(3)审议批准监事会的报告;(4)审议批准公司的利润分配方案和弥补亏损方案;(5)对公司增加或者减少注册资本作出决议;(6)对发行公司债券作出决议;(7)对公司合并、分立、解散、清算或者变更公司形式作出决议;(8)修改公司章程;(9)公司章程规定的其他职权。我国公司法关于有限责任公司股东会和股份有限公司股东大会职权的规定是相同的。值得注意的是,新公司法减去了旧公司法的两项权力,即决定公司的经营方针和投资计划,审议公司的年度财务预算方案、决算方案两项。其中,将决定公司的经营方针和投资计划权力下放给董事会。

关于股东会权力行使的特点,与其说是法律赋予了股东会对特定事项和交易进行表决并作出决定的权力,毋宁说是法律赋予了股东会对董事会的提案予以赞同或者否决的权力。换言之,股东在行使其表决权时总是消极被动的。譬如,股东不能发起兼并或者将全部实质性资产出售,他们也不能对这样的兼并或者资产出售条款进行谈判,他们不能命令董事会进行这样的交易,或者事先告诉董事会如何进行这样的交易(如董事会指导高级管理人员如何执行公司决议那样)。股东会所能做的全部事情就是或者赞同或者否决由董事会提出的议案。

但是,也不要过分夸大股东在控制公司方面的无能。一方面,将为数众多的分散的股东召集起来命令董事会采取特定行为固然十分困难。另一方面,无论是在封闭公司中还是在公众公司中,都存在控制股东。控制股东则能够有效控制公司。譬如,在封闭公司中,股东往往兼任董事、经理,通常他们以董事、高级管理人员的身份进行决策。在公众公司中,大股东也往往可以透过董事会控制公司,或者直接兼任公司董事或者董事长,甚至公司的高级管理人员。

(二)股东会议的形式

股东会议(shareholder’s meeting),是指公司股东权力的行使和决议的形成所采取的组织形式。股东是公司的最基本和最重要的成员构成,股东享有决定公司重大事务和选择管理者的权力。但是,股东不能以个人身份行使这些权力,而只能以会议的形式。也就是说,股东权力的行使只能以某种集体的方式进行。这种集体的方式就是股东会议。股东会由全体股东组成,是公司的最高权力机构,该种机构与公司董事会、监事会共同构成公司的组织机构。

股东会议分为股东常会和股东临时会议两种形式。

1. 股东常会

根据《公司法》第62、113条的规定,股东常会(regular meeting),在有限责任公司称为定期会议(scheduled meeting),在股份有限公司称为年会(annual meeting),是指在特定时间界限内召开的股东例会。股东常会的召开主要是为了选举董事和决定其他公司重大事项。

《公司法》第 62 条第 2 款规定,有限责任公司的定期会议应当按照公司章程的规定按时召开。从该条规定来看,法律没有对有限责任公司的定期会议进行直接规定,而是授权公司自己通过公司章程的规定来决定,显示了法律的灵活性。这种规定具有合理性,因为根据我国法律,有限责任公司的规模相差较大,有的有限责任公司可能规模较大,人数较多(最高可达 50 人),有的有限责任公司则可能规模较小,人数较少。尤其是对于小型封闭型公司而言,其人合性较强,决定公司事务的会议召开具有相当的任意性,如果法律直接规定所有的有限责任公司均应当采取一律的定期会议形式,不仅与公司的实际运作相悖,而且可能流于形式得不到遵守。

《公司法》第 113 条规定,股份有限公司的股东会应当每年召开一次年会。由此可见,在我国,股份有限公司的定期会议采取年会(annual meeting)形式。一般而言,股份有限公司规模较大,人数众多,尤其是对于大型公众公司而言,公司的决策涉及众多的社会公众投资者,因此股份有限公司的股东会应当体现出程式的规范性和正当性。这其中当然包括会议形式的规范性和正当性。

2. 股东临时会议

股东临时会议,或者称为股东特别会议(special meeting),是指除股东定期会议或者股东常会之外的其他一切股东会议。

在许多情况下,公司可能等不到召开定期会议就需要采取某种行动,如更换或者填补董事,或者决定其他突发重大事项。这样,法律就有必要设置股东临时会议制度。

临时会议一般由董事会召集,但也有的法律规定可以由法律或者公司章程规定的其他机构或者经授权或指定的其他人(the persons or persons authorized by the articles of incorporation or bylaws)召集,譬如,监事会、公司总裁或者其他人。

大多数法律规定,持有一定比例股份的股东也有权召集股东临时会议。这种规定的优点是,它可以使持有相当比例股份的股东不用等到年会的召开就有权召集特别股东会议。通常这也被认为是保护少数股东利益的一种有用的手段。

我国《公司法》第 62 条第 2 款规定,在有限责任公司,代表 1/10 以上表决权的股东,1/3 以上的董事或者监事会提议召开临时会议的,应当召开临时会议。

我国《公司法》第 113 条规定,在股份有限公司,有下列情形之一的,应当在 2 个月内召开临时股东大会:(1)董事人数不足本法规定人数或者公司章程所定人数的 2/3 时;(2)公司未弥补的亏损达实收股本总额 1/3 时;(3)单独或者合计持有公司 10% 以上股份的股东请求时;(4)董事会认为必要时;(5)监事会提议召开时;(6)公司章程规定的其他情形。

(三)股东会的决议

股东通过在股东会议上行使表决权而形成股东会议决议。在进行表决时,每位股东根据自己的意思单独行使权利(决议的构成要素),决议的形成采取多数原则。由此可见,股东会的决议是一种集体决策(collective decision)。这就是说,股东会议决议一旦形成,对公司、全体股东(包括反对股东在内)均具有约束力。

股东决议有可决决议和否决决议之分。前者又称为积极决议(positive decisions),后者又称为消极决议(negative decisions)。如果股东会议赞成所进行议决的议案,即为可决决议;反之,即为否决决议。

股东决议又可分为普通决议与特别决议。普通决议是指股东会议就法律或者章程规定的一般事项所作出的决议。这些事项只需要出席股东表决权的简单多数通过即可。特别决议是指就法律或者公司章程专门规定事项所作出的决议。这类事项往往需要出席股东表决权的绝对多数通过。

股东决议采取"多数决"原则(具体有不同形式的多数制),即持股比例大的股东所享有的表决权也就大,股份持有的多寡与表决权的大小成正比。这种多数决原则被认为是股份平等、资本民主的体现。但是,多数决原则也有其缺陷:在形成股东决议时,少数股份的意思被多数股份的意思所吸收,导致持有多数股份的股东的有效持股为100%,而持有少数股份的股东的有效持股等于0,从而导致事实上的不平等。所谓股权平等也就局限于形式上的平等,实质上股权是不平等的。为了减轻多数决的这种负面作用和防止多数决原则的滥用,法律采取了一些措施予以预防和纠正以保护少数股东的利益。譬如,对关系到公司经营管理的根本性事项要求经过特别决议,强化董事、经理以及控制股东的受信义务,建立有关决议无效之诉讼,赋予少数股东异议权,设置派生诉讼制度,等等。

二、股东会议基本规则

(一)股东会议的召开

1. 会议的召集与主持(conduct of the meeting)

股东会议的召集和主持是保障公司规范运作的重要程式。我国公司法对此作出了较为周密的安排和规定。

《公司法》第61条规定,有限责任公司首次股东会会议由出资最多的股东召集和主持,依照本法规定行使职权。

《公司法》第63条规定,有限责任公司股东会会议由董事会召集,董事长主持;董事长不能履行职务或者不履行职务的,由副董事长主持;副董事长不能履行职务或者不履行职务的,由过半数的董事共同推举1名董事主持。董事会不能履行或者不履行召集股东会会议职责的,由监事会召集和主持;监事会不召集和主持的,代表1/10以上表决权的股东可以自行召集和主持。

《公司法》第114条规定,股份有限公司股东会会议由董事会召集,董事长主持;董事长不能履行职务或者不履行职务的,由副董事长主持;副董事长不能履行职务或者不履行职务的，由过半数的董事共同推举1名董事主持。董事会不能履行或者不履行召集股东会会议职责的，监事会应当及时召集和主持；监事会不召集和主持的，连续90日以上单独或者合计持有公司10%以上股份的股东可以自行召集和主持。单独或者合计持有公司10%以上股份的股东请求召开临时股东会会议的，董事会、监事会应当在收到请求之日起10内作出是否召开临时股东会会议的决定，并书面答复股东。

2. 通知(notice of meeting)

在召开年会或者特别会议时，应当对有表决权的股东进行书面通知，公司发行无记名股票的，应进行公告通知，但无须向无表决权的股东为通知。有的法律规定，只有股东特别会议才需要通知，股东常会无须通知。但大多数法律规定，召开股东常会也要进行通知，而不仅仅是特别会议。

会议通知只要按照股东名册上记载的地址或者股东告知的地址发送即可，如果因为股东住所变更而导致股东没有收到通知，公司不承担责任。

公司章程需要对股东常会的召开时间和地址予以进一步明确规定。就会议的时间通知而言，法律通常会规定一个通知时间的上下限，即要求公司在会议召开之前多长时间内进行通知的时间界限，以防止公司董事会操纵会议时间侵害股东权利。关于通知的有效期间，一般采用发信主义，即以发出信件的时间起算通知期间。就会议地址的通知而言，如果公司章程没有对会议召开地址进行规定，通常应当在公司总部(corporation's principal office)召开。

在通知中必须说明会议目的，而且在会议上的议题只能限于通知上告知的事项。在这一点上说明股东会议与董事会议有所不同。董事会议的通知只需要告知时间和地点即可，而股东会议的通知不仅需要告知会议的时间和地点，而且需要告知会议内容。这是因为出席董事会议是董事的一项义务，而股东没有义务必须出席股东会议，因此，有必要告知股东会议内容，让其据此决定是否参加会议。

有的法律规定，只有特别会议才需要在通知中说明会议目的，股东常会无须说明会议目的。这是因为假定股东对年会的内容是了解的，无须告知，在这样的会议上还可以进行相关的其他事项。

股东还可以放弃通知(waive of notice)。通知的放弃必须在会议召开前，或者在会议召开之时，或者在会议召开后以书面形式进行。

我国公司法对股东会议的通知作出了规定。《公司法》第64条规定，召开股东会会议，应当于会议召开15日前通知全体股东；但是，公司章程另有规定或者全体股东另有约定的除外。

《公司法》第115条第1款规定，召开股东会会议，应当将会议召开的时间、地点和审议的事项于会议召开20日前通知各股东；临时股东大会应当于会议召开15日前通知各股东。

《公司法》第115条第2款规定，单独或者合计持有公司1%以上股份的股东，可以在股东会会议召开10日前提出临时提案并书面提交董事会。临时提案应当有明确议题和具体决议事项。董事会应当在收到提案后2日内通知其他股东,并将该临时提案提交股东会审议;但临时提案违反法律、行政法规或者公司章程的规定,或者不属于股东会职权范围的除外。公司不得提高提出临时提案股东的持股比例。

《公司法》第115条第3款规定,公开发行股份的公司,应当以公告方式作出前两款规定的通知。

召集股东会议的通知具有保障股东出席会议参与公司决策的重要意义。同时,股东会议决议范围也只能限于通知中列明的内容以保障股东在有准备的情况下对有关事项作出决议。对此,《公司法》第115条第4款规定,股东会不得对通知中未列明的事项作出决议。

3. 不召开股东会议

如果公司没有按照法律或者章程规定召开股东常会,是否会对公司发生什么影响呢?

一般而言,没有召开股东会议不影响公司行为的合法性。这就是说,即使公司没有召开股东会议,公司仍然将继续存在,公司董事会也将继续履行其职责。但是,应当注意的是,如果公司董事会没有按照规定召集、召开股东会议,负有责任的董事可能需要承担个人责任。此外,如果公司是上市公司,其公司治理还将受到证券监管机构的管制。

因此,法律有必要对此予以必要的限制,即公司法应规定,公司必须召开股东会议以选举董事或者决定相关重要事项,如果公司在相当时间内不召开股东会议,经股东请求,法院可以命令公司召开。

不过,就我国公司法而言,公司不召开股东会议的情形应属少见,因为我国公司法关于召集股东会议的规定已经非常周密,尤其是公司法规定了少数股东可以自行召集股东会议的权利。这无疑是对少数股东的一种有力的保护措施。

4. 操纵会议日期

涉及股东会议日期,一个比较突出的问题是董事会可能别有用心地操纵会议日期(manipulation of meeting dates for ulterior purpose)。在一般情况下,股东会议是由公司董事会召集的。因此,召开股东会议的时间也是由公司董事会控制的。这就可能发生董事会操纵股东会议时间的现象,并可能引发诉讼。

这不奇怪。因为,大多数股东会议的主要目的是选举董事。相应地,一些在任董事往往会采取"香蕉共和政府"(the government of a banana republic)行为。也就是说,如果他们认为自己可能会落选的话,则提前或者推迟选举,游戏公司选举时间以便取得对其竞争对手的优势。譬如,当面临表决代理权之争(proxy fight)和公开收购(tender offer)的威胁时,公司可以推迟会议日期或者取消既定会议日期。有时候,如果董事会不能拒绝或者推迟股东会议的话,则另辟蹊径,通过提前安排会议时间来争取对自己最有利的机会。

如果董事会操纵会议日期,负有责任的董事或者控制公司的人将构成其对公司受信义务的违反,并应承担违信责任。

5. 股东会议程序的瑕疵及其治愈

一方面,法律上关于股东会议程序的规定具有强制性,没有遵守适当的程式,可导致股东会议决议被撤销。另一方面,现代法律又承认在一定情况下,程序上的瑕疵可以治愈。这二者似乎矛盾,却也在情理之中。因为股东会议的召集和召开是有成本的,如果机械地囿于形式,势必导致成本提高和资源浪费。

股东会议程序的瑕疵大致可分为两种:一是召集程序的瑕疵,如由无召集权人召集的会议,或者没有按照规定时间通知,或者目的事项之外的决议;二是决议方法的瑕疵,如没有表决权的股东参加了表决,或者在要求种类股东单独表决的情况下,没有经过种类股东的表决。对于股东会议程序存在的瑕疵,法律的态度是,并不会使股东会决议当然无效,而是取决于其他股东是否同意,如果其他股东同意,或者存在可以视为股东同意的事实,就应视为该种瑕疵被治愈。而对于召集决议存在的瑕疵,传统法律认为,由于股东会议是由不正当的召集权人召集,是不能被治愈的。而现代法律则认为,如果全体股东出席会议,应视为适法的股东会议。关于公司决议瑕疵及其救济,后面还将专门讨论。

(二)出席与表决规则

1. 一般规则

为了在股东会议上形成决议,法律要求必须要有代表一定比例股份的股东出席,并经出席股份的一定比例通过。传统的规则是,表决某一事项,必须满足法定出席股份要求,并经过出席会议的多数表决权股份通过。也就是说,一项公司决议的有效形成,必须同时满足法定的出席要求和表决要求。

所谓出席要求(quorum),又称为定足数,是指法律要求要有代表一定比例以上股份的股东出席会议。通常要求出席股份必须是代表表决权股份的多数。国外一些公司法允许公司章程提高或者降低这一比例。譬如,有的法律允许降低这一比例,或者降低到特定比例,或者干脆没有设置任何限制。有的法律允许提高法定数额要求,直至全部表决股份。提高或者降低法定股份数额要求必须经公司章程规定。

这里有一个问题,即在会议开始时出席股份满足了法定要求,但如果中途有人退席怎么办呢?多数观点认为,出席会议的股东所代表的股份数额一经达到法定出席股份要求,即使中途有人退席而意欲破坏会议的法定要求,该会议仍然可以继续进行。在法定出席股份要求方面,股东会议与董事会议存在差别。一方面,一些法律规定董事会议的“法定人数”(quorum)要求出席的董事必须在董事会议就特定事项进行决议时保持在场以保证董事会议的决议的有效性;另一方面,同样的法律规定,股东会议的法定出席股份数额只要在召开会议时满足了要求即可,股东中途离会并不会破坏该会议的法定股份数额要求。这可能反映了这样一个实际情况,即董事会不足法定人数可以另行择期重新召开会议,而要重新召开股东会议却不是一件容易的事情。

所谓表决要求(voting requirement),是指法律要求决议的形成必须经过出席股份一定比例以上的通过。通常,一项决议的形成必须经出席股份的多数通过。这就是所谓的“多数决规则”(majority voting rule)。多数决原则又可以分为简单多数和绝对多数(simple majority and supermajority)。一般事项的表决只需要简单多数(1/2)通过即可。对于某些特定事项,如公司的合并与分立等事项,则往往要求绝对多数(2/3)通过。同样,在这一般原则之外,仍然存在例外,即可以通过公司章程规定提高或者降低股份比例。

我国法律亦是如此规定。有限责任公司股东会的决议分为普通决议和特别决议。普通决议的议事方式和表决程序由公司章程规定。特别决议则针对的是一些特别事项所作出的决议。

《公司法》第 66 条规定,股东会的议事方式和表决程序,除本法有规定的外,由公司章程规定。股东会作出决议,应当经代表过半数表决权的股东通过。股东会作出修改公司章程、增加或者减少注册资本的决议,以及公司合并、分立、解散或者变更公司形式的决议,应当经代表 2/3 以上表决权的股东通过。

《公司法》第 116 条规定,股东出席股东会会议,所持每一股份有一表决权,类别股股东除外。公司持有的本公司股份没有表决权。股东会作出决议,应当经出席会议的股东所持表决权过半数通过。股东会作出修改公司章程、增加或者减少注册资本的决议,以及公司合并、分立、解散或者变更公司形式的决议,应当经出席会议的股东所持表决权的 2/3 以上通过。

我国公司法的上述规定表明,我国的法律对有限责任公司表决制度的设计体现了较大程度的宽容性,对于普通决议的议事方式和表决程序允许由公司章程自行规定,而对于股份有限公司则由法律直接规定了出席与表决要求。这恰好体现了有限责任公司需要更大一些自治空间和股份有限公司需要从严控制治理的需求。但就特别决议而言,无论对于有限责任公司还是股份有限公司,法律均直接规定了出席与表决要求,因为特别决议所涉事项关乎公司、股东或者其他利益相关者的根本利益,需要由法律从程序上提供最低限度的保障。

但是,《公司法》第 116 条第 2 款关于股东会作出决议的要求,没有就出席股份作出规定。如果只有一个股东(股份)出席,那岂不是一个股东(股份)就可以作出决议？如果是一个大股东出席还没有问题,但如果仅有一名少数股东出席,则显然存在问题。法律在这里出现了疏漏。公司法对有限责任公司股东会决议也没有规定出席要求,但它规定了一项决议的作出必须经代表一定表决权的股东通过,这是没有问题的;公司法对股份有限公司规定了“出席会议的股东”,但没有规定出席股东代表的股份数额或者表决权,反而存在问题。完善的方式可以是:根据一般规则,多数股份出席,出席股份的多数通过;或者多数股份出席,多数股份通过;或者采用有限责任公司的表述,经代表表决权股份的多数通过。当然,就股份有限公司而言,多数股份出席,出席股份的多数通过更为适宜一些。

2. 单纯多数

为了保证股东会议的合法性,一项决议的作出必须同时满足出席规则和表决规则的要求。但是,在很多情况下,满足这两个要求是困难的。因此,有的法律修正了传统的简单多数同意规则以降低负担。这种法律规定"支持该项议案的票数应超过反对的票数"(the vote cast favoring the action exceed the votes cast opposing the action)。这一规则可称为"单纯多数要求"(plurality vote requirements)。这一变化为解决弃权问题[弃权可以表现为空白投票或者在票上写着"弃权"(abstention)或者根本不投票]提供了一个好办法。它采用了表决权多数通过,而不是出席多数通过决议方法。这一规定与简单多数同意规则不一样的地方是,在简单多数同意规则下,实际上将弃权票视为否决票,而这一规则则完全忽略弃权票。

例如,一公司发行在外股份 100 股,所有有权投票的股份每股享有一票表决权。法定出席股份应为 51 股。如果 60 股出席,赞成票为 28 股,反对票为 23 股,9 票弃权。根据传统的规则,该议案无法通过。因为,28 票通过不能代表出席股份的多数。另外,如果 9 张弃权票根本没有出席会议,该议案将会得到通过,因为有 51 股出席,只需要 28 股赞成即可获得通过。而根据单纯多数同意规则,该议案将会获得通过,因为赞成票数(28)超过了反对票数(23)。

3. 超级多数

如前所述,一些法律并不禁止提高法定出席和表决要求(supermajority quorum and voting requirements),甚至可以提高到全体同意(unanimity)。这种要求被称为"超级多数制"(supermajority requirement)。

超级多数要求主要适用于封闭型公司,是封闭公司常用的一种控制手段,它可以确保少数股东参与董事的选举和其他重要决策。其根本目的在于确保少数股东的否决权。通常规定为全体同意,但在有些情况下,较低的比例也足以达到行使否决权的效果。例如,一股东持有已发行在外股份的 20%,他坚持要求在公司章程中规定股东会议必须要有代表 90% 的股份出席,并经出席股东的全体同意才能通过决议。这样他就获得了否决权。

但是,也应注意到,超级多数制极大地增加了公司决策中发生僵局的可能性。少数股东否决权的行使可以阻止任何决议的通过。

超级多数规则同样可能被公众公司用来作为一种反对敌意收购的措施。例如,一公众公司章程规定,如果任何人在未经董事会同意的情况下获取了公司的多数股份,股东会议的表决要求提高到 70%。这一规定阻止了收购的可能性,因为外部人不能取得对公司的控制权,除非他或者争取到了现任董事会的同意或者购买了公司发行在外的 70% 的股份。

少数股东如果滥用超级多数表决规则行使否决权,应当承担违信责任。

(三)不召开会议与书面表决

公司行动必须满足公司法上的程式要求(formality requirements)。如果没有满足程式要求,则可能导致公司行动无效。具体到股东会议,原则上,股东决议必须以“会”(board)的形式作出,如果没有召开会议而采取行动(action without meeting),决议有瑕疵并可能被撤销。这是公司法上的基本规则。但这一规则也有一个例外,即如果股东书面同意这种决议,则可以不召开现场会议而形成决议。这种例外现在已经为许多法律所承认。所不同的是,有些法律要求全体一致同意,而有些法律则仅仅要求多数同意即可。到底以何种规则为标准?就此而言,应根据不同的公司性质来确定。如果是封闭公司,则必须经全体股东书面同意;如果是公众公司,则只要求多数同意就可以了。

我国《公司法》第 59 条第 3 款规定,对本条第 1 款所列事项股东以书面形式一致表示同意的,可以不召开股东会会议,直接作出决议,并由全体股东在决定文件上签字、盖章。可见,我国法律承认有限责任公司股东会会议可以书面表决并要求全体一致同意。这一规定体现了原则性与灵活性相结合,符合公司实际运作需求。但应注意的是,《公司法》第 112 条规定,本法第 59 条第 1、2 款关于有限责任公司股东会职权的规定,适用于股份有限公司股东会。这就是说,股份有限公司股东会的职权与有限责任公司是一样的,且同样可以采取书面表决的方式。书面表决方式适用于股份有限公司更加具有实际意义。股份有限公司可能更需要书面表决这种方式,因为股份有限公司往往股东人数众多,公众股东对于参加股东大会缺乏积极性,因而股东大会出席要求和表决要求危机更为严重一些,如果承认股份有限公司可以采取书面表决方式,多少应该能够起到一定的缓解作用。何况在我国公司实践中,像电子表决这样的方式已经在上市公司采用,就更没有道理排除书面表决方式了。

此外,《公司法》第 60 条规定,只有一个股东的有限责任公司不设股东会。股东作出前条第一款所列事项的决定时,应当采用书面形式,并由股东签名或者盖章后置备于公司。公司仅有一个股东,自然无所谓股东会议,属于股东会的职权当然由一人股东行使,但股东作出公司法规定的股东会议决议事项的,则应当采取书面形式,以备核查。

(四)表决方式

1. 比例表决规则

《公司法》第 65 条规定,股东会会议由股东按照出资比例行使表决权,但是,公司章程另有规定的除外。该条规定针对的是有限责任公司。按比例行使表决权在实质意义上与下述“一股一票”是一样的,同样是股权平等原则的体现,只不过我国的有限责任公司的资本没有像股份有限公司那样被区分为单位股份。

2. “一股一票”规则

关于表决权行使的方式,其基本规则是“一股一票”(one vote per share)。《公司法》第 116 条规定,在股份有限公司,股东出席股东会会议,所持每一股份有一表决权,即所谓的“一股一权”(one share, one vote)。该条规定针对的是股份有限公司。无论是按照出资比例还是按照“一股一权”进行表决,均体现了股权平等原则。我国公司法允许公司发行类别股,类别股的表决方式则是例外。

3. "一股多票"或者"多股一票"

有的法律允许"一股多票"或者"多股一票"(multiple or fractional votes per share)。通常由家族控制的持股非常分散的公众持股公司可能采用一股多权或者多股一权这样的种类股份表决权设计。一股多权的股份被分配给家族成员;多股一权的股份则分配给其他成员。如果持有该类股份的家族成员将这类股份出售给第三人,则须将其转换为一股一票的股份。

如果法律承认这样的股份及其表决权设计,它就是合法的,但是,交易所则可能禁止该类股份上市交易或者取消其上市资格。

这样的设计主要是为了保证公司的控制权掌握在家族手中,并常常作为一种收购防御措施阻止敌意收购。

《公司法》第 65 条针对有限责任公司规定,股东会会议由股东按照出资比例行使表决权,但是,公司章程另有规定的除外。可见,我国公司法允许有限责任公司不按照出资比例行使表决权。这种做法值得肯定,它表明我国公司法对有限责任公司封闭性特征的考虑和关怀。《公司法》第 116 条规定,股份有限公司股东表决权的行使规则,原则上是"一股一票"。但由于我国公司法承认公司可以发行类别股,因而,类别股的表决规则只能分类行使。类别股的承认适用于封闭型公司。封闭性公司不仅存在于有限责任公司,而且存在于股份有限公司。事实上,非公开发行股份的封闭型股份有限公司与有限责任公司并不存在任何本质性差异。

(五)会议记录

《公司法》第 64 条第 2 款规定,有限责任公司的股东会应当对所议事项的决定作成会议记录,出席会议的股东应当在会议记录上签名或者盖章。

《公司法》第 119 条规定,股份有限公司的股东会应当对所议事项的决定作成会议记录,主持人、出席会议的董事应当在会议记录上签名。会议记录应当与出席股东的签名册及代理出席的委托书一并保存。

(六)表决股份以及表决股东的确认

1. 表决股份

享有表决权的只能是股东。但事情并非如此简单。事实上,并非所有的股东均享有表决权。享有表决权的股东的表决权也并非完全一样。持有无表决权股份的股东不享有表决权,无表决权股包括无表决权的优先股,公司持有的自己股份、子公司持有的母公司股份、相互持股超过限定比例的股份以及法律予以限制的其他情形。

一般而言,已发行在外的普通股有权参加会议进行表决。但也有例外,这种例外表现在,库存股以及子公司持有的多数股份不能参加投票表决。

当公司回购其发行在外的股份时,有的法律并不要求公司一定要注销这些股份,而是可由公司作为所谓的库存股而持有。如果公司可以凭其库存股进行投票,那么,董事(他可以决定公司如何以库存股进行投票)就会使其自己获得永久的权力,这当然与公司真正所有者的意愿相违背。因此,库存股不享有表决权。

在母子公司情形,母公司在其子公司中的投票以母公司董事会决议的方式进行,母公司正是通过这种方式控制子公司的。但是,在子公司购买了母公司的股票情形下又将如何呢? 如果允许子公司依照其持有的母公司股份而在母公司投票将会使子公司的董事会——由母公司董事会选举——决定谁可以成为母公司董事会的成员。这可以使母公司董事有能力获得永久的权力,这无异于是对母公司股东权力的剥夺。鉴于此,一些公司法规定,子公司对母公司不享有表决权。

通常,各国法制比较一致地规定,公司持有的自己的股份不具有表决权。我国《公司法》第 116 条第 1 款明确规定,公司持有的本公司股份没有表决权。这种限制的道理与库存股和回购股份一样,目的均为限制公司董事会利用公司持有的自己股份操纵、架空本公司股东会。

在交叉持股的情况下,一些国家的法律明确限制其表决权的行使不得超过所持股份的一定比例,以避免双方公司董事会利用相互持股操纵、架空本公司股东会。

另外需要注意的是,公司可能发行具有不同权利的种类股份(classes of shares)。种类股份可能具有表决权,也可能没有表决权。就表决权而言,可能是一股一权,也可能是一股多权或者多股一权。就受益权而言,可能对公司享有优先的经济利益,也可能只对公司享有有限的经济利益。这种不同的表决权由公司章程规定。换言之,种类股的表决权必须按照公司章程规定的条件享有和行使。在特定情况下,不同种类的股份有权对会议的议题进行单独表决。

2. 表决股东

股东在股东会议上是否能够行使表决权,取决于其在特定日期,即所谓的“在册日期”(record date)是否享有“在册所有权”(record ownership)。只有在股东名册上记载的股东才有权行使表决权,没有在股东名册上记载的受益所有人不能行使表决权,但受益所有人可以要求在册所有人授予其表决代理权或者按照其指令进行投票(参见本书第四编第一章)。

公司应当在开会前一定日期准备一份精确的有权在会议上参加投票的表决名单(voting list)。这一名单必须备置于会议上以供检阅。

3. 其他人表决权的确认

关于表决权的确认问题,有几种较为特殊的情况需要注意:一是在由受托人持有股份的情形下,只有在该股份转让到他名下时才能由受托人进行投票。二是在由遗产管理人、遗嘱执行人、监护人或者托管人持有股份的情形下,可以直接由其投票而无须将股份转让到他或她的名下(与受托人不同,这些人都有正式指定的证据)。三是在由清算人持有股份的情形下,可以直接由清算人投票而无须将股份转让到其名下,如果任命的命令特别授予清算人以表决权的话。

4. 监察人

有的法律要求公众公司须指定“会议监察人”(inspector of meeting)负责选举的监察工作,并提交监察人书面报告。会议监察人须宣誓忠诚地、尽力地履行其职责。公司管理人员或者职员可以担任会议监察人。会议监察人的职责主要包括:(1)确定已发行在外的股份数额及其表决权;(2)确定参加投票的股份;(3)确定表决代理权和选票的有效性;(4)计票;(5)确定选举结果。

会议监察人无权处理有关股东资格争议问题,这些问题的决定必须依据公司股东名册来确认,如发生争议,则应通过司法程序予以解决。

三、累积表决权

(一)累积表决权概述

董事的选举可以采取直接投票(straight voting)方式,也可以采取累积表决方式(cumulating voting)。我国《公司法》第 117 条规定了累积投票制。按照该条第 1 款规定,股东会选举董事、监事,可以根据公司章程的规定或者股东会的决议,实行累积投票制。什么是累积投票制?该条第 2 款对累积投票制进行了界定。根据该款规定,本法所称累积投票制,是指股东会选举董事或者监事时,每一股份拥有与应选董事或者监事人数相同的表决权,股东拥有的表决权可以集中使用。如何理解和运用累积投票制?下面将围绕这一问题进行讨论。

在直接选举中,股东将其持有股份的票数投给填补董事会位置的候选人。例如,一股东 A 拥有 30 股表决股份,在选举中,需要选出 3 名董事,他可以向每位候选人投出 30 票。根据直接选举,持有多数表决权股份的股东可以选出全部董事。直接选举简单易行,它广泛地适用于公众公司。

在累积投票选举中,每位股东需要决定他所需要投出的票数的总额,用所需要填补的空缺数乘以他所持有的股份数。每位股东可以将该票数投向一名或者数名候选人。例如,在上面例子中,股东 A 可以投出的总票数为 90 票,因为有 3 个空缺需要填补。根据累积投票方式,他可以将全部 90 票投给某一位候选人或者分别投给若干候选人,由他自己决定。

累积投票使少数股东能够在特定情况下选出一名或者数名董事。例如,在上面例子中,如果股东 A 将全部 90 票投给他自己,他将当选为董事,除非另外 3 名候选人每人获得了 91 票或者超过了 91 票。如果其他股东拥有股份总计 85 股,他们不能阻止他当选。因为,其他股东总计只可以投出 255 (3 × 85) 票,但这不足以使 3 名候选人中的每一位候选人获得 91 票。他们可以分别投给 X 和 Y 各 91 票,但只有 73 票剩余票数投给 Z,所以不能阻止股东 A 作为第三名董事当选。

(二)累积表决权的计算公式

根据概率论的原理,在累积投票中,确定选举出一名董事所需的股份数的基本公式是：

$$S/(D+1)+1$$

（其中，S 等于进行表决的股份总数，D 等于待选董事人数。）

选出 N 名董事所需股份数的公式是：

$$NS/(D+1)+1$$

可见，只要少数股东合理的安排自己表决权的投向，就有可能选出自己的董事在董事会作为自己的代表。但是，如果不能做出合理安排，譬如，在上例中，股东 A 将 90 票分别投给两名以上的候选人，致使任一候选人获得的票数均不足 85 票，而多数股东则将其 255 票均匀地投向 X、Y、Z 三名候选人，少数股东依然无法选出自己的董事。在少数股东人数为多人时，尤其应该联合起来，采取一致行动，这样才更有可能选出自己的董事。

（三）对累积表决权的评价

累积投票的优点是更加民主化，允许少数股东参加董事会，允许选出"代表董事"（watchdog director）来监管公司的多数管理。其缺点是，增加了董事会的派系和分歧，对股东来说，更为复杂。一般来说，累积表决权比较适用于封闭公司，而不太适用于公众公司。此外，正是由于累积表决权的这一缺陷，公司法一般不进行强制规定，而是允许公司通过公司章程来选择是否采纳累积投票制。但我国公司法所规定的累积表决权仅适用于股份有限公司，而不适用于有限责任公司。这无非表明我国立法者更加重视对股份有限公司、尤其是上市公司中的少数股东的保护。另外需要说明的是，我国公司法所规定的累积表决权属于选择性条款，公司可以采用，也可以不采用。如果公司采用累积表决制，则必须或者在公司章程中规定，或者由股东大会作出决议。此种决议适用于普通决议方式。

实际上，利用累积表决权作为保护少数股东的一种措施，其作用是极其有限的。在公司实践中，存在多种方法可以减弱或者抵消累积表决权的效果。

第一种方式是，公司可以通过公司章程建立累积表决权，同样也可以修改公司章程废除累积表决权。

第二种方式是，如果有的法律规定更换董事不需要说明理由，多数股东则可以直接更换少数股东选出的董事。

第三种方式是，将董事会"类型化"（classified）或者"交叉化"（staggered）。这样，如果董事的任期是 2 年或者 3 年，每年则可以改选其中的 1/2 或者 1/3。由于董事会任期实行交叉制，每次待选董事名额减少，累积表决权效果降低。

第四种方式是，直接控制董事会规模，可以达到与实行交叉制董事会相同的效果。例如，在前面建立的累积表决制的数学公式中，减少董事会空缺人数可以降低该公式的分母，从而提高该公式的计算结果。

第五种方式是，董事会的大多数工作可以委托给专门委员会，少数股东选举的董事可能因不能获得提名进入专门委员会而被架空。

第六种方式是，董事会可以采取“阶段管理”（stage management）的模式，所有的重要决策都可以通过非正式的方式进行，会议完全是一种形式（pro-forma），没有讨论，会议只流于“走过场”（quick gavel），以此将少数股东选举的董事排除在外。

四、表决权代理

（一）表决权代理概述

1. 什么是表决权代理

表决权代理（proxy voting），是指享有表决权的人授权另外的人进行投票，其关系属于委托人与代理人之间的关系。表决权代理通常用于公众公司，因为公众公司通常股东人数众多，要求所有的股东都亲自出席会议参加投票是不现实的。在封闭公司，表决权代理虽然不像公众公司那样普遍，但也被广泛地运用，因为事实上股东不能亲自出席会议的情形也属常见。表决权代理是股东参与公司管理和行使股东权利的重要手段之一，另外，也是为了满足股份比较分散的公司确保会议法定人数的需求。因此，各国公司法均普遍地规定了这一制度。

应当注意的是，表决权代理只适用于记名股票，不适用无记名股票。无记名股东当然也存在股东委托他人代理行使权力的问题，但这种代理只在股东与代理人之间发生法律关系，该种代理关系的效果不及于公司。因为无记名股票的持有人推定为权利人，持有无记名股票的人可以直接行使表决权，无须向公司证明其享有代理权。当然，我国公司法不承认无记名股票，自然也就不存在无记名股东委托他人代理行使表决权问题。

《公司法》第 118 条规定，股东委托代理人出席股东会会议的，应当明确代理人代理的事项、权限和期限；代理人应当向公司提交股东授权委托书，并在授权范围内行使表决权。我国现行公司法只规定了股份有限公司的表决权代理，而没有规定有限责任公司的表决权代理。这主要是考虑到，股份有限公司，尤其是上市公司，股东人数众多，许多公众股东对于参加股东会并不积极，这必然影响到股东会的出席人数，进而影响到股东会决议的有效性。法律规定在股份有限公司中股东可以授权他人代理出席和表决，则可以大大缓解这一问题。尽管如此，法律排除了有限责任公司的表决权代理终究属于法律的漏洞。

我国公司法关于表决权代理的规定比较简略，下面还需要对相关问题予以进一步讨论。

2. 表决权代理人的资格和人数

关于表决权代理人的资格，原则上，应适用代理法的一般规定，公司法并无特别限制。但是通常认为公司本身不得代理行使本公司股东的表决权，这实际上属于代理法上的自己代理，应不允许。征集表决代理权的可能是公司的管理层或者公司的股东，但这不是公司本身的行为,与前项限制并不冲突。

在公司实践中,存在通过公司章程将代理人限定为股东的情形。这种做法在特定情况下是有问题的。譬如,公司只有两名股东,而且意见相反,如果一方股东因故不能出席会议,岂不是要将代理权授予给反对自己的股东?再如,对于公众公司的股东而言,股东相互之间的联络较少或者根本就没有什么联络,反而增加了股东选定代理人的负担。

代理人的人数可以是一人,也可以是数人。在代理人为数人时,为共同代理,由代理人共同统一行使表决权;如果表决权为不统一行使时,则可以分开行使,各自代理一部分。

3. 表决代理权的授予与期限

表决代理权的授予(proxy appointment)必须以书面为之。代理人应当向公司提交股东授权委托书。代理权的授予必须明确,不允许授予代理人全权代理的权力。

在征集表决代理权时,在征集书中可能将代理人一栏留空待填,而先让股东签章,再由公司补填代理人并使其行使代理权。这种做法称为"空白授权"。

表决代理权的授予须注明有效期,如果没有的话,则应遵守公司法的规定。通常公司法都对代理权的期限设定了限制。一般而言,表决权代理证书只在1年内有效。所以,如果需要,在公司每一年会召开之前都必须进行新的征集。这无疑是说,代理人所获得的表决代理权只能一次有效,只能用于本次会议,不能用于下一次股东会议。

4. 表决代理权的撤销与不可撤销

一般而言,表决代理权均可以被撤销(revocable proxy)。撤销行为可以是明示行为,也可以是任何与代理授权的持续存在不一致的行为。例如,一股东签署了一份由管理层征求的表决权委托证书。后来,他又签署了一份来自异议股东集团的竞争委托证书。后一委托就撤销了前一份委托,其股份表决权由该异议股东集团代理行使。再如,一股东签署了一份委托书,但后来却决定自己亲自出席会议。如果他亲自投票,他的行为本身就是对先前的表决权委托的撤销。

但是,在一些特定情况下,表决代理权具有不可撤销性(irrevocable proxy)。表决权委任具有不可撤销性的条件包括:一是明示其具有不可撤销性;二是存在利益关系(be coupled with an interest)。

什么样的表决代理权的委任存在利益关系呢?一般而言,在如下情况下,可认为存在利害关系:

第一,表决权代理人根据一项合法的股权质押成为其质押权人。在存在股权质押的情况下,质押权人对质押股份的利益关系表现在当出质股东不能清偿债务时质押权人可就所质押的股份实现其债权,因此,出质股东的股权是出质人履行其债务和质押权人债权实现的担保。这种情形的表决权代理可以为不可撤销代理。

第二,表决权代理人根据一项已经签订的出售合同同意购买该股份。在股东已经将其股权转让给受让人但尚未办理过户手续的情形下,受让人的利益关系表现为受让人对所出售股份享有受益所有权。但是,由于尚未办理过户手续,作为受益所有人的受让人不能以股东的名义行使权利。于此情形,通常受让人可以作为委托人的代理人参加股东会议以便更加有效地维护自己的利益。这种情形的表决权代理可以为不可撤销代理。

第三,表决权代理人对公司有贷款。在代理人对公司有贷款的情况下,出借人的利益关系表现在公司资产是否安全对于其债权的实现具有重要意义。当借款股东不能参加股东会议时,出借人可以作为代理人亲自参加会议以便监督公司股东会议决议不至于损害公司资产。这种情形的表决权代理可以为不可撤销代理。

第四,表决权代理人与公司订立有服务合同,作为公司雇员为公司提供服务。公司雇员的利益关系表现为其个人利益与公司利益捆绑在一起,他更加关注公司的经营管理状况和财务状况。譬如,如果公司业绩提升,其个人收入或者工薪也可能得到提升。这种情形的表决权代理可以为不可撤销代理。

第五,表决权的委任是为了落实合法的集合协议条款。如前所述,股东可以"股东协议"方式建立公司治理规则。在存在股东协议的情况下,股东相互之间明显存在共同的利益关系,作为股东协议当事人的股东充当代理人可以更好地贯彻他们之间已经达成的控制权协议。这种情形的表决权代理可以为不可撤销代理。

5. 表决代理权的效力

什么样的表决代理权才是可执行的?这不仅仅是要求提供代理委任书那么简单。在竞争选举中,有些股东不仅授权一人,而且授权多人,这并非少见。处理这一问题的基本规则是,最后获得股东授权的人才享有真正的代理权,这种代理权才具有法律效力。也就是说,授权在后的代理权优先于授权在先的代理权,因为后面的代理权授予行为本身即表明撤销先前授权的意图。

最后获得授权的人才能代理股东行使表决权这一规则源于这样的原则,即表决权代理是代理之一种。作为代理法的一般规则,授予代理权的一方在任何时候都有权终止代理权,即授权人保留了终止代理权的权力。如前所述,只有在授权证书中明示不得撤销,而且表决代理权存在某种利益的情况下,才丧失撤销表决代理权的权力。

代理人应在授权范围内行使表决权。这里特别重要的是,在代理人主动征集表决代理权的情况下,表决权代理人(proxy holder)必须按照委托股东的指示行使表决权。代理人应当按照授权行使表决权,如果代理人没有按照授权行使表决权、放弃表决权或者与授权指示相反的意思行使表决权,代理人应当对委托人承担损害赔偿责任。但这不影响股东会议决议本身的效力。

(二)表决代理权的征集

1. 什么是表决代理权的征集

表决代理权征集(solicitation of proxies),是指代理人主动征集表决代理权的行为,即代理人请求股东授予表决代理权的行为。其方式是将已经格式化的征集书发送给股东,经股东签章后,由征集代理权的代理人行使表决权。征集人可以是任何具有民事行为能力的人,但在公司实践中,实际上通常是公司管理层,或者是公司的反对股东(insurgents)。表决代理权的征集不仅涉及公司法的规定,而且可能涉及证券监督管理机构的管制。表决权代理本来是代理制度的一种形式,无非是为了补充股东个人的能力或者扩张意思自治而采用的一种工具。然而,当表决代理权运用于主动征集情形,则可能达到与其一般目的完全不一样的效果。也就是说,表决权代理可用来作为一种争夺控制权的工具。同时,由于这种工具的中性作用,不仅对公司管理层有异议的股东可以采用这种方式推翻现任管理层,公司管理层也可以利用这种方式来维护自己的地位,并形成所谓的"表决代理权竞争"(proxy contest)。由此可见,表决代理权的征集具有化腐朽(一般代理)为神奇(用于争夺公司控制权)的效果。此外,表决代理权的征集还可以作为一种确保股东会议满足法定人数要求的手段。因为在股份持有比较分散的公众公司中,许多公众股东对于参加公司股东会议没有多大兴趣,往往放弃行使表决权。但是,如果采用主动征集方式,则可以征集到本来没有打算行使表决权的股东的表决权。

表决代理权固然具有上述意义的积极性,但也可能导致股东会虚设,因为公司管理层可利用这一工具来维持、巩固自己的地位而逃避股东会对其业绩的考察。可以说,这一制度无异于一把"双刃剑"。因此,如何在保障这一制度的积极功能的前提下抑制其负面作用,就成为表决权代理征集制度关心的重要问题。

2. 表决代理权征集书

除特殊情况外,任何征集表决代理权的人须向受征集的股东提供所谓的表决代理权征集书(proxy statement)。从法律关系分析,征集书的发送实际上是征集人的劝诱,构成委任契约的要约,受征集的股东签章后将征集书送还构成委任契约的承诺。征集书经被征集的股东签章并交付后委任契约成立,征集人取得代理权并承担受信义务。

在表决代理权征集书中应当披露法律所要求的信息。这一要求表明股东只有在获得充分信息的情况下才可能将其表决权授予他人行使。而表决代理权征集书披露的内容则是股东了解公司事务的主要信息来源。

具体的信息要求视不同情况而有所不同。譬如,有的是以公司管理层名义发起的征集活动,有的是以异议股东的名义发起的征集活动。但是,无论何种情形,征集表决代理权的征集书均应当提供会议、股东表决权以及代理人的信息。在以管理层名义征集代理权的情况下,表决代理权征集书中还必须包括候选人、董事会的结构和运作、董事成员的利益冲突,以及管理者报酬等。公司在为选举而召开股东年会所作出的表决权代理声明中还必须提交年度报告,包括公司的财务报告。

3. 征集前的审查

表决代理权征集人在进行征集前,须将其征集书及其他征集文件报送证券监督管理机构进行事先审查(presolicitation review)。只有经过审查后,才能正式向受征集的股东发出。要求所披露的信息必须精确和适当,如果在审查时发现某些材料是不完整或者不精确的话,则不能通过,或者应当进行修改。

4. 年度报告的披露

表决权代理规则的一个重要目标就是向股东提供信息以使其能够自觉作出是否授权的决定。如果是以管理层名义征集有关在股东年会上选举董事的表决代理权,则必须与表决代理权征集书一道提供公司年度报告。但如果是反对股东或者其他非公司管理层征集人进行的征集,则不要求向股东提供年度报告。

5. 有偿征集与征集费用

大多数法律均不允许表决代理权的有偿收购。有偿收购表决代理权被认为不具有法律效力。一是股东表决权本身具有不可转让性,不能与股权相分离而转让。二是表决权的有偿收购构成对公共政策的违反,损害其他股东的利益。

表决权代理人在征集表决代理权时,尤其是在向公众公司股东征集表决代理权时,由谁来支付征集费用呢?公司尤其是公众公司,股东众多而分散,势必导致征集费用相当昂贵。现在实际中的做法是表决代理权征集人可以请求公司来支付该笔费用。但是,迄今为止,这方面的法律尚未提供满意的解决方案。

一个重要的原因是,在大多数情况下,表决代理权的征集并不涉及竞争选举,即董事会是征集表决代理权的唯一的一方当事人。在这种情况下,由公司来支付表决代理权的费用的适当性几乎是没有争议的。说到底,公司必须向股东进行会议通知。因此,公司必然承担向所有股东发送材料的费用,这是理所当然的。在这种通知的材料中,即可包含表决代理权征集材料。

但是,如果出现竞争选举时又将如何呢?在此情况下的一般原则是:如果出现竞争性表决代理权的征集符合公司政策,则由公司支付征集费用;但如果仅仅是为了追求个人权力,公司则不应支付,即所谓的"公司政策优于个人权力规则"(policy versus personality rule)。但是,对于这一规则,亦有较大争议。这一原则具有相当的模糊性。较好的办法是向股东提供充分的信息,由股东来决定董事人选,而不是依靠拉选票。

但是,完全否认公司支付任何费用(除向股东通知的费用和"充分公正"地说明需要股东投票的事项或者人选外)也是有问题的。如果否认股东所选出的新的"班子"能够改善公司的管理,从而使全体股东受益,难道还要让这些股东自己"掏腰包"吗?

那么公司仅仅对获胜的一方支付,而不对失败的征集者支付,这样的规则又将如何呢?这一规则的缺点是将会使费用无限扩大,因为想赢,所以就不惜成本,只有赢了,才能获得公司支付费用;反之,因为怕输,则会减少这种征集行为。另外,如果对失败的一方进行补偿,无异于鼓励进行无意义的竞争。

有关这方面的法律尚不明确和健全。说到底是由于这方面的问题的复杂性引起的。

(三)征集表决代理权的虚假陈述

在征集表决代理权的过程中,如果其征集书中存在虚假陈述,则为非法。虚假陈述是指表决代理权征集人在征集表决代理权的过程中存在错误陈述(false statement)、误导性陈述(misleading statement)或者重大遗漏(omission)。因虚假陈述受到损失的股东有权提起诉讼要求征集人承担责任，仅仅是在表决代理权征集书中存在虚假陈述而没有损失存在，尚不足以构成民事责任承担（但可能受到行政处罚）。除此之外，虚假陈述的事实还必须具有重要性。什么是重要性呢？通常法律采用的是“理性人标准”（test of reasonable person），即如果一个理性股东认为某种事件对于其决定是否投票具有重要性的话，该种事件就具有重要性。

在表决代理权征集中，最有资格提起诉讼的自然是基于虚假陈述而授予表决代理权的股东。那么，没有受到愚弄而授予代理权的股东是否有权提起诉讼呢？这样的股东也可以提起诉讼，因为他可以指称由于受到愚弄的股东授予了代理权从而使表决的结果朝着错误的方向发展。

在表决代理权征集中，虚假陈述是否需要行为人具有过错呢？法律上没有明确规定，司法实践的解释也不一样。从法律政策上分析，也许应当针对不同情况适用不同的责任。如果原告寻求的是禁止基于虚假陈述而获得的表决代理权的利用，则应当适用严格责任。但是如果涉及金钱赔偿，则适用过错原则更为合适。

表决代理权征集过程中的虚假陈述责任同样要求因果关系（causation）的存在。但是，这里的因果关系又不同于传统的因果关系。传统的欺诈诉讼采取的是“信赖标准”（test of reliance），即由原告证明他是基于对虚假陈述的依赖而采取行动的，但现在却后悔了。这里的关键是需要原告提供证明。但在表决代理权的征集中，原告的这种信赖却不重要，因为这种信赖来自股东的集体行动，是股东的集体投票才通过了某项决议。这一事实带来了这样一个证据问题：难道让原告把成千上万的股东都拖到法庭上来询问他们是否在表决代理权的征集中信赖了错误的陈述吗？

因此，在司法实践中，法院往往并不要求原告承担证明因果关系的责任，而是运用“公平标准”（test of fairness）。即如果交易条款是公平的，股东则会投票支持；否则，便会反对。但是“公平标准”亦存在问题，即股东可能不仅仅满足于公平，而且要求最好的交易，所以，法院曾抛弃了公平标准，改而采用“重要性标准”（test of materiality），即错误披露的信息如果具有重要性，就会影响投票结果；如果股东预先知道事实真相则不会投票。无论是哪种标准，均能使原告解脱举证责任。但这种重要性标准却只解决了所谓的“交易因果关系”（transaction causation）问题，而没有解决该种交易是否给股东带来了损失的问题。因此，要解决这一问题，最好还是采用公平标准。

然而，至此，我们的讨论只限于特定交易。但是，如果授权决议的事项是非交易事项，如选举董事，则损失的证明就更加困难。在这种情况下，可能需要采取两步措施，即既需要证明不同的选举会产生不同的后果，又需要证明不同的董事又会对公司作出不同的决策。但问题仍然存在，在竞争选举中，这还有意义，但在非竞争选举中，其仍然有意义吗？因为没有一个竞争的董事会来替代不同的结果。由此可见，有关这方面的法律还有待于进一步发展。

（四）我国证券法关于上市公司表决代理权征集的规定

我国证券法将表决代理权征集规定在投资者保护一章内，其目的非常明显，即希望利用这种方式作为保护广大中小投资者利益的一种手段。

1. 表决代理权的征集

我国《证券法》第 90 条第 1 款规定上市公司董事会、独立董事、持有 1% 以上有表决权股份的股东或者依照法律、行政法规或者国务院证券监督管理机构的规定设立的投资者保护机构（以下简称投资者保护机构），可以作为征集人，自行或者委托证券公司、证券服务机构，公开请求上市公司股东委托其代为出席股东大会，并代为行使提案权、表决权等股东权利。

由本条规定可知，可以征集表决代理权的人有三类：一是董事会、独立董事；二是股东，但限定于持有 1% 表决权的股东；三是投资者保护机构，此种机构是法律、行政法规或者国务院证券监督管理机构的规定设立的。征集人可以自行向上市公司股东征集，也可以委托证券公司、证券服务机构进行征集。征集人获得上市公司股东授权后，即可代理股东出席股东大会，并代理其行使股东提案权、表决权等股东权利。

《证券法》第 90 条第 2 款规定，依照前款规定征集股东权利的，征集人应当披露征集文件，上市公司应当予以配合。表决代理权的征集应以公开的方式进行，即征集人应"公开请求"上市公司授予其代理权。因此，征集表决代理权的人须向受征集的股东提供表决代理权征集书（proxy statement）。从法律关系分析，征集书的发送实际上是征集人的劝诱，构成委任契约的要约，受征集的股东签章后将征集书送还构成委任契约的承诺。征集书经被征集的股东签章并交付后委任契约成立，征集人取得代理权并承担受信义务。

在表决代理征集书中应当披露法律所要求的信息，这一要求表明股东只有在获得充分信息的情况下才可能将其表决权授予他人行使，而表决代理征集书披露的内容则是股东了解公司事务的主要信息来源。

一般来说，征集表决代理权的征集书均应当提供股东会议、股东表决权以及代理人的信息。在以管理层名义征集代理权的情况下，表决代理权征集书中还必须包括待选举的董事候选人，董事会的结构和运作，董事会成员的利益冲突，以及管理者报酬等。公司为选举而召开股东年会所作出的表决权代理声明中还必须提交年度报告，包括公司的财务报告。

《证券法》第 90 条第 3 款禁止以有偿或者变相有偿的方式公开征集股东权利，有偿收购表决代理权被认为不具有法律效力。这是因为，首先，股东表决权本身具有不可转让性，不能与股权相分离而转让。其次，表决权的有偿收购构成对公共政策的违反，损害其他股东的利益。

2. 违法违规征集的法律责任

《证券法》第 90 条第 4 款规定，公开征集股东权利违反法律、行政法规或者国务院证券监督管理机构有关规定，导致上市公司或者其股东遭受损失的，应当依法承担赔偿责任。其第 199 条规定，违反该法第 90 条的规定征集股东权利的，责令改正，给予警告，可以处 50 万元以下的罚款。

征集过程中的违法违规行为，是指公开征集表决权的人不符合法定征集人的条件，在公开征集表决权的过程中未披露征集文件或征集文件存在虚假陈述，有偿收购表决代理权或者其他违反法律、行政法规、国务院证券监督管理规定的行为。其中虚假陈述是指表决代理权征集人在征集表决代理权的过程中存在错误陈述（false statement）、误导性陈述（misleading statement）或者重大遗漏（omission）。

五、表决权信托

（一）表决权信托的概念

表决权信托（voting trust），是指在公司的簿册上股份登记在表决权受托人名下从而使股份的表决权暂时但不可撤销地与股份受益权相分离的一种措施。早期普通法对表决权信托持敌视态度，往往不承认表决权信托的合法性。这种影响甚至一直持续到现在。但是，总体来说，这种状况现在已大为改观。现代法律均较普遍地承认表决权信托的合法性。

表决权信托可用于不同的目的，包括：取得、维持或确保对公司的控制权；排除异议股东对公司控制的干扰；当债权人要求作为对公司提供资金的一种条件时，可获得信用。由此可见，表决权信托基本上是一种控制措施和手段。有鉴于此，人们往往认为，对于公众公司而言，表决权信托通常被认为与公司民主相悖。如果公众公司股份部分的被表决权信托持有或控制，证券交易所通常会拒绝其证券上市交易。

（二）法定要件

表决权信托的设立必须符合一定的法定要件，否则，可导致表决权信托无效。表决权信托的法定要件一般包括：（1）该信托的基本目的必须适当；（2）将股份转移给受托人；（3）协议有效期不超过法定最长期限（一般不得超过 10 年），但是，期满后可以展延，展延期限仍然不得超过最长法定期限（一般不得超过 10 年）；（4）协议必须为书面形式；（5）协议必须备份于公司注册办公场所并可由股东或信托受益所有人检查。

（三）表决权信托的经济权利的归属

根据表决权信托协议，受托人享有的只有表决权。而表决权信托上的经济权利（financial rights），包括股利分配请求权和剩余财产分配请求权，则属于该股份的受益所有人享有，以使受益所有人保留除表决权外的全部所有权特征。受托人可能制作并发行代表受益权益的表决权信托凭证，即受益凭证（beneficial certificates）。这些凭证可以像股票一样交易。

六、股东表决协议

（一）表决协议的概念

股东表决协议（shareholder voting agreements），是指两个或者两个以上的股东之间所达成的他们将集体或者联合投票或作为一个单位投票的协议。这种协议又被称为“集体协议”(pooling agreement)。前面述及,现代公司法承认封闭公司具有更为灵活的治理方式。因而一些法律允许利用“股东协议”(shareholder agreements),其中包括股东表决协议,来安排有关公司治理问题。也就是说,在这种法律框架中,股东表决协议是股东协议的一种形式。与股东协议比较,股东表决协议只是一种关于股东联合行使表决权的协议,而股东协议的概念则要宽泛得多,其内容包括公司治理,经营回报的安排;股东、董事和公司之间的其他关系等。

就表决协议的内容而言,一般只涉及董事的选举或者特定提案、建议,但是,不能涉及董事会的决策权力。也就是说,如果股东表决协议只涉及股东选举董事的投票问题或者其他特定提案、建议,该种协议就是有效的。如果该种协议涉及董事或者董事会的决策权问题,该种协议则可能发生无效。例如,两股东同意在将来:(1)相互投票选举其为董事;(2)他们会尽力选举一人为总裁、另一人为秘书;(3)他们会促使公司向其每人支付月薪1万美元。该协议的第(1)条属于有效的联合协议,其他两条无效。第(1)条能否成立协议的部分有效取决于它能否和其他两条分开,而能否分开又取决于该协议的措词和合法部分能否足以单独实现该协议的基本目的。

依法达成的股东表决协议是有效的,并可以得到执行。如果协议当事人违反了该种协议,则应当要求其继续履行协议。

由于该种制度是专为封闭公司设计的,所以,该种协议的存在使公司股份不能在交易所或者其他公开交易场所进行交易。换言之,如果公司股份上市或者公开交易,该种协议则自动终止效力。

(二)法律对表决协议的要求

表决权协议是股东之间关于联合表决的协议,既然是一种协议,就应当遵守合同法的规定。但是,表决权协议又是一种特殊的协议,因此,公司法上往往同时也对表决权协议进行了一定的限制。其主要内容包括:(1)该种协议必须规定在公司章程或者细则中,或者经协议当事人股东的全体同意。(2)应当在股票上将该种协议的存在显著地标示出来;如果没有股票,则应在其他规定文件中予以披露。但是,如果没有这样做,也并不影响表决权协议的效力。购买该股份的人如果不知道该种协议的存在,在知悉后可以请求解除合同。(3)协议必须采用书面形式,并经全体当事人股东签字,同时须告知公司。(4)最长期限不超过法定期限(一般为10年),但协议可另定期限。(5)协议的副本须备置在公司的主要办公地。

七、股东提案

《公司法》第115条第2款规定,单独或者合计持有公司1%以上股份的股东,可以在股东会会议召开10日前提出临时提案并书面提交董事会。临时提案应当有明确议题和具体决议事项。董事会应当在收到提案后2日内通知其他股东,并将该临时提案提交股东会审议;但临时提案违反法律、行政法规或者公司章程的规定,或者不属于股东会职权范围的除外。公司不得提高提出临时提案股东的持股比例。该款是关于股东临时提案的规定。

(一)股东提案概述

股东会议有权对有关公司重大事项作出决议,但通常都是被动的,因为相关事项的议案或者方案都是由董事会事先准备好的,在股东会议上只能是接受或者否决。为了弥补这一缺陷,法律通常都会赋予股东提出临时提案的权利。

股东有向公司提出建议的权利,并常常与表决代理权的授予和征集相伴。股东提案(shareholder proposal)制度根源于股东积极主义(shareholder activism),意味着股东积极参与公司治理。股东提案大致分为两类:一类是有关公司治理的问题,如建议修改公司章程,建立累积表决权制度;另一类则是有关公司社会和政治问题,如前述著名的 Campaign GM 建议 GM(General Motor)应当承担更多的社会责任。

(二)股东提案的规则

股东向公司提出提案,应当遵守一定的规则。这些规则的主要内容如下:

第一,提出建议的股东应持有公司已经发行在外股份的一定比例或者其持有股份达到一定数额,并且在开会前特定期间内(如至少 1 年以上)持续持有。我国公司法规定,单独或者合计持有公司 1% 以上股份的股东,可以在股东会会议召开 10 日前提出临时提案并书面提交董事会。公司不得提高提出临时提案股东的持股比例。这里有两点需要注意:一是在持股计算上,不仅包括单独持股,而且包括联合持股。二是我国法律没有持续持有要求,即只要在股东会议召开的基准日前满足法定持股比例即可。

第二,如果股东对公司提出的建议是正当的,公司应当在股东会议召开前将该建议或者在表决代理权征集书中或者在表决权代理委任书中向其他股东予以披露。我国公司法规定,董事会应当在收到提案后 2 日内通知其他股东,并将该临时提案提交股东会审议。

第三,一般而言,没有被采纳的建议可以在随后的年度(如 5 年内)重新提出,但只有该建议符合特定的标准——视其在过去获得的支持情况而定。关于这一点,我国法律没有明确规定。

(三)股东提案的适当性

由于股东的建议可能比较离题或者纯粹是为了张扬个性,因此,法律往往要求股东提案须具有适当性。我国公司法规定,临时提案不得违反法律、行政法规或者公司章程的规定,或者不属于股东会职权范围,并有明确议题和具体决议事项。

一般而言,下列建议可能遭到公司否决:(1)不适宜公司采取行动;(2)如果执行该建议可能导致公司违法;(3)与既有的表决权代理规则背道而驰;(4)涉及个人救济请求或者与公司、经理层或者任何个人的恩怨,或者其目的在于使反对者获利或者获取个人利益而不是与其他证券持有人分享;(5)所涉及的经营仅仅占到公司一定比例(如 5%)以下的资产或者最近财务年度一定比例（如5%）以下的净收益和总销售，并对公司营业没有重大意义；(6)所涉及的问题超出了公司的权力范围；(7)所涉及的问题只牵涉公司的普通商业行为；(8)涉及公司经理及其他管理人员的选任；(9)具有虚拟性（譬如，公司实际上已经执行了该建议）；(10)要么与管理层提案相反，要么与另外股东提案雷同；(11)涉及具体数额的现金或者股票分红。

第三节　董　事　会

一、董事会议

（一）董事会的构成

董事会人数原则上应当为多数，但是如果公司规模较小或者仅有少数股东或者甚至只有一个股东时，设立董事会就显得"奢侈"且没有必要。所以，现代法律多承认"一人董事会"（one-person board of directors）。

我国法律分别对有限责任公司和股份有限公司的董事人数作出了规定。《公司法》第67条规定，有限责任公司设董事会，本法第75条另有规定的除外。根据《公司法》第75条的规定，有限责任公司，规模较小或者股东人数较少的有限责任公司，可以不设董事会，设一名董事，行使本法规定的董事会的职权。该董事可以兼任公司经理。《公司法》第120条规定，股份有限公司设董事会，本法第128条另有规定的除外。根据《公司法》第128条的规定，规模较小或者股东人数较少的股份有限公司，可以不设董事会，设一名董事，行使本法规定的董事会的职权。该董事可以兼任公司经理。由此可见，我国公司法均允许有限责任公司和股份有限公司设立"一人董事会"。

公司董事应由股东会选举产生。但应当注意的是，我国《公司法》第68条规定，有限责任公司董事会成员为3人以上，其成员中可以有公司职工代表。职工人数300人以上的有限责任公司，除依法设监事会并有公司职工代表的外，其董事会成员中应当有公司职工代表。董事会中的职工代表由公司职工通过职工代表大会、职工大会或者其他形式民主选举产生。《公司法》第120条第2款同样规定，《公司法》第67条、第68条第1款关于公司董事会人数及成员构成同样适用于股份有限公司。

由于我国公司法对董事会人数既没有规定最高人数限额也没有规定最低人数限额，所以，公司董事会到底由多少董事构成则由公司章程具体规定。

董事会人数可以通过修改公司章程而予以增减。选举、更换和增减董事是股东会的固有权力，因而，通过修改公司章程增减董事人数亦应经过股东会同意。

有的法律允许公司设立"可变规模"（variable-sized）董事会，公司章程或者公司细则确定一个最高和最低限额，并授权董事会在其权限内随时根据需要确定董事会的实际规模。可变规模董事会对公众公司有好处。因为在决定需要增加特定人加入董事会而又无空缺时,它赋予了董事会较大的灵活性。

《公司法》第173条第2、3款规定,国有独资公司的董事会中,应当过半数为外部董事,并应当有公司职工代表。董事会成员由履行出资人职责的机构委派;但是,董事会成员中的职工代表由公司职工代表大会选举产生。

(二)董事会审计委员会

我国公司法在有限责任公司、股份有限公司、上市公司中分别规定了董事会审计委员会。这里我们先简要介绍有限责任公司和股份有限公司审计委员会的设置及其职责,关于上市公司审计委员会的设置和职责,我们将在上市公司部分再行讨论。

我国《公司法》第69条规定,有限责任公司可以按照公司章程的规定在董事会中设置由董事组成的审计委员会,行使本法规定的监事会的职权,不设监事会或者监事。公司董事会成员中的职工代表可以成为审计委员会成员。根据这一规定,有限责任公司董事会可以设置由董事组成的审计委员会,并具有替代公司监事会的功能。也就是说,如果公司董事会设置了审计委员会,公司就无须设置监事会或者监事,由董事会审计委员会行使监事会或者监事职权。同时,本条强调了公司董事会成员中的职工代表可以成为审计委员会成员。

《公司法》第121条第1款规定,股份有限公司可以按照公司章程的规定在董事会中设置由董事组成的审计委员会,行使本法规定的监事会的职权,不设监事会或者监事。这一规定与对有限责任公司董事会设置审计委员会的规定相同,即董事会审计委员会可以替代监事会行使监事会的职权,不设监事会或者监事。

《公司法》第121条第2~6款规定,审计委员会成员为3名以上,过半数成员不得在公司担任除董事以外的其他职务,且不得与公司存在任何可能影响其独立客观判断的关系。公司董事会成员中的职工代表可以成为审计委员会成员。根据本款规定,股份有限公司审计委员会人数为3人以上,过半数成员不得在公司担任除董事以外的其他职务,且不得与公司存在任何可能影响其独立客观判断的关系。这里明显强调了审计委员的独立性。当然,一如有限责任公司,鼓励公司董事会成员中的职工代表成为审计委员会成员。审计委员会作出决议,应当经审计委员会成员的过半数通过。审计委员会决议的表决,应当一人一票。审计委员会的议事方式和表决程序,除本法有规定的外,由公司章程规定。公司可以按照公司章程的规定在董事会中设置其他委员会。该款鼓励公司可以按照公司章程的规定在董事会中设置其他委员会,如薪酬委员会、诉讼委员会等。

(三)董事会的职权

在既定的法律框架下,公司董事会的权力来自法律的直接规定,而不是股东会的授权。由此决定,董事会的地位具有法定性。

一般而言,公司董事会被委以业务经营和事务管理的权力。所有重大商业决策的权力都是被赋予给董事会的,尽管他们可以将许多决策权委托给公司经理或者其他高级管理人员。董事会有权选择或者更换公司经理等高级管理人员。董事会还可以聘用公司职员，尽管习惯上董事会总是将聘用低级职员的权力委任给公司经理。概言之，公司的权力由董事会行使，公司的事务由董事会管理。我国《公司法》第 67 条、第 120 条第 2 款规定，董事会行使下列职权：(1)召集股东会会议，并向股东会报告工作；(2)执行股东会的决议；(3)决定公司的经营计划和投资方案；(4)制订公司的利润分配方案和弥补亏损方案；(5)制订公司增加或者减少注册资本以及发行公司债券的方案；(6)制订公司合并、分立、解散或者变更公司形式的方案；(7)决定公司内部管理机构的设置；(8)决定聘任或者解聘公司经理及其报酬事项，并根据经理的提名决定聘任或者解聘公司副经理、财务负责人及其报酬事项；(9)制定公司的基本管理制度；(10)公司章程规定或者股东会授予的其他职权。

根据《公司法》第 75 条的规定，规模较小或者股东人数较少的有限责任公司，可以不设董事会，设一名董事，行使本法规定的董事会的职权。根据《公司法》第 173 条第 1 款的规定，国有独资公司董事会的职权与普通有限责任公司相同。但应注意的是，根据《公司法》第 172 条的规定，国有独资公司不设股东会，由履行出资人职责的机构行使股东会职权。履行出资人职责的机构可以授权公司董事会行使股东会的部分职权，但公司章程的制定和修改，公司的合并、分立、解散、申请破产，增加或者减少注册资本，分配利润，应当由履行出资人职责的机构决定。

(四)董事长及其职权

根据我国《公司法》第 68 条第 2 款的规定，有限责任公司董事会设董事长 1 人，可以设副董事长。有限责任公司的董事长、副董事长的产生办法由公司章程规定。《公司法》第 122 条规定，股份有限公司董事会设董事长 1 人，可以设副董事长。董事长、副董事长由董事会以全体董事的过半数选举产生。

关于董事长的职权，《公司法》第 72 条规定，董事会会议由董事长召集和主持；董事长不能履行职务或者不履行职务的，由副董事长召集和主持；副董事长不能履行职务或者不履行职务的，由过半数的董事共同推举一名董事召集和主持。《公司法》第 75 条规定，有限责任公司的一人董事行使公司法规定的董事会的职权。

《公司法》第 122 条第 2 款规定，股份有限公司董事长的职权范围包括：董事长召集和主持董事会会议，检查董事会决议的实施情况。副董事长协助董事长工作，董事长不能履行职务或者不履行职务的，由副董事长履行职务；副董事长不能履行职务或者不履行职务的，由过半数的董事共同推举一名董事履行职务。

《公司法》第 128 条规定，股份有限公司的一人董事行使公司法规定的董事会的职权。《公司法》第 173 条第 4 款规定，国有独资公司董事会设董事长一人，可以设副董事长。董事长、副董事长由履行出资人职责的机构从董事会成员中指定。

(五)会议形式与会议的召开

公司董事会如何实施其权力呢？一个重要的概念是董事是以“会”(board)的形式进行运作的，而不是以“个人”(individual)的身份实施管理。换句话说，董事会作为一个团体对公司享有很大权限,但是,董事个人对公司则没有任何权力(尽管董事必须以董事会作为一个整体的方式进行决议,但董事个人也享有一些权利,如通过查账、阅读记录或者其他方式获取信息的权利)。公司法上有关董事及董事会议的相关规定都源自这一基本概念。也就是说,董事会的行动必须采取集体方式和遵守法定的程式。当然,“一人董事会”例外。

1. 会议形式与通知(notice)

董事会议有两种:一种是例会(regular/scheduled meeting);另一种是特别会议(special meeting)。前者是指按公司章程或者按照惯例在规定的时间和地点召开会议;后者则是指针对特定事项而临时召开会议。

由于董事会有例会和特别会议之区分,因而,法律对通知的要求也是不同的。如果说前者不需要通知的话,那么,后者则必须要通知。否则,公司董事将不知道要召开会议。因而,许多公司法通常都规定,特别会议需要通知,而例会则不需要通知,除非章程另有规定。通常公司章程对通知进行详细规定,如通知应当在会议召开前多长时间发出,公司如何进行通知,通知的内容是什么等。如果公司章程没有规定,则适用法律的规定。

既然通知要件的存在是为了董事的利益,董事则可以放弃对他的通知。这种主动放弃应以书面为之,并须记录在档。再者,既然通知的目的在于使董事知道开会的时间和地点,那么,如果在会议上已经公开告知了,则可以免除通知。董事出席会议表明放弃对会议通知适当性的异议,除非他出席会议的唯一目的就是反对会议的召开或者阻止某项决议的达成,并不参与该事项的决议。

我国公司法没有对有限责任公司董事会会议形式及其通知作出具体规定,这说明有限责任公司的董事会议及其通知可以由公司通过公司章程或者股东会议决议或者董事会议决议自行确定。

但我国公司法对股份有限公司董事会议的形式及其通知作出了明确规定。《公司法》第 123 条规定,董事会每年度至少召开两次会议,每次会议应当于会议召开 10 日前通知全体董事和监事。代表 1/10 以上表决权的股东、1/3 以上董事或者监事会,可以提议召开董事会临时会议。董事长应当自接到提议后 10 日内,召集和主持董事会会议。董事会召开临时会议,可以另定召集董事会的通知方式和通知时限。

由上述规定可知,我国公司法将董事会会议区分为定期会议和临时会议。定期会议每年至少召开两次,临时会议则可由代表一定比例表决权的股东、一定人数比例的董事或者监事会提议召开。同时,根据我国公司法的规定,无论定期会议还是临时会议,均须通知。所不同的是,定期会议的通知由法律直接规定,而临时会议的通知则由董事会自行决定通知方式和通知时限。

2. 董事会会议的召集和主持

我国公司法对有限责任公司和股份有限公司董事会会议的召集均作出了规定。关于有限责任公司和股份有限公司董事会会议的召集和主持，根据《公司法》第72条和第122条第2款的规定，董事长召集和主持董事会会议。董事长不能召集或者不召集的，由副董事长召集；副董事长不能召集或者不召集的，由过半数的董事共同推举一名董事履行职务。此外，《公司法》第123条还特别针对股份有限公司临时董事会会议规定，董事长应当自接到提议后10日内，召集和主持董事会会议。

（六）法定人数与表决要求

因为董事必须以集体的形式采取行动，所以董事的行动通常表现为会议形式。既然董事的行动表现为会议的形式，就必须满足于一定的程式要求（requirement of formality）。这种程式要求主要表现在两个方面：一是法定人数（quorum）；二是表决要求（requirement of voting）。法定人数是指通过一项合法决议而必须出席会议的最低人数。除法定人数要求外，董事会作出决议还需要满足表决要求，即同意某项决议的董事人数须达到出席董事的法定比例。

法定人数的要求主要是基于这样的考虑：董事会成员可能不会全部参加会议，如果只是少数人参加会议并作出决议的话，其合法性就值得怀疑。因为这种少数决议并不能代表多数意见。因此，公司法通常都将董事会成员的多数（1/2）规定为法定人数。同理，公司法通常要求出席人数的多数（1/2）通过，决议方为合法决议。由此可见，公司法上关于董事会议法定人数和表决要求的规定原则上仍然采用的是简单多数规则。然而，现代公司法通常都允许公司章程来规定一个更大比例的法定人数或者表决要求；或者规定一个较小比例的法定人数（但原则上不得少于全部董事的1/3）或者表决要求。

关于董事会议的法定人数和表决要求，有几个问题需要注意：

第一，只有合法选举的董事才能计入法定人数或表决票数。此外，在某项决议中存在个人利害关系的董事不能计入法定人数或表决票数。

第二，董事会在进行决议时只有出席人数达到法定人数才能就某一特定事项进行决议。也就是说，在实际表决时，董事人数同样须满足法定人数要求，如果中途发生董事退席，则会影响董事会决议的合法性。

第三，当董事会出现空缺而董事会议的召开正是为了填补这些空缺时，董事会则可以在未能满足法定人数要求的情况下召开会议。但这种权力是否存在，则取决于公司法是否有明确规定。通常公司法对此进行特别规定：只有在任董事（directors in office）人数少于法定人数时，或者虽然在任董事人数达到法定人数，但实际执行业务的董事（directors acting）的人数少于法定人数时，才可以采取这种方式。

第四，对于董事故意不出席会议，大多数法律认为这是反对控制权斗争的一种策略，并不认为其有何不当。但有的法律将故意拒绝出席会议的行为视为违反受信义务。

第五，在封闭型公司，在少数股东方面，一个重要的设置表决权的计划措施是将董事会议的法定人数要求提高到全体董事，要求在决议时须经全体董事同意。如果少数股东至少有权选举一名董事，这样的条文就可以保证少数股东对所有董事会议的参与。但这样的条文同时也增加了发生僵局的可能性。

根据我国《公司法》第 73 条第 1 款的规定,有限责任公司董事会的议事方式和表决程序,除本法另有规定外,由公司章程规定。董事会会议应当有过半数的董事出席方可举行。董事会作出决议,应当经全体董事的过半数通过。董事会决议的表决,应当一人一票。董事会应当对所议事项的决定作成会议记录,出席会议的董事应当在会议记录上签名。

《公司法》第 124 条第 1 款规定,董事会会议应有过半数的董事出席方可举行。董事会作出决议,必须经全体董事的过半数通过。董事会决议的表决,应当一人一票。董事会应当对所议事项的决定作成会议记录,出席会议的董事应当在会议记录上签名。公司法作出这样的区别规定,说明我国公司法对有限责任公司的董事会议赋予了较大的灵活性,而对股份有限公司则体现的是法定原则。

此外,根据《公司法》第 139 条的规定,上市公司董事与董事会会议决议事项所涉及的企业或者个人有关联关系的,不得对该项决议行使表决权,也不得代理其他董事行使表决权。该董事会会议由过半数的无关联关系董事出席即可举行,董事会会议所作决议须经无关联关系董事过半数通过。出席董事会的无关联关系董事人数不足 3 人的,应将该事项提交上市公司股东大会审议。

(七)表决方式

不同于股东会议的"一股一票",董事会议的票数是按人头(per capita)为计算基础,即"一人一票"(one person one vote)。《公司法》第 73 条第 3 款和第 124 条第 2 款明确规定,董事会决议的表决,实行一人一票。

(八)不召开会议与书面表决(action without meeting)

虽然我国法律尚不承认不召开董事会议而可以书面表决,但并不妨碍我们就这一问题进行讨论。通常我们所说的董事会议,指的是正式的董事会议。但是,董事会作出决议是否可以不召开正式会议呢?现代公司法规定,如果董事会成员全体一致对所议事项作出书面同意,则可以不召开会议就可以通过一项决议。这就是所谓的"全体一致书面同意规则"(unanimous written consent rule)。这样的规定具有重大的实际意义,当董事比较分散或者其中某些董事居住地离常规会议地点比较遥远时,召开正式会议是相当困难的。如果法律允许不召开正式会议,而是采用非正式会议形式,譬如,允许董事会或董事会的专门委员会以电话或类似通讯设备举行会议(这些设备使参加会议的人能够同时听取会议上每一位的发言),这样的参会也视为"亲自出席",只要满足了法定人数要求。

这里必须强调的是,如果不召开正式会议,一项决议的作出必须经过全体董事书面同意,如果不是书面同意,将被认为是非法的。如果某一董事不愿签署同意意见,这一规则就不能适用,即使该董事属于少数。在这种情况下,必须随后召开正式会议来批准该项交易。

非正式会议如果得到了全体董事的书面同意,则对公司发生拘束力。从承认全体一致书面同意的法律规定来看,这一点是没有问题的。如果全体董事都同意,为什么还要开会呢?所以,非正式会议对公司发生拘束力。

进一步需要讨论的问题是:

第一,是否一定要书面,口头表示同意是否可以?从目前的法律来看,似乎不行。但有的判例对于口头同意,甚至只是知道或者了解而并未明确表示反对,也予以承认。

第二,为什么必须是全体同意。从目前的法律来看,一般均要求全体同意,但是有的判例则允许多数同意即可。也许制定法要求全体同意只是为了提供一个安全港(safe harbor)——董事会在所议事项不存在太大争议的情况下才可以采取这样的措施。

(九)董事表决权代理

董事表决权代理(directors' voting proxy),是指在董事因故不能出席董事会议时委托他人出席会议代为表决。因董事是管理公司业务和事务的人,原则上应亲自履行职务。所以,国外法律原则上不承认董事表决权代理。只有在法律或者公司章程有特别规定的情况下才允许董事委托他人代理。在这一点上,董事表决权代理规则与股东表决权代理规则在基本指导思想上是不同的。

我国公司法承认董事表决权代理。但应注意的是,我国公司法仅仅针对股份有限公司规定了董事表决权代理,而没有规定有限责任公司董事表决权代理。《公司法》第125条规定,股份有限公司董事会会议,应当由董事本人出席;董事因故不能出席,可以书面委托其他董事代为出席,委托书中应载明授权范围。由此可见,我国公司法规定,原则上董事应当亲自出席董事会议,但因故不能出席会议时,董事的表决权可以由他人代理行使,但有三点应当注意:一是代理权的委托必须以书面为之;二是代理人仅局限于其他董事,董事以外的其他人不能充任代理人,这与股东表决权代理不同;三是授权应当明确,即委托书中应载明授权范围。

(十)职工意见

根据我国《公司法》第17条第3款的规定,公司研究决定改制、解散、申请破产以及经营方面的重大问题、制定重要的规章制度时,应当听取公司工会的意见,并通过职工代表大会或者其他形式听取职工的意见和建议。

(十一)会议记录

《公司法》第73条第4款和第124条第3款规定,董事会应当对所议事项的决定作成会议记录,出席会议的董事应当在会议记录上签名。保持董事会记录具有重要意义,它是今后确定董事责任的重要证据。

二、董事

(一)董事的概念

董事(director),是指处于公司董事地位的人。如英国公司法规定,董事包括任何居于董事地位的人,无论其称谓如何。[10] 董事这一概念强调的是董事的功能和职责。由此可见,董事是一种职位。任何人居于这一职位,须履行董事职责。具体而言,董事是公司的业务执行者和事务管理者,但董事在执行职务时,是以"会"(board)的形式采取行动,董事个人不享有任何单独的权力。这说明,董事的行为为董事会的行为所吸收。但是,董事仍然需要对其个人行为承担责任,董事在执行职务时对公司负有受信义务,违反该义务应承担违信责任。

根据前述可知,通过正式程序产生的董事固然可以称为董事,如股东选举的董事,职工推举的董事,法院任命的董事等。但是,非经正式程序产生而实际上却充任董事角色的人,法律上也可能将其视为董事,使其承担董事那样的义务,如事实董事和影子董事。

(二)董事的产生

1. 股东会选举

除在公司设立时,董事由发起人选任或者在创立大会上选举外,公司设立后,董事由股东会选任。

选任董事是股东会的固有权力,不得以公司章程或者股东会决议予以限制。但是,也有法律规定在特定情况下,董事也可由董事会选任,但必须有法律明文规定。

股东会选任董事以普通决议为之。

公司董事应由股东会选举产生。股东会通常采取"一揽子选举"(at-large election)的方式。所谓"一揽子选举"是指股东会并不为董事会的某一特定职位而选举某一个董事(就像国会议员选举一样),只要董事会出现空缺位置,就推举出若干人作为候选人。当获得多数票的人与董事会空缺位置相同时,这些人就当选为董事。这一方式的一个变种就是累积选举方式,即允许股东将其投票集中在少数候选人而不是分散到所有的候选人。

2. 职工代表大会推举

根据我国《公司法》第 68 条第 1 款、第 120 条第 2 款的规定,公司董事会成员为 3 人以上,其成员中可以有公司职工代表。职工人数人 300 以上的有限责任公司,除依法设监事会并有公司职工代表的外,其董事会成员中应当有公司职工代表。董事会中的职工代表由公司职工通过职工代表大会、职工大会或者其他形式民主选举产生。

3. 法定董事(provisional director)

除经选举或者推举产生董事外,董事还可能直接由法院任命,但法院直接任命董事一般限于特定情形。根据有关封闭公司的特殊法律规定,如果董事会分歧太大,并对公司决策产生重大影响,其后果导致公司营业和事务不再以有利于股东的方式运行时,公司可以申请法院以命令形式指定一名公正无私的人充任公司董事。譬如,如果在涉及公司管理问题上董事之间发生分歧导致董事会不能作出决议并使公司业务和事务不能进

---

〔10〕《英国公司法》(1985 年)第 741(1)条。

行，法院可以指定一名法定董事。法院指定董事须经申请，一般来说，只有过半数董事或者持有一定比例表决权股份的股东才能申请法院指定董事。在法院指定董事后，公司可以更换董事，但在程序上须通过有表决权股东的多数表决后方可更换指定董事。

4. 事实董事

以上经股东会选举或者经职工代表大会推举的董事被称为“正式董事”(de jure directors)。因为这种董事是经过正式程序选举或者推举产生的，并记载于公司章程。但有的情况下，有的人并没有经过正式程序选举或者推举，也没有记载于公司章程，但却实际执行董事职能。这种董事被称为“事实董事”(de facto directors)。具体而言，事实董事虽然未经正式任命，但其公开的行为(譬如，经常参加董事会议并积极参与公司决策等)显示其就像经过正式任命的董事一样。“一个人尽管未经合法程序被选任，或者随后发现选任程序有瑕疵，或者董事后来被免职，只要他的行为表现出是以董事的身份在活动，他就被视为事实上的董事。”[11] 事实董事这一概念虽未见诸于正式法律，但一些判例却予以承认，其目的在于保护与公司交易的善意第三人。

5. “影子董事”

“影子董事”(shadow directors)这一概念在英国公司法上有明确界定。根据该法规定，“影子董事”，是指这样的人，由于其个人地位和影响，公司的董事在进行公司决策时习惯于听从其指示和命令。但如果仅仅是以职业身份提供咨询意见则不能视为影子董事。影子董事通常表现为三种情形：(1)大股东为避免个人责任而拒绝担任董事，但却在幕后操纵公司董事会的决策；(2)某人因破产而丧失担任董事资格，但却在幕后操纵公司董事会的决策；(3)母公司持续地操纵其子公司的业务。[12]

6. 实际控制人

事实董事与影子董事在中国法律术语中就是实际控制人。《公司法》第265条第(三)项规定，实际控制人，是指通过投资关系、协议或者其他安排，能够实际支配公司行为的人。关于实际控制人，本书将在后面受信义务中继续讨论。

(三)董事任期与辞任

董事任期一般由公司章程具体规定，但公司法一般对董事任期的最长期限予以限制。董事任期届满后，如果新的股东会议选举其继续担任董事，可以连任。法律对连任次数一般不加以限制。

我国《公司法》第70条第1款和第120条第2款规定，董事任期由公司章程规定，但每届任期不得超过3年。董事任期届满，连选可以连任。

董事在任期届满前辞职，或者董事任期虽然届满，但如果由于某种原因未及时改选，在任董事继续执行职务(holdover)直至选出继任董事。这种董事称之为“延期董事”(holdover directors)。但是，这一规则的适用必须遵守两个条件：一是这种情形须直接由

---

〔11〕 Davies, at p. 182.

〔12〕 《英国公司法》(1985年)第741(2)条。

公司法明确规定。二是这一原则适用于特定情形:(1)股东会议的召开不规律。(2)由于股东势均力敌,选不出继任者而形成僵局。譬如,我国《公司法》第 70 条第 2 款和第 120 条第 2 款规定,董事任期届满未及时改选,或者董事在任期内辞任导致董事会成员低于法定人数的,在改选出的董事就任前,原董事仍应当依照法律、行政法规和公司章程的规定,履行董事职务。

董事任期可以采取所谓的交叉制(staggered terms)。如果公司采取交叉任期制,董事的改选可以交叉进行。譬如,董事任期为 3 年,每年重新选举其中的 1/3;或者董事任期为 2 年,每年改选其中的一半。

采用交叉制的表面理由是可以维持董事会管理经验的持续性,但真正的原因有二:一是阻止累积投票的效果;二是防止敌意收购。董事任期采用交叉制需要由法律或者公司章程明文规定。我国法律没有规定这种交叉任期制。

(四)董事的更换

这里所谓董事的更换(removal of directors),指的是在董事任期内解除董事职务的情形,而非指董事任期届满而发生的更替。关于董事职务的解除涉及两个问题:第一个问题是谁有权更换董事?第二个问题是更换董事是否需要说明理由?

董事是股东选举的,股东会当然有权更换董事。进一步的问题是,在股东会更换董事的情况下,是否需要说明理由(with cause)?在任期届满前更换董事是有争议的,并且常常引起诉讼。

有的法律规定更换董事需要说明理由。根据这种法律,更换董事虽然属于股东会的固有权力(inherent power),但是必须要有理由。公司内部权力斗争或者政策分歧不是理由,一般只有董事违反受信义务才能构成更换理由。法院在处理这类纠纷时,应遵循固定的程式,如要求对所涉及的董事为通知并允许其为自己辩护。更换董事需要说明理由通常作为一种反对敌意收购的防御性措施。这种措施通常与交叉董事制配合使用。我国 93 年《公司法》第 47 条、第 115 条第 2 款规定,董事在任期届满前,股东会不得无故解除其职务。这说明我国旧公司法采取的正是这种做法,即更换董事需要说明理由。

也有的法律规定更换董事无须说明理由(without cause)。许多现代公司法扩张了股东的这一权力,即更换董事可以说明理由也可以不说明理由。这就是说,根据这种法律,即使没有理由股东也可以更换董事。更换董事不说明理由可以确保董事会对多数股东的忠诚,因为股东会可以随时解除董事职务,这无异于在董事头上悬挂了一把"宝剑",促使其勤勉地为公司工作。同时也可以强迫董事改变公司的经营管理(通常伴随着将大宗股份出售给新的所有人),有助于对公司资源的有效利用。这说明,股东会更换董事无须说明理由具有合理性。说到底,股东是最大的风险承担者,最终还是有能力选举董事,为什么非要等到下一年会才改变公司的经营管理政策呢?我国现行公司法废除了旧公司法关于更换董事需要说明理由的规定。《公司法》第 71 条规定,股东会可以决议解任董事,决议作出之日解任生效。无正当理由,在任期届满前解任董事的,该董事可以要求公司予以赔偿。这说明我国现行公司法强化了股东的权力,并期望以此起到督促董事努力为公司工作的效果。在更换董事不需要说明理由的情况下,法律往往还是设定了一定的限制条件并要求遵守一定的程式。

首先,必须是公司章程没有相反规定。也就是说,如果公司章程明确规定更换董事需要说明理由,则必须在存在理由的情况下才能更换董事。但公司可以修改章程以恢复更换董事不说明理由的权力。

其次,如果该董事的职位是由少数股东投票产生的(如通过累积投票选举的董事,或者由种类股东选举的董事),那么,更换这些董事也需要获得少数股东或者种类股东的同意。

最后,更换董事必须通过股东会议进行,而且在通知中须明确告知会议的目的就是更换董事。

除股东会可以更换董事外,其他人是否有权力更换董事呢?有的法律规定,法院也可以更换董事,但须说明理由(with cause)。譬如,法院可以欺诈、不诚实行为或者严重滥用权力为由更换董事。通过司法行为更换董事的情形主要表现在两个方面:

第一,在公众公司中,当董事拒绝解任时,由司法行为更换董事较之于召开股东大会来更换董事要简单且经济,因为股东会议往往采取征集表决代理权的方式进行。

第二,在封闭公司中,当董事被指控有错误行为而又不辞职并拥有表决权,其他股东也不愿意更换他时,则可以利用司法行为来更换董事。通过司法行为解任董事往往由少数股东请求法院以命令为之。

(五)董事的辞任

董事可以自由辞任,但董事辞职须通知公司。该通知原则上应以书面为之,公司收到通知之日即为辞职生效之日。《公司法》第70条第3款和第120条第2款规定,董事辞任的,应当以书面形式通知公司,公司收到通知之日辞任生效,但存在前款规定情形的,董事应当继续履行职务。但是,如果是在股东会议上或者董事会会议上口头提出辞职,是否可以呢?于此情形,应视公司是否接受,如果公司接受辞任,即为有效。

(六)空缺填补

由于特定原因可能导致董事会职位出现空缺。造成这种空缺的原因是多方面的,如董事的更换、死亡或者辞职等。董事会出现空缺由谁来填补呢?首先明确一点,这种填补空缺的权力传统上属于股东会的固有权力,但也应认识到,这种传统的规则在现实中却会产生一些问题。譬如,公司只能等待来年股东年会填补空缺,但如果空缺很多的话,则可能导致董事会不足法定人数而不能开会。当然,公司还可以召开特别股东会议,但是否很容易召集会议仍然是个问题。有的法律规定,在董事会职务出现空缺时,如果法院认为必要,可根据董事、监事以及其他利害关系人的申请,选任临时董事担任董事职务(又称为“假董事”)。这当然也是一种方案,但成本较高。鉴于此,一些法律规定,在董事会出现空缺的情况下,可以授权董事会填补空白。但是,由董事会行使填补空缺的权力毕竟属于非常情形,因此,这样的法律进一步规定,由董事会选任出来的董事,其任期应止于下一次股东会,如经股东会选任,则可以继续担任董事,如未经选任,则其职务终止。

总而言之,在董事会职务出现空缺时,如果能由股东会填补空缺,则由股东会填补;如果股东会行使权力发生困难,则可由董事会填补。我国公司法没有规定空缺填补情形。这将意味着,在此情形下,董事空缺依然由股东会选举产生。

(七)报酬

早先的董事习惯上是没有报酬的。一是因为他们的经济利益存在于公司中,譬如,他们本身就是股东;二是他们可能对董事地位或者名声的看重更胜于金钱。现在的董事可以享有报酬。尤其是在公众公司中,董事获得的报酬是相当优厚的。同时,对董事提供丰厚的报酬以鼓励他们为公司服务或作出重大贡献已成为当今公司治理的一种重要激励机制。

董事的报酬须由公司章程规定或者服务合同约定。原则上,如果公司章程没有规定董事的报酬,或者也不存在这样的服务合同,董事无权获得报酬。于此情形,如果董事取得报酬,公司可提起诉讼要求其返还,即使他是善意而诚实地相信其行为是合理的。

但是在特定情况下,即使公司章程没有规定,甚至也不存在这样的服务合同,只要董事事实上提供了服务,他仍然可以向公司主张一定的金钱给付。这主要适用于董事不再具备董事资格但却为了公司利益而继续提供服务的情形。

董事报酬的另一个特点是,曾经董事报酬表现为现金收益,并有权参加一项价值不菲的退休计划。但是,自 20 世纪 90 年代以来,似乎出现了这样一种趋势,即给董事提供一种以非常有利的价格购买股份的特权并以此作为其报酬,而不是对其支付现金。因而,现在的董事报酬呈现出多元化形态。董事报酬的形式可以是薪金、奖金或者其他形式,如股票期权。

谁来决定董事的报酬呢?不同的法律所选择的规则不同。有的法律规定,如果公司章程没有相反规定,则由公司董事会决定。也就是说,原则上,公司董事会就可以决定董事的报酬。但如果公司章程将该种权力保留给股东会,则应由股东会决定。这一规则具有合理性,因为董事报酬毕竟是一个经营问题,每一个董事在公司中的作用和地位以及其贡献是不相同的,尤其是在管理董事与非管理董事之间、内部董事与外部董事之间必然存在很大区别和差异,这样,由股东会决定董事的报酬很难适应这种特殊性,亦很难发挥报酬机制的激励作用。

依据我国《公司法》第 59、112 条的规定,董事、监事可以享受报酬。董事、监事的报酬由股东会决定。这说明,在我国,董事的报酬只能由股东会决定,并且《公司法》第 129 条规定,股份有限公司应当定期向股东披露董事、监事、高级管理人员从公司获得报酬的情况。根据《公司法》第 67 条、第 120 条第 2 款的规定,高级管理人员的报酬由董事会决定。

(八)董事的权力与权利、义务与责任

1. 董事的权力与权利

公司法上的一个重要原则是,董事会的权力必须集体行使,董事个人不享有任何权力,因为公司的经营管理权力是授予董事会而不是董事个人的。但是,董事个人却可能享有一定的权利,其中最重要的就是董事的知情权,主要包括查阅公司账簿和记录以及检查公司财产的权利。赋予董事查阅公司账簿和记录以及检查公司财产的权利主要是为了使其有机会适当地了解和熟悉公司营业和事务。

董事的这种查阅权是否应当受到限制呢?有的法律认为,董事的查阅权是绝对而不受限制的。但是,也有的法律认为,当董事在行使查阅权时已经清楚地表明其动机不纯时,则不应享有查阅权。ALI《公司治理指南》采纳了后一观点,认为董事有权亲自或者通过其律师或者代理人在任何合理时间查阅或者复制公司及其子公司的任何账簿、记录和文件,并可以检查公司财产。但是,董事的这种知情权的行使同时也将受到法律的限制。具体而言,这种限制表现在如下三个方面:

第一,经证明董事权利的行使与董事的职责和义务的履行没有合理的联系。譬如,董事意欲获取的信息尚属于公司保密范围内的商业秘密,而对这种信息的了解很少有助于履行董事职能和义务。

第二,该种信息的获取将会使得公司承担不适当的负担或者费用(undue burden or expense)。譬如,为了满足董事的要求,公司将会耗费大量的时间和费用,甚至影响到公司的正常营业。

第三,意欲利用所获取的信息从事违反其对公司的受信义务的活动。这一限制又可分为两种情形:一是如果公司证明了董事意欲利用所获取的信息从事违反其对公司的受信义务的活动时,董事的知情权请求将会遭到法院的否决;二是法院在允许董事行使其知情权的同时,禁止其利用所获取的信息从事违反其对公司的受信义务的活动。

2. 董事的义务与责任

董事是公司的管理者并对公司及其全体股东负有义务。董事的义务主要体现为受信义务,包括注意义务和忠实义务。关于董事的义务,我们将在后面专章讨论。

董事可能面临需要对董事会多数同意的某项交易作出反应的问题。该种交易可能是轻率的、冒险的或者非法的。在这种情况下,董事就要特别注意,因为可能涉及个人责任的问题,尽管他或她实际上并不赞成该交易。例如,根据我国《公司法》第125条第2款的规定,董事应当对董事会的决议承担责任。董事会的决议违反法律、行政法规或者公司章程、股东会决议,给公司遭受严重损失的,参与决议的董事对公司负赔偿责任。

董事的这种责任也可以因采取一定措施而得以免除。这些措施主要有:

第一,提交书面意见。有的法律规定,如果董事没有明确反对或者没有以书面记录或者没有在随后提交书面不同意见,则视为该董事同意董事会决议。根据该种规定,在口头投票时,弃权或沉默即等于赞成该行为。也就是说,如果董事意欲得到免责,或者在投票时明确表示反对;或者董事在投票表决时虽然没有明示反对,但可以在后来以书面形式表示反对。书面的不同意见可以在会议后短时间内以邮寄方式提交给会议的秘书或公司的秘书。这些要求可能会产生一种心理作用,使其他董事意识到,至少有一名董事认为该交易是有问题的,以便引起其注意。这样的规则同时还要求应通知股东或其他人,以便其仔细审查该交易,因为至少有一名董事认为该交易不合适。我国《公司法》第125 条第 2 款同时规定,经证明在表决时曾表明异议并记载于会议记录的,该董事可以免除责任。注意这一点非常重要,因为如果董事没有明确反对或者没有以书面记录或者没有在随后提交书面不同意见,则视为该董事同意董事会决议。

第二,辞职。如果董事害怕承担责任,则可以辞职。但辞职本身并不能当然免责,因为其辞职可能发生在该交易被批准之后,因此,董事如欲获得免责,仍然需要随后提交书面不同意见。

第三,证明自己的行为是善意的,并且符合公司最佳利益。关于这一点,后面还将进一步讨论。

第四,对他人意见的依赖。公司董事在进行决策时如果是依赖于他人的意见,其责任也可得以避免。但这取决于公司法的具体规定。一般而言,如果董事本人对所信事项是了解的或具有经验,则不能适用依赖防御(reliance defense)。法律许可依赖的情形包括:法律顾问对公司提交的书面意见;公司或者其审计师或会计师提供的财务报告;公司管理人员或雇员对其所负责事项所作出的说明;公司委员会提交的报告,但不包括该董事所任职的委员会。

第五,公司限制或者免除。一些公司法允许公司限制董事的责任范围或者干脆免除董事责任。于此情形,需要通过公司章程对董事责任的限制或者免除予以明确规定。关于这一问题,后面还将进一步讨论。

三、高级管理人员

(一)高级管理人员概述

在一般意义上,公司高级管理人员(officers)是指经法律或者章程或者董事会授权,由董事会聘任,对内执行公司日常经营管理业务,对外代表公司的公司行政首脑或者负责人。

首先,高级管理人员可能是一个单一的概念,也可能是一个群体的概念。作为单一的概念,是指公司仅有一人经理的情形;作为群体的概念,通常是指公司的经理层(management),包括公司总经理(general manager)或者总裁(president)、副总经理或者副总裁,司库或者财务主管(treasurer)、秘书(secretary)以及其他管理人员。在实务中,有的将公司经理人区分为首席执行官(Chief Executive Officer,CEO)、首席运营官(Chief Operation Officer,COO)、首席财务官(Chief Financial Officer,CFO)、首席法律顾问(Chief Legal Officer,CLO)等。我国《公司法》第 265 条第(一)项规定,高级管理人员,是指公司的经理、副总经理、财务负责人,上市公司董事会秘书和公司章程规定的其他人员。

其次,高级管理人员经法律或者章程或者董事会授权,由董事会聘任。有的公司特定职务的高级管理人员,如经理,是由法律直接规定的,称为法定高级管理人员(statutory designated officers)。譬如,在美国的传统公司法上,大都规定公司应该设置总裁、司库、秘书以及一名或数名副总裁。有的公司高级管理人员是由公司任命的,称为非法定高级管理人员(non-statutory designated officers)。这是指公司法允许由公司章程、公司细则具体规定或者由董事会任命公司需要的其他管理人员,也称为章定高级管理人员或者任设高级管理人员。

现代公司法上,法定高级管理人员职位是少数,在绝大多数情况下,公司高级管理人员为非法定职务。现代法律对高级管理人员职务设置的要求显得更加具有灵活性,其关于公司高级管理人员的设置,公司法只有原则性规定。在这种法律框架下,法律授权公司自由决定选择其高级管理人员的设置,而不是也没有必要由法律直接规定高级管理人员的职务头衔。这样,公司高级管理人员及其职能的履行一般由公司章程,甚至公司细则或董事会决议规定或者决定,而不是由法律直接规定。这样的法律同时授权董事会视具体情况可以增加高级管理人员而不受限制。由此可见,现代公司法并不倾向于高级管理人员设置的法定化,高级管理人员设置的非法定化趋势在扩大。尽管如此,有的法律还是要求公司必须设置一人负责执行传统公司法上由公司秘书应执行的工作,即必须要有一名高级管理人员负责对股东会和董事会的会议进行记录。如我国《公司法》第138条就明确要求上市公司设董事会秘书。另外,法律虽然并不禁止一个人可以同时兼任数个职务,但例外的是总裁与秘书不得相互兼任。这一例外的理由是,公司文件需要由两人签署,一人签字,另一人证明该签字,以防止公司会议记录的伪造。

公司需要什么样的高级管理人员,在很大程度上是一个商业决策问题,而不是一个法律问题。小型封闭公司可能只需要一名称为总裁的高级经理人员,一名称之为司库的财务人员和一名负责会议记录的秘书。大型公众公司可能同时需要高级执行官员和高级营运官员(前者可能同时兼任董事会董事长或者董事局主席/Chairman of the Board of Directors,后者可能实际担任总裁/president)、若干名高级或者低级副总裁、司库和秘书。的确,有些公司似乎除最低层的职员外都是副总裁。这种任意设置增添头衔的现象说明了在公司高级管理人员与公司职员之间的确不存在明确的界限和区分。事实上,反过来,当需要区分法律上所谓的“高级管理人员”时又常常会出现麻烦。法院能够做的是,当法律要求确认哪些人是高级管理人员,哪些不是高级管理人员时,只能根据具体所扮演的角色来决定,而不是单纯地依赖于其职务头衔。

最后,公司高级管理人员的职能是对内执行公司日常经营管理业务和对外代表公司。公司高级管理人员实际上是公司的行政首长,是实际指挥公司经营管理业务的人。但高级管理人员并非公司独立的机关,而是附属于公司董事会的辅助机关,在大陆法系通常将之称为“商业使用人”,即从属于商事主体并辅助其营业,其与公司之间的关系是一种基于委任而发生的代理关系,对内管理业务,对外代表公司。故公司高级管理人员,尤其是所谓的总经理或总裁,有公司全权代理人之称。

就高级管理人员的事务管理而言,是指高级管理人员在董事会的领导下负责管理公司日常业务,其管理权力大小视法律规定或者公司的授权而定。根据法律规定执行业务者,仅适用于法定高级管理人员;根据授权执行业务者,适用于非法定高级管理人员。非法定高级管理人员的权限取决于公司章程或者公司细则的规定或者股东会或者董事会的决定。

就高级管理人员的代表权而言,高级管理人员在其权限范围内得代表公司,譬如,代表公司签订各种合同、签发各种票据以及与第三人发生其他各种交易。此外,公司高级管理人员就所任事务被视为有代表公司为原告或者被告或其他一切诉讼行为之权。这里需要注意的是,公司高级管理人员并非公司代表人,其代表权来自公司的授权,实际上为代理权。

公司也可以对高级管理人员权限予以特别限制,但是,公司对高级管理人员权限的限制不得对抗善意第三人。

(二)公司经理

公司经理是公司的高级管理人员。我国《公司法》第 74 条规定,有限责任公司可以设经理。《公司法》第 126 条规定,股份有限公司设经理。法律对有限责任公司和股份有限公司设置经理职位的态度是有区别的:法律对有限责任公司是否设置经理的态度要宽松一些,"可以设经理"意味着也可以不设经理。而对股份有限公司,法律的表述为"设经理",这说明股份有限公司则应当设置经理。此外,《公司法》第 75、128 条规定,规模较小或者股东人数较少的有限责任公司和股份有限公司,可以不设董事会,设一名董事,行使该法规定的董事会的职权。该董事可以兼任公司经理。兼职经理是小型公司较为常见的情形。《公司法》第 127 条规定,公司董事会可以决定由董事会成员兼任经理。

1. 聘任与解聘

公司经理人由董事会聘任。这是董事会行使法定管理职权的具体体现。董事会聘任经理的方式有二:一是在公司细则中作出规定;二是由董事会决议决定。《公司法》第 74、126 条第 1 款明确规定,公司经理由董事会决定聘任。

既然公司董事会有权聘任,其必然的结论是公司董事会也有权解聘经理,并无须说明理由。但应注意的是,在公司与经理签订有雇佣合同的情况下,则可能包含着对公司解聘权力予以限制的条款。如果存在雇佣合同,解聘经理应当说明理由。但即使存在该种条款,公司仍然有权解聘经理。只不过如果是在其任职期限内解聘其职务的话,则可能要承担违约责任。《公司法》第 74、126 条第 1 款明确规定,公司经理由董事会决定解聘。

公司经理的任期同样由董事会决定或者在公司细则中规定。

2. 经理人权力

在理想化的法律规划中,公司经理的地位是有限的:他们只负责执行董事会的政策和作出的决议,他们自己并不是公司政策的制订者和公司决议的决定者。这种法律规划的本质在于,公司内部的自由裁决权属于董事会,而不是属于公司经理人。

然而,实际上,公司经理人的实际地位和自由裁决权远远超出了这一法律规划的设想。有关董事会地位的现代法律改革间接地支持了这一发展趋势。

我国《公司法》第 74、126 条第 2 款规定,经理对董事会负责,根据公司章程的规定或者董事会的授权行使职权。公司法并未具体规定经理的职权。一方面,公司经理并不是公司的权力机构,它只是董事会的下属机构,负责公司日常经管理。法律明确赋予了股东会和董事会的权力范围,经理负责执行。另一方面,法律将公司经理的权力下放给公司自己决定。公司经理的职权或者由公司章程规定或者由董事会直接授权。无论是公司章程规定或者是董事会授权,均是公司自治的体现,排除了法律的直接介入。较之于旧公司法,这是新公司的一大进步。尽管公司法没有直接规定公司经理的职权,但从实务角度看,通常来说,公司经理享有下列职权:(1)主持公司的生产经营管理工作,组织实施董事会决议;(2)组织实施公司年度经营计划和投资方案;(3)拟订公司内部管理机构设置方案;(4)拟订公司的基本管理制度;(5)制定公司的具体规章;(6)提请聘任或者解聘公司副经理、财务负责人;(7)决定聘任或者解聘除应由董事会决定聘任或者解聘以外的负责管理人员;(8)董事会授予的其他职权。

此外,经理列席董事会会议。

3. 经理人报酬

经理人有权获得报酬。《公司法》第 67、120 条规定,经理的报酬由董事会决定。经理的报酬可以是现金(cash),也可以是某种奖励形式(bonus),还可以是股票(stock)或者股票期权(stock option)。

经理人有时可能会要求公司按照公司利润水平或者公司股票的市场表现来确定其报酬。这样做是没有法律问题的,只要其报酬的数额不是过高以至于构成浪费(not so excessive as to constitute waste)。这实际上仍然采取的是一种公平标准衡量方式。这种以公司利润为基础的奖励型报酬安排所涉及的一个主要问题是计算问题。由于可以不同方式来计算,所以其结果当然也是不一样的。

公司经理的报酬也可以是股票。常见的形式是购买股份的期权或者以优惠价格购买股份的计划。这种安排主要是希望将经理人与公司的长期利益捆绑在一起,并主要适用于公众公司。

《公司法》第 129 条规定,公司应当定期向股东披露董事、监事、高级管理人员从公司获得报酬的情况。

4. 经理人义务和责任

经理人与公司之间的关系是一种委托代理关系,因此,有关经理人的责任自然适用代理法的规定。

经理人的义务主要表现在对公司承担受信义务。公司经理人如果违反其受信义务，应当承担违信责任。具体来说，如果公司经理人违反其注意义务或者忠实义务，导致公司受有损失的，应当对公司承担责任。

经理人在执行职务时应当遵守法律、公司章程、股东会决议以及董事会决议。公司经理人因违反法律、公司章程、股东会决议或者董事会决议而给公司造成损失的，亦应对公司承担责任。

如果经理人因执行公司职务而侵害他人利益的，应由公司承担侵权责任。公司承担责任后，可以追究经理人的内部责任。

第四节　监　事　会

一、监事会议

(一) 监事会概述

如前所述，除少数国家（如美国）不要求在公司中设置专门的监督机构外，绝大多数国家和地区均采取在公司中设置专门监督机构的做法。在这种情形下，监事会（board of supervision）就是对公司管理和经营独立行使监督权的机构。监事会的特征如下：

第一，监事会是公司的监督机构。由于各国家和地区的情况不同，对公司监督机关采取的模式存在一定的差异。依监督机关的设置所采取的组织形式的不同，可将公司监督机关分为独任制和集体制。有的规定，公司只需要设立监事或者监察人即可，如我国台湾地区采取的就是这种模式。有的则规定，公司应当设立监事会，如德国采取的就是这种模式（但应注意的是，如前所述，德国法上监事会的地位与其他国家及地区监事会的地位有所不同，其中差异不可不察）。有的规定，原则上采取独任制，但股份公司采取集体制，如日本；有的规定比较灵活，既可以采取独任制，也可以采取集体制，如法国。我国公司法原则上采取的是集体制（例外可不采取“会”的形式），并专门规定了监事会。根据我国《公司法》第 76 条的规定，有限责任公司设监事会，该法第 69 条、第 83 条另有规定的除外。《公司法》第 69 条规定，有限责任公司可以在董事会中设置审计委员会，行使监事会的职权，不设监事会或者监事。《公司法》第 83 条规定，规模较小或者股东人数较少的有限责任公司，可以不设监事会，设 1 名监事，行使本法规定的监事会职权；经全体股东一致同意，也可以不设监事。根据我国《公司法》第 130 条的规定，股份有限公司设监事会，本法第 121 条第 1 款、第 133 条另有规定的除外。《公司法》第 121 条第 1 款规定，股份有限公司可以在董事会中设置审计委员会，行使本法规定的监事会的职权，不设监事会或者监事。《公司法》第 133 条规定，规模较小或者股东人数较少的股份有限公司，可以不设监事会，设 1 名监事，行使本法规定的监事会职权。由此可见，在我国，监事会或者监事是公司的监督机关,但并非必设机构。我国公司法采取了监事会与审计委员会并设的做法。一是如果公司董事会下设了审计委员会,即由审计委员会行使监事会的职权,于是就没有必要再行设立监事会或者监事;二是如果公司规模较小或者股东人数较少的有限责任公司,也可以不设监事会或者监事,但股份有限公司则必须设立监事会或者监事。

第二,监事会对公司经营管理进行监督。早期的公司监督职能主要是由公司股东自己执行的。但是,随着现代公司的形成,股东感觉到对公司监督的亲历亲为已经越来越力不从心。因此,对公司的监督权力也就逐渐让渡给专门的监督机关。现代法律正是因应了股东的这种需求,使公司设立专门的监督机关以监督公司的管理者。至此,公司中的"三权分立、相互制衡"机制臻于完善。

第三,监事会独立行使监督权。在我国,监事会与董事会均为独立并行的公司机关,他们共同向股东会负责。因此,监事会行使监督权不受董事会的影响和干涉。监事会的独立地位来自法律的直接规定,就像董事会的独立地位来自法律的直接规定一样。

(二)监事会的构成

我国《公司法》第76条规定,有限责任公司设监事会。如前所述,如果公司设立了审计委员会,或者公司规模较小或者股东人数较少,则可以不设监事会或者监事,行使该法规定的监事会的职权。监事会成员为3人以上。监事会应当包括股东代表和适当比例的公司职工代表,其中职工代表的比例不得低于1/3,具体比例由公司章程规定。监事会中的职工代表由公司职工通过职工代表大会、职工大会或者其他形式民主选举产生。监事会设主席1人,由全体监事过半数选举产生。监事会主席召集和主持监事会会议;监事会主席不能履行职务或者不履行职务的,由过半数以上监事共同推举1名监事召集和主持监事会会议。董事、高级管理人员不得兼任监事。

《公司法》第130条规定,股份有限公司设监事会,如前所述,如果公司设立了审计委员会,或者公司规模较小或者股东人数较少,则可以不设监事会,设1名监事,行使该法规定的监事会的职权。监事会成员为3人以上。监事会应当包括股东代表和适当比例的公司职工代表,其中职工代表的比例不得低于1/3,具体比例由公司章程规定。监事会中的职工代表由公司职工通过职工代表大会、职工大会或者其他形式民主选举产生。监事会设主席1人,可以设副主席。监事会主席和副主席由全体监事过半数选举产生。监事会主席召集和主持监事会会议;监事会主席不能履行职务或者不履行职务的,由监事会副主席召集和主持监事会会议;监事会副主席不能履行职务或者不履行职务的,由过半数的监事共同推举1名监事召集和主持监事会会议。董事、高级管理人员不得兼任监事。

(三)监事会的职权

监事会的职能主要是对公司业务和财务进行监督。公司的业务经营和事务管理由董事会及其经理负责,公司监事会对其业务执行情况和事务管理情况进行监督,并向股东会负责。

《公司法》第78、131条规定，监事会行使下列职权：(1)检查公司财务；(2)对董事、高级管理人员执行公司职务的行为进行监督，对违反法律、行政法规、公司章程或者股东会决议的董事、高级管理人员提出解任的建议；(3)当董事、高级管理人员的行为损害公司的利益时，要求董事、高级管理人员予以纠正；(4)提议召开临时股东会会议，在董事会不履行本法规定的召集和主持股东会会议职责时召集和主持股东会会议；(5)向股东会会议提出提案；(6)依照本法第189条规定，对董事、高级管理人员提起诉讼；(7)公司章程规定的其他职权。

同时，《公司法》第79、131条规定，监事可以列席董事会会议，并对董事会决议事项提出质询或者建议。监事会发现公司经营情况异常，可以进行调查；必要时，可以聘请会计师事务所等协助其工作，费用由公司承担。

此外，《公司法》第80条规定，监事会可以要求董事、高级管理人员提交执行职务的报告。董事、高级管理人员应当如实向监事会提供有关情况和资料，不得妨碍监事会或者监事行使职权。

《公司法》第82条、第131条第2款规定，监事会行使职权所必需的费用，由公司承担。

(四)监事会会议规则

《公司法》第81条、第131条第1款规定，有限责任公司监事会每年度至少召开一次会议；股份有限公司监事会每6个月至少召开一次会议。有限责任公司和股份有限公司的监事均可以提议召开临时监事会会议。

监事会的议事方式和表决程序，除本法有规定的外，由公司章程规定。

监事会决议应当经全体监事的过半数通过。

监事会决议的表决，应当一人一票。

监事会应当对所议事项的决定作成会议记录，出席会议的监事应当在会议记录上签名。

二、监事

(一)监事的选任

监事会成员主要由股东会选举产生。但我国《公司法》第76条第2款和第130条第2款规定，无论是有限责任公司还是股份有限公司，其监事会成员为3人以上，监事会成员应当包括股东代表和适当比例的公司职工代表，其中职工代表的比例不得低于1/3，具体比例由公司章程规定。监事会中的职工代表由公司职工通过职工代表大会、职工大会或者其他形式民主选举产生。

由此可见，我国公司监事会成员的产生有两种途径：一是由股东会选举；二是由公司职工民主形式选举。

应当注意到,我国公司法要求由一定比例的职工参加监事会表明职工可在一定程度上参与公司监督,是一种经济民主的体现。

（二）监事的解任

与我国公司法关于监事的选任规定相对应,监事的解任也有两种方式:一是由股东会决议解任;二是由职工民主形式解任。

（三）监事的任期

根据我国《公司法》第77条和第130条第5款规定,监事的任期每届为3年。监事任期届满,连选可以连任。监事任期届满未及时改选,或者监事在任期内辞任导致监事会成员低于法定人数的,在改选出的监事就任前,原监事仍应当依照法律、行政法规和公司章程的规定,履行监事职务。这主要是为了保障股东权益,促进公司业务持续正常经营。

（四）监事的责任

根据公司法规定,监事应当遵守法律、行政法规和公司章程,对公司负有忠实义务和勤勉义务。一般而言,监事与董事、经理一样也需要对公司承担受信义务,如其违反了受信义务,则应对公司承担损害赔偿责任。

第五节　公司代表人

我国93年《公司法》规定,董事长为公司的法定代表人。有限责任公司不设董事会的,执行董事为公司的法定代表人。由此可见,在我国旧公司法上,关于公司代表人的规定具有法定性,因而在实务中甚至在法律上公司的代表人也就被称为"法定代表人"。我国旧公司法以强制性规范的方法替代了公司自主决定代表人的权力,使我国的代表人制度缺乏灵活性。后来公司法改变了这一做法,采用在限定的范围内由公司章程规定的做法。05年《公司法》第13条规定,公司法定代表人依照公司章程的规定,由董事长、执行董事或者经理担任,并依法登记。公司法定代表人变更,应当办理变更登记。该条规定表明,在我国,公司代表人可由董事长、执行董事或者经理担任。至于到底由谁担任,则由公司章程规定。23年《公司法》第10条第1款规定,公司的法定代表人按照公司章程的规定,由代表公司执行公司事务的董事或者经理担任。在此意义上,我国公司法上的代表人实际上具有法定和章定的双重属性,即在法律设定的选择范围内由公司章程规定。即便是公司代表人应登记,也只能是"登记代表人"或者"注册代表人",而不宜在法律上直接称为"法定代表人"。

23年《公司法》对由于我国公司法关于公司代表人制度作出具体规定,较之于先前的法律,有了很大的完善。下面我们将对公司代表人制度进行较为全面的论述。

一、代表人地位

代表人是代表公司并执行业务的人,其法律地位属于公司的常设机关。由于董事会是以会议的形式进行决策,它本身不能亲自执行其决策,因此,就有必要选择自然人来执行其决策。由于代表人通常由董事担任,所以往往又称为“代表董事”。不过,我国公司法将代表人选扩张至公司经理,则以代表人称之。

代表人对内享有业务执行权,对外享有公司代表权。《公司法》第 11 条第 1 款规定,法定代表人以公司名义从事的民事活动,其法律后果由公司承受。

代表人的业务执行权主要表现为:执行股东会和董事会的决议和负责公司的日常事务的处理。这意味着,代表人不具有一般业务决定权,公司的一般业务决定权属于董事会集体决定的权限。

代表人对外代表公司的权力主要表现为:代表人对外具有进行营业上和裁判上一切行为的权力。譬如,代表公司对外签订合同,或者代表公司起诉、应诉、参加仲裁等。在此意义上,代表人的代表权几乎与公司权力无异。

二、代表人的选任与解任

(一)代表人的选任

代表人是从董事、经理中选举出来的公司代表,通常由董事会选举产生。但如果章程另有规定,也可由股东会直接选举。由股东会选举时,依普通决议即可。我国法律规定,公司法定代表人依照公司章程的规定,由董事长、执行董事或者经理担任。由于公司章程体现的是股东的集体意志,因此,在我国,公司代表人最终由股东决定。

代表人的人数通常为一人,但也可以是数人,甚至可以是全体董事(通常发生在当董事会成员较少的情形)。法律不限制其人数。但从我国公司法规定来看,因法律将代表人选限定在董事长、执行董事或者经理,实践中公司代表人通常是一人。

(二)代表人的解任

公司代表人可因如下几种情况而解任:(1)代表人任期届满而退任。(2)代表人可以辞任。辞任应向董事会或者股东会提出,至于到底向谁提出,依选任方法或者公司章程规定而定。(3)选任代表人的董事会或者股东会可以解任代表人。股东会解除代表人代表权时,依选任时方法为之,即依普通决议为之。(4)如果代表人是董事,代表人以具有董事资格为前提。如因任何原因丧失董事地位,则当然丧失代表人地位。《公司法》第 10 条第 2、3 款规定,担任法定代表人的董事或者经理辞任的,视为同时辞去法定代表人。法定代表人辞任的,公司应当在法定代表人辞任之日起 30 日内确定新的法定代表人。

三、越权代表

越权代表,是指代表人超越其权限范围所实施的代表行为。越权代表产生于两种情形：一是违反法律对代表权的限制；二是违反章程或者股东会或者董事会决议对代表权的限制。

代表人的代表权可能受到法律的限制。譬如，在代表人与公司发生诉讼时，不能代表公司。此时，应另行选择代表。代表人的代表行为如果超越了的法律的直接限制，应属无效，因其行为违反了法律的强制性规定。于此情形，由越权代表人自己承担行为后果，公司不承担责任。

公司也可以通过公司章程或者股东会或者董事会决议限制代表人的代表权。但该种限制不得对抗善意第三人。也就是说，原则上代表人的代表行为如果超越了公司章程或者股东会、董事会决议的限制，其代表行为有效，但限于相对人为善意第三人。我国《民法典》第 504 条规定，法人的法定代表人或者非法人组织的负责人超越权限订立的合同，除相对人知道或者应当知道其超越权限的以外，该代表行为有效，订立的合同对法人或者非法人组织发生效力。这就是说，代表人的行为尽管为越权行为，但从交易安全角度考虑，公司不能否认其交易行为，除非公司能够证明交易相对人存在恶意，即交易相对人明知或者可得而知代表人缺乏代表权。

《公司法》第 11 条规定，法定代表人以公司名义从事的民事活动，其法律后果由公司承受。公司章程或者股东会对法定代表人职权的限制，不得对抗善意相对人。法定代表人因执行职务造成他人损害的，由公司承担民事责任。公司承担民事责任后，依照法律或者公司章程的规定，可以向有过错的法定代表人追偿。

据此，公司代表人的行为就是公司的行为，在交易相对人为善意的情形下，公司应承担责任。公司承担责任后，可追究代表人的内部责任，如解任或者请求损害赔偿。但是，交易相对人为恶意的，公司可主张该交易无效。于此情形，由越权代表人自己承担行为后果，公司不承担责任。

四、代表权的滥用

代表权的滥用，是指代表人在行使代表权时利用其代表权为自己或者第三人谋取利益并给公司造成损失的行为。代表权的滥用与越权代表是不同的两个概念，在运用时，应注意加以区分。

首先，代表权的滥用以代表人享有代表权为前提。而越权代表指的是超越代表权的情形，从根本上来讲，此时的代表人是没有代表权的，只不过从交易安全考虑，有可能使其对外代表行为有效。因此，代表人超越法律和公司内部限制的行为均不属于代表权的滥用。

其次，代表人滥用代表权的目的是为自己或者第三人谋取利益。由于代表人的对外代表行为直接产生公司的责任，所以代表人在行使代表权时应履行高度的注意义务，追求公司最佳利益，不能谋取私利。否则，将构成代表权的滥用。譬如，代表人以公司资产为他人提供担保或者借贷给他人。

最后,滥用代表权的后果是给公司带来损失。譬如,代表人将属于公司的一块土地以低于市场价格的条件出售给第三人,使第三人获取市场差价利益,使公司遭受市场差价损失。

滥用代表权的效力如何?对滥用代表权的行为的处理与对越权代表行为处理规则是一致的,即该种代表行为是有效的,但限于相对人为善意第三人。这就是说,尽管代表人滥用了代表权,但从交易安全角度考虑,公司不能否认其交易行为,除非公司能够证明交易相对人存在恶意,即相对方知道或者应当知道该行为是滥用代表权。

据此,在交易相对人为善意的情形下,公司应承担责任。公司承担责任后,可追究代表人的内部责任,如解任或者请求损害赔偿。因为代表人在任何时候都不得为个人私利行使代表权。但是,交易相对人为恶意的,公司可主张该交易无效。于此情形,由行为人自己承担行为后果,公司不承担责任。

五、代表人的侵权行为

代表人在执行业务过程中给他人造成损失,其责任如何承担?于此情形,因代表人是代表公司执行业务,代表人的行为即为公司的行为,其行为后果应由公司承担责任。回顾前文,我们在讨论公司的人格时,就谈到公司具有侵权行为能力,而这种侵权行为能力又是通过代表人的行为实施的。因此,代表人在执行业务时由于实施了侵权行为而给他人造成损失的,由公司承担责任。公司承担责任后,可追究代表人的内部责任,如解任或者请求损害赔偿。因为代表人即使是在代表公司实施行为,也应遵守法律,不得实施侵害他人的违法行为。

有两点需要说明:

第一,代表人的侵权行为如果不是基于执行业务而发生的,不能发生公司的侵权责任。也就是说,只要其行为不是代表公司,即使是代表人实施的,公司也不承担责任,而只能作为其个人行为承担责任。

第二,非代表人的行为不可能引发公司的侵权责任,因为非代表人不具有代表权,其行为属于自己行为,不属于公司行为。

六、表见代表

表见代表,是指公司非代表人虽然没有代表权,但在客观上存在足以使善意第三人相信其具有代表权而为的代表行为。

表见代表须符合下列要件:

第一,行为人在客观上存在使善意第三人相信其具有代表权的事由。譬如,公司明示或者默示地允许非代表人使用一些表见性名称(如董事长),或者虽未经公司允许,但却放任其使用表见性名称(如公司明知某非代表人对外打着董事长的招牌,但却不制止)。再如,公司虽然有代表人,但代表人却长期不理事,而实际上却由非代表人实际执行业务和代表公司。

第二,相对人的信赖。也就是说,相对人在主观上善意地相信行为人具有代表权。如果相对人明知或者应当知道行为人不具有代表权,则不能成立表见代表。

表见代表的后果是,公司须对善意第三人承担责任。这样做的目的是保护交易安全。至于相对人是善意或者恶意,则由公司负担举证责任。公司承担责任后,可向表见代表人进行追偿。

七、共同代表人

公司也可以选举两人以上作为代表人共同代表公司。两人以上共同代表公司的代表人为共同代表人。如前所述,我国公司法不承认共同代表人。唯因为实践中出现共同代表人的情形仍有可能,所以这里仍有讨论的必要。

公司设置共同代表人的好处是:可以事先预防违法或者不适当的代表行为,并可以事后纠正。这是因为,共同代表人在以公司名义实施代表行为时必先形成内部共同意思,相对于单独代表人而言,共同代表人相互之间可以相互牵制,从而得以避免决定的任意性。共同代表人比较适合规模较大的公众公司,但在封闭公司中也属常见。

共同代表人行使代表权时应共同为之。共同代表人中部分代表人不能将其代表权全权委任其他代表人行使,因为这样做有悖于共同代理的本质。但是否可以将特定事项予以委任呢?应当允许,但是需要全体共同董事形成内部共同意思。这样做的好处是有利于灵活处理事务。

共同代表人中一名代表人单独代表公司时,其行为无效。也就是说,如果是一人单独进行代表行为时,无论相对方是善意或者恶意,均属无效。这是因为,公司采用共同代表人的,应进行登记。登记即公示,也就不存在善意与恶意相对人问题。一人代表行为无效意味着行为后果由行为人自己负责,公司不承担责任。

但是,公司采用共同代表人如未予登记,则不得对抗善意第三人。于此情形,该代表行为对公司有效,公司应承担责任。当然,公司承担责任后,可追究行为人的内部责任。

虽然共同代表人中一人单独所实施的代表行为无效,但是,该种行为可以被追认。如果该种行为得到其他代表人追认,其行为则为有效行为。追认的意思可以直接向相对方表示,也可以向实施行为的代表人表示。

应当说明的是,当公司向第三人作出意思表示时,即所谓的主动代表,只有代表人共同进行,才能代表公司。但是,如果是交易对方向公司所作出的意思表示,即所谓的被动代表,只对共同代表人中的一人作出也是有效的。因为共同代表人制度是以防止代表人的权利滥用为目的的,而在意思表示的受领上不会存在权利滥用的可能性。

第六节　上市公司组织机构的特别规定

一、上市公司概述

根据其股票是否可以在证券交易所上市交易，可将股份有限公司区分为上市公司与非上市公司。《公司法》第 134 条规定，本法所称上市公司，是指其股票在证券交易所上市交易的股份有限公司。由于上市公司存在众多的公众股东，法律更加注重其交易安全。因此，上市公司的股票交易须遵守特别的交易规则，并由专门的有关证券法律、行政法规和证券交易所规则进行规范。我国公司法主要就上市公司的有关组织机构问题进行了特别规定，包括上市公司重大交易资产或者担保金额超过法定金额的决议程序、上市公司的独立董事、审计委员会与董事会秘书的设置、上市公司关联交易、上市公司信息披露与股票代持、交叉持股之禁止等。

二、独立董事、专门委员会和董事会秘书

（一）独立董事

1. 独立董事概述

独立董事（independent directors）这一概念来自美国。在美国的法律文献中，存在“独立董事”或者“外部董事”（outside directors）这样的概念。但无论是独立董事还是外部董事，均非美国普通公司法上使用的术语。在美国的普通公司法上作为正式的法律术语则是“非利害关系董事”（disinterested directors），主要适用于公司中的“利益冲突交易”（conflict-of-interest transactions）情形。就与特定问题或者交易的关系而言，董事被区分为“利害关系董事”和“非利害关系董事”（interested or disinterested directors）。利害关系董事，是指董事与某一问题或者交易存在经济利益关系，该种利益关系对他们的重要程度足以影响到他们的决策的合理性。现代公司法在许多问题的决策方面都要求非利害关系董事决定。独立董事正是在此基础上发展起来的，并成为公众公司广泛采用的一种制度。

究竟什么是独立董事呢？我们大致可以将其定义为：独立董事是指来自外部的与公司没有关联关系的非执行董事。我们可以从如下几个层面进一步分析独立董事这一概念。

首先，独立董事是外部董事。从董事会的构成来看，其成员可以分为“内部董事”（inside directors）和“外部董事”（outside directors）。内部董事指的是全职董事，这些董事由公司的内部人（insiders）充任，包括股东以及管理人员。CEO 通常是董事会的主席（当然这一职务也可以由不同的人担任）。外部董事则指的是由外部人（outsiders）充任的董事，这些董事是不担任公司职务的董事。绝大多数外部董事通常是其他公司的在任 CEO

或者退休CEO,外部董事也可能是公众知名人物,如律师、教授、商学院院长、大学校长、银行家或者其他人。独立董事专指那些来自外部的董事。

其次,独立董事是非关联外部董事。按照外部董事是否与公司存在关联关系,可进一步将外部董事区分为"关联外部董事"(Affiliated Outside Directors,AOD)和"非关联外部董事"(Unaffiliated Outside Directors,UAOD)。关联外部董事是指与公司具有经济或者商业利益的外部董事,如公司的法律顾问、财务顾问或者投资顾问等兼任公司董事。关联外部董事缺乏非关联外部董事那样的独立性。相应地,非关联外部董事指的就是与公司不存在经济或者商业利益的外部董事,这正是独立董事的"独立性"的体现。这里比较一下,关联外部董事和非关联外部董事均指外部董事而言,而利害关系董事和非利害关系董事同时针对内部董事和外部董事。

最后,独立董事是非执行董事。根据董事是否执行业务,可将董事区分为执行董事(executive directors)与非执行董事(non executive directors)。执行董事又称为管理董事(managering directors),非执行董事又称为非管理董事(non managering directors)。一般而言,内部董事是执行董事,外部董事是非执行董事。这间接地反映了独立董事主要以监督为其职能,而非以管理公司为其职能。

现代公司治理原则越来越重视独立董事的地位。历史上,董事会被视为公司管理的"橡皮图章"(a rubber stamp)。在引进独立董事之前,这至少在公众公司具有相当的真实性。尽管不同的人对公司治理所提出的改革建议不尽相同,但是,他们还是有一些共同的主题。其中最重要的一项建议就是改革董事会的结构以尽可能使董事会独立于管理层。事实上,董事会结构的变革已经进行了二十多年了。现在的趋势是,公众公司的大多数董事几乎主要由那些与现任管理层不存在关联关系的外部董事构成,因而,在许多问题上能够独立于管理层作出决策。

但是,独立董事并不意味着他就能真正独立于管理层的影响,它与管理层可能存在经济利益或者其他这样或者那样的关系。譬如,独立董事实际上是由管理者聘请的,他们也许不想更换有权决定在将来是否继续聘任他们的管理者。如果独立董事是另外一家公司的CEO,他可能采取消极态度,因为他可能指望他的独立董事也以同样态度对待自己。为了解决这一问题,许多人进一步建议不仅董事会的大多数或者全部成员应当由独立董事构成,而且建议公司应当成立主要由独立董事构成的专门委员会。

在20世纪80年代和90年代,独立董事的地位发生了变化。在许多公司,独立董事每年至少单独召开一次会议。他们对CEO的业绩的审查更为深入,这主要是因为独立董事在一些重要的委员会(如审计、赔偿、提名、战略计划、环境监督等)任职而导致CEO的权力流失。譬如,由于提名委员会制度的建立,大多数公司利用提名委员会来选举新的董事,从而大大削弱了CEO在选择董事方面的权力。

为什么运用独立董事受到鼓励?有学者概括为下列一系列因素导致独立董事重要性的提高:(1)在20世纪70年代,公司的错误行为被大量地揭露,特别是"水门丑闻"

(the Water Gate scandal)之后,人们谴责董事会对经理层没有起到监管作用。(2)SEC 和全国证券交易所敦促公司董事会扩容以便容纳更多的独立董事。(3)NYSE 要求上市公司建立审计委员会,并且全部由独立于公司管理层并且与公司没有任何利益关系的董事构成。(4)法院认为,对不受欢迎的收购采取的防御战略,如果经过独立董事同意,而没有涉及有自我利益的内部董事(他们总是希望阻止收购)的参与,一般视为合法的商业决策。(5)在股东提起派生诉讼的情况下,法院尊重独立董事是否对公司管理者提起诉讼的决定。

由于独立董事地位的提高,相应地,董事的义务和责任也在提高。主要或者全部由独立董事构成的董事会及其专门委员会的广泛运用可能会逐渐地将公众公司管理层的权力转移给独立董事。

2. 我国法律关于独立董事的规定

美国的独立董事制度对各国产生了广泛的影响。我国现行公司法亦正式引进这一制度。《公司法》第 136 条第 1 款规定,上市公司设独立董事,具体管理办法由国务院证券监督管理机构规定。根据该款规定,公司法明确要求上市公司设独立董事。《公司法》第 136 条第 2 款规定,上市公司的公司章程除载明本法第 95 条规定的事项外,还应当依照法律、行政法规的规定载明董事会专门委员会的组成、职权以及董事、监事、高级管理人员薪酬考核机制等事项。《公司法》第 95 条规定的是股份有限公司章程的法定记载事项,当然适用于上市公司。除此之外,上市公司的章程还应当记载董事会专门委员会的组成、职权以及董事、监事、高级管理人员薪酬考核机制等事项。

公司法关于独立董事的规定只是指引性规定,并授权国务院证券监督管理机构规定具体实施办法。事实上,在公司法正式承认独立董事之前,我国证券监督管理机构已经要求上市公司建立独立董事制度,经过多年的推行和实施,已经取得了一定的经验。

根据有关规定要求,〔13〕我国上市公司设立独立董事的基本规则如下:

所谓上市公司独立董事,是指不在上市公司担任除董事外的其他职务,并与其所受聘的上市公司及其主要股东、实际控制人不存在直接或者间接利害关系,或者其他可能影响其进行独立客观判断关系的董事。独立董事应当独立履行职责,不受上市公司及其主要股东、实际控制人等单位或者个人的影响。

上市公司独立董事占董事会成员的比例不得低于 1/3,且至少包括一名会计专业人士。担任独立董事应当符合一定条件,譬如,具有 5 年以上履行独立董事职责所必需的法律、会计或者经济等工作经验;具有良好的个人品德,不存在重大失信等不良记录等。

独立董事原则上最多在 3 家境内上市公司担任独立董事,并应当确保有足够的时间

---

〔13〕 参见《上市公司独立董事管理办法》[2023 年 7 月 28 日中国证券监督管理委员会第 5 次委务会议审议通过,并于 2023 年 9 月 4 日起施行。2022 年 1 月 5 日发布的《上市公司独立董事规则》(证监会公告〔2022〕14 号)同时废止]。证监会发布的《上市公司股权激励管理办法》《上市公司收购管理办法》《上市公司重大资产重组管理办法》等该办法施行前中国证监会发布的规章与该办法的规定不一致的,适用该办法。

和精力有效地履行独立董事的职责。

独立董事必须保持独立性。有鉴于此，下列人员不得担任独立董事：(1)在上市公司或者其附属企业任职的人员及其配偶、父母、子女、主要社会关系；(2)直接或者间接持有上市公司已发行股1%以上或者是上市公司前10名股东中的自然人股东及其配偶、父母、子女；(3)在直接或者间接持有上市公司已发行股份5%以上的股东或者在上市公司前五名股东任职的人员及其配偶、父母、子女；(4)在上市公司控股股东、实际控制人的附属企业任职的人员及其配偶、父母、子女；(5)与上市公司及其控股股东、实际控制人或者其各自的附属企业有重大业务往来的人员，或者在有重大业务往来的单位及其控股股东、实际控制人任职的人员；(6)为上市公司及其控股股东、实际控制人或者其各自附属企业提供财务、法律、咨询、保荐等服务的人员，包括但不限于提供服务的中介机构的项目组全体人员、各级复核人员、在报告上签字的人员、合伙人、董事、高级管理人员及主要负责人；(7)最近12个月内曾经具有第一项至第六项所列举情形的人员；(8)法律、行政法规、中国证监会规定、证券交易所业务规则和公司章程规定的不具备独立性的其他人员。

前款第(4)项至第(6)项中的上市公司控股股东、实际控制人的附属企业，不包括与上市公司受同一国有资产管理机构控制且按照相关规定未与上市公司构成关联关系的企业。

独立董事应当每年对独立性情况进行自查，并将自查情况提交董事会。董事会应当每年对在任独立董事独立性情况进行评估并出具专项意见，与年度报告同时披露。

上市公司股东大会选举两名以上独立董事的，应当实行累积投票制。鼓励上市公司实行差额选举，具体实施细则由公司章程规定。中小股东表决情况应当单独计票并披露。

独立董事每届任期与上市公司其他董事任期相同，任期届满，可以连选连任，但是连续任职不得超过6年。

独立董事在任期届满前可以提出辞职。独立董事任期届满前，上市公司可以依照法定程序解除其职务。

独立董事主要职责如下：(1)参与董事会决策并对所议事项发表明确意见；(2)对上市公司与其控股股东、实际控制人、董事、高级管理人员之间的潜在重大利益冲突事项进行监督，促使董事会决策符合上市公司整体利益，保护中小股东合法权益；(3)对上市公司经营发展提供专业、客观的建议，促进提升董事会决策水平。

除上述一般职责外，独立董事行使下列特别职权：(1)独立聘请中介机构，对上市公司具体事项进行审计、咨询或者核查；(2)向董事会提议召开临时股东大会；(3)提议召开董事会会议；(4)依法公开向股东征集股东权利；(5)对可能损害上市公司或者中小股东权益的事项发表独立意见。

下列事项应当经上市公司全体独立董事过半数同意后，提交董事会审议：(1)应当披露的关联交易;(2)上市公司及相关方变更或者豁免承诺的方案;(3)被收购上市公司董事会针对收购所作出的决策及采取的措施。

上市公司应当定期或者不定期召开全部由独立董事参加的会议(以下简称独立董事专门会议),对上述(1)至(3)特别事项以及关联交易的披露、上市公司及相关方变更或者豁免承诺的方案、被收购上市公司董事会针对收购所作出的决策及采取的措施,应当经独立董事专门会议审议。

上市公司应当为独立董事履行职责提供必要的工作条件和人员支持,指定董事会办公室、董事会秘书等专门部门和专门人员协助独立董事履行职责。上市公司应当保障独立董事享有与其他董事同等的知情权,承担独立董事聘请专业机构及行使其他职权时所需的费用,给予独立董事与其承担的职责相适应的津贴。此外,为了降低独立董事正常履行职责可能引致的风险,上市公司还可以建立独立董事责任保险制度。

(二)专门委员会

1. 专门委员会概述

独立董事往往是其他单位的全职雇员,其中大多数有自己的公司和业务需要去管理,其共同特点是不熟悉公司复杂的官僚机构的管理,缺乏对公司业务的了解,缺乏足够可信赖的决策信息,没有充足的时间保障(他们开会的次数相对来说要少一些:每年 8 次至 10 次,每次也就几小时而已)。比较而言,内部董事同时又是公司雇用的高层管理执行人,他们掌握着详尽的有关商业事务的信息。由于他们服从于 CEO,所以他们一般都响应或者支持 CEO 的政策。所以,公平地说,对独立董事寄予过高的期望也是不实际的。

即使我们对独立董事不存在任何偏见,又如何解决这些独立董事的时间和信息问题呢?一种较为激进的意见认为,应当建立职业董事制度,即职业董事专任公司董事,不兼做其他事情,这样,他就有时间了,同时也有利于了解公司业务。但更多的意见则认为,应当利用委员会制度来帮助董事会履行职责,这样既可以使董事会了解公司情况,又不至于太花费时间。

《公司法》第 136 条第 2 款规定,上市公司的公司章程除载明本法第 95 条规定的事项外,还应当依照法律、行政法规的规定载明董事会专门委员会的组成、职权以及董事、监事、高级管理人员薪酬考核机制等事项。公司法在上市公司组织机构的特别规定中为上市公司设置专门委员会留下来空间,即不限于审计委员会。

现代公司法似乎更加倾向于选择委员会制度。这样的法律规定,董事会可以设立专门委员会(special committees),并在董事会的授权下从事某些属于董事会职能的活动。这种专门委员会实际上是公司董事会的咨议机构。这些委员会可以向董事会提供建议,并在某种意义上代表董事会(但不能代替董事会)行使董事会职能。应当注意的是,委员会的设立及其权限的授予并不构成董事法定注意义务的满足和责任的免除。

公司法往往就董事会对这些委员会的授权加以限制。譬如,不得决定股利分配,不得决议公司是否发行或者购买证券,不得同意诸如兼并之类的基本交易,不得修改公司章程或者公司细则,不得决定董事空缺的填补等。除这些被排除的职权外,其他一切属于董事会的职权范围内的事项均可以由委员会代表董事会行使。

当董事会成员超过3人时,董事会可以设立一个或数个专门委员会来执行董事会的特定职能。同时,大多数法律允许非董事参与委员会,如管理层成员或一般社会公众成员。一些重要的委员会,如提名委员会、审计委员会、报酬委员会、诉讼委员会通常主要由来自外部的且不与管理层存在利害关系的独立董事构成,以此保证所提出建议的公正性。CEO可以作为委员会的主席,或者至少应该是委员会的成员,一名至数名内部董事也可以参加该委员会。

应当说明的是,委员会的设置并非强制性要求。

常见的专门委员会包括:

提名委员会(nominating committee),负责在股东年会上提名董事候选人的工作。现在大多数公众公司设立提名委员会。提名委员会的地位通常取决于董事会议及其与首席执行官(CEO)的关系。在有些公司中,提名委员会在选择董事会董事或首席执行官的候选人时具有很大的发言权。在其他公司,CEO仍然维持了选择候选人及其继任者的很大权力。提名委员会可能执行下列职能:设定董事资格;审查在任董事的业绩,并就在任董事的续任或更换提出建议;就董事会的规模和构成提出建议。

审计委员会(audit committee),负责与公司外部审计师事务所一道检查公司的财务情况。公众公司应设立审计委员会,这是SEC的要求,并执行下列职能:向公司推荐会计师事务所作为独立审计师;就有关审计计划向所聘用的独立审计师进行咨询;经咨询独立审计师后,审查审计报告及相关财务报告;咨询独立审计师有关内部会计控制的适当性及相关问题;向董事会就审计结果进行汇报并就改进控制程度的适当性提出建议。

执行委员会(executive committee),在董事会休会期间作为董事会的替身代表董事会执行管理。执行委员会通常由公司管理人员、董事或执行董事构成。一些法律专门就执行委员会的权力做出限制以确保其权利受到约束。对执行委员会的授权一般并不免除董事会或其他成员应承担的任何责任。

报酬委员会(compensation committee),许多公司设立报酬委员会以解决报酬和退休利益问题。报酬委员会的地位在特定公司中取决于董事会及其与CEO之间的关系,尽管所有的报酬委员会基本上由清一色的非管理董事构成。报酬委员会的职能是:审查或批准(或向董事会推荐)CEO、其他管理董事或其他高级管理人员的年薪、奖金或其他直接或间接利益;就有关新的管理报酬或股票计划进行审查或向董事会建议;建立和定期审查公司对所谓的管理者额外报酬的政策;审查有关董事会成员的报酬政策;审查雇员退休计划的运行;审查公司与董事之间的利益冲突交易。

诉讼委员会(litigation committee),当股东代表公司提起派生诉讼时,可能设立一个由非利害关系董事组成的诉讼委员会来审查该诉讼并决定该诉讼的进行是否符合公司的最佳利益。一般来说,法院对这种独立诉讼委员会的决定是尊重的,并可能根据这种委员会的决定来裁判是否驳回派生诉讼。

一些公众公司设立公共政策委员会(public policy committee)以审查公司的有关慈善活动、公司在社会事务中的地位、公司的政治活动(在公共政策允许的范围内)、公司建立的平等机会政策、非经济政策诸如工人安全、环境影响以及产品安全等问题。

其他委员会,诸如环境保护委员会(environmental committee)、战略计划委员会(strategic planning committee)、管理发展委员会(management development committee)、技术委员会(technology committee)以及雇员福利委员会(employee benefits committee)等。

在公众公司,在评估经理层与董事会权力的平衡时,审计委员会、提名委员会和报酬委员会具有特别重要的意义。在过去,董事会的候选人倾向于由 CEO 提名,董事会独立于 CEO 的程度各公司各不相同。由于董事会独立性的提高,这些委员会的重要性也在提高。

2. 我国法律关于专门委员会的规定

如上所述,我国公司法没有对审计委员会之外的其他专门委员会作出一般性要求,在上市公司组织机构的特别规定中,也没有明确规定审计委员会之外的其他专门委员会,但《公司法》第 121 条显然是承认股份有限公司可以设置除审计委员会之外的其他专门委员会,如战略、提名、薪酬与考核等专门委员会。

审计委员会的主要职责是:提议聘请或更换外部审计机构;监督公司的内部审计制度及其实施;负责内部审计与外部审计之间的沟通;审核公司的财务信息及其披露;审查公司的内控制度。我国 23 年《公司法》规定了审计委员会。值得注意的是,我国《公司法》不仅对上市公司规定了审计委员会,而且分别对有限责任公司和股份有限公司规定了审计委员会,并可以替代公司监事会。就上市公司审计委员会而言,《公司法》第 137 条规定,上市公司在董事会中设置审计委员会的,董事会对下列事项作出决议前应当经审计委员会全体成员过半数通过:(1)聘用、解聘承办公司审计业务的会计师事务所;(2)聘任、解聘财务负责人;(3)披露财务会计报告;(4)国务院证券监督管理机构规定的其他事项。

战略委员会的主要职责是:对公司长期发展战略和重大投资决策进行研究并提出建议。

提名委员会的主要职责是:研究董事、经理人员的选择标准和程序并提出建议;广泛搜寻合格的董事和经理人员的人选;对董事候选人和经理人选进行审查并提出建议。

薪酬与考核委员会的主要职责是:研究董事与经理人员考核的标准,进行考核并提出建议;研究和审查董事、高级管理人员的薪酬政策与方案。

各专门委员会可以聘请中介机构提供专业意见,有关费用由公司承担。各专门委员会对董事会负责,各专门委员会的提案应提交董事会审查决定。

(三)董事会秘书

《公司法》第 138 条规定,上市公司设董事会秘书,负责公司股东会和董事会会议的筹备、文件保管以及公司股东资料的管理,办理信息披露事务等事项。

该条规定上市公司设董事会秘书,并规定了秘书的职责。根据《公司法》第 265 条第(一)项的规定,上市公司董事会秘书属于公司高级管理人员。董事会秘书的基本职责是协助处理股东会、董事会的日常工作,具体包括《公司法》第 138 条规定的职责。

公司董事会秘书原则上应由专职人员担任。如果公司董事或其他高级管理人员兼任,应有足够的精力和时间保证履行职责。公司总经理、财务负责人不宜兼任董事会秘书。董事会秘书由董事会聘任或者解任。

三、有关上市公司交易规则

(一)上市公司购买、出售重大资产或者担保金额超过法定数额的决议程序

公司购买、出售重大资产或者对外提供担保属于公司业务经营事项,本应该由公司董事会决定。但是,如果公司购买、出售重大资产或者对外提供担保数额较大,则应当由公司股东会决定,并经特别决议作出决定。因为这样的交易可能对公司构成重大影响,从而使公司资本结构发生根本变化。譬如,购买重大资产可能导致公司大量资金流出,出售重大资产可能导致公司事实上被出售,对外提供巨额担保可能导致公司债务负担无限增加。鉴于此,公司法针对上述情况规定了进行上述交易的特别程序,借此使公司利益有所保障。

《公司法》第 135 条规定,上市公司在 1 年内购买、出售重大资产或者担保金额超过公司资产总额 30% 的,应当由股东会作出决议,并经出席会议的股东所持表决权的 2/3 以上通过。根据本条规定,上市公司在 1 年内购买、出售重大资产或者担保金额超过公司资产总额 30% 的,不仅需要股东大会作出决议,而且还需要以特别决议的方式作出决定。

(二)上市公司关联交易的决议规则

《公司法》第 139 条专门就上市公司的关联交易的决议规则进行了规定。

根据该条规定,上市公司董事与董事会会议决议事项所涉及的企业或者个人有关联关系的,该董事应当及时向董事会书面报告。有关联关系的董事不得对该项决议行使表决权,也不得代理其他董事行使表决权。该董事会会议由过半数的无关联关系董事出席即可举行,董事会会议所作决议须经无关联关系董事过半数通过。出席董事会会议的无关联关系董事人数不足 3 人的,应当将该事项提交上市公司股东会审议。

该条规定主要是针对上市公司董事与董事会议决议所涉及的企业或者个人有关联关系的情况规定了不同于一般董事会议决议的特殊规则。具体而言,在一般董事会作出决议时,所有董事都有表决权,而在涉及董事关联交易的情况下,则应将关联关系董事排除在外,只能由无关联关系董事参与表决。如果无关联关系董事不足法定人数,则由股东会审议。关于关联交易,我们在后面还将继续讨论。

(三)上市公司信息披露与股权代持

根据我国《公司法》第 140 条的规定,上市公司应当依法披露股东、实际控制人的信

息,相关信息应当真实、准确、完整。上市公司信息披露是证券法重点规制对象,公司法在这里的规定主要是针对股东和实际控制人,但具体的披露规定还是要参阅证券法的规定。

禁止违反法律、行政法规的规定代持上市公司股票。股权代持为公司法所允许,但这只是针对一般情况而言,对于上市公司和特殊性质的公司,有关证券法律要求上市公司要求股权清晰,不存在权属纠纷,否则,法律则可能限制或者禁止代持股份上市交易。譬如,上市公司存在的股票代持多为实际控制人支配,不仅上市本身存在问题,而且可能被司法否认。金融公司如商业银行、保险公司、证券公司、基金公司、期货公司等,其股权代持会受到禁止或者限制。此外,为规避法律的股权代持也可能无效,譬如,规避外商投资准入负面清单规定的股权代持。

(四)交叉持股

根据我国《公司法》第141条的规定,上市公司控股子公司不得取得该上市公司的股份。上市公司控制的子公司持有该上市公司股份是一种交叉持股,其危害性在于子公司持有其控股公司股份反过来控制其母公司,架空母公司股东,损害母公司利益。控股子公司的股东就是控股公司本身,而控股公司作为股东实际上是控股公司的管理层在行使股东权利,其结果是控股公司的管理层操控了公司。上市公司有广大社会公众股东存在,所以,法律和监管均不允许控股子公司持有上市公司的股票。

上市公司控股子公司因公司合并、质权行使等原因持有上市公司股份的,不得行使所持股份对应的表决权,并应当及时处分相关上市公司股份。上市公司控股子公司因特殊原因,如"因公司合并、质权行使等"取得并持有上市公司股份的,不得行使表决权。同时,法律要求应当及时处分相关上市公司股份,譬如,在合并情形下,合并的股份应当转让或者注销。在股权质押情况下,质权人应当及时行使其质权。

第七节　公司董事、监事、高级管理人员的资格

董事、监事、高级管理人员的资格是指担任其职务的条件,包括积极资格和消极资格。董事的积极资格是指担任其职务必须具备的条件;消极资格是指担任董事不得具备的情形。

一、积极资格

(一)董事的积极资格

在公司法制史上,法律曾经对董事的积极任职资格进行限制,譬如,对董事的住所和持股的要求,特别是要求董事必须由股东充任,即董事须持有一定股份,称之为"资格股"(share qualification)。这在实践中导致公司不得不象征性地出售一些股份给将要担任董

事的人。现在的法律对董事的积极资格原则上不进行任何限制,而将这一空间留给公司章程或者公司细则去填补。这样,公司就具有较大灵活性。因此,任何人,只要具有民事行为能力,均可担任董事,包括股东董事、职工董事和外部董事。

有的法律明确规定只有个人才可以成为董事。但有的法律规定,法人或者其他实体也可以成为董事。我国公司法对此没有限定,但从法律要求董事具有民事行为能力来看,董事似宜于自然人担任。从董事职权的实际行使来看,法人或者其他实体似不宜担任董事。因为董事是实际参与公司业务执行的人,应当具有自然人那样的亲自履行职能的能力。如果允许法人或者其他实体担任董事,势必董事的行为需要他人代理。然而,在某种意义上来讲,董事本身就具有"代理人"身份,如果董事在履行职务时再次委托或者指派他人代理,不利于公司的业务执行和经营稳定。

(二)监事的积极资格

现代法律对监事的积极资格几乎没有什么限制。任何人只要具有民事行为能力均可以担任监事。由此可见,监事不必一定具有股东资格。非股东亦得担任监事。从我国公司法的规定来看,监事可能包括三种类型:股东监事、职工监事和外部监事。

法人是否可以担任监事?有的国家允许法人担任监事;有的国家则明确规定监事只能由自然人担任。我国法律亦无规定,但从法律要求监事具有民事行为能力来看,监事似宜于自然人担任。

(三)高级管理人员的积极资格

在大多数情况下,公司法并不对公司高级管理人员的资格进行限制,一般也不限制一个人同时担任数个职务。因此,高级管理人员可以是股东,也可以是董事,还可以是任何其他人,譬如职业经理。但无论何种情形,高级管理人员均须具备民事行为能力。至于高级管理人员是否具备相应的管理知识和经验,则属于商业决策问题,应留待董事会去考虑,而不是一个法律问题。但例外的是,上市公司以及特殊公司,如商业银行、保险公司、信托公司、证券公司等金融机构或者其他特殊性质的公司,法律可能对其高级管理人员的管理知识和经验有所要求。

二、消极资格

根据《公司法》第 178 条的规定,有下列情形之一的,不得担任公司的董事、监事、高级管理人员:(1)无民事行为能力或者限制民事行为能力;(2)因贪污、贿赂、侵占财产、挪用财产或者破坏社会主义市场经济秩序,被判处刑罚,或者因犯罪被剥夺政治权利,执行期满未逾 5 年的,被宣告缓刑的,自缓刑考验期满之日起未逾 2 年;(3)担任破产清算的公司、企业的董事或者厂长、经理,对该公司、企业的破产负有个人责任的,自该公司、企业破产清算完结之日起未逾 3 年;(4)担任因违法被吊销营业执照、责令关闭的公司、企业的法定代表人,并负有个人责任的,自该公司、企业被吊销营业执照责令关闭之日起未逾 3 年;(5)个人因所负数额较大的债务到期未清偿被人民法院列为失信被执行人。

违反前款规定选举、委派董事、监事或者聘任高级管理人员的,该选举、委派或者聘任无效。

董事、监事、高级管理人员在任职期间出现本条第1款所列情形的,公司应当解除其职务。

此外,《公司法》第130条第4款规定,董事、高级管理人员不得兼任监事。

第八节 公司决议的瑕疵及其救济

公司作出决议应当遵守法律、行政法规或者公司章程的规定,如果公司决议在内容或者程序上存在瑕疵,自然应当适用法律上有关行为瑕疵的规则。然而,公司决议为团体法律行为,如果完全采取法律上关于无效或者可撤销之一般性规定,势必导致团体法律关系的不稳定,进而对多数利害关系人的利益造成影响。鉴于此,商法或者公司法上往往对公司决议的瑕疵及其救济专门予以规定,通过种种限制,以期缓解因滥用此种诉讼所带来的不利效果。

本节所讨论的公司决议瑕疵及其救济,虽然广义上包括所有公司机关的决议(股东会决议、董事会决议和监事会决议),但传统公司法往往仅针对股东会决议,我国《公司法》则同时规定了股东会决议和董事会决议的瑕疵及其救济。虽然监事会也是公司法定机构,但由于监事会是一种监督机构,不负责公司的经营管理,其本身亦非公司权力中心,因此,其涉及公司决策纠纷并不突出,法律上关于公司决议瑕疵及其救济并不包括监事会决议。尽管实践中并不经常发生,但如果确实遇到监事会决议瑕疵而有损公司或者相关利益者的利益时,可以类推适用法律为股东会议或者董事会议决议瑕疵提供的救济措施。

一、公司决议诉讼类型

(一)分类方法

传统上,法律将基于公司决议瑕疵提起的诉讼区分为无效诉讼与可撤销诉讼。一般而言,如决议内容违法,属于无效诉讼;如决议程序违法,则属于可撤销诉讼。譬如,德国采取的就是这种"二分法"。

但是,涉及公司决议瑕疵的诉讼还可能存在另外一种情形,即决议不成立。因此,又出现了公司决议诉讼的"三分法"。譬如,日本、韩国采取了此种"三分法"。

"二分法"在于它仅针对已经成立的决议,"三分法"则将公司决议不存在的情形包含进去。

我国旧《公司法》规定的公司决议瑕疵采取的是"二分法",即公司决议无效和撤销。但是,我国的司法实践承认了公司决议不成立的情形。这样,我国23年《公司法》正式确认了司法实践经验，明确了采用了“三分法”，即公司决议无效、可撤销和不成立三种情形。

（二）决议无效诉讼

我国《公司法》第25条规定，公司股东会、董事会的决议内容违反法律、行政法规的无效。一般而言，可提起无效诉讼的原因主要表现为：违反法律、行政法规或者公共利益或者公共政策或者公序良俗。具体有如：公司决议违反股权平等原则，使同种股份享有不同的权利；或者违反股利分配原则，在没有填补损失的情况下分配公司利润；或者违法回购；或者公司决议违反环境保护法等其他法律的规定；等等。

导致决议无效的原因是公司决议内容违反法律、行政法规，但却不包括违反公司章程情形，因为公司章程体现的是股东的意思，如存在违反法律、行政法规的情形，可由股东行使撤销权。

（三）决议可撤销诉讼

我国《公司法》第26条规定，股东会或者股东大会、董事会的决议召集程序、表决方法违反法律、行政法规或者公司章程，或者决议内容违反公司章程的，股东自决议作出之日起60日内，可以请求人民法院撤销。但是，股东会、董事会的会议召集程序或者表决方式仅有轻微瑕疵，对决议未产生实质影响的除外。未被通知参加股东会会议的股东自知道或者应当知道股东会决议作出之日起60内，可以请求人民法院撤销；自决议作出之日起1年内没有行使撤销权的，撤销权消灭。

一般而言，导致公司决议可撤销的原因为决议程序、表决方式违法、违规或者违章，但也包括了决议内容违反章程的情形。其中，就程序瑕疵而言，包括召集程序瑕疵和表决方法瑕疵。就可撤销之诉而言，并非所有程序瑕疵均可撤销。如果公司决议程序瑕疵轻微且对决议未产生实质性影响的，该种诉讼可能不会获得法院的支持。实际上，如果决议内容显失公平，股东也可以请求法院撤销。

1. 召集程序瑕疵

第一，董事会召集程序的瑕疵。譬如，董事会虽然作出了召集股东会议的决议，但该决议的效力本身存在问题。

第二，由无召集权人召集的公司会议。包括两类：一是虽然公司作出了召集公司会议的决议，但却由无召集权人召集会议，如召集者不是法律或者章程上规定的人；二是法律赋予特定人（如少数股东或者监事）虽然有召集公司会议（如股东会）的请求权或者提议权，但却仍然需要经过特定程序（如由董事会决议和召集）。如果其径自召集，则属于无召集权人召集的会议。

第三，通知的瑕疵。譬如，在召开股东会议时只向部分股东通知，而遗漏部分股东；没有遵守公司法上规定的通知时间，如没有按规定给予股东足够准备时间；通知方法不正确，如没有采取法律或公司章程规定的特定形式，如书面或者公告形式，而只是口头联系；通知内容不齐备，如未记载目的、场所等。

第四,目的事项之外的决议。召集开会的通知中应记载会议目的,且会议只就所通知的目的议案进行决议。超出目的议案所作出的决议,即使是紧急事件也构成可撤销事由。

2. 决议方法瑕疵

决议方法瑕疵的表现形式是各种各样的。譬如,无表决权股东或者表决权受限制的股东出席会议并参加表决;无会议主持资格人担任会议主持;种类股东表决的欠缺:在要求要有种类股东单独表决的情况下,如果决议没有经过种类股东的单独表决,构成决议方法瑕疵。

3. 显失公平

显失公平的决议主要表现为滥用多数决和利用不正当手段形成的决议。我国公司法没有规定这一情形。

多数决的滥用,是指大股东利用其持有的多数股份控制会议以期达到在股东会议上作出有利于自己或者第三人而不利于少数股东的决议以及其他不公正的决议等。例如,不分配股利,但却对董事或管理者支付过高的报酬,这往往发生在大股东兼任管理董事的情形。又如,以明显低于市场价格的条件转让营业,这往往发生在关联交易情形。

利用不正当的手段操纵、控制公司会议,使公司决议显著不公平或者显著失当的,亦构成可撤销原因。譬如,公司管理层通过精心安排,操纵会议时间、地点或者会议日程,使公司决议有利于管理层预定的目标。

4. 决议内容违反章程

传统上将决议违反公司章程的情形作为无效诉讼。现在的变化是,将其作为可撤销诉讼。公司章程本身即为股东之团体合意,公司决议虽违反章程,但是如果无人主张,则可以治愈。因此,将其视为可撤销事由较为合理。

公司决议既违反章程,又违反法令者,则应属于决议无效事由。

(四)决议不成立诉讼

通常将确认决议不存在之诉的原因界定为:公司会议的召集程序或者决议方法上存在可视为公司会议不存在的重大瑕疵。也就是说,公司决议的成立过程中所存在的瑕疵明显重大,以至于连决议本身的存在也无法认可时,即构成确认决议不存在的事由。就此而言,其与可撤销之诉在本质上是相同的,而与决议无效之诉相异。但是,法律通常又不对确认决议不存在之诉的提诉权人和提诉期间予以限制。就此而言,其与决议无效诉讼相同,而与可撤销诉讼相异。

由此可见,确认决议不存在之诉的原因是召集程序和决议方法上有重大瑕疵以致不能认可公司决议。在这一点上,其与可撤销之诉存在瑕疵程度和后果认定上的不同。譬如,未经董事会决议或者伪造董事会决议的会议记录而召集股东会议;由依不存在决议被选任的董事组成的董事会上通过的召集决议而召集的股东会议的决议;或者部分股东在正式会议之外另行聚集作出的决议;或者根本没有召集股东会议,制作虚伪的股东会议记录。

根据我国《公司法》第27条的规定,有下列情形之一的,公司股东会、董事会的决议不成立:(1)未召开股东会、董事会会议作出决议。公司根本就没有召开会议,其所谓的决议必然是虚假的或者伪造的,自然不能作为决议成立。但有两种例外情形,即根据《公司法》第59条第2款规定,股东以书面形式一致表示同意的,可以不召开股东会会议而直接作出决定,并由股东签名或者盖章。公司召开会议并不一定必须在现场召开,法律亦允许其他方式,如书面确认或者电话、视频会议或者网络投票。譬如。《公司法》第24条规定,公司股东会、董事会、监事会召开会议和表决可以采用电子通信方式,公司章程另有规定的除外。因此,所谓未召开会议应限定于没有依照法律、章程规定的方式召开会议。(2)股东会、董事会会议未对决议事项进行表决。公司会议对决议事项进行表决实际上是对决议内容的同意、反对或者弃权的意思表示。如果公司会议没有对决议事项进行表决,自然不能成立决议。(3)出席会议的人数或者所持表决权数为达到公司法或者公司章程规定的人数或者所持表决权数。公司决议是团体性法律行为,法律或章程对出席会议的人数以及股东所持表决权的比例均有要求,或者要求董事会的法定或者章定出席人数,或者要求股东会议的法定或者章定表决权比例,如不能满足要求,则属于重大瑕疵,决议不能成立。(4)同意决议事项的表决人数或者所持表决权数未达到公司法或者公司章程规定的人数或者所持表决权数。同样,基于公司决议是团体性法律行为这一性质,法律或章程对决议的表决结果亦规定了通过比例,如董事会决议至少需经过半数以上董事同意,股东会决议至少需要股东所持表决权半数以上同意。如不能满足要求,则属于重大瑕疵,决议不能成立。

二、公司决议诉讼程序

公司决议的无效、可撤销以及不成立须以诉讼的方式裁判之。法律对有关诉讼问题进行规定,主要涉及原告、被告、起诉期间、公告以及诉讼效力。

(一)原告、被告、起诉期间

我国公司法没有对无效诉讼、不成立诉讼的原告资格加以限制,也就是说,原告可以是任何有诉权的人。但司法解释将其限定于“公司股东、董事、监事等”。公司法采用的是无效法律行为的一般规则;但司法解释则考虑的是公司决议瑕疵诉讼的实际情况。因此,司法解释的这种限定是合理的,它主要是考虑无效判决的团体效果而将原告限定在与诉讼有最大利害关系者,这是与一般法律行为无效之诉的不同之处。对于决议不成立之诉的原告,由于决议不成立诉讼的效果与无效诉讼是一样的,原本也无须限定其原告资格,但基于上述理由,司法解释也同样将其原告限定为“公司股东、董事、监事等”。应注意的是,由于司法解释的表述是“公司股东、董事、监事等”,因此,无效诉讼或者不成立诉讼的原告除了股东、董事、监事外,也不排除其他有利害关系的人充当原告提起无效诉讼或者不成立诉讼。[14]

现行法律和司法解释均没有对提起决议无效诉讼和不成立诉讼作出期限限制。如前所述,这对于一般性法律行为而言是没有问题的,但对于公司决议这种特殊的团体性法律行为,还是应该设定一个最长期限较为合理。这一期间为除权期间,超过这个法定期间,原告丧失提起诉讼的权利。提诉期间的限制有利于督促诉讼当事人及时提起诉讼以维持公司经营管理的稳定状态。

我国公司法将可撤销之诉的原告限定为股东,且要求"在起诉时须具有公司股东资格"[15]。

法律对提起可撤销诉讼的期间亦有特别规定,即须在决议之日起的法定期间内提起诉讼。一般来说,可撤销诉讼的提诉期间较短。我国《公司法》第26条第1款要求须"自决议作出之日起六十日内"提起诉讼。这一期间为除权期间,超过这一法定期间,股东丧失提起诉讼的权利。同时,考虑到有些股东可能未被通知参加股东会议的情形,《公司法》第26条第2款规定,未被通知参加股东会议的股东自知道或者应当知道股东会决议作出之日起60日内,可以请求人民法院撤销;自决议作出之日起1年内没有行使撤销权的,撤销权消灭。提诉期间的限制有利于督促股东行使权利以保持法律关系的稳定状态。

无论何种诉讼,被告均为公司。对决议涉及的其他利害关系人,可以列为第三人。其他具有原告资格的人以相同的诉讼请求申请参加诉讼的,可以列为共同原告,但我国相关司法解释将时间限定为"一审法庭辩论终结前"。[16]

(二)诉的合并、和解

就同一公司决议提起数个决议无效之诉,或者决议可撤销之诉,或者确认决议不成立之诉的,法院应合并审理;就同一公司决议分别提起决议无效之诉,或者决议可撤销之诉,或者确认决议不存在之诉的,法院亦应合并审理。

无论何种诉讼,也无论原告或者被告,均不得请求和解。因为该种诉讼涉及团体关系,不能任意处分。

(三)判决的效力

无论何种诉讼,一经法院作出无效、撤销或者不存在的确定判决,即发生对世效力。即该种判决的效力及于原告、公司以及第三人。任何人不得再次主张决议有效。

但是涉及判决的溯及力则有些麻烦。如果承认此类判决具有溯及力,则会严重影响利害关系人的利益。如果不承认此类判决具有溯及力,又可能导致此类判决没有意义。因此,应区分内部人和外部人而确定此类判决是否具有溯及力。具体而言:

对于内部人而言,应使此类判决具有溯及力。譬如,对于像董事责任的免除,董事、

---

〔14〕《公司法》司法解释四第1条。

〔15〕《公司法》司法解释四第2条。

〔16〕《公司法》司法解释四第3条。

监事、高级管理人员的报酬，股利分配等决议，如果不使其具有溯及力，其依违法决议所获得的利益仍然得不到纠正。

对于外部人而言，则应将此类判决的溯及力切断，但应限于善意相对人或者善意第三人。《公司法》第28条第2款规定，股东会、董事会决议被人民法院宣告无效、撤销或者确认不成立的，公司根据该决议与善意相对人形成的民事法律关系不受影响。譬如，对于像公司依照违法决议已经与善意第三人发生的对外交易、公司发行新股等情形，如果不限制判决的溯及力，势必影响众多人的利益，交易安全受到严重威胁。

（四）公司决议变更登记的撤销

《公司法》第28条第1款规定，公司股东会、董事会决议被人民法院宣告无效、撤销或者确认不成立的，公司应当向公司登记机关申请撤销根据该决议已办理的登记。这属于无效之诉、可撤销之诉或者不成立之诉发生确定判决的程序后果。

三、公司决议瑕疵治愈

公司决议瑕疵的治愈，是指虽然公司决议在内容或者程序上存在瑕疵，但如果满足了一定的条件，则可能转换为有效决议。

决议瑕疵的治愈，因瑕疵不同其治愈方法亦有所不同。以下所讨论公司决议瑕疵的治愈，仅限于股东会决议瑕疵情形。

（一）可撤销决议的治愈

对于可撤销之诉，就股东会会议决议而言，如果该种决议是在全体股东出席的情况下通过的，该种决议有效。这是因为：

第一，法律上关于股东会议程序上的要求是为了赋予全体股东出席的机会和必要的准备时间，如果全体股东出席了会议，该种瑕疵可经全体股东出席而得以治愈。

第二，如果决议在内容上违反的是公司章程，也可因为全体出席而治愈。因为章程本身就是股东共同意思表示，自然可因股东的共同意思而修正。

此外，对于决议可撤销之诉，法律规定了提起诉讼的时间限制。如果有关利害关系人在规定的时间内没有提起诉讼，则意味着当事人放弃了主张撤销该决议的权利。这本身就表明了瑕疵决议经过一定期间可以自动治愈。

（二）无效决议的治愈

对于无效决议，不能因为全体股东出席而治愈，因为其在内容上违反的是强制性法令和公共政策。

但是，无效决议是否就完全不能治愈呢？法律似乎应当对是否提起无效之诉规定一个较长期限的限制，超过这个期限的，应视为该决议自动治愈。这是因为，公司法律关系非常复杂，如果使其长期陷入不稳定状态，不仅对各方利益造成影响，而且造成取证困难，是为不可取。

（三）确认不存在决议的治愈

对于确认决议不存在之诉中出现的程序瑕疵，是否也可以因为全体出席而治愈呢？

确认决议不存在之诉的程序瑕疵不能适用可撤销决议同一治愈规则。这是因为：

第一，二者瑕疵程度不同。尽管从本质上看，确认决议不存在之诉的原因与决议可撤销之诉的原因是一致的，由于确认决议不存在之诉的原因属于重大瑕疵以致公司决议根本不能得到认可，因此，就不能因为该种决议是基于全体出席而使之成为有效决议。

第二，对于确认决议不存在之诉，法律没有规定提诉期间的限制。这意味着法律并不鼓励该种决议经过一定期间可以自动治愈。

基于与无效决议治愈的同一理由，法律同样应当对是否提起确认决议不成立之诉规定一个较长期限的限制，超过这个期限的，应视为该决议自动治愈。

第二章　受 信 义 务

第一节　受信义务概述

受信义务(fiduciary duties)[1]是一种管理义务,主要适用于基于“委托—代理”关系所发生的“代理人”对“委托人”的管理责任。长期以来,人们一直试图用信托理论或者代理理论来解释公司中的受信义务。现在看起来,公司中的受信义务源自信托关系还是代理关系,已经不是很重要了。像信托中的受托人须对委托人承担受信义务、代理中的代理人须对被代理人承担受信义务、合伙中的合伙人须相互承担受信义务一样,公司中的管理者也同样需要对公司承担受信义务。这已经形成共识,并且已经制度化,无须再借助于信托关系或者代理关系来解说。

在公司情形下,受信义务又分为两种具体义务:一是注意义务(duties of care);二是忠实义务(duties of loyalty)。前者是指公司中的管理者应当以适当的注意管理公司以免损害公司利益;后者是指公司中的管理者应将公司利益置于自己利益之上。

我国旧公司法对受信义务进行了规定。考察我国旧公司法对受信义务的规定,尚有不尽完善之处。这主要表现在两个方面:一是对受信义务内容的规定主要侧重于忠实义务(即便是对忠实义务的规定也是不完善的),而对注意义务,除原则表述外,几乎没有涉及任何具体内容。二是对受信义务的规定缺乏在司法上可执行的检测标准,这将在司法实践中带来执行上的困难。受信义务制度本为英美普通法系所固有,在法律适用上更多地依赖于司法判例。毫无疑问,我国虽然引进了这一制度,但由于我国法律遵循成文法

---

〔1〕“fiduciary duties”这一术语在中文文献中的表述主要有“诚信义务”、“信义义务”和“受信义务”三种。著者倾向于使用“受信义务”这一表达方式。理由如下:受信义务比较能够表达这种义务的性质,即“基于信任而受人之托”。无论是信托中的受信义务、代理中的受信义务、合伙中的受信义务,还是公司中的受信义务,基本上都表达的是这一意思。而诚信义务原本是一种道义义务,后上升为法律上的义务,主要适用于合同的履行,再后发展成为民法乃至于商法的基本原则。因此,可以说受信义务是诚信义务的下位概念。再就信义义务这一表述而言,其本身并无什么不妥,只是读起来比较拗口,而且也没有精确表述出“受人之托,忠人之事”这一内涵。

传统,使其在法律适用上远不如在英美普通法中那样具有灵活性,加之我国旧公司法对受信义务的规定不具有可操作性,我国司法在适用该种制度时遇到的困难不难想象。令人欣慰的是,23 年《公司法》有了很大改观,对受信义务给予了特别的关注和重视,受信义务的内容获得了较大程度的充实和调整,受信义务有了初步的司法执行标准。

本章将围绕受信义务这一制度展开讨论。

一、谁是义务人

我国公司法对受信义务进行了规定。考察我国公司法对受信义务及其义务主体的规定,其内容主要包括以下几个方面:

(一)董事、监事、高级管理人员的受信义务

《公司法》第 179 条规定,董事、监事、高级管理人员应当遵守法律、行政法规和公司章程。《公司法》第 180 条第 1 款规定,董事、监事、高级管理人员对公司负有忠实义务,应当采取措施避免自身利益与公司利益冲突,不得利用职权牟取不正当利益。《公司法》第 180 条第 2 款规定,董事、监事、高级管理人员对公司负有勤勉义务。执行职务应当为公司的最大利益尽到管理者通常应有的合理注意。《公司法》第 180 条第 3 款规定,公司的控股股东、实际控制人不担任公司董事但实际执行公司事务的,适用前两款规定。这是公司法关于董事、监事、高级管理人员以及控股股东、实际控制人受信义务的共通性规定。

公司管理者对公司负有忠实义务,违反忠实义务的情形包括直接侵害公司利益和间接侵害公司利益两大类型。直接侵害行为主要体现为公司管理者的职务或个人侵权行为,间接侵害行为主要体现为利益冲突交易。受信义务之忠实义务的重心是对利益冲突交易的规范,当然也不会放过那些侵害公司利益的直接行为。

《公司法》第 181 条还对董事、监事、高级管理人员的直接侵害行为进行了列举式规定。根据该条规定,董事、监事、高级管理人员不得有下列行为:(1)侵占公司财产、挪用公司资金;(2)将公司资金以其个人名义或者以其他个人名义开立账户存储;(3)利用职权贿赂或者收受其他非法收入;(4)接受他人与公司交易的佣金归为己有;(5)擅自披露公司秘密;(6)违反对公司忠实义务的其他行为。

《公司法》第 182、185 条分别规定了董事、监事、高级管理人员发生关联交易的报告和表决回避。此外,根据《公司法》第 22 条的规定,公司的董事、监事、高级管理人员不得利用其关联关系损害公司利益。违反前款规定,给公司造成损失的,应当承担赔偿责任。

《公司法》第 183 条规定了董事、监事、高级管理人员不得非法利用公司机会;《公司法》第 184 条规定了董事、监事、高级管理人员的竞业限制。《公司法》第 186、188、189、191 条分别对董事、监事、高级管理人员违反忠实义务的归入权、损失赔偿(包括对公司和第三人)、股东代表诉讼进行了规定。《公司法》第 192、193 条分别规定了控股股东、实际

控制人的连带责任和董事责任保险。此外,《公司法》第187、189条分别规定了董事、监事、高级管理人员列席会议并接受股东的质询,以及股东直接诉讼。

董事对公司负有注意义务和忠实义务。在"委托—代理"的经济理论框架下,董事是股东(委托人)的代理人,因而在传统公司法上,董事处于公司管理者的地位,公司的权力由董事会行使,公司的业务和事务由董事会管理。现代公司法因应时代和经济的变化使董事会又承担了监督(经理层)的职责。因而,董事在公司治理结构中具有重要的地位,他们在执行业务和负责管理的过程中负有高度的注意义务和忠实义务。

董事的受信义务在一定程度上可以说与信托中受托人的义务相同,但差别也是存在的。公司的董事并不是严格意义上的受托人,他们的经营决策权和自由裁量权较之于信托中受托人的权力要大得多,而且董事的权力是法定的,而信托关系中受托人的权力则(主要)来自委托人的授权,在信托契约中委托人还可以保留一系列权力。董事的忠实义务基本上与信托关系中受托人的义务相同。但在某些方面仍然存在差异。譬如,在一定条件下,董事可以与公司发生交易关系。而在信托关系中,原则上不允许受托人与受益人发生交易关系。〔2〕

公司法并不要求所有董事成为公司的全职雇员,也不要求所有董事将其全部精力投入公司。因此,在全职董事和兼职董事之间受信义务的适用可能不同。

监事对公司负有注意义务和忠实义务。但在研读公司法时应当注意监事与董事、高级管理人员的义务在程度和范围上都有所不同。就注意义务而言,监事的注意义务主要体现为监事是否尽职尽责地履行了其监督职责,而对董事、高级管理人员则是从经营管理角度予以考察。就忠实义务而言,监事的忠实义务也与董事、高级管理人员的忠实义务的侧重有所不同。譬如,监事不大可能挪用公司资金或者将公司资金以其个人名义或者其他个人名义开立账户存储,或者违规将公司资产借贷给他人或者以公司财产为他人提供担保,或者接受他人与公司交易的佣金归为己有。因为从事这些业务的权力属于董事和经理,而不属于监事。因为,监事只是公司的监督者,并不是公司的直接管理者。

公司高级管理人员对公司负有受信义务。公司高级管理人员由董事会聘任,是公司的代理人。董事会还可以聘任其他管理人员,不过其他管理人员或者代理人通常由董事会授权公司经理根据业务需要自行聘任。

公司高级管理人员同样是公司的管理者,其职责主要是负责公司的具体经营活动。如果说董事会是公司管理政策的决定者,那么,高级管理人员就是管理政策的执行者。从一定意义上来讲,公司高级管理人员是公司业务和事务的直接执行者,只不过其管理公司的权力来自公司董事会。因此,高级管理人员同样须承担注意义务和忠实义务。

公司高级管理人员也可以理解为一个团队(team),构成所谓的"经理阶层"(manage-

〔2〕 但这一点并非绝对。在英美法上只要受托人能够证明该种交易的公平性(譬如,受托人向受益人披露了相关信息并且告知了受益人的权利),该种交易有效。E. g. ,Restatement of Trust Law § 170.

ment)。经理阶层可能由不同层级的管理人员构成,[3]并在不同层面上执行公司业务或者负责管理特定事务。因此,凡是属于公司管理层的人员均须承担注意义务和忠实义务。

公司高级管理人员的受信义务在一定程度上取决于该管理人员所占据的位置以及其所担任职务的类型。处于较高层级的管理人员的受信义务可能在实质上与董事的义务相同。相应地,居于下层或者享有有限权限的管理人员,其义务程度就要低一些,尽管他们在执行业务或者管理事务的过程中,也同样需要承担最低限度的注意和忠实义务。同样,在全职管理人员与兼职管理人员之间也可能存在一些差异。

(二)关于股东、控股股东、实际控制人的受信义务问题

1. 股东义务概述

一个需要讨论的问题是,股东是否需要对公司承担受信义务?在传统法律观念上,答案是否定的。因为股东无权以个人身份直接过问公司经营和事务,也不在该意义上参与公司经营管理。当然股东无须对公司承担受信义务。股东相互之间也无须承担受信义务。

公司这种组织形式为股东提供了许多特权(如股东的有限责任等),但是也为多数股东欺压或者危害少数股东提供了机会。因此,现代法律在一定程度上又承认股东对公司应承担受信义务,甚至承认股东相互之间承担受信义务。很显然,这在很大程度上突破了传统公司法观念,而成为公司法基本原则的例外。应当特别指出的是,法律上并不存在一种一般的股东受信义务,股东对公司或者股东相互之间不承担受信义务这一观念仍然是现代公司法的基本原则。

这种受信义务主要发生于多数股东(majority shareholder),但仅仅是多数持股并不必然导致多数股东承担受信义务。股东的受信义务主要是一个控制股东(controlling shareholder)受信义务的概念,也就是说,只有股东实际上处于控制和支配地位或者事实上实施了控制和支配行为时,才会承担受信义务。因此,股东承担受信义务的情形主要体现为控制股东滥用多数权利欺压少数股东或者损害公司利益或者从事其他欺诈行为。一般而言,少数股东不大可能通过股东会议控制和支配公司,或者滥用权力或者从事欺诈行为。但这一点并非绝对,有时少数股东也可能承担受信义务,譬如少数股东滥用否决权。

我国公司法规定了股东的受信义务。《公司法》第21条规定,公司股东应当遵守法律、行政法规和公司章程,依法行使股东权利,不得滥用股东权利损害公司或者其他股东的利益。公司股东滥用股东权利给公司或者其他股东造成损失的,应当承担赔偿责任。该条就是关于股东受信义务的规定,而且是针对任何股东所作出的规定。

---

[3] 英文中的officers就是指此而言,包括首席执行官(Chief Executive Officer,CEO)、首席财务官(Chief Financial Officer,CFO)、首席营运官(Chief Operational Officer,COO)、首席法律顾问(Chief Legal Officer,CLO)以及部门管理经理等。

但在某些具体情况下,法律则可能专门针对控股股东和实际控制人的受信义务作出特别规定。譬如,《公司法》第22条同时规定,公司的控股股东、实际控制人不得利用其关联关系损害公司利益。违反前款规定,给公司造成损失的,应当承担赔偿责任。该条不仅要求董事、监事、高级管理人员在关联交易中须对公司承担受信义务,而且要求控股股东、实际控制人在关联交易中对公司承担受信义务。《公司法》第180条第3款规定,公司的控股股东、实际控制人不担任公司董事但实际执行公司事务的,适用前两款规定。与《公司法》第22条专门针对关联交易的规定不同,《公司法》第180条第3款是针对控股股东、实际控制人受信义务的普遍性规定,即控股股东、实际控制人虽然不担任董事职务但实际执行公司事务的,与董事、监事、高级管理人员一样,应当承担受信义务。

值得注意的是,法律在这里引进了控股股东和实际控制人的概念。根据《公司法》第265条第(二)项的规定,控股股东,是指其出资额占有限责任公司资本总额超过50%或者持有的股份占股份有限公司股本总额超过50%的股东;出资额或者其持有股份的比例虽然低于50%,但依其出资额或者持有的股份所享有的表决权已足以对股东会的决议产生重大影响的股东。

根据《公司法》第265条第(三)项的规定,实际控制人,是指通过投资关系、协议或者其他安排,能够实际支配公司行为的人。

无论封闭公司还是公众公司均可能发生股东、控股股东和实际控制人承担受信义务的情形。

2. 对封闭公司股东受信义务的考察

滥用多数权利欺压少数股东在封闭公司中特别突出,其后果也相当严重。由于在现行法律框架下不存在一个少数股东出售股份的公开市场,导致封闭公司的少数股东即使受到欺压也难以回收其资本退出公司。进言之,封闭公司的少数股东的处境甚至还不如合伙中的合伙人。在合伙中,如果某一合伙人不满意其合伙状况,他可以比较自由地退出合伙并获取其合伙资产及其积累财产的份额。相较之下,封闭公司的股东只能按照公司法的严格规定来解散公司。通过这种方式退出公司的难度可想而知。因为在这种方式下,只有经过公司多数股份的通过才能形成解散公司的决议。即便是在存在特别封闭公司法的情形下,虽然少数股东可以请求法院强行解散公司,但也是一种万不得已的措施。如前所述,在很多情况下,法院总是认为保全一个公司对社会、企业甚至股东的意义比解散一个公司的意义要大得多。

在专门为封闭公司制定了特别规则的法律框架下,法律对封闭公司的独特性予以承认,并赋予了公司股东自由设计封闭公司治理规则的极大空间,包括各种各样的控制安排。但是,这种事先设计并不能预料今后所发生交易的每一种具体情况,所以还是存在许多问题。由于双方不能预测每一偶然事件,任何复杂的合同协议都是不完善的。于是受信义务(fiduciary duties)就起着协议中隐含的标准条款作用,它降低了缔约成本。正确的解释是,受信义务应当接近当事人自己可能达成的协议那样的效果,如果他们有能力获得低成本的话。[4]

封闭公司与合伙相似,因而,封闭公司有“公司型合伙”(incorporated partnership)之称。特别封闭公司法也承认封闭公司可以像合伙那样管理公司。既然在封闭公司中,股东可以像合伙人那样亲自执行业务和管理事务,那么,法律让股东对公司承担受信义务也是理所当然的。同时,正是基于封闭公司与合伙在基本特征上的相似性,如果企业要成功,股东之间的关系就必须像合伙人之间的关系那样成为一种信托、信任和忠诚的关系,即一个股东对另一个股东承担像一个合伙人对另一合伙人那样的受信义务(fiduciary duties)。合伙法律将合伙人之间的义务标准界定为“最大善意和忠实”(utmost good faith and loyalty)。封闭公司中股东在履行其管理或者股东责任时同样须遵循这一严格的受信义务标准。他们不能背离其对公司和其他股东的忠实义务而从事贪婪、自私的行为。

在承认股东承担受信义务的机制下,如果少数股东受到了欺压,他可以对多数股东提起诉讼而获得损害赔偿。毫无疑问,如果在法律上承认了股东可以像合伙人那样直接管理企业,就离不开受信义务的约束。因而,相应地建立股东的受信义务制度就具有显而易见的重要意义。

在司法实践中,近年来的判例实际上已经承认了这样的义务的存在,许多涉及欺压或者僵局的案件都可能通过适用受信义务原则而得到解决。其适用的情形在绝大多数情况下可能是大股东欺压排挤少数股东,[5]但也可能是少数股东滥用权利。[6] 这种受信义务还可以用来保护少数股东免受不正当解雇。[7] 此外,以薪水、奖金或者养老金等形式向多数股东及其家属提供的报酬过高,也可能构成对受信义务的违反。[8]

3. 对公众公司股东受信义务的考察

较之于小型封闭公司,在大型公众公司中,多数股东对少数股东的欺压不像封闭公司表现得那样直接,因为法律对公众公司的程式要求比较严格。此外,在公众公司中,受压迫的少数股东还可以通过公开市场出售其股票以回收其投入的资本。因此,在公众公司中,适用股东受信义务的情形比较少见。

但这并非意味着公众公司中不存在股东的受信义务。在公众公司中,股东以集体决议的方式(股东会议)选择董事,批准特定交易,这将使多数股东可以直接或者间接通过控制董事会的方式控制和支配公司。于此情形,当多数股东不正当地实施其控制权,从而损害少数股东的利益时,多数股东就应当承担违信责任。

---

〔4〕 Easterbrook and Fischel, at p. 243 – 248.

〔5〕 Massachussetts 首先在 Donahue v. Rodd Electrotype Corp. [328 N. Y. S. 2d 505(1975)] 案中确立了股东受信义务概念,此案是一个经典的案例,它将合伙人的受信义务运用到了封闭公司中的股东。它建立了存在于股东之间的基本受信义务,并将“排挤”策略视为对该义务的违反。随后,Donahue 案在许多其他领域同样得到了广泛运用,许多判例都支持了 Donahue 案的结论。

〔6〕 Smith v. Atlantic Properties, Inc. , 422 N. E. 2d. 798(Mass. S. Ct. 1981).

〔7〕 Wilkes v. Springside Nursing Home, Inc. , 353 N. E. 2d 657(Mass. 1976).

〔8〕 Crowley v. Communications for Hospitals, Inc. , 573 N. E. 2d 996(Mass. App. 1991).

在一定意义上,可以说这种多数控制和支配是合法的。"多数股东享有控制公司的权利,但是当其实施其控制权时则对公司或者少数股东负有受信义务。"[9]"多数股东在对公司实施控制时,无论是其单独行动还是共同行动,对公司及其少数股东承担受信义务,即对公司和少数股东必须公平、公正和平等。多数股东不得利用其控制权为自己谋取私利或者损害少数股东的利益。任何控制权的实施均必须平等地对待所有的股东,且不得与公司利益发生冲突。"[10]

4. 对关联公司股东受信义务的考察

关联公司的典型形式是母子公司关系。因此,关联公司中股东的受信义务就主要表现在母公司对子公司的受信义务。一般而言,母公司对子公司的受信义务与其他情形下的股东受信义务是一致的。但具体而言,在不同情形下,其表现形式又有所不同。

第一,在公司合并情形下,当母公司希望将其全资子公司兼并到母公司中去时,通常采用现金方式"买断"(cash out)子公司少数股东的股份。于此情形,该种交易必须公平。否则,将构成母公司受信义务的违反。[11]

第二,在公司收购与收购防御中,也会发生母公司的受信义务。

第三,在母子公司之间的自我交易(或称为关联交易)情形下,交易应当满足公平标准要求,并且应当披露。否则,亦将构成母公司受信义务的违反。

第四,在股利分配情形下,在母公司支配下的不合理的分配政策,无论是过高还是过低,均可能构成违反其受信义务的理由。如果股利分配过高,则可能导致吸干子公司资产或者对公司资产的浪费;如果过低,则可能导致子公司其他股东投资无回报或者构成对子公司少数股东的欺压。[12]

第五,在利用公司机会的情况下,应当满足"公司机会原则"(the doctrine of corporate oppotunity)规则的要求。

(三)结论

由此可见,法律将股东、控股股东、实际控制人纳入了受信义务主体的范畴。尽管受信义务的主体包括董事、监事、高级管理人员以及股东、控股股东、实际控制人,然而,很显然,最为重要的义务主体却是董事和高级管理人员,因为只有董事才是法律上对公司负担最终管理责任的人,而高级管理人员则是具体执行经营管理事务的责任人。因而,受信义务实际上也主要是以董事和高级管理人员为核心的受信义务。相对而言,监事和股东的受信义务只限于特定领域或者特定情形。鉴于此,我们在本节所讨论的义务也就主要是围绕董事、高级管理人员的义务而展开的,但如果存在特别情况,则会予以指明。

---

[9] Zahn v. Transamerca Corp. ,162 F. 2d 36(3d Cir. 1947).

[10] Jones v. H. F. Ahmanson & Co. ,460 P. 2d 464(Cal. 1969).

[11] Weinberger v. UOP, Inc. ,457 A. 2d 701(Del. Sup. 1983).

[12] Sinclair Oil Corp. v. Levien,280 A. 2d 717(Del. 1971).

二、对谁负有义务

(一)公司

一般来说,董事、高级管理人员只对公司负有义务。这意味着董事、高级管理人员的职责就是追求公司利润最大化,因为公司本身的目标就是追求利益。在传统公司法上,公司利益最大化与股东利益最大化是一致的。因为,公司只不过是股东的一种投资工具,并希望利用公司这种投资工具获取其投资回报。因此,董事、高级管理人员对公司的义务也就是对股东的义务,只不过是对股东作为一个整体而承担义务,而不是对个别股东或者某一类股东承担义务。

(二)股东

原则上,董事、高级管理人员仅对公司承担受信义务。但这一原则也可能有例外。在特定情况下,董事、高级管理人员也可能对股东直接承担受信义务。譬如,董事、高级管理人员与某一股东或者某一类股东直接进行交易,或者董事、高级管理人员的行为侵害了特定股东的权益,董事、高级管理人员也可能根据受信义务对该股东或者该类股东承担责任。

(三)利益相关者

利益相关者(other constituencies),是指除股东以外的其他公司参与者(participants),通常又被称为 stakeholder,以此与 shareholder 相区别,包括雇员、客户、债权人以及公司所在社区(community)等。传统公司法奉行的是"股东至上"原则。公司利益最大化实际上体现为股东利益最大化。但是,这一传统的观念现在受到了质疑,即公司利润最大化是否唯一地代表股东利益最大化。如果答案是否定的,接下来的问题就涉及"利益相关者"在公司中的地位以及董事、高级管理人员需要对利益相关者承担受信义务。如果承认利益相关者在公司中享有与股东一样的地位,并使董事、高级管理人员对之承担受信义务,又必然动摇传统公司法上根深蒂固的观念。

关于这一问题,理论上有不同的认识,立法上态度含糊,实践中则存在不同的做法。

1. 理论上的分歧

赞成"利益相关者"法律的主要是公司社会责任理论的倡导者和支持者。支持公司承担社会责任的理由主要有:

第一,现代公司,尤其现代大型公众公司,对社会产生了越来越重要的影响,并表现在人们生活中的方方面面。实际上公司已经成为社会关系中的重要分子,因而,现代公司应当转换角色,由单纯的私人部门(private sector)转换成为承担一定社会责任的经营单位,而不是单纯地追逐利润最大化。

第二,经济理论假设所有的股东都是理性的利润最大化者仅仅是一个虚拟概念,这是因为投资者的公众化和股权的多元化使股东利益最大化本身就是一个困难的目标。因而,应对利润最大化予以重新界定,即应着眼于追求股东的长远利益(long term benefits),而不是限于短期利益(short term benefits)。而利益相关者法律的建构正好与股东的长远利益是一致的。长远利益正好是公司承担社会责任的立足点。

第三,许多社会问题本身就是公司造成的,无论是在道义上还是在法律上,公司都应当承担起社会责任。而且公司拥有解决社会问题的资源和能力。公司承担起一定的社会责任有利于公司的声誉,实际上有利于公司之发展。另外,不但可以减轻政府负担,而且可以减少政府不必要的干预。[13]

第四,传统理论认为,股东是公司的所有者,自然董事、高级管理人员就不能以牺牲所有者的利益为代价来考虑其他当事人的利益。但是,这种对所谓的公司的"所有者"(owner)与"非所有者"(non-owner)之间的区分不符合现代经济理论。股东、债权人、雇员、供应商、客户、社区对公司财富的增长均有所贡献(金钱、财产或者劳务)。因而,他们都对公司享有请求权。唯一的区别是股东是"剩余财产求索权人"(residual claimants),即股东只能在其他请求权之后才能分配利润和财产,如果还有剩余的话。为什么剩余财产请求权人就要高人一等呢?为什么董事、高级管理人员就不能调和他们之间的利益关系而公平一律对待呢?[14]

第五,指望利用外部法律(external regulation)来保护利益相关者是靠不住的,因为这样的法律本身是有缺陷的。譬如,就合同保护机制而言,没有任何公司能够预知长期合作关系期间可能会发生的一切事件,如公司和雇员,公司与其长期债权人(如 bondholder),甚至公司与其固定客户之间的关系。因此,赞同董事、高级管理人员对其他利益相关者承担受信义务的人坚持认为,正是为了克服这种合同不能预知长期合作关系会发生什么样的障碍才需要由公司董事来承担这一义务。否则,为何不通过合同机制,而是诉诸受信义务来保护股东利益呢?[15]

与此同时,利益相关者法律也受到了广泛的批评。这其中,最响亮的反对声音来自著名的自由经济学家 Milton Friedman。Friedman 认为,企业的天职就是做生意(business's job is business),而不应该承担应当由慈善机构或者政府应当承担的职责。Friedman 对公司社会责任观点的致命攻击基于两点:无效率和不道德(economic inefficiency and immorality)。他认为,公司社会责任理论将导致在资源配置上最终由政治机制代替市场机制从而产生经济无效率。同时,他认为,在法律上,公司管理者是股东的雇员,要求这些雇员承担社会责任无异于允许他们以不利于股东最佳利益的方式行为。花费在社会项目上的资金减少了应向股东分配的资金,这些资金实际上是从股东那里"征税"而来的,然后,再由公司管理者以自己认为最佳的方式来决定如何利用这些资金,这是对主人的背叛。所以,Friedman 认为,公司社会责任不仅无效率,而且是一种盗窃(not only inefficient, it was theft)。因此,Friedman 认为,"企业的社会责任就是利润"(the so-

---

〔13〕 刘连煜:《公司治理与公司社会责任》,中国政法大学出版社 2001 年版,第 3 ~ 4 页。
〔14〕 Gevurtz, at p. 311 - 312.
〔15〕 Gevurtz, at p. 306.

cial responsibility of business is profits)。[16] 反对意见同样是各色各样的。归纳起来，主要表现在如下几个方面：

第一，公司属于私人部门(private sector)，公司为股东谋取最大利益(profit maximization)属于理所当然，并且不会损害其他任何人的利益。该说认为，为股东谋求最大利益是公司的"剩余目标"(residual goal)。这将意味着：公司为股东谋取的利益越大越好。在他们看来，只有要求董事、高级管理人员使"剩余财产求索权人"的利益最大化才能使经济效益最大化。因为，剩余财产求索权人的利益与整体企业的利润最大化是一致的，由于股东是在其他请求权人之后才参加分配，所以，他总是站在最后的底线上。从根本上来讲，公司是股东的公司，股东总是风险的最大承担者。所以，董事、高级管理人员的决策应最符合他们的利益。

第二，使董事、高级管理人员对利益相关者承担受信义务在法律上不具有可执行性(legally not enforceable)。[17] 如果这种义务是可执行的，那么，董事、高级管理人员可能因为害怕受到这些人的指控或者起诉而不能有任何作为。提高产品或者服务的价格会引起公司客户的不满；降低工资或者解雇职工则会引起雇员的抱怨；增加借款又会提高债权人风险。另外，如果不这样做，则又可能会对股东利益发生不利。如果将对利益相关者的义务设置为一种法律上可执行的义务，无疑将会增加无穷尽的诉讼纠纷，增加公司、司法和社会成本。[18]

第三，利益相关者的利益可依其他"外部法律"(external regulation)，诸如合同法、劳动法、环境保护法等，得到保护。债权人、雇员和客户这样的团体可以通过合同来保护其利益。[19] 而社区则可以通过规范公司行为来保护其利益(或者包括债权人、客户和雇员在内也可以通过这种方式)。譬如，公司必须依法从事经营活动以及公司行为不得违反相关法律的规定等。此外，可以说，公司法在整体制度设计上已经包含对这类人的保护措施。

第四，如果让董事、高级管理人员对利益相关者承担受信义务，可能导致董事、高级管理人员对谁也不能负责。[20] 这一批评意见可能是最为中肯的批评。公司本身只不过是一种经营组织体，使其承载过多的社会负担本身就违背企业的本性。企业负担过重，成本提高，利润降低，反而对各方面均为不利。但是，如果企业只以利润最大化为其最高目标，利润增大，国家财税增加，社会公益事业也有了保障。

---

〔16〕 Milton Friedman, *The Social Responsibility of Business Is to Increase Its Profits*, The New York Times, Sept. 13, 1970 (Magazine).

〔17〕 譬如，美国律师协会公司法委员会(The ABA's Committee on Corporate Laws)就对这样的法律提出了批评，因为他们认为，这些法律增加了不确定性并容易导致讼累，因为一旦董事或者经理的决策对其不利，利益相关者就有可能提起诉讼。The ABA's Committee on Corporate Laws, *Other Constituencies Statutes: Potential for Confusion*, 45 Bus. Law. 2253, 2270 (1990).

〔18〕 Gevurtz, at p. 306.

〔19〕 Morey W. McDaniel, *Stockholder and Stakeholder*, 21 Stetson L. Rev. 121, 156 - 157 (1991).

〔20〕 Gevurtz, at p. 312.

第五,使董事、高级管理人员对利益相关者承担受信义务将会给管理层滥用公司特权打开了方便之门。因为公司管理层可利用其所享有的自由裁量权偏离股东利益目标,甚至从事与公共利益无关的活动。譬如,董事、高级管理人员可以借口为了保护利益相关者而逃避其对公司和股东因其决策失误所应承担的责任,或者董事、高级管理人员利用保护利益相关者之名行保卫自己职位之实,或者使董事、高级管理人员可以任意处置公司资产而不受任何限制,从而无限地牺牲股东的利益。尤其是在反收购中,这种法律使公司董事、高级管理人员可以堂而皇之地采取反收购措施,因为他们使股东们相信他们是为了维持利益相关者的利益而"不得已"采取措施阻止敌意收购和挫败高于市场价格的收购。

2. 立法上的含糊

在立法上,一些法律规定,董事、高级管理人员在进行公司决策时,应当将公司债权人、雇员、客户或者社区的利益考虑进去。甚至一些法律还规定公司董事、高级管理人员需要考虑更为广泛的经济和社会问题。[21] 但是我们也注意到,这些法律并非强制性要求,而是规定是否需要考虑利益相关者的利益属于公司董事、高级管理人员的自由裁量权。这样的授权性规范更大程度上仅仅起到一般的宣示作用,但在法律政策上却具有明显的鼓励性质。[22]

同时,我们也注意到,这样的立法具有强烈的社会背景,即立法机关在制定这些法律时,主要是将其作为一种反收购措施来考虑的。即设置这些法律的目的主要是惧怕设立在本地的公司被不受欢迎的敌意收购所兼并而采取的一种回应措施。由此可见,在立法上,利益相关者法律主要是为了满足公司防御敌意收购的需求,但其适用却不限于公司收购与收购防御。

3. 司法上的反复

在司法实践中,有关利益相关者的纠纷判决极其混乱。法院通常会拒绝承认董事对利益相关者负有受信义务。[23] 但同时利益相关者法律在司法实践中也有所反映。在一些判例中,也确实存在这样的"先例"。[24] 但这并不是一种通用规则。一般而言,只有在

---

〔21〕 如第一编第三章所述,公司社会责任理论的最大成就就是使一些立法承认制定了利益相关者法律。譬如,在美国,现在大约有30个州的公司法要求董事会和经理层在代表公司作出决策时须考虑"利益相关者"的利益而非单纯考虑股东利益。但是这一立法趋势也遭到了一些州的反对。如特拉华州就拒绝采用这样的条文。ABA也拒绝在MBCA中增加这样的强制性条文。

〔22〕 迄今为止,没有一部法律规定,如果董事、经理没有考虑其他当事人的利益,利益相关者可以起诉董事、经理(没有规定诉因)。唯有康涅狄格州普通公司法第33－313(e)条要求董事会须考虑股东以外的其他利益相关者的利益。此外,印第安那州、宾夕法尼亚州立法规定,如果不能证明董事会的决策非出于善意,董事会所作出的对利益相关者有利的决策应为有效。此类立法被称为"有效推定型"法律。

〔23〕 如在Metropolitan life Ins. Co. v. RJR Nabisco, Inc. [716 F. Supp. 1504(S. D. N. Y. 1989)]案中,法院就否决了公司董事对其债权人(bond holder)负有受信义务。

〔24〕 如在Francis案中,法院认为,Mrs Pritchard对公司的利益相关者负有义务。法院强调,该公司的营业具有特殊的性质。作为一家再保险经纪商,公司对其客户负有受信义务,因为这些客户信任它才将金钱交给它。在这种情况下,公司对其客户的受信义务是通过其管理人员包括董事来实现的。这就正如,在一家律师事务所,律师对其客户的受信义务也就是律师事务所对客户的受信义务。

特殊情况下，法院才承认董事、高级管理人员对除股东之外的利益相关者承担受信义务，譬如，当公司处于破产状况（insolvent）时。[25] 在这种情况下，股东利益与整个企业财富的最大化发生了分歧。因为，在公司已经处于破产状况（资不抵债或者不能清偿到期债务）时，如果公司资产进一步恶化，则只能是损害债权人的利益，而不是股东的利益。另外，超过债务的任何资产增加只能是有利于股东。于是股东就可能喜欢高风险投资，即使是失败输掉了，他也不会遭受更大的损失。在这种情况下，如果不承认董事、高级管理人员对债权人承担受信义务，不仅会损害债权人的利益，而且将会发生不愿意看到的社会经济效果。

4. 利益上的平衡及其解决途径

综上所述，在理论上尽管争论较大，但目前的主流意见是拒绝承认董事、高级管理人员对其他利益相关者承担受信义务。在立法上，主要体现的是一种鼓励和提倡态度，并未上升到强制的程度。在司法实践中，原则上禁止，例外承认。这一结论多少有些无奈，但却也在情理之中。很显然，在股东与利益相关者之间存在较大的利益冲突和矛盾。如何平衡这种关系，将是公司法面临的新问题。如果公司的社会责任理论不能在法律上予以落实，公司的社会责任“将沦为纯粹道德化的诉求，免不了终致落空而成为一项口号而已”。[26]

那么，究竟应该如何定位公司的角色呢？或者说，公司的目标究竟是什么呢？乃至于在公司法上社会责任是否应当落实为董事、高级管理人员的受信义务？理论上众说纷纭，莫衷一是。司法实践中运用得较多的主要有如下几种标准：

第一，长远利益标准。董事、高级管理人员对其他利益相关者不承担法律上的受信义务，并不意味着董事、高级管理人员就不能自觉地考虑其他当事人的利益。但是，这种自觉行为也可能产生法律上的问题，即在多大程度上董事、高级管理人员的这种自觉行为才不会影响到股东的利益。一般认为，这种自觉行为的底线是以不影响股东的利益为界限。但是否影响了股东利益，不应该就某一具体商业决策在某一特定时间为标准来判断董事、高级管理人员是否牺牲了利润最大化原则，应该从长远利益（long-run profits）来

---

〔25〕 这一解释源自 Chancellor Allen 在 Credit Lyonais Bank Nederland，N. V. v. Pathe Communications Corp［1991 wl 277613（Del. Ch. 1991）］案中的判词，Chancellor Allen 认为是重新审视董事管理公司的义务的时候了。

〔26〕 刘连煜：《公司治理与公司社会责任》，中国政法大学出版社 2001 年版，第 8 页。

考虑该种商业决策是否有利于股东利益,而非短期利益(short-run profits)。[27]

第二,非法行为标准。对利益相关者的保护是可以通过规范公司行为来实现的,而不是一定要将董事、高级管理人员的义务进行无限制的扩大。这就涉及董事、高级管理人员的商业决策是否涉及非法行为(illegal action)。如果董事或者高级管理人员违反法律,那么,有关法律就会对其进行制裁。譬如,董事或者高级管理人员使公司与他人合谋固定价格(enter a conspiracy to fix prices),董事或者高级管理人员本身就会因为使公司违反反托拉斯法或者违反环境保护法或者其他强制性法律而遭受罚金或者监禁处罚。非法行为理论并不具有充分的说服力。因为事情比较微妙的是,当股东起诉董事或者高级管理人员由于他们命令公司从事违法行为(或者他们没有制止公司从事违法行为)而违反了对公司的义务时,法院是否应当将这样的决策与董事、高级管理人员的其他决策同等对待呢？换句话说,原告是否需要去证明董事、高级管理人员没有进行合理的调查(reasonably investigation)或者不是理性地相信(rationally believe)该决策最符合公司利益？或者仅仅存在董事、高级管理人员决定使公司从事违法行为的事实,就构成该种决策违反了董事、高级管理人员对公司的受信义务吗？[28]这不禁使我们发问,为什么公司从事非法行为本身就构成董事、高级管理人员对公司义务的违反呢？仅仅说这种行为使公司遭受制裁是不够的,因为公司从该种违法行为中所得到的利益可能大大超过因受制裁所丧失的损失。为了回答这一问题,有人进而求助于"越权理论"(ultra vires theory)。由于现代法律将公司的目的宽泛地规定为"任何合法营业"(any lawful business)。相应地,有人就认为非法行为就是越权行为了。[29] 根据这一新的越权理论,法院不会因为公司的越权行为而使交易发生无效。非法行为是越权行为的思路仍然能够达到使董事、高级管理人员承担责任的目的,因为使公司从事越权行为的董事、高级管理人员应对公司由此遭受的任何损失承担责任。但问题是,这一新的越权理论是否成立,仍然是一个需要进一步讨论的问题。

---

〔27〕 关于这一问题,Dodge v. Ford Motor Co. [204 Mich. 459,170 N. W. 668(1919)]是一个经典判例。在Dodge案中,法院认为,这样的公司主要是为了股东的利益而存在的。为了实现这一目标,其董事会享有巨大的自由裁量权而采取措施。但是,如果董事会为了改变为股东谋取利益这一最终目标本身而采取有利于其他人的措施,他就违反了义务。另一个案件,Shlensky v. Wrigley [95 Ill. App. 2d 173,237 N. E. 2d 776(1968)]与Dodge案相似。这两案的实际效果是,总体来说,法院并没有从审查商业决策的角度看董事是否牺牲了股东利润最大化以有利于雇员、债权人、客户和社区的利益,而是几乎一概接受了这样的观念,即从长远利益来看,商业决策是否有利于股东利益。20世纪80年代出现的公司收购战争使人们重新来认识这一问题。仍然以Van Gorkom和RJR Nabisco案为例,在这些情况下,很难说保护利益相关者的利益与现存股东的长期最佳利益是一致的,因为在这些交易中,股份被卖掉了。在Unocal Corp. v. Mesa Petroleum Co. [493 A. 2d 946(Del. 1985)]案中,特拉华州高等法院认为,董事可以考虑该收购要约对利益相关者(包括债权人、雇员或者社区),而不是对股东的影响。但是,仅仅是9个月之后,同样的法院在Relvon Inc. v. MacAndrews & Forbs Holdings Inc. [506 A. 2d 173(Del. 1985)]案中却否决了董事对其他当事人的利益的考虑。这又回到了过去的观点,即对其他人的利益的考虑必须最终符合股东的利益。

〔28〕 在Miller v. American Telephone & Telegraph Co. [507 F. 2d 759(3d Cir. 1974)]案中,法院认为,同意公司从事非法行为本身就构成对董事的受信义务的违反。

〔29〕 Gevurtz, at p. 315.

第三,公共政策标准。一些判例试图采用公共政策(public policy)标准来调和股东与利益相关者的利益冲突。[30] 这也就是说,公司的行为必须符合公共政策,如果公司的行为违反了公共政策,公司应当承担法律责任。同时,负有责任的董事、高级管理人员也应当承担法律责任。公共政策标准是一个比较宽泛的标准,较之于非法行为理论,它比较能够说明问题,也不会引起法律适用上的困惑。但缺点是,该种标准又是模糊的、不确定的。究竟何为公共政策,解释起来颇为不易。关于这一问题,理论上尚在继续争论,立法、司法实践尚在探索。我国《民法典》第 86 条明确提出了公司应承担社会责任。根据该条规定,营利法人从事经营活动,应当遵守商业道德,维护交易安全,接受政府和社会的监督,承担社会责任。《公司法》第 19 条规定,公司从事经营活动,应当遵守法律法规,遵守社会公德、商业道德,诚实守信,接受政府和社会公众的监督。《公司法》第 20 条规定,公司从事经营活动,应当充分考虑公司职工、消费者等利益相关者的利益以及生态环境保护等社会公共利益,承担社会责任。除此之外,《公司法》第 16、17 条还特别针对公司职工权益和职业教育、公司工会与民主管理进行了专门规定。《公司法》在公司治理篇章中还强调了公司参与公司管理监督的地位和作用。值得肯定的是,《公司法》明确提出了公司应当对利益相关者,包括职工和消费者,以及生态环境保护等社会公共利益,承担社会责任。不仅如此,《公司法》第 191 条还规定了相应的责任措施。根据该条规定,董事、高级管理人员执行职务,给他人造成损害的,公司应当承担赔偿责任;董事、高级管理人员存在故意或者重大过失的,也应当承担赔偿责任。这是非常明显的进步,标志着公司董事、高管的义务与责任正式突破了传统的受信义务的内部性,进而需要承担社会义务和责任。

三、违信责任

(一)违信责任的构成

董事、高级管理人员的受信义务是一种法定义务,因而违信责任实际上是侵权责任在公司法上的特殊体现和具体运用。在此意义上,董事、高级管理人员违反受信义务所发生的责任与侵权责任并没有什么不同。在归责原则上,同样需要由行为人的违法行为、行为人的过错、实际损害的发生以及行为与损害的因果关系构成。但是,董事、高级管理人员的受信义务确实又与一般侵权规则有所不同。这种区别主要表现在如下几个方面:

1. 违法行为

就违法行为而言,董事、高级管理人员的受信义务主要体现为对注意义务的违反和对忠实义务的违反。董事、高级管理人员的受信义务的实质是一种"受托人"或者"代理人"对"委托人"的义务。在两权分离的条件下,"委托人"将属于自己的财产交由作为

[30] Miller v. American Telephone & Telegraph Co. ,507 F. 2d. (3d. Cir. 1974).

"受托人"或者"代理人"的董事、高级管理人员去经营管理，董事、高级管理人员在管理他人财产时必须勤勉尽责，不得怠于职守（注意义务）；同时，作为"受托人"或者"代理人"的董事、高级管理人员还必须忠诚于其委托人，不得背叛其"主人"（忠实义务）。

2. 主观过错

就过错而言，董事、高级管理人员承担违信责任同样需要以过失为基础。但是，公司法在确定董事、高级管理人员的过失责任时，则具有如下两个明显的特点：

第一，在一般侵权法理论上，对过失的确认存在主观主义与客观主义两种理论。而公司法在确认董事、高级管理人员的过失责任时更加倾向于客观标准。譬如，在对待注意义务时，采用的是"理性人"的注意标准；在对待忠实义务时，采用的是违法行为标准，即法律预先设定了义务，只要行为人违反了这种法定义务，即构成过失。公司法在确定董事、高级管理人员的过失责任时，更加倾向于运用程序标准。譬如，在确定董事、高级管理人员是否履行了其注意义务时所适用的"商业判断规则"主要就是一种具有程序化倾向的检测标准。又如，在判断董事、高级管理人员是否构成与公司的自我交易时，法律规定只要该种交易获得了非利害关系董事或者股东会的同意，原则上该交易就是公平的。这种程序化标准的运用实际上都是过失责任客观化的表现。

第二，在一般侵权法理论上，将过失区分为重大过失与轻微过失。而公司法在确定董事、高级管理人员的违信责任时，更加倾向于采用重大过失标准。一个典型的例子就是在确定董事、高级管理人员是否违反注意义务时所运用的"商业判断规则"明确承认只有董事、高级管理人员有重大过失才承担责任。

3. 损害存在

损害是侵权责任的必备构成要件，同样也是构成违信责任的必备要件。董事、高级管理人员因其违反受信义务所造成的损害主要表现为一种财产损失，而不会产生人身损害。因为董事、高级管理人员的受信义务是一种对公司的义务，这种义务的内容就是财产的管理与维护，如果董事、高级管理人员实施了错误的管理，没有维护公司财产的安全，甚至自己侵占挪用公司财产，当然应当承担财产损失赔偿责任，但不会涉及人身责任问题。

4. 因果关系

仅有行为人违反注意义务的行为还不能构成违信责任。这种义务的违反还必须是损害的近因（proximate cause），责任才能成立。这种因果关系原则上与侵权法上的因果关系是一致的。[31] 也就是说，原告在主张董事违反注意义务以寻求赔偿的诉讼中，对董

〔31〕 在 Barnes v. Andrews[298 F. 614（S. D. N. Y. 1924）]案中，法官 Learned Hand 运用了侵权法上的原则来确定这种因果关系。Barnes 是一家制造发动机的公司，由于该公司内部发生争吵延误了生产从而导致公司破产。被告 Andrews 是该公司的一名董事。像 Francis 案中的 Mrs. Pritchard 一样，Andrews 对公司漠不关心，法院认为，Andrews 违反了注意义务。然而，法院却并不认为 Andrews 应当承担责任。因为法院认为，原告没有能够证明即使 Andrews 认识到了公司的问题，他是否有能力使公司成功运营，也就是说，原告没有能够证明因果关系。

事的行为是否为该损害的近因负有举证责任。

但是,这一原则在适用上也是不平衡的。有的法院可能并不要求原告证明因果关系的存在,而是简单地认为只要有违反义务的行为存在即构成违信责任。[32] 由此可见,侵权法上的因果关系对于违信责任的确定有着较为特殊的运用。

(二)违信责任形式

凡违反义务者必附之以责任对行为人加以制裁。考察我国公司法关于违信责任的规定,行为人违反受信义务须承担如下两种形式的责任:

1. 损害赔偿

受信义务主体的行为如果给公司造成损害,自然应当向公司承担损害赔偿责任。如《公司法》第188条规定,董事、监事、高级管理人员执行职务违反法律、行政法规或者公司章程的规定,给公司造成损失的,应当承担赔偿责任。

《公司法》第191条规定,董事、高级管理人员执行职务,给他人造成损害的,公司应当承担赔偿责任;董事、高级管理人员存在故意或者重大过失的,也应当承担赔偿责任。

《公司法》第192条规定,公司的控股股东、实际控制人指示董事、高级管理人员从事损害公司或者股东利益的行为的,与该董事、高级管理人员承担连带责任。《公司法》第21条规定,公司股东应当遵守法律、行政法规和公司章程,依法行使股东权利,不得滥用股东权利损害公司或者其他股东的利益。公司股东滥用股东权利给公司或者其他股东造成损失的,应当依法承担赔偿责任。这里需要再行解释的是,就股东的违信责任而言,主要针对的是给公司造成损失的情形,如果股东滥用权利给其他股东造成损失,一般而言,属于股东的直接侵权行为,应直接对其他股东承担损害赔偿责任,不属于违信责任范畴。但在国外判例中,亦有极少数情形使股东对其他股东承担违信责任,虽属特例,但亦不可不察。

《公司法》第22条规定,公司的控股股东、实际控制人、董事、监事、高级管理人员不得利用关联关系损害公司利益。违反前款规定,给公司造成损失的,应当承担赔偿责任。

2. 没收所得

《公司法》第186条规定,董事、监事、高级管理人员违反本法第181~184条规定所得的收入应当归公司所有。《公司法》第181~184条规定的董事、监事、高级管理人员的忠实义务,包括违反禁止性行为、违法进行关联交易、非法谋取公司商业机会、违反竞业限制。譬如,公司董事长擅自利用了本来属于公司的商业机会,应将其利用该商业机会所得收入归公司所有。违反受信义务的行为人可能同时承担没收所得与赔偿损失两种

---

[32] 如特拉华州高等法院在 Cede & Co. v. Technicolor, Inc. [634 A. 2d 345(Del. 1993)]案中采取了不同的方法。在该案中,该公司 CEO 推动董事会在没有经过调查的情况下就兼并了另一家公司。初审法院认为董事违反了注意义务,但是却没有判决其承担责任,理由是原告没有证明该损失产生于该行为。换句话说,原告没有能够证明如果经过了详细调查,董事会是否会放弃该兼并,或者有更好的选择。但是特拉华州高等法院却撤销了该判决,否决了运用一般侵权法原则来处理这类问题,而是运用 BJR 作为指引。根据 BJR 原则,如果董事没有违反义务,或者不存在利益冲突,董事就不会承担责任。

责任。譬如，在上例中，公司董事长擅自利用了本来属于公司的商业机会，应将其利用该商业机会所得收入归公司所有。如果因此给公司造成损失的，还应当赔偿损失。

（三）责任的免除与限制

违信责任的另一个重大特点是，即使董事的行为导致了违信责任的发生，也可因一定事由而免除或者限制其责任。公司法上关于董事的免责或者限制规则与一般侵权法上的免责事由有所不同。或者说，除侵权法上一般的免责事由外，公司法上还有颇具自己特色的免责方式，并主要表现为如下方式：通过公司章程规定免除或者限制董事的责任；直接限制赔偿数额或者将责任限定于重大过失。

1. 通过公司章程免除与限制董事的责任

公司法上对董事的免责或者限制主要体现为法律授权公司通过公司章程的规定来免除或者限制董事的责任（exoneration by charter provision）。应当注意的是，这种免责或者限制只涉及董事的责任，而不包括高级管理人员。这是因为，与董事不同，高级管理人员是负责公司经营管理业务的直接责任人员，如有违反受信义务行为，难辞其咎。这就会引起一个有意思的问题，即当一个人同时既是董事又是高级管理人员时，这个作出决策的高级管理人员是否应当承担责任呢？一般来说，同时兼任董事和高级管理人员的人只对在他单独以高级管理人员的身份而不是以董事的身份作出的决策或者采取的行为承担责任。在这种情况下，即使章程中有免责条款也不能免责或者限制。

要求在公司章程中记载这样的条文意味着董事责任的免除或者限制必须征得公司股东会的同意，因为公司章程是由股东制定的。在公司章程中设置这样的免责或者限制条款当然也必须经过股东的同意。通常而言，这种免除或者限制是选择性的。即法律规定，公司可以自由决定是否免除或者限制董事的责任。这样的规定有时被称为“章程选择法”（charter option statute）。[33] 但是，在如下情况下，董事责任不能免除或者限制，是为例外：[34]（1）违反忠实义务。对董事违反受信义务的责任免除或者限制主要局限于董事违反注意义务，而不适用于违反忠实义务。[35]（2）非金钱诉讼。该种责任的免除或者限制原则上只适用于金钱赔偿（monetary damages）诉讼。[36] 仅仅允许公司章程免除或者限制董事的金钱损失赔偿责任意味着它没有限制法院给予衡平救济的权力。因此，股东仍然可以提起诉讼阻止董事会决议的执行，如果能够证明董事违反了注意义务的话。也可以诉讼方式要求董事会进行结构性改革，或者取消特定交易。（3）对第三人责任。原则上这种免责或者限制只限于对公司或者其股东的责任。尽管法院有时也可能将董事义务延伸到债权人或者其他利益相关者，但董事对第三人的责任并不能免除或者限制。（4）不当个人利益。董事接受了不当的个人好处的交易，或者董事所接受的经济利

〔33〕 Del. GCL § 102；MBCA § 2. 02（b）（4）.

〔34〕 MBCA § 2. 02（b）（4）；Del. GCL § 102（b）（7）. 但应注意的是，前者的例外较之于后者要狭窄一些。

〔35〕 尽管 Del. GCL § 102（b）（7）规定的目标是限制董事违反注意义务的责任，但是该条规定却没有直接指向注意义务，而是更加宽泛地指向“受信义务”。

〔36〕 少数法律规定，既可以提起衡平法救济，又可以提起金钱赔偿的诉讼。See Hamilton，at p. 429.

益是董事无权接受的。(5)非善意行为、故意渎职、明知违法。(6)非法分配。董事违反法律规定的股利分配。(7)故意违反刑法。[37]

法律允许在公司章程中设置这样的免责或者限制条款无疑是为了减轻董事的责任负担，免除其后顾之忧，使董事愿意接受这样的职务。[38] 如果在公司章程中规定了免除或者限制董事责任的条款，即使是在严重过失的情况下，董事也不需要承担个人责任。将来的诉讼很可能只是集中在该条文规定的例外的范围之内。就本质上而言，股东会免去或者限制的是董事的一般过失责任。这种免责或者限制的后果是，要想使董事承担责任，必须证明很高程度的过错(high degree of culpability)的存在。譬如，必须证明其行为或者不行为是属于故意渎职或者粗心大意。

对这种章程选择条款，亦存在一些批评意见，主要可以归纳为：(1)股东可能意识不到该种豁免的后果。(2)只有大股东才有权利修改章程，小股东即使想起诉，也无力修改章程。(3)这种免责或者限制条款可以与其他条款一块"搭售"，如董事在建议中给股东某种好处，然后"搭售"免责条款。

2. 限制责任数额与过失程度限制

并非所有的法律均采用上述免责或者限制方案。人们认为，关于董事违信责任最值得关心的问题是损害赔偿的数额太大的问题。因此，一些法律采取直接限制赔偿数额的方案，即通过章程来限制违信责任的赔偿数额。这样的法律一般规定，如果董事不是故意渎职，董事的损害赔偿不应超过一定数额(如10万美元)或者只限于董事违反义务之前的一定期限内(如12个月)从公司接受的补偿或者薪俸之总和。这种类型的法律可以被称为"保护性法律"(protective statutes)。[39]

3. 将违信责任限定于重大过失

还有少数法律采取的方式是将董事的违信责任限定于重大过失，或者说，故意渎职

---

[37] 上述免责或者限制条款虽然具有意义，但却还有些不清楚之处。如每一具体例外到底指的是什么。譬如，忠实义务的本质就涉及不正当地获得个人好处，同时也表明董事在该交易中是非善意的。MBCA § 2.02(b)4 为了避免交叉重复和模糊不清，该条修正案去掉了 Del. GCL § 102 中的忠实义务的违反和非善意行为两个例外。其余则完全一致，并无实质性差别。

[38] Van Gorkom 案对公司界是一个极大的震惊。因为法院判决，由于违反注意义务，须承担数以百万计的美元的损失责任，这是以前从未发生过的事情。与此同时，董事、经理违反注意义务的责任保险费增加，但作用不大。部分地可能是由于 Van Gorkom 判决给人造成的直觉是风险更大了，部分是由于保险业本身的其他原因。其结果是，它给立法机关带来了这样的压力：通过立法来抑制董事因违反注意义务而需要承担责任。在1986年，对 Van Gorkom 案的直接回应是特拉华州制定了 Del. GCL § 102(b)7，它授权公司章程可以免除董事的责任。在20世纪80年代后，实际上所有的州都制定了相似的法律。一些州，包括 Indiana 已经采用了 self-executing statutes 自动地限制董事的责任而不用修改公司章程。ALI's Prin. of Corp. Gov. 原本给金钱赔偿带了一个"帽子"(cap)而不是完全免除其责任的盾牌(shield)。只有 Virginia 仿效了这一做法，但该州随后允许通过公司章程中的选择性条款可以完全免除责任。Prin. of Corp. Gov. 最后又反过来采取了 Virginia 的修正做法。由于数以千万计的公司都设立在特拉华州，包括大多数公众公司，他们都利用 Del. GCL § 102(b)7 的好处，最大限度地在该条文允许的范围内免除董事责任。

[39] 这种做法以 Virginia(Va. Code Ann. § 13.1－692.1)为代表，ALI's Prin. of Corp. Gov. § 7.19 也采纳了这一做法。

或者粗心大意。[40] 这种法律被称为“自动免责法”(self executing statutes),即不通过公司章程,而是直接由法律规定免责条件。这实际上是“商业判断规则”的法典化表述方式,但不同的是,商业判断规则的适用仅限于商业决策,而这种限制并不局限于商业决策,而是将不履行事务管理职责也包括在内。

第二节　注意义务

像律师对其当事人、医生对其病人、司机对任意第三人应当承担注意义务一样,董事、监事、高级管理人员在履行其职责时对公司负有合理的注意义务(duty of care)。这一观念是说,那些从事可能给他人带来损害风险行为的人应当承担一种像一个理性的谨慎人在同等情况下的行为一样的义务以避免这种损害发生。注意义务是过失侵权的基础,董事、监事、高级管理人员违反注意义务就是过失,因而需要承担过失侵权责任。

乍一看,董事、监事、高级管理人员的注意义务与侵权法上的注意义务并无多大区别。在许多情况下,事实确实如此。但是,董事、监事、高级管理人员的注意义务又有许多特别之处。

我国公司法虽然对注意义务作出了规定,即要求有关受信义务主体须对公司承担勤勉义务。《公司法》第 180 条第 2 款规定,董事、监事、高级管理人员对公司负有勤勉义务,执行职务应当为公司的最大利益尽到管理者通常应有的合理注意。我国公司法关于管理者的注意义务的规定长久以来一直仅有“勤勉义务”四个字。新公司法这一规定初步将勤勉义务指向“执行职务应当为公司的最大利益尽到管理者通常应有的合理注意”。这是一个突破,是一个很大的进步。尽管如此,该规定在司法审判中如何适用依然存在疑惑和问题,后文主要集中于董事、高级管理人员的义务和责任逐步展开讨论。再者,在用语上,“勤勉义务”究竟不如“注意义务”更科学一些。英文中的“注意义务”(duty of care)具有特定的含义。这一概念除强调管理者的责任心外,还包含克服管理者的懒惰这一层含义,即包括了法律上的作为和不作为两种情形。概括起来说,注意义务要求义务主体须以自己的勤勉、谨慎、经验、知识和技能履行其职责。

一、一般标准

关于董事、高级管理人员的注意义务,我国公司法只有原则性规定,缺乏具体标准。从国外法律及其司法实践来看,[41] 可将董事、高级管理人员注意义务的一般标准概括为如下三个方面:(1)善意(in good faith);(2)应当尽处于相似位置的普通谨慎人在类似情况下所应尽到的注意(with the care that an ordinary prudent person in a like position would

---

〔40〕 Ind. Code Ann. § 23－1－35(1)(e)(2).

〔41〕 MBCA § 8. 30, § 4. 01 of PCG.

exercise under similar circumstance)；[42]（3）须合理地相信其行为是为了公司的最佳利益（in a manner the director reasonably believes to be in the best interests of the corporation）。如果董事、高级管理人员的行为符合上述要求，则可以免除其责任。[43]

（一）善意

董事、高级管理人员的行为必须是善意的（in good faith）。善意，是对行为人诚实状态的一种心理或者道德评价。这种评判是主观性的，主要针对的是行为人对客观事物的认知能力，需要分析行为人对自己行为及后果的理解、判断、控制、认识等方面的状况。如果行为人在其内心对其行为及其后果尽到了适当的注意，即可满足"善意"要求。实际上，善意是过失原则的一种主观体现。如果行为人明知其行为将会对他人产生不利后果而故意放任或者因为疏忽或者没有引起足够注意而使其后果发生，则为"恶意"（bad faith）。譬如，当董事、高级管理人员明知错误行为的发生而不加以阻止或者自己亲自实施或者参与该错误行为，或者故意实施违法或者犯罪行为，董事、高级管理人员就有责任。

（二）注意

董事、高级管理人员应当尽处于相似位置的普通谨慎人在类似情况下所应尽到的注意（with the care an ordinary prudent person in a like position would exercise under similar circumstance）。

1. 勤勉尽责

注意（care/attention），是对行为人对其行为及其后果的注意程度的评判。它要求董事、高级管理人员在实施管理行为时，应当恪尽职守，尽到适当的勤勉、注意和技能。这种评判虽然仍然是主观的，但却具有一定的客观化倾向。

那么，在判断董事、高级管理人员的注意程度时采用何种标准呢？

这个标准就是，应当尽处于相似位置的普通谨慎人在类似情况下所应尽到的注意，即所谓的"理性人标准"（test of reasonable person）。

根据这一标准，只有董事、高级管理人员履行了一个普通的谨慎的人在同样情况下处理同类事情所应尽的勤勉、注意和技能才能免责。这一标准与侵权法的原则是一致的，即基于一个理性的谨慎人在同样的情况下的行为来判断其是否有过失。这实际上是过失原则的客观化体现。

由此可见，这种勤勉、注意和技能要求是以具有合理的知识和能力的普通人为基础

---

〔42〕 一些早期的判例认为，银行董事的注意程度应当比普通商事公司的董事的注意程度要高一些。一个经常被法院引用的类似的标准是"像普通的谨慎人那样在类似其管理个人商业事务的情况下所应尽的同等程度的勤勉、注意和技能"（the exercise of that degree of diligence，care and skill which ordinarily prudent person would exercise under similar circumstances in their personal business affairs）。然而，近年来更为权威的判例表明在这个问题上没有必要对银行董事区别对待。其理由是：如果该标准过于严格，则可能导致没有人担任董事。法院认为，他们不应该对公司管理人员进行事后审查，充当"事后诸葛亮"。

〔43〕 MBCA § 8. 30 and § 8. 40；ALI's Prin. of Corp. Gov. § 4. 01.

的。如果一个董事或者高级管理人员具有或者应当具有有关问题方面的知识和能力而没有运用这种知识和能力,则不能认为他满足了注意要求。例如,有一名律师是董事,他应当知道该交易将会导致违反托拉斯法,但是却没有反对。他的义务就必须依据其作为一个律师所应当具备的法律知识来衡量。他可能对此承担责任,尽管其他非律师董事在相同情况下并不需要承担责任。

但是,问题仍然没有完全解决。因为董事、高级管理人员的注意义务是一种管理义务,而管理义务又可分为替他人管理事务和为自己管理事务。很显然,一个人在管理自己事务时所尽到的注意要比管理他人事务所尽到的注意要高一些。

对此,法律进一步要求,董事、高级管理人员应当尽像普通的谨慎人那样在类似其管理个人商业事务的情况下所应尽的同等程度的勤勉、注意和技能。这说明,法律要求董事、高级管理人员作为受托人或者代理人在接受其委托人股东的委托管理公司财产和事务时,应当尽在类似情况下管理其个人事务一样的注意。这一表述相当于大陆法系法律中的"善良管理人的注意义务"。

总体来说,这是一个不太高的要求。采用这一注意标准的理由有二:一是如果该标准过于严格,则可能导致没有人担任董事。二是法院认为他们不应该对公司管理者的行为进行事后审查,充当事后诸葛亮(second guessing)。

有哪些因素构成一个理性的谨慎的人的行为呢?一般而言,这是一个法官的自由裁量权的问题。但是,下列三方面因素可以作为重要参考。

因素之一取决于公司所从事营业的性质。一般认为,如果公司从事的是普通商事业务,其董事的注意程度就要低一些,如果公司从事的是金融或其他特殊业务,那么,其董事、高级管理人员的注意程度就要高一些。[44]

因素之二取决于被告在公司中的地位。一般认为全职董事的注意程度高于外部董事。因为外部董事不熟悉公司业务,难有充足时间过问公司经营。[45]

因素之三须考虑公司的规模。一般认为,公众公司董事的注意义务高于私人公司。因为公众公司的股东更为消极,私人公司的股东更为积极。但公众公司的情形更为复杂一些,即涉及大型公众公司的董事的职责到底是什么。正如现代法律所反映的那样,如果认为大型公众公司的董事的职责主要在于对经理层的监控,那么,董事的注意程度可能反而比较低一些。[46]

---

〔44〕 一些早期的判例认为,银行董事的注意程度应当比普通商事公司的董事的注意程度要高一些,如 Francis 案。由于其是一家保险公司,所以 Mrs. Pritchard 应当承担责任,尽管她是一个傀儡董事。然而,近年来更为权威的判例表明在这个问题上没有必要对银行董事区别对待。但是,由于在 20 世纪 80 年代大量银行和信贷机构的倒闭,联邦机构在许多不同的州对银行董事提起了诉讼。这是否会导致早期有关银行董事的判例在现代问题上的重新适用尚有疑问,因为现代注意义务在立法和司法方面已经出现了较大的发展。

〔45〕 如在 Bate v. Dresser[251 U. S. 524, 251 U. S. 524, 40 S. Ct. 247(1920)]案中,法院判定总裁承担责任,而董事不承担责任。

〔46〕 如特拉华州高等法院在 Graham v. Allis-Chamers Mfg. Co. [188 A. 2d 125(Del. 1963)]案中的态度表明,公众公司的董事的职责主要是对公司进行监管,而不是对日常运作承担责任。

2. 不履行职责

违反注意义务的另一种常见的形式是,当其他董事、高级管理人员或者下属在损害公司时,董事或者高级管理人员却"在控制室里睡大觉"(asleep at the switch)。如果董事、高级管理人员根本不履行职责(failure to direct)或者漠不关心(inattention),放任公司错误行为发生,同样构成对注意义务的违反。董事、高级管理人员的这种不作为可能是因为董事、高级管理人员上了年纪、生病了,住在较远的地方,或者仅仅是懒惰或者过分信任其他董事或者其经理人员。譬如,一名董事可能因为感觉到他之所以被选举为董事,仅仅是作为一个傀儡或者和事佬(figurehead),实际上他并不能发挥重大作用。这种辩护是不成立的:当一个人同意担任董事时,就意味着他承诺了一定的义务和责任,如果认为这种工作太麻烦,他最好是辞职而不是虚挂名衔却无所事事。[47]

在这种不作为案件中,仍然需要原告对因果关系(causation)的证明,尽管比较困难。只有原告能够证明在不作为和具体损失之间存在因果关系,行为人才对其因过失不作为承担责任。

(三)合理地相信其行为符合公司最佳利益

董事、高级管理人员在进行商业决策时应合理地相信其行为符合公司最佳利益(in a manner he reasonably believes to be in the best interest of the corporation)。由于董事、高级管理人员管理的是他人的财产和事务,他必须根据自己的判断以自己认为最符合公司利益的方式实施行为。这主要是一个证明问题。当董事、高级管理人员的行为受到质疑时,他需要证明其所作出的商业决策对公司是适当的。

原则上,合理相信这一标准要求董事在作出商业决策时应当进行必要的了解和调查。但法律同时也规定:(1)在缺乏其他信息的条件下,董事可以假定其经理人员和其他管理人员是诚实的;(2)董事可以善意地依赖具体负责的公司经理人员、顾问或者董事会委员会提供的信息、意见、报告或者说明。在不作为案件中,被告同样可以依赖这一原则作为抗辩理由。[48]

二、商业判断规则

前面我们谈到,当董事、高级管理人员对公司经营和事务缺乏应有的注意时,法院则运用普通的理性谨慎人这一侵权标准来处理这一问题。也就是说,如果董事、高级管理人员的行为符合上述要求,则可以免除其责任。但是,上述标准具有较强的主观性和抽象性,因而在实践中就特别难以掌握。尤其是在涉及董事、高级管理人员在公司决策方面发生了错误时,就更加难以判断。为了克服这一困难,法院在处理这一问题时往往求

---

〔47〕 一个经典的案例是 Francis v. United Jersey Bank[432 A. 2d 814(N. J. 1981)]。在该案中,Mrs. Pritchard 和她的两个儿子是一家再保险经纪公司的股东和董事。Mrs. Pritchard 是发起股东的遗孀,年迈且酗酒,她所接到的财务报告表明她的儿子正在挪用资金。由于她放任其两个儿子挪用公司和客户的资金,并从不过问公司业务,也没有采取措施来阻止这些交易。所以,她被指控违反了其对公司的注意义务。

〔48〕 MBCA § 8. 30(b).

助于“商业判断规则”(Business Judgment Rule,BJR),用以辅助上述标准的实施。

(一)什么是商业判断规则

“商业判断规则”起源于170年前。但什么是商业判断规则却很难界定。[49] 一般认为,董事、高级管理人员善意地进行商业决策即可满足注意义务的要求,如果:(1)他与所进行的商业决策事项不存在利害关系(He is not interested in the subject of his business judgment);(2)他对所进行的商业决策是了解的,并合理地相信在该种情况下是适当的(He is informed with respect to the subject of his business judgment to the extent he reasonably believes to be appropriate under the circumstance);(3)他理性地相信其商业决策符合公司的最佳利益(He rationally believes that his business judgment is in the best interest of the corporation)。[50]

1. 不存在利害关系

商业判断规则要求董事、高级管理人员与所进行的商业决策事项不存在利害关系(not interested in the subject of his business judgment)。如果董事、高级管理人员在作出一项商业决策时,与该项交易不存在利害关系,将得到商业判断规则的保护,而可能免除责任。因为在非利害关系交易中,董事、高级管理人员与公司利益不发生冲突,不大可能将自己利益置于公司利益之上,从而侵害公司利益。

如果董事与某项交易存在经济利益关系,他就是一个“利害关系董事”(interested director)或者“不适格董事”(disqualified director)。这样的董事对与其存在利害关系的交易所作出的决策不受商业判断规则的保护。

并不一定所有的董事均与特定交易存在利害关系。那些与特定交易不存在利害关系的董事被称为“非利害关系董事”(disinterested directors)或者“适格董事”(qualified directors)。根据商业判断规则的要求,一项商业决策或者交易如果是由非利害关系董事作出的,则受到商业判断规则的保护。在存在独立董事制度的法制中,这样的交易通常由独立董事来审查。

当所有的董事均存在利害关系时,可以选举没有利害关系的新董事并让新的董事来审议有争议的交易,或者由董事的专门委员会来审查该项交易,或者干脆提交股东会对该交易进行审查。

2. 知晓决策内容,并且决策适当

商业判断规则要求董事对所进行的商业决策是了解的,并合理地相信在该种情况下是适当的(being informed with respect to the subject of his business judgment to the extent he reasonably believes to be appropriate under the circumatance)。

---

〔49〕 在起草1984年版MBCA时,起草人试图对其进行界定,但却没有成功。正如其中一位参与者后来说道:“我们知道BJR是存在的,我们也知道BJR是什么,并知道何时运用它,但就是无法对之进行界定。”转引自Gevurtz, at p. 279。

〔50〕 ALI's Prin. of Corp. Gov. §4.01.

当一个人担任一家公司董事或者经理时，作为一个谨慎的理性人，他最低限度上必须对公司业务和财务状况和活动有一个基本了解。为了了解公司的业务活动和财务状况，董事必须参加公司董事会议，即使不是参加每一次会议；过问公司业务，即使不是经常过问公司业务。如果没有满足这些要求，他就违反了他的义务。

法律允许董事在进行决策时依赖具体负责的公司经理、雇员、法律顾问、公共会计或者专门委员会准备或者提供的信息、意见或者报表，包括财务报告和其他财务数据。[51] 作为一个实际问题，对他人提供的材料的依赖对外部董事来说是非常重要的，因为他们远离公司的日常事务，不可能事事时时过问公司业务。

但是，这种依赖必须具有合理性。只有董事"合理地相信"提供材料的经理或者其他人员是"可信赖的并且是有能力的"（reliable and competent），董事的这种信赖才具有合法性。譬如，在有法律顾问、公共会计和其他专业人员的情况下，董事必须合理地相信由这些人所提供的信息或者咨询意见是在他们的专业或者专长范围之内。又如，董事还可以信赖董事会专门委员会的报告（该董事不是其成员），如果他合理地相信该委员会是值得信赖的话。[52] 如果董事在作出决策时，其所欲依赖的信息源泉是可信赖的和靠得住的，他将受到商业判断规则的保护。

3. 理性地相信其行为符合公司最佳利益

商业判断规则还要求行为人理性地相信其商业决策符合公司的最佳利益（ratoinally believes that his business judgment is in the best interest of the corporation）。关于这一要求，初看起来，与上述注意义务的一般标准一样，实际上二者却存在差异。在一般标准中使用的是"合理地相信"（reasonablly believe），而在这里则使用的是"理性地相信"（rationally believe）。很显然，在这里，商业判断规则有意识的降低了这一标准。因为，"合理地相信"要求行为人在作出商业决策时必须进行必要的了解和调查，而"理性地相信"则只要求行为人在作出商业决策时运用本身所具有的知识、经验和技能即可。

（二）商业判断规则的特点

第一，商业判断规则只有在决策作出之后才能适用。如前所述，注意义务包括作为与不作为两种情形，商业判断规则仅适用于积极地作出商业决策的情形，即适用于作为的情形，而不适用于不作为的情形。如果仅仅是董事、高级管理人员消极地不履行义务（failure to direct），则不能适用商业判断规则，而只能按照一般的注意标准来衡量。譬如，董事根本不过问公司事务，不参加董事会议。董事的这种不作为同样不能免责，理由是，一个人既然担任了某种职务，就须承担与其职责相适应的责任。也正是因为其不作为，没有参加商业决策，自然无适用商业判断规则的余地。如果该决策涉及董事、高级管理人员违反忠实义务，也不适用商业判断规则，而应采用公平标准。此外，如果该项商业决策是非法的，亦不适用商业判断规则。

---

〔51〕 MBCA § 8.30(b).

〔52〕 MBCA § 8.30(e).

第二,商业判断规则采用的是低于普通过失(ordinary negligence)的重大过失(gross negligence)标准。[53] 什么是重大过失？它与普通过失有何区别？对此的一般解释是,“在公司领域,重大过失意味着粗心大意或者故意忽视股东的利益……或者所采取的行动缺乏合理理由”。[54]

第三,商业判断规则的又一特点是区分实质审查和程序审查。原告可以运用两种方法,或者说从两个方面来证明被告是违反义务的:一是程序方面;二是实质方面。[55]

从程序上看,商业判断规则要求董事、高级管理人员在作出决策时对其决策内容是了解的,并合理地相信该种决定在该种情况下是适当的。从实质上看,商业判断规则要求董事、高级管理人员在作出决策时须理性地相信其决定是为了公司的最佳利益。

这里,关于“合理地”和“理性地”的区分是故意的。其解释是,“理性标准”较之于“合理标准”能够给予董事、高级管理人员更大的保护。由此可见,商业判断规则对商业决策的实质审查标准要低一些,相当于“重大过失”标准,而对商业决策的程序审查则要严格一些,相当于“普通过失”标准。

(三)商业判断规则的意义

商业判断规则是履行注意义务的重要要件。这一规则的基本观念是,在让作出不好的商业决策的董事、高级管理人员承担责任时应给予一定限制。因为一个商业决策是好是坏,很难判断。往往在作出一项决策时,它可能是好的,但事后来看却会有许多问题。更何况董事、高级管理人员要经常作出这样的决策。

根据商业判断规则,只要是善意地并在合理的调查基础上所作出的诚实的商业决策就是不受指控的,即使该决策是错误的、不幸的甚至是灾难性的。商业判断规则实际上是一种保护董事使其不承担责任的绝缘措施或者“安全港”(safe harbor)。

为什么要给董事责任制定特别规则,也就是说,为什么董事、高级管理人员不像普通

---

〔53〕 特拉华州高等法院在 Aronson v. Lewis[473 A. 2d 805(Del. 1984)]案中表明了这一立场。随后,特拉华州高等法院在 Van Gorkom 案中又再次确认了这一标准。这是迄今为止对 BJR 表达得最清楚、最重要的一种解释,并为其他州所仿效。

〔54〕 一个经典案例是 Smith v. Van Gorkom[488 A. 2d 858(Del. 1985)]。在 1985 年以前,很少有判例判决董事因为没有履行义务而承担责任。Van Gorkom 案是一个“分水岭”。在该案中,Trans Union Corporation 的董事们在既没有调查是否还可以争取到更高的价格,也没有调查 Trans Union的内在商业价值的情况下,就接受了来自外部收购该公司的要约。董事们仅仅依赖于 Van Gorkom(其为 CEO)的意见——要约所提出的价格是合理的——在三天内就同意了出售该公司。很显然,实际上根本没有讨论其他可能的方式,也没有求助于外部专家的意见。法院判决公司董事(无论是内部董事或者是外部董事)承担责任(公司以每股 55 美元出售其股份。当该交易在进行过程中时,曾经有人询问并提出了每股 60 美元的价格。由于已发行在外的股份超过 12,000,000股,以每股 5 美元差价计算,董事的潜在责任高达 60,000,000 美元之多)。The Delaware Supreme Court 认为,适用商业判断规则的标准是“重大过失”(gross negligence)。进言之,BJR 不保护 Trans Union 的董事,因为他们没有对其所同意的交易进行调查,具有重大过失,尽管该 CEO 是他们尊敬的人,该交易也没有涉及董事们的自我交易。

〔55〕 这种区分是在实践中发展起来的。譬如,在 Litwin 案中,原告认为被告的决策本身是愚蠢的,而在 Van Gorkom 案中,原告则指责决策程序存在缺陷。因此,有人建议,何不干脆将对决策本身的审查标准与对决策程序的审查标准区分开来。ALI 的《公司治理指南》对此提供了一个范例。

人一样承担普通过失责任？主要有如下原因：

第一，商业决策的事后审查（after-the-fact-review）很困难，法院也非常不愿意介入这种涉及公司内部商业决策的是非。事实上，许多商业决策也超出了法官的经验和能力。

第二，基于损害性质的考虑。与其他侵权行为不同，公司董事、高级管理人员违反义务给公司造成的损失通常是金钱损失，而且数额巨大。如果因为普通过失就需要承担责任，将不会有人愿意或者敢于担任董事、高级管理人员职务。

第三，针对董事、高级管理人员违反注意义务的诉讼在性质上属于派生诉讼，在由股东提出的派生诉讼中，股东热情不高，主要是律师为了赚取代理费用而怂恿股东起诉。诉讼的方式只是解决问题的一种方法，除此之外，还可以采用其他方法解决问题。譬如，终究董事是股东选举的，高级管理人员是董事会聘任的，亦可用选举或者解聘的办法换掉董事、高级管理人员。或者干脆采用"用脚投票"的方法退出公司，或者采取分散投资的方法避免风险。

第四，赔偿或者威慑效用的有限性。传统的侵权法有两个作用：一是赔偿；二是威慑。在公司情况下，董事违反义务需要赔偿，但是这种赔偿往往因诉讼的和解或者补偿和保险机制而仍然由公司负责，"羊毛出在羊身上"。更何况公司还可以免除或者限制董事责任。威慑作用又如何呢？既然赔偿不能发挥应有的作用，威慑的作用也当然就随之化解了。加上公司中诸如股票期权等一系列补偿性安排和计划，威慑作用得不到应有的发挥。

第三节　忠实义务

前面我们讨论了董事、高级管理人员的注意义务——主要是为了克服董事、高级管理人员的懒惰和无责任心。现在我们要讨论董事、高级管理人员的忠实义务——主要是为了克服董事、高级管理人员的贪婪和自私行为。董事、高级管理人员违反忠实义务主要表现在两个方面：一是董事、高级管理人员将自己利益置于公司和股东利益之上；二是董事、高级管理人员利用职权为自己谋利。当然，在这两种情况之外，还存在一些变例。

我国公司法对忠实义务进行了规定。《公司法》第180条规定，董事、监事、高级管理人员对公司负有忠实义务，应当采取措施避免自身利益与公司利益冲突，不得利用职权牟取不正当利益。根据公司法的这一规定可知，我国公司法关于忠实义务规定了两种情形：一是间接利益冲突交易；二是直接侵权行为。公司法对董事、监事、高级管理人员违反忠实义务的直接侵权行为进行了具体列举，并对自我交易、公司机会与竞业竞争分别进行了逐条规定。由于前面已经对我国法律上关于忠实义务的规定进行了一般性介绍，下面仅讨论公司法上关于公司董事、监事、高级管理人员忠实义务的情形，行文中主要侧重于董事、高级管理人员，但当然包含监事。

一、自我交易

(一)自我交易概述

1. 自我交易的概念和特征

自我交易(self-dealing),是公司中利益冲突交易(conflict-of-interest transactions)的一种典型形式。我国公司法相关条文以"关联交易"称之。具体而言,自我交易是指董事、高级管理人员在为公司实施行为时知道他或者其关联人是该交易的另一方当事人或者与该交易存在经济利益或者与该交易存在密切的关系,并且使人们有理由相信该种利益的存在将会对该董事、高级管理人员的判断产生影响。[56] 根据这一定义,自我交易具有如下特征:

第一,董事、高级管理人员直接或者间接地与其任职公司之间发生的交易。由此可将自我交易区分为直接自我交易和间接自我交易。大多数自我交易直接发生在董事、高级管理人员与公司之间。这种交易称为直接自我交易或者直接利益冲突交易(direct self-dealing/direct conflict-of-interest transaction)。例如,将公司财产出售给董事、高级管理人员,董事、高级管理人员将财产出售给公司,董事、高级管理人员从公司购买财产,公司与董事、高级管理人员订立合同,董事、高级管理人员贷款给公司或者公司向董事、高级管理人员贷款等。但是有些交易则可能是间接的,如发生在董事、高级管理人员的关联人与公司之间,同时担任两个公司董事、高级管理人员的公司之间,或者在母公司与其子公司之间。这种交易称为间接自我交易或者间接利益冲突交易(indirect self-dealing/indirect conflict-of-interest transaction)。具体而言,间接性自我交易主要表现为如下几种形态:

一是董事、高级管理人员的关联人与公司之间的自我交易。所谓关联人(related person),包括配偶、子女、孙子女、兄弟姐妹以及任何该董事、高级管理人员担任受托人的信托。

二是关联公司之间的自我交易。这主要是指发生在母子公司之间的交易。当子公司存在少数股东时,母公司与子公司之间的交易则可能会伤害子公司的少数股东并构成自我交易。这里应当说明的是,关联公司之间的自我交易并不限于公司,交易的对方可能是其他实体。譬如,一个实体控制着另一实体或者被另一实体所控制,或者在其共同控制之下。

三是同时担任交易双方公司董事、高级管理人员的自我交易。这种交易发生在两个不同的公司,但董事、高级管理人员同时在两个公司中担任职务。在这种情形下,利益冲突并不是发生在公司与其董事、高级管理人员之间,而是发生在与董事、高级管理人员存在经济利益的两个公司之间并构成竞争关系。同样应当说明的是,在这种情况下,与董事、高级管理人员任职的公司发生交易的并不一定限于公司,交易另一方可以是任何实

---

〔56〕 MBCA § 8.60(1)(i).

体，包括合伙或者其他经济实体。董事、高级管理人员在交易另一方公司或者实体中可能是董事、高级管理人员、合伙人、代理人或者雇员。

四是董事、高级管理人员的合伙人、委托人或者雇主与公司之间的自我交易。当交易发生在董事、高级管理人员所任职公司与其合伙人、委托人或者雇主之间，同样构成自我交易。

第二，董事、高级管理人员直接或者间接地与该交易存在经济利益关系。假如不存在这种经济利益关系，则不能构成自我交易。譬如，董事持有公司股票。这意味着在分配股利时，董事作为公司股东也将参与公司股利分配。这就是一种发生在公司与接受股利的董事之间的自我交易，并构成直接性利益冲突。进言之，在该股利分配决策中，董事具有经济利益。这是否意味着持有股票的董事在每一次宣布股利分配时都要接受公平标准的审查呢？这似乎是不实际的。因此，只要该种分配是按照公平原则进行的，该种交易就不应当受到非难。[57]

第三，自我交易将导致利益冲突。假若某一或者若干董事或者高级管理人员将其自己的财产与公司进行交易或者公司将其财产出售给董事或者高级管理人员。在这种情况下，我们知道，公司是无法自动作出意思表示的，它必须通过其代表人或者代理人作出，而在这里，其代表人或者代理人恰恰又是交易的另一方。这些董事或者高级管理人员就面临着这样的冲突：一方面，他们要为自己的利益争取到最好的交易条件；另一方面，他们的行为又必须符合公司的最佳利益。这必然形成利益冲突，并且该种利益冲突将会影响到他们的正确商业决策。所以，这种交易又被称为“利益冲突交易”（conflict-of-interest transactions）。

第四，自我交易须具有重要性（material）。譬如，航空公司的董事持有一些飞机制造公司的股票。技术上说，如果航空公司从飞机制造公司购买飞机就涉及该董事的利益冲突。一些利益冲突法提供的解决方案是，只有该董事在订立合同中的他方公司的经济利益足以重要时才构成利益冲突。[58] 因此，某一交易即使可能存在利益冲突，但是如果其尚未重要到需要获得董事会的批准，也不能构成自我交易。

2. 法律对自我交易的态度

公司与董事、高级管理人员之间的自我交易的危险在于：公司在交易中可能得不到公平的对待，因为董事、高级管理人员的自私将会压倒其对公司的忠诚。在这种情况下，法律是如何解决这一问题的呢？

早期法律的态度是对这种交易加以禁止或者使其无效或者可撤销。在这种方法之

---

〔57〕 特拉华州高等法院在 Sinclair Oil Corp. v. Levien［280 A. 2d.（Del. 1971）］案中就碰到了这样的问题。原告诉称母公司要求由其控制的董事会超额分配股利因为母公司需要现金。初审法院认为，这是一种利益冲突交易，但高等法院却撤销了这一判决，因为高等法院已经意识到这并不是一种自我交易。因为，母公司并没有从该种股利分配中多拿 1 分钱，无论多数股东或者是少数股东都是按照每股获取同等股利的原则（同股同利原则）进行分配的。

〔58〕 Cal. Corp. Code §310（a）；Cede & Co. v. Technicolor, Inc.［684 A. 2d 289（Del. 1996）］.

下，公司是否从这种交易中得到好处，董事、高级管理人员是否在该交易中存在个人利益在所不同。到20世纪，这种态度发生了根本性转变。法律开始支持这种交易。从禁止到承认该种交易，表明了法律抛弃了简单的否认该种交易的立场。这是因为：

第一，如果处理得当，公司也会从该交易中得到好处。的确，在许多情形下，董事、高级管理人员给公司提供的条件可能比公司从其他人那里获得的条件更为优惠。例如，董事、高级管理人员给公司贷款是常见的自我交易；当公司无法从其他地方获得贷款或者从其他人那里的借款的条件远远不如董事、高级管理人员提供的贷款的条件时，这样的交易就值得鼓励。

第二，也是最重要的，利益冲突交易是无法避免的。譬如，某股东以知识产权出资，同时又担任董事。在这种情况下，作为出资财产的知识产权必须评估作价。由谁来评估作价呢？无论是股东会还是由董事会确定其价格，实际上都将与公司之间发生自我交易。既然不可避免，法律就必须对这种现实作出回应。

接下来的问题是如何才能保持这种交易的公平性呢？对于利益冲突交易是不适用商业判断规则的。因为商业判断规则解决的是董事、高级管理人员的经验和能力问题；而自我交易则需要解决信任问题，即当董事、高级管理人员的个人经济利益与公司的经济利益发生冲突时，如何才能使人相信这种交易是公平合理的。

通常，解决这类交易纠纷所采取的规则是"公平标准"(fair test)。[59] 根据公平标准，只要符合如下三种要求之一，交易就是有效的：(1)取得非利害关系董事同意(approval by disinterested directors)；(2)取得股东会同意(approval by the shareholders)；(3)证明该交易是公平的(proof that the transaction is fair)。

在董事与公司的利益冲突交易中，主要的问题是我们不能信任这样的董事会自觉地将公司利益置于自己利益之上。所以，就需要有人出来对这种交易是否值得信任作出评判。因此，该标准要求或者该交易须经过非利害关系董事同意，或者取得股东会同意，或者由法院来作出判断。由此可见，公平标准只是一种寻求可信赖的评判者的方法。

但是，法律对待不同的自我交易的态度则有所差异。对于董事、高级管理人员与公司之间的直接性自我交易，均应一律受到审查。而对于间接性自我交易，则取决于其重要程度。法律采取的是一种客观标准(objective test)来判定是否存在冲突。根据这种标准，董事、高级管理人员或者其关联人在交易中的经济利益必须具有重要性以使人们合理地认为该交易影响了董事、高级管理人员的决策。

---

〔59〕 首先是加利福尼亚州在1931年采纳了这样的规定，随后包括特拉华州和MBCA § 8.31[MBCA § 8.31在1988年被废除，代之以更新的MBCA § 8.60－8.63，通常称为"附章F"(subchapter F)。这里引用MBCA § 8.31是因为它与大多数现行有效的规范自我交易的州法律相似。但是，这些法律规定的变化很大]。尽管各州的规定有所不同，但是基本上没有超出加利福尼亚州模式。但应注意的是，这一制定法规则与普通法的规则有所不同。制定法规则是三者符合其一就行，而普通法的要求是非利害关系董事同意与交易公平必须同时存在；再者，普通法上没有股东同意这一要件，而制定法则增添了这一要件。

3. 对自我交易法的评价

第一,现代法律运用公平标准来处理自我交易显然是一种进步。根据这样的法律,一项交易不会仅仅因为这样的董事或者经理与该交易有涉就发生无效的后果。这样的法律实际上对董事、高级管理人员是有利的,它除去了利害关系董事、高级管理人员头上的乌云,如果其满足了法律的要求的话。

第二,对于一项有争议的交易来说,要想在实质上证明其公平性显然是困难的,而且代价昂贵,并可能涉及旷日持久的诉讼。自我交易法律同时采用了实质公平标准和程序公平标准,使公平标准具有了客观可操作性。由董事会或者股东会来对该交易进行审查或者取得其同意,而不是要求利害关系董事来证明该交易的公平性,具有显而易见的优点,同时也有利于节省各方面的成本。但是,当取得非利害关系董事的同意或者获得股东会的同意成为不可能时,则只能退而求助于实质公平标准予以审查,以此作为一种底线保障。

第三,作为一个实际问题,在公众公司寻求股东对自我交易的同意几乎是不可能的,因为公众公司股东人数众多,召开股东会议成本高昂。因此,由董事会来对该种交易进行审查则是比较实际可行的方式。而在封闭公司获得股东同意则是可能的,有限的涉及股东会同意的判例全部是与这些公司有关的交易。所以,该种规则可能因为不同性质的公司而有着不同的运用。

(二)公平标准

如前所述,在解决利益冲突交易时,根据"公平标准",只要符合如下要求之一,交易就是有效的:取得非利害关系董事同意(approval by disinterested directors);取得股东会同意(approval by the shareholders);证明该交易是公平的(proof that the transaction is fair);披露(discloure)。

1. 非利害关系董事同意

一项利益冲突交易如果得到了董事会(或者其委员会)与该交易没有直接或者间接利益关系的董事多数的投票赞成即被视为被授权、同意或者追认。

首先,为什么需要取得非利害关系董事同意?

非利害关系董事是指与发生争议的交易不存在直接或者间接利益关系的董事。也就是说,该董事不仅本身没有参与该项交易,而且他与利害关系董事不存在家庭、经济、职业或者雇佣等利害关系。因为非利害关系董事与交易不存在利益关系,所以人们才有理由相信董事会的决策不会受到这种利害关系因素的影响和干扰。[60]

其次,需要多少非利害关系董事的投票?

通常所采用的规则是,在非利害关系董事进行表决时,必须经过非利害关系董事的多数通过。但是,如果公司只有一名非利害关系董事,是否意味着只要他一人同意就能

---

〔60〕 有趣的是,大多数州公司法并没有对非利害关系董事进行清楚的界定,包括特拉华州在内。1988 年版的 MBCA 的起草者则采用了"适格的董事"(qualified directors)这一说法。See MBCA § 8.62(d)(1988).

满足非利害关系董事同意的要求呢？对此，有的法律规定，可以不考虑法律人数要求(quorum)。也就是说，即使只有一名非利害关系董事，也可以单独授权、同意或者追认。[61] 有的法律则予以限定。即要求至少要有两名非利害关系董事投票赞成该项交易。也就是说，一项交易不能由一名董事单独授权、同意或者追认。[62]

再次，什么时候投票？

一般而言，应当在公司进行利害冲突交易之前就取得非利害关系董事同意。但是，假若一个人既是董事又是经理，他只是利用其经理的职权使公司签订合同，即许多合同并不一定要经过董事会同意。如果某位股东后来对该交易提出异议，这些经理董事能够将该问题提交董事会并获得非利害关系董事的同意以使该交易合法化吗？

大多数法律将非利害关系董事的同意表述为“授权、同意或者追认”。从这种表述上看，应当说，在任何时候只要该种交易取得非利害关系董事的授权、同意或者追认均可为合法交易。当然这种事后追认(after-the-fact vote)也是可以的。[63]

最后，表决的后果是什么？

董事会进行表决的后果无非有两种不同的情况：一是没有获得董事会的同意；二是获得了董事会的同意。

在第一种情况下，也并不意味着该交易无效。如果没有取得非利害关系董事的同意，利害关系董事还可以通过证明其交易是否公平来挽救其交易，因为这两个要求是选择性的。这就意味着，即使非利害关系董事投票反对，或者仅仅是得到了利害关系董事的同意，该利益冲突交易仍然有可能是合法的，只要被告能证明该交易是公平的。

在第二种情况下，利益冲突交易如果经由非利害关系董事同意，法院是否还应当对其公平性进行司法审查(judicial review)？对此，有两种不同的做法：一种做法是，法院仍然可以对该交易进行审查。但是，对这种没有利益冲突的交易的审查的程序要受到 BJR 的限制。根据这一分析，非利害关系董事对利益冲突交易的同意可能引起法院将这种交易当作一开始就不涉及冲突的交易来对待。相应地，对这种交易的司法审查所遵循的原则就是 BJR，而不是公平标准。[64] 另一种做法是，即使非利害关系董事同意了(或者股东

---

〔61〕 Cal. Corp. Code §310(1)(2)；Del. GCL §144(a)(1).

〔62〕 MBCA(1984) §8.31；MBCA(1988) §8.62(a).

〔63〕 Cal. Corp. Code §310(1)(2)；MBCA(1988) §8.61(b)(1). 但特拉华州规定似乎只允许事前同意。特别是在说到非利害关系董事的同意时，它仅指授权(authorization)，而在说到公平标准时，它规定了经董事会的授权、同意或者追认。特拉华州的规定也并非没有道理，因为往往非利害关系董事的事后追认于事无补。Del. GCL §144(a)(1). ALI 的《公司治理指南》具有与特拉华州的同一倾向，只允许事前取得同意，除非非利害关系董事可以对没有取得事前同意作出合理说明。ALI's Prin. of Corp. Gov. §5.02(a)(2)(B) and(C).

〔64〕 如特拉华州法院在 Marciano v. Nakash[535 A. 2d. 400(Del. 1987)]案中采取的就是这种方法。另外，最近的 MBCA 利益冲突法律则倾向于免去对交易的公平性的审查，如果交易已经过非利害关系董事的同意的话。该条文的正式评论指出，适格的董事的同意必须符合 MBCA 关于善意和应有注意的规定。但关于司法能否强行介入，仍然不明确。See MBCA §8.61, Official Comment：Note on Fair Transaction.

会同意了）也仍然应该审查利益冲突交易的公平性。[65]

那么，法律究竟应当采取怎样的方法呢？

如果采取第一种方法，虽然符合法律的本意，但是并不具有完全的说服力。应当承认，三个要件并不能排除对该交易的其他攻击。它可能还存在其他合同法上的问题，如违反欺诈法，甚至还可能存在公司法上的问题，如缺乏授权，违反注意义务。相应地，如果非利害关系董事的同意可以防止因利益冲突交易而使一项交易无效，那么，就不存在独立的理论依据将公平标准适用于该交易。再者，如何对待信任问题呢？非利害关系董事对涉及其同僚的交易的同意是靠得住的吗？赞成运用 BJR 的人认为，应该信任，而坚持继续运用公平标准的人则认为不能信任。乍一看，应该信赖非利害关系董事。终究，非利害关系董事与该交易不存在个人经济利益关系。但是，非利害关系董事却往往与董事会成员有着千丝万缕的联系。这种关系却使他们的同意也并不一定是公正的。但也不能说就不能完全信任，否则，这一道程序就没有意义。

如果采取第二种方法，也就是说，即使非利害关系董事同意，也要对交易的公平性进行审查，当然能够解决第一种方法的缺陷，但是这又带来了新的问题。如果法院继续将该交易像没有经过非利害关系董事同意一样进行公平性审查，那么，原先的非利害关系董事的同意又有什么用处呢？

也许会存在一条中间公平标准（intermediate standard/intermediate fairness）。这种方法是这样的：法院无须审查该种交易是否实质公平（有如该种交易未经非利害关系董事同意），但是，如果非利害关系董事只是“理性地相信”（rationally believed）该种交易符合公司的最佳利益（仅仅达到 BJR 标准）也是不充分的。法院需要做的事情是，审查非利害关系董事的同意是否“合理地相信”（reasonably believed）该种交易对公司是公平的。[66]

2. 股东会同意

当董事会的所有董事都卷入了利益冲突交易，或者董事会不能满足法定人数时，董事与公司之间的交易可以经过股东的追认而成为合法的自我交易。

首先，谁有权利进行表决？

在股东会议上同样存在利害关系股东问题。譬如，利害关系董事同时持有公司股份。这就产生这样一个问题，即与该项交易存在利害关系的股东是否可以参与表决。不同的法律对此问题的解决方案是不同的。一种做法是允许利害关系股东参与表决。[67]

---

〔65〕 采用这一做法的两个经常被引用的判例是：Remillard Brick Co. v. Remillard – Dandini Co. [109 Cal. App. 2d 405，241 P. 2d 66（1952）] 和 Flieger v. Lawrence [361 A. 2d 218（Del. 1976）]。虽然这两个案件涉及的都是股东对冲突利益交易的同意，但这些投票的股东本身就是利益冲突交易的董事。此外，最近，艾奥瓦州最高法院在 Cookies Food Products，Inc. v. Lakes Warehouse Distributing，Inc. [430 N. W. 2d 447（Iowa，1988）] 案中也明确规定，即使满足了艾奥瓦法律对非利害关系董事同意的要求，也同样需要审查其公平性。这种模糊状态使一些法律明确规定，虽经非利害关系董事的同意，也仍然需要对该交易的公平性进行审查，如加州法律就如此规定。

〔66〕 ALI 的《公司治理指南》采用的就是这种方法。Prin. of Corp. Gov. § 5. 02（a）（2）（B）.

〔67〕 Del. GCL § 144（a）（2）.

另一种做法是只有非利害关系股东才能参与表决,利害关系股东不能参与表决。[68] 二者均有一定道理。股东会不同于董事会。在股东会上股东是基于股东地位参加表决的,表决权是股东的固有权利。这是因为,股东取得其股东地位是付出了对价的,即他的股东地位是用钱买来的。这就是为什么一些法律允许股东有权"为其自己的钱袋而投票"(to vote their pocketbooks)。换言之,股东有权为其自己的经济利益而投票,或者说,股东有权自利其所有权(to selfish ownership)。[69] 再者,有权代表公司实施法律行为的是董事、高级管理人员,而不是股东。因此,即使是股东与公司发生交易,通常是不能剥夺其表决权的。

但是,如果当利害关系股东持有公司多数股份或者该多数股东自身就是董事或者只有将利害关系股东持有的股份的投票计算在内才能达到多数,显然,通过股东会决议治愈利益冲突交易就失去了任何意义。看起来,针对利益冲突交易这样特殊的决议事项,将利害关系股东排除在外更为可取一些。

其次,多少票数才符合要求?

如前所述,现代法律的基本倾向是,利害关系股东没有资格参与表决,只允许除利害关系股东之外的剩余股东参加表决。这可能意味着涉及多数股东利益的利益冲突交易只有经由少数股东的多数通过才能满足法律的要求。这种规则被称为"少数之多数规则"(the rule of majority of the minority)。

最后,股东表决的后果如何?

如果股东会没有同意该交易,该交易也并不当然无效,利害关系董事仍然可以通过证明其交易的公平性来使其成为合法交易。

但是,经股东会同意的利益冲突交易是否还要经过司法审查?一般原则是,如果利益冲突交易已经非利害关系股东同意,法院一般不再运用公平原则对该交易的实质公平性进行审查。但是,如果是未经非利害关系股东同意,法院当然还要对该交易进行实质公平性审查。[70]

如果对非利害关系股东同意的交易不再进行实质公平性审查,那么是否可适用 BJR 呢?也不能。因为 BJR 只能适用于董事决议,股东不对公司承担注意义务。

这是否意味着就不用进行任何司法审查呢?自然也不是。法院仍然要审查这种股东同意是否构成了"浪费"和"赠与"(waste and gift)。[71] 法院进行这样审查的理由是,这种少数之多数同意,少数股东可能受到多数股东的威胁,也可能是不了解情况(如受到表决代理权征集的引诱)等。

---

〔68〕 Cal. Corp. Code §310(a)(1);MBCA(1984)§8.31(d);MBCA(1988)§8.63(a)(b).

〔69〕 Gevurtz, at p. 347.

〔70〕 E. g., Flieger and Remillard.

〔71〕 E. g., Rogers v. Hill[289 U. S. 582, 53 S. Ct. 731(1933)].

3. 证明交易是公平的

在利益冲突交易既没有获得董事会的同意也没有获得股东会的同意的情况下，如果有人对该交易提出异议，那么，该种交易就须经过法院的审查。如果法院认为该种交易对公司是公平的（fair to the corporation），则予以支持。但是，如果法院认为该种交易涉及欺诈或者浪费公司资产，法院则可能判决该交易无效从而使其恢复到交易前的状态。

进行自我交易的董事则负有举证责任（proof of fairness）。如果利害关系董事能够有信服力地证明该交易是公平的，法院就会支持该交易。公平标准实际上是一项司法审查标准或者方法。与 BJR 一样，它既可以用来审查利益冲突交易的实质方面，也可以用来审查该种交易的程序方面。BJR 对注意义务的审查往往侧重于程序审查，而公平标准对利益冲突交易的审查往往侧重于实质审查。但很显然，如果利益冲突交易已经经过了程序审查，则对利害关系董事非常有利。

如何来测量一项交易是否公平呢？通常采用的方法是要看“公司所失与公司所得是否相等”。譬如，董事将自己的房屋出租给公司，就要看公司所支付的租金是否等于公司所获得的使用权。[72] 但问题是董事所得到的巨额利润常常与交易的公平性无关，董事所得到的好处有如“强盗般的劫掠”，但法院却仍然可能认为该交易是公平的。[73]

所以，这一标准应当与公司目的保持一致，或者服务于公司目的。换句话说，仅仅使公司从该交易中获得的客观价值与其所付出的相等还不够，还要看公司所得是否物有所值，如果公司所得对公司毫无用处，该交易对公司仍然不公平。

紧接着的问题是，测量的具体标准是什么？公司所得等于公司所失这一公式只是一个概念，但在具体情况下如何才能确定不同财产的价值是相等的呢？这是一个“苹果与橙子”的问题。[74] 答案在于公司是否愿意以同等的条件与第三人进行交易。换句话说，董事使公司对其付出的代价不能高于董事使公司给予第三人的代价。[75]

不幸的是，这一标准容易说，却不容易做。如果交易是以标准条款形式进行的，这一标准尚可适用，但问题是往往这种交易都是非标准条款交易，交易的标的物，如财产、服务往往都是非种类物，在市场上不能找得到对应价格。因此，如何才能在不存在臂距交易（arm’s length negotiation）的情况下找出臂距交易的价格以满足公平标准呢？

这又使我们不得不转过来求助于程序帮助。在运用 BJR 审查董事是否违反注意义务时，要求原告负担举证责任，即证明被告是否具有重大过失。但在运用公平标准审查利益冲突交易时，则将举证责任倒置给被告，由被告证明其交易是公平的，而不是由原告证明该交易是不公平的。这里包含了一个司法审查的倾向性的不同。法律在处理股东诉讼时，在涉及董事、高级管理人员是否违反注意义务而运用 BJR 时，法院倾向于以有利

---

〔72〕 Lewis v. S. L. & E. ,Inc. [629 F. 2d 764(2d Cir. 1980)].

〔73〕 E. g. ,Flieger v. Lawrence [361 A. 2d 218(Del. 1976)].

〔74〕 Gevurtz,at p. 328.

〔75〕 E. g. ,Flieger v. Lawrence[361 A. 2d 218(Del. 1976)].

于董事、高级管理人员的方式和态度解决问题。而在涉及利益冲突交易时,法院的态度是倾向于以不利于董事、高级管理人员的方式解决问题。[76]

为什么法院具有这一倾向性呢?一种明显的答案是董事要比股东更容易证明该交易的公平与否。但也许最重要的是,法院对利益冲突交易所采取的较为严厉的态度(不像对注意义务那样保持着一种宽容的态度)会时时刻刻提醒董事在进行该交易时要尽量做到公平而不要违反其忠实义务。换句话说,公平标准条件下的司法审查所持的怀疑态度所具有的威慑力本身就起到为公司利益充任"看不见的交易代理人"的作用,[77]无论该种交易是否会发生诉讼。

4. 披露要求

对于利益冲突交易,法律还要求对冲突利益的存在和交易的详细情况予以充分地披露。[78] 利害关系董事应当将有关利益冲突交易的事实对非利害关系董事予以充分披露。不予披露的后果是什么呢?利害关系董事就不能利用所取得的非利害关系董事的同意来为其交易的公平进行辩护,因为该种同意是在非利害关系董事不了解该交易的真实情况的条件做出的。当然,这句话的反对解释可以是,尽管利害关系董事没有披露,但如果非利害关系董事的同意是在了解该交易的真实情况的条件下做出的,利害关系董事则可以利用该种同意。

进一步的问题是,尽管没有披露,但利害关系董事是否可以主张该交易是公平的呢?对此,做法是不一致的。有的法律(尽管为数不多)认为,没有披露本身就构成不公正,并可导致该种交易无效。[79] 有的法律则规定,利害关系董事仍然还可以通过证明其交易是公平地来挽救其交易。[80] 前一种做法的理由是,仅仅实质公平还不够,还要求程序公平(fairness of process),包括披露要求。为什么呢?答案可能是为了惩戒不履行披露义务的人,因为即使认为合同条款是公正的,公司仍然有可能不接受该交易,如果非利害关系董事事先知道存在这种冲突的话。[81] 但是,这种做法显然有些苛刻,因为即使该种交易可能给公司带来好处,也仍将会发生无效的后果。而后一种方案有可能使披露程序起不到应有的警戒作用。一种比较中和性的选择是,如果未经披露,则可使该交易的效力处于待定状态,并不使之当然发生无效。也就是说,使利害关系董事继续履行披露义务,并

---

〔76〕 这种不同倾向性的代表案例是 Sinclear Oil Corp. v. Levien [280 A. 2d 717 (Del. 1971)]。在 Sinclear 案中,一少数股东对公司董事会的两项决议提出了指控:(1)宣布的股利分配太高致使公司无法扩张营业;(2)一份要求另一家公司购买该公司石油的合同没有得到执行。法院对第一项请求未经多少审查就驳回了原告的请求。但对第二项请求,则驳回了被告的申辩。

〔77〕 Gevurtz, at p. 331.

〔78〕 MBCA § 8.61(b)(i)规定,只有在经过利害关系董事充分披露后,由非利害关系董事对一项交易的同意才能受到 BJR 和 MBCA § 8.30 的保护。

〔79〕 E. g., State ex el. Hayes Oyster Co. v. Keypoint Oyster Co. [64 Wash. 2d. 375, 391 P. 2d 979 (1964)].

〔80〕 E. g., N. Y. Bus. Corp. Law § 713(a)(1).

〔81〕 See Prin. of Corp. Gov., Comment to § 5.02(a). 但实际上该条款也并没有涉及交易效力问题,也就是说,法院不过问交易本身,而仅考虑董事的责任问题。

让公司自己选择是否撤销该种交易。[82] 这可能是一种较为明智的选择。

(三)我国法律关于自我交易的规定

《公司法》第182条规定,董事、监事、高级管理人员直接或者间接与本公司订立合同或者进行交易,应当就与订立合同或者进行交易有关的事项向董事会或者股东会报告,并按照公司章程规定经董事会或者股东会决议通过。董事、监事、高级管理人员的近亲属,董事、监事、高级管理人员或者其近亲属直接或者间接控制的企业,以及与董事、监事、高级管理人员有其他关联关系的关联人,与公司订立合同或者进行交易,适用前款规定。

此条就是我国公司法关于自我交易或者关联交易的规定。该条规定表明,我国公司法并不禁止自我交易,但是,如果董事、监事、高级管理人员与本公司订立合同或者进行交易,应向公司董事会或者股东会报告,并按照公司章程规定经董事会或者股东会决议通过。由此可见,我国公司法关于自我交易的规则纯粹是一种程式上的方法。依此方法,如果董事、监事、高级管理人员发生自我交易或者关联交易而没有向公司董事会或者股东会报告,且未按照公司章程规定取得公司董事会或者股东会同意,该种交易就不具有合法性。此外,《公司法》第182条第2款对关联人进行了规定,实际上是对关联交易类型的规定,即董事、监事、高级管理人员的近亲属与公司订立合同或者进行交易,董事、监事、高级管理人员或者其近亲属直接或者间接控制的企业与公司订立合同或者进行交易,与董事、监事、高级管理人员有其他关联关系的关联人与公司订立合同或者进行交易。这些情形前面已经讨论,此不赘述。我国公司法的规定仅采取的是程式要求,排除了自我交易人自己证明该交易为公平交易的可能性。这种实质公平的判断需要司法审查。

二、关联交易

(一)关联交易的概念

《公司法》第265条第(四)项对关联关系进行了界定,即所谓关联关系,是指公司控股股东、实际控制人、董事、监事、高级管理人员与其直接或者间接控制的企业之间的关系,以及可能导致公司利益发生转移的其他关系。但是,国家控股的企业之间不仅因为同受国家控股而具有关联关系。

关联交易就是自我交易,因二者实质上都是利益冲突交易。同时,与自我交易一样,关联交易同样是无法避免的,因而,法律并非简单地加以禁止,重要的是须采取一定方法对之加以规范。尽管关联交易与自我交易的表现形式有所不同,但二者在本质上却具有相同的性质。因此,从下面的讨论可以看出,我国法律关于关联交易的调整规则与自我交易规则具有一致性。

---

[82] MBCA 似乎支持这种方案。See MBCA § 8.61 Official Comment: Note on Fair Transaction.

（二）法律对关联交易的调整

《公司法》第22条规定，公司的控股股东、实际控制人、董事、监事、高级管理人员不得利用其关联关系损害公司利益。违反前款规定，给公司造成损失的，应当承担赔偿责任。这是公司法关于关联交易的一般性规定。由此条规定可知，我国法律对关联交易的态度并非是禁止关联交易本身，而是要求有关关联人不得利用关联关系损害公司利益。如果关联人利用关联关系损害了公司利益，则应承担损害赔偿责任。

（三）关于上市公司关联交易的特殊规定

一直以来，我国上市公司利用关联交易掏空公司资产情形比较严重，并引起了社会的普遍关注。很显然，这一现象同样受到了立法者的高度关注。可以说，公司法关于上市公司关联交易的特别规定正是在这一背景下作出的。

《公司法》第139条规定，上市公司董事与董事会会议决议事项所涉及的企业或者个人有关联关系的，该董事应当及时向董事会书面报告。有关联关系的董事不得对该项决议行使表决权，也不得代理其他董事行使表决权。该董事会会议由过半数的无关联关系董事出席即可举行，董事会会议所作决议须经无关联关系董事过半数通过。出席董事会的无关联关系董事人数不足3人的，应将该事项提交上市公司股东会审议。

在适用本条规定时，应注意如下几点：

第一，本条是关于上市公司关联交易的特别规定，并且仅适用于上市公司董事与董事会会议决议所涉及的企业或者个人有关联关系的情形。

第二，就其根本而言，法律在这里关心的是关联人是否利用关联关系损害了公司利益。如何才能保证关联交易不至于损害公司利益呢？假设关联交易是一种公平交易，则不会损害公司利益。如何才能保证关联交易的公平性呢？公司法在这里采取的是一种程序公正方法，即如果出现董事与董事会会议决议事项所涉及的企业或者个人有关联关系，则将关联关系董事排除在外，由无关联关系董事参与表决，确保董事会决议的公正性。如果无关联关系董事不足法定人数，譬如，全体董事都涉及关联交易，则由股东会决议。

三、管理报酬

（一）管理报酬概述

管理报酬（executive compensation），是指公司向其管理者支付的报酬，被视为一种具有美国特色的激励机制，并为许多国家公司法和公司实践所仿效。在封闭公司中，管理报酬通常作为规避双重征税（double taxation）或者作为排挤少数股东的一种方式。在公众公司中，管理报酬通常表现为薪水、股票期权和其他激励性报酬安排。

管理报酬实际上也是一种自我交易。或许最常见的利益冲突交易就是管理报酬。董事可以获得酬劳，尤其是对大型公众公司的董事来说，他们不仅可以获得报酬，而且这种报酬往往数额较大。

（二）管理报酬的审查标准

1. 一般原则

对管理报酬这类自我交易同样适用前面解决一般利益冲突的原则和方法。当公司董事或者公司经理以及其他高级管理人员同时担任公司董事职务时，这些人的报酬的确定就涉及一个适用有关自我交易法律的问题。因此，董事会应当对CEO的报酬进行审查，因为CEO总是董事并经常担任董事长。大多数公众公司都设立有报酬委员会，该种委员会由独立董事构成，并由他们来对所有的获得高额报酬的管理者的报酬进行审查。

如果就管理报酬发生诉讼的话，审查管理报酬是否过高的标准是要看其数额是否太大以致构成"劫掠"或者"浪费"（looting and waste）。〔83〕这种标准在本质上仍然是一种公平标准，即审查该种交易对公司是否公平。此外，证券监管机关要求上市公司对管理报酬应予披露。同时，如果有人就非利害关系董事的同意提出异议，法院将适用BJR规则来审查董事会的决定。同样，证明公平的举证责任也是倒置给被告的。

在20世纪90年代，人们对公司经理等高级管理人员，特别是CEO获得的高额报酬进行了强烈的批评。尤其是作为公众公司大股东的机构投资者越来越关心这一问题。但是，对于这一问题的解决，目前的趋势是，人们宁愿采取内部调控的办法，而不愿意选择司法干预。此外，法院也很不情愿过问公司的管理报酬问题，因为法院不希望卷入公司内部的商业决策。

2. 封闭公司的报酬问题

在封闭公司中，公司管理者往往获得高额薪酬。这样做的主要目的有二：

第一，规避税法上对公司的"双重征税"（double taxation）问题。将公司利润以薪酬的方式分配给管理者股东可以大大降低股东所支付的股利所得税。但税法对此并非听之任之。税法可能会拒绝对不合理的薪酬予以税征扣减，而是将超额部分作为股利对待征税。在税收案件中，其标准是要看该报酬是否为其所提供劳务的合理报酬。〔84〕

第二，作为排挤少数股东的一种手段。譬如，大股东或者控制股东同时兼任董事、高级管理人员，给自己支付高额报酬，而少数股东因得不到雇用而不能享有报酬。在这种情况下，大股东对少数股东负有受信义务。支付给控制股东过高的报酬可能导致少数股东基于受信义务提起诉讼，并可能导致控制股东将其超额部分返还给公司，如果该报酬是不合理的话。〔85〕在这种情况下，税务部门的处罚决定正好作为其不合理报酬的

---

〔83〕 一个著名的案例是Rogers v. Hill［289，U. S. 582，53 S. Ct. 731（1933）］。该案涉及the American Tobacco Company的股东采纳公司细则中规定按照公司的利润比例决定公司管理人员的奖金。起初还算合理，但是当公司利润飙升后，该奖金数额巨大。联邦最高法院认为数额太大了，已经构成浪费。这里有趣的是，这一判决结果似乎违背了封闭公司法改革的理念——股东协议的合理性。其他有影响的判例如Wilderman v. Wilderman［315 A. 2d 610（Del. 1974）］，Adams v. Smith［275 Ala. 142，153 So. 2d 221（1963）］。

〔84〕 E. g.，Charles McCandless Tile Service v. United States［422 F. 2d 1336（Ct. CL. 1970）］，Herbert G. Hatt［28 T. C. M. 1194（1969）］.

〔85〕 Fendelman v. Fenco Handbag Mfg. Co.［482 S. W. 2d 461（1972）］.

证明。[86]

3. 公众公司的报酬问题

公众公司管理者的报酬除正常的薪酬外,通常还表现为以基于股票价格或者股票价值而作出的报酬安排加以补充,如股票期权计划(stock option)、股票购买计划(stock purchase plan)、股票奖励计划(stock bonus plan)、雇员持股计划(employee share ownership plan/ESOPs)、"幽灵股票"计划(phantom stock plan),[87]以及其他激励性报酬安排,如股票增值权利(stock appreciation rights/SAR's)[88]等。

对基于股票价格或者股票价值而作出的种种激励性报酬安排,法律是支持的。经济学家也认为这些安排可使管理层的自我利益与股东财富的最大化保持一致。但其前提是需要给公司增益(need for benefit to corporation),即该种报酬获得的对价是要为公司提供等值服务或者承诺为公司提供等值服务(但作为报酬的一部分的年金或者利润分享计划例外)。[89]

20 世纪 90 年代以来,公司管理者的收入飙升,远远高于社会平均水平,而且其差距还在继续拉大。这种现象受到了社会的广泛关注和强烈批评。因此,公众公司的管理报酬除须适用上述一般原则对其合理性进行审查外,还可能受到其他法律的管制,如:(1)证券监督管理机构要求对高级管理者报酬予以详尽和充分的披露。(2)公司在征集表决代理权时,要求公司将涉及有关管理报酬的股东建议包括在表决权代理征集书之中。[90] (3)披露高级管理者股票期权的价值。[91] (4)同样,税法上可能不允许对不合理的薪酬实施税征扣减,而是将超额部分作为股利对待予以征税。[92]

(三)我国法律关于管理报酬的规定

根据我国现行公司法的规定,董事的报酬由股东会决定,经理报酬由董事会决定。如此看来,在我国,管理报酬表面上似乎并不涉及利益冲突问题,自然也就不存在适用自我交易法律的余地。但是,有两种情况应当注意:一是当经理兼任董事时,其报酬应当由股东会决定。否则,可能构成自我交易,导致利益冲突,损害公司利益。二是虽然从法律规定来看,董事报酬由股东会决定,但在事实上则可能是董事自己决定自己的报酬,因为在绝大多数情况下提交股东会的议案,包括董事报酬,总是由董事会事先准备的,尤其是

---

〔86〕 Wilderman [315 A. 2d 610(Del. 1974)].

〔87〕 该种安排是指依照一定时间的经过计算出来的报酬,就好像管理者已经持有一定数目的股份一样。每年都依照簿记式进行记载以反映其"股利"、"股份拆细"(stock split)以及类似交易。当该管理者退休或者离职后,他将获得一笔相当于该假想股份的市场价格的假想增值的金额的报酬。Lieberman v. Koppers Co. [149 A. 2d 756 (Del. Ch. 1959)];Berkwitz v. Humphrey[163 F. Supp. 78(N. D. Ohio 1958)].

〔88〕 这是近年来流行的一种基于公司股份价值的增长而设计的一种奖励性报酬。

〔89〕 Adams v. Smith [275 Ala. 142,153 So. 2d 221(1963)];Alexander v. Lindsay [152 So. 2d 261(La. App. 1963)].

〔90〕 Rule 14a - 8 of SEC.

〔91〕 如 SEC 甚至具体要求须以"脚注"(footnotes)的方式予以披露。

〔92〕 在 1993 年,美国国会在 The Internal Revenue Code 中增加了 § 162(m),它将对高级管理人员的报酬的税收扣除限制在 $ 1. 0 million(但属于激励性报酬安排不包括在这种"限制/cap"之内)。但遗憾的是,这一条文不但没有起到降低高级管理人员的报酬的作用,反而实际上鼓励了人们提高报酬水平。

在董事操纵股东会的情况下，如封闭公司的大股东兼任董事或者董事长，实际上董事决定自己报酬的现象成为事实上的存在。由此可见，有关自我交易规则在我国仍然有适用的可能和空间。

要求公司应对管理报酬予以披露是法律规范管理报酬的另一个重要方法，通常由有关证券法律、法规予以规定，由证券监管机构负责执行。在我国，除有关证券法律、法规要求公司应对管理报酬予以披露外，公司法也作出了同样的要求。《公司法》第129条规定，公司应当定期向股东披露董事、监事、高级管理人员从公司获得报酬的情况。

四、公司机会

（一）公司机会概述

至此，我们讨论的忠实义务主要局限于董事、监事、高级管理人员与公司之间的交易，忠实义务的另一个重要内容涉及董事、监事、高级管理人员可能利用公司机会为自己谋取利益。公司财产的概念广泛，不仅包括有形财产，还包括无形财产，如商业秘密、公司机会等。当董事、监事、高级管理人员利用公司财产谋取私利时，我们说董事、监事、高级管理人员违背了其对公司的忠实义务。当董事、监事、高级管理人员利用公司机会谋取个人利益时，同样构成了对公司忠实义务的违反。

作为受托人或者代理人，董事、监事、高级管理人员负有维护公司利益的义务。他不能私自利用属于公司的商业机会。但是，如果该机会不属于公司机会，董事、监事、高级管理人员则可以自己利用。[93] 因此，关键问题是如何认定公司机会。这与自我交易不同，自我交易主要是看该种交易是否公平。

公司机会涉及一系列问题。譬如，什么机会属于公司机会呢？如果属于公司机会，在什么情况下允许受托人适当地利用该种机会？如果受托人滥用了该种机会，采取什么措施来进行补救？

《公司法》第183条规定，董事、监事、高级管理人员不得利用职务便利为自己或者他人谋取属于公司的商业机会。但是，有下列情形之一的除外：（1）向董事会或者股东会报告，并按照公司章程的规定经董事会或者股东会决议通过；（2）根据法律、行政法规或者公司章程的规定，公司不能利用该商业机会。该条规定表明，董事、监事、高级管理人员负有维护公司利益的义务，他们不能利用其职务便利私自利用属于公司的商业机会，除非他们向公司董事会或者股东会进行了报告并取得了董事会或者股东会的同意，或者根

---

〔93〕 有关这方面最著名的案例是Guth v. Loft Inc.［5 A. 2d 503（el. 1939）］。Guth是Loft公司的总裁。Pesi-Cola公司面临破产，其控制人告知Guth有一个购买Pesi-Cola公司资产的机会。于是，Guth成立了一家个人公司收购了该破产公司的资产。法院认为Guth违反了其对公司的受信义务，并责令将其持有的新成立的Pesi公司的股票转让给公司。在该案中，法院认为："如果一个公司管理人员或者董事遇到了一个商业机会，且就其本质而言，属于公司的经营范围，并且该机会对于公司具有重大利益，该机会对于公司具有利益或者期待利益，如果董事或者管理人员接受了该机会，将使该董事或者管理人员陷入自身利益与公司利益相冲突的地位，在这种情况下，法律则不允许他为自己利益获取该机会。"

据法律、行政法规或者公司章程的规定,公司不能利用该商业机会。然而,问题的关键是,什么是公司机会,如何判定?因此,关于该条规定之适用,关键问题在于如何认定公司机会(corporate opportunities)。我国公司法没有就公司机会作出进一步界定,这将对今后的法律适用造成困难。

(二)什么是公司机会

要给公司机会下一个定义,确实存在很大的困难。宽泛地说,公司机会(corporate opportunities)是指与公司利益相关的商业机会。对于公司机会的认定,传统上存在如下不同的标准。从国外的经验来看,一般通过如下三种标准来认定某一商业机会是否属于公司的商业机会。

利益或者期待利益标准(interests and expectancy test)。根据这一标准,如果公司对该机会具有利益或者期待利益,该机会就属于公司机会。由于利益或者期待利益标准的运用必须以现存的法律利益为基础,因此这一标准显得较为狭小。该标准只能给予公司提供有限的保护。[94]

经营范围标准(line of business test)。按照这一标准,任何机会只要在公司的经营范围内都属于公司机会。由于该种机会在公司的经营范围内,所以,对该机会的侵占在某种程度上阻碍了设立公司的目的。这一标准产生于早期公司通常只有单一商业目标的年代。今天,公司一般都可以从事任何合法的商业活动,因此,这一标准又显得宽泛一些。[95]

公平或者固有公平(fairness or intrinsic fairness)标准。根据这一标准,任何机会,只要基于公平考虑应该属于公司就是公司机会。[96] 根据这一标准,如果公司董事、高级管理人员取得并利用该机会对公司是不公平的,该机会就应属于公司机会。根据公平标准来确定何种机会属于公司机会固然具有实质意义,但在司法实践中却难以把握。因此,在运用该标准时,需要根据具体情况考虑多种因素。

上述标准各有优点,各有缺陷。鉴于此,有的法律试图将上述三种标准予以结合来对公司机会加以认定。如所谓的"两步标准"(two-step analysis)即试图将上述经营范围标准和公平标准予以结合。根据该种法律,首先需要确定该种机会是否属于公司机会,如果确定属于公司机会,然后再决定被告对该机会的利用对公司是否公平。[97] 有的法律则根据下列原则来确定公司机会:(1)公司在经济上是否有能力开发该机会;(2)该种机会是否属于公司经营范围;(3)公司对该机会是否具有利益或者期待利益;(4)公司受托人如果将该机会据为己有是否违背其对公司的义务。[98]

ALI《治理指南》将公司机会定义为:(1)任何为公司董事或者高级管理人员基于如

---

〔94〕 关于这一标准的经典案例是 Lagarde v. Anniston Lime & Stone Inc. [126,28 So. 199(1900)]。

〔95〕 运用该标准的一个经典判例是上述 Guth v. Loft 案。

〔96〕 See Durfee v. Durfee & Canning, Inc. ,80 N. E. 2d 522,529(Mass. 1948).

〔97〕 See Miller v. Miller [222 N. W. 2d 71(Minn. 1974)].

〔98〕 See Broz v. Cellular Information Systems Inc. ,673 A. 2d 148(Del. 1996).

下任一原因所获知的与公司业务有关的机会均属于公司机会：一是与董事或者高级管理人员的职责履行有关，或者在相应环境下董事或者高级管理人员应合理地相信提供该机会的人是希望将该机会提供给公司；二是利用公司信息或者财产，如果所发生的机会应为董事或者高级管理人员合理地相信与公司利益有关。(2)任何为公司高级管理人员所获知的与公司正在从事的或者准备从事的商业活动有关的机会亦属于公司机会。[99]

在实践中，在评估一项机会是否属于公司机会时，主要需要考量如下几个方面的因素：

1. 公司能力与个人能力(official vs. individual capacity)。如果某一机会是以公司能力获得的机会，则应归属于公司；如果是以个人能力获得的机会，可以利用该机会。一般来说，只要董事、高级管理人员在任职期间获得的机会均被认为属于公司机会，包括董事、高级管理人员事先是否向公司或者董事会报告过该机会；是否依其职位而获得该信息；是否利用公司设备或者财产而获得或者开发该机会；该种机会是否属于公司经营范围；公司对该机会是否具有现实利益或者期待利益；该机会对公司的重要性如何；公司是否在寻求该种机会；公司是否具有开发该机会的资源或者能力等具体情形。法院将根据上述因素来决定某种机会是归属于公司还是个人。

2. 利用该机会的结果是否与公司构成竞争(competing with the corporate)，阻碍公司政策或者构成对公司的不公平行为。董事、高级管理人员是否利用该机会与公司竞争或者发展自己业务或者将该机会出售给公司是衡量公司机会的另一因素。未经公司同意而与公司进行业务竞争是一种不忠实的行为。但是，已经退任的雇员则可以竞争，这被认为是为了社会的需要(social desire)，限制这种竞争被认为是违反公共政策的，并不具有法律效力(unenforceable)。但限于某一地区或者一定期限，则是可能的，但是这种限制必须是合理的。

(三)利用公司机会的正当性

在下列情况下，即使属于公司机会，董事或者经理也可以加以利用(justification for taking a corporate opportunity)：

1. 公司拒绝(corporate refusal/corporate rejection)。即使某一机会属于公司机会，但是，如果公司放弃了该机会(如该机会对公司不具有实质意义)，董事、高级管理人员也可以利用它。但公司拒绝公司机会的决定须经正当程序作出。如果属于董事或者高级管理人员，则应取得非利害关系董事或者股东的同意，或者采用公平标准来决定。如果属于低级雇员，则由董事会或者高级管理人员决定，但需要完全披露。[100]

2. 公司不能(corporate inability)。如果公司不能利用该机会，董事、高级管理人员则

---

〔99〕 Prin. of Corp. Gov. §5.05(b). 这一标准为一些判例所采纳。See Northeast Harbor Golf Club v. Harris [661 A. 2d 1146(Me. 1995)]; Klinicki v. Lundgren [695 P. 2d 906(Or. 1985)].

〔100〕 See Abbott Redmont Thinlite Corp. v. Redmont [475 F. 2d 85(2d Cir. 1973)]; Also see, Prin. of Corp. Govern. §5.05(a).

可以利用该机会。这里的“不能”(inability)主要是指“财务不能”(financial incapacity)。但是,在实践中,这一抗辩是否正当是有争议的。一种做法是根本不承认公司不能可以作为抗辩理由;[101]另一种做法是完全承认公司不能可以作为抗辩理由。[102]一种中和性方案是公司财务不能本身并不是个人利用公司机会的正当理由。获得公司机会的人应当首先将该机会提交给公司。如果将该机会提交给公司,公司可以拒绝。如果有人对这种拒绝提出异议,利用该机会的董事、高级管理人员可以提出该种拒绝最符合公司利益或者对公司来说是公平的,因为公司无力利用该机会。这就是说,允许董事、高级管理人员以公司财务不能作为防御措施(defensive matters)。但是,这样的防御措施可能导致虚假和“自肥”(self-serving)。因此,所应遵循的规则是,公司董事会在作出这一决定时,应当符合商业决策规则。如果法院认为公司的决定符合真正的商业决策,该种防御是有效的。应当注意的是,通常该董事、高级管理人员对该防御负有举证责任。[103]

3. 善意并不与公司竞争(in good faith and not compete with corporate)。董事、高级管理人员在善意而且不与公司竞争的情况下可以从事与公司相似的业务。如果董事不向董事会披露该种机会又如何呢?而这又可能是因为他善意地相信该种机会不属于公司机会。

4. 第三方不愿意与公司做生意(third party unwillingly to do business with the corporation)。在遇到这种情形时有两种做法:一种做法是,经向公司说明后,获得该机会的董事、高级管理人员可以直接利用该机会。另一种做法是,获得该机会的管理人员应当将该机会向公司予以披露,使公司有机会说服第三方,否则,该董事、高级管理人员不得利用该机会。

5. 越权或者其他法律不能(ultra vires or other legal incapacity)。譬如,在法律禁止银行兼营证券等情形下,尽管该机会属于公司,但由于受到法律禁止,个人可以利用该机会。

五、同业竞争

公司董事、高级管理人员是否可以自营或者为他人经营与所任职公司同类的业务?这实际上是一个同业竞争问题。关于这一问题,不同的法律有着不同的态度。归纳起来,有三种做法:一是竞业禁止;二是竞业限制;三是竞业自由。

竞业禁止,是指法律禁止公司董事、高级管理人员自营或者为他人经营与所任职公司同类的业务。采取这种做法的法律认为,公司董事、高级管理人员自营或者为他人经营与所任职公司同类的业务构成对公司的不正当竞争,损害了公司的利益。竞业禁止是

---

〔101〕 典型判例如 Irving Trust Co. v. Deutsch [73 F. 2d 121(2d Cir. 1934)]。

〔102〕 典型判例如 Guth v. Loft Inc. [5 A. 2d 503(el. 1939)],Miller v. Miller[222 N. W. 2d 71(Minn. 1974)]。

〔103〕 ALI 的《公司治理准则》采用这种观点(See, Prin. of Corp. Gov. §5. 05),并为 Klinicki v. Lundgren [695 P. 2d 906(Or. 1985)]案所接受。

大陆法系国家的传统规则。但这种禁止究竟具有多大合理性,其实是值得探讨的。禁止竞业固然是对董事、高级管理人员所任职公司的一种保护,但对董事、高级管理人员是否公平,对社会是否有益,以及与自由竞争政策和公共政策是否发生冲突,均值得重新思考。

竞业限制,是指法律虽然不禁止公司董事、高级管理人员自营或者为他人经营与所任职公司同类的业务,但却设定了一定的限制条件。采取这种做法的法律认为,公司董事、高级管理人员自营或者为他人经营与所任职公司同类的业务是否构成对公司的不正当竞争取决于是否违反了法律设定的特定条件:若违反了法律设定的条件,则构成不正当竞争;若没有违反法律设定的条件,则不构成不正当竞争。

竞业自由,是指法律不禁止公司董事、高级管理人员自营或者为他人经营与所任职公司同类的业务。采取这种做法的法律认为,原则上任何人均有从事任何业务的自由,并认为自由竞争是市场经济的基本准则。所以,即使公司董事、高级管理人员自营或者为他人经营与所任职公司同类的业务也不构成对公司的不正当竞争。但应注意的是,这种法律虽然不禁止同业竞争,但允许公司章程设定限制性条件。

《公司法》第184条规定,董事、监事、高级管理人员未向董事会或者股东会报告,并按照公司章程的规定经董事会或者股东会决议通过,不得自营或者为他人经营与所任职公司同类的业务。本项规定即是关于同业竞争的规定。由此项规定可知,我国法律采取的是竞业限制的做法。具体而言,我国法律并非不允许同业竞争,而是要求公司董事、监事、高级管理人员在从事同业竞争时需要向公司董事会或者股东会报告,并按照公司章程的规定取得公司董事会或者股东会的同意。然而,当今商业社会,公司董事、监事、高级管理人员兼业或者兼职现象甚为普遍,对于同业竞争,法律依然采用限制态度,甚为不明智。妥当的办法是,法律放弃直接干预,交由公司自己决定。如果公司自己不能容忍兼业或者兼职存在,则由公司章程予以规定。这样做的好处是,公司章程的限制,甚或禁止,是公司根据自身情况自己决定的个别事情,如由法律直接规定,所有公司均须一律遵守,既无意义,又增加公司运行成本,也与经济现实相悖。

六、关于忠实义务的其他规定

以上讨论了有关我国公司法规定所涉及的公司董事、监事、高级管理人员的几个重要的利益冲突交易问题。除上述几个方面的问题外,我国公司法还规定了公司董事、监事、高级管理人员的直接侵权行为。

《公司法》第181条规定,董事、监事、高级管理人员不得有下列行为:(1)侵占公司财产、挪用公司资金;(2)将公司资金以其个人名义或者以其他个人名义开立账户存储;(3)利用职权贿赂或者收受其他非法收入;(4)接受他人与公司交易的佣金归为己有;(5)擅自披露公司秘密;(6)违反对公司忠实义务的其他行为。

第三章　股东派生诉讼

第一节　派生诉讼概述

一、派生诉讼的概念和特征

(一)派生诉讼的概念

前面我们讨论了董事、监事、高级管理人员以及控股股东、实际控制人的受信义务,现在我们转向这些义务的执行。我们说,董事、监事、高级管理人员以及控股股东、实际控制人对公司承担受信义务,如果他们违反了这种义务,当然应该承担相应的法律后果。如基于错误决策、进行自我交易而有失公平或者其他侵权行为导致公司遭受损失时,他们应当对公司承担赔偿责任。

由谁来启动这种执行程序呢?很显然,追究这种侵权行为人责任的权利属于公司,因为受害者是公司。然而,这里存在的问题是,如果公司拒绝追究侵权行为人的责任呢?这完全是可能的。

譬如,董事、高级管理人员等公司内部人(insiders)自己就是侵权行为人,让他们决定公司是否对侵权行为人提起诉讼,无异于让他们决定是否自己起诉自己,其结果是不言自明的。即使并非董事会的所有成员都涉嫌错误行为,但由于他们与涉嫌错误行为的董事是同事关系,其所作出的决议(通常是放弃诉讼)的公正性也是不无疑问的。又或者在侵权行为人本身就是控制股东、实际控制人的情况下,董事会议可能受到他的支配和操纵而作出放弃追究行为人责任的决议。很显然,在这些情况下,公司的合法权益就很难得到保障。

为了解决这一问题,公司法上发展起来一种替代救济措施,这就是股东派生诉讼。股东派生诉讼(shareholder derivative litigation),有的文献中又称其为股东代表诉讼(shareholder representative litigation),是指当公司由于某种原因没有就其所遭受的某种行为的侵害提起诉讼时,公司股东可以代表公司以使公司获得赔偿等救济为目的而针对该种行为所提起的诉讼。

股东派生诉讼对公司的董事、高级管理人员具有一定的威慑作用,并有利于保护公司及少数股东的利益。完全可以说,受信义务如需要得到执行,就离不开将违反该种义务的行为诉诸法院的机制。而股东派生诉讼正是因应这种要求而发展起来的一种法律制度。

派生诉讼的本质是法院为被“堕落的董事或者股东”(the fallen directors and shareholders)所控制的公司主持公道的一种程序上的设置。法院有权审查任何意欲启动这种程序的人的行为:他必须是为了公司的利益而不是为了其他目的而启动这种诉讼。也就是说,他必须是提起这种诉讼的适格的人。如果某人的行为已经有了污点,譬如,他可能有一双并非“干净的手”(clean hands),如参与错误行为或者可能犯有其他罪名,他就不能成为适格的原告。

的确,当提起派生诉讼的目的只在于有利于原告及其律师而不是纠正对公司所发生的错误时,派生诉讼就容易发生滥用。因此,对由少数股东提起的派生诉讼,如果不予限制,将会危及公司治理的基本原则,即公司决策(包括提起诉讼的决策)应当由董事会决定。

这样,限制这种诉讼的条件就产生了。提起派生诉讼必须符合一定要件(这些要件主要是程序上的要求,当然也包括实体上的要求),以此确保原告股东是真正地为了维护公司的利益,而不是临时购买股票取得原告资格或者以和解为目的而提起“恶讼”(strike suits)或者“告黑状”(blackmail by litigation)。

这些条件将派生诉讼这种措施限制在这样一些场合:(1)提起诉讼的股东必须是适格的原告。譬如,股东要成为适格的原告,必须满足同期所有权要求和公平并且充分地代表公司利益要求。(2)诉讼前置程序的设立。如先诉请求规则,费用担保规则等。(3)诉讼一旦开始,非经法院同意,原告股东不得撤回诉讼,或者进行和解。这是因为原告股东启动的这种诉讼在性质上属于公司的诉讼,其代表的是公司和其他股东的利益,而不是为其个人利益而提起诉讼。(4)此外,与直接诉讼不同,派生诉讼必须服从于公司终止的申请。如公司董事会或者公司特别诉讼委员会提出了撤回诉讼的申请并且具有合理的理由,法院可能尊重公司的请求而终止诉讼。

派生诉讼法律就是关于上述程序和实体的一系列法律规则。

(二)派生诉讼的历史发展

股东派生诉讼是在19世纪发展起来的,其目的是使法院可以保护公司和少数股东免受居于管理地位的董事、高级管理人员等内部人或者任何其他第三人的欺诈或者侵害行为。在涉及股东派生诉讼问题上,一个不能不提到的事件就是发生在19世纪中期英国的Foss v. Harbottle案[1]和在该案的基础上建立起来的著名的“Harbottle规则”。

---

〔1〕 在该案中,一公司的两名股东以其自己和除两名被告之外的其他全体股东的名义向公司两名董事提起诉讼。其理由是公司董事将其自己的土地高价卖给公司,并使公司遭受损失,从而损害了股东的利益。其诉讼请求是要求董事对公司承担赔偿责任。但原告的请求没有获得法院的支持,因为其不是适格的原告,适格的原告应该是公司。所以,该诉讼以原告败诉终结。See Foss v. Harbottle(1843)2 Ha. 461;67 E. R. 189.

Harbottle 规则包含了两个重要原则：一是适当原告原则（the proper plaintiff principle）；二是多数决原则（the majority principle）。

前者是指，如果发生了侵害公司利益的行为，针对该种行为提起诉讼的适当原告是公司，个人股东或者少数股东不能起诉，尽管该种行为实际上可能间接地损害了其利益。

后者是指，在决定是否对该种行为起诉时，需要召集股东会议并由股东会议决定，而在股东会议上当然遵循的是多数决原则。“如果所控诉的事情本质上属于公司多数股东有权决定的事情，或者如果某些违规行为可由公司多数股东加以纠正，或者某些非法行为可由公司多数股东使之合法化，则没有必要提起诉讼，其结果是只需要召集一个会议，并最终使多数股东如愿以偿。”[2]

很显然，这实际上是一种大股东规则，少数股东利益被严重忽视。由于 Harbottle 规则过于严格和机械，因而，在随后的一些判例中，该规则的适用逐渐出现一些例外。归纳起来，这些例外包括如下四种情形：[3]

一是多数股东对少数股东的欺诈。如果所控诉的行为是多数股东对少数股东的欺诈并且多数股东实际控制了股东会议（通过持有公司的多数股份），他们就不会允许以公司的名义提起诉讼。如此，少数股东就不能提起诉讼，他们的冤屈也就得不到伸张。现在，有了这个例外，无异于给了少数股东一个维权的通道。

二是公司行为违法或者越权。如果公司行为违法或者越权，允许股东提起诉讼。

三是股东会议不合程式。譬如，所控诉的事项本应当经过特别决议，但却只是以普通决议方式作出决定；又或者在召集会议时，没有通知等。

四是基于公平考虑。虽然公司没有从事违法行为或者越权行为，也不存在欺诈现象，但是，如果基于公平考虑需要提起诉讼的话，法院也会准许股东提起诉讼。

上述例外毫无疑问是对 Harbottle 规则的突破，股东派生诉讼亦随之得以发展并最终获得确立。

派生诉讼在美国的发展则要顺利得多。尽管英国在 Harbottle 规则之外承认了若干例外，但是，对于股东是否能够以自己名义为公司利益提起诉讼，早期的判例并没有形成确定的规则。鉴于此，美国在继受英国法律时，没有沿袭 Harbottle 规则的做法，而是超越了 Harbottle 规则路径直接承认股东可以代表公司为公司利益提起诉讼。由于这一规则是由衡平法院发展起来的，所以，它又体现为一种“衡平规则”（equity rule）。现今，在美国，股东派生诉讼已为成文法所确认。[4]

股东派生诉讼除主要在英美普通法国家流行外，还相继为一些大陆法系国家所采用，如德国、法国、日本等。我国公司法也采用了这一制度。《公司法》第 188 条规定，董

---

〔2〕 *Charlesworth & Morse Company Law（6th）*, Sweet & Maxwell, at p. 307 – 308.

〔3〕 Charlesworth & Morse, at p. 310 – 314.

〔4〕 如 MBCA § 7. 40 – 7. 46 对派生诉讼的概念、提起诉讼的资格、先诉请求、诉讼中止、诉讼驳回、费用支付等进行了规定。

事、监事、高级管理人员执行职务违反法律、行政法规或者公司章程的规定，给公司造成损失的，应当承担赔偿责任。《公司法》第125条第2款规定，董事应当对董事会的决议承担责任。董事会的决议违反法律、行政法规或者公司章程、股东会决议，给公司遭受严重损失的，参与决议的董事对公司负赔偿责任。但经证明在表决时曾表明异议并记载于会议记录的，该董事可以免除责任。《公司法》第21条规定，公司股东应当遵守法律、行政法规和公司章程，依法行使股东权利，不得滥用股东权利损害公司或者其他股东的利益。公司股东滥用股东权利给公司或者其他股东造成损失的，应当承担赔偿责任。《公司法》第22条规定，公司的控股股东、实际控制人、董事、监事、高级管理人员不得利用其关联关系损害公司利益。违反前款规定，给公司造成损失的，应当承担赔偿责任。

《公司法》第189条还规定了股东派生诉讼作为落实违信责任的一种有效机制，显现了我国公司法关于上述规定的可诉性。根据该条第1款规定，董事、高级管理人员有本法第188条规定的情形的，有限责任公司的股东、股份有限公司连续180日以上单独或者合计持有公司1%以上股份的股东，可以书面请求监事会向人民法院提起诉讼；监事有本法第188条规定的情形的，前述股东可以书面请求董事会向人民法院提起诉讼。

《公司法》第189条第2款规定，监事会或者董事会收到前款规定的股东书面请求后拒绝提起诉讼，或者自收到请求之日起30日内未提起诉讼，或者情况紧急、不立即提起诉讼将会使公司利益受到难以弥补的损害的，前款规定的股东有权为公司的利益以自己的名义直接向人民法院提起诉讼。

《公司法》第189条第3款规定，他人侵犯公司合法权益，给公司造成损失的，该条第1款规定的股东可以依照前两款的规定向人民法院提起诉讼。

值得一提的是，公司法将股东派生诉讼机制延伸适用于公司全资子公司公司。根据《公司法》第189条第4款的规定，公司全资子公司的董事、监事、高级管理人员有前条规定情形，或者他人侵犯公司全资子公司合法权益造成损失的，有限责任公司的股东、股份有限公司连续180日以上单独或者合计持有公司1%以上股份的股东，可以依照前三款规定书面请求全资子公司的监事会、董事会向人民法院提起诉讼或者以自己的名义直接向人民法院提起诉讼。

（三）派生诉讼与直接诉讼

1. 区别

股东派生诉讼不同于股东直接诉讼。股东直接诉讼（shareholder direct suits），是指基于对股东的直接侵害而由股东提起的诉讼。相较而言，派生诉讼则是指基于对公司的侵害而由股东代表公司所提起的诉讼。由此决定派生诉讼与直接诉讼具有如下几点区别：

第一，派生诉讼的诉权属于公司。任何诉讼首先要解决的问题就是诉讼当事人的诉权问题。股东派生诉讼中原告的诉权是由公司的诉权派生出来的，股东本身没有这样的权利。派生诉讼是股东代表公司所启动的一种诉讼，如果公司本身不享有提起这种诉讼的权利,也就没有派生诉讼可言。既然股东派生诉讼的诉权来源于公司的诉权,股东在作为原告时其所能够行使的权利和享有的救济也就不能大于公司本身所能行使的权利和享有的救济。因而,如果有合理的理由解释公司为什么不起诉的话,则可以阻止派生诉讼的发生。

第二,在派生诉讼中,原告股东不是为了自己的利益提起诉讼,而是为了公司的利益而代表公司提起诉讼。在这种诉讼中,真正的利益当事人是公司,不是原告股东,原告股东提起诉讼的目的或者是阻止正在对公司发生的侵害行为或者是使已经受到侵害的公司获得法律救济。

第三,相应地,在派生诉讼中,所发生的侵权行为侵害的是公司的利益。而在直接诉讼中,所发生的侵权行为侵害的是股东的利益。侵害公司的行为也是侵害股东的行为,因为这些侵害行为降低了其投资的价值。但股东不能因为该种侵害公司的行为使其个人投资的价值降低而将派生诉讼转换为直接诉讼。

第四,正是因为提起派生诉讼的目的是公司的利益,这就决定了在派生诉讼中,诉讼结果归于公司,而在直接诉讼中,诉讼结果归于原告股东。派生诉讼的这一特点或多或少地构成了对股东提起派生诉讼的积极性的消极影响。

第五,派生诉讼面临着不同于直接诉讼的一系列特别程序障碍,这些程序障碍主要是设计来保护董事会的地位,因为董事会是公司资产的主要监护人。如果不符合这些要求或者不满足程序法上的规定,该派生诉讼可能被驳回或者终止。

尽管派生诉讼与直接诉讼存在很大的不同,但二者却仍然具有很多共性。譬如,二者都要求对有关利害关系人为通知;给予其他人参与诉讼的机会;要求只有在通知后才得提出和解或者放弃;获得听证的机会;司法上对和解的公正判决等。

2. 适用

我国公司法对股东直接诉讼作出了规定。《公司法》第 190 条规定,董事、高级管理人员违反法律、行政法规或者公司章程的规定,损害股东利益的,股东可以向人民法院提起诉讼。该条就是关于股东直接诉讼的法律依据。《公司法》第 21 条规定,公司股东应当遵守法律、行政法规和公司章程,依法行使股东权利,不得滥用股东权利损害其他股东的利益。公司股东滥用股东权利给公司或者其他股东造成损失的,应当承担赔偿责任。这里虽然没有明确规定股东可以提起诉讼,但该条规定显然已经为股东提起损害赔偿之诉提供了足够的诉讼理由。

直接诉讼既可能发生在股东会议层面上,也可能发生在董事会议层面上。

在股东会议层面上,由控制股东控制的股东会议所作出的决议可能构成对个别或者少数股东的欺压。譬如,股东会议决议剥夺种类股份的某些权利。在这种情况下,受到欺压的股东可以提起直接诉讼。

在董事会议层面上,董事会议的决议同样可能侵害个别或者少数股东的权利,如有的法律规定,董事会长期不宣布分配股利,但是对参与管理的股东却以高额薪酬的方式代替股利分配。又如，股东根据证券法提起的违反披露义务的诉讼是直接诉讼，因为所主张的损害赔偿属于个人利益，而不是公司利益。

究竟何种案件应当提起派生诉讼，何种案件应当提起直接诉讼呢？这个问题很重要，因为选择不同的诉讼其法律程序和法律效果是不一样的。如前所述，如果涉及错误行为侵害公司利益的，应当选择派生诉讼；而涉及侵害股东个人利益的，则应当选择直接诉讼。

(1)适用直接诉讼的主要情形

第一，涉及股东知情权方面的案件。譬如，股东有权查阅公司账簿，如果公司没有合理理由拒绝股东行使该种权利，股东可以提起直接诉讼请求法院命令公司接受股东的查阅。

第二，涉及股东表决权方面的案件。譬如，股东会议或者董事会议限制或者剥夺了个别或者某些或者某类股东的表决权。

第三，涉及股东优先认购权方面的案件。公司在发行新股时，一般而言，公司的原有股东享有认购新股的优先权，股东会议或者董事会议限制或者剥夺了个别或者某些或者某类股东的优先认购权，受到侵害的股东可以提起直接诉讼。

第四，涉及股利分配的案件。如果公司采取"不分配股利"政策，并构成对少数股东的欺压，少数股东可以提请法院命令公司改变分配政策。

第五，涉及股份回购方面的案件。如果公司在向股东回购时实施了不公平的回购政策，股东可以直接提起诉讼。譬如，公司向某一股东以特别优惠的价格回购其股份，而拒绝回购其他股东的股份或者以低价回购其他股东的股份。再如，公司在采取以股份回购作为反收购防御措施时，将特定股东的股份排除在外等。

第六，涉及公司并购、解散和清算方面的案件。在公司并购、解散和清算中，如果出现欺压少数股东或者任何其他不公平现象时，股东可以提起诉讼。

第七，涉及证券方面的案件。譬如，公司在其证券的发行和交易过程中，所披露信息虚假、误导或者有重大遗漏，因受骗而购买或者出售证券的股东有权要求公司及其他连带责任人员承担赔偿责任。这类案件最为常见。

(2)适用派生诉讼的主要情形

派生诉讼主要适用于对注意和忠实之受信义务的违反，包括如下情形：

第一，涉及公司管理层重大过失的案件。譬如，公司在项目投资上的重大失误；在存在竞争收购的情况下，公司选择了较低价格出售公司股份；或者公司管理者的其他重大过失情形。应当注意的是，由于公司管理者受到商业判断规则的保护，因而，原则上须以管理者有重大过失才能构成对注意义务的违反。

第二，涉及浪费公司资产的案件。譬如，公司进行不合理的巨额捐赠却与公司利益没有明显关系，将构成公司资产的浪费。

第三，涉及自我交易的案件。譬如，公司董事将自己的土地出售给公司，公司董事向公司贷款或者从公司贷款等。在现代法律上，上述行为并不为法律所禁止，但是交易本身必须符合公平标准，否则，将构成对忠实义务的违反。

第四，涉及关联交易的案件。利用关联交易损害公司利益的，构成对忠实义务的违反，从事关联交易的行为人应当承担违信责任。

第五，涉及管理报酬的案件。如果公司管理报酬过高或者公司给管理者提供边际利润，而接受报酬的人实际上没有对公司作出相应的贡献，同样构成前述对公司资产的"劫掠"和"浪费"。所不同的是，在浪费公司资产情况下，是一种对注意义务的违反；而这里，则是将其作为违反忠实义务的案件处理。

第六，涉及利用公司机会的案件。公司机会属于公司财产，公司管理者利用其地位和职位将公司机会据为己有，构成对公司财产的侵害。

在上述情况下，无论是对注意义务的违反或者是对忠实义务的违反，均可能导致对公司利益的损害，股东可以基于对公司利益的维护而提起派生诉讼。

理论上讲，对公司利益的侵害不仅仅限于公司管理者对受信义务的违反，任何第三人对公司的侵权行为同样可能导致对公司利益的侵害，因而，任何第三人对公司的侵害行为均可能导致派生诉讼的发生。但从立法本意和司法实践来看，派生诉讼主要针对的是公司管理层(董事、高级管理人员)违反受信义务的情形。

(3)诉讼的重合

但是，需要注意的是，有些诉讼可能同时具备两种性质，即产生派生诉讼的同一行为或者事实也可能成为主张直接诉讼的诉由。譬如，在自我交易情形下，既可能对公司造成损害，也可能对股东利益造成损害。如果自我交易构成不公平交易，则是对公司利益的损害；如果该种交易没有披露，购买公司股票的人则可能遭受个人损害。在这种情况下，根据具体事实，原告可以选择或者提起股东直接诉讼，或者提起股东派生诉讼，或者同时提起两种诉讼。

二、对派生诉讼的评价

(一)派生诉讼的积极意义

对于派生诉讼的意义，可以从事前抑制与事后救济两个方面来认识。就事前抑制作用而言，派生诉讼是防御公司内部人错误行为的重要壁垒，是阻吓错误行为的一种重要手段。就事后救济而言，派生诉讼有利于保护公司和少数股东的利益，同时也有利于保护债权人的利益。

1. 派生诉讼的事前抑制作用

公司董事、监事、高级管理人员或者控制股东是公司事务和经营的执行者、管理者和监管者，他们是公司的实际控制者。其能否尽心尽职地为公司谋取利益和忠诚于公司的事业，在很大程度上并不能完全依赖于他们的自觉性。因此，法律规定公司董事、监事、高级管理人员或者控制股东对公司承担受信义务，如果他们违反了这种法定的受信义务,他们将可能承担相应的法律责任。在这个意义上,股东派生诉讼无异于一柄悬挂在他们头上的“利刃”,时刻提醒其要善意和忠实地为公司利益服务。如果其行为或者直接地侵害了公司的利益,或者间接地不利于公司的利益,他们将可能受到起诉。由此可见,股东派生诉讼机制的存在对作为公司管理者的董事、监事、高级管理人员或者控制股东是一种威胁,在一定程度上可以防御或者阻吓公司内部人的错误行为。

2. 派生诉讼的事后救济作用

第一,派生诉讼有利于保护公司和少数股东的利益。当公司利益受到侵害或者遭到损失时,公司有权利追究特定侵权行为人的责任以获得救济。但是,由于所追究的侵权行为往往又与公司董事等内部人有着密切的利害关系,在董事会控制之下的公司通常放弃获得救济的权利,这样,公司的利益就不能获得保护。由此可见,如果没有派生诉讼机制的存在,公司董事、高级管理人员,乃至于控制股东的受信义务就有可能落空。所以,派生诉讼机制的存在是保护公司利益的一个不可或缺的重要手段和救济方式。在派生诉讼实践中,当原告股东胜诉或者和解时,公司均能获得一定的利益,或者表现为金钱赔偿方式,或者改变了公司的经营方式和计划。当公司利益受到侵害或者遭到损失时,股东的利益也间接地受到影响。相应地,当公司获得赔偿或者其他救济时,每一个股东都受益。所以说,派生诉讼同样有利于维护少数股东的利益。

第二,派生诉讼有利于维护债权人的利益。由于派生诉讼的结果直接归于公司,而不是归于提起诉讼的原告股东,所以公司在派生诉讼活动中所获得的赔偿可以用于偿付债务,而直接诉讼所获得的赔偿由于直接落到股东腰包而不利于债权人。在这个意义上讲,派生诉讼也是一种对公司债权人的间接救济措施。

(二)派生诉讼的负面作用

对派生诉讼作为一种执行机制的功能的争议历来就是存在的。对派生诉讼的异议主要来自三个方面:一是认为派生诉讼是一种律师“骗钱”的手段;二是认为派生诉讼无助于公司价值的提高;三是认为派生诉讼削弱了公司管理者的固有权力。

1. 派生诉讼是一种律师“骗钱”的手段

一些经验主义论者认为,大多数派生诉讼并不具有实质意义,而是律师“骗钱”(self entrenchment)的一种手段。这种“骗钱”的方式主要体现为两种形式:一是以原告律师的利益为目的而提起“恶讼”或者“告黑状”。股东派生诉讼的实践表明,大多数派生诉讼是由律师启动的。原告律师寻求可能提起诉讼的机会,然后才寻找一位股东作为原告而提起诉讼。该种诉讼一般均由原告律师操纵和运作,其动机往往是为了其自己的利益。二是在派生诉讼进行中与公司董事会达成无意义或者无价值的和解(nuisance settlement),造成原告律师和被告公司联合起来忽视公司利益和股东整体利益。

由于律师受到费用驱动(fee-driven),派生诉讼的“恶讼”或者“告黑状”确实是存在的。但不能因此而否认派生诉讼存在的价值,甚至也不能否认律师在派生诉讼中的作用。可以说,正是因为律师是受费用驱动的,律师才能积极主动地寻找提起派生诉讼的机会,律师的这种积极性毫无疑问成为一种重要的公司治理的市场力量。

但是,“恶讼”或者“告黑状”也需要得到抑制,否则,其将会干扰公司的正常经营管理秩序或者损害公司的利益。这里的问题是法律需要提供一种平衡的机制。事实上,法律上已经建立起了一系列相关制度来抵消派生诉讼的负面作用,如同期所有权规则、费用担保规则、败诉原告自己承担诉讼费用规则,以及和解协议需要得到法院同意规则等。很显然,这些规则的建立对于派生诉讼的消极作用起到了很大的抑制作用。

2. 派生诉讼无助于公司价值的提高

一些经济学家基于对股票价格运动的研究认为,派生诉讼无助于公司价值的提高。如果单纯地从公司股票价格的运动与派生诉讼的关系而言,派生诉讼与公司股票价格的上升确实没有直接联系。这不奇怪。与喧嚣的股票市场相比较,单一的派生诉讼影响太小,除非这些诉讼针对的是与收购防御相关的问题。但是,事实上,派生诉讼既可能给公司增添价值,也可能给公司带来成本。

派生诉讼可以两种方式增加公司价值:

第一,在派生诉讼中,当原告股东胜诉时,错误行为人将会承担损害赔偿责任,这种赔偿归属于公司;又或者派生诉讼的结果是要求公司管理层取缔某种交易或者改变其经营方针和政策以防止可能发生的损失(如防止腐败交易或者改组治理机构以防止管理者将来的错误行为)。无论是哪种情形,均可以增加公司价值或者使公司获得实质性好处。

第二,派生诉讼具有阻吓作用,并可以通过这种阻止功能减少错误行为的发生。错误行为的减少必然导致公司可能发生的损失减少,资产流失的减少有助于公司资产的保值,这实际上无异于增添了公司价值。

但应当注意到,派生诉讼同时至少也给公司带来两种成本:

第一,直接诉讼费用,即公司和股东必须支付有关诉讼费用,包括时间、精力和金钱。其中,法律上关于律师费用的规则是:如果原告股东败诉,只能由自己承担费用;如果原告股东胜诉,则可能从公司获得补偿。对于被告而言,如果其胜诉,其诉讼费用或者由公司予以补偿或者由原告承担;如果其败诉,将由自己承担诉讼费用。但是,在实践中,由于大多数诉讼是通过和解处理的,管理者的责任保险实际上承担了双方的成本,而保险公司又通过增加保险费的形式将诉讼成本转嫁到公司及其股东身上。但应当注意的是,原告股东及其律师从公司获得费用支付是有条件的,即公司必须是从派生诉讼中获得赔偿或者获得实质性利益。而公司对原告提供的补偿及其保险同样是有条件的。同时,派生诉讼浪费了公司管理者大量的时间和精力,并且,公司从该种诉讼中获得的好处往往低于其所付出的时间和精力所带来的价值。的确,任何诉讼,包括派生诉讼在内,都是耗时费力的。但是,这并不能否认派生诉讼存在的积极意义,就像不能因此否认整个诉讼机制一样。至于公司从该种诉讼中得到的好处是否低于其所付出的时间和精力,则不好一概而论。有的情况可能确实如此,有的情况则可能并非如此。但是,这并不是问题的关键。问题的关键在于我们需要从立法政策上对派生诉讼的功能进行整体评价,而不能因噎废食。

第二,雇用管理者成本的提升。派生诉讼机制的存在对公司管理者是一种潜在的威胁,并可能由于害怕承担责任而导致公司董事等管理人员不愿意担任管理职务或者在作出商业决策时只求自保而不能真正负起责任。这种管理风险的转换(risk-averse management)将可能导致公司管理者怠于为公司利益最大化而努力。这就使公司不得不提升薪水,建立责任补偿制度,或者为管理者购买 D&O 责任保险。这将大大提高公司的管理成本,而这种成本最终又转嫁给公司和股东承担。

3. 派生诉讼削弱了公司管理者的固有权力

派生诉讼是否削弱了公司管理者的固有权力？从表面上看确实如此。因为公司的商业决策权,包括是否追究错误行为人的权力在内,属于董事会,而不是属于股东。很显然,由股东代替公司行使本应属于公司的权力确实是一种对董事会权力的“侵夺”。然而,这却是不得已的事情,因为派生诉讼本来就是对公司诉讼不能的一种替代措施。

但是,这并不意味着派生诉讼是对公司管理者管理权力的剥夺。

第一,即使是在股东提起派生诉讼的情况下,法律仍然对公司管理者管理公司的权力给予了充分的尊重,如先诉请求制度的设置实际上就是给董事会提供了一个重新审查所诉称的错误行为的机会。董事会永远不会失去其法定管理权限,事实上,先诉请求这一要求本身就证明管理权力属于公司董事会。

第二,派生诉讼在本质上不属于股东个人诉讼,而是股东代表公司提起的一种诉讼。既然是代表公司,其行为与董事会的行为一样,同样属于公司的行为,只不过其表现形式有所不同而已。

第二节　派生诉讼当事人

一、派生诉讼的原告

股东派生诉讼,顾名思义,只有股东才有资格提起这种诉讼;债权人不能提起这种诉讼。这里的股东,既包括普通股东,也包括优先股东。派生诉讼机制是针对公司的诉讼不能而设置的一种替代救济措施,当然,该种诉讼的原告就只能是股东。在股东提起诉讼之后,后来的股东可以参加该诉讼从而成为共同原告。但是,作为被告的股东应当被排除在外。作为被告的股东也可能与公司的董事一起成为共同被告。[5]

在派生诉讼中,股东要成为适格的原告,还必须具备一定资格。但由于各国法律传统不同,关于派生诉讼股东原告的资格限制也有所不同。

---

〔5〕《公司法》司法解释四第 24 条第 2 款规定,一审法庭辩论终结前,符合《公司法》第 189 条第 1 款规定条件的其他股东,以相同的诉讼请求申请参加诉讼的,应当列为共同原告。

(一)派生诉讼原告资格的比较考察

从派生诉讼的原生法律传统英美国家的经验来看,其法律对派生诉讼原告资格要求表现在两个方面:一是必须享有同期所有权;二是能够公正充分地代表公司的利益。如果股东不具有这两项条件,则不能提起或者维持诉讼。

1. 同期所有权

(1)同期所有权规则

原告必须是在发生错误行为以及诉讼期间的股东,即在所诉称的错误行为发生于公司之时直至诉讼终结期间,原告股东必须在公司持有股份。这就是所谓的"同期所有权规则"(contemporary/contemporaneous ownership rule)。[6] 根据这一表述,同期所有权规则的特征主要表现为:

第一,在错误行为发生时已经是股东。如果原告股东是在错误行为发生之后取得股份的,则不能成为原告。可以说,同期所有权规则禁止的恰恰就是这类股东。

第二,在诉讼发生后依法受让股份而成为股东。这里所谓的"依法受让",指的是根据法律的明文规定而发生的股份转让,如原告股东股份的取得是根据继承法而继受取得的。在这种情况下,虽然原告股东取得股份发生在错误行为发生之后,但是,只要他的前手——被继承人是在错误行为发生之前取得股份的,他同样取得原告资格。

第三,在派生诉讼待决期间出售或者处分其股份的原告股东丧失其维持或者继续该诉讼的权利。

第四,在现金兼并(cashed out merger)中,如果原告股东收受了其股份的现金对价,不能继续维持其诉讼。因为,在这种情况下,原告已不再是股东,其所持股份的公司也因兼并而消灭。

(2)对同期所有权规则的评价

同期所有权的现代意义主要在于防止"购买诉讼"(buying of a lawsuit)。[7] 譬如,某人虽然不是公司的股东,但他可以通过临时购买少量股份的方式来达到提起派生诉讼的目的。又如,原告律师为了自己利益而提起"恶讼",可能临时购买少数股份或者怂恿他人临时购买股份。

但是,这样严格的同期所有权规则显然不利于股东派生诉讼的提起。虽然同期所有权规则的目的在于抑制无价值的诉讼,但是对有价值的诉讼也是一种抑制。

这里,我们需要回顾一下派生诉讼的根本目的是什么。法律之所以设置派生诉讼机制,其目的无非是维护公司的利益,而不是维护股东的个人利益(至少不是直接使股东受

---

〔6〕 MBCA § 7.41 规定:除非股东在所诉称的行为或者不行为发生时已经是公司的股东或者依法从当时的股东手中受让股份而成为股东,否则不能提起或者维持派生诉讼。美国《联邦民事诉讼程序法》第 23 条第(一)项(Rule 23.1 of the Federal Rules of Civil Procedure)同样规定:在派生诉讼中,原告股东必须证明在交易发生时他已经是公司或者社团的股东或者成员,或者依法从当时的股东或者成员手中受让股份而成为股东或者成员。

〔7〕 美国早期的同期所有权规则的基本目的却是防止通过购买股票取得不同州的公民身份,以便获得联邦法院的管辖。

取利益）。鉴于此，人们对这一制度的设置也在进行反思。譬如，有人认为："如果一个人认为他享有对其公司董事和高级管理人员提起派生诉讼的合法权利，但他又不愿意亲自去行使这项权利（或者没有时间或者不愿意承担风险），那么，如果他能够将其股份出售给一位敢于冒风险并愿意代表所有股东讨个说法的投资者，这对他本人和其他股东都是一件好事。"〔8〕而且，在理论上，有人进一步认为，"对公司董事及高级职员的错误行为提起诉讼的权利是一种资产利益，股东的这种资产利益很显然是可以转让的"。〔9〕

如此看来，同期所有权规则的合理性并非不可动摇。一些立法也开始对这一规则进行修正，并允许该规则有一定的例外。这种例外表现在：

第一，"法定例外"（statutory exception），即法律直接对同期所有权规定了例外情形。譬如，原告在取得股份时该种错误行为并不为公众或者原告所知晓。〔10〕这就是说，尽管某人是在错误行为发生后才成为股东的，但如果该种错误行为并不为公众所知晓，也不为购买该股份的原告股东所知晓，该股东则具有提起派生诉讼的资格。

第二，一些法院在判例中采用了"持续错误原则"（continuing-wrong doctrine），即如果原告股东在取得股份时其所诉称的错误行为仍然持续存在，则满足同期所有权的要求。〔11〕譬如，公司计划发行股份，作为被告的公司内部人以高估的作价将其财产转让给公司作为购买公司股份的对价，原告后来取得股份，最后公司也向被告发行了股份。在这种情况下，法院可能会认为，该种错误行为持续到实际发行股份之时。

第三，"公司不能规则"（corporate incapacity rule）。所谓公司不能规则，是指如果公司所有股东均由于某种原因（通常是不能满足同期所有权规则的要求）而被禁止就同一错误行为对同一被告提起诉讼，那么，公司就不能提起诉讼。公司不享有诉讼的权利，也就无派生诉讼可言。譬如，一股东购买了一家公司的全部股份，在其购买该公司股份之前，先前的控制股东涉嫌滥用公司资产。该股东令公司就公司先前控制股东的错误行为提起诉讼。在这种情况下，法院可能拒绝受理。因为，法院可能会认为，原告所支付的股票价格已经扣减了被告过去的错误行为所产生的影响，如果仍然对原告给予补偿，原告将会获得不当利益。〔12〕这个例子说明，在一定情况下，根据同期所有权规则，股东和公司可能丧失原告资格。但是，法院仍然可能对同期所有权规则进行灵活解释，即是否承认股东或者公司的原告资格，并不是取决于同期所有权规则本身，而是取决于取得股份的股东所支付的对价是否扣减被告过去的错误行为所产生的影响。如果股东所支付的对价没有扣减了被告过去的错误行为所产生的影响，法院则可能承认该股东的原告资格。

---

〔8〕 Clark, at p. 651.

〔9〕 Clark, at p. 651.

〔10〕 See ALI's Prin. Corp. Gov. §7.02(a)(1).

〔11〕 See Maclary v. Pleasant Hills, Inc., 109 A. 2d 830(Del. Ch. 1954).

〔12〕 See Capital Wine & Spirit Corp. v. Pokrass, 98 N. Y. S. 2d 291(App. Div. 1950).

2. 公正并且充分地代表公司利益要求

原告股东必须“公正并且充分地”(fairly and adequately)代表公司和其他股东的利益。[13] 至于如何才能衡量股东是“公正并且充分地”代表公司利益,则取决于具体案件的具体事实和情势。一般而言,需要综合如下几个方面的因素加以考虑:

第一,原告股东与所诉称的交易是否存在明显的利益冲突。如果原告股东本身就是其所诉称的错误行为的利害关系人,则可能无法公正和充分地代表公司利益。

第二,原告股东是否充分了解诉讼的性质、目的和后果。如果原告股东对诉讼情况并不了解或者漠不关心,很难证明其提起诉讼的动机是纯正的。

第三,原告律师对诉讼的控制程度。如果该种诉讼完全是由律师加以控制,而原告股东只是受律师控制和操纵的“傀儡”,原告股东则可能仅仅成为其律师达到个人利益的工具。

第四,该种诉讼是否得到其他股东的广泛支持。这可以说是一种比较客观的测试标准。如果原告股东提起的诉讼得到了大多数股东的支持和参加,其本身的代表性就是该种诉讼公正性和充分性的证明。

第五,原告股东提起诉讼是否属于谋取个人私利或者夺取其竞争对手的利益。如果原告的诉讼是受到了自身个人利益的驱动,当然就失去了诉讼的公正性和代表性。

第六,原告股东是否曾参加、批准或者默许过所诉称的错误行为。如果原告股东曾参加、批准或者默许过所诉称的错误行为,根据“禁反言”原则,原告股东不得否认自己的行为。

上述因素只是在确定原告股东是否公正并且充分地代表公司利益时所需要考虑的一些重要因素,在具体情况下,尚需要具体分析。实际上,在很大程度上,这一标准是一个法官自由裁量的问题,很难形成统一的认识。

(二)我国法律关于股东原告资格的要求

根据我国《公司法》第189条的规定,派生诉讼的原告股东资格因有限责任公司和股份有限公司而有所不同。法律对有限责任公司的原告股东资格没有设定任何限制,即只要是公司的适格股东,就可以提起派生诉讼。但是,法律对股份有限公司的原告股东资格却设定了限制。根据该条规定,在股份有限公司中,只有连续180日以上单独或者合计持有公司1%以上股份的股东才有资格提起派生诉讼。

为什么对股份有限公司股东提起派生诉讼的资格进行限制呢?这是因为,较之于有限责任公司,股份有限公司的股份转让比较自由,尤其是上市公司,由于其存在一个公开交易市场,任何人均可以随时买进公司股票。在这种情况下,如果不对股东资格设定一定限制,则容易发生派生诉讼的滥用。因此,法律在这里对股东资格设定了两个限制性

---

[13] 譬如,MBCA §7.41 规定:除非股东能够公正并且充分地代表公司利益而实施公司权利,否则,股东不能提起或者维持派生诉讼。The Federal Rules of Civil Procedure §23.1 同样规定:在行使公司或者社团权利时,如果原告不能公正并且充分地代表与其处于相似地位的其他股东或者成员的利益,派生诉讼则不能维持。

条件:一是持股时间要求;二是持股数额要求。持股时间要求,是指如果股东持股时间不满 180 日以上,则没有资格提起派生诉讼;持股数额要求,是指如果股东没有连续 180 日以上持有公司 1% 的股份(单独或与他人联合均可),同样没有资格提起派生诉讼。很显然,这里对股东资格的限制就是为了防止派生诉讼的滥用。

二、派生诉讼的被告

派生诉讼的被告可能是任何侵害公司利益的第三人。但是,从派生诉讼制度产生的背景以及建立派生诉讼机制的根本目的来看,派生诉讼的被告主要是公司的董事、监事、高级管理人员及其他内部人,如控股股东或者实际控制人。因为他们是公司事务和公司经营的执行人和监管人或者实际支配者。

司法实践也表明,派生诉讼主要适用于基于董事、高级管理人员、监事、控制股东或者实际控制人违反受信义务的情形。这些违信行为可能表现为某种方式的作为,如作出错误的决策、非公平的自我交易、控股股东与公司之间的不公平交易等;也可能表现为某种形式的不作为,如董事怠于行使管理职责等。

从我国《公司法》第 189 条的规定来看,派生诉讼主要适用于公司董事、高级管理人员。派生诉讼作为落实董事、高级管理人员的受信义务的执行措施适用于公司董事、高级管理人员自无疑问。该条规定是否适用于监事呢?尽管该条没有直接提及监事,但该条中有"监事有前条规定的情形的"这样的表述,同时,监事确实也对公司负有受信义务,可见,监事也是派生诉讼的适用对象。尽管该条没有直接提起股东、控股股东、实际控制人,但根据公司法的相关规定,派生诉讼同样应适用于这些人。譬如,《公司法》第 21 条规定,公司股东滥用股东权利给公司造成损失的,应当承担赔偿责任。《公司法》第 22 条规定,公司的控股股东、实际控制人利用关联关系损害公司利益给公司造成损失的,应当承担赔偿责任。这些责任的落实都有赖于派生诉讼的适用。

除此之外,《公司法》第 189 条第 3 款规定,派生诉讼还适用于任何侵害公司利益的第三人。

如前所述,根据我国《公司法》第 189 条第 4 款的规定,派生诉讼还可以延伸适用于公司全资子公司的董事、监事、高级管理人员或者其他任何第三人,如果他们侵害了全资子公司合法权益造成损失的,同样可以启动派生诉讼机制对其提起诉讼请求损害赔偿。

三、公司在派生诉讼中的特殊地位

在派生诉讼中,公司是必要的当事人,没有它,诉讼无法进行。但是,值得注意的是,由于程序上的原因,在美国的派生诉讼中,法院可能将公司也列为被告。这是因为法律要求股东在提起派生诉讼之前须先向公司提出请求,即请求公司首先对其所诉称的行为提起诉讼。如果公司拒绝了该种请求,股东当然还可以向法院提起诉讼,但是在这种情况下,法院须对公司所作出的拒绝决定进行审查。由于这种审查的对象是公司,所以只能将公司列为被告。

因此,可以说,在这种情况下派生诉讼是将两个诉讼合二为一。第一个诉讼是针对公司的,即公司对股东的先诉请求的拒绝;第二个诉讼则是针对侵害公司的错误行为。相应地,在某种意义上派生诉讼也就涉及对公司的双重错误:一是公司没有直接矫正这种错误;二是侵害公司的"基本错误"(basic wrong)。[14] 在诉讼审理过程中,如果由于兼并或者类似交易使被告公司丧失了独立地位,该诉讼即告终止,除非将存续公司(surviving corporation)增加为被告。

然而,我国公司法的规定则有所不同。根据我国公司法的司法实践做法,在派生诉讼中,如果监事会或者董事会对董事、高级管理人员或者他人提起诉讼,应当列公司为原告;如果股东直接对董事、监事、高级管理人员或者他人提起诉讼,应当列公司为第三人参加诉讼。一审判决终结前,其他股东以相同的诉讼请求申请参加诉讼的,应当列为共同原告。

第三节 派生诉讼的发动

一、先诉请求

(一)先诉请求的意义

在派生诉讼中,一般来说,原告应当先向公司提出请求,即要求公司就所诉称的错误行为提起诉讼。只有在公司自己没有提起诉讼而又没有正当理由时,才允许股东提起本来属于公司的诉讼,这就是所谓的先诉请求(pre-suit demand)。先诉请求是启动股东派生诉讼的一个重要前置程序。

先诉请求的法理思想可以归纳为如下几个方面:[15]

首先,公司(通过董事会)在管理公司商业事务,包括是否就特定行为提起诉讼、作出决策。这就是说,代表公司提起诉讼的适格的当事人是公司。股东派生诉讼只是一种"非常救济"(extraordinary remedy)或者"通常规则的例外"(an exception to the unusual rule)。因此,在提起派生诉讼之前,必须首先最大限度地利用公司自己的资源。这就是所谓的"穷尽公司内部救济"(exhaustion of internal remedies)原则。先诉请求给公司自身提供了一个机会,使它能够决定是否提起诉讼。其标准是何种情形最符合公司利益。如果其认为提起诉讼最符合公司利益,公司将自己提起诉讼;如果其认为提起诉讼不符合公司的最佳利益,股东的先诉请求将被拒绝。

其次,先诉请求可以节约司法成本。如果公司自己提起诉讼或者公司自己可以采取措施对所诉称的错误行为予以纠正,还有什么必要由股东提起派生诉讼呢?尤其是在公

---

〔14〕 Clark, at p. 639 – 640.

〔15〕 Clark, at p. 641.

司自己可以纠正的情形下,可以免去通过司法途径解决问题的方式,而通过司法途径解决纷争对各方当事人都意味着昂贵的诉讼成本,包括公司、股东和法院在内。

再次,先诉请求可以使公司免受无端诉讼的折磨,因为一些好事的股东可能会冲击公司的正常经营活动。

最后,先诉请求可以抑制律师为了追求个人利益而启动无意义无价值的恶讼。

不同的法制对先诉请求的规定有所不同。归纳起来,法律关于先诉请求的规定有如下三种模式:一是向公司董事会提出请求(demand on the directors);二是向公司股东会提出请求(demand on the shareholders);[16]三是还有的法律要求先向监事会提出请求,如有障碍,再向董事会提出请求,如我国的相关法律。

(二)向董事会提出请求

这种模式是,原告股东在提起派生诉讼之前,应当先向公司董事会提出请求,该种请求必须是书面形式。

根据法律对这种先诉请求是否存在豁免,存在两种不同的做法:一种做法是采取"无豁免即须请求"规则(demand required or demand excused);另一种做法是采取"例行请求"规则(an universal demand requirement)。

1. 无豁免即须请求

这种规则的基本要求是,股东在提起派生诉讼之前应当向董事会提出请求。但是,当董事或者所诉称的其他错误行为人与所诉称的错误行为有涉,或者由于董事会成员与所争议的交易存在利害关系而表明先诉请求无所助益,或者先诉请求的效果实际上是要求董事们起诉自己时,则可免除股东的先诉请求。[17]

这种做法是允许在特定情况下有一定例外,即在特定情况下可以免除股东的这种先诉请求。这就是说,要么必须先向公司董事会提出请求,要么必须证明该种先诉请求是多余的或者无用的(demand futile)。

在采用"无豁免即须请求"规则的情形下,如果原告股东没有提出先诉请求而是直接起诉,则必须说明免予先诉请求的理由,法院须审查请求豁免的理由是否成立。如果成立,则予以受理;如果不成立,则予以驳回。

在原告股东没有提出先诉请求而直接向法院提出诉讼的情况下,被告可以请求法院驳回原告的诉讼请求。如果原告提出的派生诉讼能够成立,被告的驳回请求将被法院拒绝,于此情形,法院必须说明该种豁免的合理性。

在什么情况下才可以免除股东的先诉请求呢?通常认为属于法院自由裁量的范围。

---

〔16〕 Federal Rules of Civil Procedure § 23. 1 规定,原告在派生诉讼的控诉中必须提出具体的主张和请求,并须详尽地说明原告已向董事会或者公司相应机关请求希望其采取行动的努力,如果存在这样的努力的话;并且如果有必要,还应当向股东或者成员作出请求;如果没有做出这样的努力,也需要说明理由。

〔17〕 在美国,许多州法律仍然遵循的是这一传统规则。特拉华州是这一做法的代表,在特拉华州,这种"无豁免即须请求"规则是其用来解决股东派生诉讼的程式标准,因为特拉华州公司数量最多,也是发生派生诉讼最多的一个州。

一般而言,主要考虑的因素包括:(1)董事与所诉称的错误行为有无利害关系。如果董事会的大多数成员与所诉称的交易存在利害关系,原告股东即使提出先诉请求,也可能被董事会拒绝。在这种情况下,无须向董事会提出先诉请求。(2)董事是否保持着独立的地位。虽然董事会成员与所诉称的交易不存在利害关系,但却可能受到某人的控制而失去其独立性,如董事会的大多数成员是控制股东选任的,则可能免除先诉请求。(3)董事是否在所争议的交易中实施了适当的商业管理。这实际上是指公司董事会在实施经营管理时是否履行了受信义务(是否履行了注意义务)。如果董事会履行了受信义务,则将受到商业判断规则的保护。反之,如果所诉称的交易仅仅从表面上就可以看出是非合理商业决策则可能免除原告的先诉请求。(4)对所诉称的交易董事会是否了解。如果董事会只是一个"橡皮图章"(rubber-stamp),仅仅是对高级管理人员决策的一种消极放任,也可能免除原告的先诉请求。

先诉请求的豁免固然是为了减轻原告的负担,但是,这种豁免规则也存在一定的缺陷。这种缺陷表现在:要确定在何种情况下先诉请求是多余的或者无用的殊非易事,可以说反而给当事人和法院增加了负担,而不是提供了方便。

2. 例行请求

针对"无豁免即须请求"规则在司法审查上的困难,人们试图提出一种"例行请求方案"(an universal demand requirement approach)。[18] 关于例行请求的特点,可以归纳为如下几点:

第一,原告股东在提起派生诉讼之前,应一律向公司董事会提出先诉请求,且必须为书面,并详细陈述先诉请求的目的和理由,即或者要求公司就所诉称的错误提起诉讼或者要求公司采取措施予以纠正,及其各自的理由。

第二,只有在特别情况下,才可以免除先诉请求。这种特别情况均由法律明定,即只有在原告能够证明如果等待期限届满再提起诉讼将可能给公司造成"不可挽回的损失"(irreparable injury)的情况下,原告股东才可以直接提起诉讼。

第三,一旦提出了先诉请求,公司的董事会就可以运用其裁量权对该种先诉请求作出反应:或者接受先诉请求而提起诉讼;或者内部解决而不诉诸法院;或者拒绝先诉请求。

第四,公司董事会应当在"合理的时间"(adequate time)对先诉请求作出回应。[19]

第五,如果股东在公司对先诉请求作出回应的合理时间之前提出了派生诉讼,法院可以驳回或者延缓该诉讼。但这也可能存在例外,即公司董事会在期限内就作出了拒绝

---

〔18〕 MBCA § 7.42 规定,在一切派生诉讼中均须有先诉请求,除非该种请求遭到公司拒绝或者在等待董事会的回复期间将会导致公司不可挽回的损失。ALI's Prin. Corp. Gov. § 7.03 亦规定,在派生诉讼中,原告股东应一律先向公司董事会提出请求,如果原告对董事会的答复不满意,他们可以提起诉讼,法院则必须对董事会的商业决策作出判断。如果法院认为董事会尚有能力实施正确的商业决策(在涉及是否提起诉讼的问题上),法院就会驳回由股东提起的诉讼。否则,诉讼则将继续下去。二者规定基本相同。

〔19〕 MBCA 将这个时间确定为 90 天。See MBCA § 7.42.

答复，股东自然无须等待期限届满。

第六，如果先诉请求遭到拒绝或者原告对董事会的回应不满意，股东则可以自由地提起派生诉讼，但可能需要说明该种拒绝是错误的。法院须审查董事会的拒绝行为是否符合商业判断规则，如果符合商业判断规则，股东的起诉将被驳回。

采取这种例行先诉请求的理由是：

首先，即使所有的董事均非清白（与所诉称的错误行为存在利害关系）或者独立（存在他人控制或者支配情形），但先诉请求仍然给董事会提供一个重新审查所诉称的错误行为的机会。

其次，可为诉讼者和法院节省用来决定是否需要先诉请求的时间和费用。因为，如果要免除先诉请求，不仅法院要进行调查和审查，而且原告股东也须说明不进行先诉请求的理由，同时还要配合法院进行调查和审查。

最后，采取例行先诉请求并未给原告股东增加多少负担。因为，原告股东向公司董事会提出先诉请求并非一件很难的事情，他或她只需要寄送一封信件就可以了。

（三）向股东会提出请求

在提起派生诉讼之前是否需要先向股东会提出请求（demand upon shareholders）呢？对此存在两种不同的意见和做法。

支持将对股东会的请求作为必要条件的理由主要有两点：（1）当董事会失去行动资格或者能力时，应当将作出商业判断的权力移交给股东集体。（2）防止派生诉讼的滥用。根据这样的法律规定，如果没有对股东会提出请求，原告应证明没有这样做的理由，如缺少经费或者存在其他困难等。[20]

反对将对股东会的请求作为必要条件的理由主要有：（1）股东会的表决机制采取的是多数原则，股东会的表决往往由多数股东操纵和控制。这样，如果所诉称的错误行为的实施者是公司内部人，就可能通过这种多数表决机制放弃对该种行为的追究，从而造成公司资产的流失。因此，人们认为，“不应当允许公司的多数股东不顾少数人的反对而追认欺诈性交易并将公司资产拱手奉送给他人”。[21] （2）在公众公司中，这种要求将导致诉讼成本大大增加。譬如，要取得股东会的同意，就可能需要召开股东会，股东会的召集又可能需要征集表决代理权。这种沉重的负担将可能从根本上阻止派生诉讼的提起。所以，如果在公众公司中将对股东的请求作为一个必要条件，不仅可能阻止了无价值的诉讼，而且也可能阻止了有价值的诉讼。（3）由于派生诉讼的复杂性，如诉讼的法律依据、诉讼费的决定和对胜诉可能性的预测以及对起诉是否符合公司的最佳利益的判断，公众公司的股东会根本不是（而且从来也不是）一个合格的决策机构。

将上述正反两方面意见平衡起来考虑，在派生诉讼中，将对股东会的请求作为一个必要的条件似乎是不明智的。现代公司法的发展趋势也证实了这一点。如美国的大多

---

〔20〕 Federal Rules of Civi Proceedure § 23. 1.

〔21〕 Clark, at p. 649.

数州和 MBCA 都没有要求须对股东会提出请求。ALI 的《公司治理指南》更是明确规定无须向股东会提出请求。[22]

（四）向监事会或者董事会提出请求

根据我国《公司法》第 189 条第 1 款的规定，董事、高级管理人员有违反受信义务情形的，股东可以书面请求监事会向人民法院提起诉讼；监事有违反受信义务情形的，股东可以书面请求董事会向人民法院提起诉讼。

该条所规定的派生诉讼的前置程序是，股东欲提起派生诉讼，须先向监事会提出请求以公司的名义向法院提起诉讼；如果监事本身是侵权人，则继续转向董事会提出请求以公司名义向法院提起诉讼。值得注意的是，法律要求这种先诉请求必须以书面为之。

我国公司法也规定了先诉请求的豁免。《公司法》第 189 条第 2 款规定，“情况紧急、不立即提起诉讼将会使公司利益受到难以弥补的损害的，前款规定的股东有权为公司利益以自己的名义直接向人民法院提起诉讼”。这一规定应包含两层意思：一是在股东已经向公司提出先诉请求但尚在等待公司答复期限内，如果出现上述规定情形，股东可以直接提起派生诉讼，无须等待公司答复。二是股东尚未向公司提出先诉请求，但因为“情况紧急、不立即提起诉讼将会使公司利益受到难以弥补的损害的”，股东同样可以直接提起派生诉讼。但无论是哪一种情形，股东均须承担证明责任。

由上述可知，我国立法将先诉请求的对象规定为监事会，至于向董事会提出先诉请求则属于替补措施，即只有在监事会不能的情况下，才须向董事会提出请求。

检讨一下，我国公司法关于先诉请求的规定颇值得商榷。

首先，监事会并非一个适当的决定公司是否提起诉讼的机构与人员。这是由其法定地位决定的，因为监事会的职责是履行监督职能，并非公司的业务经营和事务管理的机关与人员。因此，由监事会来判断公司提起诉讼是否有价值似乎超出了其能力，并与其法定职责不相容。

其次，将决定公司是否提起诉讼的权力交给监事会与法律设置派生诉讼的根本目的相悖。法律要求股东在提起派生诉讼之前须先向公司提出请求，只是一种程式上的礼貌，并非真的指望由公司自己来决定是否提起诉讼。尽管派生诉讼可能针对任何侵权人提起，但主要针对的还是公司内部人。很显然，在公司内部人是侵权人的情况下，又如何能将全部希望寄托在公司身上呢？所以，从公司法上设立派生诉讼的根本目的来看，无非在于依赖股东自己的力量来维护公司的利益，并间接维护其自己的利益。

再次，我国法律要求股东提起派生诉讼之前首先向监事会提出先诉请求，如果监事自身就是错误行为者而导致无能提起诉讼，再转而请求董事会。这无疑是重复设置先诉请求，纯属多此一举，导致股东派生诉讼成本增加。

最后，现代公司改革致力于改变公司董事会内部结构，在董事会内部引进外部董事、

---

〔22〕 ALI's Prin. of Corp. Gov. §7.03.

独立董事以及各种专门委员会的设置,使公司治理水平大为改善。尤其是公司董事会附设的由一定外部人和独立董事构成的诉讼委员会主要就是针对派生诉讼设置的一个机构。由诉讼委员会来判断是否由公司提起诉讼无疑是一个较优的选择。我国公司法舍弃这一公司实践中普遍采用的并行之有效的办法,采用监事会或者监事决定公司是否提起诉讼的做法,无异于舍弃良币而用劣币。

二、提起诉讼

根据我国《公司法》第189条第2款的规定,股东可以在下列三种情况下以自己的名义直接提起派生诉讼:

第一,公司拒绝。监事会或者董事会收到股东书面请求后拒绝提起诉讼,股东有权为了公司的利益以自己的名义直接向人民法院提起诉讼。无论是向监事会或者董事会提出先诉请求,均体现的是公司的意思。如果监事会或者董事会明确拒绝了股东的先诉请求,也就表明公司决定放弃对股东所指称的行为提起诉讼的权利。如果股东对公司的这种决定不满意,则可以其自己的名义直接向法院提起诉讼。

第二,公司超过法定期限未提起诉讼。监事会或者董事会自收到请求之日起30日内未提起诉讼的,股东有权为了公司的利益以自己的名义直接向人民法院提起诉讼。这就是说,虽然公司没有明确拒绝,却也没有提起诉讼。针对这种情况,法律设定了一个法定期限,公司超过这个期限没有提起诉讼,也没有作出答复,视为公司拒绝,股东可以其自己的名义直接向法院提起诉讼。

第三,获得豁免。如果股东能够证明,"情况紧急、不立即提起诉讼将会使公司利益受到难以弥补的损害的",股东有权为了公司的利益以自己的名义直接向法院提起诉讼。但这种情形能否获得法院的豁免,取决于原告股东能否成功证明。

第四节　派生诉讼的防御

一、公司防御概述

在派生诉讼中,公司可以采取一定防御措施阻止派生诉讼的提起和进行。"防御"这一概念是一个中性概念。在主观上,公司进行防御的目的既可能是公司利益,也可能是公司中某些内部人的个人利益。但无论主观动机如何,客观上的效果是相同的,即公司防御可能起到阻止派生诉讼的提起和进行的作用。而法律所关注的问题是,该种防御是否正当,其合法性如何。公司防御实际上也是一种商业决策,因而,法律应该解决的问题是该种防御是否符合商业判断规则。如果满足了商业判断规则,该种防御就是正当合法的;反之,则构成行为人对受信义务的违反,须承担违信责任。

公司防御措施通常表现为:公司拒绝;在诉讼进行中,公司请求法院终止诉讼。除此之外，如果公司已经就派生诉讼中所主张的事由直接提起了诉讼，则该派生诉讼不再成立。这实际上是一种实体防御（substantial defense）。另外，原告不具备或者丧失资格亦是一种防御，但是这只适用于特定股东而不适用于其他股东，即所谓的原告失格（disqualification of the plaintiff）。这实际上是一种程序上的防御（procedural defense）。这里我们主要关心的是实体防御，即公司拒绝提起诉讼和公司请求终止诉讼。

（一）拒绝提起诉讼

当某一股东提起派生诉讼要求侵权行为人就其错误行为向公司承担责任时，这种诉讼是否可以提起，需要首先由公司来审查。审查的原则是看该种诉讼的提起是否符合公司的最佳利益。

公司在接到原告股东的先诉请求时应当采取相应措施对该种请求作出回应：（1）公司应当决定是否应该对所诉称的错误行为进行调查，如果进行调查，则该种调查的进行必须合理，而且还必须是善意的。（2）如果经过调查后所指控的错误行为得到证实，公司应当决定是否应该由公司就该错误行为提起诉讼。（3）公司必须对可能采取的相应措施进行权衡，包括内部纠正行为和启动法律程序的合理性等。在进行这些工作时，公司必须做到其行为不受个人经济利益的影响和不适当的外来干预。（4）公司应当明确告知原告股东解决有关被指控错误行为的最佳办法，以及可能产生的法律上的后果和经济上的代价。

如果公司拒绝了股东的先诉请求，法院将会对这种拒绝决定进行审查，以便决定是否受理股东的起诉。法院审查的标准是看公司的决定是否符合商业判断规则。其核心是审查公司与所诉称的交易是否存在利害关系或者公司是否具备独立性。

如果有人（如董事）从该交易中获得的个人经济利益不能与股东平等分享，他就会被认为与该交易存在利害关系。如果公司在作出决议时受到了他人（如控制股东）的支配，那么或许就不能指望他能够实施独立的商业决策。

如果适用商业判断规则，不继续进行该诉讼的决定同样对原告股东发生拘束力，尽管其对该问题的实体方面并没有作出任何决定。但是原告股东可以要求就该商业判断本身提出异议，如董事是否真正的独立，董事是否进行了合理的调查，其商业判断是否善意为之等。

（二）请求终止诉讼

在诉讼进行中，公司还可以请求法院终止诉讼。也就是说，即使可以免除先诉请求而成立诉讼，或者法院不顾公司的拒绝而受理诉讼，但如果公司能够证明，公司现在有能力实施与所控诉问题有关的商业决策，公司可以向法院提出终止诉讼的请求。在这种情况下，法院必须重新审查公司的请求。如果公司的请求成立，则裁定终止诉讼；如果公司的请求不能成立，诉讼将继续进行。

赋予公司中途阻止派生诉讼的权力似乎对股东不利，但却很有意义。例如，在提起派生诉讼后发生了敌意收购（hostile takeover）而导致公司管理层发生了更替。在这种情况下,新的公司就不应受到派生诉讼的牵连,而应该赋予它管理公司的权力,包括提起诉讼的权力。

二、商业判断规则的运用

从前面关于先诉请求的法例来看,公司防御可以体现为董事会的防御,也可以体现为股东会的防御,还可以体现为监事会的防御。但是,很显然,对派生诉讼进行防御主要体现为公司董事会的行为,因为股东会或者监事会既缺乏足够的防御能力,又缺乏足够的防御动机。而董事会则是公司的经营管理机关,董事会成员熟悉公司业务和事务,不仅知晓派生诉讼的提起是否符合公司最佳利益,而且知晓派生诉讼的结果对其个人将会产生的影响。

同时,现代公众公司的实践往往是由董事会下属的特别诉讼委员会来对先诉请求进行审查。该种诉讼委员会由董事会的非利害关系董事以及其他非利害关系人构成。董事会或者诉讼委员会可以聘请独立的法律顾问对所控诉的事情进行调查并向董事会或者诉讼委员会提出报告或者建议。如果董事会或者诉讼委员会认为该派生诉讼的维持不符合公司的最佳利益,公司可以请求法院驳回该派生诉讼,其理由是,是否继续进行该诉讼是一个商业判断问题,应当按照商业判断规则来处理。

由非利害关系董事构成的特别诉讼委员会作出建议原本并非一个法定程序。但是,由于20世纪70年代和80年代处在不断增长的派生诉讼的压力下,这种特别程序在事实上得以被广泛地采纳。现在,特别诉讼委员会已成为派生诉讼的一个标志,可以说,特别诉讼委员会本身就是因应派生诉讼而建立起来的一个委员会,尽管并非每一个案件都会发生这样的情况。

在大多数情况下,董事会或者特别诉讼委员会的决定(不予起诉并建议法院驳回诉讼,或者在诉讼进行中建议法院终止诉讼)一般都会受到法院的尊重。但不同的法院对此程序的态度以及审查标准可能是不同的。

鉴于上述说明,我们将集中讨论董事会或者特别诉讼委员会的防御与商业判断规则之间的关系,尤其是我们将更多地讨论特别诉讼委员会的防御措施与商业判断规则的适用。

在解决董事会或者诉讼委员会的防御与商业判断规则的适用这一问题上,虽然在总体上要求董事会或者诉讼委员会的防御措施必须满足商业判断规则的要求,但在具体适用上却存在不同的做法。大致而言,主要存在如下几种不同的标准。

(一)纽约标准

纽约标准要求法院服从独立的特别诉讼委员会的商业决策。根据这一标准,如果由非利害关系董事组成的委员会对该问题进行了适当的审查,考察了各种因素,并善意地作出了商业决策,认为继续进行该诉讼不符合公司的最佳利益,那么,该诉讼即应当被驳回或者终止。这里运用的标准是:独立性、善意以及合理的调查。根据这一观点,该委员会的最后结论是不受司法审查的,法院不会运用(或者说没有)自己独立的商业判断规则。[23]

但是,这里出现了一个重要的问题,即作为一个商业判断问题,这种派生诉讼是否可以由这样的委员会来审查呢?其合法性是什么?

事实上,法院总会面临着这样的问题:一方面,派生诉讼原告股东认为,只有继续进行诉讼才最符合公司的利益;另一方面,由特别委员会所代表的公司一方则认为,应该立即停止诉讼,否则将有害于公司最佳利益。

如何处理这一问题?一方面,如果公司总是能够阻止派生诉讼进行,则派生诉讼将会失去其作为公司内部监督手段所应有的功能;另一方面,如果公司不能排除那些有害的、恶意的派生诉讼,又将会使派生诉讼走向我们不愿意看到的反面。因此,摆在我们面前的任务是:一方面,如何使善意的股东所提起的派生诉讼不会受到公司董事会不公正的阻止;另一方面,如何使公司有力地排除有害的诉讼。这两者之间须有一个平衡点。

(二)特拉华标准

与上述做法相反,特拉华标准赋予法院自己对特别诉讼委员会提出的驳回或者终止派生诉讼的建议进行评估的权力。[24] 显然,这种标准是对纽约做法的一种否定。根据这一标准,原告股东完全有权利要求进行司法审查。如果对特别诉讼委员会的决定不加区别地予以认可是一件很危险的事情,因为特别诉讼委员会实际上也可能是按照董事会的授权在行事。

法院在运用这一标准对特别诉讼委员会的决定进行审查时,一般采用"两步标准"。

第一步,法院应当调查该委员会的独立性和善意性以及支持其结论的证据。如果证据不充分,则应要求其提供补充材料。公司负有证明独立性、善意性和合理调查的义务。如果法院发现了该委员会或者不具有独立性,或者没有为其结论提供合理的证据,或者法院基于其他理由不满意包括但不限于委员会的公正性,法院就应当否认公司的决定。如果没有对该委员会的独立性、公正性和合理调查提出怀疑,那么,就可以启动第二步程序。

第二步,就是要在善意股东提出的维护公司利益为目的的派生诉讼和由独立委员会提出的公司最佳利益之间寻求平衡点。法院应当运用其独立的商业判断规则来决定是否同意该委员会的申请。这意味着,即使该委员会能证明其独立性、公正性,仍然有可能被法院否决。第二步程序的实质在于阻止这样的情况发生:即使公司的行为满足了第一步程序的要求,但其结果仍然可能与实质正义(substantive merit)相违背;又或者因为公司的行为过早地终结了股东的诉讼,而从公司利益角度来考虑,尚仍然有进一步考虑的必要。当然,法院应当认真权衡利弊,特别是从公司最佳利益的角度来作出决定。

但是,特拉华标准也有一定的局限性。这种局限性表现在,在司法实践中,它仅适用

---

〔23〕 See Auerbach v. Bennett, 393 N. E. 2d 994(N. Y. 1979).

〔24〕 See Zapata Corp. v. Maldonado, 430 A. 2d 779(Del. 1981).

于无须先诉请求的情形。在先诉请求的情形下,法院仍然遵循的是形式审查标准,即只对委员会的独立性、善意性和程序正确性(procedural correctness)进行审查,而不对其决议的实质正义(substantive merit)进行审查。有鉴于此,个别法院已经突破特拉华模式,将两步标准适用于一切案件,无论是先诉请求案件或者豁免先诉请求案件。即法院不仅要对委员会的独立性、善意性和程序正确性进行审查,而且要对其决议进行实质性审查。[25]

(三)MBCA 标准

法院为什么会在对待诉讼委员会的决议是否需要司法审查这一问题上出现如此分歧呢?其实质还是在于对诉讼委员会独立性的信任程度。大部分批评意见认为,诉讼委员会的独立董事并非真正"独立":"独立董事"仍然是董事,其与非独立董事"共处一室"(sitting on the same board),难免与非独立董事发生千丝万缕的利益关系。再者,委员会成员是由董事会任命的,董事会在任命独立委员会成员时也包括了利害关系董事在内的投票,这种利害关系董事在投票时难免会挑选与自己关系亲近的人,其结果是导致"结构失衡"(structure bias)。针对这一问题,个别法院甚至干脆废黜了诉讼委员会程序,至少在委员会成员是由董事会大多数利害关系董事任命的情况下是如此。[26] 但是,这显然又是一种因噎废食的做法。

同样是针对"结构失衡"问题,MBCA 则是在保持传统的基础上进行积极而温和的改进。[27] MBCA 标准的特点主要体现在如下几个方面:

第一,该条规定不区分先诉请求案件和豁免先诉请求案件,因为 MBCA 规定,所有的案件均须向公司为先诉请求。

第二,该条详细规定了不同的机构,如董事会、特别诉讼委员会或者法院任命的工作组,所作出的决议须满足不同的要求。在董事会作出决议的情况下,当董事会表决建议驳回或者终止派生诉讼时,只需要计算"独立董事"的票数。如果独立董事达到了董事会

---

〔25〕 See Alfred v. Shaw, 358 S. E. 2d 323(N. C. 1987).

〔26〕 See Miller v. Register & Tribune Syndicate, Inc., 336 N. W. 2d. 709(Iowa 1983).

〔27〕 根据 MBCA 的规定,(a)如果由(b)款或(f)款中规定的任一机构,对案件事实进行了合理调查并在此基础上作出善意的决定,认为继续派生诉讼程序不符合公司的最佳利益,法院应依公司的请求,驳回或者终止该诉讼。(b)除非已根据(f)款任命了专门工作组,上述(a)款中的决定应按下述方式作出:(1)由出席董事会的独立董事的多数通过,但独立董事须达到法定人数;或者(2)由诉讼委员会的多数通过,但诉讼委员会应有两名或两名以上的独立董事构成;诉讼委员会的独立董事应当由出席董事会议的独立董事的多数任命,但董事会的独立董事无须满足法定人数要求。(c)为本条适用之目的,不能根据下述事实来确认某一董事不是独立董事:(1)该董事由派生诉讼的被告或者被指控的人所提名或者任命;(2)该董事在派生诉讼中被列名为被告或者被指控的人;或者(3)该董事批准了派生诉讼或先诉请求中所诉称的交易,但该交易并未对该董事带来个人利益。(d)如果派生诉讼是在股东的先诉请求被拒绝之后提起的,起诉状中应当陈述详细的事实证明下列事项:(1)在作出决定时,董事会的多数非由独立董事构成;或者(2)没有满足上述(a)款之规定。(e)在作出决定时,如果董事会的多数非由独立董事构成,公司负有证明满足上述(a)款之规定的负担。在作出决定时,如果董事会的多数已由独立董事构成,原告则负有证明没有满足上述(a)款之规定的负担。(f)应公司请求,法院可以任命一名或者数名独立人士组成工作组,并由该工作组来决定继续进行诉讼是否符合公司最佳利益。在这种情况下,原告则负有证明没有满足上述(a)款之规定的负担。See MBCA § 7.44.

的法定人数，在表决驳回或者终止诉讼的决议时只需要独立董事的多数通过即可。换句话说，所有的董事都能够表决，只要出席会议的独立董事满足法定人数要求，并且驳回或者终止诉讼的决议得到独立董事的多数赞同。在委员会作出决议的情况下，由两名或者两名以上的独立董事构成的委员会可以对驳回或者终止诉讼决议进行表决。委员会成员必须由董事会的独立董事选任。此外，MBCA 规定了法院经公司请求可以任命工作组，这是一个创新，并且为解决“结构失衡”问题提供了一个新的思路。

第三，该条规定了法院审查的标准，即善意标准、合理调查标准以及公司最佳利益标准。

第四，该条规定了不同情况下的举证责任，如何种情况由公司负责举证，何种情况由原告股东负责举证。

第五，该条还对独立董事的认定进行了规定。

表面上看起来，似乎 MBCA 的要求很严格，但是实际上，MBCA 的规定依然有利于公司董事会，因为只要董事会具有“独立董事的多数”，即可满足法律要求，而这一点对公司来说并非什么难事，尤其是对于公众公司而言。原告却需要证明独立董事的行为并非善意，或者没有进行合理调查。即使董事会的多数不是独立董事，公司只需要证明其行为是善意的，而且进行了合理的调查，而不是其行为或者决议本身的合理性。这一事实表明，一旦董事会或者诉讼委员提议驳回或者终止诉讼请求，法院除了满足其愿望将别无选择。

（四）ALI 标准

ALI 对董事会或者委员会关于驳回或者终止诉讼的请求进行了详细的规定，并且显得较为复杂。与 MBCA 的规定相同的地方是，二者都废除了先诉请求与豁免请求的区别对待，所有的案件都要求原告股东提出先诉请求。但在其他方面，ALI 与 MBCA 以及其他标准则有较大不同。比较而言，ALI 的规定更加有利于原告，尤其是与 MBCA 比较而言。其突出特点表现在两个方面：

第一，区分针对内部人提起的派生诉讼和针对外部人提起的派生诉讼。根据 ALI 的规定，对于针对“外部人”（outsiders）所提起的派生诉讼，董事会或者委员会所作出的决议将受到商业判断规则的保护。[28] 在这种情况下，法院一般不会对董事会或者委员会的决定进行干预，只要董事会的决定是在经过合理调查的基础上作出的并理性地相信其请求驳回诉讼的决定符合公司的最佳利益。然而，如果派生诉讼针对的是“内部人”（insiders）提起的，法院对董事会或者委员会的驳回或者终止诉讼的请求将进行更为严格的司法审查。也就是说，在派生诉讼针对的是“内部人”的情况下，董事会或者委员会的决定

〔28〕 譬如，ALI's Prin. of Corp. Gov. §7.07(a)(1)规定，在派生诉讼是针对第三人而不是董事、高级管理人员，或者董事和高级管理人员的关联人士的情况下，董事会或者委员会作出的决议满足了商业判断规则，对派生诉讼有管辖权的法院应当根据董事会或者获得适当授权的委员会的请求驳回派生诉讼。

必须满足更为详细的条件和程序要求,[29]这些条件和程序主要体现为:(1)必须组成专门的委员会,该委员会的成员全部由“非利害关系”董事构成;(2)委员会必须有法律顾问;(3)委员会必须进行调查;(4)委员会必须向法院提呈书面决议,并陈述理由。[30]

第二,区分内部人违反忠实义务的诉讼和违反注意义务的诉讼。根据 ALI 的规定,法院还应当进一步对董事会或者委员会针对内部人违反注意义务的派生诉讼和违反忠实义务的派生诉讼所提出的请求加以区别对待。如果董事会或者委员会向法院提出的驳回或者终止诉讼的请求涉及内部人违反注意义务,只要董事会或者委员会的决议符合商业判断规则的要求,即可受到商业判断规则的保护。也就是说,只要董事会或者委员会在作出决议时进行了合理的调查,并且理性地相信该种决定符合公司最佳利益,法院将会同意其请求。换句话说,在涉及违反注意义务的诉讼时,法院对董事会或者委员会的请求只进行程序上的审查,而不对其进行实质审查。[31] 如果董事会或者委员会向法院提出的驳回或者终止诉讼的请求涉及内部人违反忠实义务,法院将会对该种请求进行严格的审查。在这种情况下,法院一般不会同意该种请求,除非法院认为董事会或者委员会进行了充分的调查,并且合理地认为其决定符合公司的最佳利益。在这里,对于董事会或者委员会的请求,法院不仅要从程序上进行审查,而且要从实质上进行审查。从 ALI 所使用的措辞的不同就可以明显地得出这一结论。譬如,在审查其是否进行了调查时,对于违反注意义务的情形,ALI 使用的是“合理的调查”(reasonable inquiry);对于违反忠实义务的情形,ALI 使用的措辞则是“充分的调查”(adequately informed)。显然对前者的要求低于对后者的要求。而在判断其决定是否符合公司最佳利益时,对于违反注意义务的情形,ALI 使用的“理性地相信”(rationally believed);而对于违反忠实义务的情形,ALI 使用的则是“合理地认为”(reasonably determined)。显然,前者倾向于主观要求,而后者倾向于客观要求。至于董事会或者委员会是否进行了充分的调查并且是否合理地相信其决定符合公司最佳利益,最终还须由法院认定董事会或者委员会的决定是否值得信赖。[32]

第五节 费用担保

费用担保(securities for expenses),是指派生诉讼的原告股东应当向公司提供一定的担保以期对公司或者其他被告可能要承担的合理费用给予补偿。

---

〔29〕 譬如,ALI's Prin. of Corp. Gov. §7.07(a)(2)规定,如果董事会或者委员会的驳回请求是针对董事、高级管理人员,或者控制公司的人,或者董事和高级管理人员的关联人的派生诉讼,则必须进一步满足其他条件和程序,法院才可能驳回诉讼。

〔30〕 ALI's Prin. of Corp. Gov. §7.08 and §7.09.

〔31〕 ALI's Prin. of Corp. Gov. §7.10(a)(1).

〔32〕 ALI's Prin. of Corp. Gov. §7.10(a)(2).

根据费用担保(security for expenses)法律,[33]如果原告在诉讼中败诉,法院通常会允许公司或者其他当事人要求赔偿,如果法院认为这样的诉讼缺乏合理的理由。这将意味着,只有当法院发现该种诉讼明显不具有合理性或者明显不具有实质意义时才要求其提供担保,否则,无须提供担保。如果无须提供保证金而案件又被驳回,原告无需对被告的费用承担责任。当允许原告给予公司或者其他被告赔偿时,则意味着公司或者其他被告可以在法院判决后按照法院确定的数额要求赔偿,而提供费用担保的败诉原告股东以支付诉讼当事人的费用的方式而终结诉讼。

根据费用担保法,担保的数额根据股东持股比例确定[34],或者由法院根据公司可能承担的责任来确定。担保金的形式通常表现为债券,但也可能是现金、财产或者其他流通证券。

费用担保法律的目的在于阻吓"恶讼",即提起诉讼的目的不在于对公司受到的损害进行赔偿而是为了通过和解使原告获利。这一现象反映了人们普遍对派生诉讼心存厌恶。然而,实际中存在很大的问题。由于所要求提供担保的数额可能非常之巨大,原告往往不能或者不愿意提供担保,从而导致这一法律在执行中没有发挥其应有的作用,同时也成为提起派生诉讼的重大障碍。律师的"世故",被告的"懒惰",法官的"同情",这些因素导致了在司法实践中原告也很少实际承担过被告的费用。加之,近年来诉讼委员会的普遍设置,相应地,人们对费用担保法的兴趣降低了。因而,现代法律的趋势似乎是废除这样的要求。[35]

我国法律在引进派生诉讼的同时亦剔出了费用担保的要求,这一做法适应了现代法律的发展,值得肯定。

第六节 派生诉讼的和解

一、和解的危险

派生诉讼中的和解(settlement),是指在诉讼进行中,当事人在法院的干预下通过协商谈判自愿处理争议和了结诉讼的一种方式。大多数派生诉讼或者是在先诉请求阶段处理的,或者经由和解处理,并不进入最终判决。

---

[33] 在美国,费用担保首先在 Cohen v. Beneficial Indus. Loan Corp. [337 U. S. 541,69S. Ct. 1221(1949)]案中得到确认。

[34] 在美国,各州法律对提供费用担保的规定是不同的。旧式法律和现在少数的一些州法律的典型做法是根据原告的持股比例来确定。譬如,MBCA(1969) §49 规定,原告股东必须提供费用保证金除非其持股高于已经发行在外股份的5%或者超过一定的市场价值,如25,000美元。参加原告股东(intervening shareholder plaintiff)可以将其股份计算在内以满足法定最低要求(但是,如果股东以此为目的进行征集则可能被视为表决权征集而应当遵守 SEC 制定的表决权代理征集规则)。公司不能以发行额外股份的形式来降低原告的持股并使其低于5%,然后再要求提交保证金。

[35] 譬如,MBCA(69)规定了费用担保,但 MBCA(84)却废除了这一规定。

和解当事人包括三方:原告、公司以及实施错误行为的被告。不过在和解中,最为活跃的当事人是原告(尤其是原告律师)和实施错误行为的被告,因为,只有他们才与和解具有真正的利害关系。公司的角色往往是消极的,通常是"站在一边看热闹"(当然如果公司董事会有倾向性态度的话,则另当别论)。就原告方而言,由于派生诉讼往往是操纵在其律师手中,所以,事实上,原告股东往往对和解(甚至对诉讼本身)并没有太大兴趣,因为他对诉讼结果没有直接的诉讼利益。对于被告方而言,由于受到可能发生的赔偿威胁,被告也愿意进行和解。

这样就存在一种危险:原告律师与被告可能以牺牲公司利益为代价各自从和解中获得自己的利益。譬如,律师获得一笔律师费满意而归,被告免去承担可能的责任,二者"皆大欢喜"。而对公司的错误行为依旧存在,没有得到纠正,或者没有得到适当补偿,而且公司还可能向原告律师支付律师费用,或者向被告给予补偿。

二、和解的程序要求

由于派生诉讼的和解可能存在上述危险,因此,派生诉讼的和解必须遵守一定的程序。[36] 这种程序要求主要表现在如下几个方面:

(一)法院的审查

在早期,和解都是私下进行的,不需要经过法院同意。这种秘密和解可能导致和解当事人共谋私利而不考虑公司利益,因而,在现代法上,对于派生诉讼的和解,法院起着积极的监督作用,和解都必须经过法院同意(judicial approval),而且需要向其他股东进行通知,并举行听证会。[37]

当原告与被告未经法院同意私下和解(secret settlement),并且和解的结果是原告律师与被告共谋而损害公司利益时,其他股东可以针对该种行为提起派生诉讼。

如果公司没有征求原告的同意而自己与被告进行和解,是否无须取得法院的同意呢? 一些判例表明答案是肯定的。[38] 即公司自己可以对诉讼中的请求进行和解而不必征求法院的同意,也不用征求原告的同意,但是这种和解本身就可能成为今后派生诉讼的诉因。应当注意的是,现在的主流趋势是这种和解同样需要取得法院的同意,否则对其他股东不发生拘束力。[39] 同时,该种和解的效力只及于公司与内部人,如董事、高级管理人员、控制股东以及上述人员的任何关联人。

---

〔36〕 Federal Rules of Civil Procedure §23.1(e)以及相关规则建立了必须遵守的程序要件。

〔37〕 MBCA §7.45 规定,派生诉讼非经法院同意不得和解。ALI's Prin. Corp. Gov. §7.14 亦规定,除非得到法院同意,派生诉讼不得和解。

〔38〕 See E. g. ,Wolf v. Barker,348 F. 2d 994(2d Cir. 1965).

〔39〕 譬如,ALI's Prin. Corp. Gov. §7.15 规定,派生诉讼开始后,公司董事会或者经授权的委员会在取得法院同意的情况下,可以不经原告同意,而与董事、高级管理人员以及上述人员的任何关联人就以公司名义提起的派生诉讼中的任何请求进行和解。

（二）通知与听证（notice and hearing）

和解当事人须向其他股东进行和解通知（notice of settlement）。[40] 和解通知的内容应包括和解的理由、和解的目的、和解的主要内容以及原告（律师）费用等事项。通知同时需要明确听证时间以及提醒股东出席听证会的权利。至于通知的送达，习惯上采取邮寄方式。但考虑到邮寄的费用较高，因此经法院同意，也可以采取在报纸上公告的方式。

对拟将进行的和解，法院通常会举行听证会。在听证会上，提议进行和解的人必须说服法院所拟将进行的和解符合公司及其股东最佳利益。法院在决定是否准许和解时，通常会考虑如下因素：

第一，经济利益比较。如果和解所能给公司带来的纯经济利益大于继续进行诉讼所能给公司带来的纯经济利益，法院则会同意和解；反之，则不会同意和解。所谓"纯经济利益"（net pecuniary benefit），是指法院在进行这样的比较时，通常会扣除公司可能支付的律师费用和可能支付的被告补偿费用。

第二，非经济利益比较。通常和解协议中会包含一些对公司的非经济利益（non-pecuniary benefit）条款。譬如，公司同意增加外部董事；改善公司管理，尤其是加强财务管理，以避免类似错误再次发生；取消错误行为人的股票期权；其他不能使公司获得即时经济利益的措施等。

第三，成本比较。法院还会对和解和继续进行诉讼的成本进行比较。如果继续进行诉讼的成本较大，法院可能同意和解；反之，则可能不同意和解。

第四，时间比较。法院还会考虑时间问题。如果继续进行诉讼将会导致旷日持久的讼累，法院可能支持当事人的和解申请；反之，则会反对和解。

第五，被告的支付能力。如果被告已经失去支付能力或者处于破产边缘，法院可能同意和解；反之，则可能拒绝和解。

第六，因和解可能导致对公司不利的其他因素。

（三）异议（objection）

对其他股东进行通知的目的在于使其他股东能够参与和解，并在法院举行的听证会上发表意见和建议。在听证会上，所有的股东都可以发表意见或者建议。譬如，如果参与股东认为该项和解是一种原告律师与被告相互勾结算计公司的共谋和解（collusive settlement），他可以反对该项和解，并建议法院不予批准。

尽管所有的股东都有权出席听证会发表其意见或者提出建议，但是实际上普通股东却很少对此有兴趣。通常只有机构投资者股东才有较高的参与积极性。另外就是其他股东带来的律师。在这种情况下，其律师可能提出原告律师已经背叛了原告或者公司，

---

〔40〕 譬如，the Federal Rules of Civil Procedure § 23. 1 规定，在和解时，应当按照法院指定的方式对公司股东或者社团成员为通知。MBCA § 7. 45 规定，如果法院认为所拟进行的和解将对公司的股东或者某类股东产生重大影响，法院应当指令向受影响股东进行通知。ALI's Prin. Corp. Gov. § 7. 14 的规定则是推定一切和解均会对股东利益造成影响，因此，原则上所有的和解均须向股东为通知，除非有证据使法院认为该种和解不会对股东利益造成重大影响。很显然，在这种规则之下，和解当事人负有证明和解不会对股东利益造成重大影响的义务。

并提议法院拒绝原告律师的和解协议，改而采用他提出的“真正公平的和解协议”（truly fair settlement）。虽然这种“请求权跳水”（claim-jumping）大多来者不善，但却确实发生。这样的异议可能会引起法院的重视，并可能得到法院的支持。因为据说法院往往不愿意使任何对和解协议有异议的人失望。如果该种异议确实完善了和解协议并得到法院采纳，法院可能会考虑向异议者支付费用。但是，异议者的建议如果仅仅是为了引起法院对该问题的注意，则无费用可支付。

（四）进入调查程序（access to discovering process）

异议者如果要对抗和解协议，就需要相关的信息，因此有必要赋予异议者一定的权利以便于其了解相关信息。但是，这里有一个平衡问题，即如果因此需要而赋予异议者广泛的权利，又会增加和解成本，降低和解协议的价值，不利于将来的和解。因此，一方面法院给予反对者接触现有调查材料记录的权利，另一方面原则上不允许其开展新的调查，除非该异议直接指向和解程序本身或者和解当事人的诚信。

（五）律师费用

在和解谈判中，通常原告律师的费用是和解需要解决的主要问题。关于费用的协议必须得到法院的同意，这是和解过程的一个必经程序。

通过和解程序得到解决的派生诉讼，也可能使公司不能从第三人被告处获得金钱赔偿，而是公司同意进行一定经营方式的改变。在这种情况下，律师同样有权从公司获得代理费用，因为公司得到了实质性好处。

三、和解成本分析

历史上，人们认为，派生诉讼中的和解是一种严重的罪恶（serious evil），因为和解的股东可能在和解中得到一大笔好处，但和解本身却在实质上是一种对公司错误的忽视。这主要反映在当事人私下的秘密和解。秘密和解一般是原告律师和被告律师之间的谈判。研究表明：（1）大多数派生诉讼的和解主要是针对原告律师的代理费用问题；（2）在大多数情况下，赔偿费用或者由公司予以补偿或者由D&O责任保险金支付，董事和管理人员从未从自己口袋中支付过赔偿金。

派生诉讼和解中的一个无法避免的问题是代理成本问题。

（一）产生于原告方面的代理成本

首先看一下原告律师的代理成本问题。在大多数情况下，这些律师是原告的代理人，但原告却无法控制他们的决策。分散的股东很难控制派生诉讼，其后果将导致律师主要考虑其自己的利益而不是公司或者股东的利益。原告律师的这种恶性动机可能表现在整个诉讼或者和解过程中。譬如，原告律师在一开始就是受到追求费用的驱动而怂恿股东提起“恶讼”或者无价值的诉讼。

（二）产生于被告方面的代理成本

被告方面也同样存在代理成本问题。尤其是当被告是公司内部人（如董事、高级管理人员）时，代理成本问题更为严重。

根据有关公司补偿的法律和司法判例，允许董事会在派生诉讼中自由运用公司基金对董事、管理人员及其代理人进行补偿，所以董事总是尽量扩大公司基金以转移风险。根据董事会非利害关系董事成员或者外部法律顾问的有利决定，董事在和解过程中的费用几乎都将得到补偿。

只有在极少数情况下，譬如，董事的责任产生于故意行为或者违反忠实义务，而且诉讼在宣判之前没有达成和解协议，法院才会要求由个人财产承担责任。

但是，公司还可以事先为其董事、管理人员及其代理人购买责任保险。譬如，美国公司在实践中，几乎所有的公司都为其董事和管理人员购买责任保险（D&O liability insurance）。

由此可见，当派生诉讼中的被告是公司内部人时，他们进行和解或者诉讼的费用将获得补偿——由公司直接补偿或者通过 D&O 责任保险间接赔偿。所以，即使是诚实的代理人也希望用和解的方式尽快解决问题，何况是心存不良的律师呢？

第七节　派生诉讼的救济和诉讼费用

一、派生诉讼的赔偿

派生诉讼的救济有两种形式：一是金钱赔偿（monetary relief）；二是非金钱救济（non-monetary relief）。前者是直接向公司支付一定金额；后者如改变公司投资计划，甚至解散公司或者指定清算人。

基于派生诉讼产生的一切赔偿均归于公司。[41] 在派生诉讼中，如果原告胜诉，被告将可能承担赔偿责任。如果派生诉讼是以和解结束，被告也可能依照和解协议承担赔偿责任。派生诉讼赔偿的基本规则是，赔偿通常应当由公司获得，而不是在股东之间按照比例分配，也不是直接支付给原告。[42]

这一规则的合理性在于：

首先，派生诉讼在本质上属于公司的诉讼，只不过在公司诉讼不能的情况下，由股东代为行使。自然，这种诉讼的结果应当归属于公司。

其次，这一原则能够充分地保护股东和债权人的利益。无论是将这种赔偿在股东之间按比例分配，或者是直接支付给原告，均将造成公司资产的流失，损害其他股东（尤其

---

〔41〕《公司法》司法解释四第 25 条规定，股东依据《公司法》相关规定直接提起诉讼的案件，胜诉利益归属于公司。股东请求被告直接向其承担民事责任的，人民法院不予支持。

〔42〕譬如，ALI's Prin. Corp. Gov. §7.16 规定，除§7.18 另有规定外，因派生诉讼所获得的赔偿应全部归入公司。任何以公司名义或者基于公司权利提起派生诉讼（或者诉讼威胁）的原告或者律师，基于实际诉讼或者诉讼威胁而导致和解、调解、中止或者终止从公司或者被告处所获得财产或者金钱（包括费用补贴）均须向公司申报，但基于司法判决和法院同意的和解而获得的金钱除外。

是小股东)和债权人的利益。

最后,这种规则的目的在于抑制共谋和解。譬如,在 Clarke v. Greenberg 案中,[43] Greenberg 提起派生诉讼,随后同意终止诉讼而不向公司要求任何赔偿;与此同时,他将其在公司中的股份以高于市场公平价格 180 倍的价格出售给被告。法院认为,Greenberg 必须将该部分收益返还给公司,因为他是以公司名义提起的派生诉讼,他所获得的任何金钱均应归属于公司。

但是,在司法实践中,上述关于赔偿的规则也存在例外。在一些判例中,法院在一些情况下,也可能将这种赔偿直接按照比例判决给股东。譬如,在人数较少的封闭公司中,如果错误行为人是大股东,仍然判决向公司进行赔偿,无疑将使这些大股东间接地成为这种赔偿的实质受益者;如果错误行为人是控制股东,其可以控制对该赔偿金的使用。承认这一例外的目的是使得"无辜的股东"(innocent shareholders)能够获得赔偿,阻止"有罪的股东"(guilty shareholders)反而因其错误而得到利益(benefiting from his own wrong)。但是这只是少数观点和个别判例的做法。大多数人仍然认为,即使只有两个股东,该种赔偿也应当由公司获得。因为,按照比例向无辜的股东赔偿常常会引起严重的逻辑上的和实际上的问题。

有鉴于此,一些法律规定法院可以将派生诉讼的赔偿全部或者部分按比例直接判决给股东,只要是公平的,并且对公司债权人进行了妥善的安排。[44] 这种规定有三个显著特征:一是突破了派生诉讼的赔偿应全部归于公司的这种一般性规则,允许有例外。二是将这种决定权赋予法院,实际上扩大了法院的自由裁量权。三是必须对债权人做出妥善安排。这一点很重要,它弥补了前面所说的缺陷。

二、派生诉讼的费用

(一)原告及其律师费用

1. 基本规则

关于诉讼费用(litigation expenses)的基本规则是,由当事人自己支付自己的律师费用。但是,这一规则如果运用到派生诉讼,则有不合理的地方。因为股东是为公司利益提起派生诉讼,而且当股东胜诉时所获得的赔偿归于公司,其自己不能得到任何好处,如果让原告股东支付自己律师的费用,将会导致无人愿意提起派生诉讼。另外,在派生诉讼中,没有参加诉讼的股东也会得到"意外好处"(windfall),因为公司获得赔偿或者公司的经营管理得到改善后,公司的股票将会升值,从而提高了股东的股份利益。这实际上是一种"搭便车"(free rider)现象,即从他人的行为得到好处而自己却没有付出任何代价。

因此,在派生诉讼中必须建立新的规则。这种新的规则就是,如果原告获胜,通常他

---

〔43〕 See Clarke v. Greenberg, 296. N. Y. 146, 71 N. E. 2d 443(1947).

〔44〕 ALI's Prin. Corp. Gov. §7. 18(e).

会从公司获得费用补偿,包括律师费用的支付。[45]

如果原告胜诉,诉讼的结果将使公司获得赔偿,我们可以将该种赔偿视为一种基金,通常公司将从其所获得的基金中向原告进行支付。因为公司所获得的这种基金将使公司整体或者全体股东受益,所以这种基金被称为共同基金(common fund)。共同基金原则(common fund doctrine)对原告比较公平,让所有从该种诉讼中受益的人按照比例分摊成本,使律师费用得以适当支付以鼓励股东提起这种诉讼。

在有些情况下,诉讼的结果并没有使公司获得金钱赔偿,公司仍然可能需要对原告的费用予以补偿,只要公司从该诉讼中获得了"某些好处"(some benefit)或者"实质性利益"(substantial benefit)。[46]

根据"实质受益"规则,在股东派生诉讼中成功的原告可以要求公司支付费用,如果公司从该诉讼中获得了实质性好处,尽管这种好处并不一定是金钱,或者该诉讼也没有产生一种可向其支付费用的基金。

在有些情况下,尽管可能没有实际提起诉讼(actual litigation),而仅仅由于诉讼的威胁(the threat of litigation)也可能使原告获得律师费用补偿。譬如,公司董事实施了某一错误行为,股东向公司提出如果不采取纠正措施,则可能提起诉讼。后来公司确实纠正了该种错误行为,并从错误行为人处获得了赔偿。在这种情况下,该股东可以获得律师费用补偿。

股东派生诉讼是一种有效的监督公司管理的手段。该种手段不能因为胜诉的股东不能获得补偿而受到压制。原告股东胜诉,公司将获得实质性好处,即使不是金钱性的。同时,无价值的派生诉讼也将得到避免或者最小化,因为只有公司实质上受到利益才会使原告获得费用补偿。

2. 原告及其律师费用的数额

费用的支付必须合理(reasonable expenses)。具体数额由法院决定或者经由法院同意。由于费用的支付是一个事实问题,所以需要提供相应证据。

当派生诉讼通过和解解决时,律师费用可以作为和解协议的一部分通过谈判来确定。但是这样的费用亦同样必须经过司法审查和同意。然而,作为一个实际问题,如果该费用是由和解当事人确定,法院要有效地审查其合理性是很困难的。

曾经,在美国联邦证券诉讼中使用的一个重要的费用规则是"北极星公式"(lodestar formula)。根据该种规则,对原告及其律师费用的支付通常以工作小时作为基数,再加上一个乘数(合理的小时费/reasonable hourly fee),作为特别困难或者风险案件的参数。根据这种方法计算出原告律师所花费的"合理时间价值"(reasonable value of the time)后,

---

〔45〕《公司法》司法解释四第 26 条规定,股东依据《公司法》相关规定直接提起诉讼的案件,其诉讼请求部分或者全部得到人民法院支持的,公司应当承担股东因参加诉讼支付的费用。

〔46〕MBCA § 7.46(1)就采纳的是"实质性利益"标准。该条规定,在诉讼终止时,法院可以判令公司向原告支付基于诉讼所产生的费用(包括律师费用),如果法院认为该种诉讼给公司带来实质性利益的话。

法院再参考其他因素进行“上下调节”(to adjust up and down)。

在这种规则下,由于对原告及其律师费用的支付与公司所获得的赔偿无关,从而可能导致律师在诉讼过程或者和解协议的缔结过程中故意延长时间。

另外一种做法是采用“比例提成法”(percentage-of-the-recovery),或者称为“贡献价值法”(salvage value approach)。根据这种方法,法院根据公司所获得赔偿总额的一定比例来计算律师费用。譬如,公司所获得的赔偿额为100万美元以下,律师费用为20%至30%;如果公司所获得的赔偿为100万元以上,律师费用为15%至20%。

“比例提成法”虽然能够克服“北极星法”的缺点,但其自身也存在一定的缺陷。一方面,很明显,比例提成法不适用于对公司的非金钱赔偿。另一方面,比例提成法可能使大多数派生诉讼很早就通过和解的方式处理了,因为在原告律师能够预计诉讼结果的情况下,就没有必要再继续进行诉讼了。

综合方法(combination method)。现在的法院在司法实践中常常运用综合方法。一般的做法是,先运用北极星方法计算出律师实际投入时间的合理价值,然后再采取比例提成法来封顶(as a ceiling on the fee)。[47]

比较而言,当然综合方法比较全面一些,不会失之于偏颇。因此,在决定费用的合理性时,法院通常应当对如下各种因素进行平衡考量:诉讼的性质和特征,所需要的技巧,实际需要的工作时间,公司获得赔偿的数额,损害的性质以及其他因素。

(二)被告费用

一般情况下,被告及其律师的费用由其自己支付,但在有限的情况下,被告有权要求原告对其支付费用。例如,在派生诉讼终结时,如果法院认为该种诉讼的提起或者维持缺乏合理的诉因或者缺乏适当的目的,法院则会判令原告向被告支付基于该诉讼所产生的费用(包括律师费用)。[48]

由此可见,如果法院认为原告所提起的诉讼缺乏合理的诉因,或者其诉讼非出于善意,那么,经法院许可,被告就可以就其所遭受的损失请求原告或者其律师予以赔偿。

如果原告提供了费用担保,在得到法院认可的情况下,被告可以对该担保财产行使求偿权。

此外,如果法律或者公司章程存在允许对被告予以补偿的规定,被告也可以依法或者依章程规定从公司获得补偿。

如果公司购买了D&O责任保险,被告还有权要求保险公司支付其费用。D&O保险仅仅适用于内部人被告,如董事、高级管理人员。

(三)解决集体行动问题:原告及其律师费用以及诉讼的激励机制

公众公司治理的基本问题是与投资公众化相牵连的集体行动(collective action)问

---

〔47〕 ALI的《公司治理准则》基本上采用的就是这种方法。ALI's Prin. Corp. Gov. §7.16规定,在派生诉讼中获得胜诉的原告,有权依据法院的判决,要求公司向其支付合理的律师费用和其他诉讼费用,但其获得的律师费用不得超过原告为公司取得的救济价值(包括非金钱救济)的合理比例。

〔48〕 MBCA §7.46(2).

题。当投资者持有企业的股份相对来说比较分散时,单一的股东没有很强的动力投入时间和精力来监管公司管理行为,因此,为了使与持股松散的公众公司有关的股东诉讼得以执行,法律必须提供一种激励机制来鼓励这种诉讼。这种激励机制源于衡平法院的实践,即由公司向原告及其律师支付费用,因为原告的诉讼行为创设了一种共同基金,从而使其他人受惠,当然也包括原告自身在内。

虽然集体行动问题广泛地存在于公众公司,但在封闭公司中却是可以克服的。在封闭公司中,少数股东持股份额相对来说比较集中一些,从诉讼中获得的好处足以激励其启动派生诉讼。这样,律师费用在封闭公司中就不是一个提起诉讼的重要激励。

而在公众公司,无论是对于原告还是对于原告的律师,律师费用都是一种重要的激励机制。在这些诉讼中,原告及其律师费用能否得到补偿,直接牵涉股东是否有足够动力启动派生诉讼。但事实上,原告及其律师能否获得补偿(或者由法院命令支付,或者作为和解的一部分在诉讼后支付)取决于公司在该种诉讼中能否获得赔偿或者实质性好处。换句话说,原告及其律师在诉讼中能否如愿获得报酬尚未可知。

如果派生诉讼被驳回,律师什么也得不到,因为该诉讼的结果没有使公司获得赔偿或者利益。被告(董事、高级管理人员等公司内部人)的费用则可能由公司支付,败诉的原告律师则遭受损失。

如果派生诉讼获得成功或者得以通过和解方式了结(通常是以这种方式),公司将从该诉讼结果中获得赔偿或者导致公司发生结构性调整。那么,胜诉的原告及其律师则可能从公司获得补偿。

这种费用机制的好处是显然的:一方面它激励原告及其律师的积极性,另一方面又在相当程度上避免律师进行恶性诉讼。

同时,也比较符合公平理念。因为,在诉讼法上关于费用的一般规则是由当事人自己支付律师费用,而在派生诉讼中,在原告胜诉的情况下,真正的受益人是公司(诉讼结果归于公司),原告股东并没有从该种诉讼中得到任何好处,为什么要让他承担诉讼费用,尤其是数额巨大的律师费用呢?

但是,这样的费用机制也存在一种危险,即当派生诉讼只带来结构性调整,公司没有获得金钱赔偿时,该派生诉讼能否抵消公司在诉讼中的费用支付成本呢?如果不能抵消公司的费用成本,尤其是在没有形成共同基金的情况下,则可能导致公司资产的流失。再者,在司法实践中如何确定实质受益,显然不是一件容易的事情。由此可见,这种对“共同基金”原则的扩张和例外,在实践中极有可能被无限放大。因此,在建立了这样的规则的同时,还要考虑对之加以一定的限制,这种限制就是上面讨论的对原告及其律师的费用的支付要具有合理性。只有这样,才能达到平衡的效果。

第八节　补偿与责任保险

一、董事、高级管理人员补偿

（一）补偿的概念

董事和高级管理人员补偿(D&O indemnification)，是指公司对现任或者离任的公司董事或者高级管理人员(directors and officers，D&O)在诉讼中作为被告所应承担的费用所给予的补偿。[49]

根据这一概念，其特点是：

第一，补偿的目的是对董事、高级管理人员基于其在诉讼中所应承担的责任而发生的赔偿或者费用给予补偿。这种诉讼可能是第三人对董事、高级管理人员提起诉讼，也可能是公司对董事、高级管理人员提起的诉讼，还可能是股东以公司名义对董事、高级管理人员提起的派生诉讼。但在具体情况下，D&O 补偿的法律政策可能又有所不同。譬如，在第三人对董事、高级管理人员提起的诉讼与公司或者以公司名义对董事、高级管理人员提起的诉讼之间，法律可能更倾向于对前者诉讼中的被告给予补偿；因为后者可能导致"循环赔偿"(circular recovery)——董事、高级管理人员对公司承担赔偿责任，再由公司对董事、高级管理人员给予补偿。又如，在违反注意义务的诉讼与违反忠实义务的诉讼之间，法律可能更倾向于对前者诉讼的被告给予补偿，因为法律对违反注意义务的标准本来把握得就宽松一些。再如，在强制补偿与许可补偿之间，只有很少的法律强制公司给予董事、高级管理人员补偿，而大多数情况下，是否给予董事、高级管理人员补偿仅仅是一个公司自由裁量权的问题。这里所谓的"许可补偿"，指的是法律允许公司给予董事、高级管理人员补偿，但是否补偿，则由公司自行规定。但上述区别只是程度和倾向性问题，总体而言，上述各种诉讼均在董事、高级管理人员补偿这一概念之下。

第二，补偿的主要对象主要是公司现任董事。但在许可补偿条件下，根据公司章程、合同、决议或者一般的代理原则，公司高级管理人员、雇员和代理人也有权要求获得补偿。在决定是否给予公司高级管理人员、雇员或者代理人以补偿时，公司的权限范围与决定是否给予董事补偿的权力是相同的。如果存在强制补偿或命令补偿，公司高级管理人员(但不包括雇员或者代理人)享有与董事相同的权利，即享有要求强制补偿的权利，并有权请求法院决定其补偿。如果董事同时又是高级管理人员、雇员或者代理人，则只能享有法律或者公司所赋予的董事补偿权。这一限制在于确保所有的董事都得到同等的对待。但有的法律没有这样的限制，这样的法律认为，高级管理人员董事的补偿权应

---

〔49〕 法律关于补偿的规定开始只是框架性的，后来逐渐演变为详尽的程序和实质要求，代表者如美国。美国许多州关于补偿的规定在很大程度上都以 Del. GCL 或者 MBCA § 5 of the 1969 Act，1979 amendment，或 § 8. 50 – 8. 58 of MBCA(1984)为蓝本。目前我国公司法尚未涉及这方面问题。

大于单纯的董事。离任董事、高级管理人员也有权要求补偿，只要法律或者章程有规定。但在实务中，往往对离任董事、高级管理人员的补偿予以限制。

第三，补偿费用通常包括诉讼费用和其他费用，包括裁判费用、和解费用、罚款、罚金或者其他在诉讼中发生的费用，如律师费用。[50] 但法院命令补偿的范围一般仅限于合理费用。补偿的另一种方式是“先付费用”(advance for expenses)，即对被告的费用予以预先支付。

第四，对董事、高级管理人员进行补偿的意义在于：鼓励人们接受董事职务，鼓励无辜董事、高级管理人员拒绝不合理负担，抑制无理股东的恶意诉讼。在今天，由于诉讼费用高昂，很少有人在公司没有补偿的情况下愿意担任董事职务。

第五，对董事、高级管理人员的责任给予补偿必须符合公共政策，即这种补偿必须具有适当性。譬如，因董事、高级管理人员的故意行为而导致的责任，不应当给予补偿。又如，董事、高级管理人员违反证券法规定进行虚假陈述而承担责任的情形不应当给予补偿。再如，被告被控犯有刑事犯罪而须对第三人承担赔偿责任，在这种情形下，亦不应当予以补偿。

（二）补偿的种类

董事、高级管理人员补偿可分为许可补偿、强制补偿与命令补偿。

1. 许可补偿

许可补偿(permissive indemnification)，是指法律允许公司自主决定是否给予董事、高级管理人员补偿。具体而言，是否给予补偿是一个属于公司自由裁量的问题，通常由公司章程事先予以规定，或者通过股东决议予以确认，董事、高级管理人员不能强行要求公司给予补偿。

被告获得补偿的条件是：(1)行为人的行为是善意的。(2)行为人必须合理地相信其行为符合公司最佳利益或者至少是不与公司的最佳利益相违背。在“职务行为”(official capacity)中，行为人必须合理地相信其行为符合公司的最佳利益。“职务行为”指的是基于在公司中的所任职务而实施的行为，或者基于与公司之间的雇佣或者代理关系而实施的行为。除上述关系外，任何基于其他关系而发生的行为均不属于职务行为。在其他情况下，行为人必须合理地相信其行为至少是不与公司的最佳利益相违背。(3)在刑事诉讼中，行为人还必须不曾相信其行为是非法的。[51]

被告不能获得补偿的限制是：(1)行为人故意违法。(2)行为人收取不当经济利益。(3)在由公司或者以公司名义提起的诉讼中(如派生诉讼)，如果发现被告对公司负有责任，不能获得补偿。(4)在罚款或者罚金补偿的情况下，如果法律禁止对罚款或者罚金给予补偿，则不能获得补偿。[52]

---

〔50〕 MBCA § 8.50.

〔51〕 MBCA § 8.51(a).

〔52〕 MBCA § 8.51(d).

需注意的是，尽管存在上述条件和限制，许可补偿并不以被告在诉讼中胜诉（不管是实质性胜诉或者是程序上胜诉）为条件。可见，许可补偿较之于强制补偿要宽松得多。

2. 强制补偿

强制补偿（mandatory indemnification），或者称为“法定补偿”（statutory indemnification）是指法律强制要求公司对董事、高级管理人员给予补偿。如果董事有权获得法定的补偿而公司拒绝支付，该董事可以请求法院强制公司给予补偿。[53]

原则上，强制补偿的条件是要求被告在诉讼中获得“实质性胜诉”（success on the merit）。[54] 在这种情况下，如果被告因为某些程序上的原因被驳回或者败诉，将不能获得补偿。但也有的法律规定不限于实质性胜诉，基于其他原因胜诉（success on the merit or otherwise），同样可获得补偿。[55] 例如，董事、高级管理人员的胜诉可能仅仅是因为诉讼时效的原因或者由于原告的请求权存在瑕疵。很显然，前者要求要严格，后者则宽松一些。

3. 命令补偿

命令补偿（judicial indemnification/court-ordered indemnification），是指在特定情况下（譬如，既不存在强制补偿也不存在许可补偿），基于公平合理原则，法院经董事、高级管理人员的申请发布命令给予的补偿。[56] 如果法院同意发布这种命令，该董事、高级管理人员同时还有权要求公司就其请求法院发布强制命令的费用给予补偿。

（三）先付费用

一些法律规定在一开始时公司就可以就有关费用对当事人给予支付或者补偿，而不必等到最终对当事人资格的确定，即所谓的“先付费用”（advance for expenses）。[57] 这种规则承认，作为一个实际问题，在最后裁决作出之前，是需要支付相关费用的，而且这种费用往往数额较大。如果不先行支付，董事或者高级管理人员因为缺乏财务支持可能无力为自己辩护。

但是，也应当注意到，费用的提前支付也可能带来问题，即被告可能在最终判决后被认定为没有资格获得补偿。

因此，先付费用必须符合一定条件：

第一，须有法律明文规定。如果相关法律没有明确规定这种先付费用，公司不得先行支付补偿费用，法院也不会命令这样做。

第二，寻求先付费用的董事、高级管理人员必须先向公司提交一份书面保证（a written affirmation），即董事、高级管理人员善意地相信他的行为符合获取补偿的标准，并书面承诺：如果他最终被确定为不符合其行为标准时他应当将其所获得的先付费用予以

---

〔53〕 MBCA § 8. 50.

〔54〕 See e, g. , Cal. Corp. Code § 317(d).

〔55〕 See e, g. , MBCA § 8. 52, Del. GCL § 145(c), N. Y. Bus. Corp. Law § 722(a).

〔56〕 MBCA § 8. 54.

〔57〕 MBCA § 8. 53; Del. GCL § 145(e).

返还。

第三，在先付费用之前，应根据已知的事实做出是否先行支付费用的决定。该种决定应由董事会作出。董事会的决定须符合商业判断规则。该种决定也可以由股东会作出，但利害关系董事股东不能参与表决。

第四，公司可以使这种先行支付费用条款对公司具有拘束力。但是，如果被告的行为错误，法院可以拒绝执行这种条款。

（四）补偿程序

1. 对补偿的审核

对补偿的审核[58]方法有三种：

第一，由董事会进行审核。董事会议必须有法定人数出席，并获得多数通过，其出席参加表决的人必须是非利害关系董事。如果不足法定人数，则可以由董事会任命的专门委员会的多数表决权认定，该委员会应当由两个以上的非利害关系董事构成。

第二，由股东会审核。但是由利害关系董事拥有的或者由利害关系董事控制的股份不能参加这种表决。

第三，由特别法律顾问审核。这样的法律顾问应当具有独立性，即在以前应与寻求补偿的人没有业务上的关系，应当是在特殊情况下聘任的，不应是内部法律顾问，也不应当是常年法律顾问。

上述三种方式中，虽然特别法律顾问也很流行，但更常见的则是由董事会的专门委员会来确定。

补偿的审核属于公司的商业决策，因此，在由董事会或者董事会专门委员会审核的情况下，适用商业判断规则。

2. 补偿的通知

公司应当对被告的补偿或者先行支付向股东为通知。通知必须是书面形式，并且必须在下一个年会通知之时或者之前发出。[59]

二、董事、高级管理人员责任保险

（一）董事、高级管理人员责任保险的概念

董事、高级管理人员责任保险（D&O liability insurance）相对来说是一种新的现象，它对董事或者高级管理人员因过失而非不诚实（dishonest）或者恶意的（knowing bad faith）错误行为，以及在文件披露中的错误或者误导性陈述所产生的费用和责任提供了有用的但却有限的保护。在今天，如果没有 D&O 责任保险的保护，大多数人是不愿意担任董事

---

〔58〕 MBCA § 8.55 将补偿程序区分为“确定”与“核准”两步程序。确定（determination）指的是根据上述标准给予董事或者经理补偿的资格（eligibility）的认可。而核准（authorization）则是指公司的判断：适当利用公司资源是为了向董事或者经理支付所“确定”的数额。

〔59〕 MBCA § 8.54.

的。在一定意义上可以说,D&O 责任保险是对补偿的一种补偿。大多数公众公司同时为其董事提供补偿和责任保险。

许多法律特别规定,允许公司购买 D&O 责任保险。[60] 我国《公司法》第 193 条规定,公司可以在董事任职期间为董事因执行公司职务承担的赔偿责任投保责任保险。公司为董事投保责任保险或者续保后,董事会应当向股东会报告责任保险的投保金额、承保范围及保险费率等内容。根据我国公司法规定,法律明确承认公司可以在董事任职期间为董事因执行公司职务承担的赔偿责任投保责任保险,但仅限于董事,不包括高级管理人员。这里的问题是,当法律没有规定可以为高级管理人员投保责任保险的,公司能否自己为其投保责任保险?相应的问题是,当法律规定公司可以在董事任职期间为董事因执行公司职务承担的赔偿责任投保责任保险的,公司能否不购买该种责任保险?

当法律没有规定时,购买这样的保险的权力通常被认为包含在为管理者提供补偿的普通公司权力之中,即属于一种隐含的权力(implicit power)。公司细则通常都会对这种购买保险的权力进行具体规定。也就是说,是否购买 D&O 责任保险属于公司的权力。以此论之,尽管公司法没有规定可以为高级管理人员投保责任保险,公司自己可以为之;反之,尽管公司法规定,可以为董事投保责任保险,是否实际购买该种保险,同样需要公司自己决定。如果公司决定为其董事或者高级管理人员投保 D&O 责任保险,则应在公司章程中明确规定。

(二)董事、高级管理人员保单的结构

通常,董事、高级管理人员责任保险包括两个不同的部分。

保险单中的第一部分是“公司补偿”(corporate reimbursement)。它规定公司无须对应当由它向董事、高级管理人员给予补偿的部分予以支付。但这部分保险单并不包括由股东或者其他人直接向公司提出的主张。例如,公司在发布新闻时包含了错误信息而违反 Rule10b-5,某股东因在其变更前出售了股份而起诉公司,这种对公司的诉讼请求就不包括在保险单内。但是,如果在该股东诉讼中,公司高级管理人员也被列名为被告,由于该高级管理人员聘请律师以及其他相关费用公司实际上给予补偿,因而保险单应包括这些支付。

保险单中的第二部分是“董事、高级管理人员责任”(D&O liability)。它规定如果董事和高级管理人员没有从公司获得补偿给付,并且也不在保险单的除外责任之内,可获得保险赔偿。例如,在以公司名义提起的股东派生诉讼中董事作为被告。该派生诉讼即时和解,董事同意支付一笔数额给公司。许多法律不允许公司对这样的和解程序中的款项给予补偿,因为这实际上是一种循环。但是,董事可以根据和解的数额从 D&O 责任保险中获得赔偿。

---

〔60〕 MBCA § 8.57.

（三）主要保险条款

1. 保险费

保险费（premium）一般由公司支付。

2. 保险期限

董事、高级管理人员责任保险只有在保险有效期限内提出请求才给予赔偿。当保险期限终止时，如果保险事故没有发生，保险人就不承担责任。

3. 除外责任

D&O 责任保险的除外责任（policy exclusions）有三大类：（1）行为除外（conduct exclusions）规则。这涉及一些极端自私的行为、粗心或者故意行为、非法或者犯罪行为等。（2）其他保险除外（other insurance exclusions）规则。如基于其他险种的责任而造成的身体伤害或者财产损失。（3）镭射除外（laser exclusions）规则。主要针对特殊企业和特殊行业。

（四）未能如实告知

在订立保险合同时，如果没有履行如实告知义务（failure to disclosure），如在保单中的错误陈述或者没有披露偶然发生的风险，可能使 D&O 保单无效。这种无效将涉及全部董事和高级管理人员不能获得保险赔偿。

（五）自我保险

一些法律允许公司设立自我保险子公司（captive insurance subsidiaries）或者通过信托或者其他方式进行自我保险（self-insurance）。这其实不是真正的自我保险，因为它缺乏保险的一个最重要的因素：众多的被保险人分散风险。之所以一些法律允许这样做，是因为 20 世纪 80 年代在一些产业中的 D&O 责任保险还没有建立起来。

第六编　公司变更

公司收购与防御

公司合并与分立

公司控制权转让与重大资产出售

公司的其他重要变更

评估权

第一章　公司收购与防御

第一节　公司收购概述

一、公司收购的概念与特征

在英文中,“公司收购”一词表述为“corporate take-over”或者“corporate acquisition”。在西方国家法学著述中,通常将其定义为某人取得对另一公司控制权的一种交易或者一系列交易。由此,我们可以将公司收购界定为:公司收购是投资者以控股或者兼并为目的而取得他公司的股份或者资产的行为。公司收购的特点如下:

第一,公司收购的目的是控股或者兼并。公司收购的经济动机很多,但从法律角度上来讲,公司收购是收购人为取得对目标公司的控股地位或者为了在将来兼并目标公司,或者取得对他公司股份所有权,或者成为他公司的资产所有者。由此可将公司收购区分为控股收购和兼并收购。公司收购的结果导致目标公司成为收购公司的全资或者控股子公司,为控股收购。公司收购的结果导致目标公司被收购公司兼并,为兼并收购。兼并收购往往发生在两步收购的第二步。

第二,公司收购的主体是投资者。这样的投资者可以是任何在法律上具有权利能力和行为能力的人。收购人可以是自然人,也可以是法人。常见的情形是收购人为公司。在收购人是公司的情况下,收购人被称为收购公司(acquiring corporation)。收购人可以是单数,也可以是复数。由此可将公司收购区分为单独收购和共同收购。在共同收购中,共同收购人可能包括与收购人存在关联关系的关联公司,也可能包括其他关联人士,如公司董事、财务顾问、合伙人等。此类人在法律中称为“一致行动人”(persons acting in concert)。

第三,公司收购的对象是目标公司(object corporation)或者被收购公司(acquired corporation)。目标公司可以是上市公司,也可以是非上市公司。目标公司是上市公司的,为上市公司收购。目标公司为非上市公司的,为非上市公司收购。

第四,公司收购的客体是目标公司的股份或者资产。由此可将公司收购区分为股权收购和资产收购。股权收购(equity acquisition)是指购买目标公司全部或者部分股权的行为。资产收购(assets acquisition)则是指购买目标公司全部或者实质性全部资产的行为。

第五,公司收购的对价可以是现金,也可以是证券或者其他财产,还可以是现金、证券或者其他财产的结合。由此可将公司收购区分为现金收购(cash offer)和易券收购(exchange offer)。实务中,收购人可能用现金作为部分收购对价,其余部分则采用证券作为收购对价。在股权收购中,如果收购资金源于融资,则称之为杠杆收购(leveraged buyout/LBO)。杠杆收购是指由外部投资者发动的公司收购活动。杠杆收购的资金绝大部分是借来的,譬如,发行"垃圾债券"(junk bonds)。在杠杆收购之后,这笔债务由被收购的目标公司承担,或者将被收购的目标公司的某些资产予以出售来偿付这笔债务。杠杆收购一开始可能是采取要约收购的形式收购目标公司已发行在外的全部股份,随后采用"清扫式"合并(mop-up merger)方式扫除剩余股份。由此可见,杠杆收购可能导致"私有化"(privatization),即在杠杆收购完成之后,目标公司不再是公众公司。在杠杆收购中,如果公司管理层参与收购则为管理层收购(management buyout/MBO)。管理层收购是杠杆收购的一种特殊形式。杠杆收购曾经流行于20世纪80年代至90年代。但杠杆收购的经验证明,大量通过杠杆收购的公司都不成功,甚至不能偿还债务和利息,最后只得破产。

第六,公司收购的方式可以是公开标购,也可以是私下协商。由此可将收购区分为公开收购或者要约收购(tender offer/takeover bid)、私下收购或者协议收购(private negotiation)。[1] 除此两种方式外,公司收购还可能以其他方式进行,如发生在公开市场的收购。

二、公司收购的意义

为什么会发生公司收购呢?对该问题的解释是多种多样的。有人将其归纳为如下五个方面:[2]

第一,收购人希望获得目标公司的"潜在价值"(potential value)。这种潜在价值存在于目标公司的乏善管理和低效经营。也就是说,原本目标公司是有潜力的,仅仅因为公司的管理者经营管理不善而导致公司价值没有充分挖掘出来。于此情形,收购人通过收

---

〔1〕 针对公开收购,在英文中有两种不同的表述方式:在英国法律文献和著述中经常使用的是take - over bid。在美国法律文献和著述中,表述公开收购所使用的术语则是tender offer。尽管二者所使用的术语不同,但所表达的实质意义则是相同的,一般均指收购人以报纸、广告、邮寄等方式直接向目标公司所有股东作出的"收购出价"或"公开标购"。我国证券法上使用"要约收购"这一概念其实是一种误解,因为任何交易(当然包括收购在内)都必然有"要约"(offer),所不同的是公开收购的"要约"或者"出价"强调的是采取公开或者标购的方式。但是,由于"要约收购"这一术语已为我国立法所采用,并且在我国已经约定成俗,所以,本书在下文中仍将继续使用这一概念。

〔2〕 采自美国哈佛大学克拉克教授的归纳。See Clark, at p. 533 - 546.

购目标公司并更换目标公司管理层,期望通过提升公司管理水平和经营效率获取更大的利润(gains from better management)。

第二,收购人希望通过收购达到企业之间的结合或相互补充从而获得"协作利益"(synergistic benefits)。企业的增长无非依靠两种方式:一是内部增长(internal growth);二是外部扩展(external extension)。较之于内部增长,外部扩展更受企业家的青睐,公司收购是企业实现外部扩展的一种重要方式。经济规模是合并的最为显著的效应,公司收购是实现规模经济的重要手段。当通过降低单位产品的平均价格的方式使大量产品形成固定价格时就产生了规模经济。规模经济效应使人们相信:企业越大,市场力量越大,声望越高,凝聚力越强,越不容易被他人吞并(too big to swallow)。成功的收购将会使收购后的公司的财富增长。现代大型公司企业就是最好的证明。

第三,收购人希望通过收购获得"垄断利益"(monopoly benefits)。

第四,收购公司管理层希望通过收购而获得"管理好处"(managerial benefits)。收购公司管理层希望以收购方式将企业做大并借此提升自己的地位,获得更大的权力、更高的报酬和声望。

第五,收购人希望通过收购获得"劫掠收益"(looting gains)。收购人通过收购获得对目标公司的控制权,并可以此劫掠目标公司利益。

第二节　我国法律关于上市公司收购的规定

一、上市公司收购的法律规制

由上述可知,公司收购对于收购公司、目标公司、各方公司股东,尤其是目标公司股东利益影响巨大,甚至对于整个资本市场,乃至于社会整体经济均将产生重大影响。有鉴于此,各国法律均较重视对公司收购的调整和管制,公司收购法律制度也就成为各国公司法、证券法的重要制度。现代法律对公司收购的调整方式主要是要求收购人须满足披露要求(disclosure requirement)。同时,这类法律还包括了对公司收购的一些实质性管制,如要约收购的发起,收购要约的变更、撤销、履行以及收购要约期满后的后果等。[3]

---

〔3〕 在美国,20 世纪 60 年代所广泛采用的敌意收购很快就引起了国会的反应。1968 年,国会对 1934 年证券交易法进行了修正,增加了一些条文[i. e. ,Section 13(d),13(e)and 14(f)],以对付有关收购问题。这就是所谓的"威廉姆斯法案"(the Williams Act)。根据该法,凡是进行收购的人均应当进行披露。披露要求主要表现在两个方面:一是任何人在取得根据 SEA § 12 注册的任何种类的证券的 5% 的受益所有权时即需要披露。SEA § 13(d)规定,任何人超过了这一界限应在取得该股份的 10 日内向所购买证券的发行人、交易所和 SEC 进行报告。披露的内容包括:收购人、收购人的资金来源、收购人拥有的股份数额或者有权购买的股份数、收购人与发行人证券有关的安排以及收购人收购证券的目的。二是要求持股 5% 以上之后的继续披露。就该法的实质规范而言,主要包括如下几点:(1)允许预售股东在要约期限届满前撤回其预售承诺;(2)按比例收购;(3)如果收购人在要约期间提高价格,收购人应按照最后较高的价格向提价前已经预售的股东收购;(4)收购期间不少于 20 天,如有变化,则应当延长 10 天;(5)对所有股东应平等对待。

我国公司法没有对公司收购作出规定，但《证券法》在其第四章中针对上市公司收购进行了规定。该法不仅规定了上市公司收购的披露要求，而且还专门就要约收购和协议收购进行了规定。

《证券法》第 62 条规定投资者可以采取要约收购、协议收购及其他合法收购方式。由此可见，收购人可以通过要约收购、协议收购进行上市公司收购，获得对一个上市公司的实际控制权。除要约收购和协议收购外，收购当然还可以在公开市场进行，如在证券交易所通过集中竞价的方式进行收购。只不过这种收购具有一定程度的秘密性，是一种事实上的收购。因此，当投资者通过证券交易所进行证券的买卖持股达到法定比例而仍然需要继续进行收购的，就必须按照法律的规定采取要约收购的方式。

二、持股权益的披露

前面说过，收购可以通过交易所或者其他公开市场进行，但这种收购具有秘密性特征，与要约收购和协议收购均有所不同。要约收购是公开的，人们对收购人的收购意图和有关收购情况是了解的。协议收购虽然是私下进行，但是，由于需要与交易相对方进行协商谈判，至少交易相对方和目标公司是知情的。当然，无论是要约收购或者是协议收购，收购人均需要向证监会递交收购报告并进行公告。通过交易所进行的收购，由于采取的是集中竞价的方式，社会公众投资者，甚至包括目标公司，无从知道收购人是否具有收购意图，因为这种交易可能是正常的投资交易，也可能是意欲进行收购。有鉴于此，法律要求任何投资人持有一个上市公司股份达到一定比例时须进行披露，使有关当事人对投资者的持股情况有一定了解，以便于他们作出相应的对策。这种披露要求既是一种一般的监管措施，同时又具有收购监管的特殊意义。

《证券法》第 63 条规定，通过证券交易所的证券交易，投资者持有或者通过协议、其他安排与他人共同持有一个上市公司已发行的股份达到 5% 时，应当在该事实发生之日起 3 日内，向国务院证券监督管理机构、证券交易所作出书面报告，通知该上市公司，并予以公告；在上述期限内，不得再行买卖该上市公司的股票，但国务院证券监督管理机构规定的情形除外。

投资者持有或者通过协议、其他安排与他人共同持有一个上市公司已发行的股份达到 5% 后，其所持该上市公司已发行的有表决权股份比例每增加或减少 5%，应当依照前款规定进行报告和公告，在该事实发生之日起至公告后 3 日内，不得再行买卖该上市公司的股票，但国务院证券监督管理机构规定的情形除外。

投资者持有或者通过协议、其他安排与他人共同持有一个上市公司已发行的有表决权股份达到 5% 后，其所持该上市公司已发行的有表决权股份比例每增加或者减少 1%，应当在该事实发生的次日通知该上市公司，并予公告。

违反第 1 款、第 2 款规定买入上市公司有表决权的股份的，在买入后的 36 个月内，对该超过规定比例部分的股份不得行使表决权。

这种立法规定主要在于加强证券市场的监督和管理，维护证券市场的公正性，保护中小投资者的权益。

根据我国证券法的规定，证券权益披露应符合如下要求：

第一，持股变动披露义务的触发阈值为5%。将持股变动披露义务的触发阈值确定为5%是有道理的，就上市公司而言，持有一家上市公司股份5%的投资者已经是一个大股东了，因为上市公司持股状况通常比较分散。根据要求，在达到触发阈值之后，持股比例每增加或减少5%，需要继续进行权益披露，以便公众投资者和监管机构了解和掌握该投资者的持股变动情况。这里的“持有”包括单独持有和共同持有。例如，就法人持股而言，其关联企业的持股为共同持股，应予合并计算。

第二，触发证券权益披露义务的投资者，应当在触发事实发生之日起3日内，向国务院证券监督管理机构、证券交易所作出书面报告，通知目标公司，并予以公告。《证券法》第64条规定，披露证券权益的书面报告和公告应当包括以下内容：持股人的名称、住所；持有的股票的名称、数额；持股达到法定比例或者持股增减变化达到法定比例的日期、增持股份的资金来源；在上市公司中拥有表决权的股份变动的时间及方式。

第三，如果投资者是因达到权益披露阈值5%而进行权益披露，在触发事实发生之日到公告其权益之间的期限内，不得再行买卖目标公司的股票。如果投资者是在达到权益披露触发阈值后因为持股比例增减幅度达到5%而进行权益披露，在持股比例增减幅度达到5%的事实发生之日起至公告后3日内，不得再行买卖目标公司的股票。如果投资者达到权益披露触发阈值后，持股比例增减幅度达到1%的，则仅需进行权益披露，也就是在该事实发生的次日通知该上市公司，并予公告即可，不限制其买卖目标公司股票。

第四，违反前述规定买入上市公司有表决权的股份的，在买入后的36个月内，对该超过规定比例部分的股份不得行使表决权。

三、要约收购

（一）要约收购概述

1. 要约收购的概念

要约收购，也即公开收购，是指在公开市场之外，以公告的方式向不特定的多数人发出的收购股份的要约。要约收购，是指投资者通过向某一上市公司所有股东发出公开收购要约的方式，以对该公司控股或者兼并为目的而取得该公司股份的行为。要约收购是一种特殊的证券交易行为，其标的为上市公司的全部依法发行的股份。也就是说，投资者要向目标上市公司所有股东发出收购要约，既要向持有上市股份的股东发出，又要向持有未上市股份的股东发出。就要约收购的股份数额而言，既可以是目标公司的全部股份，也可以是目标公司的部分股份。

2. 要约收购的种类

要约收购可以从不同角度进行分类。

第一,自愿收购与强制收购。依要约人是否自愿发起,要约收购可分为自愿收购和强制收购。自愿收购是由收购人自主决定是否发动要约收购的情形。强制收购是指依照法律规定必须发动要约收购的情形。

第二,全部收购与部分收购。依要约中预定购买股份数额比例,要约收购可分为全面要约收购和部分要约收购(partial bid)。收购人在进行部分收购时,为使股东享有被收购的平等权利,当公司股东所预售的股份数额超过收购人所欲收购的股份数额时,收购人应当按照比例收购的原则(pro rata basis)向所有预受股东进行收购。《证券法》第65条第2款规定,收购上市公司部分股份的收购要约应当约定,被收购公司股东承诺出售的股份数额超过预定收购的股份数额的,收购人按比例进行收购。

第三,现金收购与易券收购。在要约收购中,由于收购人购买证券的对价可以是现金,也可以是股票或其他证券,因此,公开收购可以分为现金收购(cash offer)和易券收购(exchange offer)。实务中,收购人可能用现金作为部分收购对价,其余部分则采用证券作为收购对价。

3. 收购要约的特征

收购要约是一种特殊的要约,与一般要约相比,收购要约具有公开性、公平性、期限性、排他性等特征。

第一,收购要约的公开性。收购要约必须公开。《证券法》第65条规定,收购要约应当依法向该上市公司所有股东发出收购上市公司全部或者部分股份的要约。要约人一般并不知道哪些人是目标公司的股东,而且这些股东也在不断变动。因此,收购要约是一种向不特定人发出的要约。收购人一旦公告其收购要约,目标公司的所有股东均可承诺(当然也可以拒绝承诺)。

第二,收购要约的公平性。收购要约应当公平。《证券法》第69条规定,收购要约提出的各项收购条件,适用于被收购公司的所有股东。这就是说,要约人不能区别对待目标公司的股东,应该给予目标公司所有股东平等的待遇。上市公司发行不同种类股份的,收购人可以针对不同种类股份提出不同的收购条件。如果上市公司发行不同种类股份的,对不同种类股份的收购条件可以不同,但对同一种类股份的收购条件必须相同。

第三,收购要约的期限性。收购要约具有期限性。《证券法》第67条规定,收购要约约定的收购期限不得少于30日,并不得超过60日。一方面,如果收购要约期限过短,容易对目标公司股东带来压迫性影响,即股东不得不在很短的时间内作出是否承诺该要约的决定。由于收购人在要约收购中处于主动地位,目标公司股东必须有充足的时间研究收购要约,以在信息充分的情况下作出是否出售的决定。另一方面,如果收购要约期限过长,容易对证券市场带来消极影响。例如,收购人在要约有效期内,自己所持有的目标公司股票实际被冻结;而目标公司股东一旦承诺了收购要约,其股票也将被冻结。收购要约有效期过长,目标公司股票的交易就可能会萎缩。因此,证券法为收购要约的期限既设定了上限,又设定了下限。原则上,公开收购要约的期限是允许展延的。譬如,在公开收购所预定的期限内,如果有其他的竞争者出现,为维护原公开收购者的权益,并给被收购公司股东提供较多的选择机会,原收购者所预定的收购期间可以比照竞争者的收购期间予以延长。

第四,收购要约的排他性。收购要约具有排他性。《证券法》第70条规定,采取要约收购方式的,收购人在收购期限内,不得卖出被收购公司的股票,也不得采取要约规定以外的形式和超出要约的条件买入被收购公司的股票。也就是说,要约收购是排除了协议收购(privately negotiated transaction)和在公开市场进行的收购(open market purchase)之外的一种公司收购形式。这就是要约收购的排他性。

4. 要约收购的发起

《证券法》第65条规定,通过证券交易所的证券交易,投资者持有或者通过协议、其他安排与他人共同持有一个上市公司已发行的有表决权股份30%时,继续进行收购的,应当依法向该上市公司所有股东发出收购上市公司全部或者部分股份的要约。收购上市公司部分股份的收购要约应当约定,被收购公司股东承诺出售的股份数额超过预定收购的股份数额的,收购人按比例进行收购。该条规定包含了如下几层含义:

首先,投资者对目标公司的持股比例不超过30%时,投资者既可以在证券市场上按照集中竞价的交易方式继续取得目标公司的股份,也可以选择公开要约收购的方式绕开交易所直接向目标公司股东进行收购。但其预定收购完成后持有的股份比例不得超过30%。如果其预定收购完成后持有的股份比例拟超过30%的,则应进行要约收购。

其次,投资者对目标公司的持股比例达到30%时,可以启动要约收购程序以增加持股比例。但是,如果收购人无意继续增加持股比例或者不愿意采取要约收购方式,他可以降低持股比例或者干脆不去触动30%这个门槛。

再次,投资者对目标公司的持股比例达到30%时,如果要继续增加其持股比例,只能采取要约收购方式,而不能再通过证券交易所买卖目标公司的股份。这一要求主要是保护目标公司股东的利益。一般而言,当投资者在证券交易市场已获得一家公司30%的股份时,它基本上已获得了对该公司的控制权。譬如,它可以通过委派董事来实施对该公司的管理上的控制。这样,小股东就有可能处于任人支配的地位。为公平起见,与其说强制要求收购人以公开要约的形式进行收购(如果他愿意继续收购的话)是对大股东的限制,倒毋宁说是给小股东一个平等出售股份的机会。

最后,投资者进行要约收购的,可以向目标公司的所有股东发出收购其所持有的全部股份的要约,也可以向目标公司的所有股东发出收购其所持有的部分股份的要约。这表明证券法允许部分收购要约。在部分收购要约的情况下,如果被收购公司股东承诺出售的股份数额超过预定收购的股份数额的,收购人则应当按比例进行收购。

(二)要约收购规则

1. 要约收购报告与公告

收购人在发起收购之前应向证券监督管理机构和证券交易所报告,以便于政府对收购活动的宏观控制。此外，由于要约收购是一种公开收购，因此，收购要约还应该公告。

《证券法》第 66 条规定，依照前条规定发出收购要约，收购人必须公告上市公司收购报告书，并载明下列事项：（1）收购人的名称、住所；（2）收购人关于收购的决定；（3）被收购的上市公司名称；（4）收购目的；（5）收购股份的详细名称和预定收购的股份数额；（6）收购期限、收购价格；（7）收购所需资金额及资金保证；（8）公告上市公司收购报告书时持有被收购公司股份数占该公司已发行的股份总数的比例。

2. 收购要约的撤回、撤销和变更

所谓要约的撤回，是指要约人在发出要约后、要约达到受要约人之前，要约人宣告取消要约的行为。由于撤回是在要约到达受要约人之前作出的，因此在撤回时要约并没有生效。既然此时的要约尚未发生效力，要约人当然可以撤回其要约。

所谓要约的撤销，是指要约人在要约生效以后，将该项要约取消，从而消灭要约的效力。《证券法》第 68 条规定，在收购要约确定的承诺期限内，收购人不得撤销其收购要约。收购要约的受要约人为目标公司的不特定股东，收购要约的发出就是收购要约的公告，而一旦公告，就应该视为送达受要约人，要约即开始生效。在这种情况下，如果允许撤销收购要约，不仅对受要约人造成不利影响，而且还会对证券市场产生消极作用。

在收购要约有效期限内，要约中支付对价的种类、收购的股份数额以及其他条件都有可能出现变化，所以在公开收购的内容及条件已公告后，如果条件的变更有利于出售股东，则应允许变更。《证券法》第 68 条规定，收购人需要变更收购要约的，应当及时公告，载明具体变更事项。

3. 收购要约的预受

所谓收购要约的预受，是指受要约人同意接受要约的初步意思表示，在要约期满前不构成承诺。由于公开收购的结果是在收购期间结束后才进行计算，在公开收购的预定期间内，预受股东对其股份的预受并不构成法律上的承诺，因此，预受股东已预售其股份的，可以随时解除其预受。

4. 竞争要约

在要约收购的有效期间，可能会出现竞争要约。出现竞争要约时，被收购公司董事会应当公平对待所有要约收购人，不得实施歧视待遇。

5. 收购要约的履行

要约收购期满，收购人应当按照收购要约规定的条件购买被收购公司股东预受的全部股份；预受要约股份的数量超过预定收购数量时，收购人应当按照同等比例（on a pro rate basis）收购预受要约的股份。收购要约期满后，接受委托的证券公司应当向证券登记结算机构申请办理股份转让结算和过户登记手续，解除对超过预定收购比例的股票的临时保管。

四、协议收购

(一)协议收购的概念和特征

上市公司的协议收购,是指投资者在证券交易场所之外与目标公司的股东(主要是持股比例较高的大股东)就股票价格、数量等方面进行私下协商(相对公开市场而言,非指黑市交易),购买目标公司的股票,以期达到对目标公司的控股或兼并目的。根据《证券法》第62条的规定,协议收购是上市公司收购的方式之一。《证券法》第71条第1款规定,采取协议收购方式的,收购人可以依照法律、行政法规的规定同被收购公司的股东以协议方式进行股份转让。

与要约收购相比,协议收购具有以下特征:

第一,协议收购不具有要约收购的公开性。在要约收购中,收购人必须公告其收购要约。收购要约的内容,不仅要让目标公司的股东知晓,而且还要让证券市场的其他所有参与人知晓。但是,在协议收购中,收购人与目标公司股东进行私下协商股份转让事宜,这种私下协商通常是极为秘密的。有关协商的内幕一旦被公布,很可能造成目标公司股价的波动,不利于证券市场的稳定。

第二,协议收购不具有要约收购的公平性。要约收购面向目标公司的不特定股东,而协议收购面向目标公司的特定股东。在要约收购中,收购人在收购要约中提出的各项收购条件,适用于目标公司所有股票持有人。收购要约人不能区别对待目标公司的股东,而且目标公司股东在要约有效期内承诺要约的时间顺序不影响目标公司的权益。协议收购的双方当事人可以自由协商收购条件。协议收购人可以与目标公司的股东达成不同的收购协议,各协议的条款不必相同,而且都能成立有效的收购合同。因此,协议收购不具有要约收购的公平性。但是,对每一份收购协议来说,则应当是双方当事人的真实意思表示,并且协议条件必须公平合理。

第三,协议收购不具有要约收购的期限性。为了维持证券市场的秩序和保护目标公司的中小股东,证券法为收购要约的期限设定了上限和下限,但在协议收购中,双方当事人可以反复就协议内容进行磋商,协议进行的期限并无任何法律限制。如果协议收购人对目标公司的特定股东发出要约,协议收购当事人可以根据实际情况自由设定要约的存续期限,实际期限取决于谈判过程的长短。

第四,协议收购不具有要约收购的排他性。在要约收购中,一旦收购人提交了上市公司收购报告书或收购要约已经公开发出,收购人就自动放弃了以要约收购以外的其他方式买卖目标公司证券的权利。如果要约收购人还能够秘密买卖目标公司的股票,就会使要约收购制度失去存在的意义。但协议收购不具有这种排他性。协议收购人在同目标公司股东秘密协商的同时,还可以在证券市场上通过集中竞价交易方式买卖目标公司的股票。

(二)协议收购的适用

一般而言,协议收购适用大宗股份的收购。如果收购人可以直接从某一大股东处购买股份即可达到控制或者兼并目的的话，当然就没有必要采取要约收购方式了。协议收购既可以适用于上市公司的国有股和法人股的收购，也可以适用于上市公司的非国有股和法人股的收购；既可以适用于上市公司的上市股份的收购，也可以适用于上市公司的非上市股份收购。此外，收购人通过国有股权行政划转、法院裁决、继承、赠与等合法途径持有或者通过协议、其他安排与他人共同持有一个上市公司的股份，导致其获得或者可能获得对一个上市公司的实际控制权的，也应当按照有关协议收购的规定办理。

《证券法》第73条规定，采取协议收购方式的，收购人收购或者通过协议、其他安排与他人共同收购一个上市公司已发行的有表决权股份达到30%时，继续进行收购的，应当向该上市公司所有股东发出收购上市公司全部或者部分股份的要约。但是，按照国务院证券监督管理机构的规定免除发出要约的除外。

该条规定表明：协议收购受到法律限制。也就是说，法律将协议收购的比例控制在上市公司已发行股份的30%以内，当协议收购股份达到上市公司股份30%时，继续进行收购的，应当采取要约收购方式。因此而采取要约收购方式的，适用证券法上关于要约收购的规则。但法律也规定了要约收购的豁免，即按照国务院证券监督管理机构的规定免除发出要约的除外。

在哪些情形下才符合法律规定的豁免情形呢？其需要履行的程序是什么呢？一般来说，有下列情形之一的，收购人可以向证监会提出豁免申请：(1)上市公司股份转让在受同一实际控制人控制的不同主体之间进行，股份转让完成后的上市公司实际控制人未发生变化，且受让人承诺履行发起人义务的；(2)上市公司面临严重财务困难，收购人为挽救该公司而进行收购，且提出切实可行的重组方案的；(3)上市公司根据股东大会决议发行新股，导致收购人持有、控制该公司股份比例超过30%的；(4)基于法院裁决申请办理股份转让手续，导致收购人持有、控制一个上市公司已发行股份超过30%的；(5)证监会为适应证券市场发展变化和保护投资者合法权益的需要而认定的其他情形。

(三)协议收购规则

1. 收购协议的报告与公告

协议收购作为上市公司收购的一种形式，也应该确定其信息公开制度。尽管协议收购只是收购人和目标公司特定股东之间的交易，可是这种大宗交易对目标公司的股权构成产生了重大影响，必须让目标公司的其他股东以及公众投资者及时知晓。

《证券法》第71条第2款、第3款规定，以协议方式收购上市公司时，达成协议后，收购人必须在3日内将该收购协议向国务院证券监督管理机构及证券交易所作出书面报告，并予公告；在公告前不得履行收购协议。也就是说，在当事人达成收购协议之后，收购人应作出书面报告并公告，披露该收购协议的内容。收购协议只有在公告后才能履行。

2. 收购协议的履行

证监会在收到上市公司收购报告书后在规定期限内未提出异议的，收购人可以公告上市公司收购报告书，履行收购协议。涉及国家授权机构持有的股份的转让，或者须经行政审批方可进行的股份转让，协议收购相关当事人应当在获得有关主管部门批准后，方可履行收购协议。

3. 办理股份转让和过户手续

协议收购相关当事人应当按照证券交易所和证券登记结算机构的业务规则和要求，申请办理股份转让和过户登记手续。未按照规定履行报告、公告义务或者未按照规定提出申请的，证券交易所和证券登记结算机构不予办理股份转让和过户登记手续。

4. 股票的保管与资金的存放

为了使收购协议能够顺利履行，《证券法》第72条规定，采取协议收购方式的，协议双方可以临时委托证券登记结算机构保管协议转让的股票，并将资金存放于指定的银行。

五、上市公司收购的完成

（一）收购要约期满的法律后果

《证券法》第74条规定，收购期限届满，被收购公司股权分布不符合证券交易所规定的上市交易要求的，该上市公司的股票应当由证券交易所依法终止上市交易；其余仍持有被收购公司股票的股东，有权向收购人以收购要约的同等条件出售其股票，收购人应当收购。收购行为完成后，被收购公司不再具备股份有限公司条件的，应当依法变更企业形式。该条规定表明收购要约期满后可能会发生如下三个方面的法律后果：

第一，终止上市交易。收购期限届满，被收购公司股权分布不符合证券交易所规定的上市交易要求的，该上市公司的股票应当由证券交易所依法终止上市交易。法律规定，股票上市交易须符合法定条件，如果因为收购而导致上市公司不再具备上市条件的，其股票则应终止上市交易。譬如，因收购而导致公开发行在外的股份少于公司股份总额的25%。于此情形，股票的交易失去了其公众基础，公司实际上已经被“私有化”（going private）了。

第二，收购人有义务收购目标公司的剩余股份。收购期限届满后可能会出现这样的情形，即目标公司的少数股份仍然保留在外部。这一情势使有关当事人均将受到影响。也许，多数股东发现在将其所控制的公司作为一种完全所有（100%）的子公司来实施管理时受到了来自少数留存股东的阻挠。这种少数股东权益的存在挡了他们的道，他们只能在有限的程度上追求其控制利益。而没有接受收购要约出价的少数股东发现他们自己同样处于一种难以防守的地位。如果说他们的保留影响尚可阻却多数股东特定计划的实现时，他们却无力防止多数股东对其利益的极大忽视。在这种情况下，为妥善解决这一问题，国外法律一般都规定，当公开收购期限届满后，应当赋予收购者一个再次收购的机会，或者说，为其提供一种取得异议少数股东股份的手段。另外，也是同样为少数股东提供一个出售其少数股份的机会和手段。由于这种收购具有强制性，故称之为强制收购(compulsory acquisition)。我国证券法规定,收购要约的期限届满,上市公司股票终止上市交易的,其余仍持有被收购公司股票的股东,有权向收购人以收购要约的同等条件出售其股票,收购人应当收购。但是,应当注意的是,这一规定仅为目标公司股东设定了单方权利,即目标公司的少数股东,如果没有在收购要约的有效期限内作出承诺,法律还为他们提供了最后的机会,而法律没有赋予收购人强制购买剩余股份的权利。

第三,变更公司形式。收购行为完成后,被收购公司不再具备股份有限公司条件的,应当依法变更其企业形式。

(二)股份转让限制

上市公司收购应该是出于对目标公司的控股或兼并目的,投机性的上市公司收购受到证券法的限制。因此,《证券法》第75条规定,在上市公司收购中,收购人持有的被收购的上市公司的股票,在收购行为完成后的18个月内不得转让。限制收购人在收购完成后的一定期限内转让股份,有利于保持目标公司股权结构的相对稳定,公司的经营能够正常进行。如果收购人刚刚获得了目标公司的控制权,又将其持有的股份转让,则可能具有明显的投机性。

(三)收购合并

如果投资者为公司法人,当该公司通过上市公司收购获取目标公司的控股权后,目标公司就成为收购公司的子公司,而收购公司则成为目标公司的母公司。收购公司通过已经取得的对目标公司的控股权,可以将目标公司合并。目标公司被合并后,其资产、负债以及所有者权益都应该转移到合并后存续的公司(收购公司)。被合并公司的原有股票应由收购人依法更换。对此,《证券法》第76条第1款规定,收购行为完成后,收购人与被收购公司合并,并将该公司解散的,被解散公司的原有股票由收购人依法更换。

(四)报告与公告

《证券法》第76条第2款规定,收购行为完成后,收购人应当在15日内将收购情况报告国务院证券监督管理机构和证券交易所,并予公告。另外,《证券法》第77条第2款规定,上市公司分立或者被其他公司合并,应当向国务院证券监督管理机构报告,并予公告。

第三节 公司收购防御

一、公司收购防御概述

当收购人向目标公司股东发出收购要约时,受要约人并不是公司,而是公司的股东。因此,公司法并没有规定该种收购需要得到董事会的同意。然而,这并不意味着公司董事会就是消极的。相反,公司董事会享有很大的行动空间。目标公司董事会可以采取一系列措施来阻止收购人的收购要约。这些措施被称为"反收购措施"(anti-takeover measures)或者“收购防御策略”(defensive tactics)。对于目标公司董事会是否可以采取防御措施,以及这些防御措施的正当性如何,各国立法态度差异较大。我国公司法对此则根本没有涉及。从证监会发布的《上市公司收购管理办法》规定来看,在我国,法律对收购防御基本上采取的是限制态度,公司董事会的行动空间极其有限。

从国外资本市场的经验来看,早期企业之间的并购活动主要是从表决代理权竞争(proxy contest)开始的,[4]公开要约收购(tender offer)并不常见,因为人们认为这种行为有违商业成规。但这一态度在20世纪60年代至70年代有了很大改变。到了20世纪80年代,敌意收购(hostile takeover)流行起来。与此相适应,立法和司法也对这种要约收购作出了反应,并在相当程度上承认公司可以对公司收购进行防御。[5] 在这种立法政策的鼓励下,为了狙击侵略者的收购进攻,大量的防御策略被设计出来。绝大多数公众公司都制定了防御政策以阻止不受欢迎的收购(unwanted takeovers)企图。尤其是自20世纪90年代以来,围绕着企业控制权争夺的收购战争(takeover battles)异常激烈,绵延不断。

二、各种防御措施

防御措施(defensive maneuvers)是各种各样的,而且在实践中还会不断创造出新的

---

[4] Clark, at p. 546.

[5] 在美国,这些防御策略的合法性在很大程度上是由州法律来界定的。大多数州制定了(反)收购法管制发生在该州内的公司收购。目前大约有三十多个州制定了这样的法律。与 Williams Act 所持的不偏不倚的中间立场不同的是,这些法律的主要目的是保护公司不受侵略者的侵略。为什么州法会支持现任管理层(incumbent management)的反收购行动呢?主要原因是害怕如果收购成功,收购方很有可能将营业迁出该州,关闭工厂,影响本地经济。州法对公司防御的承认经历了一个曲折的过程。反收购立法活动曾兴起于20世纪六七十年代,其重要的反收购措施主要包括听证程序(hearing requirements)和公平标准(fairness standard)以及较 Williams Act 更为严格的披露要求。但随后反收购法也遇到了重大挫折。许多反收购法律的合法性受到了质疑,并被认为是违宪的。其典型判例是在 Edgar v. MITE Corporation [457 U. S. 624, 102 S. Ct. 2629(Ill. 1982)]案中,最高法院撤销了 Illinois 反收购法,认为该种法律给州际商业增加了不合理的负担。在这一判例之后,大量的1982年之前的法律或者某些条款被法院判决无效或者自动放弃。经过一段时间的沉寂后,各州又试图对公开收购要约进行新的限制。这些法律通常被称为“Post – Mite Statutes”,并只适用于在本州设立的公司,即各州只能在其既有的权力内对州公司法有管辖权,只有这样才能获得宪法的支持。在这些法律中,最重要的是 Del. GCL § 203。根据该条规定,如果一个人获得了一家公司表决权股份的15%以上,他就不能与该公司合并或者成立其他特定交易,除非(a),他取得该公司85%的股份,或者(b)该交易获得董事会的同意并且至少2/3股东的同意(不包括它收购该公司股份而持有的股份)。Del. G CL § 203 具有重大意义因为在特拉华州设立的公司非常之多。大约25个以上的州,包括 New York 在内,采纳了相同的规定。Indiana 首创了“控制股份收购”(control share acquisition)法律,并在 CTS Corporation v. Dynamics Corp, of America [481 U. S. 69, 107 S. Ct. 1637(1987)]案中实际上获得了支持。根据这类法律,任何单一股东所购买的股份在突破20%、33%和50%界限时须经股东会同意。如果没有获得股东会的同意,所收购的股份不享有表决权,并可能根据该法律规定的条件由公司回购。突破特定比例的人意欲收购剩余股份必须通知公司,所拟进行的交易必须提交股东会同意。收购人已经收购的股份和公司管理层持有的股份不计算在表决权之内(根据 Ohio 法律,无表决权的后果将意味着收购失败)。一些人怀疑 Indiana 式法律是否阻碍了收购。Pennsylvania 法律规定,如果某一股东已经获得了一家公司20%的表决权,其他股东有权强迫该股东以“公平价值”(fair value)购买其股份,即所谓的“强制收购”(mandatory buyout)。这一法律与英国法律相似。See Hamilton, at p. 406 – 407; Clark, at p. 568 – 570; Clark, at p. 555 – 570.

防御措施。归纳起来,常见的防御措施主要有如下一些种类。但应注意的是,这样的归纳是相对的,有些措施相互之间显然具有重叠性和交叉性。而且,不同的文献,其归纳标准有所不同。在下面这些常见的防御措施中,有的措施是预防性的,即在收购要约发出之前就已经设置(pre-offer techniques),如驱鲨剂、毒药丸等。有的则是对抗性的,即在收购要约发出之后设置的防御性措施(post-offer techniques),如白衣骑士、绿色邮件、价格操纵、小精灵、设置法律障碍等。这些收购防御措施主要针对的是敌意收购(hostile takeovers)。

1. 为收购制造法律"绊脚石"

目标公司可以设置合法的"绊脚石"以阻止收购(creating legal obstacles to the takeover)。譬如,目标公司可以购买一个同行企业,以此增加收购违反反垄断法的危险性。又如,目标公司可以收购一家其股份的转让需要获得政府同意的企业(例如一家母公司持有一家保险子公司),以此增加收购难度。再如,目标公司可以提起诉讼,以违反收购法(如起诉收购人的收购要约中有错误陈述或者误导陈述或者重大遗漏)、反垄断法或者其他法律为由,要求禁止该收购要约。采用这种防御措施的真实目的"并非在于目标公司管理层希望在诉讼中最终获得胜诉,而是为其赢得宝贵时间而已"。[6]

2. 驱鲨剂

在各种防御措施中,最常见的是所谓的"驱鲨剂"(shark repellent)。驱鲨防御是通过在公司章程中设计特别条款来实现的。这一做法有时被称为"豪猪条款"(porcupine provision)。通常做法是通过修改公司章程采用诸如选举交叉董事制、更换董事需要说明理由、公司的特定决议须经超级多数(supermajority)同意、公平价格条款以及限制召开股东会的权利等条款。

第一,交叉董事会。公司章程中可能规定董事会成员的任期采取交叉制(staggered terms),于此情形,即使收购人取得目标公司的多数股份也难以在短时间内更换现任董事会,因为要更换目标公司的大部或者全部董事需要进行多次改选。收购人如果意识到这一点的话,很可能会放弃收购。

第二,更换董事需要理由。更换董事需要说明理由(remove with cause)加大了收购后改组董事会的难度。如果更换董事需要说明理由再配合以交叉董事制,就更能够有效地防御公司收购。特别是在正常情况下,股东可以更换董事而无须说明理由,但是在交叉董事的情况下,股东没有合理的理由则不能更换董事,除非章程有相反规定。

第三,超级多数同意规则。可以通过修改公司章程规定,特定公司事项须经股东会的超级多数同意,以此来增加收购公司对目标公司管理层的控制难度。譬如,公司章程规定,更换董事须经公司股东会绝对多数同意,这样,即使收购公司收购成功,也很难有效控制公司。这种方法可以达到阻止收购行为的发生,因为公司收购的目的在于取得对

[6] Clark, at p. 572.

目标公司的控制权,如收购完成后不能实际控制公司,收购也就没有意义。

第四,公平价格条款。公平价格条款(fair price provisions),是指目标公司在其章程中作出这样的设计:当公司与"关联人"(related persons,通常指持有公司特定比例股份的人)进行合并时,要取得公司股东绝对多数的同意(absolute majority requirement)。这种方式通常伴随所谓的"公平价格条款"。公平价格方案通常都参照收购人对目标公司任何股东支付的最高价格,或者是目标公司股票近几年的最高价格,或者参照收入或者收益计算出来的结果(往往会更高一些)。通常,收购人在两步收购的第二步收购中的出价往往低于第一步收购出价。而根据公平价格条款,收购人在第二步收购中必须支付与第一步收购相同的价格。这样,其效果与强制兼并(compulsory merger)相同。但应注意的是,只有当收购人直接从股东手中购买了多数或者潜在的控制比例的表决权股份,并准备在收购完成之后将两公司进行合并的前提下,这种绝对多数和公平价格条款才发生作用。

第五,限制召开特别股东会。公司章程中还可以设置其他一些限制性措施,如限制股东召集股东会议的权利,或者限制在股东会议上提出议案的权利,或者限制书面征集股东意见的权利。设置这些限制性措施的目的在于阻止股东通过上述方式绕开董事会而更换董事。

3. 提高或者限制股份上的表决权

通过提高或者限制股份上的表决权,也可以起到收购防御的作用。但这种方式同样可能导致取消公司股票在交易所或者公开市场进行交易,因为它们改变了传统的普通股表决方式。实际上,这类措施也主要适用于封闭公司。[7]

第一,复数表决权。公司可以通过修改公司章程规定"复数表决权"(multiple voting)。"复数表决权",即一股多权(stock with multiple votes per share),并将该股份置于发起人家族成员或者与管理层友好的人士手中。复数表决权的设置使目标公司自身完全成为收购的防御。这种复数表决权股份一般不能转让,但在转换为正常普通表决权股份后即可转让。复数表决权股份的一个变种是"终身表决权股份"(tenure voting),自该类股份发行之日起,每股享有复数(如一股10权)表决权。如果股份转让,该股份的表决权降低到每股一票表决权;如果持有该股份达一定期限(如36个月或者48个月),又重新获得复数表决权。[8]

第二,限制股份的表决权。另外一种相对应的方式是通过章程限制某种股东的表决权或者要求新的股东在购买股份后须经过一个等待期(waiting period)才能获得表决权。这种限制或者等待降低了通过收购多数股份来控制公司的能力。

---

〔7〕 SEC曾经制定了Rule19(c)-4试图阻止利用复数表决权。它禁止这种股票在全国性交易所和公开市场上市交易是因为它违反了"一股一权"(one share,one vote)的基本原则。但在Business Roundtable v. SEC[905 F. 2d 406(D. C. Cir. 1990)]案中,法院撤销了这一规则,因为它超出了SEC的权限范围。但交易所可以自愿适用该规则。

〔8〕 See Williams v. Geier,671 A. 2d. 1368(Del. 1996).

4. 毒药丸

也许最为有效的收购防御措施是所谓的“毒药丸”(poison pill)。[9] 什么是毒药丸?毒药丸有着不同的表现形式。但从其原始形式来看,毒药丸是指目标公司以股利形式向公司原有普通股东发行一系列可转换优先股(convertible preferred stock),并设定在一定条件发生时使该种股份发生权利膨胀。无论是在立法上,还是在判例上,毒药丸计划都有其合法存在的依据。[10] 毒药丸的特征是:

第一,这种优先股在一定条件下可以引起权利的膨胀。所谓权利的膨胀,是指在一定的条件发生后,优先股可转换为普通股,即从无表决权股份转换成为表决权股份。

第二,引起这种权利膨胀的“触发事件”(triggering event)表现在两个方面:一是外部人对目标公司进行现金要约收购;二是收购人已经获得公司一定比例(如25%以上)的普通股或者将目标公司予以兼并。

毫无疑问,这样的计划和设计在于阻止收购人的收购行为,即便是收购成功,其股份也将被大大稀释。

毒药丸防御措施随着时间的经过出现了异化现象。其中有三个变异最具代表性:一是所谓的“转致条款”;二是所谓的“反致条款”;三是所谓的“回致条款”。

所谓转致条款(flip-over provision),是指目标公司以股利形式(其价值远远高于市场价格)向其股东赋予一种购买期权(call option),如果收购公司购买了目标公司发行在外的一定比例以上的股份,然后与目标公司合并,该类股东可以非常有利的价格(其价格远远低于市场价格)购买收购公司的股份。

所谓反致条款(flip-in provision),是指目标公司以股利形式(其价值远远高于市场价格)向其股东赋予一种购买期权(call option),如果收购公司购买了目标公司发行在外的一定比例以上的股份,即便没有发生合并,该类股东也可以非常有利的价格(其价格远远低于市场价格)购买目标公司的股份。

所谓回致条款(back end provision),则是指目标公司以股利形式向其股东赋予出售期权(put option),如果收购公司购买了目标公司发行在外的一定比例以上的股份,即便没有发生合并,该类股东也可以非常有利的价格(其价格远远高于市场价格)强制目标公司回购其股份。

请注意,无论是何种毒药丸计划,其目的均在于阻止两步合并。但有一个重大的不同是,在设置毒药丸计划时,董事会可以不经过股东会修改章程而直接发行股份。

大多数现代毒药丸计划既包括“转致条款”,又包括“反致条款”,还可能包括“回致条款”,无论何种权利的膨胀都将导致侵略公司权益的稀释,这都是收购人不可接受的。毒药丸迫使侵略者与董事会谈判,通过回赎毒药丸权利以取消毒药丸。

因此,毒药丸计划一般都包含回赎条款(repurchase provision),即在条件发生前,董

---

[9] 据说,该种收购防御措施为美国一名并购律师马丁·利普顿(Martin Lipton)所发明。

[10] See Del. GCL § 122(13). See Moran v. Household International, Inc. ,500 A. 2d 1346(Del. 1985).

事会可以名义价格回赎毒药丸优先股。这种回赎条款授予目标公司董事会在收购开始时在较短时间内以最划算的价格回赎其优先股。也就是说，如果目标公司的董事会决定支持收购的话，目标公司董事会可以消除毒药丸之“毒性”。但是，有一种“死手毒药丸”(dead hand poison pill)，它限制了新选任的董事回赎毒药丸股份的能力。其目的是防止收购人说服多数股东更换现任董事，并通过新的董事会回赎毒药丸证券，以便为要约收购扫清道路。

除上述毒药丸计划外，目标公司可以与债权人达成协议，该种协议包含了可以阻止收购人的限制性措施。这种债叫作毒药丸之债(poison pill debt)。

5. 对目标公司股票价格的操纵

当公司面临不受欢迎的收购时，它可以提高其股份价格以使收购价格不具有吸引力，从而阻止被收购。有两种方式可以达到这一目的：

第一，目标公司可以从公开市场回购(repurchase/redemption)自己的部分股份，即所谓的“自我收购”(self tender offer)。董事会希望以这样的回购与敌意收购人竞争并提高目标公司的收购价格，这样的交易将会使股票价格升高从而使收购更为困难。但是应当说明的是，在进行这样的购买时需要预先予以披露，且在不同的国家将受到不同的回购政策限制。

第二，目标公司可以宣布进行大量股利分配或者宣布其收益或者增加正常股利。这同样可以引起目标公司股价攀高，使收购价格增高而增加收购成本。但应当注意的是，股利分配须受到股利分配政策的限制。

6. 绿色邮件

这是一种与上述方式相对应的方式，即目标公司可以在市场上以溢价回购收购人在目标公司中的股份(往往这些股份是已经被收购人收购的股份)。这样做的基本用意是花钱打发收购人上路(to pay off the acquirer to go away)，即通常所谓的“绿色邮件”(greenmail)。

绿色邮件这一名称与白色邮件并称，与黑色邮件对称。白色邮件(whitemail)是指目标公司以低于市场价格发行大宗股份以期阻止收购公司的收购意图，因为如果收购公司希望继续收购目标公司的话，它就不得不购买这样的股份，这必然增加收购者的收购成本。黑色邮件(blackmail)主要针对特定犯罪行为而言，如以保持缄默为条件而获得金钱或者其他利益，典型者如 sexual blackmail。

绿色邮件的特点如下：(1)目标公司受到了收购者的收购威胁。(2)回购要约仅仅针对特定股东。作为一种收购防御措施，该种要约当然针对潜在或者可能的收购者。(3)回购以超过一定市价的溢价(如 3%)进行。(4)回售股东持股时间通常比较短暂(如 2 年)。因为这样的股东所持有的目标公司的股份本身可能就是其收购战略的前期准备。(5)回售股东的股份得到全部回购。但这一点并非绝对，取决于协议的具体规定。

绿色邮件主要流行于 20 世纪 80 年代，由于后来出现的其他更为有效更加经济的防御措施的替代，现在已基本不使用该种措施了。[11]

7. 小精灵

一种更为有趣的策略是所谓的“小精灵”(pac man)。[12] 它是指在收购人收购目标公司大部分发行在外的股份之前，目标公司购买收购人的股份。这将导致双方都有可能取得对方公司的控制权，如果两公司都取得了对方多数股份，根据交叉持股法律(statutes of circularly-owned shares)，各方所持对方股份的表决权将受到较大限制，其结果将导致任何一方都无法控制对方。[13]

8. 白衣骑士

当目标公司面临不受欢迎的收购时，它可以寻找一位情投意合的“求婚者”，一位“白衣骑士”(White Knights)。意思是它可以主动寻找一位友好的买主来购买自己的股份。为了保障白衣骑士的成功，目标公司可以将白衣骑士当作唯一的谈判对象。最好的结果是使其购买目标公司部分股份但不能达到控制的程度，这样的收购人被称为“白衣护卫”(white acquirer)，或者被称为“第三者插足”(legged in by third person)。这类性质的交易保证了表决权力掌握在友好人士的手中。在采用白衣骑士策略时，往往配合以“锁定交易”。

9. 锁定交易

锁定交易(lock up)，是指当公司面临不受欢迎的公开收购时，它可以以协议价格(锁定价格)将其优良资产或营业——“皇冠明珠”(crown jewels)——出售给友好人士或者赋予其购买期权(call option)。设置这种锁定交易的目的是通过削弱目标公司的吸引力而使竞争出价者失去收购的兴趣。但这种交易如果不合理，则有可能受到禁止。

实现白衣骑士计划的最佳方式是由目标公司为雇员利益建立“雇员持股计划”(employee stock ownership plan，ESOP)或者股票期权计划(stock option plans，SOPs)，并选择友好人士作为受托人，并向该受托人发行大量股份。[14] 但也可能是由管理者组建一个新的公司来购买股份。这实际上是一种“管理收购”(management buy-out，MBO)。由于可能存在大量融资，所以又是一种 “杠杆收购”(leveraged buy-out，LBO)。

10. 焦土政策

还有一种防御策略叫作“焦土政策”(scorched earth)。譬如，目标公司手中尚有相当数量的现金并准备用来回购其股票，或者目标公司可能大量举债来回购其股份。这两种方式都能阻止收购人。收购人原想利用目标公司现金来弥补其收购支出，现在不可能了；而该目标公司可能身负债务，收购已经变得没有意义。

---

〔11〕 尤其是1987年修正后的《国内税务法典》(the Internal Revenue Code)规定对绿色邮件支付征收50%的非减免交易税(基于出售股份的正常的所得税除外)，这成为绿色邮件的重要障碍。有一些州法则干脆禁止绿色邮件回购。

〔12〕 Pac Man 曾经是一种计算机游戏，现在几乎已为人们所忘记。Clark，at p. 576.

〔13〕 See MBCA § 7. 21(b).

〔14〕 但是，该种计划设置可能构成自我交易而得不到商业判断规则的保护。此外，交叉持股也不能享有表决权。

焦土政策的另一种办法是将收购人意欲取得的目标公司的重要资产或营业予以出售。譬如,与白衣骑士订立协议使白衣骑士获得“皇冠明珠”(crown jewels)。如上所述,这种方式被称为“锁定交易”。

与营业出售相反,目标公司还可以购买特定营业,而这种营业恰恰是收购人不想要的。譬如,收购人一旦获得该种营业,则有可能违反反垄断政策。

11. 排除收购人的排挤性交易

这种方式是指目标公司在回购或者回赎自己股份的要约中将收购人或者以收购人名义获取的股份排除在外。这种类型的选择交易对于公开收购要约来说可能是破坏性的,因为侵略者在收购完成后可能要背负大量的债务。[15]

12. 杠杆资本重组

目标公司可以通过杠杆资本重组(leveraged capitalization)或者杠杆翻新(leveraged recap)使自己变得不具有吸引力。当进行杠杆收购时,目标公司实际上在做侵略者想做的事情。杠杆性资本重组在20世纪80年代很普遍,但是随着更为有效的措施的产生,杠杆性资本重组的意义似乎已经不大了。

13. 拒绝出售

拒绝出售(just say no),是指董事会建立一种不出售公司的政策并因而拒绝与收购人谈判,包括允许董事会拒绝所有的拟议中的交易,无论收购要约对其股东如何有利。这种防御策略主要针对现金要约收购场合,并且收购人的收购价格相当诱人,股东愿意接受收购人的出价并出售其股份。法律上对这种防御策略存在较大的争议,不同的法院在不同的判例中的态度是不同的。[16]

14. 其他防御性措施

其他的防御措施还包括说服股东不要出售,煽动雇员、社区反对收购以及利用宣传手段阻止收购等。

三、审查防御措施的法律标准

反收购措施并不总是受到欢迎,因为如果反收购成功的话,结果可能会使收购人和意欲出售股份的人都不满意。收购人的不满意在于公司董事会的收购防御阻止了其收购企图;股东不满意在于公司董事会的收购防御阻止了其可能获得的利益。然而,更加严重的问题则是,公司董事会的收购防御行动很有可能侵害公司或者股东的利益。因

---

〔15〕 在 Unocal Corp. v. Mesa Petroleum Co. [493 A. 2d. 946(Del. 985)] 案中,特拉华州最高法院基于扩张了的商业判断规则支持了这种类型的交易。但随后不久,SEC 采纳了 Rule 14(d) - 10(通常被称为“平等对待规则”/all holders rule),规定须对同一类股份的所有股东平等对待。

〔16〕 如在 Paramount Communication, Inc. v. Time Inc. [571 A. 2d. 1140(Del. 1989)] 案中,特拉华州法院明确支持了董事会的“拒绝出售”防御措施。而在 City Capital Assoc. v. Interco Inc. [551 A. 2d 787(Del. Ch. 1988)] 以及 Grand Metropolitan Public Ltd. Co. v. Pillsbury[558 A. 2d 1049(Del. Ch. 1988)] 等案例中,The Delaware Chancery Court 则否认了“拒绝出售”防御策略并禁止利用(和强制赎回)毒药丸,其理由是他们耗尽了对股东的价值(They had exhausted their utility to shareholders)。

而,当目标公司董事会运用这些防御措施时,经常会被起诉,指控其违反了其对公司的受信义务。

在这种诉讼中,法院首先面临的问题就是运用何种标准来审查这种反收购防御措施。但是,遗憾的是,迄今为止,法律尚未在这个领域建立起公认的规则。下面所讨论的司法审查标准主要是一些在司法实践中具有重大影响的标准。[17]

(一)早期标准

早期法院对公司董事会防御措施的合法性审查的观念是一种单向思维模式,即要么采用商业判断规则,要么采用公平标准。采用商业判断规则的方法主要是基于这样的考虑:防御策略仅仅是一个董事实施商业决策的问题。相应地,如果董事的收购防御措施符合商业判断规则的要求,该种防御就是合法的。也就是说,法院将董事会的防御决策与普通的商业决策同等对待。而采用公平标准的方法则是认为,如果董事会的收购防御措施满足了公平标准的要求,该种防御就是合法的。于此情形,法院将董事会的防御措施与普通的自我交易同等对待。[18]

这实际上反映了两种不同的观点。前一种标准反映的观点是,目标公司的防御措施本身就是一个涉及商业决策的问题,因而应当适用商业判断规则。[19] 后一种标准反映的观点是,目标公司的防御措施仅仅产生利益冲突交易问题,因为在这种交易中,董事可能只关心如何保住自己的地位和权力,而不关心该种交易对公司或者股东是否公平。但是,这种单向思维以及根据这种思维所采取的司法审查标准是有问题的。其存在的问题主要表现在如下两个方面:

第一,一方面,在反收购决策中,董事确实涉嫌利益冲突交易,尽管这种防御决策与传统的自我交易有所不同。另一方面,在很大程度上,董事会的防御措施并非发生在目标公司与其董事之间,也不是发生在目标公司与董事持有股份的其他企业之间。既然如此,这些防御措施与传统的利益冲突交易就有所不同。因此,适用完全公平标准(entire fairness test)则又显得过于严格,且并非完全对应。

第二,纯粹运用商业判断规则来审查目标公司的防御措施又如何呢?根据商业判断规则,在作出商业决策时,如果行为人是善意的,并且是为了公司的最佳利益,该种行为即将受到商业判断规则的保护。固然,董事会的防御决策或多或少,或直接或间接地都会影响到董事对公司控制地位的维持。说到底,收购的结果是要更换现任董事,而现任董事对这种职务具有经济上和心理上的利益,所以他们的反收购决策就是为了维护这种

---

〔17〕 这种讨论主要以美国的州法经验为例,而美国州法的经验又集中于特拉华州法院的一系列判例。但应注意的是,公司的反收购行为同样受到美国联邦法的规制。譬如,根据美国联邦法的规定,禁止公开收购要约中的“欺诈、欺骗或操纵行为和做法”(fraudulent, deceptive, or manipulative acts or practices)。这一规定同样适用于目标公司的防御行为。See, SEA § 14(4).

〔18〕 See e. g. , Panter v. Marshall Field & Co. ,646 F. 2d 271(7th Cir. 1981);Gearhat Industries, Inc. v. Smith International, Inc. ,741 F. 2d 707(5th Cir.).

〔19〕 Arthur R. Pinto and Douglas M. Branson, *Understanding Corporate Law*, LexisNexis, at p. 317.

利益免受威胁。这种威胁表现在,收购人认为现任董事对公司管理无能,因而需要更换这些董事。收购人相信新的董事会可能会做得更好一些,而反收购决策则是为了维护其形象、地位、权力和既得利益。因此,运用商业判断规则来审查目标公司的收购防御措施的合法性也无可厚非。

早期的“适当性标准”(test of propriety)或者“主要目的标准”(primary purpose test)就纯粹属于这种类型。[20] 根据适当性标准,董事会之所以采取行动是因为其相信:只要董事会认为维持公司的安全和完整是必要的、合理的,该行为就是适当的,并将受到商业判断规则的保护。如果董事会或者管理层采取行动的目的只是在于或者主要在于维持其职位的永久性(在英文文献中通常将其表述为“self-perpetuation”或者“self entrenching”),该交易就是不适当的并且是非法的。这类交易不受商业判断规则的保护,因为董事的行为并非为了公司的最佳利益。但是,这种早期的标准受到了批评,因为实际上任何交易都可能很容易地套上“适当的商业目的”(proper business purpose)的帽子,从而使行为人很容易逃逸责任。

一些法院则采用类似的“主要动机”(test of primary motive)标准来对待董事的反收购行为。[21] 根据这样的标准,如果董事会的反收购措施的主要动机是维护其控制权,而不是促进公司或者股东的利益,则适用商业判断规则。这一标准的问题是它是否具有可操作性。如果董事自己不承认其主要动机是维护其控制权,法院如何得以知晓呢?董事动机的唯一有利证据是通过防御措施所维护的公司利益的存在或者不存在。如果法院简单地从表面上接受目标公司董事会所提出的自我辩护,这种主要动机标准则可能成为单纯的魔术式的辩解。

总结一下,单纯利用商业判断规则来审查目标公司的防御行为显得过于宽松,且不易实际把握。

(二)现代标准

鉴于上述标准都存在一些问题,现在的法院更加倾向于采用一种“修正的商业判断规则”(modified business judgement rule)来审查董事会的反收购行为。这其实是一种中性标准(an intermediate standard),即它既不是传统的商业判断标准,也不是传统的完全公平标准,或者说,它是二者的结合。修正的商业判断规则并非一蹴而就,而是在司法实践中通过判例的积累逐渐发展起来的。

1. 举证责任倒置规则

根据这种规则,基本上仍然将董事会的收购防御措施视为一种商业决策,并适用商业判断规则。即要求董事的行为是善意的,并且是为了公司的利益。但是,该种规则将举证责任倒置给被告董事,就像利益冲突交易中的公平标准一样。由此可见,这一规则

---

〔20〕 See Clark, at p. 581.

〔21〕 See e. g. , Johnson v. Trueblood, 629 F. 2d 287(3d Cir. 1980).

将商业判断规则的实质要求和公平标准的举证责任结合了起来。[22]

2. 两步标准

举证责任倒置规则抛弃了传统上简单的单向思维及做法而将商业判断规则与公平标准结合了起来,固然是一种进步。但是该种规则在实质审查方面仍然没有突破,即还是运用传统的适当性和主要动机标准。于是,司法实践继续朝前推进,并采用“两步标准”(two-step test/two-prong test)来审查董事会的反收购措施。[23]

(1)必要性证明——合理依据

该标准的第一步是,董事会必须证明他们之所以采取行动是因为他们相信其所采取的收购防御措施对于公司目标而言具有合理的依据(reasonable grounds for belief in corporate objective)。也就是说,董事会必须证明他们之所以采取收购防御措施是因为其合理地相信该种收购企图可能给公司或者股东利益造成危害。换言之,董事会所采取的防御措施不能仅仅是为了维护其自己在公司中的地位和权力,而必须是为了维护公司或者股东的利益,否则将得不到商业判断规则的保护。

哪些收购行为具有危害性呢? 收购行为是否可能导致改变公司营业(change of business practices)就是一个重要考虑因素。譬如,收购人意欲在收购完成后将公司分拆再出售给不同的人而解散公司,或者从事非法行为等。收购行为对于目标公司股东是否公平或者是否造成压制(unfair or coercive to the target's shareholders)是需要考虑的又一因素。最后一个需要考虑的因素是,收购行为是否可能给目标公司造成大量负债。譬如,收购人通过杠杆收购(highly leveraged offer)依靠大量“垃圾”融资(highly-yield “junk” bonds)并以目标公司资产作为担保和以目标公司现金进行支付。

(2)相称性证明——合理措施

该标准的第二步是,它要求董事会必须证明其对来自收购威胁所采取的防御措施具有合理性(reasonable in relation to the threat)。这一要求又称为“相称性要求”(proportionality requirement)或者“相称性标准”(proportionality test)。这一标准的实质是允许法院对董事会所采取的防御措施进行实质性审查并在董事会所采取的防御措施与目标公司受到的威胁之间进行平衡。于此情形,相称性标准允许通过反收购措施考虑利益相关者的利益。

在评估董事会的行动是否具有合理性时,需要考虑的重要因素是董事会所采取的防御措施是否具有“排除性”和“压制性”(preclusive or coercive)。[24] 所谓排除性,是指该种防御措施将使收购人在任何情况下都不会成功。譬如,设置“毒药丸”中的买入计划赋予目标公司股东以 1/10 的市场价格购买收购人股票的期权,或者设置“毒药丸”中的卖

[22] See Cheff v. Mathes, A. 2d 548 (Del. Ch. 1964).

[23] See Unocal Corp. v. Mesa Petroleum Co., 493 A. 2d 946 (Del. 1985); Also see, Moran v. Household International, Inc., 500 A. 2d 1364 (Del. 1985).

[24] See Paramount Communication, Inc. v. QVC Network, Inc., 637 A. 2d. 34 (Del. 1994) and Unitrin, Inc., v. American General Corp., 651 A. 2d 1361 (Del. 1995).

出计划赋予目标公司以高于市场价格10倍的价格回售其股份的期权。所谓压制性,是指该种防御措施将导致目标公司或者股东利益减损。譬如,将目标公司优质资产出售构成目标公司资产浪费,或者寻找“白衣骑士”以较低价格出售股份。

(3)如何证明——“强化调查标准”

剩下的问题是,董事会为了证明其所采取的防御措施具有合理性和相称性,它还必须证明它的防御决策是在经过合理调查的基础上(with reasonable investigation)作出的。换句话说,如果董事会的防御决策没有经过广泛深入调查、研究、分析,或者没有咨询外部专家的意见,或者是在管理层的催促下匆忙作出的,就不能满足合理调查要求。这一要求的实质目的是防止董事会防御措施“过于严厉”(draconian)。这就是所谓的“强化调查标准”(test of enhanced scrutiny)。[25]

(4)证明负担的减轻——独立董事

最后的问题是,如果董事会的防御决策是在非利害关系董事或者独立董事的多数通过的情况下作出的,该种防御决策可能更加容易得到法院的认可。这并非是指董事会的防御决策一定需要非利害关系董事通过,而是说,如果是由非利害关系董事作出的决议,法院在衡量董事会的防御决策是否满足合理性标准(证明威胁存在的合理依据以及证明对威胁的回应措施的合理性)时,董事的证明负担将大为减轻。

如果满足了上述要件,董事会的防御决策将得到商业判断规则的保护。如果没有满足上述要件又如何呢?于此情形,法院也不会自动使该种防御决策无效,而是像对待自我交易那样,如果董事能够证明该种防御决策在实质上对公司或者股东是完全公平的,该种防御措施仍然是有效的;如果董事不能证明,该种防御措施则发生无效后果。

3. 拍卖标准

司法实践的发展和判例的丰富使对收购防御措施的审查标准趋近于完善。但是,上述标准却仅仅适用于董事会积极阻击收购人的收购攻击情形。当董事会的防御策略表现为另一种方式,即决定出售公司,上述标准就显得不太适应。在20世纪70年代至80年代的许多收购中,都是同时出现许多竞购者。针对这种情形,法院采用“拍卖标准”(test of auction)来予以应对。[26]

拍卖标准是指如果出现竞争收购,董事会应当向竞购者进行拍卖(auction)以保证股东获得最大利益。也就是说,如果董事会已经决定出售公司,它必须寻求有利于股东的最佳方案,而不能任意支持某一竞购者而压制另一竞购者。譬如,有两个收购人意欲收购目标公司:敌意收购和白马骑士。两个出价都是要买断所有股东的股票。在这种情况下,董事会应当将公司出售给出价最高的人才是合理的。根据这一标准,在竞争收购中,采用有利于竞购者(contestant)的锁定安排是不合法的并应当受到禁止,因为董事会已经

〔25〕 See Paramount Communication, Inc. v. QVC Network, Inc., 637 A. 2d. 34 (Del. 1994) and Unitrin Inc. v. American General Corp., 651 A. 2d 1361 (Del. 1995).

〔26〕 See Revlon Inc. v. MacAndrews & Forbes Holdings, Inc., 506 A. 2d. 173 (Del. 1985).

决议出售其公司，并且在作出该决策时，董事会有义务为其股东争取到最好或者最高的价格（the best or highest price）。这实际上要求董事会须为所有的竞购者提供公平的机会并平等对待所有的竞购者（to create a level playing field：treating all bidders equally）。

根据拍卖原则，在董事会决定出售公司时，其唯一的义务就是为股东争取最好的价格，而不能以公司的花费去考虑利益相关者或者管理层自己的利益。因为在这种情况下，公司将被出售，公司或者股东的长远利益不存在了，剩下的只是如何为股东谋取短期利益。

应当注意的是，上述拍卖标准只能适用于特定情形，而并非为董事设定的一般义务标准，即只有在公司处于待售（the corporation is put for sale）状态下董事才有义务为公司股东争取最好的价格。也就是说，当公司并非处于待售状态时，则不能适用拍卖标准。

当公司并非处于待售状态时排除拍卖原则的适用实际上在某种意义上使“拒绝出售”（just say no）防御策略合法化，并承认公司董事会可以在符合股东长远利益的前提下考虑利益相关者的利益。[27] 但是，随后的判例表明这种放松又得到了收缩，并将拍卖标准扩大适用到所有涉及“控制权转移”（change of control）的场合。[28]

四、对收购防御措施的政策性争议

对于公司董事会面临可能的收购是否可以采取措施进行防御，涉及较强的法律政策。对此，基本上存在两种截然相反的观点。[29]

反对观点认为，公司收购是公司控制市场的一部分。它对于通过革除低效管理并以更为有效的方式重新利用低值资产和低效利用资产以促进管理质量的提高具有重要意义。公司收购有利于活跃资本市场，促进公司管理，因而，不应该由董事会加以阻止，董事会根本无权采用防御措施，而是应该保持消极态度。根据这种观点，管理层不能干预或者不能试图阻击现金要约收购，而应该站在一边，让股东自己去决定什么是其最佳利益。因为，对股票价格运动的研究表明，防御策略的采用或者收购法的制定降低了已发行在外股份的市场价值。同时，侵略者愿意支付高于市场价格的溢价表明有效的资本市场使公司的价值在现行管理层的管理下由于其无能和无效率而被埋没了。

但是，赞成观点认为上述分析是站不住脚的，因为这些法经济分析的观点不能解释20世纪80年代的收购运动。其一，并购的发生往往是一浪一浪的，并倾向于在特定时期集中于特定行业，增进效益的观点不能解释这一现象。其二，许多并购的发生很明显是由于目标公司的有效管理：有些侵略者事先宣布，如果收购成功的话，它将保留现任管理层。其三，一些研究表明，证券市场是信息有效（information efficient）而不是价值有效

---

〔27〕 See Paramount Communication, Inc. v. Time, Inc. ,571 A. 2d. 1140(Del. 1989).

〔28〕 See Paramount Communication, Inc. v. QVC Network, Inc. ,637 A. 2d. 34(Del. 1994); and Unitrin Inc. v. American General Corp. ,651 A. 2d 1361(Del. 1995).

〔29〕 See Clark, at p. 588 – 592; Hamilton, at p. 416 – 418. 我国学者汤欣教授对公司收购的价值争论亦有详细归纳（汤欣：《公司治理与上市公司收购》，中国人民大学出版社2002年版，第156～208页）。

(value efficient),当企业作为一个单位来出售,股份的市场价格并不能精确地反映企业的价值。

根据赞成者的观点,董事会的防御措施有如下好处:(1)可以帮助和支持不愿意出售的股东,尤其是在两步合并或者部分收购的情形下;(2)迫使收购人支付更高的价格;(3)董事会比股东更有经验,他们知道何种情况出售,何种情况不出售,对股东更为有利(所谓的 board knows best);(4)有利于保护债权人、客户、雇员和社区利益。

上述两种截然不同的观点似乎各有道理。也许对这一问题的答案并不是非此即彼,而是一个法律政策上的权衡问题。退一步说,即使董事会的防御措施完全是出于维护董事自己利益而非以维护公司或者股东的最佳利益为目标,或者完全是一种利益冲突交易,也只能运用一定的标准去审查和解决这类问题,而不能简单地加以禁止。

第二章　公司合并与分立

第一节　公 司 合 并

一、公司合并概述

(一)公司合并的概念和特征

公司合并(corporate merger and consolidation/corporate combination),是指两个以上的公司订立合并契约并依照法定程序归并为一个公司的法律行为。[1] 公司合并的特征如下:

第一,公司合并是一种法律行为。公司合并属于公司组织结构的变更。公司组织结构的变更必将对相关利害关系人(如合并与被合并公司的股东及其债权人)的利益构成影响,因此,公司合并必须遵守公司法的规定。公司法主要规定的是合并规则和程序以及对债权人和少数股东的保护等措施。但公司合并在性质上属于合同行为。合并交易的当事人是两个或者两个以上的公司。合并交易的后果是两个或者两个以上的公司归并于一个公司。因而,公司合并还应当遵守合同法的规定。如果违背合同法上有关合同的效力要件的规定,该种合并交易可能发生无效。

第二,公司合并是将两个或者两个以上的公司归并为一个企业的行为。公司合并的基本形式包括吸收合并和新设合并。在此基础上还演变出其他一些特殊的合并形式,如简易合并、小规模合并、三角合并、事实合并等。

第三,公司合并须依照法定程序进行。公司法对公司合并规定了严格的程序要件。这些程序要件是合并行为的效力条件。也就是说,如果公司合并没有遵守这些程序要

[1] 关于合并的性质,理论上有人格合一说和现物出资说。前者认为,两个以上的公司合而为一是人格的合一或者人格合并。后者认为,合并的本质是通过以解散公司的全部营业向存续公司或者新设公司现物出资而形成的资本增加(吸收合并)或公司设立(新设合并)。不过,通常多认为,公司的本质是人格的继承,是一种人格的合并。参见[韩]李哲松:《韩国公司法》,中国政法大学出版社 2000 年版,第 89 ~92 页。

件，同样可能导致公司合并无效。

（二）公司合并的意义

公司合并与公司收购具有密切的联系，二者都是实现规模经济的手段。通常，在法律文献中将二者并称为“公司并购”（corporate merger and acquisition，M&A）。也有的法律文献将公司合并称为法定合并（statutory merger）；与此相对应，将公司收购称为非法定兼并（non-statutory amalgamation）。所以，公司合并与公司收购具有相同的经济意义，尽管二者在法律机制上有所不同。

市场经济变化迅速，企业随时都会受到技术革新、人口增长、价格变化以及人们偏好的影响。公司并购就是为了适应这种变化而提供的迅速而廉价地将生产资源转移到不同的公司结构中去的方法。现代资本市场的公司并购活动异常活跃，并相继形成了数次兼并浪潮（merger waves），[2]对现代经济生活产生了重大影响。

但应当注意的是，并不是所有的合并都具有这一效果。有些合并纯粹属于错误的商业分析，有些则是受到管理者褊狭的利益驱动。譬如，“皇室建筑”（empire building）合并虽然增加了企业规模，但却减少了股东和社会价值。有些则是行政干预的结果。实务中所谓的“拉郎配”，就是通过行政命令将绩差企业配给优质企业从而拖垮优质企业。此外，有些合并虽然有正确的商业计划，却仍然失败了，仅仅因为合并企业之间的不同文化背景不能融合。显然，这样的融合非常重要，因为当不同的企业结合在一起时，它决定着人们相互之间如何合作的问题，将两个单位结合成为一个具有协作效能的整体需要长时间的磨合。

二、公司合并方式

（一）吸收合并与新设合并

依合并后公司是继续存在还是新设公司，可将合并区分为吸收合并与新设合并。《公司法》第 218 条第 1 款规定，公司合并可以采取吸收合并或者新设合并。

《公司法》第 218 条第 2 款规定，一个公司吸收其他公司为吸收合并，被吸收的公司解散。在这种合并中，存续公司仍然保持原有公司名称，而且有权获得被吸收公司的财产和债权，同时也有义务承担被吸收公司的债务。这种继续存在的公司为存续公司（surviving corporation）；由于合并而失去法人资格的公司为消灭公司（disappearing corporation）或者被兼并公司（mergered corporation）。吸收合并实际上是一种狭义的

---

〔2〕 第一次大约发生在 1880 年至 1900 年，主要表现为横向并购（horizontal consolidation）。第二次大约发生在 1920 年，主要表现为纵向并购（vertical integration）。第三次大约发生在 1950 年至 1960 年，主要表现为混合并购（conglomerate mergers）。第四次大约发生在 1970 年至 1980 年，主要表现为“杠杆并购”（leveraged buyout）。第五次大约发生在 1990 年，主要表现形式为收购合并（通常为两步式并购/two-step M&A，即先收购、后兼并），并且在策略上尽管“敌意收购”（hostile takeover）仍然是其重要形式，但收购者更多地求诸于与目标公司管理层进行友好协商，即所谓的“友好收购”（friendly takeover）。这显然是由于公司法限制不受欢迎的收购以及公司实施防御策略的结果。

“兼并”(merger)。

《公司法》第218条第2款规定,两个以上公司合并设立一个新的公司为新设合并,合并各方解散。新设合并,又称为创设合并。在这种合并中,新设立的公司是在接管原有公司的全部资产和业务的基础上设立的。在这种情形下,被合并公司的法人资格均发生消灭并产生一个新的公司(newly-created corporation)。这种合并交易可称为狭义的“合并”(consolidation)。

(二)现金合并与易股合并

依合并对价形式的不同,可将合并分为现金合并与易股合并。

1. 现金合并

现金合并(cash merger),是指在合并中,消灭公司的某些股东被要求接受现金或者其他财产(但不包括股票)作为其股份的对价。承认现金可以作为公司合并的对价是比较晚近的事情。这表明法律对合并政策的变化,即允许存续公司向消灭公司的股东支付现金“买断”(cash out)股东的股份,从而将少数股东逐出公司。

现金合并允许利用合并程序来“挤走”(freeze out)特定股东。其实质是强制收购(compulsory buy-out)特定股东的股份。[3] 假设多数股东是个人或者由个人组成的利益集团,或者假设母公司并不愿意承担其子公司的责任,在这两种情况下,多数股东可以专门为排挤式合并设立一个新公司,多数股东可以将其在原公司的多数股份转让给新公司以换取新公司的全部股份。然后,将新公司与原公司进行合并。按照合并计划,结果是新公司的股东,即原来公司的多数股东,最终取得存续公司的全部股票,原公司少数股东接受现金或者其他证券。例如,X、Y和Z是一家封闭公司即XYZ公司的三位股东。Z与X、Y不和,为了将Z挤走,X和Y组建了一家新的公司,即XY公司,用现金买下了Z的股份,并将XYZ公司剩余的股份注销。其结果是X和Y成为该企业的仅有股东。由于X和Y拥有XYZ公司发行在外股份的多数,所以只要他们投票支持该项合并,该项交易就会得到通过。尽管可以Z投票反对该种合并,他却无力阻止该项合并,但Z却享有法定评估权。Z还可以指控该项合并是一种自我交易,但该种合并是有效的。再如,一公司由其全资子公司合并,多数股东依照股份置换原则获得了对该子公司的股份,而少数股东却被迫接受特定数额的现金作为其股份的对价。

---

〔3〕 在19世纪的美国,现金合并还是不可能的事情。因为当时对合并交易采用的是全体同意规则。任何股东不同意合并,均将导致合并无法进行。即使是在放弃了一致同意规则之后改而采用绝对多数同意规则,公司所有的股东都享有作为存续公司股东应享有的一切权利(取得存续公司股份)。然而,到了20世纪20年代,利用现金合并方式排除少数股东的想法已经不再令人惊奇。1925年美国的Florida修改其合并法,允许在合并中使用现金作为对价。随后其他州慢慢地跟进。特拉华州则在1957年承认简易合并,在1967年才承认长线合并中可以使用现金作为对价。MBCA相继于1968年和1969年跟进。现金合并在20世纪60年代和70年代再次成为一个争议的话题,在这一时期,由于大量公开发行现金股票,使股票价格大幅度下降,这就使控制股东能够以大大低于投资者先前支付的价格来买断公众股东。批评者认为这是不公平的。在这些交易中,经常使公司资产高于股票市场价值,使控制股东获得公司潜在固有利益的不平等份额。在联邦层面上,SEC根据Williams Act采纳了Rule 13e－3,具体要求对私有化交易进行了极为广泛的披露。在州一级,特拉华州法院以及其他法院都在寻求保护少数股东的方法,典型的案例是Weinbeger v. UOP, Inc.[457 A. 2d 701(Del. 1983)]。

现金合并还可以用作两步合并(a two-step merger)的第二步,即当第一步收购完成后,目标公司中尚有一部分股东不愿意出售其股份,这时即可利用这种现金合并形式来挤走这些留存股东(remaining shareholders)。这种合并通常被称为“扫尾”(back end)或者“清扫”(mop up)式合并。例如,目标公司的多数发行在外的股份已经通过公开市场或者公开要约方式被收购,但是仍然有一些目标公司的股东拒绝出售其股份。收购公司可以现金方式将目标公司留存股东的股票买下来。

2. 易股合并

易股合并(share exchange merger),是指在合并交易中,消灭公司的股东接受存续公司的股份作为合并对价的合并。易股合并是比较传统的一种合并方式。在这种合并中,合并完成后,消灭公司的股东接受存续公司的股票而成为存续公司的股东。

在公司合并交易中,被合并的公司的股东被要求接受合并公司的股份作为其原先公司股份的对价。为简化程序,一些法律规定,现在的易股交易甚至可以脱离合并而直接使用。[4] 为区别起见,这里将这种易股交易称为法定股份置换(statutory share exchange/compulsory share exchange)。

较之于合并,股份置换在程序上更加简单,更加直接。根据这种程序,股份置换须取得被置换公司董事会同意,并提呈给被置换公司股东会表决。如果被置换公司股东多数同意该项交易,则对该类股份持有人全体发生拘束力,但反对进行股份置换的少数异议股东享有法定评估权。[5]

股份置换与合并或者收购具有相同的经济效果。被合并公司股东的股份被置换成为合并公司的股份——按被合并公司股东原来持股比例发行股份。另外,法律也允许合并公司以现金或者其他财产作为支付对价。[6]

(三)母子合并

许多现代合并交易主要发生在母子公司之间。母子合并(parent-subsidiary merger)又分为若干情形:

1. 上游合并与下游合并

将子公司并入其母公司,我们称其为“上游合并”(upstream merger);将母公司并入子公司,我们称其为“下游合并”(downstream merger)。

上游合并的目的主要是取得对子公司的完全控制权。下游合并则可能适用于不同的目的,常见的用途是可以作为一种改变公众公司的设立所在地的手段。例如,某公司决定将其注册地从北京迁移到上海。它在上海设立一家全资子公司,然后采用下游合并方式将该公司并入其子公司,并以等额方式将该公司的股份转换为子公司的股份。

---

〔4〕 MBCA § 11.02.

〔5〕 MBCA § 13.02(a)(2).

〔6〕 “股份置换”(share exchange)这一称谓可能会导致误解,因为它包括了以现金“置换”股份,大多数人认为这其实不过是一种“强制购买”(a compulsory sale)交易。

2. 长线合并与简易合并

如果A公司长期持有B公司控制股份，现在A公司将B公司合并，则为“长线合并”(long-term merger)；如果A公司持有B公司90%以上股份，而现在A公司与B公司合并，为“简易合并”(short-form merger)。

母子公司之间的合并与一般合并相比并无特殊之处，同样需要遵守公司法上关于合并的条件和程序。但如果符合“简易合并”程序，则合并程序大为简化(见下述)。

(四)两步合并

在公司收购中，当收购完成后，收购公司可能取得目标公司的全部股份或者控股股份，此时，目标公司成为收购公司的全资或者控股子公司。然后，收购公司可以再将该公司予以合并。这就是“两步合并”(two-step merger)。这可能是收购公司精心设计的一种策略。譬如，原先收购公司意欲与目标公司合并，但遭到目标公司董事会抵制，谈判破裂。收购公司只能采取公开要约收购方式取得目标公司全部或者大部分股份，再行合并。这样做的好处有二：一是可以降低收购成本；二是可以降低程序障碍。就收购成本而言，合并的成本当然低于收购的成本；就程序障碍而言，如果收购公司取得了目标公司90%以上的股份时，则可以采用简易合并程序。如果收购公司取得了目标公司的控制股份，收购公司可以改组目标公司董事会，经过改组的目标公司董事会自然会同意与收购公司合并。

两步合并可与现金对价配合起来运用，这种合并被称为“两步现金兼并”(two-step cash merger)。在公司收购中，由于目标公司股东享有出售或者继续持有其股份的自由权利，所以，公司收购的缺点是它很难取得100%的股权。如果在收购完成后，尚有部分股东不愿意出售，就会形成收购人与少数股东共存的局面。目标公司可能继续以公众公司形式存在。要维持公众公司的地位是有代价的。首先必须满足证券监管法的要求和受到证券监管机构的管制；其次还要确保母子公司之间的所有交易必须对少数股东公开。这些代价促使大多数收购人不愿意看到仍然有一部分股份遗留在外部。为了彻底消灭少数股东，收购人在公开收购结束后还可以采取第二步措施，将遗留在外的股份再次予以收购。

(五)其他合并方式

现代公司合并形态花样翻新，在今天，大多数合并交易并不像该术语表面上那样表现为两个公司的简单联合。抛弃普通人对合并的这种简单看法对于理解现代合并法至关重要。其中，比较重要的特殊合并方式有简易合并、小规模合并、三角合并以及事实合并等。

三、公司合并程序

(一)订立合并协议

合并因当事公司之间的合同而成立。《公司法》第220条规定，公司合并，应当由合并各方签订合并协议。

在公司合并实践中,往往是公司管理层在得到公司董事会的授权后即进行合并谈判,并代表双方公司拟订"合并协议"(merger agreement)。这种"联姻契约"(marriage contract)约定合并交易的各种条款和条件,其内容通常包括:哪一方公司在合并后继续存在;存续公司章程的变更或者在新设合并的情况下新公司章程的制定;合并后存续公司或者新设公司的人事安排;等等。也许最为重要的是,合并计划须规定公司的股东应得到什么。就消灭公司的股东而言,他们必须将其手中持有的消灭公司的股票进行置换,而存续公司的股东则可以继续持有其股份,也可以不继续持有其股份。在这个问题上,大多数法律并不严格地将股东应获得的对价限定为存续公司的股票。股东应获得的对价还可以是证券、现金或者其他财产。合并计划甚至可以规定注销一部分股份而无须支付任何对价。

合并计划需要经过公司董事会的同意。合并计划经由董事会同意后推荐给股东会,然后征得各自公司股东会的同意。如果合并双方股东会批准了合并计划,合并协议发生法律效力。

(二)董事会决议

公司合并应首先由董事会作出合并决议。公司合并本身就是公司董事会权限范围内的事情,只不过公司合并构成了对股东利益的重大影响。因此,公司合并计划经由董事会同意后,还需要提交股东会审议。

(三)股东会决议

公司合并是公司的重大变更事项,对股东利益影响甚大。因此,公司合并必须经由股东会同意后方可实施。[7]

---

〔7〕 公司合并法的历史是一部受到市场变化和技术革新驱动而不断放松限制的历史。这个历史发展大致可以分为四个阶段:第一个阶段是公司特许令状时代。在这一阶段,公司特许令状的颁发是一种主权行为。立法机构通过颁发特许令状创设公司,通常是为了帮助公益性质的项目,如修建铁路、运河、设立金融中介机构(如银行或保险公司)或者设立制造业企业(但少见)。根据这些特许令状,公司没有权力对特许权进行修正。它们只能请求立法机构进行立法修正。所以,这是一个不可能存在公司并购的时代(era of no general power to merger)。第二个阶段是股东一致同意时代(era of shareholder unanimity)。在这一阶段,立法机构不再直接设立公司,取而代之的是,私人可以直接申请设立公司。但是,这一时期的公司法仍然相当严格。为了保护股东的利益,法律通常规定,非经全体股票持有人同意,不得对公司章程作出任何修改(当然,兼并也需要这种全体一致同意)。在此意义上,可以说19世纪中叶的公司很像是一种普通合伙。第三个阶段是多数同意时代。19世纪后期,技术革新带来了大规模生产和产业投资的多元化。并购已经成为一种将商业重新组合为一种更大单位的低成本方法。但在一致同意规则下,由于少数股东的阻挠,并购几乎成为不可能。因此,到19世纪末,公司法开始承认并购并允许修改章程,只要该种并购经由董事会提议并经过多数股东的同意(一般为绝对多数)。同时还允许种类股份参与表决以保障低级股东集团的利益。这一阶段的第二个变化是为股东设置了一种叫作quid pro quo替换的制度,即允许那些不愿意参加(合并后)新的企业的股东以公平价值要求公司回购其股份从而退出公司。第四个阶段可以称为现金兼并时代。20世纪的法律进一步放松管制,并主要表现在两个方面:一是进一步放宽表决权要求。有的法律(如特拉华州法)要求像诸如公司兼并这样的交易只需要每一种发行在外的股份的简单多数同意即可。二是20世纪中叶的法律变革在许可兼并对价的形式方面给予了很大的自由。原来,股东只能接受存续企业的股权。而根据现在的法律,对价形式的范围从证券扩展到一切形式的财产,最主要的就是现金。这样,"买断式兼并"(cash out merger)迅速成为常见的现象—— 一种可以有效地强迫股东出售其股份以换取现金的交易。

大多数法律要求公司合并需要取得股东会的绝对多数(supermajority)通过。但也有的法律仅仅要求简单多数通过(a simple majority vote in favor of the merger)。[8]

根据我国《公司法》第59条的规定,公司合并,应当由公司的股东会作出决议。其决议方法,根据我国《公司法》第66、116条的规定,在有限责任公司,必须经代表2/3以上表决权的股东通过;在股份有限公司,必须经出席会议的股东所持表决权的2/3以上通过。

如果公司合并影响到了种类股份的利益,譬如,公司合并改变了种类股份的权利、权力或者特权,种类股份有权作为单独表决权集团(separate voting group)对合并进行表决。也就是说,如果公司合并对某类股份构成了影响,则应首先经由该类股份的表决通过后再由表决权股东进行表决,如果未经种类股份的同意,不得进行合并。[9]

(四)编制资产负债表及财产清单

根据《公司法》第220条的规定,公司决议合并时,应立即编制资产负债表及财产清单等表册。编制资产负债表的目的是便于了解公司现有资产状况;编制财产清单,应包括公司所有的动产、不动产、债权债务及其他资产或者负债,并须分门别类标明价格,记载于财产目录表中。上述表册,应当按规定置备,以供债权人查阅。如有虚假记载,公司负责人应承担相应的法律责任。

(五)对债权人的通知或者公告

因公司合并对债权人利益构成影响,法律要求公司在作出合并决议后应当通知或者公告债权人。《公司法》第220条规定,公司应当自作出合并决议之日起10日内通知债权人,并于30日内在报纸上或者国家企业信用信息公示系统公告。

(六)债权人异议权

公司应自合并决议后,指定一定期限允许债权人提出异议。债权人在此期间内未提出异议的,视为承认合并。如债权人在此期间内提出异议,可以要求公司清偿债务或提供相当的担保。《公司法》第220条规定,债权人自接到通知之日起30日内,未接到通知的自公告之日起45日内,可以要求公司清偿债务或者提供相应的担保。

(七)办理合并登记手续

公司合并完成后,应办理相应的注销、变更或设立登记。公司合并或者分立,登记事项发生变更的,应当依法向公司登记机关办理变更登记;公司解散的,应当依法办理公司注销登记;设立新公司的,应当依法办理公司设立登记。

四、公司合并的法律后果

公司合并后必然发生相应的法律后果。这种后果表现在两个方面:一是公司组织结构的变化,即公司消灭、变更或者新生;二是权利义务的概括转移。

---

〔8〕 MBCA § 11.04(e).
〔9〕 MBCA § 11.04(e).

（一）公司的消灭、变更或者新生

1. 公司的消灭

公司合并必然导致一个或一个以上的公司解散。在吸收合并中，被吸收的公司解散；在新设合并中，被合并的公司解散。因合并而消灭的公司的股东，可以将其持有的股份或出资，按合并协议所规定的比例，换取存续公司或新设公司的股份或出资。

合并虽然是公司解散事由之一种，但这纯粹只是一种形式意义上的规定。因为，基于合并而消灭的公司无须经过清算程序。因此，这里所说的公司因合并而解散，与通常意义上的解散有所区别。通常意义上的公司解散只是法人人格消灭的原因，而公司因合并而解散则可直接发生公司法人格消灭的后果。因此，公司因合并而解散的，应当办理注销登记。

2. 公司的变更

在吸收合并中，吸收公司继续存在，但存续公司实际上已经发生了变化。譬如，存续公司的资产负债以及股权结构均会发生变动。因此，存续公司的章程自应随之而修改。此时，存续公司即应召集合并后的股东会，如有必要修改章程，则应修改章程。因此，公司因合并而变更的，应当办理变更登记。

3. 公司的新生

在新设合并时，新公司因之而产生，新公司即应召集成立大会，订立新的公司章程。因此，因合并而设立新公司的，应当办理设立登记。

（二）权利义务概括转移

合并的结果是存续公司或者新设公司承受被合并公司的债权债务。《公司法》第221条规定，公司合并时，合并各方的债权、债务，应当由合并后存续的公司或者新设的公司承继。

也就是说，因合并而消灭的公司，其权利义务应由合并后存续或新设的公司概括地承受。所谓概括承受，即消灭公司全部资产和责任，包括动产、不动产、债权、知识产权以及债务或者其他负债等，一律全部由存续公司或新设公司承受，承受公司不得进行选择，不得附有任何先决条件。

至于权利如何继受，则可由合并后存续或新设的公司与债权人具体商定。权利的转移应当依照法定程序办理。例如，公司不动产的转移应当做成书面文件，并应办理过户手续，其转移行为方为有效。

五、公司合并的特殊形式

（一）简易合并

当母公司拥有其子公司绝对多数（overwhelming majority）比例的股份（法律通常将其界定为90%以上）时，如果母公司希望合并其子公司，只要母公司董事会同意就可以进行合并。这就是所谓的简易合并（short form merger）。这将意味着既不需要母公司股东表决,也不需要子公司股东表决,甚至不需要子公司董事会决议。[10] 简易合并必定是一种上游合并。我国公司法规定了这种简易合并程序。《公司法》第219条第1款规定,公司与其持股90%以上的公司合并,被合并的公司不需要股东会决议,但应通知其他股东,其他股东有权请求公司公司按照合理的价格收购其股权或者股份。

法律要求公司合并需要取得股东会的同意显然是对合并的一种障碍,这不仅是因为合并计划可能面临股东会的否决,而且意味着合并负担和成本的提高。既然如此,法律为什么坚持合并交易需要取得股东会的同意呢?因为合并将会对股东利益构成重大影响。这是否意味着,如果合并没有给股东利益造成影响或者合并没有给股东利益造成重大影响,就可以不需要股东会同意呢?的确,许多公司法在规定了合并需要取得股东会同意的一般原则的同时,根据合并对股东的影响程度的不同,也容许了若干例外。[11] 简易合并就是这种例外之一。这种合并不会对母公司股东发生重大影响,因为他们已经间接地享有该子公司的绝对多数(90%以上)利益。该种合并的结果实际上提高了母公司在子公司中的地位。同时,子公司股东无论如何也阻止不了这种合并。既然如此,还不如省去股东同意程序以减小交易成本,譬如,避免征集表决代理权和召集公众母公司股东会议的成本。

在简易合并中,母公司的股东不享有评估权,因为根本就不要求这些股东进行投票表决。但子公司的少数股东可能被要求接受一定数额的现金而出售其股份。因而,尽管他们没有表决权,但是,他们应当享有评估权,即"其他股东有权请求公司按照合理的价格收购其股权或者股份"。

(二)小规模合并

沿着这一逻辑,有些公司法甚至认为那些巨型公司对小型公司的合并(与母子公司不同,它们之间不一定存在关联关系),亦无须要求合并公司的股东表决,因为该种合并对合并公司的股东利益并不产生重大影响。这就是所谓的"小规模合并"——被合并公司规模较小。小规模合并的另一表述方式是"鲸吞式合并"(whale-minnow mergers)——合并公司规模巨大。小规模合并实际上是巨型企业对小型企业的吸收合并,或者说,将小型企业并入大型企业中。小规模合并是对合并须取得股东会同意的一般原则的又一个例外。

由此可见,是否适用小规模合并规则,主要是看该种合并是否构成了对合并公司股东利益的重大影响。如何确定某种合并是否构成了对股东的重大影响呢?一些法律所规定的标准是:[12] 第一,存续公司章程没有进行实质性修改。第二,它没有转换或者改变公司发行在外的股份,即不允许股东将其股票置换成其他种类的股票,或者改变原股东

---

〔10〕 MBCA § 11.04.

〔11〕 MBCA § 11.05.

〔12〕 MBCA § 11.02(g).

的权利、权力或者特权。第三,公司发行在外的股份的增加不超过法定比例(法律通常将其界定为20%)。这将意味着原先股东的利益没有被大量稀释,所以股东利益没有受到重大影响。

符合这三个条件的合并无须取得合并公司股东会的同意。这主要是考虑到:这种合并对存续公司没有产生什么影响,如果去征求股东的投票,则将增加交易成本,还可能推迟合并,权衡考虑,不值得。

既然存续公司的股东不享有表决权,当然也就不享有评估权。但该种合并对消灭公司股东利益影响巨大,因此,消灭公司的股东享有表决权。同时,消灭公司的股东也享有评估权。

我国《公司法》第219条第2款规定,公司合并支付的价款不超过本公司净资产10%的,可以不经股东会决议;但是,公司章程另有规定的除外。从我国公司法的规定来看,其是从合并公司支付的价款与公司净资产之间的比例来考虑的。一般来说,公司合并支付的价款不超过本公司净资产10%的,不会对合并公司构成实质性影响,也不会对合并公司股东产生重大影响,因此,合并公司董事会可以自行决定,无须经过股东会审议批准程序。尽管法律规定了这种小规模合并的简易程序,但是否采取这种方式,取决于公司自己,因此,如果公司章程另有规定,还是尊重公司股东自己的决定。

(三)三角合并

1. 三角合并的概念

三角合并(triangular merger),是指合并发生在目标公司和收购公司的子公司之间,而不是直接发生在目标公司与收购公司之间。

在这种交易中,母公司通常是公众公司,其股份可以在公开市场进行交易。该子公司可能是在合并前就已经存在并实际营业的公司,也可能纯粹是为了合并而设立的新公司。母公司在设立子公司时,往往只注入名义资本。合并的方式既可以将目标公司并入该子公司,也可以将子公司并入目标公司。在合并后,如果新公司是合并后的存续公司,该合并就被称为"顺向三角合并"(forward triangular merger);如果目标公司是存续公司,该合并就被称为"逆向三角合并"(reverse triangular merger)。

2. 三角合并中的对价

像任何其他合并一样,在三角合并中,收购公司将取得存续公司的股票。具体而言,在顺向三角合并中,目标公司股东的股份被置换成存续公司的股票;而在逆向三角合并中,目标公司股东则保持其股份。但是,仅仅如此,并不能使合并当事人各方满意。收购公司将不能取得对合并子公司的100%的股份,从而面临少数股东对母子公司交易的潜在诉讼,目标公司的股东也不愿意持有子公司的股份,因为子公司已经受到他人的控制,其所持有的股份不容易出售。一种方法是用现金或者其他财产将目标公司原有股东手中的股份买过来;另一种方法是将目标公司原有股东手中的股份置换成为收购公司的股票。[13] 其结果是，要么目标公司的股东因其出售股份而退出公司；要么因股份置换而成为收购公司的股东。如此，收购公司得以完全控制目标公司。

3. 三角合并的意义

公司合并固然存在诸多好处，但同时也存在一些不利之处。如存续公司对消灭公司债务和责任的自动承受，股东表决权和评估权负担等。如何利用合并的优点（如税法优惠），并避免合并的缺点？公司合并在实践中创造出了三角合并的方法，并得到立法承认。三角合并的意义主要表现在如下几个方面：

第一，三角合并机制的运用可以避免收购公司对目标公司债务的自动承担。既然合并发生在目标公司与收购公司的子公司之间，也就只有子公司才对目标公司的债务承担责任，或者目标公司对子公司的债务承担责任（但这两种情形均可能引起“揭开公司面纱”）。

第二，三角合并可以规避法定程序。就收购方而言，收购公司股东丧失表决权和评估权。合并公司不是收购公司，而是收购公司的子公司。这意味着，是收购公司（通过收购公司董事会而实施行为）作为合并子公司的股东之一或者唯一股东在投票，对合并表示同意；同时也是收购公司，同样作为子公司的股东之一或者唯一股东享有行使评估权（应该说它是不会行使的）。而收购公司的股东既没有表决权，也没有评估权。归根结底，合并的不是他们的公司，但他们却面临如同任何合并一样的后果。如果收购公司向目标公司股东发行股票的话，他们的股权利益毫无疑问地被稀释了。因而，对利用三角合并来剥夺收购公司股东的表决权和评估权存在一些限制。如果收购公司的股票在交易所上市，交易所的规则可能要求将该收购置于其股东的表决之下，但这取决于在该交易中收购公司将发行多少股票。[14] 特定情况下，法院也可能将这种三角合并作为事实合并（de facto merger）对待。[15]

第三，对于有些交易，保留目标公司的继续存在很重要。尤其是对于那些根据特别法设立的公司（如银行、保险公司等）来说，其设立相当困难，或者对于那些具有政府关系或者其他关系的公司来说，可能不允许转让其股份。这样的交易可以通过逆向三角交易合并（reverse triangular merger）来达成。在逆向三角合并中，收购公司或者控股公司设立了一家新的子公司并将资产或者股份“注入”或者“转移”给子公司以此来收购目标公司的股份。该子公司然后被并入目标公司，合并公司的资产或者股份被置换成为即将被合并的公司的股份。合并公司持有的新的子公司的股份被置换为目标公司的股份。其结

---

〔13〕 但这两种方法在传统的公司法上是有问题的，因为合并发生在收购公司的子公司与目标公司之间，无论是现金支付还是股份置换都只能在它们之间进行，而不能发生在收购公司与目标公司之间。为了使三角交易取得合法地位，现代公司法对传统合并法进行了修改，并列举了在合并中其他公司的哪些股票可以作为目标公司原有股东可以接受的对价。根据这种新的规定，某些合并当事人的股份可以转换为“存续公司或者任何其他公司的股份或者其他证券、权益、义务，或者全部地或部分地转换为现金或其他财产”。See MBCA § 11. 03.

〔14〕 NYSE 规定为 10%，MBCA 亦有类似规定。

〔15〕 美国的有些州法规定，如果该交易导致收购公司股东权益的实质性稀释，在该三角合并中，应当赋予收购公司股东表决权和评估权。

果是目标公司成为收购公司或者控股公司的全资子公司。目标公司的股东既可以获得现金也可以获得股票。

（四）事实合并

有些交易虽然在程序上或者形式上并不构成法定合并，因而不要求股东进行表决或者行使评估权，但是在实质上却产生与合并相同的效果，并进而影响到股东的利益。在这种情况下，法律可能将该种交易视为事实合并（the de facto doctrine）。相应地，要求公司赋予与该种交易中的当事公司的股东享有与合并一样的权利。在这里，法律采用的是实用主义的方法。这样的法律认为，由于事实上的合并与法律上的合并（de facto/de jure）在经济效果上是相同的，所以应该对其股东提供相同的法律保护。

那么，判断事实合并的标准是什么呢？一般而言，一项交易如果符合了如下条件，则构成事实合并：[16]（1）购买公司的营业性质发生了变化；（2）购买公司接受了出售公司的大部分担任重要职务的经营管理人员；（3）出售公司原股东置换购买公司股票；（4）购买公司发行新股稀释了其股东的权益。

事实合并一旦成立，即意味着出售公司股东和购买公司股东均享有表决权和评估权。[17]

六、公司合并中对利害关系人的保护

（一）公司合并中债权人的异议权

公司合并中对债权人利益的保护主要体现在两个方面：一是法律赋予债权人异议权；二是法律规定因合并而消灭的公司的债权债务由合并后的存续公司或者新设公司概括承受。关于后一方面，前已述及。这里主要讨论债权人异议权。

1. 债权人异议权概述

公司合并中，债权人不能参与合并表决，因而，如果公司决定（已经获得股东会通过）进行合并的话，债权人无论如何也不能阻止公司合并的进行。但法律为了保护债权人的利益赋予债权人异议权，即债权人有权对公司合并提出异议，债权人提出异议时，公司应进行清偿或提供相应的担保。《公司法》第220条规定，债权人自接到通知之日起30日内，未接到通知的自公告之日起45日内，可以要求公司清偿债务或者提供相应的担保。

2. 债权人异议权的成立要件

债权人异议权的成立主要涉及债权人的债权是否因合并而受到危害。对此，主要有以下两种做法：

第一，以合并对其债权产生危害为异议权的构成要件。在采取这种做法时，债权人提出的异议申诉并不自然成立，只有在债权受到合并危害的情况下，债权人的异议权才

---

〔16〕 标准是由美国法院在著名的判例 Farris v. Gen Alden Corp. [143 A. 2d. 25（Pa. 1958）]案中建立起来的。

〔17〕 此也存在相反的意见。反对观点认为对于此种情形仍然应当按照资产出售规则处理。See Hariton v. Arco Electronic, Inc. , 188 A. 2d 123（Del. 1963）.

有效成立,从而产生公司对其清偿债务或者提供担保的后果。采取这种做法的国家主要有法国、意大利。

第二,对异议权的成立不设定条件。在采取这种做法时,只要债权人按程序提出异议,该异议权就当然成立,公司即应对债权人债权进行清偿或提供担保。这种做法实际上是承认债权人异议权的无条件性。采取这种做法的国家主要有日本和我国。

3. 债权人保护措施的决定主体

这是指对异议债权人是否采取保护措施、采取何种保护措施,由谁决定的问题。对此,存在如下两种不同做法:一是法院参与异议程序,作出是否采取保护措施的决定。意大利、法国均采取这种做法。二是法院不参与异议程序,是否作出保护措施的决定由公司作出。日本和我国采取这种做法。

4. 不适当履行债权人保护程序的后果

不同的立法对此规定有所不同。归纳起来,主要有三种立法例:

第一,不得对抗异议债权人。公司未适当履行债权人保护程序并不导致合并无效,也不产生妨碍合并进程的效果,只是产生合并不对抗异议债权人的后果。

第二,合并只对提出异议的债权人无效。如果在没有适当履行债权人保护程序、债权人异议仍然存在的情况下实行了合并,不承认合并的债权人可以公司怠于履行债权人保护程序作为无效之原因,提出合并无效之诉。

第三,异议申请有阻止合并实施的效力。在异议未经撤销或判决执行前,合并停止执行。只有异议被法院驳回,或者对债权人进行清偿或者提供担保的情况下,才可以实行合并。

我国93年《公司法》采取的是最为严格的一种做法,它规定如果公司不清偿债务或者不提供担保,公司不得合并。现行公司法虽然放弃了这一严厉措施,但却没有规定公司不适当履行债权人保护程序的后果。不过由此也可以看出立法者的基本态度显然是不赞成这种严厉措施的。因此,可以认为,现行法的态度是异议权并不能阻止合并的进行,只是合并不能对抗提出异议权的人。

(二)公司合并中对少数股东的保护

公司合并同样涉及对少数股东的保护问题(minority shareholders protection)。不可避免,并非所有的股东都会对合并协议中的条款满意。对此,如果合并不符合其意愿的话,股东拥有三个措施来保护自己。或者换个角度说,支持合并的人将面临着来自合并公司股东的三个障碍:

1. 表决权障碍

合并中对股东的第一个保护性措施就是赋予股东对该交易进行表决的权利(voting rights)。换句话说,合并交易必须得到双方公司股东会的同意。

如果一项交易结束了,但是尚未经过适当的表决同意,譬如,如果某一种类股份有权作为单独的表决权集团进行表决但是却没有让他们行使这种权利,该合并交易就无效。

2. 评估权障碍

保护股东的第二个措施是，股东有权要求公司对其股权进行评估并以公平价格购买其股份，如果他们不同意该项合并交易但又无力阻止该交易的话。

在经过双方股东投票同意后，还需要向登记机关呈交合并文件（a certificate of merger）。至此，合并宣告完成。不同意合并的股东必须分开，以便寻求对其股份的公平价值的司法评估作为替代。

一般而言，只有享有表决权的股东才享有评估权（appraisal rights），如其对合并没有表决权，他们也就不能获得评估权。如果合并计划必须经由某类股东同意并且该类股东有权对该合并进行表决，该类股东同样享有评估权。

3. 受信义务障碍

保护股东的第三个措施就是向法院提起诉讼指控董事或者控制股东违反受信义务。

合并中受信义务主要适用于控制股东情形。虽然所有的股东都有权利以最符合自己利益的方式投票，但是由于在控制股东行使其表决权和对公司及其财产的“控制权”之间存在某种张力（tension），从而使控制股东有能力影响少数股东的利益。所以公司法一般都规定，控制股东在实施控制权时对公司和少数股东负有受信义务。

只有控制权的实施才产生对其他少数股东的受信义务，因为控制股东可以接触到非公开公司信息或者影响董事会对合并交易的决策。

一般认为，既然异议股东享有评估权，那么就没有必要享有起诉董事或者控制股东违反受信义务的权利。这是评估权的排他性表现。但这一原则是否绝对尚有疑问。譬如，优先股的股东可能认为公司提供给不同种类股份的对价是不公平的，或者某一类股东抱怨其他股东获得了现金，而他只能继续持有股票。

早期法律的立场是，法律不应当对动机或者主观公平进行评判，如果该项合并遵守了适当的程序并且为少数股东提供了保护措施（如为异议股东提供了评估权），该交易就是有效的。

但是，现代法律认为，仅仅遵守了法定程序还不够，还应当将该交易作为一种自我交易对待，并适用公平标准来审查该交易的合法性。[18] 也就是说，这些交易必须满足“臂距交易”（arm’s length transaction）的要求。如果两公司的控制股东或者董事在交易中没有保持“一臂之距”（arm’s length），譬如，一公司拥有另一公司足够的股份并足以任命另一公司的多数或者全部董事，该种交易构成自我交易，从而需要经过司法审查其公正性。

---

〔18〕 美国的联邦法实际上没有对不公平的现金交易提供任何保护。在 Santa Fe Inc. v. Green［430 U. S. 462，97 S. Ct. 1292（1977）］案中，最高法院认为，违反 Rule 10b－5 的实质是对重要事实没有披露或者错误披露，如果不存在没有披露的情形，该种不公平的现金合并和相关交易是不受指控的。在 Virginia ankshares，Inc. v. Sandberg［501 U. S. 1083，501 U. S. 1083，111 S. Ct. 2749（1991）］案中，法院认为，根据 SEC 表决权代理规则，如果通过表决权代理征集书征集的票数没有构成对表决结果的影响，在现金合并中发出的表决权代理征集书不能构成联邦诉求的基础，从 Santa Fe 以及 Virginia Bankshares 案件的结果来看，对现金合并和相关交易的管制现在看起来似乎纯粹是一个州法问题。Hamilton，at p. 564.

但是如果合并交易经过了另一方公司的非利害关系董事的同意,则无须按照自我交易规则的要求通过司法对其公平性进行全方位的审查。

受信义务典型地适用于排挤合并中。当公司同时存在多数股东与少数股东时,由于某种原因,多数股东可能对这种共存局面不满意。因此,多数股东可能采取某种措施将少数股东排挤出去。这种收购策略被称为“排挤式”(freeze-out)合并。[19] 排挤式合并主要发生在简易合并、两步合并以及相关交易等情形,其方法主要体现为现金合并(cash out merger)。这些交易的发展引出一个问题,即这些交易只要是遵守了法定的程序要件就可以成为有效的交易呢,或者在将这些交易强加给反对股东时还需要适用某种形式的公平标准?

多数股东(或者多数股东集团)为什么要将少数股东排挤出去呢?

第一个原因是为了增加将来的收入回报。譬如,企业拥有较好的前景,如果现在以较低的价格将少数股东手中的股票买过来就值得,因为拥有整个企业的将来利润(future profits)就会高。又如,在两步收购的情形下,以较低的价格迫使非出售股东(non-selling shareholders)接受原来的收购价格,从而降低了收购成本。如果需要向少数股东支付的价格过高,以至于等于或者高于拥有整个公司的现在价值(present value),就不值得这样去做。

第二个原因是为了增强公司的凝聚力。虽然多数股东可以控制和支配公司,但是多数股东仍然面临一定的危险。如果少数股东对多数的决定不满意的话,少数股东虽然不能阻止多数决策,但是少数股东可以多数股东违反受信义务为由提起诉讼,或者少数股东可以行使评估权。多数股东当然不愿意看到这种局面。

第三个原因是为了私有化需要。维持公司的公众化固然有利于公司筹集资金或者提高公司的声誉,但也有不利之处,如需要随时满足证券监督管理机关的披露要求或者服从其他监管。因此,排挤策略也可以用于满足私有化需要。

从政策上考虑,允许多数股东将少数股东排挤出去似乎是一种不可能达到的“零和游戏”(zero-sum game)。多数股东意欲将少数股东排挤出去是因为他认为该股票的价值高于其所支付的价格。然而,少数股东也会认为他所接受的价格低于该股票的价值,否则,少数股东会自动出售。那么,多数股东排挤少数股东的正当性在哪里呢?

一个正当理由是排斥少数股东“搭便车”(free rider)。也许多数股东并不是想将财富从少数手中转移到多数手中,而是相反,试图阻止财富的反向流动,即从多数股东向少数股东流动。由于公司财富的增加是多数股东努力的结果,少数股东的行为只是一种“搭便车”的行为。譬如,在两步收购中,通过合并,收购人可能增加了公司的价值,少数股东为了分享这种增值利益而拒绝出售其股份。在这种情况下,赋予多数股东驱逐少数

---

〔19〕 英语中还有一个术语叫作“squeeze out”。squeeze out 与 freeze out 的区别在于:前者主要表现为一种事实上的“排挤”,如封闭公司采取“不分配政策”(no dividend)将少数股东排挤出去;后者指采取法定手段,如并购方法,排挤少数股东。这里主要指后者而言。

股东的权利就是为了解决这一问题。事实上,这就是为什么合并法允许多数股东强制少数股东退出。

另一种理论认为,应当将股份所有权视为某种类型的期权合约(option contract),允许多数股东买进少数股东权益(call option)。公司可以发行不同种类的股份,根据公司章程规定,公司可以在必要时赎回其股票,允许公司强制某种股票持有人将其股票回售给公司,以此保护另一类股票持有人的经济利益。

利用建立在受信义务和评估权基础上的司法审查可达到对受压迫的少数被排挤股东进行救济的目的。一旦法院认可了合并是多数股东强制少数股东退出公司的一种方式,剩下来的问题就是如何保护少数股东。有两种方法:一是提起违反受信义务的诉讼;二是使其享有评估权。

七、公司合并无效及其诉讼

(一)合并无效概述

合并无效,是指在合并交易中存在合并瑕疵从而导致合并不发生法律效力的情形。国外公司法上一般都对合并无效进行了规定。我国现行公司法没有对此作出规定。

前面已经说过,合并须依照法律规定的条件和程序进行,如果合并没有遵守这些条件或者程序,则可能导致合并无效。导致合并无效的原因可以是任何违反法律、行政法规规定的合并条件和程序的情形。譬如,公司没有编制资产负债表及财产清单;又或者合并协议没有得到主管机关的批准等。常见的合并无效原因主要有:

第一,合并协议无效。如合并协议的订立存在无权代理、欺诈等情形时,该种协议可能发生无效或者被撤销。如果该种协议发生无效或者被撤销,合并的基础动摇,合并本身也可能发生无效。

第二,合并决议有瑕疵。如合并决议不符合法定表决要求,或者剥夺了某类股份的表决权等。

第三,违反债权人保护程序。如公司未依法满足债权人的异议权。

(二)合并无效之诉

公司合并属于团体法上的行为并产生团体法上的效果,如果动辄使合并发生无效,必将影响众多利害关系人的利益。因此,公司法上的合并诉讼制度的目的一方面在于承认这种诉讼,另一方面也在于限制这种诉讼。譬如,合并无效的主张只能以诉讼为之;被告应是存续公司或者新设公司,原告限于股东、董事、监事、清算人、破产管理人,或者不承认合并的债权人;应在法律规定的时间内提起诉讼(如6个月内)。

1. 无效之诉的性质。主张公司合并无效只能以诉讼的方式为之。合并出现无效原因时,利害关系人可在一定期限内以诉讼方式主张合并无效。合并无效之诉属于形成之诉。

2. 无效之诉的当事人。在合并无效诉讼中,原告既可以是股东,也可以是公司债权人;有的国家法律规定还包括公司董事、监事、清算人。[20] 被告是合并后存续或者新设的公司。

3. 无效之诉的诉期。合并无效诉讼应在合并生效之后一定期限内(一般为6个月)。此期间为除斥期间。

4. 诉讼管辖、提诉公告、诉的合并。与设立无效相同,见前述。

5. 无效判决的对世效力。合并无效的判决确定后,合并无效判决具有对世效力。也就是说,一旦法院判决合并无效,该种判决不仅对原告、被告,而且对第三人产生效力。因此,无效判决生效后,任何人均须遵守该判决。这是无效判决的对世效力的体现。

6. 无效判决的溯及力。合并无效判决不具有溯及力。也就是说,对合并无效判决确定之前的存续公司或者新设公司视为事实公司存在,其所为的对内对外法律行为均为有效。如果合并无效判决具有溯及效力,必将使合并交易从一开始就无效,并将会对合并后已经发生的交易产生不利影响,从而影响到交易的安全。有鉴于此,合并无效的判决只对将来发生效力,而不对过去已经发生的交易发生效力。这就是说,合并后由存续公司或者新设公司所实施的内部行为(如股东会决议、董事的责任、新股发行、公司债的发行等)和外部交易(如股份转让、合并交易等)均为有效。合并后至无效判决生效之时的存续公司或者新设公司为"事实上的公司"。

7. 无效判决的后果。无效判决发生合并公司恢复原状的后果,并因此产生因合并承继的权利、义务及合并后取得的财产和所承担债务的处理问题。

第一,恢复原状。由于合并无效的确定,当事公司还原于合并前的状态。具体而言,如果属于吸收合并,被消灭的公司复活,并从存续公司中分立;如果属于新设合并,被消灭的当事公司均复活,并从新设公司中分立。

第二,因合并而承继的权利义务的处理。因合并而继受的权利义务原则上复归于复活的消灭公司,但是,由于合并无效判决没有溯及力,合并后的存续公司或者新设公司已经处分的权利或者已经履行的义务,应将其价额折算为现存价值进行清算。

第三,合并后取得的财产及债务。因合并而取得的财产或者承担的债务由复活之消灭公司共有或者分担。就财产的分享而言,有协议的,根据协议确定;没有协议的,根据公平原则分割。就债务分担而言,有协议的,根据协议确定;没有协议的,由合并各方承担连带责任。

8. 合并无效判决的登记。合并无效的判决确定后,应在总公司和分公司所在地办理登记。存续公司应办理变更登记,新设公司应办理解散登记,消灭公司应办理恢复登记。

---

〔20〕《韩国商法典》第529条。

第二节　公司分立

一、公司分立概述

(一)公司分立的概念

公司分立,或称为公司分割(corporate division/corporate separation),是指一个公司分成两个或两个以上的公司或者公司因分立而与一个或者数个现存的公司进行合并的法律行为。

公司分立涉及公司组织结构的变化,因此,公司分立常被企业利用来作为改组重建企业的有效手段。企业的这种需求亦为法律及规定所逐渐承认。自1966年法国公司法采取公司分立制度以来,该制度相继为其他国家和地区所采用。尤其是自欧共体(EC)1982年制定的第六号指令后,〔21〕许多欧共体国家已经采用了这一制度,如德国〔22〕、意大利〔23〕。此外,日本〔24〕、韩国〔25〕以及我国台湾地区〔26〕等均对公司分立作出了专门规定。美国公司法没有明确规定公司分立,但实务中仍然可以利用公司法上有关资产让与以及有关税法规定达到事实上公司分立的目的。〔27〕我国自93年《公司法》就对公司分立作出了规定。

(二)公司分立的意义

如果说公司并购是追求规模经济的手段,公司分立则是为了调整公司的业务经营和进行组织再造。具体而言,公司分立的意义主要表现在如下几个方面:

第一,公司分立有利于实现企业经营的专门化和提升企业经营的效率。当一企业形成相当规模时,其经营事业的多元化和组织结构的多极化必然要求实现企业经营管理的专门化和效率化。为了能够合理安排企业经营和有效控制企业,企业可以将其部分营业

---

〔21〕根据《欧盟公司法指令》第6号令规定,公司分立区分为吸收分立、新设分立和混合分立三种。

〔22〕《德国股份改组法》第三编规定了公司分立。

〔23〕《意大利民法典》第五编第五章第八节,第2504附加5~8条。

〔24〕《日本商法典》第二编第四章第六节,第373~374条。

〔25〕《韩国商法典》1998年经修正增加了公司分割的规定。

〔26〕我国台湾地区"公司法"2001年经修正增加了公司分割的规定。

〔27〕美国公司法上的公司分立有其特殊性。大体而言,美国公司分立主要是通过被分立公司设立子公司,并将母公司拟分割的营业或者财产作为出资转移于新设公司,从而取得子公司所发行的股份,再由被分立公司将其所取得的股份分配给其股东,使其脱离与新设公司的关系。美国法上的公司分立主要表现为Spin-off、Split-off和Split-up三种形式。Spin-off是指被分立公司将其特定营业或财产作为现物出资设立新公司,而取得新设公司所发行的股份,被分立公司再依照股东的持股比例将新设公司的股份平均分配给原公司的股东。Split-off是指被分立公司将其特定营业或财产作为现物出资设立子公司,从而取得子公司所发行的股份,但被分立公司股东在取得子公司的股份时,须让与部分被分立公司的股份为对价,被分立公司股份的一部有偿消灭,以新设公司的股份和原出资公司股份进行交换。Split-up是指原公司将其所有营业或者财产作为现物出资设立数家新公司,以取得新公司所发行的股份,其后被分立公司再依股东持股比例将所取得的新设公司的股份分配给原有股东,被分立公司因清算而消灭。

分立出去,以达到上述目的。譬如,公司为了优化组合或者降低风险将其非主营业务或者绩效较差的业务或者风险较高的业务剥离出去,交由另行设立的新企业专门经营管理,或者由恰好需要该类业务的企业吸收,两得其便。

第二,公司分立可成为一种规避法律的手段。譬如,某一企业因其规模过大而受到反垄断法的禁止时,则可以公司分立的方式规避反垄断法。这既可以是事后被动的分立(被主管机关责令分立),也可能是事先企业自觉进行分立。

第三,公司分立也是一种解决公司纷争的手段。譬如,公司中股东之间发生争议,互不让步,并影响到公司经营。此时若将企业一分为二,各自经营,亦不失为一种解决问题的方法。

二、公司分立形态

我国公司法没有对公司分立的方式作出规定。从实际情况来看,公司分立主要有两种基本形式:一是单纯分立;二是分立合并。

(一)单纯分立

单纯分立,是指一个公司分成两个或两个以上的公司的法律行为。单纯分立亦有两种形式:一是存续分立;二是解散分立。

存续分立,是指一个公司分立成两个或两个以上的公司,原公司继续存在。存续分立实际上是公司将其部分营业分离出去作为出资成立一个或者几个新的公司,而分立的公司以其剩余的营业继续存在。

解散分立,或者称为消灭分立,是指一个公司分解成两个或两个以上公司,分立公司消灭。解散分立实际上是公司将其全部营业分割为两部分或者两部分以上作为出资分别成立两个或者两个以上的新公司。

(二)分立合并

分立合并,是指公司因分立而与一个或者数个现存公司进行合并的法律行为。从不同的角度可将分立合并进行不同的区分。

1. 存续分立合并与消灭分立合并

依公司在合并分立后是继续存在或者消灭,可将合并分立分为存续分立合并与消灭分立合并。

存续分立合并,是指公司将其营业分割成两部分或者两部分以上,使其中部分营业作为出资合并至其他既存公司,或者以分立的营业作为出资与其他既存公司共同设立新公司,分立公司继续存在。

消灭分立合并,是指公司将其营业分割为两部分或者两部分以上,使其中部分甚至全部营业作为出资转移给一个或者数个既存公司,原公司消灭。

2. 吸收分立合并与新设分立合并

依公司分立合并后被分割的营业是被其他既存公司所吸收或者是与其他既存公司

的全部或者部分营业相结合而成立新的公司，可将分立合并分为吸收分立合并与新设分立合并。

吸收分立合并，是指公司将其部分营业分割出去作为出资并入其他既存公司，所分割的营业被其他既存公司吸收。

新设分立合并，是指公司将其部分营业分割出去与其他既存公司的全部或者部分营业作为共同出资设立新的公司。

（三）并行与组合

1. 单纯分立与分立合并的并行

单纯分立与分立合并还可以并行运用，即以单纯分立与分立合并同时进行的方式发生的公司分立。

2. 不同分立合并方式的组合

上述四种分立合并方式还可以组合成为另外四种分立合并方式：存续吸收分立合并、存续新设分立合并、消灭吸收分立合并、消灭新设分立合并。

三、公司分立程序

（一）董事会决议

公司分立首先必须经过董事会决议。董事会作出决议后再提交公司股东会决议。董事会在向股东会提出动议时还必须提交分立计划或者分立协议。

在分立合并中，还需要由相对公司董事会作出决议。

（二）股东会决议

公司分立经董事会决议后须提交股东会决议。这是因为公司分立将导致公司发生根本性变化，并可能对股东利益造成重大影响，因此需要获得股东会的同意。

在分立合并中，还需要由相对公司股东会作出决议。

在召集股东会时，公司应向股东发出通知或者进行公告，通知或者公告中应当包括分立计划或者分立协议概要。

公司分立属于公司重大变更事项，因此，公司分立属于股东会特别决议事项。有鉴于此，大多数法律规定，股东会对公司分立的决议应取得全体股东的绝对多数通过方为有效。《公司法》第59、112条规定，公司分立应当由公司股东会作出决议。股东会的决议规则是，根据《公司法》第66、116条规定，在有限责任公司，必须经代表2/3以上表决权的股东通过；在股份有限公司，必须经出席会议的股东所持表决权的2/3以上通过。

（三）财产分割及编制资产负债表和财产清单

《公司法》第222条规定，公司分立，其财产作相应的分割。公司分立时，应当编制资产负债表及财产清单。

（四）通知或者公告债权人

《公司法》第222条第2款规定，公司应当自作出分立决议之日起10日内通知债权人,并于30日内在报纸上或者国家企业信用信息公示系统公告。

（五）办理分立登记手续

公司分立,应办理相应的注销、变更或设立登记。公司分立,登记事项发生变更的,应当依法向公司登记机关办理变更登记;公司解散的,应当依法办理公司注销登记;设立新公司的,应当依法办理公司设立登记。

四、公司分立中对利害关系人的保护

（一）公司分立中的债务分担

公司分立中一个重要并容易引起争议的问题就是债务分担问题。如何处理好这一问题对债权人利益影响至关重大。《公司法》第223条规定,公司分立前的债务由分立后的公司承担连带责任。但是,公司在分立前与债权人就债务清偿达成的书面协议另有约定的除外。从我国法律的规定来看,公司分立中的债务分担应本着如下原则处理:

第一,公司分立前的债务可由公司在分立前与债权人就如何清偿债务达成协议。如果公司在分立前已经与债权人就债务清偿问题达成协议,该种协议对分立后的公司和债权人具有拘束力,于此情形,债务的处理自然应当按照所达成的协议办理。

第二,如果公司在分立前没有与债权人就债务清偿达成协议,或者虽有约定,但其约定不清楚或者有争议,或者虽有约定,但其约定显失公平,应当由分立后的公司(包括分立后的存续公司、新设公司和吸收公司)承担连带责任。

（二）公司分立中对少数股东的保护

公司分立同样对股东构成重大影响。股东虽然有权参与表决,但是如果对公司分立有异议的股东是少数,他同样也阻止不了公司分立的进行。因此,法律赋予股东以评估权,即对公司分立有异议的股东可以要求公司以公平价格回购其股份,从而使异议股东可以退出公司。

在公司分立中,公司董事、大股东应对少数股东承担受信义务,如对少数股东发生欺压、欺诈或者不公平,应当承担违信责任。

五、公司分立无效及其诉讼

（一）分立无效的原因

公司分立的无效原因主要表现在两个方面:一是从实质上来看,公司分立计划或者公司分立合并协议内容违反强行法律或者显著不当。二是从程序上来看,公司分立没有遵守法定的程式要求。

（二）分立无效之诉

公司分立无效,只能以诉讼的方式主张,该种诉讼为分立无效诉讼,性质上属于形成之诉。

公司分立出现分立无效原因时,公司(包括分立后的存续公司、新设公司和吸收公司）股东、董事、监事、清算人以及债权人均可以提起分立无效之诉。

在分立无效之诉中，适当的被告是公司（包括存续公司、新设公司以及吸收公司）。

法院一旦作出分立无效的判决，发生分立无效的后果：因分立而新设的公司无效；如果分立公司已经消灭，则应恢复原状；因分立发生的财产分割以及债权债务安排应恢复原状；分立后新设公司取得的财产及债务由分立公司享有或者承担（单纯分立），或者由分立公司与相对公司共同享有或者承担（分立合并）。

分立无效的判决不具有溯及力。因分立而新设的公司所发生的一切交易不因分立无效而发生无效。

第三章　公司控制权转让与重大资产出售

第一节　控制权转让

一、控制权转让概述

控制权转让(transfer of control),又称为控制权出售(sale of control),是指控制股东转让其股份的行为。与其他股份转让行为相比较,控制权的转让具有一系列特殊性,并可能导致控制股东承担受信义务。

第一,控制权转让的主体。控制权转让的主体是控制股东。控制股东通常拥有50%以上的股份。但是,如果股份持有比较分散,持有已发行在外的股份少于50%的股东同样也可能成为控制股东。

第二,控制权转让的客体是控制股份。能够控制公司的股份被称为控制股份(control shares)。该种股份代表了一种控制企业、任命公司管理者和决定公司政策等方面的权力。

第三,控制权转让的价格。控制股东所拥有的股份具有一种溢价权益(premiums)。这种溢价权益通常被称为"控制权溢价"(control premiums),它表现为存在于股份价格上的差价或者向控制股东支付的额外数额。例如,一收购人向少数股东提出的要约是每股20元,但向控制股东提出的要约却是每股40元。这里所存在的差价就是控制权溢价。

第四,控制权转让的后果。在出售控制权之后将会出现连锁反应,原先的董事将会相继辞职,并由新的人选替代,新的人选可能是"新的董事"(new directors),也可能是原先的董事(old directors)。这一后果将导致公司控制权的实际转移。

第五,控制权转让的动机。意欲收购某一公司的一方通常都要寻求当前控制该公司的人的合作。获得控制公司的人的合作可以为彻底收购公司铺平道路(通常也是一个必要的前置步骤)。为了获得控制公司的人的支持与合作,收购人可能愿意向这些控制者支付更多的溢价,而不仅仅是以向少数股东提出的同等价格来购买其股份。

二、控制权转让中的受信义务

（一）控制权转让中的受信义务概述

传统上，法律并不认为股东应对公司承担任何受信义务，因此，对控制权转让的传统规则是，作为一般原则，股东可以任何价格出售其股份，只要购买人愿意支付。如果收购人愿意向控制股东支付比向少数股东更多的溢价，出售股东没有义务就其所得的溢价与其他股东分享。

现代法律认为，在特定情况下，股东，尤其是控制股东应当对公司或者其他股东承担受信义务。在股份转让交易中，一般的立场是，股东出售其股份并因此而获得溢价并没有什么不对，股东可以以任何价格出售其所拥有的股份。也就是说，原则上控制股东转让其控制股份本身是许可的，但根据控制股东的受信义务，在特定情况下又存在若干例外。[1]

为什么会有这种例外呢？这是因为在公司控制权转让关系中，并不仅仅是出售人和买受人才与该交易发生利益关系。当控制股东将其股份出售给第三人时，他所出售的并不止于其股份上的财产权益，同时也包含了营运中的企业（a going business）控制权的出售。在该企业中，其他一些人，诸如少数股东、优先证券持有人以及无担保债权人，也享有重要的利益。因此，控制股东在出售其控制股份时对这些权益人应当承担受信义务。

那么，在何种情况才能引发控制股东出售控制权应承担受信义务呢？这就是我们下面要讨论的例外情形。

（二）各种例外规则及其理论

1. 劫掠

根据“劫掠”（looting）理论，如果控制股东将其股份出售给劫掠者（sale to looters），而该劫掠者随后对公司进行劫掠，该股东则应当对该公司由此所遭受的损失进行赔偿。[2] 劫掠行为是一种侵占公司资产的行为（misappropriating the corporate assets），向劫掠者出售大宗股份无异于是对劫掠者的一种帮助，因为劫掠者在取得对董事会的控制后将会“劫掠”公司资产。在这种情况下，股东对公司的受信义务发生作用，向劫掠者出售控制股份的人须对公司因此劫掠行为所发生的损失承担责任。

但是，如何才能确认收购人的行为是否为一种劫掠行为呢？这就要求控制股东在转让控制权时，应当对买受人的诚信进行调查。如果该调查表明：这些潜在的购买人可能是不诚实的、无责任心的人，该股东就应当拒绝将其控制权转让给这样的人。

是否在任何情况下都应当进行调查呢？这里的问题是，如果劫掠者没有将其劫掠计划告诉控制权人，而在劫掠行为发生后，受害的少数股东或者债权人向出售控制权的人提起诉讼，出售人则会以他不知道出售的对象是劫掠者作为抗辩，那么出售者的这种抗辩是否成立呢？

---

〔1〕 See Zetlin v. Hanson Holdings, Inc. [397 N. E. 2d 387(N. Y. 1979)]; Also see, ALI's Prin. of Corp. Gov. §5.16.

〔2〕 Perlman v. Feldmann[219 F. 2d 173(2d Cir. 1955)]是一个解说劫掠行为的经典案例。

对这一问题的回答有三种：一种极端是，只有出售者明知劫掠者的劫掠计划时他才承担违信责任。[3] 另一种极端是，出售人有义务调查收购人的劫掠意图，即使缺乏任何怀疑的理由。也就是说，控制股东在任何情况下都负有对潜在的购买人进行调查的义务。[4] 大多数观点采用中间立场。根据这种中间规则，出售人的责任取决于出售人所了解的事实是否足以引起出售人进一步调查的义务。事实上，这一规则与普通法上的侵权规则是一致的。这一规则可以称为“合理调查义务”（duty of reasonable investigation），即只有在控制股东有理由相信购买者可能会劫掠公司时，才负有对潜在的购买人进行调查的义务。[5]

什么样的事实才会使出售人应当怀疑呢？一般来说，当出现下列事实时，就应当足以引起出售人的注意：

第一，购买人先前的历史，即收购人以前是否从事过劫掠行为。当然，收购人先前的历史也许仅仅表明收购人的运气不佳，收购判断失误，而并不一定是一种盗窃行为。但至少应当引起出售人对收购人收购意图的注意并应当进行合理的调查。

第二，公司资产的性质。一般而言，资产流动性较强的公司（如投资公司）比资产流动性较弱的公司（如制造公司）更容易成为劫掠者劫掠的对象，因为这种资产容易易手转卖。当然，也有许多劫掠案件同样涉及常规商业公司。

第三，溢价的数额。譬如，公司的资产主要由证券组成，并没有多少实物资产，如果收购人愿意支付的溢价价格大大高于公司的实际价格，譬如，即使收购后提高了经营管理水平，公司的业绩也不会达到其所支付的溢价价格水平，就应该值得怀疑。

第四，收购行为本身也是值得怀疑的一个事实。譬如，收购人本来就缺乏收购资金，而是意欲利用公司资产进行收购。在这种情况下，出售人应当注意收购人的行为到底是劫掠行为还是杠杆收购行为（leveraged buy-out）。

第五，其他值得怀疑的事实。当收购人意图劫掠公司时，总会有一些危险征兆或者信号。例如，所愿意支付的价格明显太高；对公司的流动资金和可出售资产表现出异常的兴趣；购买者坚持立即转移控制权；购买者坚持准备好流动资产以备立即启用；购买者对公司的营运不感兴趣；坚持立即完成交易；等等。

如果控制股东没有满足合理调查义务的要求，根据其过失，出售人应当承担责任。救济范围则应当按照公司所遭受的损失来赔偿，即购买人所劫掠的数额，而不是所支付的购买价格或者控制溢价的总额。

要求控制股东出售控制权事先进行合理调查实际上是一种预防措施。这种预防措施究竟能在多大程度上发挥作用，尚存在疑问。“如果我们能够事先发现劫掠者——比

---

〔3〕 See Clagett v. Hutchison, 583 F. 2d 1259 (4th Cir. 1978); Swinney v. Keebler Co., 480 F. 2d 573 (4th Cir. 1973).

〔4〕 See Gerdes v. Reynolds, 28 N. Y. S. 2D 622 (Sup. Ct. 1941); DeBaun v. First Western Bank & Trust Co., 120 Cal. Rptr. 354 (Cal. Ct. App. 1975).

〔5〕 如 ALI's Prin. of Corp. Gov. §5. 16(b)规定，在特定情况下明显显示出购买者可能会违反公平交易义务时，则必须进行调查。

如这些劫掠者手中拿着黄色的康乃馨，小手指上带着戒指，身上散发着火药味——那么，禁止控制权出售者将其股份出售给这样的抢匪（甚或不足够诚实的人），或许有些意义……但是，如果我们不能及早发现劫掠者，事情则可能变得困难……任何事先阻止出售的规则无异于针对那些从未抢劫过银行但却具有抢劫性格的人建立预防性拘禁规则……我们并不是建议法律制度对劫掠行为放任不管，但最好的救济应当是依靠法律的威慑力而不是事先进行司法审查。一旦劫掠者被抓获，就应当处以罚金或者监禁。刑罚应当足够严厉有力，使该交易在事后无利可图。法律威慑的成本要小于通过事先的司法审查制度处理劫掠的成本，因为这种事先的司法审查制度的副作用是可能伤及许多有价值的控制权转移。"[6]

2. 董事职务的出售

"董事职务的出售"（sale of corporate office/directorship），或者称为"表决权出售"（sale of vote），是指控制权股份的出售意味着将其选举董事的表决权出售给收购人，其结果无异于出售董事职务。这一理论将控制溢价看作公司职位的出售对价而不是股份出售的对价。因为职位的出售是违反公共政策的，[7]所以超额支付的部分则可以由公司为了少数股东的利益而予以没收。

通常的情形是，在控制权出售之后，常常伴随现任董事的相继辞任（seriatim resignations），而重新任命收购人指定的人选担任董事。既然董事职务不属于现任董事的财产，既然董事（以及控制董事的人）对公司负有受信义务，其行为就应该满足公司的最佳利益而不是图谋私利，很明显，董事当然无权出售其董事职务。

另外，让取得控制股份的收购人召集股东会议更换董事也不过纯粹流于形式，因为董事的更换已经成为既定事实。归根结底，与其让现任董事待在那里等待年会的召开，还不如让收购人尽早取得董事职务，使其及早介入公司的经营管理，似乎更有利于公司业绩的提升。[8]

因此，董事职务出售规则主要应当适用于这样的情形：

第一，控制股份并非公司的多数股份，而是少于多数股份，但持有这种股份的人却保持着对公司董事会的重要影响力。也就是说，股份持有人虽然持有的是小股份，但可以对公司董事会实施较大影响。简单地说，是"小股份，大影响"。因此，这一规则的适用是排除了多数股份的控制权出售。因为如果收购人取得多数股份，收购人自然可以通过股东特别会议更换董事。而这在法律上并没有什么不妥。法院当然也不能基于多数股份的转让所引起的董事更替而确认该种交易无效。[9] 关键的问题就是要对多数股份进行界定。持股比例的多数（50%以上）自然是多数，但低于这一比例也可能成为多数，只要

---

〔6〕 Eastbrook and Fischel, at p. 130.

〔7〕 Clark, at p. 480.

〔8〕 Gevurtz, at p. 636.

〔9〕 Essex Universal Corp. v. Yates, 305 F. 2d 572(2d Cir. 1962).

该种股份的取得能够足以使收购人通过股东会改选董事即可。这种多数是一种“实际多数股份”(working control block)。当然,要确认这种实际多数股份,有时是十分困难的。

第二,转让合同明确规定,出售控制权的部分价款只有在转让了公司职位时才予以支付。这种条款就是公司职务出售条款(provisions to sell the corporate office)。这样的合同与其说是出售股份,还不如说是出售公司职务(如果合同中明确规定了辞任董事的报酬,则更为明显,虽然少见。通常是作为交易的一部分)。比较而言,这种情形容易确定一些。

3. 与收购人订立附属合同

第三个例外是“与收购人订立附属合同”(side contracts with the buyer)。与出售董事职务相对应的是,收购人可能希望保留被收购公司的一些关键人事,或者希望这些重要人事留下来担任顾问,或者不使其流入其他公司成为其竞争对手。相应地,购买方就要与公司的某些董事或者管理人员签订雇佣合同、顾问合同或者非竞争合同。只要这些合同是合法的,这些合同本身就没有问题。但是,如果这些合同是在出售公司的谈判过程中对董事出售股东利益的一种贿赂,则另当别论。更为狡猾和流行的方式是,在磋商这些协议的同时董事又代表公司与购买人磋商公司的出售。很显然,无论是在哪种情况下,此类协议均构成了对受信义务的违反。[10]

4. 集体机会的转换

第四个例外是所谓的“集体机会的转换”(diversion of collective opportunity)。这一术语主要针对的是这样的情形:某种机会原本属于公司或者所有股东,但由于某种原因导致该种机会为控制股东侵夺并获得控制溢价。[11] 具体包括三种情形:[12]

第一,公司层面的机会置换(displaced company-level opportunity)。该种机会原本应属于公司,但由于某种外部原因使公司不能取得该机会,而由公司内部人将其出售给收购人并获得控制溢价。[13]

第二,该种机会首先是提供给所有股东的(the opportunity first designed for corporation or all shareholders)。譬如,收购人原本提出按比例收购目标公司所有股东的股份或者意欲通过兼并方式取得目标公司股份,但控制股东却说服收购人仅购买其控制股份并因而获得控制溢价。这种情形可称为“要约的转换”(conversion of offer)。[14]

第三,基于自然或者公平考虑,该种机会应当属于所有的股东(opportunity naturally fairly developed for all shareholders)。这种集体机会并非表现为外部人为公司或者股东先行提供了机会,而是法院基于公平考虑将该种机会视为属于所有股东的机会,而不单

---

〔10〕 See Smith v. Good Music Station, Inc., 36 Del. Ch. 262, 129 A. 2d 242(1957); Brr v. Wackman, 36 N. Y. 2d 371, 329 N. E. 2d 180, 368 N. Y. S. 2d 497(1975).

〔11〕 Clark, at p. 482.

〔12〕 See Clark, at p. 482.

〔13〕 See Perlman v. Feldman, [219 F. 2d 173(2d Cir. 1955)].

〔14〕 See Brown v. Halbert, 76 Cal. Rptr. 781(Cal. App. 1969).

是控制股东的机会。[15]

根据上述标准,如果某种机会一旦被认定为属于集体机会,控制股东所取得的控制溢价则应归属于公司或者按比例(on a pro rata basis)由所有股东分享。

(三)控制权转让理论新的发展——平等对待

关于控制权转让理论的一个新的发展趋势是要求平等对待(proposal to require equal treatment)。具体又有两种建议:

第一,要求控制股东与其他股东分享其出售控制权益所获得的溢价。支持者认为,控制股东出售其控制股份而获得溢价是不公平的,因为这种控制权属于公司资产(corporate assets)。如果控制股东不能就其所得溢价收入与其他股东分享,控制股东应当对公司承担受信义务。[16] 但是争议也是历来就存在的,且旷日持久。反对者认为,收购人之所以会支付溢价,因为他认为当他取得控制权后会通过更好地管理公司或者基于合并使公司实力增强而获得更大的利润,也许他认为在取得控制权后他可以利用控制权进行更多的利益冲突交易而获取更多的利益。另外,"分享控制溢价将会窒息转让而不是增加少数股东的财富。如果必须将控制权溢价归入公司所有,拥有控制股份的人将会拒绝出售;如果少数股东可以与控制股东以同等的条件出售其股份,收购人可能不得不收购多余的股份,而导致该交易无利可图(或者导致统一在低价水平上,同样导致股东不愿出售)。无论在哪种规则下,少数股东均将承受损失"。[17]

第二,为了这一目标,购买公司控制股份必须按比例(pro rata basis)向所有股东发出收购要约。[18] 譬如,收购人希望购买公司51%的股份,购买人不能仅仅以支付溢价的方式向持有51%股份的控制股东购买,而应该平等地向所有的股东发出购买51%的股份的要约。但批评意见认为,这种按比例收购规则是不现实的。就购买方而言,可能无法筹集到这样大的资金,对控制股东来说,他也不愿意分散出售。

由于平等对待理论过于激进,所以,迄今为止,该种理论目前尚未得到过法院的正式采用。[19]

(四)违信救济

基于上述理论,控制股东应当承担违信责任。原则上,这种责任体现为返还控制溢价。逻辑上来讲,只有公司才有权利要求返还。因此,股东针对该类交易所提起的诉讼

〔15〕 See Jones v. H. F. Ahmanson, 460 P. 2d 464(Cal. 1969).

〔16〕 由于该种理论为 Adolph A. Berle, Jr. 在一篇名为 *Control in Corporate Law*[58 Colum. L. Rev. 1212(1958)]的文章中提出,所以,又称为 the Berle theory。See Clark, at p. 491; Gevurtz, at p. 642.

〔17〕 Easterbrook and Fischel, at p. 127.

〔18〕 该理论由 Richard W. Jennings 在其 *Trading in Corporate Control*[44 Calif. L. Rev. 1(1956)]一文中提出。同时 William D. Andrews 在其 *The Stockholder's Right to Equial Opportunity in the Sale of Shares* [78 Harv. L. Rev. 505(1965)]一文中提出同样观点。See Clark, at p. 494 - 495; Gevurtz, at p. 643.

〔19〕 但应注意到,在美国,联邦证券法和州收购法可以限制向部分股东支付溢价。

在本质上只能是派生诉讼。[20] 由于对公司的赔偿间接地使支付控制溢价的购买者得利，所以，在特定情况下，法院也可能命令直接向少数股东支付。[21]

第二节 重大资产出售

一、重大资产出售的概念

重大资产出售(sale of substantial assets)，是指一公司非依营业常规将其全部或者实质性全部资产出售给另一公司的行为。依此定义，重大资产出售的实质是营业转让。再者，资产出售与资产收购实际上是一体两面。重大资产出售的特点如下：

第一，重大资产出售是一种资产出售行为。它是一公司将其资产出售给另一公司的行为。这种资产出售具有与公司并购相同的经济效果。实际上，相对于资产购买方而言，就是一种资产收购行为。像合并一样，将一公司的重大资产出售给另一公司一般要求两个公司达成协议。这种买卖协议的内容大致与合并计划的内容一样。但是由于出售实质性全部资产包括一系列财产的转移，所以，这种买卖协议要比合并计划复杂得多。

第二，重大资产出售的标的是公司的全部或者实质性全部资产。“全部或者实质性全部”(all or substantially all)这一术语的范围还是一个有争议的问题。其基本标准是看该种出售所导致公司营业的改变是否足以影响到股东的利益。[22]

第三，重大资产出售的方式是非依营业常规。依常规营业方式出售公司资产，即使出售的是公司的全部或者实质性全部资产(不多见)，也不隶属于这一概念。譬如，以公司全部资产对债务进行担保的质押、抵押或者信托契约(pledge, mortgage, or deed of trust)均属于常规营业方式。[23]

二、重大资产出售的法律规范

法律上对重大资产出售的规范主要体现在以下两个方面：

第一，依异常或者非常规商业方式出售、租赁、交易或者处置公司的全部或者实质性全部财产和资产，必须提交股东会的同意。依常规营业方式出售公司的全部或者实质性全部财产或者资产则无须得到股东的同意。[24] 像其他组织变更交易一样，依照非常规方式出售公司“全部或者实质性全部”资产首先应当经过董事会同意，然后提交股东会同意。在股东会议上，须经有表决权的多数表决同意才算通过。

---

〔20〕 有时还可能基于未予披露或者错误陈述理论而使控制股东承担责任，于此情形，少数股东可以自己的权利受到侵害而要求予以救济。

〔21〕 See Perlman v. Feldmann, 219 F. 2d 173(2d Cir. 1955).

〔22〕 See Gimbel v. Signal Companies.

〔23〕 MBCA § 12. 01.

〔24〕 MBCA § 12. 02; Del. GCL.

第二,在出售全部或者实质性全部资产的情况下,法律赋予出售公司异议股东评估权,因为该种出售构成对出售公司股东利益的重大影响。[25] 就购买公司而言,大多数法律规定,购买公司股东对该交易不享有表决权和评估权。但也有一些例外,如在该交易中,购买方由于公司发行新股而致使股东权益遭受到重大稀释,如果该公司的股票上市交易,上市规则可能要求须取得股东同意。此外,如果以购买公司股票作为购买对价,而公司的授权股份和未发行的股份不足以支付,公司董事会就必须提请股东修改公司章程以增加授权资本。

三、重大资产出售的后果

公司在将其全部或者实质性全部资产出售之后,出售公司可以继续存在并可以将其出售所得再行投资,如果其出售所得是现金或者财产的话。然而,通常的情形则是,在交易完成之后出售公司往往会被解散,并将出售所得分配给出售公司的股东。

如果在资产出售后解散公司,则须遵守法律上关于终止公司的程序规定。首先,必须由公司董事会作出解散决议,并提交股东会同意。其次,必须进行清算,其中重要的是须对债权人进行清偿。如果在向股东分配之前没有清偿债务,将导致接受分配的股东的责任,同意进行这种分配的董事也将承担责任。因为无论是股东还是董事,都有过错。最后,在对债务进行清偿完毕之后,如有剩余财产,则需要向股东进行分配。分配财产时,公司应遵循不同种类的股份的先后顺序进行分配。

四、债务承担

资产出售是一种买卖行为,原则上购买公司对出售公司债务人不承担责任。但是,如果在资产出售协议中明确约定了购买公司对出售公司的债务承担责任,购买公司则对该协议中明确约定的债务承担责任,对于协议中没有明确约定的债务或者在资产出售时尚未发生的债务不承担责任。但是,在如下四种情况下,则属例外:

第一,“默示责任承担协议”(implied agreement to assume the liability)。譬如,从购买公司的行为推断出其有承担责任的意思,购买公司则须承担责任。

第二,“欺诈性转让”(fraudulent conveyance)。譬如,购买人向公司股东支付而不是向公司支付,或者有其他欺诈行为。

第三,购买公司实际上是出售公司的延续。譬如,出售公司的所有人设立一个新的公司购买其资产并继续营业。在这种情况下,该买卖唯一的目的就是使其所有者能继续营业而不用承担原公司债务。在评估这一情形时,须审查新的公司是否接受了原公司的雇员、管理层和营业,以此确定是否为原公司的继续,并须审查所支付的交易价格是否足以构成欺诈性让与。

---

〔25〕 但有的法律(如特拉华州公司法)没有这样规定。

第四,“事实合并”(de facto merger)。如果该交易构成事实合并,购买公司就应该像合并公司那样自动承担出售公司的债务。检测是否构成事实合并的依据是:购买公司是否全盘接受了出售公司的组织、管理、人事,出售公司是否立即解散或者无所作为,购买公司支付的对价是否为股票,而不是现金等因素。

如果债务在出售资产或者解散公司时尚不存在,而是发生在出售或者解散之后,如产品责任和环境责任,谁承担责任呢?显然,这里存在两种利益的冲突:就债权人而言,债权人在公司解散时尚不能主张债权,或者尚不知晓债权的存在;就股东方面而言,在公司向已知的债权人进行清偿完毕后他们有理由获得公司剩余财产的分配。对此,法律的态度是,允许债权人就其解散后的债权(post-dissolution claim)向股东为主张,但只能在一定期限内为之(如5年之内)。

第四章　公司的其他重要变更

第一节　公司组织形式的变更

一、组织形式变更概述

公司组织形式的变更,是指公司在不中断公司法人资格的情况下由一种公司形式变更为另外一种公司形式的情形。营运中的公司,由于某种情况的变化,可能需要对公司的组织形式进行变更。譬如,原先设立一家有限责任公司属于家族式企业,后来由于公司规模的扩大,需要外部资金的支持。一种简单的做法就是将原先的有限责任公司变更为股份有限公司。如此,公司就可以向社会公众融资了。反之,股份有限公司也可以变更为有限责任公司。

公司组织形式变更的最大好处是不中断法人资格。如此,公司可以在保持其法人资格不中断的前提下继续维持其营业,而不需要经过解散清算程序。

二、我国公司法关于组织形式变更的规定

第一,公司变更须符合法定条件。《公司法》第 12 条第 1 款规定,有限责任公司变更为股份有限公司,应当符合该法规定的股份有限公司的条件。股份有限公司变更为有限责任公司,应当符合该法规定的有限责任公司的条件。

第二,须经股东多数同意。《公司法》第 66、116 条规定,有限责任公司股东会对变更公司形式作出决议,必须经代表 2/3 以上表决权的股东通过;股份有限公司股东会对变更公司形式作出决议,必须经出席会议的股东所持表决权的 2/3 以上通过。由此可见,公司组织形式的变更属于公司的重大变更事项,应当经过股东的绝对多数同意,其决议方为有效。

第三,出资须折合为股份以及股份的公开发行。《公司法》第 108 条规定,有限责任公司变更为股份有限公司时,折合的实收股本总额不得高于公司净资产额。有限责任公

司变更为股份有限公司,为增加资本公开发行股份时,应当依法办理。

第四,债务承担。由于公司组织形式的变更并不导致公司法人资格的中断,所以,原有公司的债权债务由变更后的公司概括承继。对此,《公司法》第 12 条第 2 款明确规定,有限责任公司依法变更为股份有限公司的,或者股份有限公司变更为有限责任公司的,公司变更前的债权、债务由变更后的公司承继。

第二节 资本变动

一、资本变动的概念

依照传统公司法观念,公司成立后须对公司资本予以维持并保持资本不变。但这并不是说公司的资本就一成不变。这种资本维持原则的准确含义是指,非经法定程序,公司资本不得变动。实际上,公司资本需要随着公司经营活动的发展变化而需要随时调整。如果公司发展前景看好,为拓展业务和保持良好的资信,公司则可能增加资本。反之,如果公司暂时资本过剩,为避免资本闲置造成浪费,则可能减少资本。

资本变动包括增加资本和减少资本。

二、增加资本

(一)增加资本的方式

增加资本(increase of capital),简称增资,是指依法增加公司注册资本总额的行为。增加资本的方式主要有增加票面价值、增加出资、发行新股或者债转股。

增加票面价值,是指公司在不改变原有股份总数的情况下增加每股金额。通过这种方式可以达到增加资本的目的。譬如,法定公积金,应分配股利留存,以及股东新缴纳的股款,均可记入每一股份中,从而使其票面价值增加。

有限责任公司如果需要增加资本,可以按照原有股东的出资比例增加出资,也可以邀请原有股东以外的其他人出资。如果是原有股东认购出资,可以另外缴纳股款,也可以将资本公积或者应分股利留存转换为出资。

股份有限公司增加股份可以采取发行新股的方式。发行新股是指公司为了扩大资本需求而发行新的股份。发行新股既可以向社会公众募集,也可以由原有股东认购。通常公司原有股东享有优先认购权(preemptive rights)。

当债权转换为股权时,公司负债消灭,股本增加。股份有限公司增加股份数额还可以采取将可转换公司债券转换为公司股份的方式,这是债转股的一种特别形式。可转换公司债券是一种可以转换为公司股票的债券,如果将该种债券转换成为公司股份,则该负债消灭,公司股本增加。

(二)增加资本的程序

《公司法》第 66、116 条规定,有限责任公司股东会对增加公司资本作出决议,必须经代表 2/3 以上表决权的股东通过。股份有限公司增加资本亦必须由股东会作出决议。股东会作出决议,必须经出席会议的股东所持表决权的 2/3 以上通过。

《公司法》第 228 条规定,有限责任公司增加注册资本时,股东认缴新增资本的出资,按照公司法设立有限责任公司缴纳出资的有关规定执行。股份有限公司为增加注册资本发行新股时,股东认购新股,依照公司法设立股份有限公司缴纳股款的有关规定执行。

公司增加注册资本,应当依法向公司登记机关办理变更登记。公司资本的增加,将会引起公司章程的变更,因而,公司资本的增加应当向登记机关办理变更登记。

三、减少资本

(一)减少资本的方式

减少资本(reduction of capital),简称减资,是指公司减少注册资本的行为。减资的方式主要有减少票面价值和减少出资或者股份数额两种方式。

票面价值的减少是指公司在不改变原有股份总数的情况下减少股票的每股金额。譬如,将每股金额从 10 元减至 8 元,即可达到减少股份金额的目的。

出资或者股份总额的减少是指直接对出资或者股份总数的减少。譬如,公司原先已发行在外股份 10,000 股,现在将其减少至 6000 股,以此来达到减少资本的目的。

公司通常采用回购的方式来减少出资或者股份。但应当注意的是,根据《公司法》第 162 条的规定,通过回购方式减少资本,应当在回购后 10 日内将所回购的股份注销。

(二)减少资本的程序

《公司法》第 66、116 条规定,有限责任公司股东会对减少公司资本作出决议,必须经代表 2/3 以上表决权的股东通过。股份有限公司减少资本亦必须由股东会作出决议。股东会作出决议,必须经出席会议的股东所持表决权的 2/3 以上通过。

《公司法》第 224 条规定,公司减少注册资本,应当编制资产负债表及财产清单。公司应当自作出减少注册资本决议之日起 10 日内通知债权人,并于 30 日内在报纸上或者国家企业信用信息公示系统公告。债权人自接到通知之日起 30 日内,未接到通知的自公告之日起 45 日内,有权要求公司清偿债务或者提供相应的担保。

公司减少注册资本,应当按照股东出资或者持有股份的比例相应减少出资额或者股份,法律另有规定、有限责任公司全体股东另有约定或者股份有限公司章程另有规定的除外。

公司减少注册资本,应当依法向公司登记机关办理变更登记。公司资本的减少,将会引起公司章程的变更,因而,公司资本的减少同样应当向登记机关办理变更登记。

第三节　公司章程修改

一、修改公司章程概述

公司章程的修改(amendment of articles),是指公司成立后,由于某些情势的变化而依法对已经发生效力的公司章程进行变更的行为。

首先,公司章程的修改是由于“情势变更”。譬如,原先的公司章程确定了公司的存在期限,在该期限届满时公司仍然希望继续存在,这样就可以通过修改公司章程来延长公司期限。又如,根据我国公司法规定,公司章程应当记载公司的经营范围。由于市场情况的变化,公司原先的目的事业已经不能再持续下去,为了公司的生存,公司需要调整其目的事业,这样,公司就必须首先修改其章程原先确定的目的事业。再如,公司为扩大经营规模而增加资本,同样需要修改公司章程。

其次,公司章程的修改是对已经发生效力的章程条款进行变更。这种条款内容既可能是原先章程的强制记载事项,也可能是公司章程中的任意记载事项。公司章程修改的范围广泛,涉及公司名称、住所、法定代表人、经营范围、设立方式、注册资金、组织机构、利润分配、解散与清算等。

最后,公司章程的修改必须依照法律的要求进行。现代公司法律均允许公司自由修改其章程,只要这种修改不违反强行法律和公共政策。这表明了现代公司法律政策的灵活性和务实性。可以说,现代公司法对于公司章程的修改没有什么实质性限制,但是,在修改章程时尚须遵守一定的程序要求。

二、修改公司章程的法律要求

(一)谁可以修改公司章程

公司章程是股东制定的,当然股东有权修改公司章程。但这一原则也有例外。譬如,《公司法》第87条规定,有限责任公司的股权转让后,公司应当及时注销原股东的出资证明书,向新股东签发出资证明书,并相应修改公司章程和股东名册中有关股东及其出资额的记载。对公司章程的该项修改不需再由股东会表决。这一规定体现了法律对于修改公司章程的特殊性的考虑,但似乎没有完全解决问题。一个问题是,如果公司章程的修改涉及不同种类股份,该种股份有权单独表决吗?另一个问题是,如果公司仅仅需要对章程进行一些简单的微型修改,难道也需要召集股东会议吗?再一个问题是,公司在破产或者重整程序中如果需要修改公司章程又需要得到谁的批准呢?

对于第一个问题,有的国家法律规定,如果公司章程的修改涉及种类股份的权利变动、数额增减、种类转换等情形,该种修正案则须取得该种股份单独同意。这就是所谓的“种类表决”或者“集团表决”(class voting/voting by groups)。对此,我国《公司法》第

146 条规定,发行类别股的公司,有该法第 116 条第 3 款规定的事项等可能影响类别股股东权利的,除应当依照第 116 条第 3 款的规定经股东会决议外,还应当经出席类别股股东会议的股东所持表决权的 2/3 以上通过。公司章程可以对需经类别股股东会议决议的其他事项作出规定。

对于第二个问题,有的国家法律允许公司董事会对公司章程进行微型修改。但董事会修改公司章程只限于一些不重要的事项。当然,究竟哪些事项可以由董事会修改,须由法律予以特定化。通常,法律所允许的微型修改包括:延长公司存续期限;变更公司董事的姓名和地址;变更公司住所;变更公司名称;等等。

对于第三个问题,有的国家法律允许法院以裁判方式对破产和重组中的公司章程进行修正。于此情形,既不需要得到股东会的同意也不需要得到董事会的同意。

(二)一项公司章程修正案需要多少票数同意

一般情况下,公司章程的修改涉及董事会的行动,即首先应当由董事会提出修改公司章程的建议。董事会在提出修正建议案之后,应当将修正建议案提交股东会同意。修正建议案应当向每一位股东通知。会议通知中应当包括一份修正建议案概要。

《公司法》第 66 条第 3 款和第 116 条第 3 款规定,公司章程的具体修改方法是,在有限责任公司,修改公司章程的决议,必须经代表 2/3 以上表决权的股东通过。在股份有限公司,修改公司章程必须经出席股东会的股东所持表决权的 2/3 以上通过。可见,我国法律采用的是绝对多数同意规则。

由上述规定可知,在我国,修改一项公司章程条款需要取得股东的绝对多数同意。但问题是,是否所有的公司章程条款的修改均一律需要取得股东的绝对多数同意呢?按照现代公司法的做法,一般来说,只有涉及一些公司基本交易或者重大修改(fundamental transactions or material amendments)才要求取得股东会的绝对多数(supermajority)同意,而对于一般的普通事项,只需要取得股东的简单多数(simple majority)同意即可。这里面蕴涵的道理是,股东会议的召开是有成本的,取得绝对多数同意是困难的。因而,法律要求只有那些可能涉及股东根本利益的基本交易或者重大修改才需要股东的绝对多数同意。而那些可能对股东利益影响不大的一般的普通事项则只需要股东的简单多数同意就可以了。我国公司法对公司章程的修改一律采取绝对多数同意原则,似乎有些过于绝对。

(三)变更登记

公司章程修改后还须到登记主管部门进行变更登记,否则,该项修改不得对抗第三人。譬如,在我国,公司章程的修改应当到工商行政管理机关进行变更登记。同时,法律要求应进行公告的,还应当进行公告。否则,因该项变更给利害关系人造成不利后果的,公司应承担责任。

第四节 资本重组与私有化

一、资本重组

资本重组(recapitalization),是指重新调整公司资本结构以提高吸引资本的能力的行为。资本重组的方式是改变少数股东在公司中所享有的股份权利,譬如,改变股份的表决权,改变股份分配优先权,或者赋予公司回购股份选择权等。

历史上,资本重组常常涉及公司在长时间内不向累积优先股的持有人分配股利的问题。根据股利分配原则,如果普通股股东想获得分配,必须先由公司支付所拖欠的优先股股利。为了无须等待向优先股股东支付所拖欠款之后才能够获得分配,普通股股东通常发动资本重组,通过改变优先股的权利消灭公司的欠款。在资本重组中,大多数被拖欠的优先股持有人可能愿意将其优先股转换为普通股,放弃拖欠款项,因为他们现在不能分配股利,公司也不愿意向其支付,除非他们同意进行资本重组。

资本重组须修改公司章程。公司章程可以规定各种不同种类股份的权利,公司(在多数股东支配下)也可以修改章程改变该种股份权利。譬如,公司(通过多数股东)可以修改章程减少或者消灭优先股的优先权。

如果在资本重组中少数股东的利益受到侵犯,少数股东享有什么保护性措施呢?

第一个措施是要求股东进行表决同意。尤其是,如果修改章程对某类股份发生不利影响时,修改章程必须经过该类股份的多数同意(即使是该股份属于无表决权股份)。

第二个措施是赋予异议股东评估权。当章程的修改对某些或者某类股东发生了不利影响时,公司法同样将评估权延伸到适用不同意修改公司章程的异议股东。

二、私有化

"私有化"(privatization)这一术语指的是公众公司赶走其公众股东的行为。公司可以通过在公开市场向公众出售股份来实现"公众化"(going public)目的。但是,当公司由于某种原因而并不再希望成为公众公司时,则可以通过"私有化"(going private)方式驱逐公众股东。私有化交易可能采取现金合并方式将该公众公司并入其全资子公司,或者采取现金公开收购要约的方式并随后进行清扫式合并,或者采用"逆向股票拆细"(reverse stock split),或者修改公司章程以改变股东权利。[1] 对私有化的法律规范

---

〔1〕 See MBCA § 6.04.

主要涉及如下几种措施：一是该种交易适用“完全公平”(entire fairness)标准；[2]二是赋予被逆向股票拆细方式所收买的异议股东评估权；[3]三是要求对该种交易进行充分的披露。[4]

---

〔2〕 See Weinberger v. UOP, Inc., 457 A. 2d 701 (Del. 1977); Singer v. Magnavox Co., 380 A 2d 969 (Del. 1977).

〔3〕 See MBCA § 13. 02.

〔4〕 See Rule 13(e)3-4 of SEC; Also see, Santa Fe Industries v. Green., 430 U. S. 462, 97 S. Ct. 1292 (1977).

第五章　评　估　权

第一节　评估权概述

一、评估权的概念

评估权(appraisal rights),或者称为“异议股东评估权”(appraisal rights for dissent shareholders),或者称为“异议股东股份回购请求权”(repurchase rights for dissent shareholders),是指在特定交易中,法律赋予对该交易有异议的股东请求公司以公平价格回购其股份的权利。评估权制度源于美国,并为其他一些国家所引进,如德国、日本、韩国等。我国现行公司法对评估权作出了规定。评估权具有如下特征:

第一,评估权具有法定性。评估权的法定性,是指评估权的适用范围须由法律明文规定,只有在法律有明文规定时才适用评估权。这表明,不是在任何情况下股东都享有评估权,只有在特定交易中,股东才享有这种权利。评估权的法定性体现在两个方面:一是评估权适用范围的法定性,即在什么情况下股东才可能享有评估权;二是评估权行使的法定性,即股东在行使评估权时必须依照法定的程序,否则,可导致评估权的丧失。评估权法定性的意义在于:原则上公司股东不得抽回或者变相抽回资本,这是资本维持原则的体现。如允许股东任意撤出公司,必然损伤公司资本,给债权人造成危害。评估权制度的设立虽在于保护少数股东,但终究以股东抽回资本为结果,自然不能泛滥运用。实际上评估权制度的设立是对公司资本维持制度的一种例外,既然是一种例外,法律当然应当严格监控其运用。故而,评估权的适用范围须由法律明文规定,而不能由当事人自由设定。但评估权的这种法定性也有例外。有的法律规定,在经法律授权的情况下,公司可以通过公司章程规定或者董事会决定是否赋予股东评估权。[1]

第二,评估权具有公平性。评估权的公平性,是指通过法定程序对股份价值予以公

---

〔1〕 MBCA § 13.02(a)(4).

平评估。评估权的实质是股东要求公司以公平价格回购其股份的权利。当公司发生特定交易时,这种交易须得到股东会的同意。如果某一股东或者某些股东或者某类股东对公司的特定交易表示反对,不同意的股东可以要求公司以公平价格回购其股份,从而退出公司。这类股东被称为"异议股东"(dissent shareholders)或者"反对股东"(objecting shareholders)。公平价格可以是公司与异议股东自愿达成的任何价格。在这种情况下,可以说,自愿即公平。但如果公司与异议股东不能就回购价格达成一致协议,则只能通过司法程序确定公平价格。

第三,评估权具有排他性。评估权的排他性,是指异议股东一旦选择了评估权作为救济手段后,一般情况下不能再提起公司行为无效的诉讼。也就是说,有权行使评估权而从公司获得对其股票的现金支付的异议股东,不得再次对引起其评估权行使的公司行为提出异议。排他性规定的好处在于,它可以阻止少数股东滥用诉权破坏公司的预期目标。但评估权的排他性不是绝对的,而是有条件和有限制的。如果公司行为具有违法性或者欺诈性,异议股东评估权的行使并不排斥其采取其他救济手段,如提起公司行为无效之诉。[2] 譬如,在公司合并交易中,如果合并行为本身违反法律或者具有欺诈性时,已经行使了评估权的异议股东仍可以针对该交易提起无效之诉。

二、评估权的理论基础

评估权是公司法对特定交易中的异议股东提供的一种保护性措施,实际上是对在特定交易中多数股东滥用权利或者欺压少数股东的一种救济方式。

早期公司法理论坚持这样一种观念,即股东对其投资享有"既定的权利"(vested rights)。在这一观念下,公司的任何决议均须全体股东同意。换句话说,任何股东都有权否决任何公司决议事项。很显然,现代公司法已经放弃了这一观念,改而采用多数同意规则。这表明,在公司决议中,少数股东须服从多数股东。

但是,当少数股东发现在多数股东主导下所作出的商业决策是一种可悲的愚蠢的选择时,却无法阻止;又或者大股东滥用多数规则欺压少数股东而少数股东却无力反抗。在这些情况下,不同意该种交易的异议股东有权要求退出吗?进言之,异议股东有权在这种可悲的愚蠢的交易完成之前或者在其股票的市场价格下跌前诉请法院对其投资的公平价值予以评估吗?

评估权制度的设置就是为特定交易中的异议股东提供救济措施。这种救济措施的基本规则是,在公司的特定交易中,异议股东可以要求公司支付其股份的公平价值以使其退出公司。如果公司不能支付其股份的公平价值,异议股东可以诉请法院决定其股份的公平价值。在国外的法律或者法律文献中,往往径直以"评估权"指称异议股东的股份回购请求权,即表明这一制度的真意在于公平价值的追求,其最终裁判者是法院。

---

〔2〕 MBCA § 13.02(b).

三、对评估权的评价

早期的法律规定，对于一些致使公司发生根本性变化的交易，如合并，要求经过全体股东的一致同意。当然，这种规定现在早已被废弃。但立法机关在抛弃了这一原则的同时，又担心会产生不公平问题，尤其是在少数股东不同意合并的情况下。为了解决这一问题，法律赋予异议股东要求公司买回其股份的权利。这样，当公司因为发生合并等交易而致使公司发生根本性变化时，异议股东就不至于与留存股东继续捆绑在一起。

很显然，评估救济具有一定的积极意义。但是，像许多妥协产物一样，这种评估救济可能使双方都不满意。对于那些支持特定交易的人来说，评估权的存在意味着某种不确定性，尤其是这种评估权还代表着一种威胁和困难，即如果太多的人行使评估权的话，存续公司将无力筹集到那样一大笔资金，并可能导致公司不能达到预期商业目标。从异议股东的立场来看，这种救济措施在传统上就不具有吸引力。主要表现在两个方面：

第一，评估救济法律太过于严格，程序复杂。这些详尽的程序可以帮助公司从该交易中撤退，一旦它了解了异议股东人数太多的话。但这种复杂的程序也可能导致对异议股东的不公正，因为可能仅仅在一些很小的问题上没有遵守程序就导致评估权的丧失。

第二，通过诉讼方式来确定其股份价格，代价昂贵，而且不值得这样做。在该种诉讼程序中，公司是积极的参与者，并力图将价格确定在最低水平线上。公司深谙其内部事务，享有争讼的无限资源。有的法律甚至规定，在诉讼全部结束前异议股东不会得到公司的任何支付，并且也不能保证法院最后判决的价格就一定要比原先协商的价格高。

第二节 评估权的适用

一、评估权的适用标准

究竟在什么情况下异议股东享有评估权呢？这基本上是一个立法政策问题。一般而言，当公司发生“重大交易”(fundamental transactions)或者“重大变更”(fundamental changes)时，可能导致评估权的适用。因为这些重大交易或者重大变更可能导致公司发生“根本性改变”(fundamental changes)或者“结构性改变”(structural changes)。譬如，公司合并将导致一个或者一个以上公司消灭、变更或者新生。很显然，在这些情况下，股东利益将受到重大影响，因此，有必要赋予股东评估权。如果是一般性交易或者一般性变化，则属于公司正常营业，不构成对股东根本利益的影响，自然无须赋予股东评估权。

异议股东享有评估权的一个基本前提是该股东对所发生的交易享有表决权，如果股东对所发生的交易没有表决权，也就不能享有评估权。这是股东享有评估权的基本规则。这一基本规则的反面解释是，如果公司股东对特定交易没有表决权，也就不享有评估权。

二、评估权的适用范围

尽管存在这样的标准，但是不同的法律仍然有着不同的认定。一般而言，评估权主要适用于如下几种交易类型：

(一)公司合并

1. 普通合并

大多数法律都承认在公司合并交易中异议股东享有评估权。在合并交易中，评估权适用于合并各方的公司股东，即不仅适用于消灭公司的股东，而且适用于存续公司的股东。[3]

这种立法的出发点是，公司合并对合并各方的股东都会产生重大影响。就消灭公司而言，如果不赋予其股东以评估权，其只能被迫接受存续公司的股票而丧失其原公司的股东身份；就存续公司而言，合并也给其股东带来重大影响，如公司股权结构、资金状况、经营范围的变化。正因如此，公司合并才需双方股东会同意。因此，有必要赋予合并各方股东评估权。

2. 简易合并

在合并交易中，没有表决权的股东不享有评估权。但需要注意的是，这个一般的规则有一个重要的例外，即在简易合并中，尽管被合并的子公司股东没有表决权，但法律依然赋予子公司股东评估权。

当持有子公司 90% 以上股份的母公司将子公司并入母公司时，适用简易合并程序。在这种简易合并中，公司董事会就可以通过决议将子公司并入母公司，既不需要母公司股东会同意，也不需要子公司的股东会和董事会同意。在这种情况下，母公司股东不享有评估权。但法律却将评估权赋予子公司的股东。[4] 也就是说，尽管子公司的股东对该种合并没有表决权，子公司股东却依然享有评估权。这样做是有实际意义的，因为该种合并不构成对母公司股东权利的实质性影响，但是最容易受到不公平待遇的正是这些子公司的少数股东。

3. 小规模合并

在所谓的"小规模合并"(某一公司被一家巨型公司兼并)中，存续公司的股东不享有评估权。在这种吞并式兼并中，法律没有赋予存续公司股东表决权。为什么呢？由于合并后存续公司章程不变，或者不发行新股，或者发行新股不超过一定比例，该种交易对存续公司股东利益不会产生实质性影响，因此没有必要赋予存续公司股东评估权。但该种合并对消灭公司股东利益影响甚大，该种合并须经消灭公司股东会批准，因此，消灭公司股东享有评估权。

4. 三角合并

在三角合并中，各方公司股东是否享有评估权呢？这部分地取决于是正向三角合并还是逆向三角合并，部分地取决于是法律合并还是事实合并。

(1)正向三角合并

在正向三角合并中，母公司组建一个全资子公司将目标公司并入子公司，目标公司

---

〔3〕 MBCA § 13.02(a)(1); Del. GCL § 262(c).

〔4〕 MBCA § 11.05(a), 6.21(f) and 13.02(a)(1)(ii).

股东的股份被置换为母公司的股份。

母公司股东不享有评估权,因为该种合并无须取得母公司股东的同意,因为参与合并的公司不是母公司,而是子公司。正是因为母公司管理层不希望其股东参与表决和享有表决权,才设计出这种三角合并方式。

目标公司股东享有评估权:目标公司股东有权参与合并交易的表决,因为其公司在合并后将会消灭。自然,目标公司股东享有评估权。

(2)逆向三角合并

在逆向三角合并中,情况更为复杂一些。在逆向三角合并中,子公司将被并入目标公司。

在逆向三角合并中,母公司股东同样不享有评估权,因为母公司不是交易当事人,无权对交易进行表决。

在理论上,子公司股东(母公司)享有表决权,因而子公司股东享有评估权。但实际上子公司是其股东的全资子公司,合并正是母公司极力想推进的,这种评估权没有任何实际意义。

目标公司股东是否享有评估权取决于合并的形式。如果是一种法定合并(子公司并入目标公司),目标公司股东享有评估权,因为其有权参与该合并的表决。但如果合并是以股份换资产(stock-for-assets)的方式进行的(目标公司以发行股份的形式"买断"子公司的全部资产),目标公司股东则可能不能享有评估权,因为这种合并在表面上看仅仅是一种"买卖"关系,尽管该种买卖在实质上改变了目标公司的营业。从表面上来看,是目标公司收购了子公司,但从实质上看却是母公司收购了目标公司。这正是逆向三角合并的真正意图所在:剥夺目标公司股东的表决权和评估权。

5. 事实合并

但是,在采用"买断式"的逆向三角合并中,法院可能适用"事实合并"原则赋予目标公司股东评估权。事实合并是指某项交易的目的和经济效果等同于合并。于此情形,法院将该交易视为法定合并处理。

(二)公司分立

在公司分立中,分立需要得到股东会同意,所以,原则上不同意分立的股东享有评估权。不过一般认为,"单纯分立时,只是机械地根据其功能来划分原有的公司财产及营业,而股东的权利仍及于新设公司,因此,不能给股东的权利带来结构性的变化。但是,分立合并时,从股东的立场来看,公司的财产及营业与其他公司合并,给股东带来与合并同质的结构变化。故与合并相同,应承认反对合并的股东的股份收买请求权"。[5]

(三)股份置换

评估权还适用于股份置换计划(plans of share exchange),如果股东有权对该交易进

〔5〕[韩]李哲松:《韩国公司法》,中国政法大学出版社2000年版,第727~728页。

行表决的话。[6]

(四)重大资产转让

在转让公司实质性全部资产交易中,该种交易必须得到出售公司股东会的同意,因而,出售公司股东享有评估权。[7]

(五)修改公司章程

公司章程的修改也可能产生评估权。通常情况下,这种评估权仅适用于种类股份或者系列股份的股东。也就是说,如果公司章程的修正案对某类股份或者某系列股份产生了重大的不利影响,该类或者系列股东享有评估权。譬如,在公司享有或者负有回购该类或者系列股份的权利或者义务的情况下,减少该类或者该系列股份的数额;或者从事其他任何不利于该类或者该系列股份的行为,如改变或者取消该股份的优先权;设置、改变或者取消有关回赎的权利,包括减少回赎或者回购股份的资金;改变或者取消该股份持有人获得股份或者其他证券的优先认购权;排除或者限制该股份的表决权或者累积表决权等。[8] 如前所述,在这些情况下,种类股东或者系列股东享有单独表决权,所以其享有评估权。

(六)公司章程规定或者董事会决议

评估权的适用范围原则上由法律直接规定。但法律也可能授权公司决定在何种情况下赋予股东评估权。[9] 这又可能包括两种方式:一是由公司章程特别规定;二是由董事会特别决议。前者实际上是股东对评估权的事先设定,该种权利设定须有法律授权。后者实际上是董事会对特定交易中的评估权的认定,该种权利认定须有公司章程的授权。

三、评估权适用的例外

评估救济的主要目的是允许股东以公平价格出售其股份。如果进行特定交易的公司是公众公司,为什么不同意特定交易的股东不直接在公开市场出售其股份呢?因为在公开市场出售其股份可以获得与行使评估权同样的效果。因此,有的法律基于这一考虑否认公众公司股东的评估权。这就是所谓的"市场除外"(the market-out)原则。

譬如,特拉华州公司法规定,如果公司的股票是在全国证券交易所上市或者由2000名以上在册所有人持有,股东则不享有评估救济权。[10] MBCA亦同样规定,如果公司股票在纽约交易所、全美证券交易所或者NASDAQ全国市场上市,或者虽然没有在上述市场上市,但其股东至少已有2000人并且其股份价值至少达到2000万美元,股东则不能享有评估权。但MBCA的这一规定存在一些例外。其中最重要的例外是,当公司董事或者

[6] MBCA § 13.02(a)(2).

[7] MBCA § 12.02 and 13.02(a)(3).

[8] MBCA § 10.04 and 13.02(a)(4)-(5).

[9] MBCA § 13.02(a)(4).

[10] Del. GCL § 262(b)(1).

高级管理人员发生利益冲突交易（譬如，将公司以现金管理层收购方式出售给公司管理层，于此情形，管理层无意为股东争取最高的价格），即使该公司是公众公司，股东也得行使评估权。这种规则可以说是“例外之例外”（exceptions to the exceptions）规则。[11]

四、我国公司法关于评估权适用范围的规定

不同的法制对评估权的适用范围的界定存在一定的差异。具体到我国法律而言，根据我国《公司法》第89、161条规定，有下列情形之一的，对股东会该项决议投反对票的股东可以请求公司按照合理的价格收购其股权或者股份，公开发行股份的公司除外。

第一，公司连续5年不向股东分配利润，而公司该5年连续盈利，并且符合本法规定的分配利润条件的。公司具有利润分配能力却不向股东进行分配往往是大股东欺压小股东的一种手段。于此情形，只要符合本项规定条件，异议股东可请求公司回购其股权从而退出公司。

第二，公司合并、分立、转让主要财产的。公司转让主要财产涉及公司资产发生根本性变化，从而改变股东原先的投资预期。于此情形，应赋予异议股东股权回购请求权，允许其退出公司。这里需要说明的是，《公司法》第161条未将合并、分立纳入其异议评估权，但《公司法》第162条第（四）项将“股东因对股东会作出的公司合并、分立决议持异议，要求公司收购其股份的”作为股份有限公司股份回购的情形之一。

第三，公司章程规定的营业期限届满或者章程规定的其他解散事由出现，股东会会议通过决议修改章程使公司存续的。公司章程规定的公司营业期限届满或者章程规定的其他解散事由出现时，公司本应解散。如果股东会决议使公司继续存续的，当然合法。但异议股东可以请求公司回购其股权，并退出公司。

第四，《公司法》第89条第3款特别规定，公司的控股股东滥用公司权利，严重损害公司或者其他股东利益的，其他股东有权请求公司按照合理的价格收购其股权。本款规定意义重大，它为受到公司控股股东欺压的少数股东提供了必要的救济途径。

综合我国《公司法》第89、161条的规定来看，我国公司法规定的评估权适用于有限责任公司和非公开发行股份的股份有限公司。《公司法》第161条第1款也明确排除了公开发行股份的股份有限公司。之所以如此，是因为公开发行股份的股份有限公司的股份转让非常自由，尤其是上市公司，其股票可以上市交易，其市场价格即可视为公平价格。加之，评估权的行使程序复杂，往往还须借助于司法救济，无论对异议股东还是对公司，都意味着成本增加。而有限责任公司的股权转让和非公开发行股份的股份有限公司，由于缺乏公开交易市场，则要困难得多，转让中亦很难就股权价格达成一致协议，往往需要借助于司法程序才能获得公平价格。我国公司法的这种做法与上述评估权适用的例外规则恰好吻合，符合现代公司法的发展趋势。

---

〔11〕 MBCA § 13.02(b)(1).

第三节 评估程序与公平价格

根据《公司法》第89、161条第2款的规定，自股东会会议决议通过之日起60日内，股东与公司不能达成股权收购协议的，股东可以自股东会决议作出之日起90日内向人民法院提起诉讼。这里规定的期间，其实质为除斥期间。这意味着，如果异议股东不遵守这一法定期间的话，其可能丧失评估权。《公司法》第89条第4款规定，公司因该条第1款、第3款规定的情形收购本公司股权，应当在6个月内依法转让或者注销。同时，《公司法》第161条第3款规定，公司因该法第1条规定的情形收购的本公司股份，应当在6个月内依法转让或者注销。

我国公司法关于评估程序的规定相对简略，同时缺乏有关确定公平价格的规定，鉴于此，下面我们对相关程序和公平价格确认问题予以进一步讨论。

一、评估程序

（一）评估权的告知

公司重大交易必须经股东会同意。股东会的召开必须先行通知所有股东。公司在召集股东会议讨论该交易的通知中必须告知股东所享有的权利，并说明该交易可能产生异议。评估权的告知（notice of appraisal rights）是公司的义务，其目的在于使股东了解该交易的性质及其对股东的影响，以便于股东正确判断是否行使评估权。

（二）请求回购的意向通知

在接到包含评估权告知内容的股东会议通知后，股东如果对该交易有异议，则必须在对该交易进行表决前提出请求回购的书面意向通知。这种请求回购的意向通知（notice of intend to demand payment）是异议股东的义务。评估权的行使的终极目的在于公司回购异议股东的股份以使异议股东退出公司，对公司而言，股份回购则可能构成严重的现金流失（assets drains），所以这种提前通知有助于公司事先了解资金的流失情况并提前做好安排。

异议股东一旦向公司提出了请求回购的意向通知，即产生相应的法律后果。请求回购的意向通知的法律后果是异议股东不得参与该项交易的表决。为什么异议股东不能参与表决呢？

第一，既然异议股东提出了请求回购的意向通知，毫无疑问，异议股东就不会同意该交易。既然异议股东本来就不会同意该交易，自然没有必要参与该项交易的表决。

第二，如果仍然允许异议股东参与表决，实际上等于承认异议股东享受了双重权利，同时还会增加是否进行该交易的不确定性。

但是，这种规定也有不合理之处。此时异议股东请求回购的要求只是一种意向，评估权尚未成立,如果异议股东借助于股东会能够有效反对该种交易的话(如通过征集表决代理权形成少数股东联合对抗大股东或者管理层),又何必行使评估权呢?因为评估权行使的前提是少数股东既不赞成该交易又无法阻止该交易,或许异议股东的本意并不在于退出公司,而是不愿意参加交易成功后的公司,此时交易尚未付诸表决,交易是否通过,尚在两可之间,若先行剥夺其表决权,确有不合理之处。

(三)异议通知

在该交易获得股东会多数通过后,公司必须向提出回购请求的异议股东发送“异议通知”(dissenting notice)。该种异议通知表明异议股东的评估权成立,以此为界限,异议股东有权利以公平价格向公司回售其股份,公司有义务以公平价格回购异议股东的股份。

(四)股份托管

当异议股东收到异议通知后,请求回购的股东获得了债权人的地位而不再是股东了。为了反映他们的债权人地位,异议股东必须将其股份向公司提存(deposit of shares)。其形式表现为异议股东必须将其股票证书(certificates)交由公司保管。

为什么异议股东必须提存其股份呢?试想一下,如果不要求其提存其股份,那么异议股东一方面启动异议程序,另一方面却又静观待变。如果交易朝着有利的方向发展,他可能将其股份在公开市场出售以获取更高的价格。如果许多股东都这样做,交易将无法完成,评估程序也无法进行。

但是也应当看到,股东将其股份提存于公司也不利于股东,因为股东可能失去市场出售的机会。

(五)不遵守法定程序的后果

评估权的行使必须遵守法定的程序要件。如果没有正确地遵守这些法律要件的话,则可能导致异议股东丧失其评估权。譬如,股东在法定的期限内没有行使评估权;在公司与异议股东之间不能就股份回购价格达成一致协议时,异议股东没有按照法律要求向法院提起评估诉讼;异议股东在提出回购请求后,提存股份换取现金对价之前,将股份出卖给他人(因为股份的买受人不继受对公司的评估权)。

如果丧失了该种权利,异议股东就必须接受该交易的条件并执行该交易,尽管他对该交易有异议。但是,公司有向其提供如何遵守适当程序的信息的义务。

二、公平价格

(一)回购价格的确定步骤

关于回购价格的确定,一般要经过两个阶段的程序(a two-step process)。第一阶段由异议股东与公司进行协商。如果协商失败,则进入第二阶段,即通过司法程序来确定公平的回购价格。也就是说,公司与异议股东能够达成协议更好。如果不能达成协议,则必须提交司法评估,由法院来确定异议股东股份的公平价值。具体而言,首先由公司提出股份价格,如果异议股东对此价格不满意,即应提出自己的价格。此时公司面临两种选择:要么同意异议股东提出的价格;要么向法院提起诉讼,通过诉讼程序确定股份的价格。

（二）回购价格的确定方法

关于公平价格的确定方式,在美国,传统上通常采用的是 Delaware Block Method。[12] 依照这种评估方法,首先应当分别估算出公司资产的净值(net asset value)、公司证券的市场价值(market value)以及公司收益价值(earning values),其次就每一种估价结果进行加权平衡,最后估算出股份的公平价值。

例如,假设公司股票的市场价值是每股 25 美元,每股的收益价值是 50 美元,净资产价值是每股 100 美元,法院再给市场价值加权 10%,收益价值加权 40%,净资产价值加权 50%,这样异议股东股份的评估价值就应该是:(25 ×10%) + (50 ×40%) + (100 ×50%) = 72.50 美元。

例如,Gibbons v. Schenley Indus. Inc. 案中[13]的价值计算方法如下表所示:

估算师之估算			
估算因素	估值/美元	加权	赋值
市场价值	29.00	35%	10.15
收益价值	52.78	45%	23.75
资产价值	49.83	20%	9.97
公平价值	43.87 美元		
法院之估算			
估算因素	估值/美元	加权	赋值
市场价值	29.00	55%	15.95
收益价值	39.75	45%	17.91
资产价值	49.83	0%	0.00
公平价值	33.86 美元		

资料来源:转引自 Hamilton, at p. 576 – 577。

说明一:每项估值乘以加权获得赋值(譬如,29 ×0.35 = 10.15 美元),然后再将各项赋值加在一起得出公平价值。

说明二:在股票市场只有少数交易的情况下,市场价值的加权数为 10%,利润价值为 40%,资产价值为 50%。在封闭公司中,股份没有市场价格,但如果存在一些交易的话,则可以推算出其市场价格。对利润价值的计算可以根据最近几年(如 5 年之内)的平均利润资本化价值进行估算。

---

〔12〕 这一方法首先由特拉华州采用。但这一方法在最近二十年来受到了批评。更为有趣的是,首先采用这一方法的特拉华州现在也放弃了这一方法。在 Weinberger v. UOP, Inc. 案中,特拉华州最高法院指示在将来进行评估时,金融界所承认的任何估价方法,均可以采用。常见者如折扣现金流估价法(valuation based upon discounted cash flow)。

〔13〕 Gibbons v. Schenley Indus. Inc., 339 A. 2d 460 (Del. Ch. 1975).

说明三:根据这些标准不能保证法院确定的价格就等于或者高于早期自愿提出的价格。譬如,在上面 Gibbons v. Schenley Indus. Inc. 案中,异议股东是在拒绝了每股 53.33 美元之后才行使评估权的。这说明,法院在决定如何进行估值方面享有广泛的自主权。

说明四:法院在进行估值时必须将对全资性子公司的控制权考虑进去。法院同样有权决定依照单利(simple interest)进行计算,而不是采用复利(compound interest)来计算。

(三)回购价格的支付

关于回购价格的支付,有以下两种做法:

一种做法是,在法院作出最后决定之前,公司不能向异议股东支付任何金钱。但采用这种方式的结果将导致在该交易完成之后若干年内异议股东根本得不到任何支付。这种拖延,从异议股东的角度来看,正是传统评估程序不具有吸引力的地方。

另一种做法是,公司必须对该股份的公平价值进行估算并立即向异议股东支付该笔数额。如果异议股东对该笔数额的支付不满意,他必须就其股份价值提出自己的估算。如果该股东和公司不能就额外的支付达成协议,该股东或者公司则可以申请法院对其股份的价值进行评估。待法院作出最终评估后,异议股东才能就有争议的部分获得支付。比较而言,这种方法更加有利于异议股东。

(四)评估费用

评估费用,包括律师费用在内,由法院确定。如果公司在重大事项方面不遵守法定程序,法院则可能判处由公司承担费用。但如果异议股东在行使评估权时,其行为随意,没有根据,或者出于恶意,法院则可能判处由异议股东承担费用。[14]

---

〔14〕 MBCA § 13.31.

第七编　公司终止

公司解散

公司清算

公司接管与重整

第一章　公 司 解 散

第一节　公司解散概述

一、公司解散的概念和特征

公司解散(dissolution),是指已经成立的公司,基于一定事由的发生,致使公司人格发生消灭的原因性行为和程序。

首先,公司解散本身并不意味着公司的终止或者消灭。公司解散并不立即导致公司人格发生消灭,而只是导致公司人格发生消灭的原因。也就是说,已经成立的公司,由于一定的原因而解散后,仅仅导致其营业上权利能力的丧失,其法人资格仍然存在。

其次,公司解散必须基于一定事由的发生。什么样的事由才可能导致公司解散呢?这种事由可能是基于公司章程的规定,可能是基于公司股东会的决议,也可能是基于法律的直接规定,还可能是基于行政主管机关或者法院的命令。学理上通常将公司的解散事由归纳为两种情形:一是自愿解散事由;二是强制解散事由。

最后,公司解散既是一种行为,也是一种程序。解散公司行为的性质比较复杂,既可能是公司行为,也可能是立法行为,还可能是行政行为或司法行为。

在自愿解散的情况下,解散公司体现为一种公司行为。就依照公司章程的规定而解散公司的情形来看,它是公司对解散公司的一种预设,一旦满足了公司章程规定的条件,即可解散公司。就股东会决议解散公司而言,它是公司的一种现实决策,是对公司现实状况的一种终极评价。法定解散属于立法行为。命令解散属于行政行为或者司法行为。

公司解散也是一种程序。无论是自愿解散还是强制解散,均须遵守法定程序。就法定程序而言,自愿解散必须经由股东多数同意,法定解散为立法程序所吸收,行政解散须遵守一定行政程序,司法解散须遵守一定司法程序。

二、公司解散的意义

公司从成立到终止,犹如人之从生到死,经历了一个生命的循环。公司成立,表明公司生命的开始。公司终止,表明公司生命的终结。而这期间,则是公司的存续过程。公司的存续期间也就是公司的生命过程。在这个过程中,公司将经历生命的兴衰荣辱。正如公司的成立需要有设立公司的行为准备和孕育一样,公司的终止同样也需要一系列前置性行为和程序,这一过程体现为公司的解散和公司的清算。只有经过解散和清算,公司才能发生法律上的终止。

解散的公司必须经过清算。但因合并、分立而解散公司的,无须进行清算,是为例外;破产解散专门适用破产程序,是为特殊。为使清算得以进行,有必要继续保留公司的法人人格。清算中公司人格保留至清算结束时,公司才归于消灭。这是因为如果解散事实一旦发生,公司人格立即归于消灭,对于公司内部或外部的利害关系人都会发生不利的影响。譬如,就公司外部关系而言,公司可能还有债权债务没有处理;就公司内部关系而言,公司股东对公司还享有剩余财产请求权,这些都需要经过清算才能得到解决。因此,现代各国法律均规定,公司解散后,其法人人格继续存在,以使清算人可以就公司的对内对外关系加以处理,直至清算完毕,公司才告终止。

第二节　自愿解散

一、自愿解散的概念

自愿解散(voluntary dissolution),或称为任意解散,是指基于公司自己的意思解散公司的情形,通常包括基于公司章程规定或者股东会决议而解散公司。这种解散方式,相对于强制解散而言,它体现的是公司自己的意志,是一种自愿行为,而非法律的强制。

二、自愿解散的情形

(一)章程规定事由的发生

《公司法》第229条第1款将"公司章程规定的营业期限届满或者公司章程规定的其他解散事由出现"作为解散公司的事由之(一)。

章程规定解散公司属于自愿解散公司,是对解散公司的预先设定。《公司法》明确规定了章程规定的营业期限届满可以解散公司。现代公司法一般都承认公司的永久存在,所以原则上公司可以在公司章程中不记载期限。如果公司在章程中不记载期限,公司可以永久存在;但公司章程已经订立有公司存续期限的,公司则于期限届满时即被解散。

除章程规定营业期限届满可以解散公司外,公司法上所谓的"其他解散事由"包括哪些事由呢?实际上,公司章程可以规定任何解散公司的事由,只要不与强行法律相违背。譬如,公司章程可以规定公司所营事业已经成就或不能成就而解散公司。无论公司所营事业已成就或者在法律上或者在事实上不能成就,公司均无继续存在的必要。又如,公司章程中附有解除条件的,公司则于解除条件成就时予以解散。

(二)股东会决议解散

《公司法》第229条第1款将"股东会决议解散"作为解散公司的事由之(二)。

在既没有出现强制解散事由,又没有出现公司章程规定的解散事由时,如果公司需要解散,可以通过股东会决议解散的方式来完成。公司是继续存在还是终止存在,公司可以自己决定。公司自己决定解散公司时,必须遵守一定的程序。这种程序表现为解散公司需要取得公司股东会的同意。在股东会决议解散的情况下,也可以由董事会先提出解散公司的建议。股东会议召集前,公司应当向每一股东(包括表决权股东和无表决权股东)发送通知,通知必须明确告知股东召开股东会议的目的或者目的之一就是解散公司。

在股东会议上,只有表决权股东才有权参加表决决议。但在特定情况下,可能涉及种类股份股东参加表决决议。关于股东会决议的表决规则,有的国家和地区规定,如果公司章程没有相反规定,只需要简单多数通过即可。[1] 但大多数国家和地区规定,解散决议需要经过绝对多数通过。[2] 我国《公司法》第66条规定,对于有限责任公司,股东会对公司解散作出决议,应当经代表2/3以上表决权的股东通过。根据这一规定,我国《公司法》要求有限责任公司的解散采取特别决议的方式,即需要取得股东会的绝对多数同意。《公司法》第116条规定,对于股份有限公司,股东会对解散公司作出决议,必须经出席会议的股东所持表决权的2/3以上通过。根据这一规定,我国《公司法》要求股份有限公司的解散采取特别决议的方式,即需要取得出席会议的股东所持表决权的绝对多数同意。

---

〔1〕 MBCA § 14.02.

〔2〕 大陆法系国家和地区一般区分有限责任公司和股份有限公司。对有限责任公司,《瑞士债务法典》第820条规定,决议解散公司的,除章程另有规定外,须经代表至少3/4资本的3/4以上的多数股东同意。《日本有限公司法》第69条规定,解散公司的决议应有全体股东过半数并经代表全体股东表决权3/4以上同意者,方可形成。《德国有限责任公司法》第60条规定,如公司章程无另外规定,解散公司的决议须以所投票数的3/4多数同意。《法国商事公司法》没有明确、系统的规定。但解释上适用特别会议规定,即须经代表资本总数至少3/4的股东的同意。对股份有限公司,《日本商法典》第343条规定,解散股份有限公司须经特别会议决议。特别会议应有代表已发行股份过半数的股东出席,以出席股东的2/3以上表决权通过。《法国商事公司法》第239条规定,解散公司应经特别股东大会决议。第一次召集会议时,须经代表股份1/3以上有表决权股东或者其代理人出席;为满足要求,可以再次召集。第二次召集会议时,须经代表股份1/4以上有表决权股东或者其代理人出席。特别会议以获得出席或者由他人代理的股东拥有票数的2/3多数票数作出决议。《德国股份公司法》第262条规定,解散股份公司的决议需要代表股份总数的3/4的最低股东的同意。这说明,德国法要求出席人数需要代表股份总数的3/4。《瑞士债务法典》第649条规定,解散股份有限公司的特别决议应经代表全部股份的2/3以上多数通过。如果第一次会议不能满足法定出席要求,则可以召开第二次会议。第二次会议只要经过代表全部股份1/3以上股东同意即可。我国台湾地区"公司法"第316条规定,股东会对于公司解散、合并或分割之决议,应有代表已发行股份总数2/3以上股东出席,以出席股东表决权过半数之同意行之。公开发行股票之公司,出席股东之股份总数不足前项定额者,得以有代表已发行股份总数过半数股东之出席,出席股东表决权2/3以上之同意行之。前两项出席股东股份总数及表决权,章程有较高之规定者,从其规定。

第三节　强 制 解 散

强制解散(compulsory dissolution/involuntary dissolution),是指非由于公司自己的意志而解散公司的情形。强制解散又可以区分为两种情形:一是法定解散;二是命令解散。法定解散(statutory dissolution),是指基于法律规定的公司解散事由的发生而解散公司的情形。命令解散(dissolution by order),是指基于主管机关或者法院的命令而解散的情形。命令解散具体包括两种情形:一是基于行政主管机关的命令而解散,即行政解散;二是基于法院的命令而解散,即裁判解散。

一、法定解散

法定解散主要包括如下两种情形:

第一,股东经变动不足法定最低人数。如果股东人数经变动不足法定人数的,公司须解散。譬如,在不承认"一人公司"的法制中,股东经变动只剩下一人时构成解散公司的法定理由。我国公司法已经承认一人有限责任公司和一人股份有限公司,故不存在这一问题。

第二,合并与分立。《公司法》第 229 条第 1 款将"因公司合并或者分立需要解散"作为解散公司事由之(三)。此为一种法定解散事由。在公司合并中,无论是吸收合并还是新设合并,均涉及公司解散问题。在吸收合并中,被吸收的公司解散;在新设合并中,合并各方解散。而在公司分立的情况下,只有在解散分立时,被分立的公司才解散;在存续分立时,存续公司和分立公司均不解散。

二、行政解散

一些法律规定了行政解散。根据这样的法律规定,其所谓行政解散(administrative dissolution)主要是指因公司的违法行为而导致损害社会公共利益或者公司违反有关行政管理规定而由行政主管机关命令解散的情形。[3]

---

〔3〕 譬如,MBCA § 14. 20 规定,有下列情况之一的,可由州务卿解散公司:(1)公司在 60 日内期满日没有按规定缴纳特许税或者其他罚金(franchise taxes or penalties);(2)公司在 60 日内期满日没有向州务卿递交年度报告;(3)公司在 60 日内期满日没有设立注册代理人或者注册办公室(registered agent or registered office);(4)公司注册代理人或注册办公室变更,或者注册代理人辞任,或者注册办公室撤销后 60 日内期满日没有通知州务卿;(5)公司章程所定存在期限届满。《德国有限责任公司法》第 62 条规定,如果公司因其股东的违法决议或者因其股东故意纵容业务之执行人员的违法行为导致损害公共利益,行政机关可以解散公司。但《德国股份公司法》第 396 条则规定,股份公司或者股份两合公司因其行政管理人员违法危及公共利益,且其监事会和股东会又没有罢免这些人员的职务,公司所在州最高行政机关可以申请法院通过判决解散公司。《意大利民法典》第 27 条、第 2308 条也规定了政府主管机关解散企业的权力。《日本商法典》《韩国商法典》《瑞士债务法典》没有规定行政解散制度。但一些特别法则可能存在行政解散的规定。如《日本信托业法》第 19 条规定,信托公司违反法令、章程或者主管大臣命令,以及危害公益行为时,主管大臣可令其停办业务,或者改任董事、监察人,或者取消其营业执照。

我国法律规定了广泛的行政解散情形,包括吊销营业执照、责令关闭或者被撤销等情形。《公司法》第 229 条第 1 款将“依法被吊销营业执照、责令关闭或者被撤销”作为解散公司的事由之(四)。此为一种行政命令解散事由。公司因违反法律、行政法规规定而被行政主管机关吊销法人营业执照、责令关闭或者被撤销,只是公司的解散事由,并不意味着公司人格的当然消灭。由于公司被吊销法人营业执照、责令关闭或者被撤销后,公司的债权可能尚未受领,公司的债务可能尚未清偿,职工的工资可能尚未支付,拖欠的税款可能尚未缴清,剩余财产可能尚未处理等,因此,应当进行清算。

三、裁判解散

(一)裁判解散概述

法院裁判解散(judicial dissolution),是指法院在特定情形下,依申请或者职权作出裁决而解散公司的情形。具体包括如下五种情形:

第一,在上述行政处分中,当事人如果对行政处罚不服,可以通过行政诉讼进行审查,法院一旦作出维持判决,即可强制执行。

第二,在民事诉讼中法院可将强制歇业作为一项救济措施来援用,如制造伪劣药品致人损害的,法院可以强制解散企业。

第三,公司被宣告破产。公司被宣告破产,则不能继续经营其事业,应予解散而进入清算程序,待破产程序终结时,公司即告消灭。

第四,因公司或者公司负责人违法而由法院主动解散公司。譬如,基于公司设立目的非法、公司无正当理由在设立后法定期限内未开业或者歇业超过法定期限以上等原因而解散公司。

第五,法院经利害关系人申请而解散公司。

以上可以称为广义的法院裁判解散,狭义的裁判解散仅指第四种、第五种情形。第一种情形适用行政诉讼法的规定,第二种情形适用民事诉讼法的规定,第三种情形适用破产法的规定,只有第四种、第五种情形才属于公司法关心的问题。但是就第四种情形而言,只有个别国家有此规定。[4] 从我国的情况来看,实际上法院主动依职权解散公司的情形已为行政解散所吸收,似无专门存在之必要。因此,我们这里只讨论第五种情况。

(二)法院依利害关系人申请裁判解散公司

1. 一般概述

法院依利害关系人申请解散公司主要需要解决两个问题:一是谁可以申请解散公司?二是在什么情况下申请解散公司?其实,这两个问题互为一体,回答第一个,则必然要回答第二个问题。就第一个问题而言,一定的利害关系人可以申请法院解散公司。利

---

〔4〕《韩国商法典》第 176 条。

害关系人包括哪些人呢？不同国家的法律规定的范围有所不同。[5] 就第二个问题而言，同样是不同国家的法律规定有所不同。[6] 归纳起来，下列利害关系人可基于下列理由诉请法院解散公司：[7]

第一，公司申请解散公司。公司本来可以自行决定解散公司，属于自愿解散情形。但是，如果公司在自愿解散中遇到障碍，而公司自身又无法克服，则可以申请法院解散公司并在法院的指导监督下清算公司。

第二，股东申请解散公司。股东申请解散公司具有特别意义，主要是为了解决公司僵局或者欺压或者资产浪费等问题。允许股东申请法院解散公司的实质是为公司中少数股东利益提供一种保护机制或者退出机制。

第三，债权人申请解散公司。债权人申请解散公司主要是因为其债权清偿可能发生障碍。如债权人的债权已经法院判决，但判决的执行不能使债权人满意，且公司处于破产状态，或者公司书面承认债务到期但公司却处于破产状态。

2. 我国公司法的规定

我国《公司法》第 229 条第 1 款将“人民法院依照本法第二百三十一条的规定予以解散”作为解散公司的事由之（五）。本项规定其实就是关于股东申请法院解散公司的规定。根据《公司法》第 231 条的规定，公司经营管理发生严重困难，继续存在会使股东利益受到重大损失，通过其他途径不能解决的，持有公司 10% 以上表决权的股东，可以请求人民法院解散公司。该条规定的目的在于解决公司僵局等公司内部纠纷问题。在公司存续期间发生严重内部矛盾导致公司不能正常运作，甚至使股东利益受到严重损失，被称为公司僵局。这种现象在公司实践中并非少见，尤其是在封闭公司中更是常见。对此，公司法提供的解决方案是允许股东提起解散公司的诉讼以便打破僵局。

该条首先立足于解决公司僵局问题。公司僵局可能发生在股东会层面，也可能发生在董事会层面。但无论是何种情形，均导致公司经营管理发生严重困难，继续存续会使股东利益受到重大损失。公司僵局可能表现为如下三种典型形式：[8]

第一，公司持续 2 年以上无法召开股东会，公司经营管理发生严重困难的。譬如，公

---

〔5〕《英国 1986 年破产法》第 124 条规定，包括公司、董事会、债权人、任何连带出资人（contributors）、已经处于自行清算中的公司官方接管人、管理人或者管理接管人、国务大臣。MBCA § 14. 30 规定，包括州检察长、股东和债权人。但各州规定有所不同，如纽约州公司法规定，包括州检察长、股东和董事，但不包括债权人。《日本商法典》第 58 条规定，包括法务大臣、股东、债权人以及其他利害关系人。

〔6〕《英国 1986 年破产法》规定，公司请求法院加入清算；注册为公开公司，但在 1 年以上没有公开发行股份；旧式公开公司（old public company）；公司成立 1 年内未开业或者停业 1 年以上；公司成员不足两人；公司不能清偿债务；基于公平原则。英国破产法所规定的司法解散事由事实上包含了自愿解散和破产解散。MBCA § 14. 30 规定，检察长申请解散的事由是通过欺诈手段取得设立登记或者公司超越或者滥用法律授予的权限。股东申请解散公司的事由是公司僵局、公司负责人违法或者公司资产受到侵害。债权人申请解散公司的事由是公司资不抵债致使到期债务履行发生障碍，公司申请解散公司是自愿解散发生障碍。

〔7〕一些国家法律规定，国务大臣或者州检察长可以基于公司违法行为申请解散公司。但这一点在我国已为行政解散所吸收。此外，一些国家法律还规定了“其他利害关系人”，譬如公司接管人等。

〔8〕参见《公司法》司法解释二第 1 条第 1 款规定。

司两名或者两派股东所持股份相当但意见相左,导致无法召开会议,致使公司经营管理处于停顿状态。

第二,股东表决时无法达到法定或者公司章程规定的比例,持续2年以上不能作出有效的股东会决议,公司经营管理发生严重困难的。譬如,公司两名或者两派股东所持股份相当但意见相左,虽然勉强能召开会议,但任何一方所持股份的表决权都不足以形成有效决议,致使公司经营管理处于停顿状态。

第三,公司董事长期冲突,且无法通过股东会解决,公司经营管理发生严重困难的。譬如,董事会成员之间形成意见相左的两派,任何一派的表决权又不能形成多数,因而不能作出有效的董事会决议,致使公司经营管理处于停顿状态。实际上,董事会的僵局往往来自股东层面,如果董事层面发生僵局,自然也很难通过股东层面予以解决。

该条虽然致力于解决公司僵局,但却不限于公司僵局。所谓"公司经营管理发生严重困难,继续存在会使股东利益受到重大损失",意味着除公司僵局外,还可能基于其他原因导致经营管理发生困难。我国司法实践对此予以肯定。[9] "其他严重困难"会是什么样的情形呢?既然"公司僵局"针对的主要是公司管理发生问题的情形,如果公司经营上出现了严重困难(包括市场原因和财务困境),从而导致股东利益受到重大损失,股东能否请求解散公司呢?在这样的情形下,股东利益可能受到损失,涉及的是全体股东。然而,《公司法》第231条的立法本意却在于解救部分股东或者个别股东。因此,如果公司在经营上发生严重困难,继续存在会使股东整体利益受到重大损失,完全可以由公司决议解散公司而不是由股东提起解散公司诉讼。

还有一个问题是,"其他严重困难"是否包括"欺压"在内?就我国公司法而言,似乎难以解释出这样的立法意图。适用《公司法》第231条的情形在逻辑上须由两个要素构成:一是经营管理发生严重困难;二是股东利益受到重大损失。但就欺压情形而言,被排挤的股东可能受到了重大损失,但公司经营管理却不一定存在问题。譬如,公司仅有二名股东,其中一人持有70%股权,另一人持有30%股权。按照多数原则,如果公司章程没有特别约定,在任何情况都是由该多数股东说了算,少数股东无法阻止。如果他们之间发生矛盾和纠纷,少数股东可能会受到欺压或者不公正对待,但公司却可能在多数股东掌握下继续运行。于是,《公司法》第231条就无法适用了。

在适用《公司法》第231条时,应注意如下几个方面:

第一,在比较法意义上,股东通过司法途径解散公司的主要目的就是解决公司僵局和公司欺压问题。我国《公司法》第231条的立法意旨也是如此,但立法上的表述却存在问题,即一方面该条可能包含了不应涵盖的情形,另一方面却又遗漏了本应包含的情形。但无论如何,该条规定的主旨还是明确的,它仅适用于包括公司僵局在内的因公司经营管理发生严重困难,继续存在会使股东利益受到重大损失的情形,而不应包括股东知情

---

〔9〕 如《公司法》司法解释二第1条第1款之(四)即明确了"经营管理发生其他严重困难,公司继续存续会使股东利益受到重大损失的情形"的,也可以提起解散诉讼。

权、利润分配请求权等权益受到损害，或者公司亏损、财产不足以偿还全部债务，以及公司被吊销企业法人营业执照未进行清算等情形。[10] 后述这些情形分别由公司法提供的其他方式予以救济和解决。

第二，通过其他途径不能解决该种僵局。解散公司仅是一种无可奈何的最后选择，如果能够通过其他途径解决该种僵局，较之于解散公司，公司的继续存在总是一种更优的选择。因此，法院在审理解散公司诉讼案件时，应当注重调解。譬如，尽量促成当事人之间达成由公司或者其他股东收购原告股东股份的协议，或者采取减资的方式，均可以使原告股东退出公司，同时又能维持公司的继续存在。这些方式也是股东请求解散公司诉讼中常见的调解方式。在公司收购原告股东股份的情形下，由于公司不能持有自己公司的股份，因此，公司应在法定期限内将其转让或者注销。[11] 公司收购原告股东的股份的协议一旦生效并且公司已将其从股东名册上除名，原告股东失去股东资格。但这是针对股权的内部关系而言，如欲对抗第三人，尚须公司转让或者注销其股份。因此，在股份转让或者注销之前，原告不得以公司收购其股份为由对抗公司债权人。

第三，该条对提起该种诉讼的股东资格进行了限制，即只有持有公司 10% 以上表决权的股东才可以请求解散公司。持有公司 10% 以上表决权的股东并非仅指单一股东。在计算上可以是股东单独持有，也可以是股东合计持有。

第四，须以诉讼方式为之，即需要向人民法院提出请求。至于法院是否允许解散公司，则属于法院的自由裁量权。[12] 在解散公司诉讼中，原告是提起诉讼请求解散公司的股东，被告是公司。在司法实践中，有的法院将争议指向的股东列为被告，这是不正确的。尽管争议指向的股东确实是该种诉讼的实质利害所在，但原告股东提起诉讼的目的是解散公司，而不是解决与争议股东之间的利益关系。正因为该种解散公司的诉讼的实质关系涉及争议指向的股东，所以，争议指向的股东可以作为第三人。从某种意义上来说，将公司作为被告更多的只是一种程序上的考虑。由于解散公司诉讼涉及其他股东利益，原告股东提起解散公司诉讼应当对其他股东履行告知义务，也可以由法院通知其他股东参加诉讼。其他股东或者有关利害关系人可以申请作为共同原告或者以第三人身份参加诉讼。由于公司股东之间发生矛盾致使公司不能开展正常经营管理活动，势必影响到公司财产的安全，如财产的隐匿、流失或者转移；也可能影响诉讼的进行，如证据的隐藏、篡改或者灭失。因此，股东提起解散诉讼时，可以向法院申请财产保全或者证据保全，但股东应当提供担保并且不影响公司正常经营。是否许可财产或者证据保全，法院享有自由裁量权。法院关于解散公司诉讼作出的判决，对公司全体股东具有法律约束力。也就是说，该种判决具有对世性，如果法院判决驳回解散公司诉讼请求，提起该诉讼

---

〔10〕 参见《公司法》司法解释二第 1 条第 2 款。

〔11〕 根据《公司法》司法解释二第 5 条规定，经法院调解公司收购原告股份的，公司应当自调解书生效之日起 6 个月内将股份转让或者注销。

〔12〕 以下参见《公司法》司法解释二第 2、3、4、6 条。

的股东或者其他股东不能又以同一事实和理由再次提起解散公司诉讼。

值得注意的是,在股东解散诉讼中,股东只能请求解散公司,不得请求法院对公司进行清算。因为此种诉讼仅为解散公司的诉讼,法院作出的解散判决仅能成为解散公司的事由,当事人应根据法院的解散判决自行组织清算。如果自行清算发生障碍,则可申请法院指定清算。

第四节 解散登记与公司继续

一、解散登记

大多数国家都规定公司解散后需要进行解散登记。[13]

除因合并、分立及破产另有法律规定外,公司应在解散后于法定期间内到登记机关进行解散登记。解散公司在向主管机关申请办理解散登记后,还应当在本公司所在地进行公告。公司合并、分立时,解散公司的登记为合并登记的内容,解散登记无须另外进行。公司破产时,由法院公告破产事项,并依职权进行破产登记。

解散登记具有特殊意义:

首先,解散登记仅发生公司变动的效力。解散登记实际上是公司变动登记,解散登记不发生消灭公司人格的效果,因为公司解散后仍然需要进行清算。解散登记与清算完毕后的注销登记不同,注销登记导致公司人格发生消灭,是公司清算结束的标志。

其次,解散登记是对公司解散行为合法性的确认。公司在作出解散决议后,应向登记机关提出解散登记的申请。申请书应当包括公司名称、解散决议日期以及解散决议合法性的说明。譬如,公司解散决议符合法律或者公司章程的规定。[14]

最后,公司自解散登记之日起停止正常的生产经营活动,公司进入清算阶段。[15] 公司解散应从解散登记之日起发生效力。[16] 公司在解散后,除合并、分立与破产之外,无论其类型如何,均须进行清算,否则不发生终止公司的效果。在合并分立情形中,因债权债务概括转移,无须进行清算。公司被宣告破产后,其清算被置于破产程序中。

我国公司法虽未规定解散登记,但却规定了解散公示,实质上起到了解散登记的作用。根据《公司法》第229条第2款的规定,公司出现前款规定的解散事由,应当在10日内将解散事由通过国家企业信用信息公示系统予以公示。也可以说,我国公司法规定的

---

〔13〕《德国商法典》第143条第1款,《德国股份法》第263条,《德国有限责任公司法》第65条。《法国商事公司法》第391条第3款。《日本商法典》第96、416条,《日本有限责任公司法》第75条。《韩国商法典》第228条。《瑞士债务法》第574、737条。《英国1986年破产法》第86条。MBCA § 14.03. 譬如,《日本商法典》第96条规定,公司解散时,除合并及破产情形外,应于2周内在本公司所在地,3周内在分公司所在地进行解散登记。

〔14〕MBCA § 14.03.

〔15〕MBCA § 14.05.

〔16〕MBCA § 14.03.

解散公示更为科学，它既起到了向社会公众公示公司解散的信息，同时又避免了解散登记程序的烦琐。

二、公司继续

公司继续，是指基于解散事由而应解散或者已经解散后处于清算中的公司由于某种事由的发生或者经由特定程序依法恢复其营业能力或者从清算中回转的情形。一般而言，公司继续的情形包括如下几种：

第一，公司因存续期限届满、章程规定的其他解散事由出现或者股东会议决议解散的，可以由股东特别会议决定，使公司继续存在。[17]

第二，公司因不满法定人数而解散，可因新股东的加入而使公司继续存在。

第三，公司设立无效已被判决确定，但无效原因仅限于部分股东，经其他股东同意，公司可以继续存在。有无效原因的股东视为退出。但该种规定只适用于两合公司和无限公司。[18]

第四，在破产解散情形下，如果法院认可和解协议或者撤销破产宣告，经由股东会决定，公司可以继续存在。[19]

第五，"休眠公司"可以经股东特别会议决定而继续。所谓"休眠公司"，是指公司登记后，如果在相当时间内不进行营业，仅存在于公司登记簿而没有实体存在，可视为公司已被解散。[20]

具体到我国法律关于公司继续的规定，《公司法》第 230 条第 1 款规定，公司有前条（第 229 条）第（一）项、第（二）项情形，且尚未向股东分配财产的，可以通过修改公司章程或者经股东会决议而存续。从我国公司法该款规定来看，我国法律明确承认《公司法》第 229 条第（一）项、第（二）项两种情形，即由于公司章程规定的营业期限届满或者公司章程规定的其他解散事由出现和股东会决议解散的情形。很显然，公司存续回转仅限于公司自愿解散的两种情形。

《公司法》第 230 条第 2 款规定，依照前款规定修改公司章程或者经股东会决议，有限责任公司须经持有 2/3 以上表决权的股东通过，股份有限公司须经出席股东会会议的股东所持表决权的 2/3 以上通过。由此可见，我国公司法要求，如果出现公司章程规定或者股东会决议的解散事由时，公司可以继续存在，但须经过公司章程或者股东会特别决议决定。

---

〔17〕《日本商法典》第 406 条，《韩国商法典》第 519 条。

〔18〕《日本商法典》第 139 条，《韩国商法典》第 194 条。

〔19〕《韩国商法典》第 269、285 条。

〔20〕《日本商法典》第 406 条之三，《韩国商法典》第 520 条。

第二章 公 司 清 算

第一节 公司清算概述

一、清算的概念

公司清算(winding up/liquidation),俗称公司清盘,是指公司解散后,处分公司财产以及了结各种法律关系并最终消灭公司人格的行为和程序。

清算由一系列行为构成,并需要遵守相应的清算程序。譬如,清理公司财产、通知或者公告债权人、处理与清算公司的未了结的业务、清缴所欠税款、清理债权债务、分配剩余财产、参加诉讼活动等。

应当注意的是,由于在合并与分立中,债权债务产生概括转移的效果,故而合并与分立虽然是公司的解散事由,却无须对其进行清算。公司被宣告破产后,当然要进行清算,但是这种清算需要适用专门的破产程序,即清算人必须按照破产法的规定在法院的主持下进行清算。

二、清算中公司的地位

从清算中公司的法律地位来看,公司经宣告解散后,其公司人格于解散后至清算完结前仍然存在。但是,这时公司存在的目的只是便于清算。相应地,其权利能力只存在于清算范围内,而不得从事非以清算为目的的其他法律行为。如果公司超越其清算范围而继续从事经营业务的,依法不发生法律效力。清算公司与未解散前的公司互为一体,已存在的法律关系原则上不因解散而有所变更,而由清算公司承受或了结。解散公司进入清算程序后,公司原有代表及执行业务的机关均丧失其职权,而由清算人代表公司行使权力。所以,清算人是清算中公司的代表人和业务执行人,对内执行清算业务,对外代表清算中公司。

三、清算方式

（一）清算方式的一般分类

1. 破产清算与非破产清算

破产清算，是指在公司不能清偿到期债务的情况下，依照破产法的规定所进行的清算。非破产清算，则是指在公司解散的情况下，依照公司法的规定所进行的清算。两者之间的区别主要表现在如下几个方面：

第一，破产清算发生在公司不能清偿债务而被依法宣告破产的情形中，非破产清算则是发生在公司解散的情形中。公司被宣告破产实际上也是一种公司解散的原因，但这种原因特指公司不能清偿债务的情形。公司解散的原因很多，公司被宣告破产只是公司解散的一种特殊原因。

第二，破产清算是依照破产法进行的清算，而非破产清算则是依照破产法之外的其他法律进行的清算。就公司清算而言，非破产清算主要依照公司法的规定进行清算。

第三，破产清算的目的是使债权人得到公平的清偿（尽管破产清算最终也发生公司终止的效果）。为达此目的，清算须在法院的主持下依照破产程序进行。非破产清算主要是为了终止公司，债权人是否得到公平清偿不是非破产清算的根本目的，或者说公平清偿在非破产清算中是一个不存在的问题，因为在非破产清算过程中，如果一旦发现公司资产不能清偿债务，即须转入破产清算程序。

2. 任意清算与法定清算

非破产清算可进一步区分为任意清算与法定清算。

任意清算，是指公司依照公司章程或者股东会决议进行的清算。也就是说，任意清算可以不按照法律规定的方式进行清算。由于任意清算具有“任意性”，所以任意清算一般只适用于无限责任公司或者两合公司。这里包含的道理是，由于无限责任公司和两合公司的股东或者部分股东承担无限连带责任，所以法律无须担忧公司实行任意清算会使债权人利益受到损害。采用任意清算的法例不多，只有少数国家法律规定了任意清算。[1] 我国公司法没有规定无限责任性质的公司，自然没有适用任意清算的必要。

法定清算，是指依照法律的规定进行的清算。在法定清算的情况下，法律对清算的方法和程序进行了规定，清算必须依法进行。法定清算是现代公司法普遍认可和采用的一种清算方式。究其原因，主要是因为现代公司主要表现为有限责任公司和股份有限公司，股东承担有限责任，公司资产是公司债权人债权清偿的唯一担保，如果允许任意清算，在债权受到侵害时，债权人将失去依靠。

3. 普通清算与特别清算

法定清算可进一步区分为普通清算与特别清算。其中，特别清算通常只适用于股份

---

〔1〕 如《日本商法典》第 117 ~ 119 条对无限责任公司规定了任意清算。

有限公司。也就是说,这种分类一般只对股份有限公司有意义。[2]

普通清算,是指公司依照法律的一般清算规则进行的清算,清算按照公司法规定的一般程序进行。

特别清算,是指在普通清算程序开始后,因法定事由的发生而转入特别清算程序的清算。由此可见,特别清算无法独立启动。特别清算只有在普通清算程序开始后才有可能启动。启动特别清算的原因有二:

第一,普通清算的进行遇到"显著障碍"。"显著障碍"是指造成普通清算不能顺利、快速进行的法律事实。譬如,存在多数利害关系人时,按照普通清算程序进行清算需要较长时间或者非常困难。

第二,普通清算出现"债务超过之嫌"。"债务超过之嫌"(或者可表述为"债务超过之虞"),是指在普通清算中发现公司债务存在超过公司资产的可能性,但尚未确定。如果已经确定公司债务超过公司资产,则应转入破产清算程序。

特别清算的特别之处在于法院和债权人的介入。特别清算置于法院的监督之下,并由债权人积极参与,引进破产清算规则,其目的在于保障债权人公平受偿。可见,特别清算是介于普通清算和破产清算之间的一种"中间制度",是结合了普通清算与破产清算双重特点的混合产物。

4. 自行清算与强制清算

自行清算,是指公司自己组织的清算,主要表现为基于公司章程规定的事由发生或者基于股东会议的决议而发动的清算。自行清算也必须依照法律规定的清算规则和程序进行,其实质属于法定普通清算范畴。强制清算,是指基于法院或者有关主管机关的命令而发动的清算。自行清算与强制清算主要是英美国家的分类方法。

(二)我国公司法关于清算的规定

根据我国公司法的规定,清算可分为自行清算、指定清算和破产清算。

1. 自行清算

自行清算,是指公司自己组织的清算。《公司法》第232条第1款规定,公司因该法第229条第1款第(一)项、第(二)项、第(四)项、第(五)项规定而解散的,应当清算。该规定表明:

第一,自行清算既适用于自愿解散,又适用于强制解散。具体包括基于公司章程规定的事由发生而解散,股东决议解散,依法被吊销营业执照、责令关闭或者被撤销而解散,以及股东申请法院解散四种情形。应当注意的是,这里不包括基于合并或者分立而解散的情形。在合并情况下,其债权债务发生概括转移;在分立情况下,公司分立前的债

[2] 普通清算与特别清算的区分只是少数国家的做法。如《日本商法典》第417~430条关于股份有限公司清算的"总则"规定,学理上一般将其视为一种普通清算。而该法第431~456条的规定,学理上一般将其视为一种特别清算。日本虽然是大陆法系国家,但日本的这一区分并没有普遍为大陆法系国家所采用。法国、德国、瑞士、意大利等国家法律中均没有这样的分类。

务由分立后的公司承担连带责任。但是,公司在分立前与债权人就债务清偿达成的书面协议另有约定的除外。因此,公司合并、分立的债权债务,或者由合并公司概括承受,或者由分立公司承担连带责任或者依其约定处理,无须清算。

第二,公司解散后,应当在合理的时间内确定适格的人对公司进行清算。什么是“合理的时间”?什么是“适格的人”?《公司法》第232条第1款进一步规定,董事为公司清算义务人,应当在解散事由出现之日起15日内组成清算组进行清算。根据该条款规定,董事是法定的公司清算义务人,其职责是在法定的期间内组织清算组进行清算,即应当在解散事由出现之日起15日内组成清算组进行清算。

《公司法》第232条第2款规定,清算组由董事组成,但是公司章程另有规定或者股东会议另选他人的除外。公司的清算组由董事组成。这是因为公司原本就在董事的管理之下从事经营活动,公司解散后进行清算本就是其份内之事,理所当然。但是,公司往往实际上由大股东或者实际控制人掌控,由他们参与清算更有利于清算工作。

《公司法》第232条第3款规定,清算义务人未及时履行清算义务,给公司或者债权人造成损失的,应当承担赔偿责任。如果因为公司没有自行清算而给利害关系人造成损失,如因为资产流失或者隐匿、转移财产导致债权人不能收回债权,股东不能分配剩余财产,清算义务人应当承担民事赔偿责任。

2. 指定清算

指定清算,是指经利害关系人申请由法院指定清算人进行清算的情形。《公司法》第233条第1款规定,公司依照前条第1款的规定应当清算,逾期不成立清算组进行清算或者成立清算组后不清算的,利害关系人可以申请人民法院指定有关人员组成清算组进行清算。人民法院应当受理该申请,并及时组织清算组进行清算。

由此可见,指定清算适用于这样的情形:无论公司基于何种原因解散(前文已述,合并、分立无须清算,破产清算适用破产法,此种情形需排除),只要公司没有在法定期限内自行组织清算,利害关系人均可以向法院提出申请请求指定清算人进行清算。司法实践则进一步明确了凡是有下列情形之一的,利害关系人可以申请法院指定清算组进行清算:(1)公司解散逾期不成立清算组进行清算的;(2)虽然成立清算组但故意拖延清算的;(3)违法清算可能严重损害债权人或者股东利益的。司法实践显然扩大了指定清算的适用范围,但却是可取的,因为这样更加符合实际情况。[3]

指定清算的申请人应当是利害关系人。根据公司法的司法实践经验,指定清算的利害关系的申请人包括债权人、公司股东、董事或其他利害关系人。[4] 债权人可以申请指定清算。这自然没有问题,因为解散公司后是否顺利清算直接影响到债权人的利益。但是,公司解散后是否顺利清算同时也会影响到股东的利益,公司股东也可以申请法院指

---

〔3〕 参见《公司法》司法解释二第7条第2款。

〔4〕 《公司法》司法解释二第7条2款。

定清算组对公司进行清算。[5] 公司董事是公司的管理者，负责公司的经营业务，又是公司的清算义务人，当公司自行清算发生障碍时，自然有权利申请指定清算。

除公司债权人、股东、董事为利害关系人外，是否还存在“其他利害关系人”？当然，凡是与公司存在利害关系的人均可以申请法院指定清算，因为他们与清算中公司有利害关系。甚至，这种利害关系不仅仅涉及经济利益关系，还可能包括其他非经济利害关系。《公司法》第 233 条第 2 款规定，公司因该法第 229 条第 1 款第(四)项的规定而解散的，作出吊销营业执照、责令关闭或者撤销决定的部门或者公司登记机关，可以申请人民法院指定有关人员组成清算组进行清算。可见，这里“作出吊销营业执照、责令关闭或者撤销决定的部门或者公司登记机关”基于其管理或者登记职责亦是利害关系人，可以申请人民法院指定清算。

3. 破产清算

公司被宣告破产后，其清算由破产法专门规定，公司法仅作衔接性规定。《公司法》第 237 条规定，清算组在清理公司财产、编制资产负债表和财产清单后，发现公司财产不足清偿债务的，应当依法向人民法院申请破产清算。人民法院受理破产申请后，清算组应当将清算事务移交给人民法院指定的破产管理人。《公司法》第 242 条规定，公司被依法宣告破产的，依照有关企业破产的法律实施破产清算。

第二节 清 算 人

一、清算人的概念

在相关规定中，关于清算人这一概念的使用颇不一致。有的使用的是“清算人”，有的使用的是“清算组”或者“清算组织”。[6] 事实上，公司清算人由一人充任亦无不可。清算人这一概念既可以是单数，也可以是一个集合的概念；既可以是自然人，也可以是法人。我国公司法使用的是“清算组”这一概念，这表明在公司清算的情况下，法律要求清算人须由二人以上组成。我国公司法使用清算组这一概念虽然表明了清算人由一人清算人向团体清算人的发展趋势，但终究显得绝对。毕竟对于那些小型公司来说，一定要求其以清算组的形式进行清算多少显得有些奢侈。

二、清算人资格

关于清算人的资格问题，现行公司法没有规定。清算人的资格可分为积极资格和消极资格。

---

[5] 《公司法》司法解释二第 7 条第 3 款。

[6] 在我国，使用“清算人”的法律有《合伙企业法》《公司登记管理条例》《个人独资企业法》《信托法》。使用“清算组织”的法律有《民事诉讼法》。使用“清算组”的法律有《民法典》《企业破产法》《公司法》《保险法》。

(一)积极资格

就清算人积极资格而言,主要有如下几个问题需要解决:

第一,除自然人之外,法人是否可以担任清算人?原则上,清算人应当由自然人担任,但法人担任清算人的情形也确实存在。譬如,在行政清算中,有关机关可以将清算事务委托给有关机构进行清算。再如,大多数国家和地区允许股东充任清算人,但是股东却可能是法人。唯应注意的是,即使是由机构担任清算人,也必须由自然人组成的清算组织具体负责清算事务。在股东担任清算人的情况下,则应由该股东派出代表人。

第二,是否应有住所要求?现代法律一般均取消了对清算人的住所要求,这似乎已是一种国际潮流。[7] 因此,住所要求在法律上不应当规定,但在具体选任清算人时则可以考虑。

第三,是否应有专业知识和从业经验要求?法律不应当进行统一的强制性规定,但在具体选任清算人时则可以考虑。

(二)消极资格

关于清算人的消极资格,现行公司法同样没有作出规定。实际上,现行公司法关于董事、高级管理人员的消极资格的规定应当适用于清算人。但是其对董事、高级管理人员的消极资格的规定并非完全合理,有鉴于此,可参考相关经验予以完善。[8]

三、清算人地位

清算人的法律地位,是指清算人与清算中公司的关系。清算中公司是原公司的继续,公司解散后,随着清算人的选任和组成,清算人代替了原公司的机关,对内执行清算业务,对外代表公司。[9]

四、清算人选任

(一)清算人选任的模式

清算人的选任因解散原因、清算人种类的不同而有所不同。在公司自愿解散的情况

---

[7] 《瑞士债务法》第740条第3款规定,清算委员会中至少应当有一人居住在瑞士并有权代表公司。

[8] 《日本商法典》第430条第2款规定,第254条之二关于董事消极资格的规定适用于股份有限公司的清算人:禁治产人或者准禁治产人;受破产宣告而未复权者;受商法、商事特别法或者公司法处罚,并在刑罚执行完毕后2年内;一般犯罪受徒刑以上刑罚,未执行完毕,缓刑者除外。我国台湾地区"非讼事件法"第86条规定,未成年人、禁治产人、被剥夺公权未复权者、受破产宣告未复权者、曾被法院解任的清算人,不得担任清算人。此外,监事不得担任清算人,如《日本商法典》第430条第2款、第276条及《韩国商法典》第254条第2款、第411条的规定。

[9] 但另一种学说认为,清算人与公司之间的关系是一种委任关系。所谓委任,是指当事人一方通过委任契约委托他人处理清算事务,他方承诺处理清算人事务。依据这种观点,在清算人与公司的内部关系中,清算人是受托人;在外部关系上,清算人实际上是公司的代理人。委任说认为,机关说存在缺陷,即公司机关成员主要是公司股东会选任,但在强制清算中,清算人并非由股东选任,而是由行政主管机关组织或者由法院指定。机关说亦认为委任说存在固有的缺陷。譬如,当清算人是由有关行政主管机关组织或者法院指定时,则不存在委任关系。

下,清算人由股东任命;只有在股东不能任命清算人时,法院才可以应利害关系人的申请任命清算人。在法院裁判解散的情况下,清算人由法院任命。[10]

大多数大陆法系国家和地区对清算人进行统一规定,不问解散原因。大体有法定清算人与选任清算人两种模式。

法定清算人,是指直接由法律或相关规定予以载明的清算人,即当解散事由发生时其当然取得清算人身份。法定清算人条款通常规定由股东或者董事担任清算人。在股东担任法定清算人的情况下,有的国家与地区未作进一步限定,[11]而有的却规定只有执行业务的股东才能担任清算人。[12] 董事担任清算人是大多数国家与地区的主要选择。[13] 但也有国家规定,在法院命令解散的情况下,股东或者董事不得担任清算人。[14]

选任清算人,是指在不同的情况下由不同的机构选任的清算人。具体可分为如下几种情况:

第一,股东选任清算人。无论是否存在法定清算人,股东可以自行选任清算人。其方式有二:一是在章程中规定法定清算人之外的人担任清算人;二是股东会议决议选任清算人。

第二,法院选任清算人。在既没有法定清算人也没有股东选任清算人的情形下,法院命令解散时,由法院选任清算人。

第三,行政机关选任清算人。在行政清算情形下,清算人由行政主管机关选任。

第四,债权人选任清算人。只有英国等少数国家法律规定债权人可以选任清算人,且大多发生在自行清算的情形中。

(二)我国的清算人选任制度

根据我国《公司法》第232条的规定,公司因该法第229条第1款第(一)项、第(二)项、第(四)项、第(五)项规定而解散的,应当清算。董事为公司清算义务人,应当在解散事由出现之日起15日内成立清算组进行清算。

从我国公司法的规定来看,在以下情况下公司被解散的,应当清算:公司的清算组由董事或者公司章程的规定或者股东会确定的人员组成:(1)公司章程规定的营业期限届满或者公司章程规定的其他解散事由出现;(2)股东会决议解散;(3)依法被吊销营业执照、责令关闭或者被撤销;(4)人民法院依照该法第231条的规定予以解散(股东申请并经法院判决解散)。

董事为公司清算义务人,应当在解散事由出现之日起15日内成立清算组进行清算。公司的清算人员由公司董事组成。这里,清算义务人与清算人是有区别的。清算义务人的职责是在法律规定的期间内及时组织清算组进行清算,这个法定期间为"解散事由出

---

〔10〕 如《法国商事公司法》第406、407、408条。

〔11〕 如《德国商法典》第146条,我国台湾地区"公司法"第79条。

〔12〕 如《日本商法典》第121条,《瑞士债务法》第583条。

〔13〕 如德国、日本、瑞士,以及我国台湾地区。

〔14〕 如日本、韩国。

现之日起 15 日内”。清算人是具体负责进行清算的人员,法律规定清算组由董事组成,但是公司章程另有规定或者股东会决议另选他人的除外。清算组成员由董事组成,自无问题。因为董事本身就是公司事务管理者,负责公司经营业务。公司解散后的清算事务由董事负责,理所当然。但公司章程可以另作规定或者股东会议可以另选他人,如公司控股股东、实际控制人。

《公司法》第 233 条规定,公司依照前条第 1 款的规定应当清算,逾期不成立清算组进行清算或者成立清算组后不清算的,利害关系人可以申请人民法院指定有关人员组成清算组进行清算。人民法院应当受理该申请,并及时组织清算组进行清算。公司因该法第 229 条第 1 款第(四)项的规定而解散的,作出吊销营业执照、责令关闭或者撤销决定的部门或者公司登记机关,可以申请人民法院指定有关人员组成清算组进行清算。

在指定清算情形下,法院应当及时指定有关人员组成清算组。根据《公司法》司法解释的规定,[15] 清算组成员可以从下列人员或者机构中产生:(1)公司股东、董事、监事、高级管理人员;(2)依法设立的律师事务所、会计师事务所、破产清算事务所等社会中介机构;(3)依法设立的律师事务所、会计师事务所、破产清算事务所等社会中介机构中具备相关专业知识并取得执业资格的人员。

同时,《公司法》司法解释对指定清算人的更换作出了明确规定,[16] 即如果法院指定的清算组成员有下列情形之一的,法院可以根据债权人、股东的申请,或者依职权更换清算组成员:(1)有违反法律或者行政法规的行为;(2)丧失执业能力或者民事行为能力;(3)有严重损害公司或者债权人利益的行为。

五、清算人人数

绝大多数法律都没有规定清算人人数。这说明,清算人可以是一人,也可以是数人。实际上,清算人往往由若干人构成。根据我国公司法关于清算组的规定,公司清算应当以清算组的形式进行,因此,我国法律实际上要求清算组由二人以上组成。

六、清算人任期

原则上清算人任期随清算期限而定。也就是说,清算人没有独立的任期制度。但也有少数国家规定了清算人的任期,在这种情况下,清算人任期不得超过法定任期。[17]

七、清算人解任

第一,清算人辞职。清算人是否可以辞职,应视不同情况而定。一般而言,股东或者董事或者公务员担任清算人的不得辞职。中介机构或者社会人士担任清算人的,可以无

---

〔15〕 参见《公司法》司法解释二第 8 条。

〔16〕 参见《公司法》司法解释二第 9 条。

〔17〕 如《法国商事公司法》第 409 条规定,清算人的任期不得超过 3 年。

须任何理由而辞去清算人职务。

第二,清算人失格。清算期间,清算人死亡、丧失民事行为能力、被宣告破产或者禁治产人或者被判刑罚丧失法定的清算人执业资格,当然解任。

第三,决议或者决定。在清算人由股东会选任的情况下,股东会议决议可以解任清算人。在清算人由行政主管机关选任的情况下,行政主管机关可以解任清算人。在允许债权人选任清算人的情况下,债权人会议可以解任清算人。

第四,裁判解任。在不存在前述三种情况下,如果出现清算人明显不能胜任工作或者有重大违反清算人义务的行为时,股东或者债权人可以申请法院裁判解任该清算人。有些国家与地区规定,在股东申请时,申请股东应持有一定比例的股份并持续一定时间。〔18〕 但也有些国家与地区没有持股数额和时间的限制性规定。〔19〕

八、清算代表人

在清算人为数人的情况下,原则上各清算人均有权代表清算中公司,即共同代表制。但法律、章程、股东会决议、行政决定、法院决定另有规定的除外。〔20〕

如果需要确定清算代表人,清算代表人由清算人会议决议决定。清算代表人权限包括对外代表公司,如起诉、应诉或者签订合同。清算代表人是否享有决定清算事务的权力? 应该没有。实际上,清算事务应当由全体清算人共同决定,由清算代表人负责执行或者代表。

如果章程或者其他文件或者决议或者决定对代表权进行限制,该种限制不得对抗善意第三人。〔21〕 有些法律甚至规定,该种限制无效。〔22〕

九、清算人登记

清算人选任后应当进行登记。各种类型的清算人,无论是法定清算人、股东选任清算人、法院选派清算人、行政选派清算人,均须进行登记。登记机关一般为公司登记机关,但也有法律将其规定为法院。有些法律还要求申报,即先向登记机构登记,再向法院申报。关于登记期限,各国一般规定为就任后2周或者15天。登记申请人一般为被选任的清算人,但有法律将其规定为董事会。登记主要事项包括清算人姓名、住所或者居所、

---

〔18〕 如《日本商法典》第426条第2款规定,有重要事由时,法院可以根据6个月前连续持有已发行股份总数3%以上股东的请求,解任清算人。我国台湾地区"公司法"第323条则将条件规定为持有3%以上股份连续1年以上;另外,其规定监察人也可以申请法院解任清算人。

〔19〕 《韩国商法典》第539条第2款规定类似,但没有时间限制。

〔20〕 如《德国股份公司法》第269条第2款规定,如果任命了若干清算人,在章程或者主管机关没有其他规定的情况下,由全体清算人代表公司。《日本商法典》第129、261、430条规定。

〔21〕 如《日本商法典》第78条第2款,《日本民法典》第54条。

〔22〕 如《德国商法典》第269条第5款。

就任日期以及清算代表人。[23] 我国法律无此明确要求,但前述《公司法》第229条第2款要求公司出现解散事由,应当在10日内将解散事由通过国家企业信用信息公示系统予以公示。这一规定表明立法者已经意识到解散登记的意义,这种公示要求今后同样可以适用于清算登记。

第三节　清算事务的执行

一、清算人职权

根据《公司法》第234、235、236条的规定,清算组在清算期间行使下列职权:

第一,清理公司财产,分别编制资产负债表和财产清单。清算组在清理公司财产、编制资产负债表和财产清单后,应当制订清算方案,并报股东会或者有关主管机关确认。

第二,通知或者公告债权人。《公司法》第235条第1、2款规定,清算组应当自成立之日起10日内通知债权人,并于60日内在报纸上或者国家企业信用信息公示系统公告。债权人应当自接到通知书之日起30日内,未接到通知书的自公告之日起45日内,向清算组申报其债权。债权人申报其债权,应当说明债权的有关事项,并提供证明材料。清算组应当对债权进行登记。清算组对已知债权人的通知应当采取书面形式,并根据公司规模和营业地域范围在全国或者公司注册登记地省级有影响的报纸上或者国家企业信用信息公示系统进行公告。这种通知和公告是法律为清算组设定的义务,因此,如果清算组未按规定履行通知和公告义务,导致债权人未及时申报债权而未获清偿,债权人可以主张清算组成员对因此造成的损失承担赔偿责任。[24]

第三,处理与清算有关的公司未了结的业务。公司在解散前势必存在尚未了结的合同或者其他交易,公司解散后,对于这些合同或者交易由清算组负责处理或者清算。原则上,清算组有权决定是否执行或者履行这些合同或者交易。但如因不执行或者不履行这些合同或者交易而给有关当事人造成损失,则应由清算中公司承担赔偿责任。

第四,清缴所欠税款以及清算过程中产生的税款。缴纳税款是公司的一项强制性义务,如果公司尚欠税款,则必须清缴。

第五,清理债权、债务。清理债权债务是清算组的一项重要的职责。公司的债权应当收回,公司的债务应当清偿。但应注意的是,《公司法》第235条第3款规定,在申报债权期间,清算组不得对债权人进行清偿。

第六,制订清算方案。《公司法》第236条第1款规定,清算组在清理公司财产、编制

---

〔23〕《日本商法典》第123条规定,除登记外,股份公司还要求清算人向法院申报。《瑞士债务法》第583条第3款规定,清算人应当在商事登记处登记。该法第740条规定,清算人委员会的成员姓名应当由董事会在商事登记处登记;董事会亲自负责的清算也不例外。

〔24〕参见《公司法》司法解释二第11条。

资产负债表和财产清单后，应当制订清算方案，并报股东会或者人民法院确认。

第七，处理公司清偿债务后的剩余财产。《公司法》第236条第2款规定，公司财产在分别支付清算费用、职工的工资、社会保险费用和法定补偿金，缴纳所欠税款，清偿公司债务后的剩余财产，有限责任公司按照股东的出资比例分配，股份有限公司按照股东所持的股份比例分配。《公司法》第236条第3款规定，清算期间，公司存续，但不得开展与清算无关的经营活动。公司财产在未依照前款规定清偿前，不得分配给股东。

第八，代表公司参加民事诉讼活动。清算中公司难免发生诉讼纠纷。于此情形，由清算组代表清算中公司参加民事诉讼活动。公司解散后一旦进入清算程序，公司原有机关为清算组替代。清算组成为清算中公司的法人机关，对内负责清算工作，对外代表公司。[25]

二、债权的申报与核定

（一）未在期限内申报债权

债权人应当在法定期限内申报其债权。如果债权人未在规定的期限内申报债权，债权人还可以补充申报。对于债权人补充申报的债权，清算组应予登记，不得拒绝。但应注意的是，补充申报最迟应在公司清算程序终结前进行，即清算报告经股东会或者人民法院确认完毕前，否则将导致债权人丧失其债权。[26]

（二）补充申报债权的清偿

债权人补充申报的债权，可以在公司尚未分配的财产中获得清偿。如果公司尚未分配的财产不能全额清偿，债权人可以主张股东以其在剩余财产分配中已经取得的财产予以清偿。但这种情形仅限于债权人未申报债权无重大过错，如果债权人因重大过错未在规定期限内申报债权，则不得主张从股东已分配财产中获得清偿。[27]

（三）债权的核定

公司清算时，债权人对清算组核定的债权有异议的，可以要求清算组重新核定。清算组不予重新核定，或者债权人对重新核定的债权仍有异议，债权人可以公司为被告向法院提起诉讼请求确认。[28]

三、清算的中止与终止

（一）清算的中止

《公司法》第237条规定，清算组在清理公司财产、编制资产负债表和财产清单后，发

---

〔25〕《公司法》司法解释二第10条规定，公司依法清算结束并办理注销登记前，有关公司的民事诉讼，应当以公司的名义进行。公司成立清算组的，由清算组负责人代表公司参加诉讼；尚未成立清算组的，由原法定代表人代表公司参加诉讼。

〔26〕参见《公司法》司法解释二第13条规定。

〔27〕参见《公司法》司法解释二第14条规定。

〔28〕参见《公司法》司法解释二第12条规定。

现公司财产不足清偿债务的，应当依法向人民法院申请破产清算。人民法院受理破产申请后，清算组应当将清算事务移交给人民法院指定的破产管理人。这种情形属于清算的中止。

在公司财产不足以清偿债务的情形下，清算组须将清算事务移交法院，从而进入破产程序。这样做虽然对于债权人公平受偿有利，但破产程序较为复杂，清算费用和成本较高，很可能破产清算完毕，已无财产可供债权人受偿，或者已无剩余财产可供股东分配。有鉴于此，《公司法》司法解释规定，[29] 人民法院指定的清算组在清理公司财产、编制资产负债表和财产清单时，发现公司财产不足清偿债务的，可以与债权人协商制作有关债务清偿方案。但是，该债务清偿方案须经全体债权人确认且不损害其他利害关系人利益，人民法院方可依清算组的申请裁定予以认可。清算组依据该清偿方案清偿债务后，应当向人民法院申请裁定终结清算程序。如果债权人对债务清偿方案不予确认或者人民法院不予认可的，清算组应当依法向人民法院申请宣告破产。但是，这一规定仅针对指定清算，而未包括自行清算在内。在自行清算时，如果发现公司财产不足以清偿债务，同样应赋予法院干预的权力。也就是说，同样可以在法院的主持下由当事人协商解决债务问题，如协商不成，再行裁定宣告破产，并在法院监管下进行破产清算。在正常清算过程中，如果发现公司财产不足以清偿债务，相关权利人应向法院申请宣告破产。《公司法》第 242 条规定，公司被依法宣告破产的，依照有关企业破产的法律实施破产清算。

但是，如果因为债权人未在规定期限内申报债权，虽然其可以继续主张债权清偿，却由于整个清算已近结束，剩余财产可能已经分配，债权人只能就尚未分配的财产和股东已经取得的财产请求清偿，不可能回转进入破产宣告程序。因此，在此种情形下，债权人或者清算组以公司尚未分配财产和股东在剩余财产分配中已经取得的财产，不能全额清偿补充申报的债权为由，向法院提出破产清算申请的，法院不予受理。[30]

（二）清算的终止

《公司法》第 239 条规定，公司清算结束后，清算组应当制作清算报告，报股东会或者人民法院确认，并报送公司登记机关，申请注销公司登记。此条规定表明：

第一，公司清算结束后，清算组应当制作清算报告。该清算报告只有经过股东会或者人民法院确认后才发生效力。自行清算的，应当报股东会确认；指定清算的，应当报人民法院确认。未经确认的清算方案，清算组不得执行。执行未经确认的清算方案给公司或者债权人造成损失，公司、股东或者债权人可以主张清算组成员承担赔偿责任。[31]

第二，公司清算结束后，除因合并、分立及破产解散法律另有规定外，应于法定期间到登记机关进行注销登记。公司的注销登记不同于公司设立登记，它不产生创设的效力，而只产生公示的效力。因此，清算公司在向登记机关申请办理解散登记后，还应当在

〔29〕 参见《公司法》司法解释二第 17 条。
〔30〕 参见《公司法》司法解释二第 14 条。
〔31〕 参见《公司法》司法解释二第 15 条。

本公司所在地公告之。公司合并、分立时，解散公司的登记为合并、分立登记的内容，其清算登记无须另外进行。公司破产时，由法院公告破产事项，并依职权进行破产登记。

（三）清算期限

根据《公司法》司法解释的规定[32]，人民法院组织清算的，清算组应当自成立之日起6个月内清算完毕。因特殊情况无法在6个月内完成清算的，清算组应当向人民法院申请延长。无论《公司法》本身还是其司法解释，均未对自行清算的期限作出限定。实际上，即使是自行清算也应有时间限定，否则，久清不决势必导致公司财产减少与流失，费用和成本增大，殊不利于债权人和股东利益。

（四）简易注销

《公司法》第240条规定，公司在存续期间未产生债务，或者已清偿全部债务的，经全体股东承诺，可以按照规定通过简易程序注销公司登记。

通过简易程序注销公司登记，应当通过国家企业信用信息公示系统予以公告，公告期限不少于20日。公告期限届满后，未有异议的，公司可以在20日内向公司登记机关申请注销公司登记。

公司通过简易程序注销公司登记，股东对该条第1款规定的内容承诺不实的，应当对注销登记前的债务承担连带责任。

《公司法》第240条规定的简易注销的条件是：第一，公司在存续期间未产生债务，或者已清偿全部债务。在此情形下，没有必要通过正常程序进行清算。第二，但是，公司究竟有无债务，或者是否已经清偿完毕，尚不能轻率相信公司。因此，有必要要求全体股东做出承诺。股东承诺包含了二层意思：一是担保公司在存续期间未产生债务，或者已清偿全部债务；二是如果承诺不实，应当承担连带责任，即该条第3款规定，公司通过简易程序注销公司登记，股东对该条第1款规定的内容承诺不实的，应当对注销登记前的债务承担连带责任。

公司法该条规定的简易注销的程序是：通过简易程序注销公司登记，应当通过国家企业信用信息公示系统予以公告，公告期限不少于20日。公告期限届满后，未有异议的，公司可以在20日内向公司登记机关申请注销公司登记。

（五）公示注销

《公司法》第241条第1款规定，公司被吊销营业执照、责令关闭或者被撤销，满3年未向公司登记机关申请注销公司登记的，公司登记机关可以通过国家企业信用信息公示系统予以公告，公告期限不少于60日。公告期限届满后，未有异议的，公司登记机关可以注销公司登记。

公司实践中，公司被吊销营业执照、责令关闭或者被撤销，长期未向公司登记机关申请注销公司登记的情形并不鲜见。于此情形，公司法赋予了公司登记机关直接注销公司

---

〔32〕 参见《公司法》司法解释二第16条。

登记的权力。但应注意的是,登记机关直接注销公司登记的权力须严格遵守如下要求:其一,公司被吊销营业执照、责令关闭或者被撤销,满3年未向公司登记机关申请注销公司登记的。这说明,注销公司登记是被吊销营业执照、责令关闭或者被撤销公司的义务,只有在公司被吊销营业执照、责令关闭或者被撤销后长期不进行公司注销登记才能启动行政直接注销程序。这个时间法律直接规定为“满3年”。其二,公司登记机关可以通过国家企业信用信息公示系统予以公告,公告期限不少于60日。其三,公告期限届满后,未有异议的,公司登记机关可以注销公司登记。公司登记机关直接注销公司登记,除需满足前两点要求外,最重要的是,没有利害关系人对这种直接注销提出异议。一旦出现有异议的情形,说明公司法律关系可能尚未了结,如职工工资、社会保险费用和法定补偿金,所欠税款,以及公司债务等。这些事项均需要通过公司清算程序才能处理。因此,当出现异议情况时,这种直接注销登记即应终止,转入公司清算,启动《公司法》第233条第2款的适用,即公司因该法第229条第1款第(四)项的规定而解散的,作出吊销营业执照、责令关闭或者撤销决定的部门或者公司登记机关,可以申请人民法院指定有关人员组成清算组进行清算。

《公司法》第241条第2款规定,依照前款规定注销公司登记的,原公司股东、清算义务人的责任不受影响。本款规定可以理解为,即使在没有异议的情形下,登记机关通过公示直接注销了公司登记,公司原股东、清算义务人依然须对公司潜在的债务承担担保责任。譬如,根据《公司法》第232条第3款规定,如因清算义务人未及时履行清算义务,给公司或者债权人造成损失的,应当承担赔偿责任。股东因其承诺亦应承担赔偿责任。

第四节　清算中的民事责任

一、清算人的义务与责任

《公司法》第238条规定,清算组成员履行清算职责,负有忠实义务和勤勉义务。清算组成员怠于履行清算职责,给公司造成损失的,应当承担赔偿责任;因故意或者重大过失给债权人造成损失的,应当承担赔偿责任。

清算组成员的义务实质上是一种受信义务,既然清算组替代了公司原有机关而成为清算中公司的法人机关,清算组成员在执行清算事务时自然应对清算中公司承担受信义务。

有鉴于此,清算组成员从事清算事务时,违反法律、行政法规或者公司章程给公司或者债权人造成损失,清算组成员应当对公司或者债权人承担赔偿责任。基于清算组成员所承担的该种责任的受信义务基础,公司股东也可以提起派生诉讼。

根据我国公司法有关派生诉讼的规定,有限责任公司的股东、股份有限公司连续180日以上单独或者合计持有公司1%以上股份的股东,可以依据《公司法》第189条的规定,以清算组成员有前述行为为由向人民法院提起诉讼。如果公司已经清算完毕注销,上述股东可以参照《公司法》第 189 条的规定,直接以清算组成员为被告、其他股东为第三人向人民法院提起诉讼。

需要注意的是,清算人忠实义务和勤勉义务的责任因公司和债权人而有所不同。根据《公司法》第 238 条第 2 款的规定,清算组成员怠于履行职责,给公司造成损失损失的,应当承担赔偿责任。清算人对公司的责任是一般过失责任。因故意或者重大过失给债权人造成损失的,应当承担赔偿责任。清算人对债权人的职责是故意或者重大过失责任。这一区分与《公司法》第 191 条的规定保持了一致,即正常运行公司的董事、高级管理人员执行职务,给他人造成损失的,公司应当承担赔偿责任;董事、高级管理人员存在故意或者重大过失的,也应当承担赔偿责任。

二、董事、控股股东、实际控制人的义务与责任

根据公司法的要求,公司解散后须及时组织清算,公司董事负有组织清算的义务。清算组由董事组成,但是公司章程另有规定或者股东会议另选他人的除外。也就是说,清算组成员可以由董事之外的其他人担任,但需要公司章程另行规定或者股东会议另选他人。通常情形是由公司股东或者非股东参与清算。股东主要指的是公司控股股东,非指一般普通股东,只有控股股东才能控制影响公司,一般普通股东难以影响公司决策。非股东主要指公司实际控制人,其虽非名义上的股东,也不担任董事职务,但却能够在幕后指示或者实际操纵公司。如果公司章程或者股东会议确定由控股股东或者实际控制人参加清算组,并在他们的控制下主导公司清算。但是,公司解散后,他们可能为了逃避债务,怠于履行职责,并不积极组织清算,或者导致公司财产损失,或者导致无法清算,或者恶意处置资产,或者制作虚假清算报告,或者未经清算即行注销公司,甚至"人去楼空",一走了之。譬如,未在法定期限内成立清算组开始清算,导致公司财产贬值、流失、毁损或者灭失;公司解散后,恶意处置公司财产给债权人造成损失,或者未经依法清算,以虚假的清算报告骗取公司登记机关办理法人注销登记;公司未经清算即办理注销登记,导致公司无法进行清算。这些情形严重侵害了公司利益,影响了股东和债权人的权益。因此,如果出现上述问题,他们作为公司的清算组成员当然应当承担清算人的责任。另一种情形,即使他们并非清算组成员,他们依然可以在幕后指示或者操控公司的清算活动,应当参照适用《公司法》第 192 条规定,即公司的控股股东、实际控制人指示董事、高级管理人员从事损害公司或者股东利益的行为的,与该董事、高级管理人员承担连带责任。也就是说,在公司清算中,如果公司的控股股东、实际控制人指示清算组成员实施损害公司、股东、债权人利益的行为的,应当与清算组成员承担连带责任。

三、出资瑕疵责任不受诉讼时效限制

出资瑕疵责任不受诉讼时效限制,即使是在公司解散的情况下,如果股东未履行出

资义务,依然应该继续履行。因此,公司解散时,股东尚未缴纳的出资均应作为清算财产。股东尚未缴纳的出资,包括到期应缴未缴的出资,以及依照公司章程的规定分期缴纳尚未届满缴纳期限的出资。如此,当公司财产不足以清偿债务时,债权人可以向未缴出资股东请求清偿,以及向公司设立时的其他股东或者发起人在未缴出资范围内主张对公司债务承担连带清偿责任。

四、诉讼管辖

因解散公司和公司清算纠纷引起的诉讼案件由公司住所地法院管辖。公司住所地是指公司主要办事机构所在地。公司办事机构所在地不明确的,由其注册地法院管辖。基层人民法院管辖县、县级市或者区的公司登记机关核准登记公司的解散诉讼案件和公司清算案件;中级人民法院管辖地区、地级市以上的公司登记机关核准登记公司的解散诉讼案件和公司清算案件。

第三章　公司接管与重整

第一节　公 司 接 管

一、公司接管概述

当公司因纷争而陷入僵局导致公司利益已经或者正在或者可能遭受损失时，有关利害关系人可以申请法院实行接管。从目前采取公司接管的法例来看，公司接管主要适用于封闭公司。

公司接管的目的在于解决公司僵局。公司发生僵局将导致公司营业停止、管理瘫痪，进而影响公司及有关利害关系人的利益。如不实行接管，僵局无法打破，公司无法维持正常的业务经营和事务管理，公司及利害关系人的利益难以得到保障。

解决公司僵局问题的办法有多种，如以股东协议的方式事先加以预防，允许少数股东申请法院强制解散公司等，接管是解决公司僵局问题的方法之一。与解散公司或者宣告公司破产相比较，接管制度的设计实际上提供了一个更加简单、更加灵活和不太激烈的解决公司僵局问题的方法。因为接管人的指定本身就可能构成一种威胁，促使争议股东达成谅解。但是，这种指定接管人的方式是否能够治愈公司内部的深层次的和根本性的争议尚有疑问。因此，接管往往只是一种过渡性措施。即使在接管期间公司的营业和资产得以维持与保存，仍然不大可能使纷争或者僵局得到解决。在这种情况下，解散通常就是接管的最后步骤。

我国公司法没有关于公司接管的规定。[1]

---

〔1〕 我国相关法律虽有接管的规定，但其宗旨与这里所说的"公司接管"有所不同。譬如，我国《商业银行法》第64条规定，当商业银行已经或者可能发生信用危机，严重影响存款人的利益时，银行业监管机构可以对该银行实行接管。接管的目的是对被接管的银行采取必要的措施以保护存款人的利益，恢复商业银行的正常经营能力。

二、公司接管的条件

公司接管通常发生于如下情形：公司发生严重分歧导致公司业务已经或者可能遭受不可挽回的损失，并且公司章程、细则或者任何股东书面协议所提供的解决僵局的救济都失灵，经利害关系人申请，法院可以指定接管人对公司实行接管。[2] 由此可见，接管的条件是：

第一，公司发生严重分歧导致公司业务已经或者可能遭受不可挽回的损失。当公司发生僵局，公司的运作可能停滞，公司的业务也可能随之瘫痪，于此情形，公司可能因为僵局的存在而发生或者可能发生不可能挽回的损失。

第二，公司章程、细则或者任何股东书面协议所提供的解决僵局的救济都失灵。实施公司接管毕竟是一种非常措施，非到万不得已，不宜采用。也就是说，即使公司发生了僵局，也需要尽可能寻找解决问题的方案，只有在其他方案均告失灵时，才可以对公司实行接管。

第三，经利害关系人申请，并由法院指定接管人。公司接管的实施须置于法院的监管之下，因此须经利害关系人申请，由法院指定接管人。

三、公司接管的程序

接管应由利害关系人向法院提出申请，经法院认可后指定接管人。那么，何谓利害关系人？诚然，公司当然可以申请接管，因为公司僵局必然导致公司利益遭受损失。但是既然公司陷入僵局，公司本身几乎没有可能提出申请。因此，最有可能提出申请的是公司股东，因为公司发生僵局直接影响到股东的利益。此外，债权人也可以申请法院接管，如果公司僵局导致公司债权人债权已经或者正在遭受不可挽回的损失的话。

是否同意接管属于法院的自由裁量权。法院同意接管的，应指定接管人。接管人既可以是自然人，也可以是法人。接管人既可以是一人，也可以是数人。法院有权变更、解任接管人。

接管期限由法院决定。期限届满法院可以决定是否延长接管期限。

接管人有权获得报酬和费用补偿，但应经法院同意。

四、公司接管的效力

公司接管的效力表现在如下几个方面：

第一，公司控制权的转移。如果公司被置于接管地位，公司的控制权就转移到法院指定的接管人手上。也就是说，接管期间，接管人可以行使公司的全部或者部分权力，包括公司经营管理和处置公司资产的权力。该种权力的行使可以通过董事会（譬如，董事会在接管人的控制下继续履行职能）来完成，也可以完全取代董事会由自己来完成。但

---

〔2〕 Del. GCL § 352.

是接管人在行使公司权力时应当履行受信义务,即接管人权力的行使应当符合公司最佳利益。

第二,公司人格不中断。接管期间,公司的法律地位保持不变。尽管接管期间,公司机关由接管人替代,但是公司的法律地位不变,公司人格不发生终止。因此,接管期间公司的债权债务不因接管而发生变化。

五、公司接管的终止

公司接管可因下列原因而终止:

第一,接管期限届满时的终止。接管期限届满,无论接管成功或者失败,接管均告终止。接管的目标是使公司继续营业而不是使公司清盘或者分配其资产。接管可能鼓励争议当事人达成谅解,解决纷争和僵局。于此情形,接管即告终结。公司接管期限届满,僵局或者不可挽回之损害仍然不能消除,公司接管亦告终止,接管就转换为清算。

第二,接管期限届满前的终止。接管期限届满前,公司接管人采取合理措施使公司纷争得以解决,僵局得以打破,公司恢复正常经营能力,接管终止。

第三,因合并或者破产而终止。接管期间,接管人对公司享有经营管理权,包括采取合并措施的权力。如果公司被合并,接管任务完成,接管终止。接管期间,如果接管人发现公司已经丧失偿付能力,则应当转入破产程序。公司因转入破产程序而导致接管终止。

第二节 公司重整

一、公司重整概述

(一)公司重整的概念与特征

公司重整(corporate reorganization/corporate rearrangement/corporate regeneration),是专门为陷入困境但具有维持价值的公司进行重建所建立的一项制度。[3] 英国、美国、日本等国均建立了公司重整或者类似制度。我国台湾地区也设置了公司重整制度,但大陆尚未对此作出规定。

公司重整的特征如下:

第一,公司重整的直接目的是挽救陷入困境的公司,并使其维持和更生。当公司陷入财务困境、已经暂停营业或者有停业之虞,但仍有重建的可能或者必要,或者有继续经

〔3〕 美国在其《破产法》第十一章中规定了公司重整制度。英国在其《公司法》第四编中规定了重整制度。但真正将公司重整制度作为一项独立的制度予以规定始于日本。日本于1951年修正其《商法》时,将公司重整部分提出,于1952年制定了专门的《会社更生法》。韩国也于1962年制定了《公司重整法》。我国台湾地区于1966年修正“公司法”时,参考美、日增设公司重整制度。

营的价值的,应当使其免于解体或者破产。公司的重建或者再生不仅有利于企业本身,而且有利于保护债权人及公众投资者,进而达到维护社会经济秩序的目的。维护社会经济秩序可以说是公司重整的间接目的。

第二,公司重整适用的对象限于股份有限公司,而且限于公开发行证券之股份有限公司(以下简称公众公司)。一般而言,公司重整只适用于股份有限公司,而不适用于无限责任公司或者有限责任公司。〔4〕 理由在于,无限责任公司的股东承担无限连带责任,有限责任公司规模较小、关系简单。至于是否有必要进一步将公司重整的对象限于公众公司,则存在不同的做法。日、韩公司只将公司重整的对象限于股份有限公司;〔5〕而我国台湾地区则将公司重整的对象进一步限定于公开发行证券的股份有限公司。〔6〕 将公司重整的对象进一步限定于公众公司具有合理性,因为不公开发行证券的股份有限公司的法律关系实际上与有限责任公司的法律关系没有本质性差异。而在公众公司中,众多的公众投资者和债权人的存在使公众公司涉及广泛的公众利益。其公开发行之股票或者债券在证券市场流通,如不予以扶持,将会造成债权人债权得不到清偿,公众股东投资利益受到损失,员工大量失业,进而造成社会不安定,故而有重整的必要。相较而言,封闭公司则不会涉及公众利益,没有扶持的必要。

第三,须公司具有维持价值。从公司的营业状况来看,如果公司已显然失去继续经营的价值,即便予以重整,也已无起死回生之力,便失去重整的意义,所以应将重整限于有继续经营之价值的公司。但应注意的是,公司重整的目的在于重建企业,所以无须维持公司人格的同一性,也可以原来企业为基础设立新的公司。

第四,须发生在公司被解散或者被宣告破产之前。重整的目的在于避免公司解散或者破产。如果公司已经解散或者破产,自然没有重整之必要。但应注意的是,已经处于解散、破产程序之中的公司可因公司重整程序的启动而中止。

第五,须依照法定程序进行。公司重整实际上以多数人分担损失为前提,否则,重整无法进行。也就是说,为了维持企业的继续存在,公司债权人和股东必须做出一定的妥协和让步,以牺牲自己的一定利益和放弃自己的一定权利为代价获得公司再生的机会。因此,公司重整应由利害关系人共同参与并在法院的监督之下进行,以求所进行的各种重整行为公平合理。欲达此目的,有赖于公正的程序保障。

(二)公司重整的性质

公司重整是一种特别程序。我国台湾地区学者武忆舟教授称这种程序为“集合关系人等所为达成重整之连续多种行为之程序”,并进而解释道,“公司之重整程序,为重整关系人(重整债权人及股东),在法院监督,重整机关之协力下,为达成公司重整再生目的,

---

〔4〕 但应注意的是,《美国破产法》所规定的重整制度适用于任何公司,并可适用于个人。

〔5〕《日本会社更生法》第1条,《韩国公司重整法》第1条。

〔6〕 我国台湾地区“公司法”第282条第1款。

而为集体的、多种的，连续依序作成之行为之总称”。[7] 公司重整的性质可以从如下两方面分析：

第一，就公司重整的实体性质而言，公司重整具有“团体契约”的性质。公司重整应由重整人拟订重整计划，提交关系人会议审议表决，并于审议通过及认可后由重整人据以执行。这些行为均属集体法律行为。“以债务人之机关即重整人提出重整计划为要约，经关系人会议之可决为承诺，而发生公司重整契约之合致而成立，虽须经法院之裁定认可，但此为重整计划可决之生效要件，而非成立要件。”[8] 关系人会议由债权人和股东组成，分别就重整计划进行表决。表决规则为多数规则，少数服从多数。另外，重整计划须得到法院认可。经关系人会议决议并获得法院认可之重整计划对公司、债权人和股东均具有拘束力。

第二，从公司重整的程序性质来看，公司重整为非诉讼程序。公司重整的首要目的在于挽救濒临倒闭的企业，并非以对债权人为清偿或者对投资者为分配为其直接目的。当然，重整也会涉及诉讼程序，是为例外。重整的诉讼程序准用民事诉讼法的规定。[9]

二、公司重整的开始

（一）公司重整的申请

1. 重整申请人

一般而言，重整申请人包括公司、股东和债权人。

公司自己可以提出重整申请，如果公司认为有必要的话。公司申请重整既可以发生在公司正常运营过程中，也可以发生在公司清算或者公司破产程序中。公司申请重整，应由董事会作出决议，董事会决议采取多数规则。多数规则的采用表明公司重整属于公司重大事项，其决议的作出应当慎重。

股东可以提出重整申请，但法律或相关规定往往对其持股比例和时间予以限制。一般而言，持有一定比例（如10%）以上股份并达一定时间（如6个月）者才有资格提出申请。这一限制在于防止少数股东滥用股东权利，妨碍公司正常经营。

债权人可以提出重整申请，但法律或相关规定往往对其债权数额予以限制。一般而言，债权数额相当于已发行股份总额的一定比例（如10%）者才有资格提出申请。这一限制同样在于防止少数债权人滥用权利，妨碍公司正常经营。[10]

2. 申请形式

公司重整应以书面为之，为要式行为。申请书应记载申请人的姓名或者名称及其住所、法定代表人姓名及其住所、申请原因及其事实、公司已发行股份以及资本结构状况、

---

〔7〕 武忆舟：《公司法论》，台北，三民书局1998年版，第482页。

〔8〕 武忆舟：《公司法论》，台北，三民书局1998年版，第482页。

〔9〕 武忆舟：《公司法论》，台北，三民书局1998年版，第482页；柯芳枝：《公司法论》，中国政法大学出版社2004年版，第425页；郑玉波：《公司法》，刘连煜增订，台北，三民书局2000年版，第205页。

〔10〕 以上参见《日本公司更生法》第30、31条，《韩国公司重整法》第30条，以及我国台湾地区“公司法”第282条。

公司所营业务及其经营现状、公司最近年度财务状况以及重整意见等。

（二）法院裁定

1. 法院审查

法院受理申请后，应当先对申请的形式要件进行审查，譬如，拟申请重整之公司是否为股份有限公司，公司是否已经解散或者宣告破产，申请程序是否合法，当事人是否合格等。如形式审查不合格，则应当裁定驳回。

在形式审查后如未予驳回，申请应进入实质审查。实质审查的标准是审查公司是否确有重整的原因及重建更生的可能。如果法院认为依公司业务及财务状况无重建更生的可能，则裁定驳回；如果法院认为确实存在重整原因并有重建更生的可能，则裁定准许重整。

法院在进行实质审查时，还应采取如下措施：

第一，征询主管机关意见。主管机关的概念比较宽泛，包括职能主管机关和行业主管机关。前者如工商登记机关、税务机关等；后者如银行保险监督管理机关等。就上市公司而言，还包括证券业监督管理机关。至于具体征求何种机关的意见，由法院根据具体情况决定。

第二，通知被申请公司。公司重整与被申请公司关系重大，故应通知被申请公司。被申请公司有权提出答辩状，以供法院参考。

第三，选任检查人。法院限于知识、经验、时间及职务等原因，往往无法亲自对公司的业务或者财务状况进行了解或者调查，因此，法院可以选任检查人以协助法院审查工作。检查人应是对公司业务和财务具有专门知识和经营经验的非利害关系人。因要求其对公司业务和财务具有专门知识和经营经验，所以，重整检查人只能是自然人。但股东、公司债权人、公司董事、监事、经理、职员或者雇员以及与公司有利害关系的其他人均不得为检查人。至于检查人人数，一人或者数人皆可。唯应注意的是，检查人并非必设机构，是否设立，由法院根据工作需要决定。检查人应就下列事项进行调查并以书面形式向法院报告：(1)对公司业务、财务、资产状况进行分析和评估，并提出有无重建或者再生的必要或者可能；(2)公司以往经营业绩以及公司负责执行业务的人或者其他经营管理人员有无过失、不正当行为；(3)申请书有无虚假记载、不实内容；(4)申请人为公司时，其重整方案是否可行；(5)法院认为其他有必要调查的事项。为执行职务方便，检查人有权查阅和检查与公司业务与财务有关的一切簿册、文件及财产。检查人可以获取报酬。检查人执行职务时，应当履行受信义务。如因过失给公司造成损失，应当承担损失赔偿责任。

第四，命令公司负责人制作债权人和股东名册。

2. 法院裁定

法院依据检查人的报告，并参考主管机关的意见后，应作出准予重整或者驳回重整的裁定。

第一,准驳裁定的时限。法院应于法定期限内作出准予或者驳回裁定。特殊情况下,法院可以裁定延长,但每次延长都不得超过法定期限。[11]

第二,驳回裁定。一般而言,在如下情况下,法院会驳回申请:一是申请书记载事项虚假不实的;二是依公司业务及财务状况无重建更生可能的。

第三,准予裁定。法院依据检查人的报告,并参考主管机关的意见后,如果认为公司具有重整价值,则会作出准予重整的裁定。法院在作出准予裁定后,应当选任重整监督人和重整人,并公告和送达裁定公告。

法院在作出准予裁定时,应当选任重整监督人。重整监督人是具有与公司相关的专门知识及经营经验的自然人或者法人(如银行、信托公司或者其他机构)。如果法人被选任为重整监督人,该法人应指定自然人代表法人执行监督职责。重整监督人决定下列事项:债权及股权的申报时间和场所;第一次关系人会议时间和场所。[12]

公司重整人一般由公司董事充任。法院认为董事不适宜担任重整人的,可以从公司股东或者债权人中选任。

法院在作出裁定后,为使与公司重整有利害关系的人了解公司重整,应将下列事项进行公告:(1)重整裁定正文及其年月日;(2)重整监督人、重整人的姓名或者名称、住址或者场所;(3)债权及股权申报时间、场所以及第一次关系人会议的时间和场所;(4)公司债权人及无记名股东未申报权利的法律后果(一般而言,如果没有申报,不得依重整程序行使其权利)。

除公告外,上述事项还应书面通知重整监督人、重整人、公司、已知公司债权人及股东。

3. 裁定前的处分和限制

为避免在法院作出裁定前公司有关负责人或其他利害关系人为不利于公司之行为,如公司负责人转移财产,个别债权人提前获得清偿等,法院可依利害关系人申请或者依职权对公司财产进行处分。这些处分和限制措施包括:

第一,保全处分。法院在作出重整裁定之前,可以依利害关系人申请或者依职权对公司财产实行假扣押、假处分或者其他必要的保全处分。如禁止公司负责人将公司财产予以处分或者设定负担。保全处分的目的在于防止公司负责人隐匿财产,或者特别对某一债权人设定担保,影响一般债权人的利益。

第二,对公司业务予以限制。既然公司已经出现了破产原因,公司业务必然不能如正常情况下展开和运作,法院可以斟酌具体情况对其业务予以限制。如限制产品生产数量防止产品滞销,或者收缩业务范围以集中资金重点发展公司特定业务。

---

〔11〕 我国台湾地区"公司法"第285条之一规定,法院准予或驳回裁定的法定时间为收到重整申请后的120日内。但法院可以裁定延长该期间,每次延长时间不得超过30日,并以两次为限。

〔12〕 我国台湾地区"公司法"第289条规定,债权及股权申报时间应自裁定之日起10日以上30日以下。第一次关系人会议应在上述申报期间届满后30日以内召开。

第三,对公司债务清偿予以限制。正因为公司财务发生困难才有必要予以重整,如仍然按照正常情况清偿公司债务,公司财务必将更加困难,从而影响公司重整的进行。所以,为了保全公司财产,法院可以适当限制公司债务的清偿。这种限制的目的主要在于维持公司现状,实际上仅在于限制公司为现实给付。已经起诉的案件可以继续进行,未起诉的案件仍然可以起诉。因为民事诉讼的目的在于确定私权,并非实现私权。[13]

第四,禁止记名股份转让。重整期间禁止股份转让尤其具有积极意义。当公司出现重整原因时,如果出现大量抛售公司股票的情况,势必引起公司股票价格波动,进而连锁导致公司资本结构发生倾斜,影响公司财产稳定。尤其是公司内部人,如董事、监事、经理等,对公司自身的财务和经营状况甚为了解,其股份转让行为必然对公众投资者产生影响,如果公众投资者跟风抛售,其后果将对公司大为不利。因此,有必要对公司股份转让予以限制。但此种限制只局限于记名股份,而不涉及无记名股份。

第五,公司负责人对公司损害赔偿责任的核查及相关财产的保全处分。公司之所以陷入困境,濒临破产,公司负责人大多难辞其咎。于此情形,公司负责人应当承担赔偿责任。为了防止公司负责人隐匿证据、转移财产,所以要求公司负责人应对公司损害赔偿责任先行予以核查,并对相关财产实施保全处分,以保全公司及其债权人的权益。

第六,停止公司破产、和解或者强制执行程序。既然公司已经进入重整程序,公司破产、和解或者强制执行程序以及因财产关系所发生的诉讼等程序当然应当中止,否则,重整无法进行或者失去意义或者影响公司财务。这里所谓的"中止",是指这些程序暂时处于效力待定状态。如果重整成功,这些程序自然终止其效力;如果重整失败,这些程序重新启动,恢复其效力。唯应注意的是,这些程序因重整发生效力中止并不具有溯及既往的效力,也就是说,在发生中止前已经进行的程序并不因之无效。

4. 法院裁定的效力

法院一经裁定准许公司重整,便对公司、股东及债权人均发生法律效力,三者皆受此裁定拘束。这种裁定的效力主要表现在如下几个方面:

第一,对公司的效力。重整裁定送达公司后,公司业务经营及财产的管理处分权转移给重整人,由重整监督人监督转移,并报送法院。公司股东会、董事会及监事会职权停止。在进行转移时,公司董事会及经理应将有关公司业务及全部账册、文件与公司之一切财产移交给重整人。公司董事、监事、经理及其他有关人员负有保护公司财产安全和配合重整人的义务,对于重整人的有关公司业务经营及财务方面的询问应当予以回答。如董事、监事、经理及其他有关人员有拒绝办理移交手续、隐匿财产、毁损账簿文件等行为的,应承担相应的法律责任。

第二,对债权人的效力。凡是在公司重整前成立的债权,在重整裁定后成为"重整债权"。重整债权,非依重整程序,不得行使。但重整裁定后所发生的公司债务则不受此限

---

〔13〕 柯芳枝:《公司法论》,中国政法大学出版社 2004 年版,第 434 页。

制。公司在重整裁定后发生的债务为“重整债务”。譬如,为维持公司业务经营的继续所发生的债务以及为进行重整所发生的费用。这些重整债务或者为进行公司重整所不可缺少,或者为维持公司经营之必要,如果这些债务或者费用亦须依照重整程序行使,则可能导致无人愿意与重整公司发生交易或无人愿意参加重整工作。也就是说,公司重整债务优先于公司重整债权而为清偿。

第三,对公司股东的效力。重整裁定后,公司记名股东依照股东名册确定申报和确定权利,无记名股东则应在规定期限内申报权利,其申报程序与债权申报相同。

第四,公司裁定重整后,公司破产、和解、强制执行以及其他因财产关系所发生之诉讼程序中止,但在裁定前由法院作出的处分不丧失效力。并且,如果裁定前没有为处分行为,裁定后发现如有必要,法院仍然可以基于利害关系人的申请或者依职权裁定处分。

三、公司重整的进行

(一)关系人会议

关系人会议是重整债权人与股东为参与重整而成立的法定议事机构。关系人会议的权力包括听取有关公司业务与财务状况报告及对公司重整的意见,审议及表决重整计划,决定重整计划的其他相关事项。

第一次会议应由法院在裁定重整时决定日期和场所,会议时间应在债权人及股东申报债权和股权期间届满后一定时间。第二次会议则由重整监督人召集和主持。

关系人会议由债权人和股东组成。关系人因故不能出席会议,可以委托代理人出席。

关系人会议表决权应分别行使。一方面,债权人与股东分别行使表决权。另一方面,不同的债权人与不同的股东分别行使表决权。就债权人方面而言,分为优先重整债权人、有担保重整债权人和无担保重整债权人三类;就股东方面而言,分为普通股股东和特别股股东(如优先股股东或者种类股股东)两类。

重整债权人的表决权以其债权金额比例确定;股东的表决权以其持股比例确定,若公司无资本净值,股东不得行使表决权。另外,重整监督人虽然是会议主席,但其既不是债权人也不是股东,不能行使表决权。

表决权行使方法。关系人会议分普通决议和特别决议。普通决议一般采取简单多数规则;特别决议一般采取绝对多数规则。

(二)重整计划

公司重整应由重整人拟订重整计划(reorganization plan)。重整人应将重整计划连同公司业务及财务报表提请第一次关系人会议审议。审议通过后,重整须按照重整计划执行。

1. 重整计划的内容

重整计划的内容由重整人自行拟订。但公司重整如有下列事项的,应当在重整计划中订明:(1)全部或者部分重整债权人或者股东权利变更。在公司重整中,重整债权人或者股东权利可能会发生变化。既然公司已到重整地步,各方当事人必然需要做出一定让步,否则重整难以实现。譬如,股东的股份依照一定比例减少,债权人债权的部分免除或者延期或者抛弃担保等。于此情形,重整计划应将其订明。至于具体让步方法,则由当事人协商。一般而言,股权应较债权先行让步,普通股权应较优先股权先行让步,无担保债权应较担保债权或者优先债权先行让步,同性质权利则一律平等。仅有股权让步而无债权让步可行;仅有债权让步而无股权让步则不可行。[14] (2)全部或者部分营业变更。譬如,公司经营范围的扩张或者缩小。(3)财产处分。譬如,公司财产的变卖。(4)债务清偿方法及其资金来源。譬如,延期或者分期清偿债务,以变卖财产或者发行新股或者公司债的方法筹集资金等。(5)公司财产评估标准和方法。(6)公司组织变更或者章程变更。(7)员工安排。譬如,员工裁减或者调动。(8)发行新股或者公司债。(9)其他重要事项。

2. 重整计划的表决与认可

重整计划经关系人会议表决通过后还需要报经法院同意,经法院认可后方为有效。已经发生法律效力的重整计划对公司、股东和债权人均发生拘束力,可以依法强制执行。

如关系人会议未能通过,可由重整监督人上报法院,法院依公平合理原则的指示进行调整后,可再次提交关系人会议表决。如仍未获得通过,而公司确存在重整价值,法院可以修正重整计划并予以认可。

法院在进行修正时可以按照下列方法为之:(1)有担保重整债权人的担保财产随同债权转移于重整后公司,其权利保持不变;(2)有担保重整债权人对于担保的财产,无担保重整债权人对于可清偿其债权的财产,股东对于可分配的剩余财产,均可以依照公平交易价格按照各自应得份额进行清偿或者分配;(3)其他有利于公司业务维持及债权人权利保障之公正合理的方法。[15]

3. 重整计划的重新审查

重整计划因情势变更或者有正当理由致使不能或者无须执行,法院可因重整监督人、重整人或者关系人申请,裁定关系人会议重新审查。这里的重新审查与前面所说"再予审查"不同。重新审查是对已经法院认可的重整计划的审查;再予审查是对未获关系人通过的重整计划的审查。关系人会议重新审查后仍然需要获得法院认可。

4. 重整计划的执行

重整计划的执行须有执行人。执行人为重整人。重整人在执行重整计划过程中,应当履行受信人之注意与忠实义务。重整人可以获取报酬,报酬多少由法院决定。

重整人有数人时,在决定重整事务时,应由多数重整人同意。重整人执行职务时应受重整监督人监督,重整人有违法行为的,重整监督人可以申请法院解除其职务,另行选

---

〔14〕 郑玉波:《公司法》,刘连煜增订,台北,三民书局2004年版,第217页。

〔15〕 参见我国台湾地区"公司法"第306条。

派。重整人为下列行为时,应征得重整监督人的同意:(1)营业行为以外的公司财产处分;(2)公司业务或者经营方法的变更;(3)借款;(4)重要或者长期性合同的订立或者解除(其范围由重整监督人确定);(5)诉讼或者仲裁的进行;(6)公司权利的抛弃或者让与;(7)他人行使取回权、解除权或者抵销权的处理;(8)公司重要人事任免;(9)其他经法院限制的行为。

5. 重整执行之变通

重整计划的执行不同于公司正常业务的执行。如果重整期间仍须事事严格遵从公司法的规定,尤其是公司法上的程序性规定,势必影响重整计划的执行。有鉴于此,法律不得不采取一些变通措施。

譬如,公司重整期间出现涉及公司章程的修改,如果仍然需要遵从公司法的规定召开股东特别会议并获得股东会多数出席和多数通过,必然难以实现。于此情形,如果召开股东会议确有困难,可由法院裁定不经股东会议决议。

又如,公司增加资本或者发行新股、发行公司债券达不到公司法规定标准的,法院可裁定降低标准。

再如,法院可裁定缩短公司减资通知或者公告的时间限制。因为重整时间本身较短,自然不适宜适用正常时间之限制。

四、公司重整的终结

公司重整可因重整的完成或者终止而终结。

(一)公司重整的完成

公司重整人应于重整计划期限内完成重整工作,并召集重整后的股东会议。重整后的董事、监事就任后,应向登记机关申请登记或者变更登记,并会同重整人向法院申请重整终结裁定。

公司重整完成后,发生如下效力:

第一,已申报的债权未受清偿部分,除依照重整计划转移给重整后公司承受外,其请求权消灭。未申报债权亦同。但应注意的是,公司债权人对公司债务的保证及其他共同债权人的权利不因公司重整而受影响。譬如,重整债权人在关系人会议中,对于订有延期清偿的重整计划投赞成票时,保证人不得主张免除其保证责任。又如,重整公司为连带债务人之一,而重整计划减免重整公司之一部分债务时,其他连带债务人不得主张免除其连带责任。这一规则的目的在于“使重整计划于关系人会议中易获通过”。[16]

第二,股东股权经重整而变更或者减除的部分,权利消灭;未申报的无记名股东权利亦同。

第三,重整裁定前,公司的破产、和解、强制执行及因财产关系所生之诉讼程序原本

---

〔16〕 柯芳枝:《公司法论》,中国政法大学出版社2004年版,第472～473页。

处于中止状态，但因重整成功即行失去效力。

此外，重整工作完成，重整人和重整监督人当然解除职务。

（二）重整终止

重整的终止有如下三种情形：

第一，重整计划未被法院认可，重整工作自然无法进行，重整终止。

第二，重整计划没有获得关系人会议通过的，由法院裁定终止。重整计划经指示变更再予审查，仍然没有获得关系人会议通过时，公司如果确实没有重整价值的，法院在征求有关主管机关意见后裁定终止重整。

第三，重整计划不能或者无须执行时，由法院裁定终止。重整计划因情势变更或者有正当理由导致不能或者无须执行时，除法院可以命令重新审查外，法院在征求主管机关的意见后，可以裁定终止重整。

法院裁定终止发生如下法律效力：

第一，法院所裁定的处分（如公司财产的保全处分）以及各种因重整中止的程序失去效力。

第二，因怠于申报而不能行使权利的，恢复其权利。如债权人或者股东未申报权利的，本不得依照重整程序受清偿或者行使权利，但于此情形，其权利得以恢复。

第三，因裁定重整而停止的股东会、董事会、监事会的职权应即恢复。公司重整人和监督人职权当然解除。也就是说，公司原管理机关恢复行使其对公司的管理权。但应注意的是，重整期间由重整人所为的对外法律行为并不因重整终止而失去效力。